식민지 조선의
사회 경제와 금융조합

崔 在 聖

景仁文化社

책머리에

나는 타는 듯한 햇볕 아래를 / 맨발로 헤매며 논에 왔노라 / 집에 병들어 누운 아내를 생각하며. / 서마지기 조그마한 나의 논에 / 파랗던 어린모는 가뭄에 다 마르고 / 쪼개진 논바닥엔 새우새끼 누웠고야… / 아! 이 모양 차마 보기 어려워 / 나는 논두덕치며 엉엉 울었노라 / 해 넘어 가는 것도 그저 모르고.

— 장만영의 '농부의 설움'

1932년 여름 시인의 눈에 비친 식민지 조선 농촌의 모습이다. 1930년대 조선총독부는 '농공병진정책'을 표방하며 농촌에서는 '농촌진흥운동'을 전개하고, 공업분야에서는 '조선공업화정책'을 추진했다. '자작농창정'과 '고리채정리' 등을 내걸고 대대적으로 실시된 농촌진흥운동에 따라 계층 상승에 성공한 농가도 있었다. 그러나 더 많은 농가는 소작농으로 전락하거나 고향을 떠나 만주나 일본 등 국외로 또는 도시로 향해야만 했다.

또한 일본 독점재벌의 자본이 조선에 유입되면서 공장이 건설되고 공업화가 크게 진전되었다. 그러나 자본이 대규모로 투입되어 공업화가 이루어진 분야는 발전소, 제련소, 광산, 화학공장 등으로 이들 중화학공장에서 생산된 산출물은 일본으로 이출되어 일제의 군수산업 발달에 필요한 물자로 이용되었다.

1930년대 조선에서 이루어진 공업화를 두고 1960년대 이후 한국 경제 고도성장의 배경이 되었다고 주장하는 사람들이 있다. 또 소작농에서 자소작농 또는 자작농이 된 농가들이 있었다고 해서 일제 식민지기는 조선 사람들에게 살기 좋은 시절이었다는 소리를 하는 자들도 있다.

iv

1932년 여름 가뭄 속에서 좌절했던, 서 마지기 논을 갖고 있었던 농부는 고리채정리자금과 자작농창정자금의 융통 혜택을 받아 중농으로 성장했는지 아니면 병들어 누운 아내와 함께 보따리를 이고 지고 고향을 떠났는지 알 수는 없지만, 1930년대를 살았던 대다수 농민의 생활이 윤택하지 않았던 것은 확실하다.

그간의 연구성과에 따르면, 일제 전 시기를 고찰해볼 때 자작농은 50만 호가 넘는 수준에서 크게 변하지 않았다. 그러나 자소작농은 100만 호 정도에서 70만 호 정도로 크게 감소하였고, 소작농은 100만 호 수준에서 1920년대 지속적으로 증가하다가 1930년대 초에 160만 호 정도가 되었다. 감소된 30만 호의 자소작 농가와 인구 증가와 분가 등으로 인해 새로 생겨난 30만 호의 농가가 소작농의 증가 원인이었던 셈이다. 소작농가의 증가현상은 1930년대에 일단 주춤하였다. 농촌진흥운동이 전개되었고, 일제의 식민지 농업정책도 지주 중심에서 이른바 '소작인 보호'로 중심이 이동되었기 때문이었다. 그러나 전시체제기였던 1940년경부터는 다시 소작농가의 증가 현상이 재연되었다.

생산력의 발전이란 측면에서 보면, 일제 시기 농업생산물의 증가도 사실이다. 통계에 따르면, 1910년대 전반기 미곡 생산물의 평균과 1930년대 중반 이후의 그것을 비교할 때 약 50%의 증산이 있었다. 그러나 그 증산의 과실이 조선 농민에게 돌아간 것은 아니었다. 조선 농가에서 압도적 비중을 차지했던 자소작 농가와 소작농가에게 그것은 '그림 속의 떡'일 뿐이었다. 증산된 미곡이 일본으로 이출되는 동안 조선 농촌에서는 풀뿌리와 나무껍질로 연명하는 절량농가가 태반이었고, 이들에 대한 총독부의 식량 대책은 만주로부터의 좁쌀 수입이었다.

특히 전시체제기에 들어서면, 조선의 농민들은 자신의 생산물을 저축[현물저축과 강제저축]과 공출이란 형태로 비자발적으로 내놓아야만 했다. 또한 징병, 징용, 정신대란 이름으로 동원되어 농업에 계속 종사하기도 힘든 상태가 되었다.

이러한 시기를 두고 조선 사람이 살기 좋았다고 얘기한다면, 당시를 겪은 사람들에게 얼마나 황당하게 들릴까. 일제의 식민지배가 조선의 근대화를 이끌었다고 주장하던 사람들이 최근에는 해방 후 한국 현대사에 대해서도 말하고 있다. 현재의 근현대 교과서가 '자학사관'으로 가득 차 있다는 비판이 그것이다. 잘 알다시피 '자학사관'이란 '새 역사 교과서를 만드는 모임'이라는 일본의 극우 단체가 일본 제국시대 역사를 미화하고자 기존의 일본사 교과서를 비판하면서 동원한 용어이다. 일본 학자의 주장을 수용하여 식민지 근대화론을 주장하던 일부 경제사가들이 최근에는 일본 극우의 역사관을 받아들여 한국 근현대사 연구자들을 매도하고 나선 것이다.

이들이 1930년대 이후의 경제 현상을 근대화의 지표로 보았던 것은 1960년대 이후 개발독재 시기의 경제성장을 찬양하기 위한 준비작업이었는지도 모른다. 약간의 계층 상승의 이면에 더 많은 농가의 계층 하락과 이농이 있었던 일제 말기와, 성장 일변도 경제 정책속에서 농민의 몰락과 공권력의 이름으로 인권 탄압이 자행되었던 1960~70년대를 긍정적인 시대로 미화하게 되었으니 말이다.

한국 근현대 역사를 바라보는 데에는 공업화의 진전, 국민소득의 증대 등 통계수치 보다는 당시를 살았던 사람들을 시야에 넣지 않으면 안 된다는 사실을 잊지 말아야 한다. 역사연구에서 숫자는 조연일 뿐이고, 주인공은 어디까지나 사람이어야 하기 때문이다.

이 책에서 다루고 있는 금융조합은 1907년 황제가 고종에서 순종으로 바뀐 직후부터 설립되었다. 대한제국의 경제 구조를 일본의 그것과 일치시키기 위해 대한제국 정부에 파견되었던 일본인 경제 관료 메가타 타네타로의 주도로 준비되어 만들어진 '근대적' 금융기관이었다. 설립 초기에 한국 민중들에게는 '관설 전당포'쯤으로 비칠 정도로 담보(주로 부동산) 금융을 실시하는 한편으로 정책 대행기관 역할도 병행하였다. 그러다가 1930년대에 이르면 농촌진흥운동 추진기관으로 활동하면서 일제 식민 농업정책 대행기관 역할이 극대화 되었다. 전시체제기에는 전비조달을 위한 총동원 정책에 따라 금융조합도 예금 흡수에 혈안이 되었다.

해방 후에는 식민지기의 이러한 활동에 대해 자성의 소리도 나왔으나 체제 개편으로 연결되지는 못했다. 미군정의 필요에 의해 존속되고 이승만 정부의 정략에 의해 이용되었다가 5·16 쿠데타 직후 농업협동조합으로 간판을 바꿔단 채 현재에 이르고 있다. "농협은 (조합원인 농민보다는) 임직원을 위한 조직이다", "농업과 농민은 쇠퇴하는데 농협만 번성한다"는 비판을 배경으로 신용사업과 경제사업을 분리하는 것을 골자로 하는 농협 개편안이 정치권에서 논의되고 있는 현재, '든든한 민족은행', '농촌이 웃는 나라, 농협이 함께 합니다'라는 농협의 광고를 볼 때마다 공허한 메아리로 들린다. 과거 금융조합이 갖고 있었던 여러 문제가 해결되지 않고 현재에도 여전히 농협의 근본 문제가 되고 있기 때문이다.

대한민국의 역대 정부가 산업화와 개방, 세계화 등의 구호를 내세우며 국민들을 몰아세우는 동안 농가는 1호당 평균 3천만 원 가까운 부채를 지게 되었다고 한다. 그 마당에 정부는 농민들의 반대에도 불구하고 다시 한미자유무역협정(FTA) 체결을 밀어붙이고 있다. '개방'과 '자유무역'을 위해서 농업과 농민의 희생도 감수하겠다는 정부의 태도는 예나 지금이나 달라진 게 없다. 엎친 데 덮친 격으로 지난 여름 집중 호우와 태풍으로 온 나라가 물난리를 겪었을 때 자신의 논이 물바다가 돼버린 모습을 망연자실하게 바라보던 한 농민의 모습에서 나는, 논두덕 치며 엉엉 울었던 1930년대 농부의 처지를 떠올렸다.

이 책은 필자의 박사학위 논문 내용을 틀을 그대로 유지한 채 내용을 약간 수정하여 출판한 것이다. 필자가 학위 논문을 집필할 때의 생각은 금융조합을 통해 '식민지적 근대화'의 모습을 살펴본다는 것이었다. 일제 식민지기에 조선이 '근대화'되었음은 부인할 수 없는 사실이다. 그러나 그것이 1960년대 이후 경제성장의 배경이 되었다고는 볼 수 없다. 그 점에 대해서는 다른 많은 연구자들의 반론이 있기 때문에 재론하지 않겠다. 대신 필자는 식민지기에 일제에 의해 '근대화'되었다고 평가되었던 제도나 관행들이 해방 이후 한국사에서 부정적인 결과를 낳았음을 주목했다. 금융조합에서 확인한 것은 관치성이다. 금융조합의 활동은 총독부 정책 틀 안에서만 이루어졌다. 또한 조합은 조합원이 아닌, 정책 당국자가 조종하는 조합 간부의 손으로 운영되었다.

초창기 여느 민가와 다를 바 없는 단층집을 사무소로 썼던 금융조합은 식민지기를 거치며 2층, 3층 양옥으로 변했다. 갓 쓰고 두루마기 입은 모습의 조합장은 하이칼라 머리에 양복 입은 모습으로 바뀌었다. 이런 과정은 분명히 근대화로 부를 만하다. 그러나 그 안에서 일하는 직원은 조합원에게는 여전히 '나리'였다. 근대적 외피 속의 전근대적 관행과 의식의 錯綜, 이것이 '식민지적 근대화'의 본질이 아닐까.

일제 식민지기에 형성된 관치금융의 관행은 해방을 맞고도, 그리고 대한민국이 건국되어 역대 공화국이 출범하고도 변하지 않았다. 개발독재 기간을 거치며 오히려 강화되었다고 할 수 있다. 정책 담당자들은 그것을 효율성이란 이름으로 미화시키기까지 했다. 중앙은행인 한국은행을 '재무부 남대문 출장소'라고 불렀던 조소에서 관치금융의 한 단면을 볼 수 있다. 외압대출, 낙하산 인사 등을 통해 표출되었던 관치금융은 20세기 말에 이르러 국제통화기금 관리경제체제를 초래하여 나라 경제를 파탄내면서 그 절정을 보았다. 결국 일제시기 형성된 관행을 해방 이후에 주체적으로 청산하지 못함으로써 이후 한국사회가 얼마나 큰 피해를 받았는가를 극명히 보여준 하나의 사례라 할 수 있다.

필자는 어릴 때부터 주위의 많은 분들로부터 영향을 받았다. 먼저 외숙이신 金亨敏 선생님은 필자의 유년 시절 정신적 스승이었다. 법학자이신 외숙은 필자와는 비록 전공은 다르지만, 그 분의 불굴의 신념과 절제된 생활 태도 모두 필자에게 귀감이 되었다. 마침 올해 회갑을 맞으신 외숙께 이 자리를 빌어 유년시절 이래 이 생질이 갖고 있었던 고마운 마음을 표하고 싶다. 청소년기의 필자에게 영향을 끼치신 분은 고등학교 2년간 담임을 맡으셨던 韓宗洙 선생님이었다. 암울했던 80년대 초에 그 분이 보여주셨던 교육은 훗날 전교조가 만들어지면서 표방했던 '참교육'과 일치했다. 선구자적인 교육철학과 방침으로 어린 제자를 일깨워주셨던 선생님께 감사드린다. 대학 학부시절 필자에게 감명을 주신 분은 成大慶 선생님이었다. 역사를 공부한 사람의 자세가 어때야 하는지를 몸소 보여주신 분이라고 생각한다. 학부에서 이 분으로부터 한국근대사 강의를 들은 이후 대학원에서 필자의 전공은 일제 식민지시기가 되었다.

또한 이 책의 저본이 된 필자의 박사학위 논문이 완성되기까지는 많은 분들의 도움이 있었다. 먼저 지도교수이신 서중석 선생님을 통해 대학원 재학 중 한국근현대사와 관련하여 많은 가르침을 받았다. 이 분의 절제된 생활과 엄격한 학문태도는 저절로 고개를 숙이게 한다. 또한 논문 심사위원장 申解淳 선생님을 비롯하여 심사위원이셨던 방기중, 정태헌, 임경석 선생님은 꼼꼼한 비평을 통해 필자의 논문이 이 정도나마 틀을 갖추도록 도움을 주셨다. 이 자리를 빌어 감사드린다.

그리고 학부 때부터 20년 넘는 세월 동안 늘 필자를 친동생처럼 대해준 김인덕 선배께 특별히 고마운 인사를 전하고 싶다. 아울러 성균관대학교 사학과 대학원의 선배, 동학들, 수요역사연구회의 회원들, 한국독립운동사연구소와 한국학중앙연구원, 친일반민족행위진상규명위원회 등 필자가 거쳐 온 직장의 여러 선생님들께도 감사의 인사를 드린다.

공부하는 사람 누구에게나 마찬가지겠지만, 학문에 뜻을 둔 이래 지금까지 보냈던 시간은 가족들에게는 희생의 세월이었다. 그런 면에서 부모님과 처부모님, 이렇게 양가의 네 어른들을 포함하여 아내, 그리고 두 아이들(인혁, 인우)에게 늘 미안함과 고마움을 갖고 있음을 밝히고 싶다.

마지막으로 상업성을 따지지 않고 이 책을 기꺼이 출판하기로 결심해주신 경인문화사의 한정희 사장님과 나의 글을 책으로 만들기 위해 애쓰신 편집부원 여러분께 감사드린다.

2006년 12월
천변 풍경을 바라보며
저자 **최재성**

<목 차>

<그림 및 표 목차>

서 론

1. 문제제기 및 연구현황

일제 식민지기 경제사에 대해 연구하는 사람들이 가장 먼저 맞닥뜨리는 논쟁은 '식민지근대화론'이다. '식민지근대화론'은 1980년대 중반 경부터 한국과 일본의 경제사학자들 사이에서 제기되었던 주장이다. 그 내용은 1960년대 이후 시작되어 1970～1980년대를 거쳐 고도성장을 이뤄 '아시아의 네 마리 용(또는 호랑이)', 신흥공업국(NIEs) 등의 수식어가 붙었던 한국경제에 대해 그 고도성장의 배경을 1930년대 일제에 의해 추진되었던 '조선공업화정책'에서 찾는 것이다.

이들은 식민지 시기의 본질은 제쳐둔 채 외형에만 집착하고 있는 것으로 보인다. 그들은 식민지가 식민본국에 대해서 기능하는 식량 및 원료 생산지, 상품 소비시장, 자본 투자처라는 본질보다는 조선총독부라는 식민 권력이 식민지 조선에서 구축하고 정비했던 법, 제도, 인프라스트럭처 등과 무형의 경제적 통계 등에 대해서만 주목하였기 때문이다. 아울러 개발독재 시대 고도성장의 배경에는

식민지기를 경험한 인물(관료와 기업가 등)이 있었다는 비약적인 주장까지 나왔다.[1]

일제 식민지기에 인프라스트럭처의 구축, 공업화의 진전, 생산력의 발전 등이 있었던 것은 분명한 사실이다. 그러나 이러한 하드웨어 면에서의 '근대적' 외형의 정비에도 불구하고, 제도·인물과 관행 등 소프트웨어 면에서는 전근대적 요소가 도리어 온존 강화되었다.[2] 필자는, 이와 같이 하드웨어에서의 '근대성'과 소프트웨어에서의 '전근대성'이 착종돼 있는 상태를 '식민지적 근대화'[3]로 이해하고 싶다.

식민지 근대화론자들의 말대로 비록 일제 식민지기에 형성되었

---

1) '식민지근대화론'에 대한 소개와 그에 대한 비판에 대해서는 다음의 논저 참조.
    이만열, 「일제 식민지 근대화론 문제 검토」『한국독립운동사연구』 11, 한국독립운동사연구소, 1997 ; 김동노, 「식민지시대의 근대적 수탈과 수탈을 통한 근대화」『창작과 비평』, 1998.봄호 ; 정연태, 「'식민지근대화론'논쟁의 비판과 신근대사론의 모색」『창작과 비평』, 1999.봄호 ; 정재정, 「1980년대 일제시기 경제사 연구의 성과와 과제」『한국의 '근대'와 '근대성'비판』, 역사비평사, 1996 ; 정태헌, 「한국의 식민지적 근대화 모순과 그 실체」『한국의 '근대'와 '근대성'비판』 ; 한국정신문화연구원 편, 『식민지근대화론의 이해와 비판』, 백산서당, 2004.
2) 수리시설의 확충과 종사·농구·시비법의 개량 등을 통한 농업생산력의 증대와 봉건적 소유관계에 바탕을 둔 식민지지주제가 그 대표적인 것이라 할 수 있다. 그리고 여기서 말하는 하드웨어 면에서의 근대적 외형의 정비 역시 식민지를 위한 것이라기보다는 식민 본국의 제국주의적 수탈과 착취를 위한 것임은 물론이다.
3) 식민지적 근대화는 정태헌의 입론이다. 그는 식민지적 근대화의 특징으로 ①자본주의 경제의 이식으로 식민지 자본주의가 체계적으로 성립, ②식민정책에 필요한 인간군의 효율적 동원을 위해 이성과 합리성이 중요한 가치체계로 이식, ③근대 국민국가 수립의 압살과 국가와 사회 운용의 헤게모니는 제국주의에 의해 장악, ④민주주의적 훈련 기회 봉쇄와 민주주의적 정치지도자 양성 곤란 등을 들었다(정태헌, 앞의 글, 250쪽).

던 인프라스트럭처와 각종 제도, 그리고 관행과 인물이 개발독재 시대의 고도성장에 기여한 바가 있었다 하더라도 그것은 결국 실패로 끝났다. 20세기말 한국사회를 총체적으로 위기에 빠뜨리게 했던 국제통화기금(IMF) 관리체제의 배경에는 개발독재시기에 통용된 '정경유착'과 '관치금융' 등이 주요하게 자리 잡고 있는데, 정경유착과 관치금융의 관행도 역시 일제 식민지기에서 비롯되었다.

한국사에서 '식민지적 근대화'의 연원을 거슬러 간다면, 1904년 8월의 '한일협약'에 따라 일본인 目賀田種太郎이 대한제국 정부의 재정고문으로 부임하여 대한제국의 자주적 근대화 정책을 무산시키고, 한국 경제의 식민지적 재편을 추진했던 조치에서부터 찾아야 할 것이다. 이 글에서 주제로 다루고 있는 금융조합은 目賀田이 추진했던 재정·금융·화폐 부문에서의 식민지적 재편정책[4]의 일환으로 만들어졌다. 앞으로 이 글에서는 식민지기 금융조합의 활동과 운영 실상을 통해 관치금융의 전형을 볼 수 있을 것이다.

금융조합은 금융(기관)과 (협동)조합을 합쳐놓은 성격을 갖고 있었다. 금융기관이란 수신과 여신, 즉 예금과 대출업무를 담당하는 기관을 말하며, 협동조합은 사전적 의미로는 '상품생산 조직 하에서 대기업의 경제적 압박과 중간상인의 농간을 배제하고 자신의 경제적 지위를 향상시키기 위해 소생산자 또는 소비자들이 모여 경제적 민주주의 원칙하에 조직한 지역적 자유조합'[5]을 의미한다. 금융

---

4) 그에 관해서는 다음의 논저 참조.
  배영목, 『식민지조선의 통화금융에 관한 연구』, 서울대 경제학과 박사학위논문, 1990 ; 윤석범 등, 『한국근대금융사연구』, 세경사, 1996 ; 이석륜, 『한국화폐금융사연구』, 박영사, 1984 ; 波形昭一, 『日本植民地金融政策史の研究』, 早稻田大學出版部, 1985 ; 高嶋雅明, 『朝鮮における植民地金融史の研究』, 大原新生社, 1989.
5) 풀빛 편집부 편, 조용범·박현채 감수, 『경제학 사전』, 풀빛, 1990, 601쪽. 이러한 협동조합은 자본주의 생산양식의 핵심인 생산과정에 관여

조합은 조합원을 대상으로 하는 금융 업무를 중심에 두고, 관제 협동조합으로서의 활동은 시기에 따라 강화되거나 폐지되는 부침의 과정을 겪었다. 한말에서 일제 식민지기를 거쳐 1950년대에 이르기까지 금융조합의 조직 변천을 그림으로 나타내면 다음과 같다.

〈그림 1〉 금융조합의 조직 변천 과정

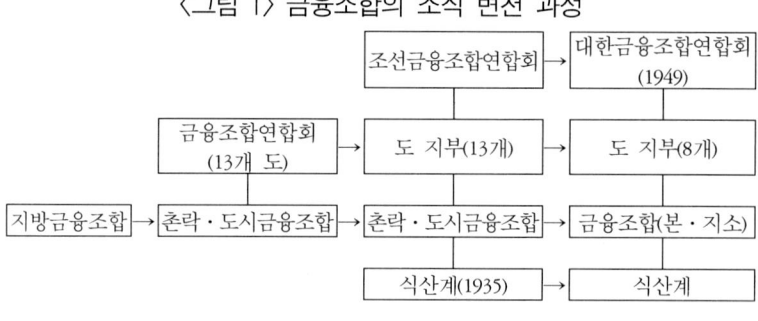

1907~1918년 1918~1933년 1933~1947년 1947~1956년

위 그림을 통해 알 수 있는 바와 같이 금융조합은 재정고문 目賀田種太郎의 주도로 1907년부터 전국 각지에 설립되었다. 이후 1918년에 이르면 종래의 지방금융조합은 촌락금융조합(약칭 촌락금조)으로 변경되고, 시가지세 부과지역에는 도시금융조합(약칭 도시금조)이, 그리고 이들 일선 조합에 대한 도 단위 상부기구로서 각 도 금융조합연합회가 각각 신설되었다. 1933년에는 중앙에 조선금융조합연합회(약칭 조금련)가 설립되고, 1935년에 금융조합 산

하는 것이 아니고 총생산과정의 매개적 과정인 유통과정에 관여하여 상업이윤을 절감함으로써 산업자본의 평균이윤율의 증대에 기여한다. 또한 후진 자본주의국의 협동조합은 필연적으로 발생하는 사회적 계층분화의 진행속도를 가능한 한 지연시키고 소시민적·보수적 중간층을 유지함으로써 전면적 계급투쟁의 격화를 저지하는 윤활유 작용을 수행함과 아울러 보수세력을 온존·유지시키는 기반이 되는 소생산자협동조합이 지배적인 형태(602쪽)이다.

하에 식산계가 조직되어 '조금련 – 금융조합 – 식산계'라는 계통이 완성되었다. 해방 이후에는 1947년에는 일선 조합이 촌락·도시 구분 없이 행정구역에 맞춰 시·군 단위의 본소 및 지소로 정리 통합되었고, 2년 후인 1949년에는 중앙기관인 조선금융조합연합회 가 대한금융조합연합회로 명칭이 변경되었지만, 기능과 역할은 변 하지 않고 그대로 유지되었다. 이후 1950년대에 조직개편 논의를 거쳐 1956년에 신용사업부문은 농업은행으로 개편되었고, 1958년 에 이르러 법적으로 청산되었다가 5·16쿠데타 직후인 1961년에 다 시 농업협동조합중앙회로 재편되어 현재에 이르고 있다.

한말 일제하 금융조합은 일제의 식민지 금융정책의 틀 속에서 식민지 금융기구의 하나로서 그 기능과 역할을 다하였다. 식민지 금융정책이란 식민지가 식민 본국을 위한 식량 및 원료생산지, 상 품시장, 자본 투자처로서 기능하도록 금융 면에서 원조하는 정책 을 말한다. 일제 식민지기 금융조합은 일본 제국주의를 위해 조선 농촌에서 미곡 및 원료 농산물이 안정적으로 생산되도록, 그리고 일본에서 생산되거나 수이입된 상품이 지속적으로 소비되도록 농 민들에게 자금을 대부하는 기능을 하였다. 해방 이후에는 정부 대 행사업의 담당을 통해 이승만 정권과 밀착관계를 유지하였다.

위와 같은 금융조합에 대한 평가 작업은 당대 금융조합 측 인사 들에 의해 편찬된 연사(年史)들을 통해 처음으로 이루어졌다. 『朝 鮮金融組合史』,[6] 『朝鮮金融組合協會史』,[7] 『朝鮮金融組合聯合會 十年史』[8] 등이 그것이다. 그러나 이것들은 당사자에 의해 정리된

---

6) 이것은 1929년 '조선대박람회'를 기념하여 벌어진 금융조합 기념사업 의 일환으로 편찬되었다. 秋田豊, 『朝鮮金融組合史』, 朝鮮金融組合協 會, 1929.
7) 山根讜 編, 『朝鮮金融組合協會史』, 朝鮮金融組合協會, 1934.
8) 朝鮮金融組合聯合會 編, 『朝鮮金融組合聯合會十年史』, 朝鮮金融組合

것인 만큼 그 내용은 자화자찬 일색이다. 금융조합의 설립 목적에
규정된 바와 같이 '조합원의 금융 소통과 경제 발달, 그리고 지방
경제 개선에 기여'했다는 것이다.

이러한 기조를 계승하여 1963년 농업협동조합중앙회(농협중앙
회)에서 『한국농업금융사』[9]가 발행되었다. 1907년 금융조합의 창
설에서부터 1958년 해산되기까지 전 시기의 역사를 다룬 이 책은
1957년 금융조합 설립 50주년을 앞두고 '금융조합 50년사'를 발간
하기 위해 집필되었던 원고를 바탕으로 한 것이었다. 그래서 일제
식민지기에 금융조합과 금융조합 인물들의 활동에 대한 자부심이
강하게 드러난다. 이것은 앞서 발행되었던 위의 각 연사들에서 보
이는 것과 같은 분위기로 바로 이들 저술들을 계승하고 있기 때문
이다. 반면 금융조합의 잘못된 점은 모두 당시의 일본인들에게 전
가하고 있다.

다음으로 일제 식민지기 당대 지식인의 비판서가 있다. 1930년
대 초 동아일보 경제부장이었던 김우평과 역시 1930년 조선일보
편집국장과 주필을 지낸 서춘의 글이 그것이다.[10] 이들은 금융조
합이 (협동)조합제도의 운영원리에서 벗어나 있으며 협동조합으로
서의 역할을 제대로 하고 있지 못하다고 비판하면서, 협동조합으
로서 기능할 것을 요구하고 있는 것이다. 그러나 이런 비판과 요구
는 총독부의 통제 아래 일본 자본주의 발전의 충실한 도구로 기능

聯合會, 1944.

 9) 농업협동조합중앙회, 『한국농업금융사』, 농업협동조합중앙회, 1963.

10) 金佑枰, 『金融組合論』, 鍾山社, 1933 ; 김우평, 「예금상태로 본 금융조
    합」 『第一線』 3권 1호, 開闢社, 1933.1 ; 서춘, 「금융조합의 현상과 결함」
    『彗星』 제1권 제3호, 개벽사, 1931.5. 서춘은 총독부 하부금의 증액, 대
    출 이율의 인하, 신용대부 위주, 가혹한 대부 회수 금지, 이사 및 부이
    사 관선제의 폐지, 이사급의 봉급 감하 등을 주장했다.

하고 있던 당시 금융조합의 실정에 비춰볼 때 공허한 메아리가 아
닐 수 없다.

위와 같은 우파 인사들의 협동조합으로서의 운영 요구와는 달리
금융조합 제도 자체에 대한 비판은 사회주의 이론가들로부터 제기
되었다. 박문규, 고경흠, 배성룡 등의 글이 대표적인 것들이다.[11]
이들은 당대 금융조합에 대해 일본 제국주의의 '고리대적 착취기
구'의 하나로서 조선 농민의 고혈을 吸取하는 수탈기관이라는 비
판을 가했다. 금융조합에 대한 이러한 비판적 시각은 해방 후 사회
주의자들에게 그대로 계승되었다.[12]

금융조합에 대한 본격적인 연구는 1960년대부터 수행되었다.[13]
이후 1970～1980년대 간헐적인 연구시기를 거쳐 1990년대 이후 여
러 연구자들에 의해 활발한 연구가 이루어졌다. 그 내용을 금융조
합의 활동시기별로 살펴보기로 하겠다. 먼저 1907년 지방금융조합
이 설립되는 과정과 초기 활동에 대한 연구는 정용욱·이동언·

---

11) 박문규, 「조선 농촌과 금융기관과의 관계-특히 금융조합에 대하야」
『신동아』 4-2, 1934.2와 고경흠, 「조선에 있어서의 농민문제」『조선문
제』, 1930.5(이상 오미일, 『식민지시대 사회성격과 농업문제』, 풀빛,
1991에 재수록), 裵成龍, 『朝鮮 經濟의 現在와 將來』, 漢城圖書株式會
社, 1933 등이 그것이다.

12) 김한주, 「왜정하의 조선농정사」『협동』 2, 조선금융조합연합회, 1946.10
; 전석담·이기수·김한주, 『현대조선사회경제사』, 1947(『조선근대 사
회경제사』, 이성과 현실, 1989 재수록) 등. 그리고 이러한 비판은 다시
1950년대 북한 학자들에게로 이어졌다. 전석담·최윤규, 『19세기말-
일제통치 말기의 조선사회 경제사』, 1958(『조선근대 사회경제사』, 이성
과 현실, 1989) 등 참조.

13) 1960년대의 연구는 일본에서 먼저 시작되었는데, 다음의 논문들이 그
것이다. 金斗宗, 「植民地朝鮮に於ける1920年代の農業金融について-
朝鮮殖産銀行,村落金融組合を中心として-」『東京大學經濟學研究』 5,
1965 ; 秋定嘉和, 「朝鮮金融組合の機能と構造-1930～40年代にかけ
て」『朝鮮史研究會論文集』 5, 1968.

이경란·최재성 등에 의해 수행되었다.14) 아울러 지방금융조합만
을 주제로 하지는 않았지만, 1910년대 식민정책 속에서 지방금융
조합에 대해 고찰한 연구결과도 있다.15) 이들을 통해 지방금융조
합의 설립배경·설립과정·초기 활동, 그리고 식민체제 기반구축
기의 금융 및 농업정책과 지방금융조합과의 관계 등에 관한 연구
가 많이 진전되었다. 그런데 여기서 특기할 점은 지방금융조합의
설립배경에 대해 대부분의 연구자들은 이른바 '目賀田개혁'의 일
환으로 금융조합이 설립되었다고 파악한 반면, 이경란만은 설립의
도와 설립과정을 분리하여 대한제국 정부의 설립의도를 강조하였
다. 이에 관해서는 본문에서 후술하겠다.

　다음으로 1920년대 금융조합에 대해서는 김영희·이경란·문영
주·최재성 등의 연구 성과가 있는데,16) 이들은 주로 '산미증식계

---

14) 정용욱의 「1907~1918년 '지방금융조합' 활동의 전개」(『한국사론』16,
　　1987), 이동언의 「일제하 조선금융조합의 설립과 성격」(『한국독립운동
　　사연구』6, 1992), 이경란의 「한말시기 일제의 농업금융정책과 지방금
　　융조합의 설립」(『국사관논총』79, 1998)과 『日帝下 金融組合과 農村社
　　會 變動』(延世大學校 大學院 史學科 博士學位論文, 2000.7)의 제2장과
　　제3장의 일부, 최재성의 「地方金融組合 設立初期 活動에 관한 硏究 :
　　1907, 1908년 貸付金旬報 分析을 中心으로」(성균관대 사학과 석사학위
　　논문, 1995)와 「1907·8년 지방금융조합의 설립과 운영」(『한국민족운동
　　사연구』28, 한국민족운동사학회, 2001.8), 「1910년대 식민지 금융정책
　　과 지방금융조합」(『한국독립운동사연구』21, 독립기념관 한국독립운
　　동사연구소, 2003.12), 「금융조합연합회의 설립과 초기 활동」(『한국민족
　　운동사연구』37, 한국민족운동사학회, 2003.12) 등이 그것이다.
15) 주 4)에서 소개한 논저들과 정태헌의 「1910년대 식민농정과 금융수탈
　　기구의 확립과정」(『3·1민족해방운동연구』, 청년사, 1989) 등이 대표적
　　인 것들이다.
16) 김영희의 「1920년대 금융조합의 금융활동」(『숙대사론』13·14·15합집,
　　1988), 이경란의 박사학위 논문 가운데 제3장 일부, 문영주의 「1920년
　　대 도시금융조합의 활동과 보통은행과의 갈등」(『한국민족운동사연구』
　　31, 한국민족운동사학회, 2002.6)과 「도시금융조합 이사 선출제도의 성

획'의 추진, '지주적 농정'의 시행과의 관련 속에서 금융조합의 기능을 파악하거나(앞의 2인) 도시금융조합에 대해 집중적으로 고찰(문영주)하였다. 1930년대 '농촌진흥운동기'와 일제 말 '전시체제기'의 금융조합에 대해서는 秋定嘉和의 연구와 문영주에 의해 집중적으로 이루어진 연구가 있다.[17] 또한 이 시기 일제의 농업정책 속에서 금융조합을 다룬 연구도 있다.[18] 그밖에 일제시기 금융조합에 대한 개괄적 연구로는 金森襄作과 波形昭一의 성과가 있다.[19] 해방 후의 금융조합에 관한 연구로는 이승억, 이임하, 방기중

립과 변천(1918~1929)」(『역사문제연구』12, 역사비평사, 2004), 최재성의 「1920년대 민족분열정책기 금융조합의 인적구성」(『사림』23, 수선사학회, 2005.6) 등이다.

[17] 秋定嘉和의 앞 논문과 이경란의 박사논문 제4장과 제5장 및 「1930년대 전반기 금융조합의 농촌조직 확대와 식산계 설립」(『동방학지』115, 연세대 국학연구원, 2002.3), 그리고 문영주의 「日帝末 戰時體制期(1937 -1945) 村落金融組合의 活動」(고려대 대학원 사학과 석사학위논문, 1996.2), 「일제말기(1937~45) 금융조합 농업대출금의 운용실태와 성격」(『역사문제연구』제6호, 역사문제연구소, 2001.6), 「1920년대 금융조합 중앙기관 설립 논의와 1933년 조선금융조합연합회의 설립」(『사림』16, 首善史學會, 2001.12), 「조선총독부의 농촌지배와 식산계의 역할(1935 ~1945)」(『역사와 현실』46, 한국역사연구회, 2002.12), 「1938~45년 국민저축조성운동의 전개와 금융조합 예금의 성격」(『韓國史學報』14, 高麗史學會, 2003.3) 등이다. 그밖에도 농촌진흥운동기의 금융조합 부인회에 관한 연구도 있는데, 河かおる의 「朝鮮金融組合婦人會について－植民地下朝鮮の農村女性史への手がかりとして」(『姜德相先生古稀・退職記念 日朝關係史論集』, 新幹社, 2003)가 그것이다.

[18] 정연태의 『일제의 한국 농지정책(1905~1945년)』(서울대 국사학과 박사논문, 1994)과 「1930년대 일제의 식민농정에 대한 재검토」(『역사비평』28, 1995.봄), 정태헌의 「1930년대 식민지 농업정책의 성격 전환에 관한 연구」(『일제말 조선사회와 민족해방운동』, 일송정, 1991) 등 참조.

[19] 金森襄作의 「日帝下 朝鮮金融組合과 그 農村經濟에 미친 影響」(『史叢』15・16합집, 1971), 波形昭一의 「朝鮮金融組合の構造と展開」(『金融經濟』170, 1978) 등이다.

의 연구가 있다.[20]

　이상을 통해 소개한 기존의 연구 성과들은 각 시기의 식민정책
또는 농업정책, 그리고 금융조합의 활동 등을 중심으로 한 것들이
다. 이에 필자는, 일제의 금융조합 정책과 금융조합의 활동을 배경
으로 하여 금융조합의 인적 구성, 그리고 각 구성원들이 중심이 되
어 전개했던 운영양상을 중심으로 고찰하고자 한다.

2. 연구방법

　이 글의 시기구분은 주로 금융조합의 역할 및 성격 변화를 기준
으로 하였는데, 특히 금융조합 관련 법령의 개정을 분기점으로 삼
았다. 관련 법령은 금융조합에 대한 일제의 정책이 반영되는 대상
이었고, 법령의 개정은 곧 금융조합의 성격변화와 연결되었기 때
문이다. 동시에 이 시기에 대한 일반사적인 시기구분도 참조하였
다. 그 결과 1907년의 지방금융조합규칙의 제정, 1918년의 금융조
합령의 개정, 1929년의 금융조합령의 개정, 그리고 1938년 전시총
동원체제기로의 돌입 등을 기준으로 금융조합의 시대를 각각 기-
승-전-결로 파악했다.

　한말 일제하 금융조합을 둘러싼 인적 구성을 살펴보면, 당시 조
선 사회의 축소판이라 할만하다. 당시 조선 사회는 다수의 조선인
과 소수의 일본인으로 구성돼 있었다. 전자는 다시 전체 구성원 가

---

20) 이승억의 「8·15 후 남한에서의 금융조합 재편과정(1945~1958)」(한양
　　대 사학과 석사학위논문, 1993), 이임하의 「이승만 정권의 농촌단체 재
　　편성」(『역사연구』 제6호, 역사학연구소, 1998), 방기중의 「1953~55년
　　금융조합연합회의 식산계 부흥사업 연구-이승만 정권의 협동조합정
　　책과 관련하여-」(『동방학지』 105, 연세대 국학연구소, 1999.9) 등이다.

운데 압도적 다수를 이루는 조선 농민, 그리고 식민지 권력에 편입된 식민 관료와 지방에서 권력을 유지하고 있던 '유지층'으로, 후자는 총독부 관료와 경제적 실권을 장악한 이주민들이었다. 그리고 조선인은 주로 농촌에서, 일본인은 도시를 중심으로 거주하고 있었다.

금융조합에도 촌락금조에서 절대 다수를 차지했던 조선인 조합원과 도시 조합에서 과반수를 이루었던 일본인 조합원이 있었다. 이들 조합에는 조합장 등 임원과 이사가 조합 내부에서 조합 운영을 담당했다. 촌락금조에서는 명목상 조합을 대표하는 조합장을 비롯한 임원으로 조선인들이 많았고, 실질적 권한을 갖고 있는 이사로는 일본인이 다수 임명되어 조선인 조합장과 일본인 이사가 조합 임원진을 구성했다. 반면 도시금조에서는 양상이 달랐는데, 일본인이 조합장과 이사 모두를 차지했던 경우가 많았다.

금융조합에는 상부 기구가 있었다. 1918년 설립된 도 연합회와 1933년에 조직된 조선금융조합연합회가 그것이다. 이들 기구의 간부에는 일본인이 임명되었고, 조선인은 전혀 없었다. 이들은 관내 금융조합에 대한 업무지도권을 갖고서 많은 간섭을 했다. 또한 각 도 당국에서도 금융조합에 대한 감독권을 무기로 금융조합 운영에 개입했다.

그리고 그들의 정점에는 조선총독부가 있었다. 조선총독부 재무국을 중심으로 한 재무관리들은 금융조합을 움직이는 관제소 역할을 했다. 그들이 입안한 정책, 즉 조합 운영에 관한 전반적인 관계법령의 정비와 조합의 조직 개편 및 확대 관련 방침 등은 금융조합에 대한 장기 전략이 되었고, 총독부에서 금융조합 관계자를 소집하여 회의를 개최하거나 또는 금융조합 관계자들이 조직한 회의에 총독부 관리가 참석하였던 것들은 장기 전략의 틀 내에서 그 전략을 달성하기 위한 단기 정책을 전달하는 자리로 이용되었다.

필자는 이상과 같은 내용을 전제로 하여 이 글에서 각 시기별 금융조합 인적 구성의 변화에 따른 금융조합 운영 양상의 변동을 고찰하고자 한다. 필자는 금융조합의 인적구성이 3단계로 이루어졌다고 생각한다. 조합원 – 조합 간부 – 총독부 관리 등이 그것이다. 정점에 있는 일제 식민정책 당국자의 의도가 중층의 조합 운영자를 통해 저변의 조합원에 전달되고, 조합 운영에 반영되었다고 보기 때문이다. 정점의 영역에 속하는 것은 위에서 말한 장단기 정책이다. 그리고 정점에서 결정된 장단기 정책이 중층에 전달되는 길은 법령의 공포와 조합 관계자와의 회의를 통해서였다.

그리고 중층에 속하는 것은 조합 내 간부들이다. 특히 조합 내부에서 운영에 관여했던 인물에 대한 기왕의 연구는 충분치 않다고 생각한다. 그래서 필자는 금융조합 인물에 대한 분석에 많은 비중을 두었다. 금융조합의 인물에 대한 기왕의 연구로는 波形昭一의 성과[21]를 첫째로 꼽을 수 있다. 그는 『朝鮮紳士名鑑』(牧山耕藏 編, 1911)과 『朝鮮紳士大同譜』(板垣丈夫 編, 1913)를 통해 1911년~1913년경의 조합장 · 평의원 · 설립위원의 경력을 추출하고, 다시 『朝鮮金融組合と人物』(藤澤淸次郎 編, 1937)에서 1937년 현재 조합장의 경력을 집계하여 두 시기 사이의 금융조합장 경력의 추이를 비교하였다. 그러나 이 방법은 1910년대 초와 1930년대 후반의 상황밖에 보여주지 못한다. 그리고 이사에 대해서는 『朝鮮金融組合大觀』(阿部薰, 1935)에서 1935년 현재 재임 중인 각 이사의 학력을 집계하였는데, 이 역시 1930년대 중반의 상황만을 보여줄 뿐이다. 그밖에 문영주는 1920년대 도시금융조합의 조합장에 대해, 특히 상공회의소와의 관련성에 대해 다루었다. 또한 이경란은 1933년에 설

---

21) 波形昭一, 앞의 책, 209~215쪽.

립된 조선금융조합연합회의 간부들에 대해서, 그리고 1920년부터 1935년 사이 이사로 임용된 조선인의 학력에 대해서 분석하였다.

그러나 이들은 모두 일정한 한계를 갖고 있다. 그 가운데 가장 넓은 범위에 걸쳐 치밀하게 분석한 波形昭一의 성과도 각 시대별 특징을 제대로 보여주고 있다고 보기 힘들다. 그 이유는 무엇보다도 자료의 한계 때문이다. 이에 필자는 위의 연구자들이 메우지 못한 자료 빈약의 한계는 여전히 있지만, 앞에서 필자가 구분한 시기에 따라 각 시기별로 금융조합의 인적 구성에 대해 분석해 보았다. 그 방법은 조합장과 이사에 대해 필자가 구분한 세 시기에 각각 처음 취임했던 자들만을 대상으로 추출하여 검토하였다. 이를 통해 세 시기의 조합장과 이사의 인적 구성이 어떻게 이루어졌는지, 그리고 각 시기별 특징은 무엇인지를 파악할 수 있을 것이다. 또한 조합 간부와 조합원이 교류하는 장은 조합원 총회를 통해서였다. 즉 조합원 총회가 중층인 조합 간부와 저변인 조합원을 매개하는 통로의 구실을 했던 것이다.

마지막으로 저변에 속하는 것은 조합원인데, 이들은 일제의 금융조합 정책에 따라 조합 구성원으로 포섭된 사람들이었다. 조합원에 대한 일제의 정책도 시기에 따라 변화를 보였는데, 조합원의 구성 양상을 통해 그것을 확인해볼 수 있다. 아울러 조합 운영진은 식민정책의 틀 내에서 조합원을 상대로 하여 조합 활동을 영위했다. 이러한 일련의 과정을 살펴봄으로써 식민지기 금융조합이 조선 농민에 어떠한 영향을 미쳤는가를 확인할 수 있을 것이다.

위에서 언급한 정점과 중층, 중층과 저변을 연결하는 고리로 양자가 각각 참석하는 회의가 있었다. 즉 식민정책 담당자와 조합 운영자 사이의, 조합 운영자와 조합원 사이의 회의가 그것이다. 이런 회의는 주로 '위로부터의' 방침이 전달되는 통로 구실을 했다. 물론 그 역방향의 의견전달도 없었던 것은 아니다. 그러나 그것은 거의 수용되지 않았고, 특히 조합운영자와 조합원 사이의 회의를 둘러싸고는 1920~1930년대 조합 분규의 원인이 되기도 했다. 이 회의에 대해서도 기존의 연구자들은 거의 주목하지 않았다.[22]

　필자는 다음의 여섯 가지를 중점으로 하여 금융조합을 고찰하겠다. 첫째, 금융조합의 설립 경위와 설립 이유, 둘째, 금융조합 활동의 시기별 특징(이상 제1장), 셋째, 금융조합 조합장과 이사의 시기별 특징, 넷째, 일제의 금융조합 개입상황(이상 제2장), 다섯째, 조합원 구성의 시기별 특징, 여섯째, 금융조합 내부운영 양상(이상 제3장) 등이다.

---

22) 문영주만이 1920년대 도시금융조합의 분규에 대해 주목할 뿐인데(문영주, 앞의 논문, 2004 참조), 그도 1930년대와 촌락금조의 그것에 대해서는 고찰하지 못했다.

제1장

일제의 금융조합정책과
금융조합의 활동

제1절

지방금융조합의 설립과 활동

1. 한국경제의 식민지적 재편과 지방금융조합의 설립

1) 지방금융조합 설립배경

금융조합이 처음 설립된 것은 한국 경제가 식민지적으로 재편되는 과정의 일환으로서였다. 그리고 한국 경제가 식민지적으로 재편된 것은 目賀田種太郎이 대한제국 정부의 재정고문으로 부임하면서부터였다. 1904년 8월 22일에 체결된 제1차 한일협약에 따라 이해 10월 일본 大藏省 주세국장 目賀田種太郎이 재정고문으로 부임하였는데,[1] 재정고문의 역할은 한국정부의 재정 전반에 미치

---

1) 目賀田이 재정고문으로 부임한 이후 1905년 7월 대구·전주·평양에 재정고문지부가 설치되었고, 점차 전국 주요지에 고문지부·분서·분청이 설치되었으며 1907년 6월에는 한성·대구·전주·평양·원산에 고문감부가 신설되었다. 이후 재정고문부가 폐지되기까지 5개소의 고

는 것이었다.2) 이후 1907년 7월 24일 한일신협약(정미7조약)이 체
결되어 재정고문 이하 고문부의 각 부국이 폐지되는 대신 일본인
들이 각 부의 차관 및 고위 관리에 임명되었다. 이에 따라 재정고
문부의 사무는 탁지부로 이관되었으며, 탁지부차관에 임명된 荒井
賢太郞이 目賀田의 역할을 계승하였다.

目賀田은 임기동안 재정정리 · 화폐정리사업의 전개, 식민지적
금융기관 설립 등 이른바 '目賀田개혁'을 추진하였다.3) 재정정리
사업의 내용은 국고제도의 실시, 회계법규의 정비, 징세기구의 정
비, 징수증대 등이었는데, 그 요체는 국고출납을 第一銀行이 담당
토록 하여 중앙은행의 역할을 맡기고, 세수를 확충하며 外劃 폐
지 · 징세기구 정비를 통해 지방관을 징세과정에서 배제하는 것이
었다.4)

문감부 · 13개소의 지부 · 69개소의 분청에 일본인 고용원만 410여 명
에 달하는 조직(統監官房,『韓國施政年報』, 1906·1907, 152~154쪽)으
로 발전하였다.
 2) 재정고문의 권한은 '한국정부의 재정을 정리 감사하고 재정상 제반 설
비에 관하여 심의 기안하며, 또 재정의 일에 관하여는 의정부 회의에
참여하여 탁지부 대신을 거쳐 재정에 관한 의견을 의정부에 제의하고
재정사무에 관하여 (한국 황제의 ; 인용자) 알현을 요청하여 상주할 수
있'는 것이었다. 이러한 재정고문에 대해 '한국정부는 재정에 관한 일
체의 사무에 대해 고문의 동의를 거쳐 이를 시행하고 의정부의 의결
및 각부의 사무로서 재정에 관계있는 것은 그 상주 전에 고문의 동의
加印을 요함을 약속'하여 그 권한과 역할을 보장하였다(金正明 編,『日
韓外交資料集成』8, 巖南堂書店, 1964, 136쪽).
 3) 이른바 '目賀田개혁'에 대해서는, 황하현의「目賀田種太郞의 대한경제
공세」(『일제의 대한침략정책사연구』, 현음사, 1996), 211~233쪽 참조.
 4) 第一銀行은 1905년 1월 31일 한국정부와의 계약에 따라 국고금 출납업
무를 취급하게 되었고, 나아가 한국정부의 동의 없이 일본정부의 일방
적인 조치(칙령 제73호, 1905.3.24)에 의해 한국 중앙은행의 역할을 하
게 되었다(이석륜,『한국화폐금융사연구』, 박영사, 1984, 383~387쪽).
또한 도내 세무행정을 지휘 · 감독하는 각도 세무감은 관찰사가 겸하

또한 화폐정리사업은 1904년 11월 典圜局을 폐지하고, 1905년 6월 훈령「신화폐조례 실시와 구백동화 환수에 관한 건」의 공포에 따라 7월부터 본격적으로 실시되었다. 이는 백동화의 정리, 엽전과 기타화폐의 정리, 새 화폐의 발행 등 세 과정으로 진행되었는데, 구화폐는 교환·공납·매수 등 세 가지 방법으로 정리되었다. 이 사업은 결국 조선인의 화폐자산을 수탈하는 것이었다.[5]

이러한 재정정리·화폐정리사업의 결과 조선의 전통적인 금융기구가 붕괴되어 금융경색이 전국으로 확산되었는데, 이는 징수된 세금과 교환된 구화폐가 第一銀行에 집중됨으로써 지방자금 공급의 경로가 차단되었기 때문이었다. 특히 외획 폐지로 인한 지방금융의 경색은 금납화의 원활한 진행과 지방생산물의 중앙 유입을 곤란하게 했다.

이와 함께 조선의 전통적인 금융기구를 대신할 식민지적 금융기관이 설립되었다. 1905년 9월 한성공동창고회사를 시작으로 漢城手形組合, 農工銀行 등이 차례로 설립되었다. 특히 농공은행의 설립은 외획 폐지와 함께 지방생산물의 구매자금 부족과 지방생산물의 판매부진이 발생하고 이에 따라 지방생산물의 가격이 하락하여 납세의 지연 및 납세부담의 가중으로 파생될 재정상의 문제를 해결하려는 것이었다. 그러나 농공은행의 설립으로 농공은행 본·지점이 설립된 일부 도시지역은 금융경색현상이 어느 정도 완화되었지만, 농촌지역에까지는 미치지 못함에 따라 농공은행의 역할을 농촌에서 담당할 보조기구로서 설립된 기관이 지방금융조합이다.

였고, 세무관은 각 도내 중요한 지역에 배치되었으며, 세무주사는 각 군에 파견되어 세무집행을 담당하였다(조기준,『한국자본주의 성립사론』, 대왕사, 1985, 218~222쪽 및 高嶋雅明,『朝鮮における植民地金融史の硏究』, 大原新生社, 1989, 134~138쪽).

5) 이석륜, 앞의 책, 392~416쪽.

지방금융조합의 창설은 뒤의 설립과정에서 살펴보겠지만, 目賀田種太郎의 의도와 그가 이끄는 재정고문부의 역할이 절대적이었다. 그러나 이경란은 이와 달리 '대한제국의 구상'을 강조하였다. 아마 그 근거는 1907년 고종 황제의 퇴위와 정미 7조약의 체결을 기준으로 그 이전의 대한제국의 성격과 그 이후의 그것이 확연히 다르다고 판단하였기 때문인 것으로 보인다.[6]

이경란의 주장에 의하면, 대한제국은 화폐제도와 중앙은행의 설립으로 화폐·금융주권을 지키고 재정개혁을 추진하였으며, 보통은행과 농공은행을 통해 관료와 지주층의 자본전환과 상공업정책을 추진하였고, 농민층의 금융수요와 고리대적 금융구조를 조정하기 위한 기구로서 소농금융기관인 지방금융조합을 구상했다는 것이다. 그리고 대한제국의 의도는 설립초기의 방침에만 부분적으로 반영되었을 뿐이며, 금융조합의 설립과 운영과정에서는 거의 배제되었다는 것이다.[7]

그러나 실제로 금융조합 설립에 대한 대한제국 구상의 실체를 발견하기는 어렵다. 이경란은 '설립초기의 지방금융조합안은 대한제국 정부와 협의하에 결정된 것이므로 대한제국의 금융구상을 찾아낼 수 있을 것'이라고 하였지만, 일본인 재정고문의 의도대로 작

---

6) 이 문제는 1905년 11월의 '제2차 한일협약'(을사조약), 통감부의 설치(1906.2), 그리고 1907년 '한일신협약'(정미7조약)에 이르는 시기의 대한제국의 성격에 대한 시각과 관련이 있다. 이경란은 1907년 이완용 내각의 성립과 '차관정치'의 시작 이전에는 대한제국 정부의 독자성이 확보되었다고 평가하고 있는 듯하다. 그러나 필자는 '을사조약'이 사실상 대한제국의 반식민지상태의 출발점이었고, 특히 경제적 식민지화는 이미 재정고문의 부임과 함께 시작되었다고 생각한다.

7) 이경란,『日帝下 金融組合과 農村社會 變動』, 延世大學校 大學院 史學科 博士學位論文, 2000.7, 26~35쪽 및 이경란,『일제하 금융조합 연구』, 혜안, 2002, 50~62쪽.

성된 안에서 대한제국의 구상을 찾기란 쉽지 않다고 생각한다. 대
한제국의 구상을 운운하려면 최소한 형식상으로라도 탁지부가 지
방금융조합을 설치하기 위한 의견수렴과 계획 작성 과정에서 주도
권을 쥐고 있었어야 한다고 보는데, 실제로는 재정고문부가 그 역
할을 담당했고, 탁지부는 법령 공포 과정에만 참여했을 뿐이다.

또한 지방금융조합규칙 등이 마련되는 과정에서 당시 탁지부 대
신 민영기의 역할을 크게 평가한 듯하다.[8] 그러나 5월 4일에 열린
제15회 '한국시정개선에 관한 협의회'에서의 민영기와 目賀田의
대화 내용을 통해서 볼 때 그 안의 마련과정에 대한제국의 탁지부
(와 민영기)는 거의 배제되어 있었다는 것을 확인할 수 있다. 그 회
의에서 민영기는 目賀田에게 각 지방금융조합에 대하할 자금은 어
떻게 조달할 것인지를 묻고 있는데, 대한제국의 구상이 있었다면,
탁지부 대신이 회의석상에서 그와 같은 기본적인 질문을 하였겠는
가 하는 의문이 든다.

'정체성론' 등 식민사관에 대항하여 '내재적 발전론'이 제기되었
듯이, '식민지 근대화론'에 맞서 일제의 의도에 따른 '근대적' 금융
기관의 설치 대신에 '자주적인 근대화의 노력'의 일환으로 대한제
국의 구상을 상정한 이경란의 의도는 충분히 이해할 만하다. 그러
나 이경란도 지적했듯이, 대한제국 정부가 근대적 금융제도의 창
설을 위해 추진했던 자주적 개혁 시도는 이른바 '目賀田 개혁'의
추진과 함께 무산되었다. 따라서 소농금융기관에 대한 대한제국의

---

8) 민영기는 을사조약 체결과정에서 이완용 등 '을사5적'과는 달리 처신
  한 것이 사실이다. 즉 그는 한규설(참정대신)과 함께 반대 의사를 표시
  했다. 그러나 그 이후에도 그 자리에 계속 있다가 1907년 박제순 내각
  의 총사직과 함께 물러나 1908년 동양척식회사 설립 시 부총재가 되었
  고, 1910년 한일병합 이후 남작 작위를 받았다(大村友之丞 編, 『朝鮮貴
  族列傳』, 朝鮮研究會, 1910, 210~211쪽).

구상이 있었다면, 그것은 1906년부터 재정고문부에 의해 추진된 '지방금융조합'이 아닌, 재정고문 부임 이전의 '어떤 것'에서 찾아야 한다고 생각한다.

금융조합의 창설 관련 기록을 보면 한결같이 조선 금융조합의 독자성 또는 고유성을 강조한다. 일본에는 없는 독창적인 제도로서, 조선 전래의 계와 社倉 등을 계승하였다는 것이다. 그러나 이미 일본에서 19세기 말에 신용조합이 자생적으로 조직되어 1888년에 144개에 이르렀고, 판매, 구매, 생산, 이용 등의 사업조합도 200여 개였다는 것9)을 볼 때 이해하기 어렵다. 目賀田과 재정고문부의 관리들이 금융조합의 설립을 계획하면서 일본의 조합을 참조하지 않았을 리 없다.

그러면 그들은 왜 조선 금융조합 설립과정에서 일본의 산업조합에 대한 언급은 일언반구도 없이 조선 고유의 독창성만 강조했을까. 그 이유에 대해서 생각해보면 당시 조선인들 사이에 반일감정이 높았던 것을 고려한 조치가 아니었나한다. 보다 많은 조선인을 포섭하기 위해 조선 농민들의 반일 감정을 자극할 가능성이 있는, 일본과 유사한 제도의 도입을 강조하기보다는 조선 고유 제도의 계승을 내세우는 것이 더 효과적이었으리라 생각한다.

일제가 지방금융조합의 창설을 통해 얻고자 했던 효과는 무엇이었을까? 그것은 설립안을 마련하는 과정의 문건을 통해 추측해 볼 수 있다.10) 이들 문건을 통해서 볼 때 일제가 기대했던 지방금융조합의 기능은 먼저 곡물 확보(농공은행 지배인 앞 통첩, 농공은행

---

9) 金佑枰, 『金融組合論』, 鍾山社, 1933, 13∼14쪽.
10) 설립안이 처음으로 모습을 드러낸 것은 1907년 2월 재정고문부에서 각지 농공은행 지배인에게 보낸 통첩이었다. 그 통첩과 농공은행 지배인들이 답신, 그리고 그것들을 기반으로 하여 작성된 여러 문건 내용을 검토하면, 일제의 의도를 파악할 수 있다.

지배인 회답)였다. 그 방법은 지방금융조합에 창고를 설치하여 조
합원을 위해 미곡을 담보로 한 대부와 곡물 위탁판매를 실시하는
것이었다. 식민 본국에 대한 식민지의 제1의 기능인 식량공급지로
서의 역할을 다하도록 한국의 농업구조를 개편하는 과정에서 지방
금융조합이 일익을 담당하도록 한 것이다. 같은 이유에서 지방금
융조합으로 하여금 '농사개량'[「지방금융조합설립세조설명」(이하
'세조설명'), 제1]도 담당하게 하여 일본인의 구미에 맞는 미곡으로
개량하고자 하였다.

　두 번째는 곡물 등의 담보를 통해 조합원에게 대부함으로써 중
하층 농민들로 하여금 고리대의 질곡 속에서 벗어나게 하고자 기
도하였다. 중농층은 농촌사회를 구성하는 중핵이었다. 그러나 고리
대는 그 중농층의 몰락을 이끄는 문제 거리였고, 중농층의 몰락은
농촌 사회의 안정을 해치는 제1의 요인이었다. 따라서 고리대의 제
거는 농촌사회 안정의 지름길이었다. 일제가 고리대 속에서 벗어
나지 못하는 농민에게 저리의 금융을 제공하는 것은, 반일 의병의
활동이 치열했던 당시 정세와 관련하여 농민들의 인심을 얻는 데
는 효과가 크다고 판단했을 것이다.

　그밖에 조세 징수 및 화폐 정리(세조설명, 제1)에도 지방금융조
합을 이용하여 그 효과를 높이고자 하였다. 이상을 정리하면, 한국
을 일본의 실질적인 식민지로 재편하는 과정에서 한국 농민의 호
의적 반응을 기대하며 지방금융조합으로 하여금 고리대인 私債보
다 저리의 자금을 농민에게 대부하는 금융활동을 중심활동으로 하
게 하고, 대부 과정에서의 곡물 담보와 위탁판매, 그리고 농사지도
를 통해 쌀의 상품화를 촉진하며, 징세와 화폐정리도 병행하게 하
였던 것이다.

2) 설립과정

지방금융조합 창설을 위한 제도적 장치 마련 과정을 살펴보면 다음과 같다.[11] 재정고문 目賀田은 최초로 第一은행 지점장 淸水의 의견을 구한 후 1906년 4월 통감 伊藤博文에게 의견을 제시하고 다시 한국정부에 의견을 물었는데,[12] 한국 정부에 의견을 물은 것은 요식행위에 지나지 않았다. 이후 재정고문부에서는 다시 1907년 2월 23일에 각지 농공은행 지배인에게 「농공은행 출장대부와 농업창고시설」에 관한 통첩을 보냈는데, 미곡 등 곡물 산지 또는 집산지에 창고를 확보하고, 수확기에 농공은행원이 출장대부를 하며, 신용조합 또는 곡창조합을 조직시킬 것 등 6항목이었다. 이 통첩에 대해 각 농공은행 지배인들은 사환미제도를 부활하고, 지방농민으로 하여금 조합을 조직케 하여 대부 사무 및 창고보관을 하게 하며, 엽전 정리 및 신화 보급도 겸하게 할 것 등 10 항목에 대한 회답을 하였다.[13]

위와 같은 회답을 받은 재정고문부는 통첩과 회답을 절충하여 「지방금융조합설립계획요령」(이하 '계획요령')을 만들었는데, 모두 8개조로 이루어진 것이었다. 이어서 5월 4일에는 통감 伊藤, 재정고문 目賀田과 참정대신 박제순 이하 한국 대신들이 참석한 가운데 '한국 시정개선에 관한 협의회'(15회)가 열려 위 '요령'에 대한

---

11) 다른 자료의 소개가 없는 경우, 설립과정에 대한 설명은 秋田豊의 『朝鮮金融組合史』(朝鮮金融組合協會, 1929, 71~90쪽)를 참조하였다.

12) 目賀田種太郎, 「金融組合設立の由來」『金融組合論策集』, 朝鮮金融組合協會, 1930, 92~93쪽.

13) 『明治四十年上半年韓國財政整理報告』 제4회, 1907.10(이하 '『財政整理報告』 제4회'로 약칭함), 328~329쪽.

논의가 이루어졌다. 伊藤이 주재한 이 회의에서는 또한 '지방위원
회규칙'(안)도 같이 논의되었는데, 이 회의 내용을 보면, 지방위원
회와 지방금융조합의 밀접한 관련성을 발견할 수 있다. 두 기관은
각각 '정부와 지방 인민의 의사를 소통하고, 금융의 원활함을 도모
하기 위해' 설치되는 것으로 '세금 납세자의 손으로부터 한 번 국
고에 들어갔다가 다시 인민의 손에 반환하는 사이의 운전을 편리'
하게 하기 위한 것이었다.[14]

  그리하여 세무관 주재지에 설치되는 지방위원회는 재무에 관하
여 관민의 의견을 소통하고 법령의 주지를 도모하여 정부의 자문
에 응답하며 의견이 있을 때는 이를 정부에 상신하는 것(제1조 및
제2조)[15]으로 조세·수수료 및 부역현품의 과세징수에 관한 사항,
화폐정리에 관한 시설사항, 지방금융에 관한 시설사항, 金穀 등을
축적한 기관의 설치 및 그 조치에 관한 사항 등에 관해 회장(세무
관)에게 자문의견을 제시하는 역할을 담당하였다(제1조·제5조).[16]
위와 같이 세무관이 회장을 겸임하는 지방위원회와 세무관 주재지
50곳에 설치될 예정이었던 지방금융조합은 세무관을 매개로 연결

---

14) 이 회의의 내용 및 '요령'(안)에 대해서는 金正明 編, 『日韓外交資料集
  成』6上(巖南堂書店, 1964, 452~469쪽) 참조. 위에서 인용한 문구는 이
  날 회의를 주재한 통감 伊藤의 서두 발언의 일부로, 그의 의도를 잘 드
  러내고 있다고 생각하는 부분이다. 또한 이날 회의에서는 지방위원회
  에 설치에 관해서는 많은 의견들이 오갔으나, 지방금융조합에 대해서
  는 주로 탁지부 대신 민영기와 재정고문 目賀田 사이에 의견교환만 있
  었을 뿐이다. 그 결과 '지방위원회규칙'(안)은 많은 부분 첨삭이 이루어
  졌으나, '요령'(안)은 '재무관'이란 문구 다음에 '또는 재무관보'라는 문
  구만 추가되는 데 그쳤다.
15) 「地方委員會規則」勅令 제31호(5월 13일)『官報』제3768호, 光武 11년
  (1907) 5월 17일.
16) 「地方委員會規則施行에關호件」度支部令 제18호(6월 6일)『官報』제
  3793호, 光武 11년(1907) 6월 15일.

되었다.

5월 4일의 협의회 이후 지방금융조합 설립계획안도 만들어졌다. 또한 재정고문부는 5월 15일 각지 재무관에게 「지방금융조합창설에 관한 건」이란 통첩을 보내고 「지방금융조합설립계획요령」, 「지방금융조합모범정관」, 「지방금융조합 공동자금하부에 관한 명령」, 「지방금융조합설립세조설명」 등을 시달했다. 그 후 5월 30일 대한제국 칙령 제33호로 「지방금융조합규칙」이 공포되었다. 또한 지방금융조합의 설립에 관한 방법은 탁지부대신이 정한다는 「지방금융조합규칙」 제13조에 따라 탁지부에서도 부령 제16호로 「지방금융조합설립에 관한 건」을 공포하였다.

1907년 지방금융조합규칙이 제정되고 지방금융조합 설립이 추진되는 과정을 통해 확인할 수 있는 것은 지방금융조합의 설립이 재정고문부의 주도로 입안되고, 각 재정고문지부 재무관과 농공은행 지배인 등 순전히 일본인의 손에 의해 진행되었다는 것이다. 특히 1907년 5월 24일 재정고문이 각 지부 재무관에게 통첩한 「지방위원회 및 지방금융조합에 관한 건」(稅362) 가운데 지방위원회 설립 주의에 대한 내용을 보면, 제1에 '각 지부에 각 분서원을 집합시켜 재무관으로부터 지방위원회 및 인근에 설치될 지방금융조합 설립의 취지 및 방법을 특히 한국 관헌과 인민에게 설명 권유할 주의 방법을 설명하고 打合할 것'17)이라 하여 지방금융조합 설립의 취지를 설명할 주체는 재정고문부 지부 및 분서원이고, 한국 관헌은 그 설명을 들을 대상으로 설정되어 있음을 알 수 있다. 그리고 재정고문부에서 각 지부 재무관과 재무관보에게 발송한 「지방금융조합설립세조설명」 역시 지방금융조합의 설립과정 및 운영이 철저하게 일본인 관리들에 의해 진행될 것임을 보여주고 있다.

---

17)『財政整理報告』 제4회, 40~41쪽.

　5월 30일 「지방금융조합규칙」(이하 '규칙')의 공포와 함께 조합
설립이 착수되었다. 이때의 조합설립 방침을 보면, 조합은 1개 군
또는 수개의 군으로써 1구역으로 하고, 세무관 소재지인 전국 주요
각 군 50개소에 설립하며 세무관이 주재하지 않는 지방은 추후 그
설치 후에 설립하도록 하였다.[18] 이후 각지 재무관들은 관내의 설
립 예정지를 보고했는데, 1907년 10월 현재 각지 재무관이 보고한
곳은 25개 지방이었다.[19]

　25곳 가운데 전남의 5곳 모두는 1907년 6월 28일 광주를 시작으
로 7월 중순까지 설립인가를 받은 것이 눈에 띤다. 광주를 포함하
여 전남의 5곳이 가장 먼저 설립인가를 받은 이유는 다음 세 가지
로 생각할 수 있다. 첫째, 전라남도는 한국에서 유명한 곡창지대이
다. 미곡의 확보가 그 설립 동기 중의 하나였던 지방금융조합이 전
남지역에 가장 먼저, 그것도 후보지역 5곳 모두가 신속히 설립인가
를 받았음은 미곡의 확보를 생각하지 않고는 설명할 수 없다고 생
각한다.

　두 번째는 지방금융의 자금경색현상이 전라도 지역에서 심했기
때문이 아닐까 하며, 또 다른 하나는 의병전쟁과 관련이 있지 않나
생각한다. 지방금융조합 설립 목적 중 하나는 확산되고 있던 의병
투쟁을 조선농촌과 농민으로부터 차단하기 위한 것이었다.[20] 1907
년 금융조합의 설립이 시작되던 당시는 1905년 을사의병과 1907년

---

18) 「地方金融組合設立計劃要領」 제1조『財政整理報告』 제4회, 329〜330쪽.
19) 광주지부 등 11지부에서 25곳의 후보지역을 보고했고, 함흥지부와 경
　　성지부는 당시까지 보고하지 않았다(위의 자료, 345〜346쪽).
20) 波形昭一도, 目賀田 '顧問政治'가 반동공황을 초래하고, 항일의병투쟁
　　이 식민지지배 자체의 위기를 가중함에 따라 조선 전국의 주요도시에
　　서부터 지방농촌에 이르기까지 미치는 광범한 금융조치가 필요하여 농
　　공은행과 지방금융조합을 설립하게 되었다고 하였다(波形昭一, 앞의
　　책, 201쪽).

정미의병의 활동 사이에 있던 기간으로 休止期라고 할 수 있는데, 예외적으로 전라도 광주 인근지역에서는 고광순 의병부대가 봉기 하여 활약하였다. 고광순 의병부대는 1907년 1월 24일(음력 병오년 12월 11일)에 창평에서 봉기하여 남원, 능주, 화순, 동복 등지에서 일본군과 격전을 벌이다가 8월까지 수시로 유격전을 전개하였 다.[21] 따라서 전라도 광주에 사무소를 두고 능주, 화순, 동복 등을 조합구역으로 하는 광주지방금융조합을 맨 처음 설립한 것이 아니 었나 생각한다.

이어 1907년 10월 말까지 15개소, 11월 중에 6개소 등 21개소가 설립인가를 받았고, 설립준비중인 곳이 8곳, 설립인가 신청 중인 곳이 1곳 등 30개소였다.[22] 1907년에 인가를 받은 24곳 가운데 재 무관이 보고한 후보지역이 아닌 곳은 평양, 덕천, 성주, 함흥 등 4 곳이며 나머지 20곳은 모두 재무관이 설립 예정지로 보고했던 곳 이 그대로 인가를 받았다. 그리고 나머지 5곳의 예정지도 1908년 상 반기까지는 모두 설립인가를 받았다. 이로 미루어 보면, 각지 재무 관이 지방금융조합 설립지 결정에 큰 영향력을 행사했음을 알 수 있다. 이후 1908년 6월말까지 설립인가를 받은 곳이 35개소였고, 설립 준비 중 7개소 등 42개소였다.[23] 설립인가를 받은 곳 35곳 가 운데 경기 이남지역이 24곳으로 남부지역에 편중돼 있다. 이것은

21) 독립운동사편찬위원회,『독립운동사 - 의병항쟁사』, 독립운동사번각발 행처, 1983, 401~404쪽.
22)『明治四十年後半年韓國財政整理報告』제5회, 1907.10.5(이하 '『財政整 理報告』제5회'로 약칭함), 68~76쪽. 1907년 11월까지 인가를 받은 곳 이 21개소였고, 1907년도에 인가 받은 곳이 24곳이었으니 12월에 인가 를 받은 곳은 설립준비 중인 8곳과 설립인가 신청 중인 1곳 등 9곳 가 운데 3곳이었음을 알 수 있다.
23)『韓國財務經過報告』, 1908.11(이하 '『財務經過報告』'로 약칭함), 219~ 222쪽.

남부지역이 농업지대이고, 북부에 비해 보다 많은 인구가 거주하
고 있었기 때문이다. 이 시기 설립준비중인 7곳 가운데는 성천, 강
서, 초산, 옹진, 영흥 등 5곳이 북부지역이었다. 이어 1908년 9월말
현재 43개소가 설립인가를 받았고, 5개소는 설립준비중이었으며, 1
개소는 지역을 선정한 상태이고, 나머지 1곳은 여전히 지역을 결정
하지 못했다.[24] 이상의 과정을 거쳐 확정된 50곳은 다음 표와 같다.

〈표 1-1〉 조합 상황과 설립지 상황(1908년 말 기준)

도명	조합명	조합 상황			설립지 상황				
		인가일	郡數	조합원	예정지	세무서	지방위원수	고문부	재무서	기설치 금융기관
전남	광주	07.06.28	8	483	○	세무서	8	지부	설치	광주本 수형
전남	영암	07.07.03	7	315	○	세무서	7	분청	〃	—
전남	제주	07.07.03	3	173	○	세무서	4	분청	〃	광주支
전남	나주	07.07.15	6	259	○	세무서	5	분청	〃	18出
전남	순천	07.07.15	5	315	○	세무서	10	분청	〃	—
경남	진주	07.08.08	4	483	○	세무서	14	지부	〃	경상支 수형
충북	청주	07.08.31	6	261	○	세무서	7	분청	〃	—
전북	전주	07.09.21	7	951	○	세무서	8	지부	〃	전주本 수형
평남	평양	07.09.25	6	224		세무서	12	지부	〃	一支 58出 평안本 수형
평남	안주	07.09.25	4	574	○	세무서	6	분청	〃	—
경북	상주	07.10.05	2	297	○	세무서	6	분청	〃	경상出
경남	밀양	07.10.08	4	381	○	세무서	8	분청	〃	밀양本
경기	수원	07.10.08	3	346	○	세무서	9	지부	〃	한성支
황해	송화	07.10.15	4	406	○	세무서	7	분청	〃	—
경북	경주	07.10.30	1	288	○	세무서	9	분청	〃	—
충남	홍산	07.11.05	7	192	○	세무서	8	분청	〃	—
충남	공주	07.11.05	7	1358	○	세무서	10	지부	〃	한호出
평남	덕천	07.11.09	3	142		세무서	3	분청	〃	—
경남	창원	07.11.09	4	575	○	세무서	6	분청	〃	—
평북	의주	07.11.20	1	417	○	세무서	6	분청	〃	—
경북	성주	07.11.25	1	445		세무서	5	분청	〃	—
충남	홍주	07.12.10	5	384	○	세무서	10	분청	〃	—
함남	함흥	07.12.21	1	262		세무서	9	지부	〃	一出 함경支
강원	강릉	07.12.28	1	392	○	세무서	6	분청	〃	—
경기	개성	08.01.06	5	244		세무서	8	분청	〃	一出 한호支

24) 그러나 『皇城新聞』의 기사[1908.8.30(2) 「金融組合區域」]는 이를 8월 말
　의 상황으로 보도했다.

평북	강계	08.02.07	3	177	○	세무서	3	분청	〃	―
전북	남원	08.03.03	4	603	○	세무서	5	분청	〃	전주支
강원	원주	08.03.28	2	256	○	세무서	5	분청	〃	―
황해	서흥	08.04.01	7	316	○	세무서	7	분청	〃	―
함북	경성	08.04.09	1	229		세무서	6	지부	〃	一出 함경支
경기	남양	08.05.29	2	200		분서		―	미설치	―
경남	울산	08.05.30	1	269		분서		―	미설치	―
경북	안동	08.06.12	1	357	○	세무서	9	분청	설치	―
함남	북청	08.06.27	1	610		세무서	6	분청	설치	―
황해	안악	08.06.27	3	335		분서		분청	미설치	―
충남	천안	08.07.17	3	324		세무서	9	분청	설치	―
함남	영흥	08.08.21	1	475		분서		분청	미설치	―
충남	서산	08.08.21	5	269		분서		분청	미설치	―
평남	강서	08.09.01	4	346		분서		―	미설치	―
평북	초산	08.09.04	3	234		세무서	3	분청	설치	―
평남	성천	08.09.11	2	181		분서		분청	미설치	―
충북	영동	08.09.21	2	460		세무서	3	분청	설치	―
경북	대구	08.09.21	4	316		세무서	12	지부	설치	一支 경상本 수형
황해	옹진	08.10.09	1	―		분서		분청	미설치	―
함북	길주	08.11.10	1	―		분서		―	미설치	―
강원	철원	08.11.25	1	―		세무서	3	분청	설치	―
함북	단천	08.11.27	1	286		분서		―	미설치	―
함남	덕원	08.12.01	2	583		분서		분청	미설치	―
충남	강경	준비중	―	―				―	미설치	한호 支
강원	금성	준비중	―	―		세무서	6	분청	설치	

출전 : 조합상황은 『第三次統監府統計年報』(1908), 제225표 「韓國地方金
融組合營業總況」; 『官報』 제3884호, 隆熙元年(1907) 9월 30일 ;
『財政整理報告』 제4회, 345～346쪽.
주 1) 예정지는 1907년 10월 말일 기준. 세무서는 1907년 7월 11일 기준,
지방위원수는 9월 30일 기준, 고문부는 1907년 8월 1일 기준, 재무
서 및 금융기관은 1908년 기준.
주 2) 一: 第一은행, 18: 十八은행, 58: 第五十八은행, 밀양: 밀양은행, 한
성: 한성은행, 한호: 한호농공은행, 경상: 경상농공은행, 광주: 광주
농공은행, 전주: 전주농공은행, 평안: 평안농공은행, 함경: 함경농공
은행, 수형: 手形組合, 本: 본점, 支: 지점, 出: 출장소

처음 계획했던 50곳의 설립인가가 1907년을 지나 1908년을 넘기
고도 2곳이 설립준비중이었던 것처럼 아주 순조로웠던 것은 아니
다. 더욱이 실제로 설립 작업이 완료된 곳도 1907년에는 10곳, 1908

년까지는 43곳에 머물렀는데, 표에서 1908년 9월까지 인가를 받은
곳이 이에 해당한다. 10월 이후 인가를 받은 7곳 가운데는 1909년
에 설립된 곳이 4곳, 1910년에 설립된 곳이 1곳(덕원), 1913년에 가
서야 설립이 완료되는 곳도 2곳(옹진, 금성)이나 있었다.[25]

이처럼 지방금융조합 설립이 계획대로 원활히 이뤄지지 않는 가
장 큰 이유는 정미의병의 활동 때문이었다. 지방금융조합이 창설
되던 시기는 헤이그 특사파견에 따른 고종의 강제 퇴위, 그리고 군
대해산 등으로 '제3차 의병전쟁'으로 일컬어지는 정미의병의 활동
이 고조되던 시기였다. 전국 각지의 의병봉기와 전투로 인해 지방
금융조합에도 그 영향이 적지 않았다. 조선총독부 재무국장을 역
임한 河內山樂三의 회고에 의하면, 지방금융조합 설립위원들은 권
총과 일본도를 휴대하고 조합원 모집 등 조합설립에 나섰다.[26]

의병의 봉기로 먼저 지방금융조합의 설립이 차질을 빚어 연기된
경우를 원주지방금융조합 설립과정을 통해 확인할 수 있다.[27]
1908년 1월 19일 원주재무서는 탁지부에 보낸 보고서에서 원주지
방에 출몰한 의병을 진압해야 조합설립이 가능할 것이라고 하였
다. 2월에는 원주재무서가 일상 업무를 보기 곤란하여 춘천재무서
가 조합 설립에 간여하였다. 2월 26일 춘천재무서 山口재무관은 탁
지부에 창립보조비 780원을 요구하였고, 탁지부는 춘천우체국을
통해 송금하였다. 춘천재무서는 2월 19일자 공문에서 의병이 진압
되었으니 4명의 민간 설립위원을 추천하고, 조합의 관할지역으로
8개 군이 예정되어 있었으나 지형상의 곤란 등으로 원주와 횡성 2
개 군으로 변경해 줄 것을 요청하였다. 이후 의병들의 활동으로 원

25) 「地方金融組合の增設」 『朝鮮彙報』, 朝鮮總督府, 1915.6, 113쪽.
26) 河內山樂三, 「組合創設當初のことども−理事諸氏の奮鬪を想起して」
    『金融組合』 제4호(1929.2), 朝鮮金融組合協會, 5∼6쪽 ; 朝鮮金融組合
    協會, 『金融組合逸話集』, 1931, 103쪽.
27) 「金融組合關係書類綴」 ①(규21689).

주에 부임하지 못하고 춘천에 머물던 이사 野村金兵衛가 3월 15일 군대의 보호하에 부임하였다. 이후 4월말 다시 의병들의 활동이 잦아지자 서울로 출장 왔던 野村은 군대의 보호하에 겨우 원주로 귀임할 수 있었으나 임원의 임명장이 의병들의 우체국 습격시 약탈당해 재발부 받아야 했다.

이 시기 원주지방에서 활동했던 의병은 민긍호 의병부대였다. 민긍호 의병부대는 1907년 8월 5일 원주 진위대에서 봉기하여 여주, 음죽, 장호원, 죽산 등지에서 일본군에 큰 타격을 입혔다. 이후 제천, 충주 등 충청북도 지방과 홍천, 횡성 등지에서 활동하다가 1908년 2월 29일 원주에서 민긍호 의병장이 일본 경찰과 교전 중 전사하면서 그 종말을 고했다.[28]

조합은 설립되었으나 정미의병의 봉기로 조합 활동에 차질이 빚어지기도 했는데, 광주지방금융조합 이사 奧田種彦의 사례에서 그것을 확인할 수 있다. 그는 1908년 5월 출장 가는 재무관을 따라 대출금 회수를 위해 나섰다가 곡성근처에서 의병들의 공격을 받고 가까스로 도망친 일이 있었다.[29] 이 시기 담양, 곡성, 구례 등지에서 활동한 의병부대는 신보현 의병부대와 김황국 의병부대였다. 신보현 의병부대는 1908년 봄부터 약 40명 내지 50명의 의병으로 조직되어 전남 장성, 담양 및 전북 정읍, 태인군에서 활약하였고, 김황국 의병부대는 지리산을 근거로 하여 남원, 함양, 구례, 곡성 등지에서 활약하였다.[30] 그밖에 기삼연 의병부대에서 호남창의맹소 통령을 맡았던 김용구가 거느린 의병부대도 이 지역에서 활약하였다.[31]

28) 독립운동사편찬위원회, 『독립운동사 - 의병항쟁사』, 독립운동사변각발행처, 1983, 567~570쪽.
29) 秋田豊, 앞의 책, 103쪽.
30) 독립운동사편찬위원회, 앞의 책, 621쪽.
31) 위의 책, 597쪽.

지방금융조합 창설시기에 있었던 이러한 의병투쟁은 지방금융조합의 설립과 활동에 영향을 미쳐 조합 설립이 지연되기도 하고, 일본인들이 무기를 휴대하기도 하였다. 위와 같은 의병투쟁은 일본인에 의해 설립되고, 젊은 일본인들에 의해 운영되는 지방금융조합에 대한 한국 민중들의 반일투쟁의 일환이었던 것이다.[32]

창설기 방침에 의하면, 조합 구역은 세무관 소재지에 한하여 설치하고, 농공은행 본·지점 등 기설 금융기관으로 족하다고 인정할 만한 지방은 가급적 설치를 피하고, 토지 상황에 의해 地勢, 관습(苗垈 또는 용수를 공동 사용하는 경우), 교통기관의 完否나 조합업무집행의 便否(종묘·비료의 분배 등)를 고려하여 정하도록 했다.[33]

앞의 표에서 본 바와 같이, 세무서 설치지역은 38곳이었다. 세무분서 설치지역을 포함하면 49곳이며 충남 강경만이 예외적으로 세무서나 세무분서가 설치되지 않은 유일한 지역이다. 또한 세무서가 설치된 38곳은 지방위원회가 설치된 곳과 정확히 일치한다. 세무관이 지방위원회의 회장을 겸하였기 때문이었다. 이 38곳은 1908년에 재무서가 설치된 곳과도 정확히 일치한다. 또한, 가급적 피하라던

---

32) 이런 사정은 세무서와 고문분청도 마찬가지였다. 1907년 7월 11일 세무서와 세무분서의 확충계획에 따라 세무서를 50개소로, 세무분서를 181개소로 증설하려고 하였으나 10월 말일 현재 전북 관내 세무서 1곳이 의병으로 인해 개설되지 못했고, 경기·충북·강원 관내 세무분서도 7곳이 개설되지 못했다(『財政整理報告』 제4회, 66~68쪽). 또한 재정고문부도 1907년 8월 1일 분시를 분청으로 개칭하고, 23개소에서 69개소로 46개 늘릴 계획에 따라 증설을 추진했지만, 의병의 활동으로 8월 1일 한성분청을 시작으로 10월 23일 서산분청에 이르기까지 10월말까지 개설된 곳은 46개소 가운데 16개소에 불과했고, 나머지 30개소는 개설되지 못했던 것이다(『財政整理報告』 제5회, 68~76쪽).

33) 「地方金融組合ニ關スル細條説明」 제2조 『地方金融組合執務便覽』, 朝鮮總督府, 1911, 3~5쪽.

금융기관 기 설치지역과의 중복여부를 확인해보면, 일본계은행을 제외하면, 14개 지역이 일치한다.

조합 설립절차를 보면, 탁지부대신이 설립위원을 임명하여 지방 금융조합 설립에 관한 일체의 사무를 처리케 하였다. 설립위원은 군수, 세무관, 재무관·재무관보 및 관찰사가 추천하는 민간위원 약간 명으로서, 그들은 지방금융조합의 정관을 만들어 탁지부대신 의 인가를 받은 후 조합원의 모집에 착수하고 조합원의 모집을 마 감한 후 창립총회를 열어 창립에 관한 사항을 보고하고 임원의 선 거를 행하게 하였다.[34] 그 과정은 1906년에 설립된 농공은행의 그 것과 동일했는데,[35] 지방금융조합이 농공은행의 보조기관으로서 설립되었음을 감안하면 지방금융조합의 설립과정에서 그대로 참 고하였을 것이다.

3) 지방금융조합령의 제정과 지방금융조합의 성격 변화

지방금융조합규칙이 공포된 지 7년 만인 1914년에 '지방금융조 합령'이 제정되었다. 이 시기 지방금융조합령이 제정된 배경을 이 해하기 위해서는 1910년대 일제의 식민지 금융정책을 살펴볼 필요 가 있는데, 그 내용은 다음과 같다. 1910년 병합 직후 일제는 '식민

---

34) 「地方金融組合設立에關호件」度支部令 제16호(6월 5일) 『官報』 제3793 호, 光武 11년(1907) 6월 15일.
35) 농공은행의 설립절차도 탁지부대신의 설립위원 임명, 설립위원의 정관 작성 및 주주 모집, 주주들의 창립총회 개최 및 임원 선임 등이었다(정 병욱, 『일제하 조선식산은행의 산업금융에 관한 연구』, 고려대 사학과 박사학위논문, 1998, 11쪽).

지 사업'에 온 힘을 기울였다. 그에 따라 토지조사사업, 철도의 연장, 간선도로의 수축 및 건설, 기타 항만 건설, 세관설비공사, 항로설비, 통신시설공사 등에 착수했다. 이들 사업은 조선을 자본주의적으로 지배하기 위한 기초공사인 동시에 군사적으로도 필수적인 것들이었다.[36]

식민지 조선의 중앙은행이었던 조선은행에 관한 법률인 '조선은행법'은 1911년 3월 28일 법률 제48호로 제정되어 칙령 제203호에 의해 1911년 8월 15일에 시행되었는데,[37] 한일병합의 결과 조선은행 명칭의 변경, 은행권 보증준비 발행액 제한의 확장, 기타 '한국은행조례'규정의 개폐 필요 등이 그 제정의 배경이었다. 즉 한일병합 후 '한국', '대한' 등 대한제국의 국호와 관련된 용어는 '조선'이라는 지역 명칭으로 고쳐져 '한국은행'도 '조선은행'으로 변경할 필요가 있었고, 은행의 조직과 경영에 대한 법률도 '한국은행조례'에서 '조선은행법'으로 개정할 필요가 있었던 것이다. 그리하여 한국은행을 조선은행이라 개칭하고, 한국은행이 설립된 당초에까지 소급하여 조선은행으로서 성립된 것으로 간주하며 한국은행 일체의 권리 의무는 조선은행에 귀속시키는 방안을 토대로 필요한 규정의 개폐 등을 거쳐 조선은행법안이 성안되었다.

이러한 과정을 거쳐 식민지 조선의 중앙은행이 된 조선은행은 토지조사사업 등 '식민지 사업'의 자금 지원을 담당하는 역할을 하였다.[38] 이 시기 일제의 '식민지 사업' 성패 여부는 조선은행의 역

---

36) 波形昭一, 『日本植民地金融政策史の研究』, 早稻田大學出版部, 1985, 427~428쪽.

37) 「朝鮮銀行法」 法律 제48호 『朝鮮總督府官報』 제175호, 明治 44년(1911) 4월 4일 및 勅令 제203호 『朝鮮總督府官報』 제274호, 明治 44년(1911) 7월 28일.

38) 羽鳥敬彦, 『朝鮮における植民地幣制の形成』, 未來社, 1986, 158~174쪽(윤석범 등, 『한국근대금융사연구』, 세경사, 1996, 144쪽 재인용). 또

할 여하에 달려 있었다고 보아도 과언이 아니다. 그런 의미에서
'식민지 사업'과 조선은행은 불가분의 관계에 있었으며, 조선은행
의 비중은 막대하였다고 할 수 있다.

조선은행법이 제정된 이후 1912년 10월 24일 제령 5호로써 '은
행령'이 공포되었는데, 전문 23개조로 이루어져 있으며 12월 1일부
터 시행되었다. 또한 같은 날짜로 은행령 시행규칙이 공포되어 은
행령과 동시에 시행되었다.[39] 그 취지는 대한제국 시대에 발포한
은행조례 및 통감부 은행취체규칙을 통합하여 법규의 통일을 꾀하
고, 회사령의 실시(1911.1)에 따라 회사령에서 포괄하지 못하는 은
행영업에 대한 감독을 주안으로 하여 은행 업무를 명확케 하고자
함이었다.[40] 은행령의 공포 및 시행은 곧 정세 변화에 따른 조치였
다고 할 수 있다.

이어 1914년 5월 22일에는 '농공은행령'이 제령으로 발포되었
다.[41] 농공은행령은 모두 46개조로 이루어져 있었는데, 이 시기 농
공은행령이 제정된 이유는 동양척식주식회사('동척') 금융부 확장
의 실패에 따라 일제는 농공은행의 기능강화를 모색하였고, 그에
따라 동척을 농공은행의 母은행으로 하고, 농공은행이 동척의 대
리점 역할을 하도록 한 것이었다.[42] 이러한 흐름 속에서 일제는
1913년 말부터 '지방금융조합령' 제정 작업에 착수하여 12월 중순

한 이 연구에 의하면 1911~1914년간 조선총독부 재정에 대한 조선은
행의 기여도는 40~80%로 추산될 정도로 막대한 것이었다.

39) 「銀行令」 制令 제5호 『朝鮮總督府官報』 70호, 大正 元年(1912) 10월
24일 및 「銀行令施行規則」 朝鮮總督府令 제26호, 같은 官報.

40) 『每日申報』 1912.10.23(2) 「銀行令의 內容」 ; 『每日申報』 1912.10.26(1)
사설 「銀行令에 對ᄒ야」.

41) 「農工銀行令」 制令 第21號 『朝鮮總督府官報』 제542호, 大正 3년(1914)
5월 22일.

42) 『每日申報』 1914.2.15(2) 「農銀改正法의 內容」.

에 총독부 심의를 마치고, 일본 내각의 법제국에 회부하였다.[43] 법제국의 심의를 마친 제정(안)은 5월 20일 일본 천황의 재가를 거쳐 5월 22일 제령 제22호로써 '지방금융조합령'으로 공포되어 9월 1일에 시행되었다.

그 내용은 총칙, 설립, 조합원의 권리의무, 관리, 가입 및 탈퇴, 감독, 해산, 청산, 등기, 벌칙 등 10개의 장에 걸쳐 본문 96개조로 이루어져 있었고, 1907년의 '지방금융규칙'과 비교할 때 많은 조항이 추가되어 법제상으로 보완이 이루어졌다고 볼 수 있다. 또한 대한제국 시기에 만들어졌던 관련 법령을 조선총독부 설치 이후 정비했다는 의미도 지니고 있는 것이다.

이 시기에 제정된 지방금융조합령은 1907년의 지방금융조합규칙과 비교할 때 다음과 같은 특징이 있었다. 먼저 조합원 자격에 관한 것으로 '업무구역 내에서 1년 이상 계속하여 주소를 둔 자로서 농업에 종사하여 독립의 생계를 營하는 자'라고 개정하였는데, 이에 대해서는 후술하겠지만, 이 조치에 따라 일본인도 조합원으로 가입할 수 있게 되었다.

다음으로는 역원[임원]에 관한 것인데, 종전의 '조합장 1인, 평의원 약간 명'이란 규정에서 '조합장 1인, 이사 1인, 감사 2인 이상 및 평의원 7인 이상'으로 변경하여 감사직을 신설하였고, 평의원수의 하한을 설정하였다. 또한 이사에 대한 임면을 조선총독이 갖는다는 것도 이 시기 개정된 것으로 이 조항은 '한일병합'이라는 시세의 변화에 따른 보완조치였다.

세 번째는 조합비 제도를 폐지하고, 출자금 제도를 도입하였다. 총독부 측은 종래의 조합비(가입금)로는 조합과 조합원 간에 아무런 권리 의무가 존재하지 않는 것으로 조합원이 조합에 대해 의무

---

43) 『每日申報』 1913.12.13(2) 「兩令改正의 審議」 ; 『每日申報』 1914.2.14(2) 「金融組合改正」.

와 권리를 갖도록 하기 위해 라이파이젠의 주장을 받아들여 새로운 출자금 제도를 시행하게 되었다고 설명했다.[44] 그런데, 이 조치 이후 많은 수의 조합원이 탈퇴하였다. 이 조치는 창설 초기에 될수록 많은 수의 조합원을 확보하고자 소농까지도 조합원으로 가입시키려 했던 방침이 바뀌어 이와 같은 내용으로 개정된 것이며 이 조치에 따라 출자금을 납부할 수 있을 정도의 여유가 있는 자들, 즉 중농층 이상만 조합원의 자격을 갖는 결과를 낳았다.

네 번째는 업무와 관련된 것으로 예금업무 도입, 공동구입, 창하증권 발행, 농사상 필요한 시설, 농공은행 업무 대리 등이 추가되었다. 즉 금융기관으로서의 기능 강화, 경영업무 증진 등이 골자라고 할 수 있다. 예금업무의 도입으로 금융조합은 완전한 금융기관의 역할을 하게 되었다. 금융기관의 중추적인 두 가지 기능 가운데 이전에는 대부활동만을 담당하여 반쪽짜리 금융기관의 역할을 하였지만, 예금업무의 도입으로 비로소 완전한 금융기관의 기능을 할 수 있게 된 것이다. 이로써 금융기관은 '촌락은행'으로서의 지위를 갖게 되었다고 평가할 수 있다.[45]

'지방금융조합령'을 지방금융조합과 농공은행과의 관계라는 면에서 살펴보면, 이전에는 지방금융조합이 농공은행의 매개대부업무를 담당하였지만, 이후에는 매개대부 외에 대리업무도 취급하여 농공은행과의 관계가 더욱 밀접하게 되었다. 농공은행 업무 대리는 농공은행의 주거래층이 지주였음에 비춰볼 때 종래 소농층을 주요 업무 기반으로 했던 것에서 나아가 지주 및 부농에 대한 업무

---

44) 「農工銀行令及地方金融組合令改正の要旨」『朝鮮總督府月報』 4권 7호, 1914.7, 90쪽.
45) 예금업무의 도입에 대해 총독부 측에서는 독일 및 이탈리아의 선례를 참조하여 소농민의 금융완화와 동시에 예금의 취급으로 촌락은행화를 기하게 되었다고 설명하였다(위의 자료, 89쪽).

를 강화했다는 점에서 의미가 있다. 그런 면에서 조합원 자격 제한
을 완화한 것, 출자금 제도를 도입한 것 등과 같은 연장선에서 취
해진 조치라 할 수 있다. 이로써 지방금융조합은 농공은행의 업무
를 대리하고, 농공은행은 다시 동척의 업무를 대리하여 '동척-농
공은행-지방금융조합'으로 연결되는 계통이 만들어지게 되었다.

다섯 번째는 업무감독에 대한 것으로서 금융조합에 관한 업무감
독을 조선총독 또는 지방장관으로 개정한 것인데, 이것도 한일병
합에 따른 조치였으며 뒤늦은 정리였다고 할 수 있다. 이 개정으로
각 도의 재무부장이 관할 금융조합의 감독을 맡게 되었는데, 금융
조합에 대한 각 도의 감독권은 해방 이후까지 지속되었다.[46]

이상을 통해 살펴본 바와 같이 지방금융조합은 재정정리·화폐
정리사업, 식민지적 금융기관 설립이라는 이른바 '目賀田개혁'의
일환으로 계획되었으며 농공은행을 보조하여 금융경색을 완화시
키려는 목적으로 만들어졌다. 재정정리·화폐정리사업의 결과 조
선의 전통적인 금융기구가 붕괴되어 금융경색이 전국으로 확산되
었는데, 이는 징수된 세금과 교환된 구화폐가 第一銀行에 집중됨
으로써 지방자금 공급의 경로가 차단되었기 때문이었다. 특히 外
劃의 폐지로 인한 지방금융의 경색은 금납화가 원활히 진행되는

---

46) 1946년 11월 20일 금융조합의 감독에 대한 사무가 종전 도지사에서 금
   융조합연합회로 이관되는 것으로 결정[『東亞日報』 1946.12.6(1) 「금련
   재발족 자율적 협동조합으로」]되고, 이후 1947년 6월 21일 남조선과도
   정부법령 제144호를 통한 법령의 공포와 7월 1일의 발효(「금융조합 감
   독권의 이관」 남조선과도정부법령 제144호 『군정청관보』, 1947.6.21)에
   의해 도지사가 갖고 있던 이사급의 임면, 경비 기타 일체의 감독권이
   금융조합연합회로 이관되었던 것이다. 이 조치에 대해 당시 금융조합
   측은, '사소한 일에 이르기까지 관에서 감독'하는 '관제조합이라고밖에
   볼 수 없던 기형적 상태에서 이탈하여 민주적으로 일보 전진한 것'[『金
   融組合』 제19호(해방 후), 조선금융조합연합회, 1948.11, 18쪽]이라고 평
   가했다.

것과 지방생산물이 중앙으로 유입되는 것을 곤란하게 했다.

이와 같은 금융경색현상이 전국 각지로 확산되자 조선의 전통적인 금융기구를 대신할 식민지적 금융기관이 설립되었다. 먼저 1905년 9월 한성공동창고회사를 시작으로 漢城手形組合, 農工銀行 등이 차례로 설립되었다. 농공은행의 설립으로 농공은행 본·지점이 설립된 일부 도시지역은 금융경색현상이 어느 정도 완화되었지만, 농촌지역에까지는 미치지 못함에 따라 농공은행의 역할을 농촌에서 담당할 보조기구로서 지방금융조합이 설립되었던 것이다.

지방금융조합제도는 目賀田의 구상에 따라 재정고문부의 주도로 입안되어 '지방금융조합규칙'에 의해 공식화되었다. 이 과정에서 대한제국 정부는 법령의 공포 과정에나 개입하는 정도로 그냥 들러리였을 뿐이고, 모든 것은 일본인 주도로 진행되었다. 이 '규칙'을 비롯한 여러 관계 법령을 통해 지방금융조합 설립에 대한 일제의 의도를 파악할 수 있는데, 그것은 한국을 일본의 실질적인 식민지로 재편하는 과정에서 한국 농민의 호의적 반응을 기대하며 지방금융조합으로 하여금 고리대인 사채보다 저리의 자금을 농민에게 대부하는 금융활동을 중심활동으로 하게 하고, 대부 과정에서의 곡물 담보와 위탁판매, 그리고 농사지도를 통해 쌀의 상품화를 촉진하며, 징세와 화폐정리도 병행하게 하였던 것이다.

병합 이후 1910년대 식민지금융정책의 시행에 따라 조선 내 금융기관에 대한 정비가 이루어졌다. 그 일환으로 1914년 지방금융조합령이 제정되었는데, 이를 계기로 지방금융조합은 이전 시기와는 확연히 구분되는 특징을 갖게 되었다. 일본인의 조합 가입 허용, 출자금제도의 도입으로 인한 소농계층 배제, 예금업무의 개시에 따른 금융업무의 강화, 농공은행 업무대리를 통한 관계 밀접 등이 그것이다.

2. 농업생산물 확보를 위한 지방금융조합의 활동

1) 농업생산력 증대를 위한 농사개량 장려활동

1907년 창설부터 1918년에 금융조합령이 개정되기까지 대체로 일제의 식민체제 기반구축기와도 일치하는 이 시기에 이뤄진 지방 금융조합의 활동은 농사개량의 장려, 식량과 원료 확보 보조, 일제 의 식민 지배 원조와 조선인들로부터의 인심 획득을 위한 것이었 다고 평가할 수 있다.

먼저, 농사개량 장려활동부터 살펴보자. 이는 농업정책 대행기 관으로서의 기능이었다고 할 수 있는데, 조합원을 대상으로 농업 생산력을 제고하거나 농업생산물의 상품성을 강화하는 활동이었 다. 농사개량은 한국 농업을 일본 자본주의 발달에 필수적인 식 량·원료의 공급지로 재편하는 것에서부터 출발했다.

통감부는 1906년 '농업 진흥의 大眼目과 실시 4대 요강'을 통해 식량 및 농업생산물의 증산을 추진했는데, 그 내용은 ① 식량품의 생산을 증식할 것, ② 수이출 농산물에 대해서는 될 수 있는 한 그 것의 자급을 도모할 것, ③ 내지 및 인접국에 대한 수이출이 가능 한 물산은 힘써 생산의 개량증식을 도모하고, 일면 선내의 소비를 절약하여 수이출액을 증가할 것 등이었다.[47]

---

47) 김도형,『일제의 농업기술 기구와 식민지 농업지배』, 국민대 국사학과 박사논문, 1995, 22쪽.

위와 같은 통감부의 방침에 따라 통감부 설치 직후부터 일본인 입맛에 맞는 벼 종자를 조선 농촌에 보급하기 위한 농사개량 활동이 착수되었다. 1906년 4월 통감부 농상공무부 농무과장이 경기도 수원군 서둔전 경작인 28명에게 일본 벼인 早神力, 近江, 信州, 都 등 4종을 배부하여 시험 경작하였던 것이다. 이때 조신력은 재래종에 비해 24%의 증수를 거둬 4가지 종 가운데 가장 적합한 것으로 나타났다. 이에 매년 경작지와 재배량을 늘려가며 시험 재배했다.[48]

병합 직전인 1910년 3월 통감부에서는 조선농업에서 개량 증식돼야 할 것으로 미작·면작·양잠·축우 등 4가지 부문을 선정하고, 이의 개량 증식이 농업정책의 기본방침임을 각 도 및 권업모범장에 공포했다.[49] 2년 후인 1912년 3월에는 다시 조선총독부훈령 제10호로 米作개량을 장려했는데, 여기서 우량 미종의 보급, 건조조제의 개량, 관개수의 공급, 시비의 장려라는 미작개량에 대한 4대 要項이 발표되었다.[50] 이 4대 요항은 1910년대 농업정책의 근간이자 농정방침의 지침이 되었다.[51]

농사개량에 대한 활동은 강습회 개최, 試作田·監督田·模範田 등의 운영, 농사재료의 배부, 품평회 실시 등으로 이루어졌다. 먼저 강습회에 대해서 살펴보면, 병합 직전인 1910년 8월 황해도 관찰부에서 지방비로써 관내 금융조합 연합으로 권업단기강습회를 개최

48) 「早神力稻栽培ノ成績」『朝鮮總督府月報』 제2권 제2호, 1912.2, 11~17쪽.
49) 김도형, 앞의 논문, 32쪽.
50) 「朝鮮總督府訓令」 제10호, 『朝鮮總督府官報』 第460號, 明治 45년(1912) 3월 12일. 이 훈령 역시 각 도와 권업모범장에 발송된 것인데, 같은 날에 훈령 제11호를 통해 잠업개량 장려요항도 같은 곳을 대상으로 발령되었다. 그 내용 역시 우량 잠종의 보급, 稚蠶공동사육소의 설치, 여자의 잠업장려, 產繭판매의 알선 등 4가지였다.
51) 김도형, 앞의 논문, 32쪽.

한 일도 있었으나,[52] 병합 직후 총독부 농상공부에서 각지 농업기술관, 각 금융조합원, 농공은행의 임원 등을 회동하여 농업 발전을 위한 협의회를 개최하고 총독부 차원의 농사강습회를 본격적으로 추진하였다.[53]

이어 1911년 4월 전북 고창지방금융조합에서 군청과 협의하고 채종전 소작인 및 조합 감독전 경작인을 소집하여 도작 및 과수재배법에 관하여 農談會를 개최하였고,[54] 평남 덕천지방금융조합 이사는 조합경비로 환등기를 사서 각 면·동으로 돌아다니며 일본 농업발달의 실황에 대한 사진을 보여주며 농사개량과 부업 발달에 관하여 장려하였다.[55] 1912년 경북 상주지방금융조합에서도 미곡조제 傳習會와 選種法 강습회를 개최하였다.[56]

다음으로는 시작전·감독전·모범전 등 농사 시험전의 운영에 관한 것이다. 1909년 3월 탁지부는 대신이 재무감독국장 앞 통달을 통해 지방금융조합에서 농사장려를 위해 시작용으로서 국유 전답의 사용을 청구할 때 역둔토를 무료 대여하도록 하였다.[57] 이에 따

---

52) 『皇城新聞』 1910.8.16(2) 「金融組合講習會」.
53) 『每日申報』 1910.11.19(2) 「農業方針協議」. 1913년 평남에서는 각 농사 시작장 조수 및 금융조합 기수를 소집하여 협의회를 열고 농사개량을 위해 필요한 사항을 협의하였다[『每日申報』 1913.2.16(1) 평양통신 「農事協議會」].
54) 『每日申報』 1911.5.13(3) 「高敞郡의 農談會」.
55) 『每日申報』 1912.8.6(3) 「金融理事의 惜別」.
56) 「金融組合事務槪況」 『朝鮮總督府官報』 第178號, 大正 2년(1913) 3월 7일.
57) 「地方金融組合ニ驛屯土ラ無料貸與ノ件」(1909.3.15, 度內訓 제2호 탁지부대신이 재무감독국장 앞 통달) 『地方金融組合執務便覽』, 朝鮮總督府, 1911, 95쪽. 그 내용은 ①지방장관은 지방금융조합으로부터 농사개량을 위해 시작용으로서 국유전답의 사용을 청구할 때 1조합에 1천5백 평 이내를 한도로 무료 대여, ②무료 대여기간은 5개년 이내로 함. 기간만료시 갱신할 수 있음, ③농업기수 배치된 조합에 한함, ④무료 대여지는 금융조합 기수 지휘감독하에 종전의 소작인으로써 경작시킬

라 1911년 영등포금융조합에서는 농사 시작장을 설치하기 위하여 시흥군 하북면에 있는 국유지 1900평의 무료 대부를 경기도 재무부에 신청하였다.58)

그러나 이와 같은 활동은 그 실적이 변변찮았던 것으로 보인다. 1911년 정무총감은 각 도장관에게 통첩하여 지방금융조합의 試作은 노력이 많고 공은 적어 그 목적을 달성하기 어려우므로 권업모범장 또는 각지 종묘장에서 이러한 실험을 하고 난 후 그 실험의 결과 조합에서 가장 우수한 종자, 종묘, 비료를 조합원에게 보급할 것을 관하 각 조합에 시달하라고 하였다.59)

이에 따라 평남 관내 평양, 숙천, 안주, 순천(順川), 성천, 강서 등 6조합에서는 종래 각 조합에서 경영하던 시작전과 권업모범장 등을 폐지하고 대신 감독전을 설치하여 우량한 종자와 비료를 급여하고 조합 기수 감독하에 재배하였다. 또한 감독전의 효과를 크게 하고 개량종자의 보급을 빨리 하기 위해 감독전 근방 거주 독농가를 선정하여 개량 종묘 등을 급여하고, 1반보 이상의 시작지에서 재배하며, 작물 재배 관리에 관하여 지도를 받도록 하였다. 또한 1913년 1월 전남도는 농사시설요강을 발표하여 감독전을 확대하였는데, 수전면적은 1조합에 대하여 10정보 이상으로 정하였다.60) 이러한 시험 재배는 농사재료(종자)의 배부와 연결되었다.

지방금융조합의 농사개량을 위한 활동 가운데 또 하나는 조합원을 대상으로 한 품평회였다. 평남 안주금융조합에서는 繭 품평회

조건을 붙일 것 등이다.

58) 『每日申報』 1911.6.10(2) 「永登浦金融組合承認」.

59) 「地方金融組合農事施設ニ關スル件」 『地方金融組合執務便覽』, 朝鮮總督府, 1911, 5~6쪽.

60) 『每日申報』 1913.2.1(2) 「全南의 農事施設」. 이에 따라 흥양지방금융조합은 도의 요강에 의하여 조합으로부터 3리 이내의 5개 면에 11정보의 감독전을 설치하였다[『每日申報』 1913.4.17(1) 「興陽의 農事施設」].

를 개최하면서 초기에는 참고품으로서 권업모범장 용산 支場 외 5개소로부터 37점을 출품 받았다. 이어 1911년 제1회 품평회에는 숙천, 안주, 개천 3군에서 출품했고, 1912년에는 안주군내 조합원만 출품하여 점차 조합의 행사로 자리 잡았음을 알 수 있다. 1912년 1월 함흥군 금융조합에서도 곡류 품평회를 개최하였고,[61] 11월에는 개성군청에서 금융조합원이 참가한 연합농산물 품평회를 개최하였으며[62] 전북의 용담·장수·진안의 3군 및 장수·진안의 지방 금융조합과 전주군이 품평회를 열었다.[63]

대전지방금융조합에서는 농산품평회 규칙까지 제정하였고, 품목도 미곡·소채·과실 등으로부터 생사·蠶纏·직물·가축·家禽·紙 등에 이르렀다.[64] 강원도에서도 농산품평회를 개최하였는데, 1913년 11월에 홍천금조, 영월군청과 금융조합, 김화군청과 금융조합 등이 각각 주최하였다.[65]

품평회에 출품된 물품은 금융조합이 위탁 판매하였다.[66] 그밖에 농업생산물의 상품성을 제고하기 위해 곡류 탈곡 조제 시에 筵[멍석]을 사용하도록 장려하기도 했다.[67] 강습회 개최, 試作田·監督田·模範田 등의 운영, 농사재료의 배부, 품평회 실시 등 위에서 살펴본 농사개량을 위한 여러 활동은 1906년 이래 일제의 식량 및 원료 증산을 위한 방침에 따른 것으로 이러한 활동은 1910년대를 넘어 1920년대 '산미증식계획기'에도 이어졌다.

61) 『每日申報』 1912.2.15(3) 「各地片信一括-咸興郡」.
62) 『每日申報』 1912.11.8(2) 「檜垣長官의 訓諭」.
63) 『每日申報』 1912.11.10(1) 전주통신 「聯合品評會」 ; 1912.12.19(1) 전주통신 「品評會 盛況」.
64) 『每日申報』 1913.6.14(2) 「太田의 農事品評」.
65) 「江原道農產品評會」 『朝鮮總督府官報』 제452호, 大正 3년(1914) 2월 3일.
66) 『每日申報』 1914.2.4(4) 지방매일 「咸北 咸興」.
67) 『每日申報』 1912.1.12(2) 「稻扱改良의 奬勵」.

이와 같은 농사개량 장려 활동은 특히 미곡의 생산력을 높이기
위한 것이었다. 이와 더불어 설립 초기 지방금융조합의 업무는 조
합원에 대하여 농업상 필요한 자금의 대부 및 조합원을 위해 생산
한 곡류를 창고에 보관(규칙 제4조 제1항)하는 것과 조합원에 대해
서 농업상 필요한 재료의 분배 또는 대여 및 조합원을 위한 생산물
의 위탁판매(규칙 제4조 제2항)였는데, 이는 '계획요령'과 '세조설
명'의 입안 시부터의 일관된 방침이었다. 곡물(동산) 담보 대부 및
창고보관, 위탁판매 등은 농업생산물의 상품화를 촉진하는 업무임
과 동시에 일제가 한국을 식민지로 재편하는 과정에서 식량공급지
로서의 기능을 갖추도록 하는 데 기여한 활동이었다. 이러한 활동
은 1914년에 지방금융조합령이 제정된 이후에도 변하지 않았다.

2) 농업생산물의 상품화 촉진 활동

지방금융조합이 했던 활동 가운데 창고보관, 위탁판매, 공동구
입 등이 농업생산물(미곡)의 상품화를 촉진하기 위한 것이었다고
볼 수 있는데, 먼저 창고보관업무에 대해서 살펴보자. 지방금융조
합의 설립을 계획할 당시에는 郡衙 부속창고를 수리하거나 또는
민간의 것을 借庫하여 충당할 예정(계획요령 제8조)이었다가, 다시
군아 소속의 창고를 사용(규칙 제5조)하도록 규정하였다.[68]

---

68) 그리고 창고보관에 대한 규정을 보면, 입고품에 대한 預증권을 발행하
고, 곡류 외에 지방에 따라 종이·소금 등 적당하다고 인정되는 것은
보관할 수 있도록 했으며 소금에 대하여는 염창을 설치하게 했다. 또한
재고품을 담보로 하여 대부를 할 경우 조합자체가 예증권을 소지하고,
재고품의 판매에 대하여는 창고부근에 임시시장을 개설하여 가급적 편
의를 도모하도록 했다. 그리고 담보동산은 반드시 창고에 보관하고 부

창고보관 업무를 위해 1910년에는 창고의 증설이 추진되어 기설 100조합 가운데 우선 40곳에 창고를 건설하기로 하고, 남양·공주·광주 등 10곳은 각각 1천 3백 원씩 국고에서 보조하여 건립케 하고, 나머지 30곳은 대한제국 정부에서 건축하여 대하기로 하였다.[69]

또한 창고보관 취급품목을 보면, 黍[기장], 大麥, 籾, 미, 대두, 맥 등 곡물류와 면, 마포, 苧 등 옷감류, 그리고 식염 등이었다. 곡물 외에 옷감 원료가 되는 것이 주된 취급품목으로 이를 통해 식민지 조선이 갖는 식민 본국을 위한 식량과 원료 공급지로서의 식민지의 역할을 확인할 수 있다. 다음은 창고보관업무 실적이 있는 1908년부터 1918년까지의 연도별 창고 이용액을 나타낸 표이다.

〈표 1-2〉 제1기 연도별 창고보관액(1907~1918년)

연 도	1908	1909	1910	1911	1912	1913	1914	1915	1916	1917	1918
입고액	3,821	3,561	35,811	166,571	464,081	829,141	555,177	323,720	629,873	1,848,408	3,027,538
출고액	3,705	2,757	16,379	112,860	322,472	619,043	814,810	369,023	497,400	1,682,974	2,454,149
현재액	116	920	20,352	74,063	215,672	425,770	166,137	120,834	253,307	417,741	991,741
조 합	4	10	35	77	115	163	184	202	208	220	226

출전 : 朝鮮總督府財務局調査, 『金融組合要覽』 제1차(1921.7), 朝鮮經濟協會, 1922, 31~32쪽.
주) 조합은 창고 설치 조합수로서 각 연도별 누계를 표시함.

득이하게 채무자가 보관할 때는 조합에서 창고열쇠를 소지하여 담보효과를 충분히 거둘 수 있게 했다(집행내규 제19조~ 제23조).
69) 『皇城新聞』 1910.5.6(2) 「四十處 倉庫建設」. 자금을 보조하여 조합으로 하여금 창고를 건설케 할 10조합은 남양(경기)·공주(충남)·논산(전북)·나주·광주·순천(이상 전남)·안주(평남)·진주·밀양(이상 경남)·안동(경북) 등이다. 남양과 안주를 제외하면, 3남지방의 물산 집산지들이다. 이후 1912년 경남 관내에는 15개 조합 중 5개소에 창고가 설치되었고, 다시 4개소의 설치가 추진 중이었으며[『每日申報』 1912.5.7(2) 「慶南의 金融組合」], 경기도 관내에서도 17개 조합 중 창고는 8개소에 설치되었으며 다시 5개소에 설치를 추진하였다[『每日申報』 1912.7.17(2) 「金融組合近況」].

위 표를 통해서 각 조합 창고의 급속한 건설 보급, 창고보관 업무의 급격한 신장 등을 확인할 수 있다. 또한 이 시기 미곡 등 농업 생산물의 상품화를 촉진하기 위한 창고보관업무가 금융조합 활동 가운데 얼마나 큰 비중을 차지했었는지를 여실히 살필 수 있다.

창고보관 다음으로는 위탁판매 및 공동구입에 관하여 살펴보자. 이들 업무에 관해서는 1907년에 제정된 「지방금융조합업무집행내규」에는 규정되어 있었지만, 그 실시는 1908년부터였다. 위탁판매에 대한 규정을 보면, 수요공급의 관계를 고찰하여 가급적 값이 비쌀 때 팔도록 하고, 위탁판매 의뢰자에 대해 위탁판매예증을 교부하며, 의뢰자에게 대부금이 있을 때 그 판매대금 중에서 대부금을 공제한 잔액을 환부하도록 했는데, 이때 위탁판매대금의 환부는 예증권 또는 위탁판매예증과 교환하도록 했다(집행내규 제15조~제18조).

1910년 전라남도에서는 농공은행, 지방금융조합 및 국유지소작인조합에 대하여 곡물담보대부 또는 위탁판매 업무를 장려하도록 하였다. 그것은 농민들이 추수 직후 곡물을 저가에 방매하는 것을 방지하기 위한 것이었다. 그리하여 지방금융조합 이사에게 주의사항을 지시하였는데, 현물의 보관 등 필요사항에 대해서는 군청 및 헌병 또는 경찰관헌의 조력을 구하도록 했다.[70]

위탁판매업무는 창고가 설치된 조합에서만 실행할 수 있었다. 그런 의미에서 동산담보대부, 위탁판매, 창고보관 등의 연결은 모두 창고의 설치가 전제돼야만 가능했다. 1912년 상반기 평남 관내 금융조합의 실적을 통해 그것을 확인할 수 있다.[71] 그리고 이 시기

---

70)「穀物擔保貸付竝ニ委託販賣ノ獎勵」『朝鮮總督府月報』1권 6호, 1911.11, 85쪽.

71) 그에 따라 강서와 성천조합에서 창고의 설치에 따라 위탁판매를 실시하였다「金融組合施設ノ槪況」『朝鮮總督府官報』第49號, 大正 元年(1912)

위탁판매의 실상을 잘 파악할 수 있는 사례는 충남 천안지방금융
조합의 경우이다. 1912년의 위탁판매 4건에 대하여 다음 표를 통해
살펴보자.

〈표 1-3〉 천안지방금융조합의 위탁판매 사례(1912년)

구 분	제1회	제2-1회	제2-2회	제3회
위탁신청일	1911.12.9	1911.12.5	1911.12.4	1911.12.13
판 매 일	1912.4.30	1912.7.6	1912.7.6	1912.7.23
품 목	인	인	인	백미
수 량	100석	50석	20석	5석
위탁시 평가액	530원(5.3원/1석)	190원(3.8원/1석)	100원(5원/1석)	75원(15원/1석)
판매가액	755원(7.55원/1석)	410.25원(8.205원/1석)	181.2원(9.06/1석)	94원(18.8원/1석)
차 익	225원(2.25원/1석)	220.25원(4.405원/1석)	81.2원(4.06/1석)	19원(3.8원/1석)
보 관 료	15원	11.25원	4.5원	1.6원
전대금 이식	14.4원(400원, 2전 5리, 144일분)	7.99원(150원, 2전 5리, 215일)	3.78원(70원, 2전 5리, 216일)	2.8원(50원, 2전 5리, 224일)
수 수 료	19.56	10.1	7.29	1.46
조합수익	48.96	29.34	15.57	5.86
조합원 순익	176.04	190.91	65.63	13.14

출전 : 「地方金融組合委託販賣ノ成績」『朝鮮總督府月報』 2권 9호, 1912.9,
    92～93쪽.
주 1) 전대금 이식은 전대금액×이자(일보)×일수.
주 2) 수수료는 차익에서 보관료, 전대금 이식을 공제한 잔액의 1/10.

표를 보면, 모두 1911년 12월에 위탁판매를 신청했다가 1912년 4
월말과 7월에 판매를 하였다. 모두 위탁 신청 당시보다 판매시의
가격이 상승하였음을 알 수 있다. 추수 직후 농민들이 방매하는 등
시장에 나온 곡물이 풍부한 상황에서 낮게 형성되었던 곡가가 다
음해 봄과 여름에 들어서서 상승하였기 때문이다.
    제1회의 실적에 대해서 살펴보자. 위탁 당시 1석에 5.3원하던 籾
[벼] 100석을 이듬해 4월 30일에 석당 7.55원을 받고 판매하여 1석

_____

    9월 28일 및 「平安南道各地金融組合施設槪要」『朝鮮總督府月報』 제
    3권 제1호, 1913.1, 87～95쪽].

당 2.25원인 225원의 차익을 거뒀다. 이에 조합에서는 144일간의 창고 보관료로 15원을 징수하고, 또 위탁 당시 지급했던 전도금 400원에 대한 이자로서 14.4원과 위탁판매 수수료 19.56원을 징수하여 모두 48.96원의 조합 수익을 거뒀다. 조합에 위탁을 하였던 조합원도 위탁 당시 판매하였을 때 받게 되었을 530원보다 176원 4전의 수입을 더 올리게 되었다. 나머지 사례도 동일하다.

김해지방금융조합에서 지방특산물인 蘆草를 공동구입하여 저가에 분배하고 그 제품을 조합에서 위탁판매[72]했던 것과 같이 위탁판매와 공동구입은 동전의 양면과 같은 관계였다. 그리하여 조합 설립계획 입안 시 부수업무로서 종자, 비료, 농구 등의 분배 대여 및 생산물의 위탁판매를 규정하였고(계획요령 제2조), 1908년 1월 탁지부 차관이 각 금융조합 감독관 및 이사 앞으로 발한 통달에서도 1월은 소농민이 추수물을 방매하는 때이므로 그들의 수확물 위탁판매 및 유리한 농구 기타 일용품의 공동구매의 길을 열도록 통첩하였다.[73]

이러한 공동구입에 대한 규정을 보면, 공동구입품 종류와 수량은 의뢰자로 하여금 미리 신청하게 하고 구입비용에 대한 槪算額을 미리 내도록 했으며, 가짓수를 적게 하고 수량을 많게 해서 싼값에 살 수 있도록 하라고 했다.[74] 공동구입은 1908년에 5개 조합에서 1491원의 실적을 올렸다. 충남 1개, 전남 2개, 경남 1개, 평남 1개 등의 조합이다.[75] 그 가운데 충남남도 관내 사례는 홍산지방금

---

72)「慶尙南道管內財務槪況」『朝鮮總督府月報』 2권 5호, 1912.5, 97~98쪽.
73)「委託販賣等勵行ニ關スル件」理監發 제40호『地方金融組合執務便覽』, 73쪽.
74)「地方金融組合業務執行內規」 제12조・제13조, 위의 자료, 25쪽.
75) 朝鮮總督府財務局調査,『金融組合要覽』 제1차, 朝鮮經濟協會, 1922.4, 29~30쪽.

융조합의 것으로서, 조합 이사가 탁지부에 보고한 영업보고서의 영업개황을 통해 확인할 수 있는데, 삼나무 등 수목 묘목을 동경 주문을 통해 공동구입하였으나 운반이 시일이 소요되어 태반이 말라죽었고, 생장 가능성이 있는 것은 10분의 1에 불과하다는 것으로 그 실적은 그다지 성과가 없었음을 알 수 있다.76)

이후 1912년 상반기의 평남 관내 금융조합의 공동구입 실적을 보면, 관내 7조합에서 묘목(桑苗, 用材, 과수 등), 蠶種, 방적사, 농구, 비료, 대두박, 油粕, 종자 등에 대한 공동구입을 하였다.77) 또 충북 음성금융조합에서 종저를,78) 평북 창성금융조합에서는 석유를 공동구입하였다.79)

이러한 공동구입은 농사 개량과도 관련이 있었다. 앞에서 농사 시험전에서의 시험재배 결과가 농사재료(종자)의 배부로 연결된다고 했던 것이 그것이다. 경기도 관내 각 조합의 직영 모범전에서 경작한 작물이 모두 수확 후 조합원에게 종자로 교환 또는 염가로 배포80)되었던 것에서 그것을 확인할 수 있다. 농사재료의 배부는

---

76) '… 他業務는 二月十九日 五円의 種子物共同購入이 有흔後 五月十七日 八八号로 報告홈과 如히 四月上旬에 杉苗木과 其他樹木 價十二円餘의 共同購入申請이 有홈으로 東京에 注文ᄒ야 種植케 ᄒ얏스나 運搬에 時日을 消費홈으로 苗木이 太半枯死ᄒ야 種植흔後 結果가 良好치 못ᄒ고 現時生長의 成就가 有흔 것시 十分一에 不過ᄒ으며 後半期예는 種種흔 業務를 執行ᄒ기로 計畫ᄒ오니 前後査照ᄒ심을 伏望하나이다'(「鴻山地方金融組合第一期營業報告書」 규26493). 이 보고서(鴻金發 제114호, 1908.7.5)는 국한문 혼용으로 작성된 1부와 일어로 작성된 1부가 있는데, 두 가지의 내용은 동일하다.

77) 「金融組合施設ノ槪況」『朝鮮總督府官報』第49號, 大正 元年(1912) 9월 28일 ; 「平安南道各地金融組合施設ノ槪要」『朝鮮總督府月報』제3권 제1호, 1913.1, 87∼95쪽.

78) 『每日申報』 1913.10.15(2) 「忠北甘藷試作好績」.

79) 『每日申報』 1913.12.16(1) 평북통신 「昌城의 金融狀態」.

80) 『每日申報』 1913.7.23(2) 「金融組合 直營模範田」.

위와 같은 종자 외에 비료와 농기구도 대상이었다. 경기도 개성금
융조합에서는 군청과 함께 남부면 조합원 중 13명을 선정하여 비
료개량계를 조직하고 퇴비사를 건설하였다.[81] 당시의 비료는 퇴비
위주였기 때문이었다. 위에서 서술한 위탁판매와 공동구입의 실적
을 연도별로 나타내면 다음과 같다.

〈표 1-4〉제1기 연도별 위탁판매 및 공동구입액(1907~1918년)

연 도		1908	1909	1910	1911	1912	1913	1914	1915	1916	1917	1918
위탁 판매	금액	205	6,740	38,070	136,132	344,914	878,456	560,769	224,282	312,878	321,425	229,794
	조합	2	12	31	64	92	146	175	168	149	134	93
공동 구입	금액	1,491	2,907	13,098	54,672	50,879	98,039	97,133	17,283	11,383	22,493	55,227
	조합	5	15	34	78	109	160	154	94	101	80	44

출전 : 朝鮮總督府財務局調査,『金融組合要覽』제1차(1921.7), 朝鮮經濟
　　　協會, 1922, 27~30쪽.

　위 표를 보면, 위탁판매와 공동구입의 실적은 초기에 미미하다
가 이후 급격히 증가하고, 1913년을 정점으로 다시 감소하는 것을
볼 수 있다. 특히 1914년의 위탁판매업무 실적이 전년에 비해 격감
한 것은 각 조합에서 위탁판매업무의 취지를 제대로 파악하지 못
해 손실을 보았기 때문이었다.[82]

---

81)『每日申報』1913.5.11(2)「肥料改良契 組織」. 평남도청에서도 지방금융
　　조합 및 국유지소작인조합으로 하여금 각 조합원의 퇴비제조를 장려
　　지도케 하였다[『每日申報』1913.8.27(2)「堆肥製造의 奬勵」].
82) 이에 대해 총독부 당국은, 위탁판매업무의 취지는 조합원으로부터 판
　　매를 위탁받아 이를 창고에 보관하여 시기를 살피는 데 있는 것이 아
　　니고, 화물을 인수하기 전에 일정한 買主를 물색하여 매매가격을 협정
　　할 때에 즉시 화물을 受渡하는 데에 있는 것인데, 각 조합에서 이를 몰
　　각하여 1914년 당시 미곡 기타 견 등의 위탁판매의 실패와 손실을 초
　　래하였다고 지적하였다[『每日申報』1914.12.9(2)「金融組合 委託販賣」].

3) 농업정책자금 융통과 정책대행기관 활동

지방금융조합의 업무 가운데 가장 비중 있는 것은 대부활동이었다. 다음의 표에서와 같이 '농업상 필요한 자금 대부'가 금융조합 관계 법령에서 규정한 조합의 업무 가운데 가장 앞자리를 차지했던 것에서 그것을 확인할 수 있다.

〈표 1-5〉 지방금융조합의 주요업무 범위 변화

구 분	지방금융조합규칙(1907)	지방금융조합령(1914)
금융활동	농업상 필요한 자금 대부	농업상 필요한 자금 대부 조합원을 위한 예금 조선총독의 인가를 받아 조합원이 아닌 자의 예금을 함 조선총독의 인가를 받아 농공은행의 업무 대리
창고보관	생산한 곡류를 창고에 보관	생산물 창고보관, 창하증권 발행
농사장려	종묘 비료 농구 등 농업상의 재료 분배 또는 대여	종자, 종묘, 비료, 농구 기타 농업상 필요한 재료 구입 또는 분배 농구 기타 농업상 필요한 재료 대부 조합원의 공동이익을 위해 농사상의 시설을 함
위탁판매	생산물의 위탁판매(제4조)	조합원의 위탁에 의해 생산물 판매

출전 : 「地方金融組合規則」『官報』第3781號, 光武11년(1907) 6월 1일, 議政府官報課 ;「地方金融組合令」制令 第22號『朝鮮總督府官報』 제542호, 大正 3년(1914) 5월 22일.

대부는 예금과 함께 금융기관의 기본 업무이다. 그러나 설립 초기 금융조합은 예금업무는 담당하지 않고, 대출업무만 담당하여 금융기관의 역할을 반쪽만 수행했다. 그러다가 1914년에 가서야 예금이 조합의 업무로 규정되었던 것이다. 이는 1914년 이전에는 조합 활동 가운데 예금이 그다지 중요한 역할을 하지 못했다는 것으로, 금융조합이 예금을 할 여유가 없는 계층, 소액 자금의 대부를 희망하는 계층을 주요 업무대상으로 삼아 활동하였기 때문이었다.

각 조합이 대출활동을 하기 위해서는 조합원에게 대출을 해줄 수 있는 자금이 있어야 했다. 다음 표는 조달과 운용액을 연도별로 나타낸 것이다.

〈표 1-6〉 제1기 연도별 조달 및 운용액(1907~1918년)

연 도		1907	1908	1909	1910	1911	1912
조달	기본금	100,000	430,000	970,000	1,200,000	1,530,000	1,890,000
	차입금	–	–	–	–	–	2,000
	예 금	–	–	–	–	–	–
	출자금	–	–	–	–	–	–
운 용		16,317	319,947	698,809	1,178,624	1,868,548	2,635,711
연 도		1913	1914	1915	1916	1917	1918
조달	기본금	2,090,000	2,265,000	2,395,000	2,495,000	2,595,000	2,605,000
	차입금	32,466	39,272	38,460	31,319	103,764	1,256,021
	예 금	–	94,261	477,478	712,703	1,250,414	4,145,185
	출자금	–	74,738	177,689	309,734	494,543	702,414
운 용		3,112,707	3,331,497	2,588,781	3,549,636	5,053,906	8,381,399

출전 : 朝鮮總督府財務局調査, 『金融組合要覽』 제1차(1921년 7월), 朝鮮 經濟協會, 1922, 7~22쪽.

이 표를 보면, 대출재원이 되었던 것 가운데 가장 중요한 것은 기본금이었다. 이는 1912년 이전까지는 유일한 재원이었고, 이후에 도 1917년도까지는 압도적 다수를 차지하는 부분이다. 지방금융조 합을 구상할 당초에 조합 설립 주도세력이 가장 중요하게 생각했 던 것이 이 기본금이었다. 그리하여 이미 계획요령 작성 시에 '조 합의 공동자금에 충당하기 위해 정부는 각 조합에 1만원 하부' 방 침이 세워져 있었다(계획요령 제5조). 이사가 임명된 각 조합에는 탁지부로부터 1만 원의 기본금이 조합의 운전자금으로 무이자 貸 下되었다.[83]

---

83) 「共同資金下付ニ關スル命令案」 제1조(秋田豊, 앞의 책, 78쪽). 그 상 황에 대해서는, '탁지부에서 남원군 금융조합소에 돈 일만 환을 보내엇 다더라'라는 기사[『大韓每日申報』 1908.3.20(2) 「만환듸급」]에서도 확인

1909년 7월에는 탁지부 이재국장이 각 조합 설립위원과 각 재무
감독국장 앞으로 보낸 통첩에서 지방금융조합자금은 창립총회 종
료 후에 하부하므로 창립총회 보고서 제출과 동시에 신청하도록 하
였다.[84] 그리고 조합의 기본금으로 대하된 자금은 1905년 12월 일
본정부로부터 차입한 금융자금채로 조달된 것이었는데, 1907년 말
지방금융조합에 대하된 자금은 17만 원이었고,[85] 1908년 말에는 27
만 원이 증가하여 44만 원이 되었으며,[86] 1909년도분은 '起業公債'
로 조달한 100만 원 가운데 40만 원을 책정하였다.[87] 지방금융조합

할 수 있다. 또한 조합이 기본금과 경비에 대한 보조를 받았던 사실은
홍산지방금융조합의 자료를 통해 확인할 수 있는데, 대차대조표(1908년
6월 말 현재) 등에는 대변에 조합자금 10,000원, 경비보조금 370원 등이
기재되어 있다(「鴻山地方金融組合 貸借對照表・總勘定元帳元帳差引殘
高表・損益勘定・任置金勘定」규26493). 자금대하방침에 대해 이경란
은, 일본에서 日本興業銀行과 農工銀行이 설립될 당시 외국인 고문 엑
케르트 계획으로부터 目賀田이 영향을 받았기 때문이라 한다. 일본에
서는 엑케르트의 안에 의거하여 1896년 日本興業銀行과 農工銀行이 설
립되었는데, 엑케르트 계획은 중앙에 전국을 구역으로 하는 日本興業
銀行을 설립하고, 각지방에 府縣구역의 農業銀行을 설립하며, 그 아래
各 町村구역의 信用組合을 설립하려는 것이었는데, 신용조합의 독자적
인 기능만으로는 고리대자본을 배제할 수 없으므로 미리 신용조합 보
조금 대부법을 마련하여 각 조합에 보조 대부한다고 기획되어 있었으
나 결국 성사되지는 않았다고 한다(이경란, 앞의 논문, 26~28쪽).
84)「地方金融組合資金下付方二關スル件」『地方金融組合執務便覽』, 21~22쪽.
85) 금융자금채는 공동창고회사・수형조합・보통은행 기타 금융기관의 창
설・정리에 요하는 보조금과 정부창고의 자금 등에 供用하기 위한 국
채였는데, 일본정부로부터 차입한 150만 원으로 조달되었다. 1907년 말
금융자금의 용도를 보면, 정부창고자금 10만 887원, 각지 수형조합자금
33만 원, 천일은행대하 22만 5천 원, 한성은행대하 13만 원, 공동창고회
사대하 10만 원, 지방금융조합자금 17만 원, 지방창고건축비 10만 6383
원, 경비 857원, 예금 34만 2260원이었다(統監官方, 『韓國施政年報』,
1906・1907, 193~197쪽).
86) 統監府, 『第二次韓國施政年報』, 1908, 81쪽.
87) 기업공채 백만 원은 대한제국 정부가 1908년 11월 칙령으로써 「기업공

의 기본금과 경비를 지원하기 위한 자금은 공채발행과 일본정부로
부터 차입을 통해 조달한 국채로서 조선경제의 식민지화를 위한 비
용부담을 대한제국 정부와 국민에게 전가한 것인데,[88] 이에 대해
한국 민중은 국채보상운동으로 대표되는 거센 저항을 하였다.

또한 이들 지방금융조합의 기본금·경비 지원금의 규모는 1907
년도 대한제국의 정부 예산이 1500여만 원이었고, 1908년도 정부
예산이 2300여만 원이었음에 비춰볼 때 그 비중이 컸음을 알 수 있
다.[89] 병합 이후에는 조합 기본금이 총독부 보조비에서 지원되었
는데, 1911년도에는 52만 5150원이었고,[90] 1912년도에는 56만 3340
원이었다.[91]

다음으로는 차입금인데, 이는 '필요한 경우 탁지부 대신의 인가
를 거쳐 농공은행으로부터 차입금을 함'(계획요령 제5조)이라 하여
그 가능성을 열어 두었고, 1912년부터 차입이 이루어져 그 해 2천
원에 불과하던 것이 1918년도에 이르면 126만여 원에 달하여 급격
히 증대되었다.

다음으로는 예금업무에 대해서 살펴보겠다. 조합원을 대상으로
하여 저축을 실시한 것은 1911년 9월 장흥지방금융조합의 사례가

채조례」를 공포하여 발행하였는데, 백만 원 가운데 60만 원은 각 농공
은행 발행의 농공채권을 인수하고, 40만 원은 지방금융조합자금에 充
用하기 위한 것이었으며 12월 일본 대장성과 募入계약을 맺고 해당 금
액을 受入하였다(統監府, 『第二次韓國施政年報』, 1908, 79쪽).
88) 황하현, 앞의 글, 236쪽.
89) 1907년도 정부 예산이 1509만 3381원(경상 866만 3790원, 임시 642만
9591원)이었고, 1908년도 정부 예산이 2335만 2857원(경상 1471만 4934
원, 임시 863만 7923원)이었으며, 그 가운데 탁지부 예산은 1907년도
711만 6755원(경상 390만 4516원, 임시 321만 2239원), 1908년도 1236만
8654원(경상 693만 7201원, 임시 543만 1453원)이었다(統監府, 『第二次
統監府統計年報』, 1907, 422~426쪽).
90) 『每日申報』 1911.2.19(2) 「來年度補助費」.
91) 『每日申報』 1912.3.16(2) 「明年度補助金內容」.

최초인 것으로 보인다. 장흥금융조합에서는 조합 내에 '조합원 저축회'를 조직하고, 규약까지 제정하였으며 1명당 1개월에 30전부터 2원까지 만 10개년을 목표로 저축을 실시하였다. 저축회에 가입한 사람은 30인이었다. '저축액 및 그 실행능력의 정도는 바로 조합원으로서 신용상태의 반면을 살피는 가장 유력한 재료'라는 말에서 알 수 있듯이 조합원 저축은 조합원의 신용상태를 살피는 수단이 되기도 하였다.[92]

또한 1912년 하반기에는 전남·전북·경북·충남 등의 일부 조합에서 예금업무를 개시하였으나 그 실적은 미미하였다.[93] 이와 같이 예금업무의 실적이 미미했던 것은 우편저금과 예금경쟁을 벌여야 했기 때문인 것으로 보인다.[94] 그리하여 예금의 실적이 현저하게 증가하기 시작한 것은 1914년의 조합령 제정에 따라 예금업무를 도입하고서부터였다.[95] 그 결과 1914년에 9만 4천여 원에 불과하던 예금액이 1918년도에는 415만여 원에 이르러 조합의 재원 가운데 기본금을 제치고 제1의 자리를 차지하였다.

1914년 조합령의 제정으로 도입된 출자제도에 따라 출자금도 매년 크게 증가했다. 1914년 7만 5천여 원이던 것이 4년 후에는 70여만 원으로 격증했다. 이 출자금제도 도입 또한 앞에서 언급했던 바

---

92) 「長興地方金融組合員貯蓄會」 『朝鮮總督府月報』 1권 7호, 1911.12, 69쪽.

93) 『每日申報』 1912.9.4(2) 「金融組合貯金開始」.

94) 금융조합의 예금업무 개시에 대해 우편저금에 영향을 미치지 않을까 우려하는 목소리가 있었다(『每日申報』 1912.10.26(2) 「金融組合預金部」).

95) 조정래의 소설 『아리랑』(제2권, 119쪽)을 보면, 1909년경 의병들이 고부의 문부자 집을 습격하러 가면서 나눈 대화 중에 쌀 2천 석의 판매대금이 지방금융조합에 이미 예금되지 않았을까 우려하는 장면이 나오는데, 이는 당시 금융조합의 상황과는 맞지않는 내용이다. 이 시기에 지방금융조합은 예금업무를 취급하지 않았고, 2천 석 지기의 대지주 또는 2천 석의 쌀을 매집할 수 있는 대상인은 지방금조의 거래대상이 아니었다. 아마 문부자 같은 고부의 지주 또는 상인은 전주농공은행과 거래했을 것이다.

와 같이 1910년대 중반 지방금융조합과 그 조합원의 성격이 크게
변하게 된 계기였는데, 이에 대해 당시 총독부 이재과장은, 금융조
합이 '지방일반을 위한 기관이 되었던 것은 과도시대의 權宜에 의
한 것'이었으며, 이제 '엄격히 조합만을 위해서만 편의를 주는 기
관'이 되었다고 단언했다.96)

　이상과 같은 방법을 통해 마련한 재원을 토대로 각 조합에서는
조합원에 대해서 대출을 하였다. 이 대출업무는 조합 업무 가운데
핵심이 되는 것이었기 때문에 그 방법에 대해서는 '세조설명'과
'집행내규' 등에 상세히 설명되어 있었고, 탁지부에서도 수시로 지
침을 시달하기도 했다.97)

---

96) 『每日申報』 1914.11.29(2) 「地方金融組合의 成績及 將來(入江理財課長談)」.
97) 1908년에는 탁지부 차관이 각 이사 앞으로 통달을 보냈는데, 다음과 같
　　은 내용이었다. 예년 추수기로부터 익년 파종기에 이르기까지는 소농
　　이 자금수용을 느끼지 못하며, 농번기로부터 추수기까지 소농이 자금
　　을 필요로 하는 시기이고, 소농 금융의 번한과 지방금융조합의 업무와
　　관련에 의해 위탁판매, 창고보관, 동산(담보물) 보관 대부의 업무는 추
　　수기로부터 파종기에 이르는 기간이 최적이며, 부동산 담보 또는 미래
　　의 수확물을 담보로 하는 대부와 같이 불편하고 불확실한 대부는 자금
　　需用의 最盛期에 할 수 없는 사정이 있으며, 공동구입 업무는 파종기
　　에 앞선 시기가 최적이라고 하였다「地方金融組合業務執行內規改正
　　主趣通達ノ件」(1908.8.24, 理監發 제711호) 『地方金融組合執務便覽』,
　　朝鮮總督府, 1911, 74쪽].
　　1909년에는 다시 탁지부 차관이 각 이사 및 재무감독국장 앞으로 통달
　　하였는데, 내용은 다음과 같다. '특히 주의할 점'은 ①소농의 금융은 추
　　수기로부터 농번기에 이르는 기간은 완만기이나 도리어 이 시기에 다
　　액의 대부를 하는 것, 특히 신설 조합에서 급히 대부하다가 이런 결과
　　많음. 이것은 대부금을 고정시키는 것이므로 충분 주의할 것, ②십수구
　　의 회수일이 동일하면 일시에 다액의 유금이 생겨 자금운전의 좋은 방
　　법이라 할 수 없음, ③대부신청을 받았을 때는 그 사도에 엄중히 주의.
　　예컨대 물품 구입이면 그 물품이 그 계절에 구입가능한지 여부를 考究
　　[「貸付金ニ關スル注意ノ件」(1909.11, 理監發 제1420호) 『地方金融組
　　合執務便覽』, 朝鮮總督府, 1911, 87~90쪽) 등이다.

그리하여 조합원에 대해서는 오로지 농업상 필요한 금융을 하도록 하고(계획요령 제2조), 그 대부금이 비생산적으로 소비되지 않도록 노력하고, 대부의 목적에 사용되는지 여부를 엄히 주의·감독하도록 했다(세조설명 제4조).

그러면 1907년 하반기부터 1908년 상반기에 걸쳐 25개 조합의 대출실적 2672건, 9만 4712원 50전에 대한 분석을 통해 지방금융조합 초창기의 대부활동의 특징을 파악해보기로 하겠다. 다음 표에서 그것을 확인해보자.

〈표 1-7〉 초창기 지방금융조합 대출실적 분석

구분		농업		상업		제조업		기타		소계		불명	
사용목적	건수	2,081 (79.9)		140 (5.4)		38 (1.5)		344 (13.2)		2,603		69	
	금액	75,291 (81.9)		5,619 (6.1)		1,310 (1.4)		9,727.5 (10.6)		91,947.5		2,765	

구분	농사비	소구입	농구구입	비료구입	종자구입	토지매입	토지개량	인건비	기타
농업관련자금 건수	579	850	204	150	85	88	36	7	82
금액	21,658 (28.8)	31,405 (41.7)	6,926 (9.2)	4,652 (6.2)	2,475 (3.3)	3,505 (4.7)	1,300 (1.7)	255 (0.3)	3,115 (4.1)

구분	부동산		동산		신용		소계		불명	
담보 건수	1,944 (73.2)		31 (1.2)		681 (25.6)		2,656		16	
금액	67,837.5 (72.1)		1,485 (1.6)		24,755 (26.3)		94,077.5		635	

구분	5원	10원	15원	20원	25원	30원	35원	40원	45원	50원	기타
대출금액 건수	2 (0.1)	43 (1.6)	49 (1.8)	253 (9.5)	146 (5.5)	775 (29.0)	169 (6.3)	392 (14.7)	50 (1.9)	713 (26.7)	80 (3.0)

구분	日步	3전	3.5전	4전	4.3전	4.5전	5전	6전	소계	불명
이자율	건수	24 (1.0)	230 (9.2)	470 (18.8)	42 (1.7)	302 (12.1)	1,141 (45.7)	287 (11.5)	2,496	176

구분	1월	2월	3월	4월	5월	6월	7월	12월	소계	불명
대부기간 건수	1	11 (0.4)	82 (3.1)	190 (7.1)	994 (37.3)	1,380 (51.8)	2	3 (0.1)	2,664	8

출전 : 각 지방금융조합의 대부금순보 ; 최재성, 「地方金融組合 設立初期 活動에 관한 硏究 : 1907, 1908년 貸付金旬報 分析을 中心으로」(성균관대 대학원 사학과 석사학위논문, 1996년 2월)에서 재작성.

주 1) 합계는 2,672건, 94,712.5원이고 농업관련자금의 합계만 2,081건, 75,291원.

주 2) ( ) 안은 비율. 불명이 있는 경우 소계를 100.0으로 했을 때의 비율임. 0.1% 이하 절사로 합이 100.0이 아닐 수도 있음.

먼저, 대부금의 사용 목적에 대한 것으로서 이를 농업관련, 상업
관련, 제조업관련, 기타로 나누어 살펴 본 결과 농업관련 대출은
건수, 금액 모두 약 80% 정도였다. 금융조합의 대출 업무는 농업생
산력 제고와 농업생산물의 상품화 촉진을 위한 것이었고, 한국의
농업구조를 일본 제국주의를 위해 식량 및 원료생산을 위한 것으로
재편하려는 일제의 식민정책 틀 내에서 이루어졌음을 의미한다.

둘째, 농업 관련 자금의 내용이다. 농업 관련 자금을 다시 상세
히 살펴보면, 소 구입자금이 가장 큰 비율을 차지하여 건수와 금액
모두 농업관련자금 가운데 약 40%이다. 종자·비료·농구 등 농
업재료 구입자금은 약 20% 정도이고, 토지매입·개간 등 토지 관
련 자금은 약 6% 정도로 미미하다. 소 구입자금이 대출금 가운데
가장 큰 비중을 차지하는 것은 1913년에 가서도 여전히 마찬가지
였다. 1913년 상반기 중 경기도 내 19개 조합의 실적에 의하면, 경
우(耕牛) 구입자금은 총액의 41%였다.[98] 순천(順川), 성천, 순안 등
평남 관내 각 조합에서도 사정은 비슷하였다.[99] 추수가 끝나서 소
의 쓰임이 없을 시기에 소 구입자금의 수요가 있었던 것은 이 시기
가 생우 가격이 하락하는 철이라 금융조합의 자금을 차입하여 구
매하는 자가 많았기 때문이었다.[100] 1916년 수원조합에서는 대부
금 중 경우 구입자금이 대부분을 차지하였다.[101]

---

98) 『每日申報』 1913.8.21(1) 「半年 金融組合의 成績」.
99) 이들 3개 금융조합의 購牛자금 대출실적은, 순천금융조합에서는 대부
    금 1만 487원 가운데 5451원이었고[『每日申報』 1913.11.8(1) 평남통신
    「順川郡金融組合」], 성천에서는 10월 중 대부 총액 1197원 40전여 가
    운데 492원 40전[『每日申報』 1913.11.18(1) 「成川郡金融組合」]이었으
    며, 순안에서는 대부 금액 4275원 가운데 2115원이었다(『每日申報』
    1913.11.22(2) 「順安金融組合」).
100) 『每日申報』 1913.12.14(2) 「鐵原地方의 金融」.
101) 『每日申報』 1916.8.25(2) 수원에서 「金融組合의 好況」. 이는 수원 우시

셋째, 담보에 대한 것으로서 '회수 확실하다고 인정되는 자에 한해 무담보 대부도 무방'(세조설명 제4조)하다고 하였고, '담보는 가급 동산 특히 조합원의 생산물을 징구할 방침을 채택함으로써 위탁판매 창고보관의 각 업무와 연락을 취할 것'(집행내규 제4조), '부동산 담보 대부는 평가액의 5할, 동산담보는 평가액의 8할을 한도'(집행내규 제5조)로 하도록 해서 동산, 특히 곡물담보를 장려하였다. 조합원의 생산물, 특히 곡물에 대한 담보 장려는 일제의 관심이 어디에 있었는지를 극명히 보여주는 것이다.

조합의 곡물담보 대부업무를 창고보관, 위탁판매 등과 밀접히 관련시켰던 것은 종래 객주업의 관행을 참작해서였다.[102] 이는 추수기에 발생하는 일시적 방매를 방지하기 위한 목적에서 나온 것이었으며, 식량 확보를 위한 수단이었다. 그러나 대출실태 분석에 의하면, 곡물담보 대부 실적은 극히 미미했다. 건수와 금액 모두 2% 미만이었다. 곡물 담보 대출 실적이 미미한 데 비해 부동산 담보 대출은 70% 이상을 차지하며, 신용대출도 25% 정도이다. 동산 담보물은 백미, 籾 외에 소와 농공은행주권도 있는데, 백미담보대출은 청주에서 20건, 1천 원이 있고, 인 담보대출은 영암에서 3건, 120원이 있을 뿐이다.[103]

이러한 곡물담보 대부는 조선총독부 당국의 주된 관심사가 되어 1910년과 1911년에 전라남도에서 지방금융조합뿐만 아니라 농공은행과 국유지 소작인조합에 대해서도 곡물담보대부 또는 위탁판

장의 영향인 것으로 보인다.

102) 고래 객주업에서 위탁판매를 본업으로 하며 대부를 겸영하나, 영리를 주로 하여 공공의 이익을 경시하였으므로 조합에서 이 업무를 영위한다고 하면서, 원래 동산담보대부, 위탁판매, 창고보관의 3업무는 독립 분리되지 않는 것이라 하였다(『財務經過報告』, 225~227쪽).

103) 최재성, 석사학위 논문, 67~68쪽.

매의 업무를 장려하였다.[104] 그러나 곡물담보대부의 실적은 역시 미미했던 것으로 보인다. 1913년에 동래금융조합에서는 쌀, 벼, 木棉 등을 담보로 하여 자금 1만원 전부를 대출하기도 하였으나,[105] 용강금융조합에서는 부민이 곡물을 매석하여 겨우 3백 원의 대출 실적만 올렸다고 한다.[106] 그리하여 자금의 수요가 가장 많은 시기에는 이미 생산물의 방매를 다한 때이므로 동산담보로서 징구하기 부적당하여 미래의 수확물로써 징구하도록 하였다.[107] 곡물 확보를 위해 입도선매까지 장려했던 것이다.

넷째, 조합원 1인당 대부금 한도에 대해서 보겠다. '대부금액은 1인에 대해 50원을 한도로 하고, 가급 소액을 다수인에게 융통할 방침. 부득이하게 이 한도를 초과할 경우 감독관의 승인을 거칠 것'(세조설명), '금 50원 한도, 다액 대부 청구자는 농공은행에 소개'(집행내규 제3조) 등에서 보듯이 1인에게 50원 이하로 대출하도록 했다. 설립초기 대출재원이 기본금 1만 원이었으니 1인당 50원씩 대출하면 200명에게 돌아갈 수 있는 자금이었다. 조합 초기 대출실태 분석에서 대출금액의 규모를 보면, 30원이 가장 많은 29%이고, 50원이 약 27%이며, 40원이 약 15%로 그 뒤를 잇는다. 이 세 가지가 약 70%로 대부분이다. 그 규모를 보면 4원부터 100원까지이고, 건당 평균 대출금액은 약 35.5원이다.

이와 같은 대출금 규모는 당시 지주들에게는 그다지 혜택이 되지는 못했을 것이며, 대신 한국 농민들 가운데 다수를 차지했던 소농들에게는 도움이 되었을 것으로 보인다. 만성적인 생계 자금난에 시달리던 소농들을 대상으로 한 이와 같은 소액 대출은 일제가

---

104) 『每日申報』 1911.12.1(1) 「穀物擔保貸付」.
105) 『每日申報』 1913.1.12(2) 「東萊金融組合」.
106) 『每日申報』 1913.4.11(1) 「鎭南浦最近狀態」.
107) 『財務經過報告』, 225~227쪽.

한국 농민들로부터 인심을 얻는 데 유용한 수단이 되었다고 생각
된다.

다섯째, '지방의 관행을 참작하여 다소 이보다 저율로 정할 것'
(세조설명)을 주문하였던 대출 이자율에 대해 살펴보겠다. 지방금
융조합이 막 대출을 시작하던 1907년 11월, 탁지부 이재국 감리과
에서는 고문지부 및 분청에 통달하여 '대부금의 이율은 그 지방금
융상태, 소재 금융기관과의 비율 등을 참조하고 조합의 이익도 고
려하여 적당의 이율로 정할 것'을 주문하여 이자율에 대해 각별한
관심을 기울였다.[108] 당시 고리대가 만연하던 지방금융상태에 비
춰 고리대로부터 조합원을 보호할 정책적 필요가 있었기 때문이었
다. 이는 식민지화를 앞두고 지방 민심을 무마하기 위해 필요한 조
치이기도 했다.

초기 대출실태 분석 결과를 보면, 전체 대출건수 가운데 약 90%
가 日步 5전 이하[109]이며, 가중 평균하면 4.7전이다. 이는 당시의
개인금리에 비해서는 현저히 낮은 수준이며,[110] 1908년 농공은행
정기대부금 이자 평균 5.2전과 일반은행 정기대부금 이자 평균 약

---

108) 「地方金融組合貸付金利率ニ關スル件」(1907.11.4, 理監發 제266호, 度
　　　支部 理財局 監理課에서 顧問支部 分廳 앞 통달)『地方金融組合執
　　　務便覽』, 朝鮮總督府, 1911, 73쪽.
109) 日步는 100원에 대한 하루치 이자에 해당되는 것으로, 日步 5전은 日
　　　利 0.05%에 해당하며 연리로 환산하면 365일 기준으로 18.25%이다.
110) 당시 밀양, 청주, 광주지방의 고리대로는 月收錢, 雉鷄錢, 市過錢, 替
　　　喫錢 능이 있었다. 월수전은 밀양지방에서 행해지는 방법으로 10개월
　　　의 월부반제로 하여 이율은 월 3푼 내지 4푼, 치계전 역시 밀양지방의
　　　관행으로 3개월을 기한으로 장날마다 분할 상환하며 이율은 1개월에
　　　9푼, 시과전은 청주·밀양·광주 등의 관행으로 원금 1원에 대해 장
　　　날마다 2전의 이자 지불, 체끽전은 광주지방 관행으로 장날마다 1원
　　　에 대해 1전의 이자를 지불하는 것이었다(岡崎遠光,『朝鮮金融及産
　　　業政策』, 東京, 同文館, 1911, 139~140쪽).

4.8전에 비해서도 낮은 수준이었음을 알 수 있다. 1917년에 금리가 저락하는 추세에 따라 전북도는 통첩을 발하여 지방금융조합의 대부금리를 인하하도록 했다. 인하된 이자율은 신용은 일보 4전 5리, 동산담보는 4전, 부동산담보는 3전 5리였다.[111] 이와 같이 대출 이자율을 '다소 저율'로 하도록 했던 일제의 방침은 한국 소농들의 반일감정을 무마하고, 식민지 조선의 농민들로부터 인심을 획득하기 위해 필요로 했던 장치였다.

여섯째, 대부기간에 대해서 살펴보겠다. 조합 설립계획 입안 당초에는 6개월을 초과하지 않도록 했던 방침이 1908년에는 10개월 이내로 변경(집행내규 제9조)되었다. 그 이유는 농민이 가장 자금을 요하는 시기는 예년 4, 5월경부터 그 수확물을 방매하기까지의 기간 약 10개월이기 때문이었다.[112] 초기 조합의 대출실태 분석 결과에 따르면, 6개월이 약 52%, 5개월이 약 37%로 이 두 가지가 거의 90%를 차지한다.

자금 대부에 대해서는 1914년 8월과 1917년 12월에 감독규정이 개정되어 일부 방침이 변경되었다. 1914년의 개정으로는 대부자금의 사용 용도가 규정되었고, 조선총독의 인가를 받은 경우 1인당 100원까지 대부할 수 있었다.[113] 1917년 개정에서는 대부자금의 사

---

111) 『每日申報』 1917.3.2(4) 전주 「金融組合利率引下」.
112) 『財務經過報告』, 225~227쪽.
113) 대부 자금 사용용도는 1. 개간, 배수, 관개 기타 토지의 개량자금, 2. 자작용 토지의 구입자금, 3. 종자, 종묘, 비료, 농구 기타 농업재료의 매입자금, 4. 주택 이외의 농업용 건물의 신축, 개축, 증축 또는 수선에 요하는 자금, 5.인부 용입비, 농구의 임차비 등의 농사비, 6. 경작기간 중의 양식자금(운전자금 총액의 2할을 초과할 수 없음), 7. 가축 가금의 매입 기타 부업에 필요한 자금 등이었다[「地方金融組合業務監督規程」朝鮮總督府令 제115호『朝鮮總督府官報』제602호, 大正 3년(1914) 8월 4일].

용용도 가운데 제2호가 '자작용 토지의 매입자금 또는 자작용 토지를 담보로 한 구채의 상환에 요한 자금'으로 개정되었고, 1인당 대부금액 한도에 대해서는 단서 개정을 통해 '단 농업용 우마를 매입할 때는 100원까지, 전조 제1항 제1호, 제2호 및 제4호의 자금으로서 부동산을 담보로 한 때는 200원까지 대부할 수 있음'으로 개정되었다. 부동산 담보 대부와 관련하여 '지세령'의 제정(1914)과 개정(1918)은 중요한 의미를 갖고 있다. 토지조사사업의 진척에 따른 토지대장의 완성과 등기제도의 실시로 인해 일제의 금융자본이 자유롭게 운동할 수 있는 여건이 마련되었기 때문이다.[114]

　다음으로는 농공은행과의 밀접한 관련을 살필 수 있는 농공은행 중개 업무에 대해 알아보자. 먼저 저축예금 取次[중개]에 대해서도 살펴보겠다. 이는 1912년 6월 탁지부장관이 각 도장관에게 보낸 통첩을 통해 실시되었다.[115] 이에 앞서 농공은행 지배인회의 및 금융조합 이사회의에서 이에 관한 논의가 있었고,[116] 그 결과 양자간 협정을 체결하였으며 예금업무 관련 촉탁을 두기로 하였다.[117] 지방금융조합의 농공은행 예금 중개 업무는 총독의 각별한 관심[118] 속에 시작되었는데, 농공은행 중개대부와 함께 실시되었다. 그 목적은 그 지방에서 흡수한 예금은 가급적 그 지역 내에 대출하기 위

114) 정태헌, 「1910년대 식민농정과 금융수탈기구의 확립과정」『3·1민족 해방운동연구』, 청년사, 1989, 172쪽 ; 정태헌, 『일제의 경제정책과 조선사회』, 역사비평사, 1996, 63~64쪽.
115) 「地方金融組合ニ於テ農工銀行貯蓄預金取次ニ關スル件」官通牒 제207호 『朝鮮總督府官報』 第532號, 明治 45년(1912) 6월 6일.
116) 『每日申報』 1912.5.23(2) 「金融機關의 發展」.
117) 『每日申報』 1912.5.25(2) 「預金開始」.
118) 총독은 각 농공은행 지배인 및 수형조합 이사에 대하여 훈시를 하면서, 이 업무를 언급하고, 각 이사와 협의할 것을 당부하였다[『每日申報』 1912.5.18(1) 「産業開發과 資金」(寺內總督訓示의 大要)].

한 것이었다.119) 농공은행 저축예금 중개업무의 실시로 지방금융
조합과 농공은행 사이의 수직관계가 공식화되었다.120)

다음으로 농공은행 매개대부는 위에서 본 바와 같이 농공은행
예금 중계업무와 동시에 실시되었다. 세조설명에서는 '다액의 대
부를 청구하는 자 있는 경우에는 이를 농공은행에 소개'하라고 하
여 조합은 소액대부, 고액대부는 농공은행 소개로 정리를 했던 것
이다. 이후 이것은 실제로 1911년 말에 연초경작을 장려하기 위한
목적에서 시작된 것으로 보인다.121)

이상을 통해 살펴보았던 여러 활동 외에 지방금융조합은 화폐정
리사업과 조선인 동원 활동에도 적극 참여했다. 먼저, 화폐정리 및
화폐교환사업122)의 참여를 보자. 이들은 앞에서 언급했듯이 한국
경제를 식민지적으로 재편하려는 이른바 '目賀田개혁'의 일환으로
시작된 것으로 이들 사업의 착수와 진척에 따라 한국 화폐제도는

---

119) 『每日申報』 1912.5.28(4) 「農銀의 貸出擴張」.
120) 정태헌은 이를 '수탈적인 상하 수직계통체계'로 파악하였다(정태헌,
   위의 논문, 171쪽).
121) 『每日申報』 1911.12.12(2) 「煙草資金의 供給」.
122) 화폐정리사업에서 구화회수의 주목표는 백동화와 엽전이었는데, 백동
   화의 경우 '구화 2개=신화 1개'의 교환비율에 따라 백동화를 소유한
   조선인의 화폐자산 1/2이 수탈당했으며, 엽전의 경우 당시 세계적인
   구리가격 등귀에 따라 엽전을 회수하여 수출하려는 목적이었다. 구화
   회수결과 백동화는 유통액 1150만 원 가운데 1908년까지 83%가 환수
   되었다. 또한 1905년 8월~1909년 11월까지 엽전환수액은 476만 7418
   원으로 전체 엽전유통액 1300만 원의 약 37%이다(이석륜, 앞의 책,
   392~416쪽). 또한 구화의 환수를 도모하면서 제일은행권 보급에 주력
   한 결과 제일은행권 유통량이 1904년 337만 원, 1905년 813만 원, 1906
   년 922만 원, 1907년 1280만 원, 1908년 1038만 원, 1909년 1343만 원,
   1910년 2016만 원으로 늘어나 조선 내 통화량 중 차지하는 비율이
   1906년 38.9%에서 1910년까지 매년 46.6%, 47.2%, 56.8%, 67.4%로 증
   가하였다(배영목, 앞의 논문, 1990, 26~27쪽).

식민지적으로 개편되었다. 금융조합은 화폐정리사업에서 신화보
급을 담당하였는데, 그 방법은 제일은행에서 발행한 지폐와 새로
운 보조화로써 조합원에게 대출하는 것이었다.[123] 또한 1908년부
터는 백동화와 엽전 등 구화회수를 실시했다.[124] 그리하여 1908년
도 구화회수실적은 9만 7020원이었고, 신화(보조화) 보급액이 1만
8311원이었으며, 1909년에는 각각 32만 1265원과 14만 9764원으로
늘었다.[125] 화폐정리사업의 추진에 따라 나타난 보조화 부족현상
을 타개하기 위해 1911년 12월 13일 정무총감은, 신설 지방금융조
합에 보조화를 예입하기로 결정한 사항을 각도장관에게 알려 지방
금융조합에 통달하도록 했다.[126]

조선인 동원 활동 사례는 1915년의 '조선물산공진회'에서 찾을
수 있다. 1915년 9월 11일부터 10월 31일까지 경복궁에서 열린 '공
진회'는 일제가 전시기법의 조작을 통해 조선인으로 하여금 일본
을 저항의 대상으로서가 아닌, 모방의 대상으로서 인식하도록 이

---

123) 이에 관해 광주지방금융조합이사 奥田種彦의 사례를 참조할 만하다
(서광운, 『한국금융백년』, 창조사, 1973, 452~453쪽). 또한 고승제의
『한국금융사연구』, 일조각, 1975, 131쪽 참조.
124) 그 사례는 '백동화를 가진 사람은 기한 안에 금고나 은행이나 혹 금융
조합소에 가서 교환'이란 기사[『大韓每日申報』1908.11.14(2)「구화교환
의 주의」]에서 확인할 수 있고, 엽전회수과정에 대해서는 영광지방금
융조합 이사였던 小林省三의 회고담이 있다(小林省三,「貨幣整理と徵
稅事務援助」『金融組合逸話集』, 朝鮮金融組合協會, 1931, 179~188쪽).
125) 朝鮮總督府財務局, 『朝鮮金融事項參考書』, 1923, 251쪽.
126)「補助貨流通普及基金預入ニ關スル件」『貨幣整理關係書類』, 국가기
록원 문서철 88-2, 745~747쪽. 이때 각 지방금융조합에 예입하기로
한 기금은 충남·전남·황해·평남 지역에 신설되는 조합에는 각 2
천 원씩, 평북·함북 지역에 신설되는 조합에는 3천 원씩, 경남과 경
북 지역에 신설되는 조합에는 조합에 따라 2천 원 또는 3천 원씩으로
경남 거제와 경북의 청송·문경·군위지방금융조합에는 각 3천 원씩,
나머지는 2천 원씩으로 한다는 것이었다.

용했던 정치적 행사였는데,[127] 당시 경북 관내 금융조합에서도 관람자를 조직하여 조선인과 일본인을 동원했다.[128] 금융조합의 관람자 동원은 경북 관내에 그치는 것이 아니었을 것이다. 또한 이 공진회에는 관람자 동원뿐만이 아니라 '출품'을 통해서도 인력을 동원했는데, 지방금융조합의 출품물은 업무일람모형이었다.[129] 이러한 활동에 따라 원주·대전·순천·거창·진안·의성·경성(鏡城) 등 7조합이 권업시책 양호 명목으로 은패 포상을 받았다.[130]

이 시기 지방금융조합의 활동은 매우 광범위했다. 크게 구별하면, 농업생산력 증대활동, 농업생산물 상품화 촉진활동, 농업자금 융통과 정책 대행기관으로서의 활동 등이다. 농업생산력 증대활동은 농사개량의 장려에서 찾아볼 수 있는데, 농사개량에 대한 활동은 강습회 개최, 시작전·감독전·모범전 등의 운영, 농사재료의 배부, 품평회 실시 등으로 이루어졌다.

위탁 판매는 농업생산물 상품화 촉진활동의 일환으로서 그 대상은 주로 미곡과 농업 생산을 통한 원료 등이었는데, 이는 식민지가 식민본국에 대해서 갖는 제1차적 기능인 원료 공급지로서의 역할과 밀접한 관련이 있었다. 또한 공동구입은 종자·농기구 등으로서 농사개량을 위해 초점이 맞춰져 있었다. 그리고 이는 일본의 수요를 겨냥한 미곡 개량이 중심이었다. 조합원을 대상으로 농업생산력을 제고하거나, 농업생산물의 상품성을 강화하는 활동은 조선 농촌을 일본 자본주의 발달에 필수적인 식량·원료의 공급지로 재편하는 데 목적이 있었다.

농업자금 융통을 위한 금융활동은 주로 지방금융조합 창설과 함

---

127) 박성진, 수요역사연구회 편, 「일제 초기 '조선물산공진회' 연구」, 앞의 책.
128) 박성진, 위의 논문, 93쪽.
129) 『每日申報』1915.10.12(1) 「大共進會(25)」.
130) 秋田豊, 앞의 책, 186쪽.

께 각 조합에 내려보내는 기본금이 주요 대출 자원이었다. 이후 차입금, 출자금, 예금 등이 포함되기도 했으나 1910년대까지는 미약했다. 이 시기는 금융활동 가운데 대출이 중심이었다. 그리고 대출 가운데 소 구입자금이 가장 많은 비중을 차지하였다. 이어 농사개량을 위한 종자·비료·농기구 구입자금이었다. 아울러 농공은행과 밀접한 관련으로 예금과 대부에 대한 중개업무도 실시하였다. 이 시기 지방금융조합의 대출은 식민지 농업정책과의 관련 속에서 살펴보면, 조선 농촌을 식량 및 원료 생산지, 그리고 상품의 소비지로서 기능하도록 재편하기 위한 일환이었다. 그리고 그것은 농사개량을 위한 자금의 대출로 나타났던 것이다.

정책대행기관으로서의 행한 활동으로는 화폐정리 및 화폐교환사업의 참여를 들 수 있다. 그밖에 1915년의 '시정5주년 기념 조선물산공진회'에서 전시물을 출품하기도 하고, 조합원을 중심으로 관람자를 조직하여 인원을 동원했다.

제2절

금융조합의 조직 확대와 활동

1. 도연합회, 도시금조의 신설과 '산미증식계획기' 농사개량 지원활동

1) 1차 대전 이후 일제의 엔블럭 확장정책과 금융조합령의 개정

1918년에 '조선식산은행령'의 제정과 함께 '금융조합령'이 개정되었다. 일제의 이른바 엔블럭 확장정책의 일환으로 조선 내 금융상의 공백을 메우려는 조치에 따른 것이었다. '금융조합령' 개정은 1917년 12월 말에 계획되었다.[1] 이 계획은 6개의 농공은행을 통합하여 식산은행을 창설하는 계획[2]과 짝을 같이 하였다. 이처럼

---

1) 『每日申報』1917.12.21(2)「金融機關整備計劃(上)」;『每日申報』1917.12.22(2)「金融機關整備計劃(下)」.

2) 『每日申報』1917.12.23(2)「朝鮮拓殖銀行計劃」;『每日申報』1917.12.25(2)「朝鮮拓殖銀行新設」.

1910년대 후반기에 조선 내 식민지금융기구에 대한 정비가 이루어
진 배경은 무엇일까.

　제1차 대전으로 일본 자본주의는 전례 없는 발전을 이루었다.
1914년부터 1919년까지 명목 GNP는 47억 3800만 엔에서 154억
5300만 엔으로 3.26배의 증가를 보였다. 그리고 그 급격한 성장을
주도한 것은 수출의 급격한 확대와 민간설비투자의 확대였다.3) 이
에 힘입어 寺內 내각은 '만선 금융일체화'정책을 추진하여 조선은
행과 동척의 사업범위를 중국 동북지방(만주)까지 확대하였다. 엔
블록 확장정책의 추진이었다.

　조선은행은 1913년에 奉天을 시작으로 중국 동북지방에 지점과
출장소를 설치하는 등 '만주진출'을 활발히 하였으며, 1917년 2월
에 자본금 1천만 원을 증액하였다. 이후 1918년 3월에는 법률 제28
호로써 '조선은행법'을 개정하여 부총재직을 신설하고 은행권 보
증준비 발행한도를 5천만 원으로 확장하였으며 영업과목 중 신탁
업무를 추가하게 되었다.4) 조선은행이 만주진출에 적극적으로 나
선 것과 보증준비 발행한도를 확장한 것은 일제가 식민사업에 소
요된 비용을 조선은행에 크게 의존하였기 때문이었다. 조선은행은
이를 위해 과도한 은행권 증발로 대처하여 심각한 정화 부족 문제
를 야기하였고, 그 문제를 해결하기 위해 위와 같은 조치를 취한
것이었다.5)

---

3) 一九二0年代史硏究會 編, 『一九二0年代の日本資本主義』, 東京大學出
　版會, 1983, 87쪽.
4) 「朝鮮銀行法中左ノ通改正ス」法律 제28호 『朝鮮總督府官報』 號外,
　大正 7년(1918) 4월 1일.
5) 『朝鮮銀行二十五年史』, 朝鮮銀行, 1934, 156쪽(윤석범 등, 앞의 책, 144
　쪽에서 재인용). 한편 이 시기를 두고 『朝鮮銀行略史』에서는 '홍룡발
　전의 황금시대'였다고 평가하고 있다(朝鮮銀行史編纂委員會, 『朝鮮銀
　行略史』, 1960, 27쪽).

조선은행의 만주 진출과 함께 동양척식회사의 만주진출도 추진
되었는데, 동척의 만주 진출은 1917년의 '동양척식주식회사법'의
개정에 따른 것이었다. 개정 법률에 따르면 동척의 사업범위를 조
선과 만주로 하며, 동척의 본점은 경성에서 동경으로 옮기는 것이
골자였다.6)

동척의 만주 진출이라는 시대 변화는 조선 내 농공은행에도 영
향을 미쳐 6개의 농공은행이 통합되어 조선식산은행('식은')이 신
설되었다. 1918년에 설립된 조선식산은행은 이 해 6월에 제정 공포
된 「조선식산은행령」7)에 따라 각 농공은행의 합병을 통해 이루어
진 것이었다. 이에 따라 그 자본금은 260만 원에서 1천만 원으로
크게 증대되었고, 그 업무범위도 대폭 확장되었다. 이 시기 식산은
행의 설립은 조선은행과 동척의 만주진출에 따른 금융 공백을 메
우고 증대되는 자금 수요에 응하기 위한 조치였다. 또한 1918년 10
월 1일에 업무를 개시한 조선식산은행의 頭取에는 조선은행 이사
三島太郎이 임명되었고, 有賀光豊(조선총독부 고등관), 中村光吉
(조선은행 서무국장), 櫻井小一(총독부 고등관), 박영효 등 4명이
조선식산은행 이사에 임명되었다. 식산은행의 경영진은 박영효를
제외하면 전원 일본인으로 구성되었던 것이다.8)

---

6) 『每日申報』 1913.3.1(2) 「東拓金融部의 擴張」. 동척 금융부를 확장하려
  는 시도는 1911년부터 있었는데, 그 의도는 조선 각 농공은행을 관할하
  는 은행으로 할 계획으로 일본권업은행과 일본 농공은행과의 관계와
  같게 하고자 하는 것이었다. 그리하여 1913년에 마련한 동척 개정 법률
  안의 요지는, 일본에서 농공은행 대 권업은행과 같이 조선에서도 동척
  금융부를 각 농공은행의 주되는 은행으로 하여 농공자금의 융통을 원
  활케 하고, 자본액 천만 圓과 흥업은행으로부터의 차입금 750만 圓을
  합한 1750만 圓의 반액인 875만 圓을 금융부에서 사용하게 하는 것이
  었다.
7) 「朝鮮殖産銀行令」 制令 第7號 『朝鮮總督府官報』 제1750호, 大正 7년
  (1918) 6월 7일.

식산은행령의 공포와 함께 금융조합령의 개정도 같이 이루어졌
다. 이 시기 개정된 금융조합령의 특징은 도시금융조합('도시금조')
의 설립, 道 금융조합연합회('도금련')의 신설 등이다. 이는 1907년
설립 이후 1918년 당시까지 지방금융조합 설립 및 활동의 성과는
어느 정도 있었으나, 한계도 많았다는 자체 평가에 따른 조치였
다.9) 결국 1910년대 후반기에 이루어진 일련의 식민지 금융정책
변경의 골자는, 조선은행과 동양척식회사의 만주 진출에 따라 조
선은행 계통과는 별도로 조선식산은행을 중핵으로 한 또 하나의
계통이 세워지게 되었음을 의미한다. 그 결과 '조선식산은행 - 금
융조합연합회 - 금융조합'이라는 틀이 만들어졌다.

---

8) 이와 관련하여 정병욱은, 식산은행으로 전환의 주 목적은 '자금의 충
실'이었고, 그 방법은 일본인 주주의 확대를 통한 자본금의 증대였으며,
그 결과 형식상 조선인 은행이었지만 내용상 일본인에 의해 경영된, 일
본인 은행이었던 농공은행의 형식과 내용의 불일치가 식산은행에서는,
조선인은 형식적인 측면에서도 경영에서 배제되어 명실상부한 일본인
은행으로 되었다고 평가하였다(정병욱,『일제하 조선식산은행의 산업금
융에 관한 연구』, 고려대 사학과 박사학위논문, 1998, 40~47쪽).
9) 당시 총독부 탁지부장관 鈴木穆은, 1918년 4월 말 현재 금융조합의 수
는 260개소, 조합원 수는 12만여 명, 불입 출자금 51만 원, 예금은 75만
원, 대부금은 391만 원이라는 실적은, 조합원수는 조선농가호수의 4.5%
이고, 대부금액은 농가 1호당 1원 42전에 불과하여 일본 산업조합의 1
호당 대부금 5원 30전의 1/3에도 미치지 않는 실정이었다. 이러한 '前
途 遼遠의 感'을 해소하기 위해 '종래 조합원은 농민에 한한 것을 소상
공업자 기타 하층민에게 미치게 하여 益益 조합의 증설을 꾀하고 또
시가지에는 주로 소상공업자를 위하여 도시의 조합을 認하고 다시 이
들 금융조합의 제휴 및 상급 금융조합과의 연락을 꾀하기 위하여 금융
조합연합회를 설치하고 의하여 써 하층 금융의 설비를 완전케 하고자'
금융조합령을 개정하게 되었다고 설명하였다[鈴木穆,「地方金融組合
令ノ改正ニ就テ」『朝鮮彙報』大正 7년(1918) 8월호, 17~23쪽;『每日
申報』1918.6.28~29(2)「地方金融組合令 改正에 就ᄒ야」(鈴木度支部
長官談)].

일제는 금융조합령의 개정을 추진하면서 금융조합의 연합회를 신설할 것을 계획하였는데, 그 계획 수립 시 예산과 연합회 이사장에 관한 것까지도 고려해 두었다.[10] 이후 1918년 6월 27일, 제령 제13호로 금융조합령이 개정 공포되었다.[11] 이는 1914년에 공포된 '지방금융조합령'을 '금융조합령'으로 고친 것으로 금융조합의 명칭이 이때 '지방금융조합'에서 앞의 '지방' 두 자를 삭제한 '금융조합'으로 개칭되었기 때문이다.

이때 개정된 내용 가운데 중요한 것을 보면, 먼저 조직과 관련한 것으로 종래의 금융조합은 촌락금융조합으로 하고, 당시 12개의 부 지역과 시가지세 시행지에 도시금융조합을 신설토록 하였으며, 그 상부기구로서 각 도에 금융조합연합회를 설치토록 하였다.

둘째, 조합원의 자격에 관한 것으로 종래 제1조 규정 중 '농민'을 '조합원'으로 고치고, 조합의 구역 내에 주소를 둔 자로 한하였다(제2조). 이는 조합구역 안에 거주하는 자는 그 직업의 여하를 불문하고 조합원이 될 수 있도록 한 것이다. 그에 따라 상공업자도 신설되는 도시금융조합의 조합원으로 가입할 수 있게 되었다.

셋째, 조합원의 자격을 농민에서 직업을 불문한 구역 내 거주자로 확대함에 따라 대부금의 사용목적에 대한 규정에서도, 종래는 농사에 필요한 용도에 사용하는 것에 한하였던 것을 '조합원의 경제의 발달에 필요한 자금'으로 확장하였다.[12]

---

10) 예산 문제는 『每日申報』 1917.12.27(2) 「七年度總督府豫算」 기사 참조. 아울러 이사장에 대한 사항은 『每日申報』 1918.3.10(4) 「金融組合聯合」 와 『每日申報』 1918.3.13(4) 「金融組合聯合(全南)」 기사 참조.

11) 「地方金融組合令中左ノ通改正ス」 制令 第13號 『朝鮮總督府官報』 第1767號, 大正 7년(1918) 6월 27일.

12) 개정된 금융조합령에서 규정한 업무로 다음과 같다. 경제의 발달에 필요한 자금의 대부, 조합원을 위한 예금, 도시금융조합은 대부자금을 위해 수형할인을 함, 산업상 필요한 재료 대부 또는 공동구입을 하거나

넷째, 도시금조의 신설에 따라 도시금조의 이사는 조선총독의 임명 대신 조합원 총회에서 선출토록 했다.[13] 이 규정을 마련할 당시 총독부 당국자들은 예측하지 못했겠지만, 이로 인해 1920년대 도시금조에서 이사 선출을 둘러싸고 많은 분규가 발생했고(그 내용은 제3장에서 서술함), 결국 1929년의 조합령 개정시 민선제를 포기하고 다시 임명제를 실시하는 이유가 됐다.

그밖에 중요한 내용으로 금융조합연합회에 관한 조항들이 신설되었다. 이에 따르면, 금융조합연합회는 사단법인으로 하고(제93조의 3), 연합회의 목적은 소속조합에 필요한 자금의 대부, 소속조합으로부터의 예금, 소속조합에 대한 업무상 지도, 소속조합 상호의 연락 및 업무상의 편의를 꾀하는 것(제93조의 2) 등이었으며, 금융조합연합회에는 금융조합 이외 조선총독이 지정한 산업에 관한 법인을 가입시킬 수 있도록 했다(제93조의 2). 또한 금융조합 또는 법인이 금융조합연합회에 가입하거나 탈퇴할 때는 총회의 결의를 경유하도록 하였다(제93조의 7).

이 시기 '금융조합령'이 이처럼 개정된 이유는 무엇인가? 식민체제 기반 구축기에 주로 농촌지역에 설립되었던 지방금융조합으로서는 앞에서 살펴본 탁지부장관의 평가와 같이, 그 한계가 분명한 만큼 금융조합에 관한 정책을 변경할 시점에 이르게 되었다. 조합 발전의 한계를 극복할 대책은 자금 조달원 확보와 도시금융기관의

또는 조합원의 위탁에 의해 생산물 판매, 생산물 창고보관 또는 이에 대한 창하증권 발행(제5조), 조선총독의 인가를 받아 은행의 업무 대리(제7조) 등.

13) 그 규정 내용은 다음과 같다. 조합장, 이사, 감사 및 평의원은 총회에서 조합원 가운데서 선출. 단 조선총독이 지정하는 조합의 이사는 조선총독이 임면(제31조). 단서의 '조선총독이 지정하는 조합'이란 촌락금조를 의미한다.

배치라는 두 가지 점으로 요약된다. 첫째, 자금 조달면에서 볼 때, 총독부에서 각 조합 신설 시에 보조하는 기본금과 조합원이 출자하는 조합비, 그리고 조합원의 예금으로는 한계가 있었다. 주로 총독부의 예산에 의존하는 금융조합의 증설은 많은 제약이 있었다. 총독부 측으로서는 예산의 제약 없이 조합을 증설할 수 있는 방도가 절실했다. 그래서 총독부 보조금의 액수를 줄이고 대신 차입금 등을 통해 대출 재원을 늘리는 길을 마련한 것이다.

둘째, 조선에서 도시화의 진전에 따라 농업 이외의 직에 종사하는 도시민을 위한 금융기관 설립이 필요하였다. 1910년 17만여 명이었던 조선 내 일본인의 수는 10년 만에 그 배에 이를 정도로 격증하였다. 이처럼 급격히 늘어난 일본 이주민은 주로 조선 내 도시지역에 거주하면서 상공업에 종사하는 자가 많았다. 또한 1914년에 발발한 제1차 세계대전의 여파로 일본 경제는 호황을 구가하면서 일본 내 여유자본이 조선에 투자되기 시작했고, 이미 1914년 개정된 회사령 시행규칙의 틈을 타고 조선 내 도시에서는 회사의 설립이 활발하였다. 그 추세는 특히 1916년을 기점으로 더욱 확대되었다. 이러한 사정을 배경으로 도시 상공업자를 위한 금융기관의 설치 필요성이 증대되었다.[14]

또한 총독부의 기본금과 조합원의 출자금, 지지부진한 예금 등 조달자금의 한계로 조합 증설이 주춤해져 있는 상태였던 1910년대 후반, 도시에서의 활발한 경제활동으로부터 파생된 여유자금은 이러한 교착상태를 타개하는 데 이용할 수 있는 자원이었다. 이에 도시에 도시금조를 신설하여 일본인을 비롯한 도시의 상공업자를 조합원으로 가입시키고, 그들의 여유자금을 도시금조에 예금케 하며

---

14) 문영주, 「1920년대 도시금융조합의 활동과 보통은행과의 갈등」『한국 민족운동사연구』 31, 한국민족운동사학회, 2002.6, 130쪽.

그 예금이 다시 신설된 도 금융조합연합회에 예치되도록 하여 자금
부족 현상을 빚고 있는 도내 촌락금조로 융통되도록 한 것이다.15)

1918년 6월 27일, 제령 제13호로 금융조합령 개정안의 공포와 함
께 금융조합연합회와 도시금융조합의 신설이 추진되었는데, 1918
년 10월 1일에 법적·행정적 후속조치가 일시에 취해졌다.16) 조선
총독부에서는 관련 법령의 개정 등 법적인 조치 외에도 문서를 통
한 행정 조치로써 각 도장관에게 금융조합연합회의 설립을 지시하
였는데, 탁지부에서 1918년 9월 28일, '理第1141호'를 통해 각 도장

---

15) 秋田豊, 앞의 책, 138~139쪽 ; 김우평, 『금융조합론』, 종산사, 1933, 94
쪽. 연합회는 위와 같이 도내 각 조합간의 자금 과부족 현상을 조절하
는 역할과 함께, 관청에 의해 행해지고 있던 지도 기능을 담당할 목적
도 아울러 가지고 있었다.

16) '금융조합업무 감독규정' 개정(조선총독부령 제94호), '금융조합 이사
및 금융조합연합회 이사장 및 이사 복무규정' 개정(조선총독부 훈령 제
51호), '금융조합 이사 및 금융조합연합회 이사장 및 이사 신원보증금
규정' 개정(조선총독부 훈령 제52호), '금융조합령 제5조 제2항 규정에
의한 시가지 지정'(조선총독부 고시 제229호), '금융조합령 제9조에 의
한 지정은행 개정'(조선총독부 고시 제230호), '금융조합령 제31조 제2
항 단서의 규정에 의한 금융조합 지정'(조선총독부 고시 제231호), 그리
고 '금융조합 및 금융조합연합회 정관안에 관한 건' 통첩(관통첩 제158
호) 등이 그것이다.
먼저 금융조합업무감독규정의 개정 내용 가운데 주요한 것으로는 제6
장의 신설인데, 이는 새로이 설립될 금융조합연합회에 관한 규정이었
다[「地方金融組合業務監督規程中左ノ通改正ス」 朝鮮總督府令 제94
호 『朝鮮總督府官報』 號外, 大正 7년(1918) 10월 1일].
그밖에 관통첩 제158호를 통해 정무총감으로부터 각 도장관에게 통첩
된 금융조합 및 금융조합연합회 정관안에 관한 건에는 갑, 을, 병 등 세
가지 정관안이 실려있다[「金融組合及金融組合聯合會定款案ニ關スル
件」 官通牒 第158號 『朝鮮總督府官報』 號外, 大正 7년(1918) 10월 1
일]. 甲과 乙은 각각 금융조합령 제5조 제2항 이외의 조합, 즉 촌락금융
조합과 금융조합령 제5조 제2항의 조합, 즉 도시금융조합의 정관이고,
丙은 금융조합연합회의 정관이다.

관에게 송부한 문서가 그것이다.[17]

금융조합연합회가 설립되는 과정은 총독부의 관계 법령의 정비와 문서를 통한 지시, 각 금융조합의 조합원 총회 개최, 도 단위 조합 관계자의 설립 신청서 작성, 도장관 명의의 신청서 상신, 조선총독부에서의 심의, 그리고 설립 허가의 순으로 진행되었다. 이러한 일련의 과정에 소요된 기간은 2개월도 걸리지 않을 정도로 신속했다. 총독부의 정책에 의한 것이었던 만큼 일사천리로 진행되었던 것이다.

금융조합연합회 설립에 관한 탁지부의 지시사항을 각 도장관으로부터 전해 받은 각 금융조합에서는 조합별로 조합원 임시총회를 개최했다.[18] 각 금융조합 총회에서 다룬 안건은 크게 정관 개정, 도 금융조합연합회 설립 및 가입 등이었다.

각 조합에서 총회를 개최하여 안건을 처리한 후 도별로 조합장과 이사들이 연명으로 설립신청서를 제출하였다. 13개 도 가운데 맨 먼저 평남 관내 17개 금융조합의 조합장과 이사들이 연명 날인

---

17) 이 문서는 「金融組合聯合會設立ニ關スル件」으로서 국가기록원 문서철에 편철되어 있지 않으나 전라남도장관이 정무총감에게 보낸 「金融組合聯合會設立ニ關スル件副申」(全南理 第1130號, 10월 29일 『金融組合聯合會定款』, 국가기록원 문서철 88-4, 481~482쪽)을 통해서 볼 때 그 문서가 탁지부로부터 각 도장관에게 통첩되었음을 알 수 있다.

18) 당시 금융조합연합회를 설립하기 위한 절차로써 각 금융조합에서 개최한 총회에 관한 회의록을 통해 충남·북, 전남·북, 경남·북, 황해, 평안남도 관내 각 조합별 임시총회에 관한 내용을 작성한 것이 <부록 7>이다. 이를 통해서 볼 때, 충남 보령지방금융조합의 조합원 총회일이 10월 11일로 금융조합 가운데 가장 빨랐다. 조선총독부에서 취한 법적·행정적 조치가 있은 지 약 열흘 후였다. 그리고 다른 많은 금융조합들도 10월 중순과 하순에 집중해서 총회를 개최하였다. 그러나 경남 관내 조합에서는 무슨 일이 있었는지 총회 개최일이 11월로 다른 도에 비해서 늦었다.

으로 1918년 10월 25일, 총독에게 금융조합연합회 설립허가 신청
서를 제출하였다.[19] 평남 관내 각 금융조합의 총회가 10월 12일에
서 20일 사이에 개최된 사실을 상기할 때 그 후속조치가 상당히 빨
랐다고 할 수 있다.

도 관내 금융조합장과 이사의 연명으로 작성된 신청서가 만들어
진 다음에는 각 도에서 이를 모아서 도 장관 명의의 공문에 첨부하
였다. 그 사정을 다음 3개 도의 사례를 통해 확인할 수 있다. 경
북[20]과 전남[21]에서는 조합장과 이사의 연명 신청서 제출과 같은
날에, 경기도[22]는 하루 뒤에 도장관의 공문이 발송되었다.

각 도의 설립신청과 총독부의 신청서 심사 과정을 거쳐 11월 8
일, 충북, 전북, 전남, 경북 등 4개 금융조합연합회의 설립이 허가
되었다. 이후 11월 26일, 경남과 함북을 마지막으로 설립허가 절차
가 마감되었다. 9월 28일의 문서 하달로부터 2달, 신청서 접수로부
터는 1달 만에 설립절차가 마무리 된 것이다. 다음 표는 각 도 금
융조합연합회의 설립허가신청·허가일과 업무개시일, 그리고 초
대 이사장과 초대 이사의 임기를 나타낸 것이다.

---

19) 이 신청서에는 「平安南道金融組合聯合會定款」이 첨부되어 있는데, 그
　내용은 관통첩으로 시달된 내용에 연합회의 명칭, 소재지에 관한 부분
　만 채워 넣은 것이다. 또한 각 금융조합의 임시총회 결의록 등본이 첨
　부되어 있다. 신청서에 기명 날인한 금융조합은 平壤금융조합 등 17개
　(「金融組合聯合會設立許可申請書」, 국가기록원 문서철 88-6, 971~998
　쪽)이며, 이들 금융조합 가운데 맹산·개천·성천 금융조합의 총회 결
　의록이 없는 것으로 보아 이 문서철의 뒷 부분이 유실된 것으로 보인다.
20) 「金融組合聯合會設立許可申請書進達ノ件副申」理第3027號, 국가기록
　원 문서철 88-5, 807쪽.
21) 「金融組合聯合會設立ニ關スル件副申」全南理 第1130號, 국가기록원
　문서철 88-4, 481~482쪽.
22) 「京畿道金融組合聯合會設立許可申請ノ件」, 위의 문서철, 29쪽.

〈표 1-8〉 각 금융조합연합회의 설립 일정 및 초대 임원 임기

도	소속 조합수	허가 신청일	설립 허가일	업무 개시일	이사장 이름	임기 종료월	이사 이름	임기 종료월
경 기	24	11. 9	11.16	12. 7	松本誠	1919.12	片岡介三郎	1920. 9
충 북	13	10.30	11. 8	12. 1	井上主計	1920. 6	齋藤淸治	1921. 5
충 남	20	10.30	11.13	12.23	井上淸	1920. 7	小野脩徹	1921. 4
전 북	21	10.29	11. 8	12. 5	佐佐木志賀二	1919.12	村松保度	1921. 6
전 남	24	10.29	11. 8	12.14	高武公美	1920. 3	小林省三	1921. 2
경 북	26	10.28	11. 8	11.25	大庭米三郎	1921. 2	牧田淸吉	1921. 2
경 남	22	11.11	11.26	12.20	橫井二郎	1919. 5	遠藤與七郎	1920. 5
황 해	20	10.30	11.12	12.10	西脇賢太郎	1920. 6	滑川秀三	1920. 5
강 원	22	—	11.15	12.27	宮崎又治郎	1919. 5	车田口利彥	1921. 5
평 남	17	10.25	11.16	11.28	富永一二	1919. 8	佐藤長五郎	1921. 5
평 북	21	—	11.19	12.11	小松淺五郎	1919. 5	河合作次郎	1919. 7
함 남	17	—	11.16	12.16	佐藤榮藏	1921. 5	飯田國夫	1921. 5
함 북	13	—	11.26	12.24	山崎眞雄	1919. 5	谷口善四郎	1920. 9

출전 1 : 소속조합수는 「金融組合令第三十一條第二項但書ノ規定ニ依ル
金融組合ヲ左ノ通指定ス」 朝鮮總督府告示 제231호 『朝鮮總督
府官報』 號外, 大正 7년(1918) 10월 1일.

2 : 허가신청일은 『金融組合聯合會定款』 국가기록원문서철 88-4 ; 『金
融組合聯合會定款』(慶北), 국가기록원 문서철 88-5 ; 『金融組合
聯合會定款』, 국가기록원문서철 88-6.

3 : 설립허가일과 업무개시일은 『金融組合要覽』 제1차(1921.7), 朝鮮
經濟協會, 1922, 239쪽.

4 : 이사장과 이사의 이름 및 임기 종료월은 秋田豊, 앞의 책, 부록
85～89쪽.

설립 허가 신청과 설립 허가에 대한 절차가 진행되는 도중이었
던 11월 15일부터 3일간 각 금융조합연합회 이사 후보들이 총독부
에 소집되었다. 첫날에는 鈴木 탁지부 장관의 훈시가 있었고, 연합
회 설립에 관한 자문사항의 답신 및 협의를 하였는데, 자문사항은
① 연합회가 소속조합에 대한 지도의 방법, ② 소속조합 상호의 연
락 및 업무상의 편의, ③ 조선인으로 금융조합 이사에 채용함에 대
해 그 양성방법여하, ④ 금융조합에서 조선식산은행의 예금 및 대
부업무의 대리 및 매개의 실행방법에 관한 의견 등이었다.[23] 특히
세 번째 조선인 이사 채용 및 양성방법에 대한 내용이 주목된다.

총독부의 설립신청 심의 및 설립 허가를 마친 이후 준비기간을 거쳐 업무가 개시되었는데, 1918년 11월 25일, 경북금융조합연합회를 시작으로 하여 12월 27일, 강원도 금융조합연합회를 끝으로 1918년을 넘기지 않고 모든 금융조합연합회의 업무가 개시되었다.

이상을 통해서 살펴본 바와 같이 1918년 조선식산령의 제정과 함께 금융조합령이 개정되었다. 도금련과 도시금융조합의 신설을 두 개의 핵으로 하는 금융조합령의 개정 골자는 도시 상공업자의 조합원 자격을 허용하고, 도시금조의 이사는 조합원 총회를 통해 선출하도록 했으며, 도금련으로 하여금 도내 조합 간 자금 과부족 현상을 조절하고, 관내 조합에 대한 지도를 담당케 한 것이었다. 금융조합령의 개정은 결국 1910년대 후반기에 이루어진 식민지 금융정책의 변경에 따른 것으로, 조선은행 계통과는 별도로 '식은-도금련-금융조합'이라는 또 하나의 계통이 세워지게 되었음을 의미한다.

2) '산미증식계획기' 농사개량 지원을 위한 금융조합의 금융활동

1920년대 금융조합 활동은 '산미증식계획'과 관련 속에서 고찰할 수 있다. 또한 자금의 흐름을 기준으로 보면, 도시금조의 예금과 식산은행을 경유한 대장성 예금부의 저리자금이 도금련을 통해 촌락금조로 융통되었다. 자금의 흐름에 따라 1920년대 금융조합의 조달과 운용을 살펴보겠다.

---

23) 「金融組合聯合會理事會同」『朝鮮總督府官報』第1894號, 大正 7년(1918) 11월 30일.

(1) 도시금융조합의 활동

먼저 도시금융조합의 활동을 살펴보자. 이 시기 도시금융조합의
자금 조달 및 운용 실적을 나타내면 다음과 같다.

〈표 1-9〉 제2기 연도별 도시금융조합 조달 및 운용액 추이

연	도	1918	1919	1922	1923	1929
조 달	차입금	257,674	2,632,479	3,995,630	3,951,507	—
	예 금	84,918	1,969,241	5,569,227	8,049,565	24,691,471
	출자금	82,091	680,029	1,574,927	1,722,102	2,467,022
연	도	1918	1919	1926	1927	1928
운 용	대부금	329,745	4,617,545	16,237,963	17,413,086	19,013,033
	예탁금	—	—	—	5,288,726	6,913,224

출전 : 朝鮮總督府財務局調査,『金融組合要覽』제1차(1921.7), 朝鮮經濟
協會, 1922, 7~16쪽 ; 朝鮮經濟協會,『金融組合及金融組合聯合會
概況』(大正 12년도 말 현재), 朝鮮經濟協會, 1925 ; 朝鮮金融組合
協會,『金融組合要覽』(1930), 1931 ; 朝鮮金融組合聯合會敎育部,
『金融組合經營資料統計』(1935.6), 朝鮮金融組合聯合會, 1935.
　주) 예금은 연도 말 현재액 기준. 출자금은 불입 완료액 기준.

위 표에서 보이는 바와 같이 도시금조 조달액 가운데 가장 많은
부분을 차지하는 것은 예금이었다.[24] 도시금조 설립 2년째인 1919
년에 전년의 실적보다 23배 이상의 신장을 보였고, 1920년대 초에
는 전체 조달액 가운데 가장 큰 비중을 차지하기에 이르렀으며
1920년대 말에도 그 비중이 더욱 커졌기 때문이다.

도시금조의 예금이 급팽창하면서 보통은행과 경쟁관계에 놓이
게 되었다. 다음 표는 도시금융조합이 도시에서 보통은행의 영업

---

24) 문영주는, 1920년대 도시금조 예금의 특징으로 '서민계층의 예금인 거
치·저축예금'의 비중이 '자산계층의 예금인 정기예금'보다 많고, 조합
원외 예금이 조합원 예금을 압도하여 '조합원외 예금=거치·저축예
금'이 1920년대 도시금조 자금조달의 중심이었다고 보았다(문영주, 앞
의 논문, 2002.6, 140~141쪽).

범위를 얼마나 잠식했는가를 보여주는 것이다.

<표 1-10> 도시별 금융조합 예금의 비율

비 율	도 시
10% 이하	경성, 인천, 수원, 진남포(4)
10%~20%	개성, 청주, 태전, 강경, 이리, 목포, 대구, 부산, 평양, 원산(10)
20%~30%	조치원, 전주, 군산, 정읍, 광주, 순천, 영산포, 김천, 마산, 사리원, 신의주, 철원, 나남, 함흥, 청진, 회령(16)
30%~40%	나주, 여수, 송정리, 포항, 통영, 춘천, 성진(7)
40%~50%	상주, 진주, 진해, 의주, 강릉(5)
50%~60%	공주, 논산, 해주(3)

출전 : 植野勳, 「金融組合の特色と其の發展の目標」 『金融組合講演集』,
朝鮮金融組合協會, 1931.
주) 비율은 은행 및 금융조합 예금 합계액에 대한 금융조합 예금의 비
율임.

위 표를 볼 때, 45개 도시에서 금융조합의 예금의 비중이 가장
큰 곳은 논산(57.7%)이고, 가장 작은 곳은 경성(京城)(4.9%)이며,
20% 이상~30% 이하 구간이 가장 많다.[25] 경성, 평양, 부산 등 대
도시일수록 비중이 작았고, 중소도시의 비중이 컸음을 알 수 있는
데, 대도시에는 식산은행과 일본은행의 지점, 그리고 조선인 소유
의 보통은행 등 은행 점포가 많아서 금융조합의 예금업무가 차지
하는 비중이 낮았고, 반대로 소규모 도시로 갈수록 금융기관 점포
가 적었기 때문이었다.

은행과 금융조합의 예금 경쟁이 치열해지자 예금 금리가 인상되
었고, 이에 보통은행들은 영업수지에 압박을 받게 되었다. 이런 이
유로 도시금조와 보통은행은 갈등 관계에 놓이게 되었다.[26]

---

25) 植野勳, 「金融組合の特色と其の發展の目標」 『金融組合講演集』, 朝
鮮金融組合協會, 1931, 248쪽. 植野는 당시 식산은행 이사였는데, 1930
년 2월 27일 경기도연합회에서 있었던 제1회 서기 장기강습회에서 위
제목으로 강연을 하였다.
26) 조합원외 예금을 둘러싼 도시금조와 보통은행과의 갈등에 대해서는 문

예금, 차입금, 출자금을 통해 조달된 도시금융조합의 재원은, 위
표에서와 같이 주로 대출로 운용되었다. 그러나 1920년대 중반이
되면, 점차 도금련 예탁금 실적이 증가함을 알 수 있다.

(2) 각도 금융조합연합회의 활동

자금흐름의 두 번째 단계는 각도 금융조합연합회였다. 금융조합
연합회의 목적은 소속조합에 필요한 자금의 대부, 소속조합으로부
터의 예금 수납, 소속조합에 대한 업무상 지도, 소속조합 상호 연
락 및 업무상 편의 제공 등(조합령 제93조의 2)이었으며, 그 외에도
소속 금융조합 또는 법인의 업무 및 재산의 실황을 조사할 수 있었
다(제93조의 8).

금융조합연합회가 소속 조합에 대부를 하는 자금은 총독부의 대
하금과 소속조합의 출자금, 식산은행으로부터의 차입금, 소속조합의
예금을 그 재원으로 하였다. 각 도 금융조합연합회의 활동 실적에
대해 추세 파악을 위해 초기인 1918년도와 1919년도, 중기인 1923년
도, 말기인 1929년도의 실적을 비교하여 표로 나타내면 다음과 같다.

〈표 1-11〉 금융조합연합회 활동 실적 (단위 : 원, 개)

구분 년도	조		달		운	용	순이익	업무지도 조합 수
	차입금	총독부 대하금	출자금 (불입액)	예금	대 출	예탁금 및 현금		
1918	688,451	650,000	28,000	1,301,579	1,676,383	157,760	-16,221	63
1919	11,901,494	1,300,000	67,800	6,755,907	13,710,130	77,800	68,870	202
1923	20,983,049	2,600,000	226,892	13,004,727	29,385,798	7,885,793	189,280	—
1929	20,445,380	1,675,000	378,074	36,233,505	48,618,418	10,974,612	266,610	651

출전 : 朝鮮總督府財務局調査,『金融組合要覽』제1차(1921.7), 朝鮮經濟
協會, 1922 ; 朝鮮經濟協會,『金融組合及金融組合聯合會槪況』(大
正 12년도 말 현재), 朝鮮經濟協會, 1925 ; 朝鮮金融組合協會,『金
融組合要覽』(1931), 1932.

영주, 앞의 논문, 145~152쪽 참조.

자금의 조달과 운용 가운데 먼저 조달부문부터 살펴보자. 1920
년대 중반까지 중요한 비중을 차지했던 것은 차입금이었다. 차입
금은 주로 식산은행으로부터 이루어진 것인데, 1918년도 말에는
68만 8451원이었으나 이듬해인 1919년도 말에는 1190만 원으로 크
게 증가하면서 조달 자금 가운데 가장 큰 비중을 차지하였다. 이런
추세는 1920년대 중반까지 지속되었다.

이를 통해서 볼 때 연합회가 소속 조합에 대부를 하는 자금의 원
천은 식산은행으로부터의 차입금에 크게 의존하였음을 알 수 있는
데, 양자의 이러한 관계는 종래 지방금융조합과 그의 母은행으로
서 기능해왔던 농공은행과의 관계에서 비롯되었다.[27] 이후 식산은
행은 금융조합연합회의 중앙금고 역할을 하게 되었으며, 1929년에
식산은행 내에 중앙금고과가 설치되었다. 이는 앞의 금융조합령
개정 배경에서 언급했던 대로 금융조합이 금융조합연합회와 식산
은행을 통해 일본 본국 내 여유자금과 연결되었던 사정을 보여주
는 것이다.

다음으로 예금업무에 대하여 살펴보겠다. '금융조합업무감독규
정'에 예금의 종류는 정기예금 및 당좌예금으로 하였고(제66조), 정
기예금은 금액 100원 이상 기간 6월 이상의 것에 한하도록 하였다
(제67조). 소속조합(주로 도시금조)의 예금은 1920년대 중반까지 차
입금에 이어 두 번째 비중을 차지하다가 1929년도에 이르면 3600
만 원대에 이르면서 조달 자금 가운데 가장 큰 비중을 차지하였다.

다음은 총독부 대하금인데, 이는 1907년 지방금융조합 설립 시
와 마찬가지로, 각 도금련을 설립하는 데 가장 먼저 계산된 것이었
다. 총독부 대하금은 5년간에 걸쳐 모두 3백만 원이 무이자로 대여

---

27) 鈴木伊勢治, 『朝鮮金融組合聯合會十年史』, 朝鮮金融組合聯合會, 1944,
    22쪽.

될 계획이었고,[28] 첫 해인 1918년에 각 금융조합연합회에 5만원씩 65만 원이 보내졌는데,[29] 이는 이미 1918년도 총독부 예산에 계상되어 있던 것이었다.[30] 이어 1919년에도 65만원이 배정되었으나, 1920년부터는 그 반액인 32만 5천 원으로 조정되어[31] 이후 1923년까지 4년간 32만 5천 원씩 모두 260만 원이 대여되었다.[32] 1929년도에는 그 금액이 167만 5천 원으로 줄어들었는데, 그 차액은 다시 상환된 것이 아닌가 생각된다.

출자금은 소속 조합들이 출자하는 것으로 출자 1계좌의 금액은 500원으로 하였다(금융조합령 제93조의 4). 그리하여 1918년도 말 현재 280개 조합이 500원씩 출자하기로 하였는데, 실제 불입액은 1조합 당 100원씩으로 모두 2만 8천 원이었다. 이어 1919년도 말에는 394조합이 6만 7800원을 불입하였다.[33] 1929년에 이르면 출자액은 859구, 42만 9500원에 이르고 실제 불입액은 37만 8074원이 되었다.

이렇게 조달된 자금은 대출금과 예탁금으로 운용되었다. 먼저 대출금에 대해서 살펴보면, 대부기간, 금액 등 금융조합연합회의

---

28) 鈴木穆, 앞의 글, 22쪽 ;『每日申報』1918.6.29(2)「地方金融組合令 改正에 就호야」(鈴木탁지부장관 담). 이 자금은 조선총독부가 소유하고 있던 동양척식주식회사의 주식액 3백만 원을 일본 정부에 인도하는 대신 일본 정부의 일반회계로부터 6개년에 걸쳐 조선총독부에서 지급받을 예정이었던 대금 3백만 원으로써 충당할 계획이었다(秋田豊, 앞의 책, 142~143쪽).

29) 朝鮮總督府,『朝鮮總督府統計年報』, 1918, 1038쪽.

30)『每日申報』1917.12.27(2)「七年度總督府豫算」.

31) 朝鮮總督府,『朝鮮總督府統計年報』, 1921, 3쪽.

32) 朝鮮總督府,『朝鮮總督府統計年報』, 1922, 2쪽 ;『朝鮮總督府統計年報』, 1923, 2쪽 ;『朝鮮總督府統計年報』, 1924, 2쪽.

33) 朝鮮總督府財務局調査,『金融組合要覽』제1차(1921.7), 朝鮮經濟協會, 1922, 231~232쪽.

대부업무에 대한 세부적인 것은 금융조합업무감독규정에 규정되어 있었는데, 대부기간은 5년 미만으로 하도록 하였다. 그러나 자작용 토지의 구입자금 또는 자작용 토지를 담보로 한 舊債의 상환에 요하는 자금에 의한 부동산 담보대부는 15년 내의 연부 상환 또는 5년 내의 정기상환방법에 의할 수 있도록 하였고, 법인의 사업 집행상 필요한 설비에 요하는 자금은 20년 내의 연부 상환의 방법에 의하여 대부할 수 있도록 하였다(제64조). 그리고 대부금액은 자산의 상태 및 자금의 용도를 勘酌하여 이를 결정하도록 하였으며, 대부시 필요가 있다고 인정하는 때는 보증인을 세우게 하도록 하였다(제65조).

위에서 살펴본 바와 같이 이처럼 마련된 재원으로 소속조합에 대부한 금액은 1918년 167만 원에서 1919년에는 1370만 원으로 대폭 증가하였다. 종류별로 보면, 1919년 기준으로 보통대부(단기대부) 314만 3천 원, 장기대부 658만 2602원, 당좌대월 27만 702원, 특별대부 280만 2천 원으로 장기대부가 가장 많은 비중을 차지하였다.[34] 1년 만에 대부금액이 대폭 증가한 배경에는 금융조합연합회의 업무가 1918년 11월 하순 내지 12월 하순에 개시되어 1918년도의 영업 일수가 적었다는 사정을 고려할 필요가 있다.

또한 금융조합연합회의 대부업무와 관련하여 한 가지 덧붙일 것은 연합회의 경비에 관한 것으로, 총독부로부터 대여받은 무이자 대하금을 소속조합에 저리로써 대부하고 그 운용상의 이익금으로써 경비에 충당하도록 하였다[35]는 것이다.

위와 같은 예금 및 대부활동을 통한 금융조합연합회의 영업실적

34) 朝鮮總督府財務局調查, 앞의 책, 235~236쪽.
35) 鈴木穆, 앞의 글, 22쪽 ;『每日申報』1918.6.29(2)「地方金融組合令改正에就ᄒ야」(鈴木度支部長官談).

을 보면, 1918년 총 이익 1만 4914원, 총 손실 3만 1135원으로 순
손실 1만 6221원을 기록했으나 1919년에는 44만 7915원의 총이익
과 37만 9045원의 총 손실을 보아 6만 8870원의 순이익으로 전 해
의 순 손실을 만회하였다.36) 이어 1921년도부터 10만 원대의 순이
익을 보다가 1929년도가 되면 26만 원에 이르게 되었다. 이와 같은
영업이익은 예금과 대출 이자율의 차(예대 마진)로써 발생한 것으
로 보이는데, 1918년의 금융조합연합회가 회원 조합에 대출할 때
적용한 이자율(연리)은 최저 6.5%에서 최고 11%였고, 연합회가 지
급해야 할 예금 이자율은 최저 5%에서 최고 6%였으며, 식산은행
으로부터 차입한 자금에 대한 이자율도 7.0~8.7%였다. 1919년에
는 각각 6.0~11.0%(대출이자율), 5.1~6.2%(예금이자율), 5.1~10.2%
(차입이자율)였다.37)

　이와 같은 이자율의 차는 식산은행으로부터의 차입금에 대한 이
자와 소속 조합의 예금에 대한 이자가 당시 거래 이자율에 비해 상
당히 낮았고, 소속 조합에 대한 대출 이자율은 당시 다른 금융기관
의 그것과 별 차이가 없었던 사정으로부터 발생하였다. 당시 식산
은행의 대출 이자율은 日步 기준으로 1918년 3전~3전 4리, 1919
년 2전 5리~3전 3리였지만,38) 금융조합연합회의 차입금은 이보다
훨씬 낮아 유리한 조건이었던 것이다. 또한 당시 정기예금의 이자
율은 조선 전체 평균이 1918년 5전~6전 2리, 1919년 5전 7리~6전
2리였지만,39) 금융조합연합회는 이보다 훨씬 낮은 이자율 조건으
로 소속 조합으로부터 예금을 수납한 것이었다. 반면 소속조합에
저리로써 대부해야 할 대부금의 이자는 위에서 본 바와 같이 최저

36) 朝鮮總督府財務局調査, 앞의 책, 238쪽.
37) 위의 책, 253~254쪽.
38) 朝鮮總督府財務局, 『朝鮮金融事項參考書』(1923년도), 1923, 64쪽.
39) 위의 책, 59쪽.

6.5%에서 최고 11%로 조선 전체 대부 이자율 평균에 비해 그다지 낮지 않은 것이었다. 그 이유는 금융조합연합회의 영업이익과 관련이 있다고 보아야 할 것이다. 앞에서 설명했듯이 연합회 자체의 운용 경비는 대부금 운용상의 이익금으로써 충당해야 했기 때문에 연합회 측으로서는 대부금 이자는 최대한 높게 징수하고, 예금 이자는 최대한 낮게 지급하여 그 차액을 이익금으로 충당하려 했을 것이기 때문이다.

1920년대 중반에 이르면 금융조합의 예금이 증가된 반면, 대출은 소극적이어서 도금련에서는 식산은행 예탁과 채권인수 등으로 운용했다. 각 도금련에서는 여유자금으로서 지방채를 인수했는데,40) 1927년 9월경에 도금련의 예금 지불준비금으로써 1927년 10월 1일부터 부와 지정면의 채권을 인수할 방침을 세웠다.41)

이처럼 1920년대 금융조합연합회의 이러한 활동은 그다지 효과적이지 못했다. 특히 소속조합으로부터 고리의 예금을 받아 그보다 저리로 식산은행에 예치하여 역마진이 발생했다.42)

이러한 활동에 대해 금융제도준비조사위원회로부터 '각도 금융조합연합회는 상호 연락이 불충분하여 전 조선을 통일한 중추기관을 缺하여 그 업무상 지도를 감독관청에 求하는 외에도 자금의 융

---

40)『金融と經濟』98호, 朝鮮經濟協會, 1927.8, 106~107쪽.

41)『東亞日報』1927.9.17(6)「金組聯合會 準備金活用策, 地方債를 引受」. 당시 현행 법규로는 금융조합연합회가 채권을 인수할 수 없었으나 10월 29일, 식산은행에서 관계자가 협의한 후 식산은행에서 채권을 인수하고, 聯合會에서 산다는 형식으로 지방채 130만 5백 원을 각도의 금융조합연합회에서 인수하기로 결정하였는데, 발행자는 목포학교비, 대구부, 대구학교비, 함남지방채, 청진학교비, 함북지방비, 평양학교비 등이었다[『東亞日報』1927.11.1(6)「金組聯合이 地方債引受決定」].

42)『東亞日報』1924.3.9(4)「全道金組 資金運用拙劣」기사와『東亞日報』1924.4.13(4)「資金運用의 失態, 金融組合과 地方金融」참조.

통 또한 원활하지 못해 高利를 면하지 못'[43]한다고 부정적 평가를
받았다.

(3) 촌락금융조합의 활동

다음으로는 도시금조의 예금과 식산은행을 경유한 대장성 예금
부 저리자금이 도금련을 거쳐 흘러간 촌락금융조합의 금융활동에
대해서 살펴보겠다. 대출을 위한 재원이 되는 기본금, 차입금, 예
금, 출자금 등의 조달액과 대출금, 예탁금 등 운용액에 대해 실적
을 보면 다음 표와 같다.

〈표 1-12〉 제2기 연도별 촌락금융조합 조달 및 운용액 추이

연	도	1918	1919	1922	1923	1929
조달	기본금	2,605,000	2,795,000	3,215,915	3,228,925	-
	차입금	1,256,021	10,704,932	24,878,733	25,758,005	-
	예 금	4,145,185	15,521,271	17,096,155	21,700,515	52,235,634
	출자금	702,414	1,070,248	2,728,190	3,118,889	6,102,809
	적립금	800,208	893,570	1,814,104	2,693,223	10,188,021
연	도	1918	1919	1926	1927	1928
운용	대출금	8,381,399	31,499,802	61,747,640	67,464,870	72,368,766
	예탁금	849,774	1,411,372	-	7,650,624	9,496,106

출전 : 朝鮮總督府財務局調査, 『金融組合要覽』 제1차(1921.7), 朝鮮經濟
協會, 1922, 7~16쪽 ; 鮮經濟協會, 『金融組合及金融組合聯合會
槪況』(大正 12년도 말 현재), 朝鮮經濟協會, 1925 ; 朝鮮金融組合
協會, 『金融組合要覽』(1930), 1931 ; 朝鮮金融組合聯合會敎育部,
『金融組合經營資料統計』(1935.6), 朝鮮金融組合聯合會, 1935.
주) 예금은 연도 말 현재액 기준. 출자금은 불입 완료액 기준.

위 표를 보면, 1910년대 말까지는 촌락금조의 조달액 가운데 예
금이 가장 큰 비중을 차지하였으나 1920년대 초가 되면 차입금이
그 자리를 차지하는 것을 볼 수 있다.

차입금은 도금련과 식산은행으로부터 차입한 것이었다. 위 표를

---

43) 『金融制度準備調査關係書類』, 국가기록원 문서철 88-8, 841쪽.

통해 눈에 띄는 것은 차입금의 비중이 크게 증대하여 1919년에 이르면 기본금을 제치고 두 번째로 큰 비중을 차지하게 되었으며, 1922년에는 예금액을 추월하여 수위에 이르렀다는 것이다. 1922년 1월에는 금융조합 차입금 인가수속이 개정되었는데, 종래 평의원회를 열고 연합회를 거쳐 총독의 인가를 얻는 방식을 고쳐 연합회에서 미리 반년간의 수요를 예산하고 금액에 基하여 인가를 신청하도록 하였다.[44]

1920년대 조선총독부의 최대 역점사업은 '산미증식계획'이었기 때문에 총독부 재정도 그에 초점이 맞춰졌다. 다른 한편 금융조합의 증설도 총독부로서는 매우 긴요한 일이었다. 그래서 조합의 대출 재원에 충당될 자금으로 대장성 예금부 저리자금에 눈을 돌리게 되었다. 1924년에 예금부의 저리자금은 식은에서 연합회를 거쳐 각 도시금조에 대해 2백여만 원이 지출되었다.[45] 그러나 예금부 저리자금이 금융조합에 본격적으로 융통되는 것은 '갱신계획'이 실시되는 1926년 이후였다.

다음으로 예금의 신장도 두드러졌다. 위 표에서처럼 1919년도에 예금이 급팽창하게 된 것은 1918년도에 비해 1919년도에 증설된 조합이 많았기 때문이기도 하지만, 3·1운동의 영향도 컸다. 무주금융조합 이사 山口孝一에 따르면, 3·1운동을 겪은 이후 조합원들이 현금보관을 꺼리어 조합에 예금하는 금액이 증가하여 도금련으로부터 차입한 자금을 상환하고, 운전자금을 확충하게 되었다고 하였다.[46] 또한 저축장려 운동도 예금 신장에 기여했다.[47]

---

44) 『東亞日報』 1922.1.12(2) 「地方金融과 金組」(高橋京畿聯合會理事長談).
45) 『東亞日報』 1924.10.31(4) 「金組補助金 二十三萬五千圓」.
46) 朝鮮總督府財務局理財課編, 『金融組合に關する逸話』, 朝鮮經濟協會, 1923, 58~59쪽.
47) 『東亞日報』 1921.10.8(4) 「枕峴貯蓄會設立」. 회원은 45명으로, 저축액

예금업무가 활성화된 것은 조합원외 저금액이 많았기 때문이었다. 1923년도 말(1924년 3월 말)에 이르면 농촌금조 예금은 2176만 515원에 이르렀는데, 그 가운데 조합원 예금이 약 370만 원으로 약 17%를 차지하고, 업무감독규정 제43조 제3항의 비조합원(조합원과 동일 家에 거주하는 자, 공공단체 또는 영리를 목적으로 하지 않는 법인 또는 단체) 예금이 약 54%를 차지하며, 제3항 이외의 비조합원의 예금도 약 29%를 차지한다. 그 결과 비조합원의 예금이 약 83%[48]로 큰 부분을 차지했다.

다음으로는 총독부의 하부로 이루어진 기본금이 있다. 이는 1907년 지방금융조합이 설립될 때부터 누적돼 온 것이다. 1907년 이래 1조합 당 1만 원씩이 이자 없이 대하되었으나 1919년도에는 신설 1조합 당 2천 원씩의 보조금이 주어졌다. 전년까지 매년 신설된 1조합 당 1만 원의 보조금에 비하면 1/5로 삭감된 것이다. 이는 전년과 같은 예산 10만 원으로 50개의 조합을 신설하려다 보니 그렇게 된 것이다. 이 시기 금융조합 증설비는 조선은행권 增發을 통해 이루어졌는데,[49] 재정지출이 아닌 통화 증발을 통한 조달이 주목되며 이는 정상적인 방법이 아닌 '變態현상'이었다.

그러나 이 기본금은 해가 거듭할수록 금융조합의 조달액 가운데 차지하는 비중이 낮아졌다. 첫 해인 1918년에는 전체 조달액 950만 원 가운데 27.4%의 비율로, 예금에 이어 두 번째의 비중을 차지했

은 매일 20전씩이었다. 한 달에 6원, 1년에 72원인 셈이다.

48) 『金融組合及金融組合聯合會槪況』(大正 12년도 말 현재), 朝鮮經濟協會, 1925, 36~37쪽.

49) 1921년 3월 24일에서 27일 사이에 조선은행권 발행이 5백 2만여 원 증가하였다(『東亞日報』 1921.3.29(2)「鮮銀券又增」). 이는 '재계불황의 際에 頗히 변태현상'이었지만, 일반자금의 증가에 의한 것이 아니라 금융조합 증설비 및 수해복구자금, 한해자금 등 '정부 측 시설자금'으로 수요가 증가되었기 때문이었다.

으나 1919년부터는 차입금보다도 비중이 낮아졌다. 그리하여 1923
년에 이르면, 전체 조달액 약 5650만 원 가운데 5.7%의 비중만을
차지할 뿐이었으며, 이 추세는 더욱 가속화되었다.

　위와 같은 방법을 통해 마련한 재원으로 실시한 대출에 대해서
살펴보겠다. 1921년 8월 13일 '금융조합업무감독규정'이 개정되었
는데, 그 이유는 종래 용도에 관계없이 1천 원을 최대한도로 하고
있고, 대부기간도 6개월 이하였으나 천 원 이내로는 금액이 과소하
여 목적을 수행하기 어렵고, 6개월 이내의 단기로는 상환 불가능하
여 자금 융통의 취지에 부적당할 경우가 있으므로 자금의 용도에
의해 3천 원까지의 대출을 인정함과 동시에 10년 이내의 장기대부
의 길을 열게 하였다.50)

　이어 1921년 8월 말 현재, 조선 전체 금융조합의 대출액은 3459
만여 원으로, 1918년에 비하면 8배에 달하고, 1921년 3월 말 기준으
로는 보통은행, 식산은행, 조선은행의 민간대출액 다음이며, 동척
의 민간대출을 능가하는 실적이었다.51)

　1923년도 말 기준, 촌락금조의 대출금액은 4255만 6344원이었다.
그 가운데 농업자금은 약 3100여만 원, 약 74%로 3/4정도이다. 나
머지는 상공자금과 기타자금이고, 기타자금은 잡자금 및 구채상환
자금으로 약 16%이다. 농업자금 가운데는 자작용 토지구입자금이
약 54%이고, 토지개량자금은 약 11%로 토지 관련 두 가지를 합하
면 약 65%이다. 耕牛 구입자금은 약 24%로 1/4정도이다.52)

　이처럼 조합원 대출 가운데 경우구입을 위한 목적이 많았던 것
은 산미증식계획과의 관련성을 생각해 볼 수 있다. 1926년도부터
1928년도까지 농사개량저리자금으로 축산동업조합과 지주를 통해

---

50)『東亞日報』 1921.8.13(2)「金融組合業務規程改正」.
51)『東亞日報』 1921.10.16(2)「金融組合 最近狀況」.
52)『金融組合及金融組合聯合會槪況』(大正 12년도 말 현재), 32～33쪽.

대출된 금액은 54만 840원이었고, 그 금액으로 구입한 경우는 8889두에 달했다.[53] 이와 비교할 때 촌락금조의 경우 구입자금 740여만 원은 위 금액에 비해 13배가 넘는 거액이었음을 알 수 있다.

　다음으로는 1920년대의 대표적 식민지 농업정책인 '산미증식계획'과 직접 연결된 농사개량저리자금 대부에 관한 것이다. 1920년부터 시작된 제1차 '산미증식계획'은 6년 만에 중단되었다. 1920～25년까지 약 6년간 소요 공사비 및 보조금에서는 계획을 상회하였지만, 토지개량사업에서는 "사업착수 예정면적 16만 5천 정보에 대하여 9만 7500정보, 준공예정면적 12만 3100정보에 대하여 7만 6040정보로 예정계획에 대한 비율은 전자가 59%, 후자는 62%에 불과하였고, 경종법의 개량, 시비의 증가가 수반되지 않아 공사 완성 후의 수확이 예정에 못 미치는 등 실행 상 여러 가지 장애가 있었고 사업의 진전도 기대하는 바와 같이 되지 않았다"[54]고 한 것과 같이 충분한 성과를 거두지 못하였다. 또한 미곡생산량은 1917～1921년 평균 1410만 석에서 1922～1926년 평균 1450만 석으로 근소한 증가에 그쳤다. '제1기 계획'의 실패로 '산미증식계획'을 수정하여 '갱신계획'이 나오게 되었다. '갱신계획'은 '제1기 계획'에 비해 몇 가지 달라진 점이 있었지만, 4천만 원의 농사개량자금이 새로 편성된 것도 차이점이었다.[55]

　즉 농사개량에 대해 자급비료의 增施, 우량품종의 보급, 경종법의 개선을 행한다는 것은 '제1기 계획'과 같았지만, 일제가 동척·식산은행·금융조합을 통해 14년간 4천만 원의 자금을 알선하여

53) 『東亞日報』 1929.6.18(6) 「耕牛購入資金」.
54) 鮮米協會編, 『朝鮮米の進展』, 1935, 19쪽 ; 河合和男, 「'산미증식계획'과 식민지농업의 전개」 『한국근대경제사연구』, 사계절, 1983, 379쪽 재인용.
55) 河合和男, 『朝鮮における産米增殖計劃』, 未來社, 1986, 113～116쪽.

그중 80%를 무기질 비료의 구입에 사용토록 했던 것이다.

이에 따라 일제는 '비료개량증산장려계획'을 수립하여 자급비료의 증산을 꾀했고, 농사개량저리자금을 통해 비료자금과 경우자금으로 융통했다.56) 1926년 6월 29일 총독부는 농사개량저리자금 대부방침을 식산은행, 동척, 금융조합에 통달했다. 그 내용을 보면, 식은과 동척은 각각 276만 6500원, 금융조합은 237만 9백 원 등 790만 3천 원이 할당되었고, 비료자금은 80%인 632만 2400원으로서 가을철 비료구입자금 5백만 원 정도로 사용하고 나머지는 익년도 비료구입자금에 추가하며, 나머지 20%는 녹비, 종자, 경우구입자금으로 충당하도록 했다.57)

이어 1926년 9월 9일 理第 40호 문서를 통해 재무국장의 통첩이 각 도지사 앞으로 시달되었다. 그 내용을 보면, 대부 범위는 답 시용비료의 구입자금대부와 답 경작 또는 미곡조제용 기구, 양수기 및 발동기의 구입자금 대부에 한하고, 대부금액은 1구 300원 이하로 하며, 대부기간은 5년 이내의 정기 상환 또는 연부 상환으로 하고, 대부 이율은 담보대부는 년 8.8% 이내, 보증대부는 년 9.6% 이내로 하였다.58)

그러나 농사개량저리자금 대출에 대한 금융조합의 실적은 좋지 않았는데, 그 이유는 금융조합은 이미 타 용도로 신용정도에 따라 대부하고 있다는 점, 금융조합의 대출이율은 식은이나 동척보다 높다는 점, 일반 소작인은 지주로부터 비료자금을 차입하고 있다는 점 때문이었다.59)

---

56) 김도형, 앞의 논문, 42쪽.
57) 「農事改良低資貸付方針」『金融と經濟』 85, 朝鮮經濟協會, 1926.7, 87쪽.
58) 「產米增殖計劃ニ基ク金融組合ノ農事改良資金ノ貸付ニ關スル件」『金融と經濟』 88, 朝鮮經濟協會, 1926.10, 74～75쪽.
59) 三浦斧吉, 「農事改良低利資金貸出に就て」『金融と經濟』 93, 朝鮮經

다음은 금융조합의 자작농창정대출에 대해서인데, 1925년 경남에서 山根譓가 이사장에 취임하면서 1조합에 대해 시험적으로 1할의 저리로서 자작농 창정에 대한 대출을 개시하여 자못 성과를 거두었다고 평가되었다. 이에 전 조선에서 실시할 것을 금융조합연합회 이사장회의에 제안하기도 했다.[60] 그러나 이는 1930년대 '농촌진흥운동기'의 대대적 실행의 예고편이었을 뿐 그 실적은 미미했다.

1920년대 금융조합의 금융활동은 이상에서 살펴본 바와 같이 많은 문제점을 갖고 있었다. 금융조합연합회는 자금 운용상 '졸렬'과 '失態'를 보였고, 촌락금융조합은 농사개량 저리자금 융통 실적이 미진했다. 이러한 문제가 빚어지게 된 원인으로는 다음의 것들을 꼽을 수 있다.

첫째, 도금련 자금운용상의 문제는 일선 조합에서 연체 대부를 꺼려 소극적으로 운용했기 때문인데, 불황의 영향으로 1922년 2월경부터 연체대부가 증가하였다.[61] 이러한 연체 대부의 증가에 대해 각 조합에서는 대책 마련에 부심하였다. 綾州금융조합에서는 대부금 중 수입미제액이 7천 3백여 원에 이르자, 이사는 회수불능 사태를 우려하여 일반 유지자회를 개최하였다.[62] 또한 일선 조합에서는 대부금 연체에 대해 차압으로 해결하였는데, 그것은 인정사정이 없는 것이어서 경북 금릉금조 이사는 이재민 조합원에게도 차압을 해서 물의를 빚을 정도였다.[63]

濟協會, 1927.3, 21쪽. 三浦는 당시 전북 재무부장으로서, 이 글은 3월 15일 전북 이사회의에서 했던 강연의 요지이다.

60) 『東亞日報』 1926.10.8(6) 「自作農創定貸出 金組에서 開始? 今番理事長會議에 提案될 듯」.

61) 『東亞日報』 1922.8.17(2) 「金組延滯貸付」.

62) 『東亞日報』 1923.2.9(4) 「金組善後策討議」.

63) 『東亞日報』 1928.12.29(3) 「罹災慘狀不拘 組合員에게 差押, 金陵金組

두 번째는 조합원 구성에 대한 것인데, 조합 경영상의 문제로 인해 촌락금조에서는 중농 이상으로 조합원 자격을 한정했다. 그에 따라 중농 이상의 자가 금융조합 조합원으로 가입하여 자신에게는 불요불급한 자금을 보다 저리로 차용한 후 이를 다시 조합원 가입 대상이 못되는 소작인에게 고리대금하여 그 차익을 챙겼다. 이들 상황에 대해서는 다음 두 기사를 통해 극명히 확인할 수 있다.

　　목하 농촌은 극도로 자금이 고갈한 바 금융기관이라고는 금융조합이 있을 뿐이다. 그러나 조합원 이외에는 융통할 방도가 없다. 요컨대 조합원은 지방에서도 비교적 곤란치 아니한 중농 이상의 자인 착취계급에 준할 자와 그 이상에 한정된 현상이다. 그런데 농촌진흥에 직접 유효한 자는 소농, 소작농 즉 지방농촌의 근저를 이루는 자이다. 따라서 이의 번영을 계도코자 하면 필경 이 구제를 제1보로 하지 않으면 안 됨은 명백하다. 특히 중농 이상의 자에 이르러는 조합원임을 이용하여 교묘하게 조합의 예금을 융통하여 비상한 고리로써 이 소작농에 대부하여 가혹한 소작미에 辛苦하는 자로 하여금 다시 이 고리에 의하여 2종으로 곤란케 하는바 이와 같이 하여서는 도저히 소작농민의 대두할 기회가 없을 뿐 아니라 농촌의 피폐는 필히 당도할 것이니 … (맞춤법은 인용자가 현대식으로 고침).[64]

　　당국의 언명하는 바에 의하면 지방금융조합이 농가의 농업자금 융통 상 유일한 기관인 듯하나 기실은 이에 반하여 금융조합이 있기 때문에 傾家破產하는 일이 不少하니 그 이유는 이러하다. 금융조합은 중농 이상 계급을 조합원에 가입케 하여 조합원에게만 대부. 농촌은 소농이 거의 전부임을 불구하고 일부분인 중농계급이 금융조합에 가입하였음을 기화로 하여 조합으로부터 저리자금의 융통을 받아 소농에게 고리 대금하여 조합의 차부금(대부금의 오자 ; 인용자) 회수수단이 가혹함과 동양으로 소농계급에 대하여 지극히 가혹한 수단으로 차금을 회수한다. 그리하여 중농은 조합에게, 소농은 중농에게 재산차압을 받아 결국 경가파산하는 자 불소하다.[65]

無理行事」.
64) 『東亞日報』 1924.4.8(4) 「錯誤된 貸出方針, 金融組合과 農村振興」(모 실업가 담).

금융조합은 농촌에서 중농 이상만을 대상으로 조합원 가입을 승인하여 조합원이 된 중농은 조합의 저리자금을 대부 받아 소농에게 고리대를 하여 소농에게 이중의 피해를 주었던 것이다. 이러한 행태로 인해 금융조합은 '고리대적 착취기관'으로 불리게 되었다.

금융조합은 위와 같은 금융활동뿐만 아니라 공동구입, 위탁판매 등의 활동도 겸영했는데, 이들 업무의 실적은 1910년대에 비해 비중이 크게 작아졌다. 그 이유는 1926년 1월 25일에 발포되고, 3월 1일부터 시행된 '조선농회령'(제령 제1호) 및 '조선농회령시행규칙'(제령 제3호), '조선산업조합령'(제령 제2호) 및 '조선산업조합령시행규칙'(제령 제4호) 때문이었다.

이들 법령에 따르면, 농회의 사업은 지도장려와 복리증진, 연구조사를 담당하는 것으로 지도 장려는 지도기술원의 설치, 채종답전 및 모범답전의 설치, 보조금의 교부, 품평회, 공진회, 강습회, 강화회의 개최 등이고, 복리증진으로는 種, 비료, 농구 기타 생산용 물품의 공동구입의 알선, 농업생산물의 공동판매의 알선, 농업창고의 경영, 자금융통의 알선, 부업의 장려, 소작관행의 개선, 지주 슴 吾 소작인의 지도 교양이었다. 산업조합의 사업으로는 판매사업, 구매사업, 이용사업 등이었다.[66] 1920년대 중반에 조선농회와 산업조합이 수행하게 된 업무는 1910년대 금융조합이 농사개량 장려활동으로 담당했던 것들이었음을 알 수 있다.

1920년대 '산미증식계획' 추진기에 해당되는 이 시기 금융조합 금융활동에 대한 특징은 금융조합연합회는 설립 취지인 도내 자금의 조절과 관내 조합의 지도 양면에 대해 총독부 관계자로부터도 혹평을 받을 정도로 그 기능이 제대로 작동되지 않았다. 자금의 조달과 운용에서 관내 자금 여유가 있는 조합으로부터 받은 예금을

---

65)『東亞日報』1924.6.9(3)「農村疲弊의 원인(3), 14. 小農金融機關의 不備」.
66)『金融と經濟』80호, 朝鮮經濟協會, 1926.2, 59쪽 및 75～78쪽.

낮은 이자로 식산은행에 예치해두고, 반대로 높은 이자의 차입금을 조달하여 자금이 부족한 조합에 대부함으로써 역마진이 발생했고, 그 부담은 일선 조합과 조합원에게 고스란히 전가되었던 것이다. 이러한 결과는 금융조합 관계자들로부터 자체 중앙기관이 없기 때문이라고 진단되어 1920년대 중반 이후 총독부에 대해 줄기차게 중앙기관 설립요구를 하게 하는 요인이 되기도 했다.

도시금조의 활동은 도시에 본점과 지점을 둔 보통은행, 특히 조선인 보통은행과의 예금경쟁을 빚기도 했다. 1920년대 촌락금융조합의 활동 가운데 두드러진 것은 금융활동으로 예금과 차입금을 위주로 조달하여 농사자금으로 방출했다. 또한 '산미증식계획'과 관련해서 일본 대장성 예금부 자금이 식산은행을 통해 농사개량저리자금으로 금융조합을 거쳐 방출되었다. 그러나 조합원 가입대상의 제한과 그로 인한 자금 융통의 왜곡 등으로 1920년대 금융조합 활동은 효과를 거둘 수 없었다.

2. 중앙기관 설립, 하부조직 구축과 '농가갱생' 지원활동

1) 1920년대 후반 금융제도조사위원회 활동과 금융조합령 개정

1929년 금융조합령은 다시 대폭 개정되었다. 그리고 개정령은 1929년 5월 1일부터 시행되었다.[67] 이 시기에 개정된 조합령은

1918년의 개정 조합령에 비해 크게 다섯 가지 점에서 차이가 있었다. 먼저 촌락금조와 도시금조를 막론하고 이사를 조선총독이 임면하는 것으로 통일하였다. 1907년 지방금융조합이 창설될 때에는 임명제였다. 이후 1918년의 개정에서 도시금조는 총회에서, 촌락금조는 조선총독이 임명하는 것으로 하였으나 다시 통일하여 모두 조선총독이 임명하는 것으로 개정한 것이다.

이처럼 모든 이사에 대하여 관선으로 회귀한 배경에 대해 총독부 당국은, 금융조합이 새로이 저축업무를 실시하게 되어 관청의 감독을 엄밀히 필요로 하기 때문이라고 강변[68]하였으나 이는 핑계일 뿐이고 실상은 뒤에서 자세히 살펴보겠지만, 1920년대에 도시금융조합에서 이사 선출을 둘러싸고 여러 차례 발생했던 분규 때문이었다. 조선인과 일본인 사이의 민족 갈등까지 중첩되어 표출된 알력에 대해 그 해결책 마련에 부심했던 총독부로서는 선거제를 없애고 임명제로 통일해 버림으로써 골치 아픈 문제에서 벗어나고자 했던 것이다.

둘째, 부이사제도의 실시이다. 이는 지소 설치와 관련된 것으로 지소의 책임자로 부이사를 두도록 한 것이다. 1929년 8월 8일, 재무국장이 각 도지사에게 보낸 통첩(理乙 第1274號)에는 지소와 '지소가 아닌 從된 사무소'로 구분하고 있는데, 그에 따르면 지소는 사무소를 상설하고, 직원을 상주시키며, 매일의 거래를 본소의 감

---

67) 朝鮮總督府令 第37號, 『朝鮮總督府官報』 號外, 昭和 4年(1929) 4月 27日. 원래 3월 중에 개정령을 발포하고, 4월 1일부터 시행할 예정[『東亞日報』 1929.3.8(6) 「近近改正될 金組令의 要旨, 預金貸付에 限度를 設하여 對銀行關係를 明白히 할 터」]이었으나 일본 법제국의 심의 지연[『東亞日報』 1929.4.19(6) 「金組令 改正案 審議終了, 不日 制令으로 發布」]으로 각각 1개월 연기된 것이다.

68) 『東亞日報』 1929.5.4(1) 사설 「金融組合令의 改新 -時代逆行의 改制-」.

정에 추가시키지 않고 수지계산을 독립적으로 행하며 부이사를 두
도록 했다.[69]

셋째, 업무면에서 협동조합의 업무인 겸영업무를 폐지하고 금융
기관으로서의 역할을 강화한 것이다. 이는 1926년 '조선농회령'과
'조선산업조합령'의 시행으로 구입, 판매, 이용 업무를 이들 기관들
이 전담함에 따라 1920년대 중반에 이르면 금융조합의 공동구입,
위탁판매 업무 실적은 크게 줄어들었다. 이에 조합령의 개정으로
창고 업무를 제외한 겸영업무가 폐지되었다. 그 결과 예금과 대출
업무의 비중이 높아져 금융기관의 성격을 강화하게 되었다.

넷째, 총대회제를 도입하였다. 총대회는 총회를 대신하는 것으
로 총회가 조합원 전체로 구성되는 기구인 반면, 총대회는 총대라
고 불리는 조합원 대표가 구성하는 기구였다. 이 제도의 도입에 대
해 다음의 두 가지를 생각해 볼 수 있다. 금융조합의 운영에서 조
합원 총회는 법령상으로는 최고 의사결정기관이었다. 그러나 조합
원 총회는 상당히 번거로운 일이기도 했다. 넓은 구역에 분포하고
있는 조합원들, 특히 농민들을 한 자리에 소집하는 일은 여간 힘든
것이 아니었다. 이에 총회를 대신할만한 새로운 조직으로 총대회
를 신설했다.

아울러 위와 같은 총독부 당국의 논리 이면에는 1920년대 조합
운영에서 경험했던 여러 분규가 자리 잡고 있었는데, 도시와 촌락
을 막론하고 조합원 총회에서 분출되었던 조합원들의 불만을 봉쇄
하는 장치로서 도입된 것이 총대회였다. 1920년대에 조합원 총회
에서 조합원들은 조합운영과정에서의 여러 가지 비리나 시행착오

---

69) 「金融組合의 從된 事務所 設置에 關한 件」『金融組合關係例規集』(朝
   鮮總督府財務局 編, 朝鮮金融組合協會, 1930, 227~228쪽). 이에 따르
   면, 지소가 아닌 종된 사무소는 지소의 네 가지 요건에 모두 반한다.

에 대해서 문제 제기를 했고, 그러한 문제 제기를 달가워하지 않았
던 조합 관계자와 총독부 당국은 조합원 총회를 유명무실화하고
대신 자신들의 통제력을 극대화할 수 있는 총대회를 신설했던 것
이다.[70]

　다섯째, 조합장과 이사의 공동 업무집행이 이사 단독 상무 집행
으로 변경되었다. 이 조치는 이사 민선제가 관선제로 변경된 것과
함께 곧바로 '조합원 자체가 운전치 못하는 조합의 발전은 ⋯ 정신
없는 形骸의 발전'이라는 비판을 받았다.[71] 즉 조합원 가운데 선출
되는 조합장이 조합의 업무 집행에서 배제되고 대신 임명에 의해
부임한 이사가 단독으로 집행하게 된 상황을 비판한 것이다.

　이 시기에 금융조합령이 제정된 것은 1920년대 후반부터 추진되
었던 '조선금융제도조사' 작업이 밑바탕이 되었는데, 이 작업은 역
시 1920년대 전반부터 추진되었던 일본의 그것과 보조를 같이 하
는 것이었다. 1920년대 금융환경 변화에 따라 일본 대장성은 금융
기관의 제도개선에 관한 조사회를 설치하고 제도 개편을 위한 방
안 마련을 추진하였다.[72] 1920년대 일본은 '공황의 시대'라고 일컬
어질 만큼 만성적인 불황의 지속으로 공황이 거듭되었다. 1920년 3
월에 발생한 '반동공황', 1923년에 닥친 '지진공황', 1927년의 '금융
공황'을 거쳐 1929년에 '대공황'으로 대미를 장식했다.[73] 불황의
발생으로 은행과 기업의 도산이 이어졌다. 일본 정부로서는 금융

---

70) 총대회는 거의 모든 영역에서 총회를 대신했지만, '총대회에서는 해산
　　및 합병의 결의를 할 수 없음(제45조의 2)'이라고 하여 조합의 존립에
　　영향을 미치는 것만은 당연히 제외되었다.
71) 『東亞日報』 1930.1.25(6) 自由評壇(一不平生)「主客顚倒의 制度, 金融組
　　合令을 改하라」.
72) 『東亞日報』 1923.7.30(2)「金融機關 改善調査會 設立」.
73) 1920년대의 공황에 대해서는 一九二0年代史研究會 編, 앞의 책, 342~
　　366쪽 참조.

제도에 관한 새로운 틀을 준비해야 하는 상황이었다. 이에 위와 같
은 기구를 설치하고, 대책 수립에 분주하였다.

일본 자본주의를 둘러싸고 빚어진 문제와 대책은 일본의 경제와
직결되어 있는 식민지 조선 경제에도 연동되었다. 이에 조선에서
도 조선 금융제도 개편을 전제로 하는 조사가 추진되었는데, 1926
년 6월 14일부터 총독부 재무국 이재과에서 이재과 직원 및 조선
은행·식산은행의 각 1명, 기타 조선인 촉탁 1명 등으로써 준비에
착수하였다.74) 그런데 이때 조선의 금융제도 조사는 식민지 조선
의 중앙은행 역할을 맡고 있던 조선은행의 기능에 관한 개선으로
부터 착수하였는데, 池川 조선은행 서무과장이 담당하였다.75)

이후 1927년 6월에 이르러 금융제도준비조사위원회가 발족되었
다. 이는 당시 조선의 금융환경을 조사하고 대안을 마련하기 위해
조선총독부 재무국장을 위원장으로 하여 설치된 기구였다. 조사위
원은 1927년 6월 18일에 임명되었는데, 이때 임명된 위원으로는 총
독부 재무국에서 이재과장, 사계과장과 사무관 둘, 그리고 경기도
재무부장, 조선은행 지배인과 지점과장, 식산은행 공공금융부장과
상업금융부장, 경기도 금융조합연합회 이사장 등이었다.76)

금융제도준비조사위원회 발족에 대해 총독부 재무국장은 조선

---

74) 「財務局金融經濟調査」 『金融と經濟』 84호, 朝鮮經濟協會, 1926.6, 104
～105쪽.
75) 『東亞日報』 1926.8.29(6) 「金融調査 鮮銀 先着手」. 조사범위는 현재까
지의 은행권 제도의 득실, 은행준비금제도의 타당 여부 등이었다.
76) 「金融制度準備調査委員會經過槪要」 『金融制度準備調査委員會關係』
(一)(普銀·貯銀)(국가기록원 문서철 88-15), 21쪽. 이들 가운데 재무국
사무관 村山道雄은 다른 이들보다 늦은 8월 8일에 임명되었다. 그리고
경기도금련 이사장이 위원으로 참가하게 된 것은 금융조합 측의 요망
에 의한 것이었다. 위원들의 면면을 보면, 금융조합을 지원하는 총독부
당국자 및 식산은행 간부 등이 다수임을 알 수 있다.

내 금융제도의 체계는 기관 상호 연락 면에서 아직도 정리되지 못
해 금융 제도에 관한 근본적 조사를 하는 것이 급무인데, 금융제도
의 정비 개선은 일본 금융정책과 밀접한 관계가 있어 조선 독자적
으로 진행할 수가 없어 '준비적' 조사를 하기 위해 금융제도준비조
사위원회를 설치한 것이라고 밝혔다.[77] 즉 총독부 당국이 파악한
당시 조선 내에 금융제도의 체계는 조선은행, 조선식산은행 및 동
양척식주식회사 금융부, 보통은행(조선 내 본점은행, 일본은행 지
점), 금융조합 및 無盡會社 등이 있었으나 그 기능이 불충분하였
고, 조선의 금리는 일본에 비하여, 또 조선 내의 기업이윤에 비하
여 고율의 상황이었다.[78] 이들의 '조사항목'은 일반금융경제정책
에 관한 사항, 조선은행에 관한 건, 조선식산은행에 관한 건, 동양
척식주식회사에 관한 건, 보통은행에 관한 건, 금융조합에 관한 건,
기타 사항 등 7가지였다.[79]

　그리고 그들이 파악한 '조선의 금융제도 및 각종 금융에서 결함
으로 인정할만한 중요사항'은 각종 금융기관의 업무가 錯綜하여
그 기능을 발휘할 수 없다는 것과 일반에 금리가 높아 자금의 윤택
을 할 수 없다는 것이었다.[80] 당시 식민지 조선 금융제도의 문제점

---

77) 『東亞日報』 1927.6.26(6) 「金融制度準備調査에 就하여」(草間 재무국장 담).
78) 『金融制度準備調査關係書類』(국가기록원 문서철 88-8), 569~572쪽.
79) 위 문서철, 578쪽.
80) 위 문서철, 836~844쪽. 金調 第2號(1927.7.15)로써 위 제목으로 작성된
　　이 자료에는 표지에 '秘'자 도장이 찍혀 있어 비밀자료였음을 알 수 있
　　다. 각종금융기관의 업무가 착종하여 그 기능을 발휘할 수 없다는 것은
　　① 조선은행은 보통은행과 대립하여 상업금융을 영위하고, 부동산금융
　　의 영역을 침범하여 보통은행을 압박함, ② 부동산금융기관인 조선식
　　산은행이 상업금융 및 저축업무를 행하여 보통은행의 업무를 압박함,
　　③ 부동산금융기관으로서 조선식산은행과 동양척식주식회사 금융부가
　　竝立함, ④ 보통은행은 內地(일본) 은행 지점을 제외하면 업무 진전의
　　여지가 적음, ⑤ 신탁업에 관한 법령이 缺하여 그 건전한 발전을 기할

이 적나라하게 드러나 있는데, 이러한 문제점을 일제 당국도 상세히 파악하고 있었음을 알 수 있다. 그리고 바로 이러한 문제가 알려지는 것을 꺼려해서 비밀문서로 취급했던 것이다.

이 준비조사위원회는 제1기(1927년 6월 25일부터 9월 16일까지) 12회, 제2기(1928년 6월 6일부터 8월 3일까지) 13회에 걸쳐 회동하였다. 그리고 1928년 11월 2일에 개최된 회의에서부터는 금융조합 제도에 관한 협의가 중점적으로 이루어졌다. 이는 은행령 개정과 저축은행령의 제정 등이 일단락되었기 때문이었다.[81]

이후 1928년에 이르러 다시 조선금융제도조사회가 만들어졌다. 회장 정무총감을 비롯하여 위원으로 총독부 내무국장, 재무국장, 식산국장, 법무국장, 경기도지사 등 조선총독부의 고관들, 중추원 부의장(박영효), 대장성 은행국장, 경성상업회의소 會頭, 그리고 조선상업은행 두취, 조선은행 총재, 조선식산은행 두취, 조선생명보험회사 사장(한상룡) 등 금융계 고위 인사 등 23명과 임시위원 2명, 간사 3명 등이다.[82] 조선의 경제계를 포괄했다고 할 수 있을 정도로 다방면의 인물들이 위원이었는데, 그들의 면면을 보더라도 준비위원회보다 격상된 기구임을 알 수 있다. 대장성 은행국장과 제일은행 경성지점장이 위원으로 참가한 것은 조선의 금융제도가 일

수 없고, 신탁의 이름을 빙자한 부정금융업자의 取締가 곤란함, ⑥ 저축은행에 관한 법령을 缺함, ⑦ 각도 금융조합연합회는 상호 연락이 불충분하여 전 조선을 통일한 중추기관을 缺하여 그 업무상 지도를 감독관청에 求하는 외에도 자금의 융통 또한 원활하지 못해 高利를 면하지 못함, ⑧ 서민금융기관의 활동이 보편적이지 않음, ⑨ 細民의 자금 융통 기관인 質屋業의 금리가 자못 고율로서 그 생활을 더욱 궁박하게 함 등이다.

81)『東亞日報』1928.11.1(6)「金融調査準備委員會를 開催」.
82)『第三回朝鮮金融調査會關係書』(국가기록원 문서철 88-14), 953~954쪽.
임시위원은 무진회사와 신탁회사를 대표해서 무진회사 사장과 신탁업 회장이고, 간사 3명은 총독부 사무관들이다.

본의 금융정책과 밀접히 관련된 것임을 보여주는 것이고, 중추원 부의장이 위원인 것은 친일 거두에 대한 예우와 조선인 대표의 참여라는 상징성을 노린 것으로 보인다. 그밖에 위원 가운데 도시금융조합장 2명이 눈에 띠는데, 종로 조합장(원덕상)과 남대문 조합장(肥塚正太)이었다. 도시금융조합을 대표한 경성부의 두 개 조합 가운데 조선인과 일본인이 한 자리씩 차지한 셈이었다.

조사위원회는 준비위원회가 조사·검토한 내용을 의결하여 법령화하는 기구였다. 이와 같이 금융제도준비조사위원회와 금융제도조사위원회가 설치되어 활동하는 동안 금융조합령을 개정하기 위한 준비가 이루어졌고, 결국 1929년에 대대적인 금융조합령의 개정으로 이어졌다.

금융조합 제도 개편을 담당한 제2소위원회의 조사사항은 금융조합에 관한 사항, 금융조합 유사단체의 取締에 관한 사항, 質屋에 관한 사항, 無盡 및 유사업무 등에 관한 사항, 유가증권 할부 판매업에 관한 사항 등 다섯 항목이다. 금융조합에 관한 사항은 다시 6항목으로 나누어 검토하였는데, 조합의 기관에 관한 사항, 조합원의 권리의무에 관한 사항, 조합의 업무에 관한 사항, 조합의 자금에 관한 사항, 조합의 감독지도에 관한 사항, 조합의 지도 및 자금 조절의 중추기관에 관한 사항 등이었다.[83]

이상을 통해 살펴본 바와 같이 1929년에 개정 시행된 금융조합령은 1920년대 후반에 이루어진 조선금융제도조사위원회의 검토 결과를 반영한 것이었다. 이 위원회에서는 당시 조선의 금융제도 전반에 대해 면밀한 검토를 행하고, 대책을 수립했다. 그 결과 향후 금융조합에 대한 근본정책이 결정되었고, 그에 따라 금융조합

---

83) 『金融制度準備調査關係書類』(국가기록원 문서철 88-16), 310~312쪽. 이 문서 역시 '秘'자 도장을 찍어 비밀문서로 취급했다.

령이 개정된 것이다. 개정 금융조합령의 특징은 모든 이사를 관선제로 바꾸고, 조합원 총회 대신 총대회제를 도입하였으며 겸영업무를 폐지하여 완전한 금융기관이 되도록 한 것을 들 수 있다.

2) '농촌진흥운동'의 전개와 조선금융조합연합회령, 식산계령의 제정

1920년대 이후 금융조합 측에서는 총독부 당국에 대해 금융조합 중앙기관의 설립 필요성을 부단히 제기했다. 이러한 요구에 대해 총독부는 시기상조론을 내세우면서 거부했다.[84] 그리고 중앙기관의 역할을 대신할 단체를 조직하거나 기구를 설치했다. 그 결과 1928년에 종래의 조선경제협회가 조선금융조합협회로 개편되어 회원들의 교육을 담당했다. 또한 1929년에는 조선식산은행 내에 금융조합중앙금고과가 설치되어 각 도금련의 자금 조절을 담당

---

84) 금융조합 측의 중앙기관 설치 필요성은 자금조달 문제에서 비롯되었다. 당시 금융조합이 농민에게 소액저리자금을 충분히 공급하지 못하는 것은 독자적인 자금조절기관이 없기 때문으로 파악하고, 식산은행을 통해 자금을 조달하는 것에 문제를 제기했다. 영리를 목적으로 하는 은행이 금융조합의 자금을 조달하여 높은 차입 이자의 지불로 인해 조합원에게 저리자금을 제공할 수 없다는 논리였다. 이에 대해 총독부 측은 ① 금융조합은 협동조합주의적, 상호부조적 사상 훈련이 보다 시급하고, ② 금융조합의 신용이 부족하여 일본 금융시장에서 자금을 조달하기 곤란하며, ③ 조선식산은행과의 밀접한 관련성으로 인해 독자적 중앙기관 설립시 경영상 문제가 발생할 수 있고, ④ 일본 산업조합중앙금고의 경영부실문제 발생 사례를 통해 신중한 고려가 필요하다는 주장이었다(문영주, 「1920년대 금융조합 중앙기관 설립 논의와 1933년 조선금융조합연합회의 설립」 『사림』 16, 首善史學會, 2001.12, 10~23쪽 참조).

했다.

중앙금고과가 설치된 이후에도 금융조합 측의 중앙기관 설립 요구는 잦아들지 않았다. 1930년에 열린 제1회 금융조합 지방대회와 1932년에 열린 제2회 금융조합 중앙대회에서 다시 금융조합중앙회의 설치 문제가 제기되어 중앙기관 설치를 촉구하였다. 그러나 총독부 당국과 식산은행에서는 시기상조라며 묵살하거나 반대하였다. 표면적인 이유는 당시의 금융시장 정세 및 대장성 예금부 자금고갈 등의 사정상 금융조합 자체 중앙기관은 식산은행에 비해 자금 조달면에서 불리할 것이기 때문이라는 것이었다.[85] 그러나 근본적인 이유는 다른 데 있었다. 금융조합이 식은으로부터의 저리자금 차입과 사채 발행 시 '무의미한 수수료'를 식은에 제공해야 했고, 금융조합으로부터 수수료를 챙기는 식은으로서는 금융조합과의 관계 단절이 수수료 수입의 감소로 이어질 것이기 때문이었다.[86]

이러한 '시기상조론'은 1932년 말에 이르면 멀지 않은 장래에 실현 가능하다는 주장으로 크게 변하게 되었는데, '실질적으로는 식은이 자금을 통제하게 하고 형식적으로는 중앙금고를 독립시키어 점차 명실 공히 독립하는 방법을 취하면 여하한가'[87] 하는 의견이 대두되었던 것이다. 이처럼 총독부의 태도가 돌변하게 된 배경에는 바로 '농촌진흥운동'이 있다.

농촌진흥운동은 1932년 7월 도지사회의에서 총독(宇垣一成)이 그 취지와 방침을 밝히면서 그 모습을 드러내었고, 9월과 10월에 조선총독부 및 도, 군·도, 읍·면 농촌진흥운동회가 설치되면서

---

85) 『東亞日報』 1932.10.9(8) 「金組中央金庫 獨立은 時機尙早, 總督府 殖銀 態度」.
86) 『朝鮮日報』 1933.8.18조(1) 사설 「金融組合中央機關設置」.
87) 『東亞日報』 1932.11.11(8) 「金組中央金庫 獨立은 依然 時機尙早, 金組 側 要望如何 不拘」.

구체화되었으며 11월 10일 물심양면의 운동으로 전개되면서 본격화되었다.[88]

총독부의 태도 변화가 나타나기 직전에 정무총감이 금융조합에 대해 '자작갱생의' 정신에 따른 조합원의 구채 정리에 대한 방침을 언급하였고, 이어 곧바로 열린 제2회 금융조합 중앙대회에서 '농어촌진흥에 대한 금융조합의 취할 대책'을 결의하여 총독부의 시책에 부응했기 때문이다.[89]

그러다가 1933년이 되면서부터 중앙기관 설립 가능성이 더욱 커졌다. 그 가능성은 두 가지 환경변화에 기반을 두고 있었는데, 하나는 자금문제이고, 하나는 세무감독국의 독립문제였다. 자금문제란 과거 금융조합 자체의 중앙기관 설립은 자금 차입에서의 불리한 조건이라는 약점을 갖고 있었으나 금융조합 예금의 증가 등으로 여건이 변하였다는 것이고, 세무감독국의 독립문제는 세무국, 감독국의 독립에 의해 금융조합에 대한 감독과 지도도 총독부 재무국에서 하는 것으로 충분해진다는 것이었다.[90]

이후 6월경이 되면, 구체적인 시기까지 거론되었다. 총독부에서는 10월 1일부터 중앙회를 출범시킬 의향을 갖게 되었다.[91] 그리하여 대장성과 협의를 거쳐 금융조합연합회령의 제정과, 식산은행령 및 금융조합령의 개정을 준비하였다.[92] 7월이 되면 상황이 급박하게 돌아가게 되었다. 7월 1일 심의를 마치고 총독의 재가를 거친

---

88) 김영희, 『일제시대 농촌통제정책 연구』, 경인문화사, 2003, 73~74쪽.
89) 정무총감의 언급은 1932년 10월 2일에 열린 각도 금융조합연합회 이사장회의에서의 훈시였고, 제2회 중앙대회는 10월 4일부터 3일간 열린 금융조합 측의 행사였다. 이들 회의에 대해서는 제2장에서 후술하겠다.
90) 『東亞日報』 1933.2.19석(4) 「殖銀 金組의 中央金庫 獨立 時期問題이다」.
91) 『東亞日報』 1933.6.23석(4) 「金組中央金庫 十月一日로 獨立, 理事長說擡頭」.
92) 『東亞日報』 1933.6.25석(4) 「金組中央金庫 獨立令案 審議」.

총독부안이 성안되었는데, 총독부안의 골자는 조선금융조합연합
회를 설치하고, 각 도금련은 산하 지부로 하며, 연합회의 자본금은
20만 원으로 한다는 것이었다.[93] 7월 중순, 矢鍋永三郎 식산은행
이사가 독립된 중앙금고의 이사장에 내정되어 사임하였다.[94] 척무
성을 통해 일본 정부 법제국에 회부된 '조선금융조합연합회령안'
은 법안 설명을 마치고 7월 26일부터 법제국에서 조문 심의에 들
어갔다.[95]

이와 동시에 총독부에서는 1933년 7월 '금융조합의 통제기관 설
립에 대하여'라는 재무국장의 취지에 따라 연합회 설립에 관한 요
강을 마련하였다.[96] 주요 내용은 각도 금융조합연합회를 합병하는
형식에 의해 조선금융조합연합회를 설립하고, 불입 출자금액의 15
배를 한도로 채권을 발행하며 자금의 조달 운용에 대해 조선식산
은행과 밀접한 관련을 가진다는 것 등이었다.

이어 조선금융조합연합회령이 8월 11일, 일본 각의에서 가결되
고,[97] 8월 17일, 제령으로 공포[98]되었으며 8월 18일, 부령으로 시행
되었다.[99] 예전에 볼 수 없는 신속한 진행이었다. 「조선금융조합연

---

93) 『東亞日報』 1933.7.4석(4) 「金組中央金庫設置, 一日審議終了」.
94) 『東亞日報』 1933.7.20석(4) 「中央金庫理事長, 矢鍋氏로 內定」 ; 「矢鍋
    理事 後任, 松本, 野田 兩氏說」.
95) 『朝鮮中央日報』 1933.7.28(6) 「四十個條案의 金組聯合會合(令의 오자 ;
    인용자), 八月 中旬 閣議서 決定」.
96) 『東亞日報』 1933.8.13석(4) 「金融組合中央機關 設立要綱, 九月初旬 設
    立豫定」 및 『朝鮮中央日報』 1933.8.13(6) 「金融組合中央機關 設立要
    綱」. 이 요강은 8월 12일 재무국장 명의로 언론에 발표되었다.
97) 『東亞日報』 1933.8.12조(1) 「金組金庫의 獨立, 法令實施 九月中旬, 監
    督은 如前總督府가」.
98) 「朝鮮金融組合聯合會令」 制令 第6號 『朝鮮總督府官報』 제1982호, 昭
    和 8年(1933) 8月 17日 ; 『東亞日報』 1933.8.18석(4) 「金組의 聯合會令,
    十七日附 公布」.
99) 朝鮮總督府令 第78號, 『朝鮮總督府官報』 제1983호, 昭和 8年(1933) 8月

합회령」의 주요 내용을 살펴보면, 다음 표와 같다.

연합회의 사업 목적은 자금의 공급, 업무 지도, 회원100)의 공동
이익 증진이었다. 신설된 조선금융조합연합회는 식산은행 중앙금
고과(자금의 공급), 13개 도 금융조합연합회(업무 지도), 조선금융
조합협회(회원의 공동이익 증진)101) 등의 업무가 통합된 것이었다.

〈표 1-13〉 조선금융조합연합회령의 주요 내용

구 분	법 령 내 용
목 적	회원에 대하여 자금을 공급하고, 업무상 지도를 하며 기타 회원 공동의 이익 증진을 도모할 목적으로 하는 법인(제1조)
회 원	회원은 금융조합과 조선총독이 지정한 산업에 관한 법인(제3조)
출 자	회원은 출자 1구 이상을 가지며 1구의 금액은 5백 원(제4조), 회원의 책임은 그 출자액을 한도로 함(제5조)
임 원	연합회에 회장 1인, 이사 13인 이상 및 감사 2인 이상을 둠(제6조). 회장 및 이사는 조선총독이 임명. 감사는 총회에서 회원 대표자 중에서 선임. 회장의 임기는 5년, 이사의 임기는 3년, 감사의 임기는 2년(제8조)
총 회	총회는 정관이 정한 바에 의해 회원 대표자 가운데서 선출한 의원으로 조직(제10조)
감 독	연합회는 조선총독이 감독함(제27조)

출전 : 「朝鮮金融組合聯合會令」制令 第6號『朝鮮總督府官報』제1982호,
　　　昭和 8年(1933) 8月17日.

　18日 ;『東亞日報』1933.8.19석(4)「金組聯合會令 十八日부터 施行」.
100) 또한 제3조의 규정에 의한 '산업에 관한 법인'은 조선어업령에 의한
　　어업조합 및 수산조합, 조선산업조합령에 의한 산업조합이었다(朝鮮
　　總督府告示 제408호,『朝鮮總督府官報』第1994號, 昭和 8年(1933) 8月
　　31日).
101) 理事俱樂部(1909.8), 地方金融組合會(1914.9), 朝鮮經濟協會(1919.5)를
　　거쳐 1928년 9월에 설립된 조선금융조합협회는 회원들의 교육을 담
　　당했던 기구로서 1928년 7월 24일 재단법인 설립인가신청서를 제출하
　　고, 9월 13일에 허가를 받았다(朝鮮金融組合聯合會,『朝鮮金融組合
　　協會史』, 1934, 103쪽). 조선금융조합협회는 1928년 9월 13일, 총독부
　　의 허가를 받고, 남대문금조 조합장 肥塚正太, 아산금조 이사 大崎新
　　吾, 제주금조 이사 馬場五郎, 진양금조 이사 初谷秀雄, 벽성금조 이사
　　高橋直衞, 영변금조 이사 小川一三, 함월금조 이사 鈴木直八 등을 평
　　의원으로 선출했다(『東亞日報』1928.9.15(6)「金組協會 財團成立許可」).

조선금융조합연합회 설립의 의미는 초대 회장 矢鍋의 자평을 통해 파악할 수 있는데, 그는 '금융조합운동의 지도적 중추기관이 종합통일된 것, 금융조합의 전선적 자금의 조절기관, 금융조합 직원의 교육 및 조합정신의 보급 및 선전, 공제사업 실시 등'[102]이 이루어졌다고 의미를 부여했다. 이로써 자금의 조절, 업무의 지도, 교육 및 선전사업의 3위 일체가 하나의 기관을 통해 이루어지게 된 것이다.

이 시기 총독부가 조선금융조합연합회 설립을 추진한 이유는, 첫째 농촌진흥운동의 전개과정에서 소요될 필요자금을 금융조합을 통해 해결하고,[103] 둘째, 1932년도 말 기준으로 약 770여 촌락금조(본소 613, 지소 156)가 조직되어 평균 3개 면을 업무구역으로 하고 있던 금융조합의 조직력을 이용하려 했기 때문으로 판단된다.

조선금융조합연합회의 설립은 1920년대 이후 금융조합 측에서 총독부에 대해 꾸준하게 제기했던 중앙회 설치 요구에 따른 것으로 이것이 설치되기까지는 숱한 우여곡절을 겪어야 했다. 1920년대 초부터 제기되었던 중앙회 설립에 대한 금융조합 측의 거듭된 요구에 대해 총독부 측에서는 시기상조라는 이유를 들어 매번 보류하다가, 1929년에 이르면, 금융조합령의 개정 이후 마침내 조선식산은행 내에 금융조합중앙금고과를 신설하여 10월 1일부터 각 도금련의 자금을 조절하는 업무를 담당케 하였다.[104] 이것은 1923년 일본에서 산업조합중앙금고가 설치된 전례를 본받은 것이었다.[105]

---

102) 『朝鮮中央日報』 1933.9.1(6) 「金融組合을 指導하는 機關 金組創立에 際하여」(矢鍋會長 談).
103) 문영주, 앞의 논문, 2001.12, 24쪽.
104) 『朝鮮殖産銀行二十年志』, 朝鮮殖産銀行, 1938, 100쪽 및 부록 10쪽.
105) 당시 일본에는 산업조합중앙금고 외에 산업조합중앙회와 각 府縣에 신용조합연합회, 구매조합연합회, 판매조합연합회 등이 있었다. 중앙기관은 그 기능에 따라 두 가지로 나눌 수 있다. 하나는 사업 위주의

금융조합 측의 요구를 미루기만 하던 총독부가 불완전한 형태로
나마 중앙금고과를 설치하게 된 이유는 금융제도준비조사위원회
의 활동을 통해 중앙회 설립에 대한 면밀한 검토[106]를 마쳤다는 것
과 1929년 6월에 있었던 전 조선 금융조합연합회 이사장회의에서
의 논의였다고 할 수 있다. 이 회의 이후 총독부에서는 종래 식은
대 연합회의 관계를 일본 중앙금고에 준할 조직으로 하고, 연합회
의 처지를 완화할 필요로 구체안을 작성하였다.[107] 그 결과 중앙금
고과가 설치되었던 것이다.

중앙금고과의 설치와 동시에 역시 식산은행에 금융조합중앙금
고위원회가 설치되었다. 위원으로는 금융조합협회 상무이사, 경기
도금련 이사장, 경성부내 금융조합장 및 이사 등 수 명을 촉탁하였

중앙기관이고, 다른 하나는 교육·선전·조사·감사·이익 증진 등을
위주로 한 중앙기관이다. 또한 지역을 기준으로 역시 두 가지 중앙기
관으로 분류할 수 있는데, 지방적 중앙기관과 전국적 중앙기관이 그것
이다. 일본의 산업조합중앙금고 및 각 부현의 연합회 등은 사업 위주
의 중앙기관이고, 산업조합중앙회는 사업 이외의 교육 등을 위한 중앙
기관이었다. 또한 산업조합 중앙금고·중앙회 등은 전국적 중앙기관
이고, 각 부현의 연합회는 지방적 중앙기관이었다(千石興太郎, 「金融
組合の中央機關に就て」『金融組合講演集』, 朝鮮金融組合協會, 1931,
196~197쪽). 조선의 중앙기관은 일본의 실태를 뛰어 넘지 못하고, 그
대로 답습되어 설치된 것이다. 千石興太郎는 당시 산업조합중앙회의
주사였다.

106) '조합의 자금에 관한 사항'(1928년 11월 8일)의 검토 내용은 ① 자금조
달을 유리하게 할 방책, ② 장기 대부자원 확대의 要否 및 필요시 그
정도(감독규정 제23조 제3항), ③ 여유금 운용에 관한 현행제한의 가
부(금융조합령 제9조) 등에 관한 것이었다[『金融制度準備調査關係書
類』(국가기록원 문서철 88-16), '金調2小 第2호-4'문서, 358~370쪽].
여기에서는 각도 금융조합연합회를 합병한 후 자금구성의 변화까지
고려함으로써 중앙회 설립에 관한 구체적 검토가 이루어졌으나 중앙
회 설립에 대한 부분은 1929년 조합령 개정시 반영되지 않았다.

107) 『東亞日報』 1929.7.12(6) 「金組中央會 對殖銀具體案, 目下에 考究中」.

다. 위원회의 업무로는 연합회에 대한 업무지도방침에 관한 사항, 연합회에 대한 예금 및 대출 이율에 관한 사항 등을 자문, 심의하는 것이었다.108) 실례로 1931년 9월에 열린 동 위원회에서는 농사개량 저리자금의 도별 할당 변경과 대부이율 변경에 대해 승인했다.109)

식산은행 내에 금융조합중앙금고과가 설치된 것은 과도적 조치였는데, 이처럼 금융조합의 자체 중앙기관이 없이 식산은행이 그를 대신함으로써 금융조합으로서는 예치금을 식산은행에 맡길 때는 '수시로 저리'로 하면서, 그로부터 차용할 때는 '기회를 얻어 고리로' 함으로써 조합 수지에 악영향을 초래했고, 그것은 그대로 조합원에게 부담으로 전가되었다.110)

이후 1932년 '농촌진흥운동'의 전개에 따라 총독부 측으로서는 금융조합의 역할을 기대하여 조선금융조합연합회를 설치하게 되었다. 마침내 금융조합 측의 숙원이 해결되는 순간이었다. '조선금융조합연합회령'의 시행과 동시에 설립위원회 위원장과 위원이 임명되었다. 위원장은 정무총감 今井田淸德이었고, 위원은 林繁藏 등 33명이었는데, 각도금련 이사장 13명도 설립위원에 포함되었다.111) 8월 21일 설립위원회가 개최되어 정관 작성, 인가 신청, 출자구수 할당, 감사 선임, 설립 허가신청에 관한 의안을 가결하였다. 감사에는 남대문금융조합장 肥塚正太 등 4명이 선임되었다.112)

---

108) 『朝鮮金融組合聯合會十年史』, 朝鮮金融組合聯合會, 1944, 23~24쪽.
109) 『金融組合』 제36호, 朝鮮金融組合協會, 1931.10, 128~129쪽.
110) 『東亞日報』 1932.5.31(1) 사설 「金融組合의 有限性－眞實한 細民機關이 되라－」.
111) 『朝鮮金融組合聯合會十年史』, 30~33쪽. 아울러 간사 3명도 임명되었는데, 조선금융조합협회 상무이사 山根譓와 총독부 사무관 2명이었다.
112) 『東亞日報』 1933.8.22석(4) 「金組聯合會 創立總會 終了, 二十一日 午前 開催」. 감사에는 조합장 2명, 이사 2명이 선임되었는데, 또 1명의

이어 8월 31일 허가 및 인가의 지령이 있었고, 회장 및 이사가 임명되어 조선금융조합연합회('조금련')가 성립되었다. 회장은 矢鍋永三郎, 이사는 본부 3명과 지부 13명이었다. 그리고 같은 날과 9월 1일에 각각 '조선금융조합연합회령시행세칙'과 '조선금융채권규칙'이 발포, 시행되었다.[113] 동 규칙의 실시에 따라 조금련은 모집 또는 매출의 방법으로 조선금융채권을 발행(제1조)할 수 있게 되었다.

이 시기 중앙기관이 설립된 이유는 앞에서 밝혔다시피 '농촌진흥운동'의 실시와 밀접한 관련이 있었지만, 그 외에도 금융조합 측의 자기자본 증대와도 관련이 있다. 즉 조금련이 설립되던 당시 '각 금융조합연합회의 조선식산은행에 대한 예치금은 최근 약 천6백만 원에 대하여 보통차입금은 3백 4십만 원으로서 약 천2백 6십만 원의 예치금 초과' 상태였고, 이에 대해 '각도 연합회간의 자금의 유무를 상호융통'[114]할 수 있는 기반이 조성되었던 것이다.

이후 1937년에 이르면 금융조합과 식산은행의 관계 단절에 대해 찬반론이 나오게 되었다. 즉 7월경에 조금련의 자금은 조선은행에 연계시키는 것이 타당하며 그것이 조선은행의 '중앙은행적 통제력' 확립을 보다 더 제고할 것이기 때문이라는 것이었다.[115] 이에 대해 조금련의 단기자금이 식은에 의존한 것이 불합리하지 않다는

조합장은 종로금융조합장 원덕상이었고, 이사 2명은 광산금융조합의 佐佐木魁, 봉산금융조합의 高橋直衛이다.

113) 朝鮮總督府令 第83號 및 第84號,『朝鮮總督府官報』제1994호, 昭和 8年 (1933) 8月31日 ;『東亞日報』1933.8.26석(4)「朝鮮金融債券令, 九月一日實施」.

114)『東亞日報』1933.8.13석(4)「金融組合中央機關 設立要綱, 九月初旬 設立豫定」.

115)『東亞日報』1937.7.10조(8)「金組의 殖銀依存 是正機運漸熟, 需資關係上 朝銀依存妥當 機構改革의 一問題」.

주장도 제기되었다.[116) 위와 같은 찬반론은 각각 조선은행과 식산
은행 측의 관계자들로부터 나온 것으로 생각된다. 실제로 일제 식
민지기에 금융조합은 '식산은행계'로 분류되었는데, 일제의 식민
정책 상 식민지 조선에서 중앙은행으로서의 역할을 제대로 수행하
지 못했던 조선은행 측으로서는 금융조합을 '조선은행계'로 끌어
들이려 노력했고, 그 노력이 식산은행 측에 의해 무산되는 과정을
반영하는 논란이라는 생각이다.

농촌진흥운동과 결합된 금융조합의 활동이 활발히 전개되던
1935년에는 다시 금융조합 하부에 식산계가 조직되었는데, 1935년
8월 30일, 식산계령이 공포되고,[117) 12월 13일에는 그 후속조치로
서 식산계령시행규칙이 공포되었으며, 금융조합업무감독규정이
개정되었다.[118) 이에 따라 금융조합 또는 산업조합 산하에 부락 소
산업법인을 설치하여 공동구입·판매사업을 담당케 하는 부락[촌
락] 중심의 협동조합제도가 실시되었다.

'식산계령'의 주요 내용을 보면, 식산계는 부락 기타 이에 준하
는 지역 내에 거주하는 자로써 조직(제1조)하고, 동일 지구 내에 거
주하는 자 5인 이상을 설립자로 하며, 규약을 작성하여 도지사의
인가를 받아 설립(제4조)하고, 조선총독이 지정하는 바에 의해 금
융조합 또는 산업조합의 조합원이 되어야 했다(제8조). 또한 식산
계에는 주사·부주사 및 감사 1인을 두고(제9조), 주사·부주사는
계원 중에서 선임하며 감사는 금융조합 또는 산업조합의 이사가
담당(제10조)하도록 했다. 그리고 식산계원은 계가 속한 금융조합

116)『東亞日報』1937.11.23석(4)「金組의 殖銀依存 不合理性 否定論이 擡頭」.
117)「殖産契令」制令 第12號『朝鮮總督府官報』第2591號, 昭和 10年(1935)
8月30日.
118) 朝鮮總督府令 第144號 및 朝鮮總督府令 第146號,『朝鮮總督府官報』
第2676號, 昭和 10年(1945) 12月13日.

또는 산업조합에 대해 계가 부담하는 채무에 대해 연대책임을 지도록 했다(제11조).

이 시기 '식산계령' 공포의 의의는 '조선금융조합연합회 – 금융조합 – 식산계'라는 3단계 체제를 완성하는 기반을 마련하고, 이를 통해 금융조합원과 촌락을 결합하고, 이들에 대해 금융조합을 매개로 통제를 강화했다는 데에 있다.

그리고 식산계령 제8조의 규정에 의해 식산계가 속할 금융조합 또는 산업조합은 도지사가 지정(시행규칙 제1조)하도록 했다. 아울러 식산계가 영위할 사업은 계원이 생산한 물품의 판매, 계원 필수품의 구입, 계원 복리증진상 필요한 공동이용시설 등이었는데, 사업의 운영방침은 판매사업은 주로 위탁주의에 의할 것, 구매사업은 가정용품으로부터 시작하여 점차 그 품목을 늘려갈 것, 계원은 계의 승낙 없이 계가 취급하는 판매품이나 구매품을 他와 거래할 수 없을 것, 식산계의 거래는 모두 금융조합(또는 산업조합)의 알선에 의한 전속거래로 하고, 소요자금의 융통을 받을 것 등이었다.[119]

식산계의 설치는 1929년 '금융조합령' 개정 시의 금융 전업기관화의 방침을 번복하는 것이었다. 당시 협동조합의 기능인 공동구입, 위탁판매사업을 폐지하고, 금융기관으로서의 역할만 담당하도록 규정했던 것인데, 위와 같이 식산계로 하여금 판매와 구매사업에 대해 금융조합의 알선에 의한 전속거래로서 실시하도록 함으로써 금융조합의 겸영업무가 다시 부활하는 결과가 되었던 것이다.

이상을 통해 농촌진흥운동기에 '조선금융조합연합회령'과 '식산계령'이 공포되는 과정을 살펴보았다. '조선금융조합연합회령'이 제정되는 과정은 다른 데서 볼 수 없을 만큼 신속한 것이었다. 금

---

119) 농업협동조합중앙회, 『한국농업금융사』, 농업협동조합중앙회, 1963, 84~85쪽.

융조합 측의 중앙기관 설립요구를 묵살하던 총독부의 태도가 일변한 것은 '농촌진흥운동'의 추진이 계기였다. 농촌진흥운동의 전개과정에서 소요될 필요자금을 금융조합을 통해 해결하고, 당시 평균 3개 면을 업무구역으로 하는 금융조합의 조직력을 이용하려 했기 때문이었다. 조금련 설립의 의의는 자금의 조절, 업무의 지도, 교육 및 선전사업의 3위 일체가 하나의 기관을 통해 이루어지게 되었다는 것이다. 아울러 '식산계령'이 제정된 배경 역시 '농촌진흥운동'이다. 식산계는 금융조합의 하부 조직이 되어 농촌 통제의 장치가 되었고, '식산계령'의 공포로 '조선금융조합연합회-금융조합-식산계'라는 3단계 체제를 완성하는 기반이 마련되었다. 결국 농촌진흥운동은 금융조합이 3단계 체제 구축을 완료하는 계기로 작용하였던 것이다.

3) '농촌진흥운동'과 '농가갱생' 지원을 위한 금융활동

(1) 자금의 조달

1929년의 금융조합령의 개정으로 종전에 금융조합에서 영위하던 겸영업무는 폐지되었고, 대신 금융업무 전담으로 강화되었다. 이 개정은 금융제도조사위원회에서 이루어진 작업이었는데, 금융조합제도 개편을 담당했던 제2소위원회의 조사사항 가운데 금융조합에 관한 사항을 자세히 살펴보면 다음과 같다.

1928년 6월에 재개된 금융제도조사준비위원회 제2기 검토의견 가운데 하나였던 '조합의 업무에 관한 사항'은, 현행 업무범위의 적부, 대부금업무에 관한 현행제한의 가부, 예금업무에 관한 현행

제한의 가부, 예금 拂戾를 준비할 정도 및 이를 법정할지 가부, 조합원 외 개인예금자보호의 방책 등에 관해 가부 등 다섯 가지였다.[120] 금융조합 업무에 대한 이러한 검토 결과는 개정 조합령에서 겸영업무의 폐지, 창고업 유지, 은행 및 타 금융조합의 업무 대리 등으로 이어졌다.

이후 식산계의 설립으로 조합이 다시 겸영 업무를 재개하기 전까지 금융조합 업무 가운데 중심이 되는 것은 예금과 대출 등 금융업무였다. 다음은 조선금융조합연합회가 설립된 이래 주요 시기별로 조달과 운용 면에서 항목별 비율의 추이를 나타내는 표이다.

〈표 1-14〉 조금련의 시기별 자금 조달·운용 비율 추이

구 분	조달							금액 (천원)	운용					
	자기자본	예금	금융채권	특별차입금	보통차입금	대하금	기타		특별대출금	보통대출금	구판자금	유가증권	예탁금	기타
1933.8	4	63	-	22	5	3	3	81,958	24	52	0	3	20	1
1937.3	3	54	18	19	-	2	4	137,697	42	43	1	5	8	1
1941.3	3	73	11	9	1	1	2	290,346	20	25	2	17	35	1
1945.3	1	95	2	1	0	0	2	1,488,949	7	1	0	83	8	1

출전 : 농협중앙회, 앞의 책, 76쪽에서 비율만 인용.
　　주) 단위는 %. −표시는 없는 경우를, 0은 미미한 경우를 표시.

---

120) 『金融制度準備調査關係書類』(국가기록원 문서철 88-16), '金調2小 第2호-3'문서, 346~357쪽. 현행 업무범위의 적부에 대해서는 다시 ① 판매 구매 등 겸영업무 폐지 가부, ② 창고업 폐지 가부, ③ 은행업무의 대리 및 매개 가부, ④ 조합 상호 간 업무 대리 가부 등으로 나누어 검토하였다. 또한 대부금업무에 관한 현행제한의 가부에 대해서는 다시 ① 촌락금조의 보통대부 한도확장 가부, ② 촌락금조의 특별대부 한도를 보통대부한도와 별도로 정할지 가부, ③ 촌락금조의 특별대부의 使途(용도) 제한을 철폐하고 담보종류를 증가할지 가부, ④ 촌락금조의 특별대부한도 확장의 가부, ⑤ 촌락금조 및 도시금조의 중간조합을 두어 그 대부금제한에 대해 중간한도를 정할지 가부 등 다섯 가지 세부 항목으로 나누어 검토하였다.

위 표를 통해 자금조달면의 특징을 살펴볼 때, 첫째, 조금련 설립 당시에는 조달 면에서 예금과 특별차입금의 합이 85%에 달하였는데, 1937년에는 금융채권의 비율이 18%나 되어 위의 두 항목과 합하면 91%에 달했다. 그러나 해방 직전에 이르면 예금만의 비율이 95%에 이른다. 이는 강제저축이 얼마나 강력히 시행되었는지를 반증하는 것이다.

둘째, 특별 및 보통 차입금의 비중이 급격히 작아지는 추세였다는 것이다. 그 배경은 조금련 여유자금의 증가였는데, 조금련에서는 1938년 4월(1938년도) 초에 식산은행 차입금을 여유금으로 상환하고도 식산은행에 1천 4백만 원을 예치할 정도였다.[121] 이 시기 조금련의 식산은행 예치금 증가는 1년 전에 비해 2배에 이르는 것이었다. 그 결과 식산은행으로부터의 차입금도 감소하였다.[122]

셋째는, 예금의 증가로 인해 1938년 7월경 조금련의 예금이 2억 4천만 원이었고, 대출금은 1억 8천만 원으로 6천만 원의 여유가 생긴 것이었다. 이에 따라 식산은행에 1천 5백만 원을 예치했다. 이러한 자금 여유는 미가의 등귀와 저축 장려에 의한 것이었다.[123] 그리고 이와 같은 예금의 증가와 보통차입금의 감소 현상은 이미 1930년대 초부터 진행되고 있었던 것이다.[124]

넷째, 금융채권 발행을 통한 자금 조달이다. 조금련에서는 자금

121) 『東亞日報』 1938.4.5석(8) 「金融組聯合會 餘裕資金 潤澤, 殖銀預만 二千萬圓」 ; 『東亞日報』 1938.5.22석(8) 「金組의 資金, 餘裕相當히 潤澤, 農村景氣를 反映」.

122) 『東亞日報』 1938.4.21석(8) 「金聯預金도 新記錄, 昨年보다 約二倍該當」.

123) 『東亞日報』 1938.7.6석(4) 「金組에도 預金增加, 現在二億四千萬圓으로 農村景氣良好를 反映」.

124) 농협중앙회, 앞의 책, 66쪽. 1931년도와 1932년도에 각도 금융조합연합회 차입금은 각각 2481만 5천 원에서 2088만 3천 원으로 감소하였고, 중앙금고과의 예치금은 같은 기간 1085만 2천 원에서 1865만 1천 원으로 증가했다.

의 팽창 수축의 정도가 심하고, 장기의 대출을 예금으로 충당하는 것도 금융 원칙에 어긋나는 것이었기 때문에 일반기채시장에서 채권 발행을 통해 재원을 조달코자 했다.[125] 또한 금융채권 발행 시 편의 등을 위해 1936년 5월 조금련 東京 출장소를 개설하였다.[126] 그리하여 1935년 2월에 처음으로 채권을 발행한 이후 1943년 5월에 이르기까지 모두 18회에 걸쳐 4천 6백여만 원에 해당하는 산업 채권을 발행했다. 그 가운데 두 차례는 조선식산은행이 인수했고, 나머지 16회는 대장성 예금부가 인수했다.[127]

다음으로 일선 조합의 상황을 살펴보겠다. 일선 금융조합의 조달 상황을 나타내면 다음 표와 같다.

〈표 1-15〉 1929~1937년간 금융조합의 자금조달 상황 추이

연 도	1929	1932	1934	1937
기 본 금	3,777,000	4,027,000	4,132,000	4,235,000
적 립 금	12,295,099	14,324,640	17,779,190	23,200,167
차 입 금	46,838,299	56,491,176	60,126,179	114,640,891
예 금	76,892,270	103,753,051	139,417,865	179,515,238
출 자 금	8,571,605	9,363,623	10,579,844	13,644,880
합 계	148,374,273	187,959,490	232,035,078	335,236,176

출전 : 『金融組合要覽』(1931년도), 朝鮮金融組合協會, 1932 ; 朝鮮金融組合聯合會調查課, 『第一回金融組合年鑑』(1934년도), 朝鮮金融組合聯合會, 1934 ; 朝鮮金融組合聯合會調查課, 『第三回金融組合年鑑』(1936년도), 朝鮮金融組合聯合會, 1936 ; 朝鮮金融組合聯合會調查課, 『第六回金融組合年鑑』(1939년도), 朝鮮金融組合聯合會, 1939.
주) 적립금, 차입금, 예금은 연도(적금 포함) 말 현재액, 출자금은 불입 완료액 기준.

---

125) 『東亞日報』 1936.2.27석(8)「一般起債市場에서 金組債券을 發行, 金組聯合會의 資金計劃」.
126) 『東亞日報』 1936.4.25석(4)「金融組合聯合會 東京事務所 開設」.
127) 농협중앙회, 앞의 책, 71쪽.

먼저 기본금부터 보자. 이전 시기에 이어 계속 신설 촌락금조에 대한 보조비로 1조합 당 5천 원씩이 분배되었다. 이어 1937년에 이르면 1조합 당 3천 원으로 감축되었고, 그것도 1939년부터는 신설 조합이 없어 중단되었다.[128) 조달 재원 가운데 차지하는 비중은 극히 미미하다.

다음은 출자금인데, 조합 가입 구수에 제한이 적어 대개 1인이 50구까지 가질 수 있었고, 이윤은 가입 구수에 비하여 배당되어 결국 주식회사에서 대자본가가 이윤을 독점하는 것과 같은 양상이었는데,[129) 금융조합의 이익배당은 '출자액에 따라 하다보니 도시금조의 다액 출자자가 농촌조합의 세민을 착취하는 형태'가 되었다.[130) 역시 전체 대출 재원 가운데 차지하는 비중은 극히 적었다.

전체 조달액 가운데 가장 비중이 큰 예금을 살펴보면, 1929년도 말에 그 비중이 51.8%였던 것에서 각각 55.2%, 60.1%, 71.3% 등 매번 급격히 상승하였는데, 이는 앞에서 살펴본 바 있는 조금련의 자금 조달에서의 예수금 증가 경향과 일치하는 것이다.

예금의 급속한 증가는 정책적으로 실시된 저축 장려 운동에 힘입은 바 컸다. 농촌진흥운동기의 저축 장려 활동의 한 단면을 보면, 1937년 5월 총독은 금융조합 창립 30주년 기념 告辭를 통해 종래의 저축 장려 방법이 '다만 금액의 누적에만 열중하고 민중의 胸奧에 저축심을 芽生케 하는 생각이 불충분'[131)하였다고 지적하면서

---

128) 「金融組合及朝鮮金融組合聯合會槪況並金融組合增設計劃(附)政府補助金」『昭和十六年第七十九回帝國議會說明資料』(財務-A), 469~470쪽.
129) 『朝鮮日報』1935.5.20석(1) 사설 「金融組合과 庶民－眞實한 庶民機關이 되게 하라」.
130) 『東亞日報』1932.5.31(1) 사설 「金融組合의 有限性－眞實한 細民機關이 되라－」.
131) 『朝鮮日報』1937.5.30석(1) 「細民金融機關으로 一層努力이 必要, 金組三十週年記念式에 際하야, 南總督의 告辭內容」.

저축심 앙양을 위해 노력할 것을 조합 관계자들에게 채근하였다. 농촌진흥운동기 금융조합에서는 저축 장려의 방법으로 낭비 절약과 저축심 고취를 위해 가계부까지 조사하고 절약된 비용의 일부를 저축시키기도 했다.[132]

　이 시기 저축장려 활동의 사례를 전남 고흥군 과역금융조합의 사례를 통해 확인해 보면, 이사(손의준)는 조합원 10명 이상 거주 마을마다 節米契를 조직케 하고 주부들로 하여금 '좀쌀'(좀도리) 저축을 독려했다.[133]

　1932년도 예금의 조합원과 비조합원의 비중을 살펴보면, 조합원 예금은 19.1%에 지나지 않고, 비조합원의 예금 비중이 약 81%인데, 그 가운데서도 개인 비조합원의 비중(47.3%)이 단체 비조합원의 그것(33.6%)보다 컸다.[134] 이처럼 조합원 외 예금 비중이 절대적이었기 때문에 자산계급의 자금으로써 자력이 약한 조합원에게 대부하여 이윤을 취하는 형태가 되었다. 이것은 또 '부자는 빈자를, 도회는 농촌을 吸取'[135]하고, '부유한 도시상인이 농촌빈민을 착취하는 결과'였다.[136]

　다음은 차입금에 대해 살펴보자. 이것은 예금에 이어 두 번째로 큰 비중을 차지하였으나 점차 감소하여 1944년도 말에 이르면 급기야 5.8%로 위축되기에 이른다. 이 역시 조금련에서의 그것과 같은 경향을 보여주는 것이다.

---

132) 농협중앙회, 앞의 책, 82쪽.
133) 채만식, 「농촌현지보고－전라남도의 부락들」『半島の光』47호, 朝鮮金融組合聯合會, 1941.9, 25쪽.
134) 『第一回金融組合年鑑』(1934년도), 54~55쪽.
135) 『朝鮮日報』1935.5.20석(1) 사설「金融組合과 庶民－眞實한 庶民機關이 되게 하라」.
136) 『朝鮮日報』1937.5.30석(1) 사설「金融組合의 得失－創立三十週年에 際하야－」.

차입금 중 특별 차입금은 대장성 예금부의 저리자금을 조합이 수입하여 '국책적 대부에만 융통'하는 것이었다. 용도별로 자세히 살펴보면, 농사개량자금은 주로 비료구입자금으로 충당되었고, 특수산업자금은 자작용 토지구입, 농우구입, 점포 및 주택설비, 기타 용도에 사용되었는데, 벼 또는 현미를 담보로 대부하는 미가조절자금도 여기에 포함되었다. 또한 부채정리자금은 고리사채의 상환을 목적으로 하였고, 특수저리자금은 棉作 공동 作圃 구입, 공동경작지 구입 등을 위한 것이었다. 그밖에 수해복구자금은 1934년 남부지방 수해 구제에 대한 특별대부금이었다.[137]

그러면, 이 특별 차입금이 도입되는 과정을 자료가 남아 있는 미곡자금을 예로 살펴보자. 미곡창고 보관미 및 野積 籾[벼]에 대한 미곡자금은 1930년 이래 조선에서 산미의 濫賣 방지 및 이출 조절의 목적으로 실시되었다.[138] 1931년도에는 예금부 자금 2천만 원을 수입(그 중 5백만 원은 금융조합에서 오로지 소농에 대한 소액융통에 충당)하여 가장 성수기에는 약 9백만 원의 자금 부족을 낳아 식산은행에서는 자기자금으로써 보전하는 상황에 있었다. 그리하여 1932년 9월 8일 정무총감이 대장성 차관에게 '昭和 7년도 미곡자금 융통에 관한 건'(理第78號)을 보내 1932년도에는 총액 2864만 9천 원의 대장성 예금부 자금을 기간 1년, 융통 이율 연 4푼 5리 이내의 조건으로 요청했다. 구체적인 금액은 농업창고, 미곡회사 창고, 야적인 등 2364만 9천 원, 금융조합 소액대부에 나머지 5백만 원이다.[139]

---

137) 『第三回金融組合年鑑』(1936년도), 45쪽 ;『東亞日報』1934.5.30조(4)「金融組合의 業務, 預金及貸出種類」.

138) 1930년대에 이르러 일본 내 미곡과잉상태가 계속되고, 그에 따라 미가 폭락, 조선미의 이출 제한 등으로 '산미증식계획'이 차질을 빚게 되었다. 이러한 상태에서 조선의 식민지 지주제 역시 위기를 맞게 되었으므로 일본 내 여유자금의 일부가 대장성 예금부를 통해 조선 내 특수 금융기관에 조달되었다(배영목, 앞의 논문, 200쪽).

금융조합에서 1932년도 미곡자금으로 융통 신청한 금액은 250만 원이었다. 총독부 재무국 이재과 조합계에서 작성한 이 요청서는 차입기간을 1932년 11월부터 1년간으로 하였는데, 신청액을 이렇게 잡은 것은 전 2년간의 실적을 토대로 한 것이었다.140)

이후 1934년 1월 11일 척무 차관이 정무총감에게 '조선 籾 저장자금 융통의 건'(殖商 第1577號)을 통해 그 자금에 대한 대장성의 융통 결정 내용을 통지하였다. 그 내용을 보면, 융통금액은 3천만 원 이내로 하고, 융통형식은 조선식산은행, 조선은행 또는 동양척식주식회사에 대한 대부금에 의하며, 이들 금융기관은 이 자금을 벼 저장자에게 대부하도록 하였다. 그리고 상환기간은 1년 이내로 하였다. 또한 대부조건으로서 이 자금의 융통을 받은 자는 일본의 미가가 미곡통제법의 표준 최저가격 보다 1할 이상 등귀하지 않으면 융통을 받아 저장한 벼를 1934년 10월 말까지 매각한다는 조항이 붙어 있었다.141)

척무성의 통지를 받은 총독부에서는 1월 23일 정무총감이 대장차관에게 「籾 장기저장자금 융통에 관한 건」(理 第11號)을 통해 조선은행에 대한 할당액 550만 원, 식산은행 1250만 원, 동척 9백만 원 등 합계 2750만 원으로 하고, 식산은행에 대한 할당액 중에는 금융조합 매개대부 200만 원을 포함한다는 할당계획에 대한 승인을 요청하였다.142) 대장성 예금부로부터 도입되는 특별차입금은

139) 『昭和七年度産米増殖土地改良資金關係書』(국가기록원 문서철, 88-18), 795~802쪽.
140) 위의 문서철, 809쪽. 산출근거는 담보 籾의 수량을 45만 석(야적 보관 27만 석, 창고보관 18만 석 ; 창고 1평 당 30석 × 6천 평)으로, 융통자금은 1석에 7원으로 예상했다. 또한 1석 당 80% 융통을 적용하여 250만 원을 구했다(45만석 × 7원 × 0.8 = 2,520,000원).
141) 『昭和八年度農村及中小商工業關係元利支拂金關係』(국가기록원 문서철, 88-19), 1383~1385쪽.

위와 같은 절차를 통해 금융조합에 조달되었다.

다음으로는 농촌 및 중소상공업 관계 자금 융통에 관한 것으로 1933년 6월 29일 척무성 조선부장이 총독부 재무국장에게 「농촌 및 중소상공업관계 원리지불자금 융통에 관한 건」(殖商 第469號)을 보내 대장성 예금부 자금 대부 殘元金 중 본년도 원리 지불액 및 그 연체 예정액에 대한 요구액을 회보하라고 요구하였다. 그 대상이 되는 자금은 조선 보통지방자금, 조선금융조합에 관한 융통자금, 조선토지개량사업 고리채 借換자금, 조선수리조합 고리채차환자금, 조선수리조합 채무상환자금, 조선산미증식자금, 조선재해복구자금, 조선수리조합 구제자금, 조선고리채 상환자금 등이었다.[143]

총독부 재무국에서는 농림국, 식산은행, 동척 등의 회답을 취합하여 7월 22일 理乙 第419號 문서를 통해 재무국장이 척무성 조선부장에게 그 결과를 통보하였다. 그 내용을 보면, 예금부 인수채권 원리금액은 764만 원인데, 그 元利 지불자금으로서 융통이 필요한 금액은 전년도 실적에 비추어 상당히 多額이지만 그 반액 정도인 351만 원을 융통하고자 한다는 것이었다.[144]

이에 대해 9월 4일 척무 차관과 대장 차관이 정무총감에게 문서(殖商 第469號)를 보내 농촌 및 중소 상공업 관계 예금부 자금에 대해 1933년도 중에 기일이 도래할 원리금의 지불 및 연체금의 정리에 충당하기 위한 1933년도 농촌 및 중소상공업 관계 원리지불자금을 융통하는 것으로 하여 조선총독부 관계 할당액을 170만 원으로 결정하였다고 통첩하였다. 대부처는 수리조합, 산업조합, 어업조합, 금융조합 및 그 연합회, 학교조합, 학교비, 농회, 회사 및 개인 등이었다.[145]

---

142) 위의 문서철, 1386~1390쪽.
143) 위의 문서철, 1015~1019쪽.
144) 위의 문서철, 1056~1059쪽.

조금련 설립 이전에 도입된 특별차입금은 금융조합중앙금고위
원회의 승인을 거쳐 도별로 할당되었는데, 1931년 9월 9일에 개최
된 위 위원회에서 승인 통과된 농사개량저리자금할당변경 내용은
다음과 같다.

〈표 1-16〉 1931년도 농사개량저리자금 도별 할당액(단위: 천 원)

엽합회	경기	충북	충남	전북	전남	경북	경남	황해	평남	평북	강원	함남	함북	계
1930년도 할당액	400	160	620	400	750	600	650	197	30	150	130	120	23	4,230
1931년도 신청액	300	190	660	450	750	600	600	150	30	170	100	100	26	4,126
1931년도 할당액	300	190	660	450	750	600	600	150	30	170	200	100	30	4,230
증 감	-100	30	40	50	-	-	-50	-47	-	20	70	-20	7	

출전 :『金融組合』제36호(1931.10), 朝鮮金融組合協會, 128~129쪽.

위 표를 보면, 1930년도 할당액과 1931년도 할당액은 변함없는
금액이었다. 다만, 특기할 점은 1931년도 신청액은 전년에 비해 감
소했다는 것과, 그럼에도 불구하고 할당 시에는 신청액에 비해 증
액해서 할당하기도 했다는 것이다.

(2) 자금의 운용

운용 면에서는 전시체제기 돌입 이전까지는 특별 및 보통 대출
을 위주로 하던 것이 그 이후에는 유가증권 매입도 크게 늘어나고,
대신 대출 비중이 축소되면서 그 경향은 더욱 강해진다. <표 1-14>
를 통해 조금련에서의 이와 같은 경향을 확인할 수 있다. 이와 같
은 양상은 일선조합에서도 동일했다. 일선 조합의 대출 실태에 대
해서 살펴보기로 하자. 다음은 이 시기 각 금조의 대부금 세부항목
의 연도별 추이를 나타낸 표이다.

---

145) 위의 문서철, 1096~1102쪽.

〈표 1-17〉 1929～1937년간 대출금 세부 항목 추이

구	분	1929	1932	1934	1936	1937
특별	농사 개량 자금	903,775	1,040,362	2,695,402	3,900,770	1,861,950
	특수 산업 자금	2,532,339	5,761,825	7,855,208	10,970,512	12,620,952
	부채 정리 자금	-	2,734,992	10,059,727	17,883,378	19,073,751
	특수 저리 자금	-	-	161,418	477,678	463,168
	수해 복구 자금	-	-	625,033	2,200,584	4,702,562
	중소상공업자금	-	-	-	-	-
	계	3,436,104	9,537,179	21,396,788	35,432,922	38,722,383
보통	장 기	29,439,739				
	단 기	72,055,722	118,295,705	128,710,409	193,031,644	193,455,575
	계	101,495,461				

출전 : <표 1-15>와 같음.

위 표에서처럼 대부금은 보통대부금과 특별대부금으로 나눌 수
있는데, 특별대부금에 비해 보통대부금이 압도적으로 많았다. 특별
대부금은 대장성 예금부 저리자금을 재원으로 하여 농사개량, 고
리채 정리 등 특정한 용도에 융통되었던 자금으로서 1929년도에는
3.3%에 불과하였으나 1934년도에는 14.3%를 차지하였고, 1937년에
는 16.7%까지 증가했다. 대출금 가운데 월등한 비중을 차지했던 보
통대부금을 다음 표를 통해 연도별, 용도별로 자세히 살펴보자.

〈표 1-18〉 보통대부금 항목별 추이(1929～1940)

구	분	1929	1932	1934	1936	1937	1940
농업	토지 구입	15,519,369	31,560,054	34,285,619	56,778,768	57,062,832	83,478,255
	農舍 건설	242,728	1,003,786	1,103,517	1,286,006	1,306,838	1,210,920
	토지 개량	995,160	2,401,367	1,924,225	-	-	-
	우마 매입	-	7,434,224	8,978,532	11,655,593	10,190,789	18,005,975
	농구 매입	-	214,554	336,067	637,616	687,935	1,080,825
	비료 · 종자	-	1,102,645	1,268,348	2,573,649	2,966,365	3,866,404
	구채 상환	6,197,298	32,360,392	31,471,272	37,688,100	40,489,681	64,277,438
	임금 · 식량	-	1,553,148	1,944,739	4,025,463	3,732,316	6,960,430
	부업 자금	-	280,176	782,683	32,867	37,580	85,641
	기 타	455,948	1,378,606	1,608,547	8,065,743	7,637,889	13,276,269
	계	23,410,503	79,288,952	83,703,549	122,743,805	124,112,225	192,242,157

기타	상 공 업	4,884,074	26,310,360	28,163,852	40,500,944	39,238,847	77,375,654
	수 산 업	87,305	1,096,082	1,398.504	2,357,886	2,403,383	5,399,918
	잡 자 금	1,097,857	11,600,302	15,444,486	27,428,893	27,701,120	48,691,636

출전 : <표 1-15>와 같음 ; 朝鮮金融組合聯合會調查課, 『第九回金融組
合年鑑』(1942년도), 朝鮮金融組合聯合會, 1942.
　주) 1940년도 이후 비료·종자는 비료구입, 부업자금은 양잠.

　위 표를 통해서 알 수 있는 바와 같이 보통대부금 가운데 다수를
차지했던 것은 농업용 자금이었고, 농업자금 가운데 자작농 창정
을 위한 토지구입자금과 고리채 상환을 위한 구채상환자금이 다수
를 차지하였음을 알 수 있다. 이 두 가지 사업은 농촌진흥운동의
핵심이었다. 농촌진흥운동에 적극 참여했던 금융조합은 이 두 가
지 사업에 전력을 기울여 '농가갱생' 지원에 나섰던 것이다.
　이제 금융조합의 대출업무에 대해 사업별로 검토해보자. 가장
큰 비중을 차지했던 것은 자작농 창정을 위한 토지구입용 대출금
이었는데, 이는 총독부의 강력한 추진에 따른 것이었다. 총독부는
1920년대 격화되고 있던 소작쟁의에 대처하기 위해 1927년 '자작
농창정' 시안을 마련하였다가 막대한 예산 소요를 이유로 연기했
다. 이후 세계대공황 이후 심화되고 있던 조선 농촌의 위기 속에
1932년에 '자작농지 설정계획'을 추진하였다.[146]
　이 사업은 제1기(1932~1941년)계획, 제2기(1942~1951)계획에 걸
쳐 추진되었는데, 1932년부터 1942년까지 약 10여 년간의 실적은
대략 3억 8천만~4억 원이었고, 그 가운데 금융조합을 통해 추진
된 실적은 약 90%에 이를 정도로 압도적이었다.[147]

---

146) 정연태, 『일제의 한국 농지정책(1905~1945년)』, 서울대 국사학과 박
　　　사논문, 1994, 173~175쪽.
147) 정태헌, 「1930년대 식민지 농업정책의 성격 전환에 관한 연구」 『일제
　　　말 조선사회와 민족해방운동』, 일송정, 1991, 74~75쪽.

이를 연도별로 살펴보면, 1934년도 말 특별대부금은 1만 4천 924
명을 대상으로 하여, 423만 7천여 원이었고, 보통대부금은 3428만
여 원으로 합계 3851만여 원이었다.[148] 2년 후인 1936년도 말 실적
은 특별자금에 의한 대부는 1만 9928명에, 623만 7천여 원, 보통자
금에 의한 대부는 57만 8570명에 4천 6백만여 원이었다.[149] 다시 1
년 후에는 특별자금 대부와 보통자금 대부가 각각 2만 447명, 602
만 945원과 25만 3136명, 4776만 920원이 되었다.[150]

이러한 자작용 토지자금은 금융조합 창설 이래 지속돼 온 것이
기도 했는데, 대체로 1939년도 말까지 33년간의 실적은 88만 1333
명에 대해 2억 95만 9289원의 대출 실적을 올렸으며, 그 자금으로
구입한 토지는 논 3억 2767만 9716평, 밭 4억 246만 421평, 垈[집
터] 1424만 395평이었다. 그리고 특별자금에 의한 것이 1253만여
원이고, 보통자금에 의한 것이 1억 3879만여 원이었으며, 토지 구
입으로 발생한 구채 상환에 소요된 것이 4964만여 원이었다.[151] 이
후 1941년 3월 말 실적은 각각 4만 1921명, 1534만 8231원과 69만
8842명, 1억 7932만 6275원이었다.[152] 그러나 이 사업이 급속히 발
전하게 되었던 이면에는 농가의 희망에서가 아니라 갱생계획에 따
라 지주를 찾아 토지의 알선까지 해가면서 이를 구입케 하였던 사
실[153]이 자리하고 있었다.

금융조합 주도로 자작농 창정 사업이 추진된 두 가지 사례를 살
펴보자. 먼저 자작촌을 창설한 경우인데, 황해도 옹진금융조합에서

148)『第三回金融組合年鑑』(1936년도), 48쪽.
149)『第五回金融組合年鑑』(1938년도), 40~41쪽.
150)『第六回金融組合年鑑』(1939년도), 53~54쪽.
151)『東亞日報』1940.5.29석(8)「自作用土地資金融通 金組創設以來二億圓
    田畓七億坪 垈千萬坪」.
152)『第九回金融組合年鑑』(1942년도), 51~52쪽.
153)『한국농업금융사』, 82쪽.

12만 원으로 대지주 岩崎의 소유인 正愛농장을 구입했다.154) 전남 송정금융조합에서는 자작농창정유지계가 일단 토지를 구입하여 그것을 개인에게 나누어주는 형식을 취했다.155)

그럼 여기서 정연태의 연구 성과를 바탕으로 1933~1938년 사이의 제1차 갱생 지도농가의 계층 이동을 살펴보자. 1933년 현재 자작농 6629호, 자소작농 1만 7535호, 소작농 2만 7217호, 기타 324호 등 5만 1705호이었는데, 이 가운데 소작농 이하에서 자작농, 자소작농으로 상승한 농가는 6433호이었고, 반대로 자작농 이상에서 자소작농이나 소작농으로 계층 하강한 농가는 495호이었으며, 이농, 농업노동자가 된 경우는 1만 1123호였다. 계층 상승률은 14.4% (6629/4만 4752)이고, 계층하강 및 이농률은 40.9%(1만 1123/2만 7217) 였던 것이다. 또한 자작농의 증가(자력 1341, 타력 1383) 가운데 금융조합 자작농지 설정에 의한 증가 136호였고, 자소작농의 증가(자력 1625, 타력 2084) 가운데 금융조합 자작농지 설정에 의한 증가 586호였다. 또한 일부분이긴 했지만 토지가격 등귀에 따라 그 차익을 노리고 도로 토지를 팔아버리는 사람도 있었다.156)

정연태는, 이러한 일부 농가의 계층 상승은 결국 이웃 영세 빈농의 대량 탈농의 대가였고, 그나마 자작농지 설정사업도 '갱생 실적이 현저한' 농가를 중심대상으로 전개되어 이 수치는 조선 실정에 비해 과도하게 나타난 셈이라고 평가했다.157) 이에 반해, 이 사업

---

154) 安懷南, 「농촌현지보고-황해도의 농촌과 지도자들」 『半島の光』 45 호, 1941.7, 22~23쪽. 총면적은 541.8정보로 논 16만 평, 밭 129만 평, 대지 7639평, 임야 16만 6천 4백 평의 대규모 농장이었다. 금융조합, 도청, 군청, 경찰서, 산업조합 등의 기관이 여러 시설을 설치하였고, 양, 돼지 등의 목축과 양계, 임업시험소 등도 구비되었다.
155) 채만식, 「농촌현지보고-전라남도의 부락들」 『半島の光』 47호, 1941.9, 26쪽.
156) 위의 자료, 26쪽.

으로 농민들의 토지 집착이 커지고 토지생산성도 어느 정도 성과를 보였다고 하면서, 이 성과가 일제의 전시수탈 '효율성'을 높여주는 배경으로 작용했다는 평가도 있다.[158)]

이처럼 엇갈리는 평가가 나오게 된 것은 이 사업의 두 가지 면(양지와 음지) 가운데 어느 쪽 면에 주목하느냐에 따른 것인데, 정연태의 연구 성과에서 알 수 있는 바와 같이 자작농으로 '창정'된 비율에 비해서 소작농으로 전락하거나 농촌을 떠난 비율이 더 컸기 때문으로 양지에 비해 음지가 더 컸다고 말할 수 있다.

다음으로 보통대출금 가운데 두 번째의 비중을 갖고 있었던 고리부채 정리자금의 운용에 대해 살펴보자. 이를 위해 1932년 11월 11일 「금융조합원의 부채정리에 관한 건」이 총독부령으로 제정되었다. 그 내용을 보면, 1조합원 당 1천 원을 한도로 하여 15년 이내의 연부상환 또는 10년 이내의 월부상환 방법에 의한, 부동산을 담보로 하는 대부와 1조합원 당 2백 원을 한도로 하여 5년 이내의 연부상환 또는 월부상환의 방법에 의한 대부 등 두 가지 경우를 대상으로 했다.[159)]

고리채 정리 사업의 특징은 다음과 같다. 첫째 그 금액이 소규모였다는 것이다. 이 사업이 추진된 지 3개월여가 지난 1933년 2월 말 현재 금융조합원에 대한 부채정리자금 대출 실적은 7258명에 대해 약 1백만 원에 불과했다.[160)]

---

158) 정연태의 『일제의 한국 농지정책(1905~1945년)』(서울대 국사학과 박사논문, 1994, 190~191쪽) 및 「1930년대 일제의 식민농정에 대한 재검토」(『역사비평』 28, 1995.봄, 125~126쪽).
159) 정태헌, 앞의 논문, 79쪽.
159) 「金融組合員ノ負債整理ニ關スル件左ノ通定ス」朝鮮總督府令 第111號 『朝鮮總督府官報』 제1754號, 昭和 7年(1932) 11月 11日 ; 『東亞日報』 1932.11.11(8) 「금조원의 조합외부채, 정리부령공포」.
160) 『東亞日報』 1933.3.9석(4) 「金組負債整理貸出 百餘萬圓」.

둘째, 조합자금 외에 자기 자금을 조달하기도 했다는 점이다.
1935년 3월 말 현재 고리부채정리 상황을 보면, 정리된 부채액은
23만 7062구, 천 618만 7352원인데 그 가운데 조합 자금으로 변제
한 경우는 천 226만 9천여 원이고, 조합원의 자기 자금으로 변제한
것은 106만 3천여 원이었으며, 채무를 조정 감액한 것이 285만여
원이었다.161) 이어 1936년도 말의 실적은 39만 8608구에 3399만
8533원으로 그 가운데 조합 자금으로 변제한 것은 2578만 2천여
원이었으며,162) 1937년도 말에는 4113만여 원이었는데, 조합자금으
로 변제한 것은 3088만여 원이었다.163)

셋째, 조합 이사 등 유지들의 '알선' 압력이 동원됐다는 점이다.
1938년 8월경 정리된 고리부채는 4천 1백여만 원이었는데, 이중
686만여 원은 조합 이사 기타 토지유력자의 알선조정에 의해 감액
된 것이었다.164) 그 내용은 채권자대회를 열어 집단적으로 조정을
실시하기도 하고, 채권조정위원회 또는 농촌지도위원회 명의를 이
용하기도 했으며, 군수 혹은 내무부장이 참가하기도 했는데, 채권
자의 동정을 유발하는 방법을 사용했다.165)

넷째, 일부 조합에서는 이 활동에 적극성을 띠지 않아 당국으로
부터 지적을 받기도 했다. 1940년 1월 말 현재 강원도내 각 금융조
합에서 고리채정리자금 할당액이 149만 5천여 원이었으나, 대출실
적을 보면, 담보대출 77만 5천여 원, 무담보대출 47만 4천여 원이
고 잔액이 24만 7천여 원이었다. 이에 강원도 당국에서는 '일부 조

161) 『第三回金融組合年鑑』(1936년도), 47~48쪽 ;『東亞日報』1935.5.30석
(8) 「整理高利債 一千六百萬圓, 林財務局長談」.
162) 『第五回金融組合年鑑』(1938년도), 39~40쪽.
163) 『第六回金融組合年鑑』(1939년도), 52~53쪽.
164) 『東亞日報』1938.8.25석(8) 「金融組合高利債整理 四十萬口에 四千餘
萬圓」.
165) 이경란, 앞의 책, 208~209쪽.

합에서는 자금을 두고서도 대출을 너무 소극적으로 하는 경향'이 있다며, '많은 자금을 그대로 묵혀두는 것은 조합의 취지로 보아서도 온당치 않은 일'이라 하여 각 금융조합에 독려 통첩을 발하였다.166)

이상을 통해서 볼 때 고리채 정리사업은 초기 자금의 규모가 소액이라 수요에 충분히 응할 수 없었고, 또한 담보를 제공할만한 능력이 있는 계층에게나 유용한 제도였던 것이다.

토지구입자금과 함께 특수산업자금을 이루는 미곡자금에 대해 살펴보자. 이 자금이 운용된 목적은 쌀값의 하락을 저지하기 위해서였으며, 그 효과를 높이기 위해서는 추수기에 이 자금의 방출이 이루어져야 했다. 경작기간 동안 경제적 곤란을 겪어오던 농민들이 추수 후에 생산물을 방매하면, 중간 상인들이 헐값에 방매된 쌀을 매점하여 조선미를 일본으로 이출 시 고가에 되팔아 이익을 남기는 행태를 되풀이해 왔던 것인데, 총독부로서도 농민층의 경제적 곤란을 어느 정도 해소하고, 필요 시 그 쌀을 다량 확보할 필요가 있었기 때문이었다.

이 자금의 대출은 1930년 11월부터 시작되었다. 강원도 울진과 평해금융조합에서는 쌀과 正租[나락]를 조합 창고에 보관하고 100원에 대해 日步 1전 8리의 이식으로 대부하며 조합 원격지에서는 洞內의 신용자에게 보관하고 보관증을 조합에 제출하면 일보 2전 2리의 이식으로 대부하기로 하였다. 쌀값은 시장매매가격의 80%로 하고 다음 해 5월 말까지 대출금을 회수하기로 하였다. 그리고 두 조합이 할당받은 자금은 각각 8천 원과 4천 원이었다.167)

---

166)『東亞日報』1940.2.23조(4)「高利負債整理資金 積極貸付를 督勵 江原各金組에 發牒」.

167)『東亞日報』1930.11.11(7)「蔚珍金組에도 低利金 融通」.

같은 시기 경기도 죽산금융조합에서는 1만 5천 원을 할당받아 11월 20일경부터 저리자금 대출을 개시할 계획을 세웠는데, 그 내용을 보면 대상은 조합원만으로 하고, 담보품인 벼는 군 기수가 검사해서 건조합격품에 한해 금융조합 구내에 보관하고 일보 1전 8리로 대부하기로 하였으며, 총대와 대의원 집에 보관하는 것은 일보 2전 4리로 하기로 하였다.168)

이처럼 조합 당 1만 원 전후의 자금으로는 수요를 감당할 수 없었다. 경남 합천군의 초계금융조합에서는 1만 원을 배당받아 조합원에게 저리자금 대부를 실시하여 신청을 받았는데, 신청 내용을 보면 4천 4백여 석에 3만여 원에 달하여 조합 이사가 배분 문제를 두고 고심하였다.169) 또한 강원도 통천군 흡곡금융조합에서도 4천 원을 배당받아 저리자금 대부에 나섰으나 그 효과가 미미하다고 하여 대출금 11만 8천여 원의 채권을 1년간 연기하였다.170)

미곡자금 운용에 대한 금융조합의 초기 실적을 보면, 다음과 같다.

<표 1-19> 미곡자금 운용 초기 실적

연 월	1930.11	1930.12	1931.1	1931.2	1932.1	1932.2	1932.3	1932.4	1932.5
대출액	250,685	2,193,140	2,783,184	2,835,233	1,226,290	1,374,796	1,246,171	1,126,094	835,549
인(석)	56,585	560,278	638,934	647,232	219,100	235,852	245,545	205,127	156,297
현미(석)	114	2,931	2,145	3,468	7,753	5,694	6,608	5,069	4,369

출전 : 『昭和七年度産米增殖土地改良資金關係書』(국가기록원 문서철, 88-18), 809쪽.

---

168) 『東亞日報』 1930.11.11(7) 「竹山金融組合에서 低利資金 融通, 벼를 擔保로 잡고 融通할 터, 今月 二十日부터 開始」.
169) 『東亞日報』 1930.12.18(6) 「草溪金組 低利 苦難, 申請이 지나쳐서」.
170) 『東亞日報』 1931.1.1(3) 「十萬圓 貸金을 一年間 延期, 九백여 명 조합원 구제로 歙谷金融組合의 勇斷」.

위 표에서 알 수 있는 바와 같이 1931년도에는 전년도에 비해 실적이 줄었는데, 이는 예금부 자금의 도입 시기가 지연되었기 때문이었다. 이후 이 자금의 운용 실적을 보면, 1936년도에는 1만 3천여 구, 5백만 원이었고,[171] 1937년도 말에도 1만여 구, 약 5백만 원이었다.[172] 미곡 저리자금은 위에서 본 것처럼 예금부 자금 도입 시기가 지연되고, 각 조합에서 융통하는 과정에서도 복잡한 수속에 따라 실기를 하여 그 효과가 좋지 못했다.[173]

다음으로는 농사개량 관련 자금에 대해 살펴보자. 농사개량사업은 금융조합에서 전통적으로 농업 기수 등을 통해 우량종자의 배부, 비료의 공동구입, 개량 稻作, 正條植, 甘藷 재배, 퇴비조성, 液肥溜의 설치 등의 방법으로 장려했던 것이다. 먼저 농사개량자금 가운데 대표적인 비료저리자금부터 살펴보겠다.

1934년 1월부터 3월까지 농사개량저리자금의 실적을 보면, 대출액 205만 원 가운데 비료구입자금이 172만 원이었다. 이를 다시 대출자별로 보면, 금융조합 132만 원, 동척 22만 원, 식산은행 18만 6천 원이었다.[174] 농사개량저리자금 가운데 대부분이 비료구입자금으로 소요되었고, 비료구입자금 가운데 약 4분의 3이 금융조합을 통해 대출되었음을 알 수 있다.

---

171) 『第五回金融組合年鑑』(1938년도), 42쪽.
172) 『第六回金融組合年鑑』(1939년도), 55쪽.
173) 배성룡은, 월별 수출의 조절책이라서 추수 후 이미 상당한 시일을 경과한 후에 융통이 이루어지는 것, 대부 수속이 복잡하여 원래 융통기간인 3월까지 소기의 융통이 이루어지지 못한다는 점, 이미 파격적으로 저락한 미가에는 하등의 영향도 미치지 못한다는 점 등을 들어 비판하고 있다(裵成龍, 『朝鮮 經濟의 現在와 將來』, 漢城圖書株式會社, 1933, 14~15쪽).
174) 『東亞日報』 1934.7.11석(4) 「農事改良低資 二百五萬圓, 一月以後의 累計」.

일선 조합에서 비료구입자금을 운용한 사례는 경기도 평택금융
조합에서 찾을 수 있다. 이 조합에서는 1931년 농사개량저리자금 7
천 원에 대해 대출방침을 정했는데, 대상은 관내 조합원 중 신용정
도 2백 원 미만이고, 이미 채금이 신용정도에 달해 다시 조합에서
차용하기 불능하여 영농상 필요한 비료를 구입하지 못한 사람으로
하였다. 신용정도의 30%를 대부하기로 하고, 3월 20일부터 비료를
구입하여 현물로 배급하기로 하였다.175)

(3) 금융조합의 농촌진흥운동

이 활동은 '농촌진흥운동이야말로 금융조합 사업과는 표리일체
가 되는 중요한 사업'176)이었다는 평가가 나올 정도로 금융조합과
밀접한 관련이 있었다. 먼저 금융조합에서는 '농촌갱생운동과 보
조를 합하여 다시 급속히 하기 위하여'라는 명목으로 조합지도방
침을 결정했다. 그 내용은 금융조합 취지의 보급에 노력, 조합원의
증용에 노력, 조합원의 훈련에 노력, 경영의 합리화에 노력, 업무의
원만한 발전에 노력 등이었다.177)

먼저 금융조합 취지의 보급과 관련한 활동에 대해서 살펴보자.
황해도 평산군의 남천금융조합에서는 1932년 8월 28일부터 1주일
간 관내 모범부락을 중심으로 농촌진흥을 위해 조합원 좌담회 및
강연회를 개최하였다.178) 또한 황해도 평산군의 누천금융조합에서

---

175) 『東亞日報』 1931.3.7(7) 「平澤金組에서 肥料低資融通, 信用程度를 조
금 넘겨서 來 卄日頃부터 實施」.
176) 농협중앙회, 앞의 책, 80~81쪽.
177) 『東亞日報』 1933.12.10석(4) 「農村振興에 金組가 活動, 組合指導方針
決定」.
178) 『東亞日報』 1932.9.1(2) 「南川金組에서 組合員 座談會, 農村振興 目
的으로」.

도 1933년 8월 1일부터 1개월간 농촌진흥을 목적으로 조합원 간담
회를 개최하여, 세곡면 등 3개 면을 대상으로 조합장(이진근)과 이
사(손홍록)가 강사가 되어 강연했다.[179]

조합원 증용에 대한 활동은 상호연대보증조의 조직을 들 수 있
다. 1933년 이래 차용자가 상호 차입금 사용처를 감시하고, 신용의
확보를 위해 상호연대보증조 제도를 채택하여 1934년도 말 현재
14만 2800조에 67만 7983명이 조원이 되어 전체 금융조합원 가운
데 57%가 조직되었다.[180] 이후 1936년도 말 21만 8876조로 증대되
어 전체 조합원의 68%까지 조직되었다가[181] 1941년 3월말 현재 27
만 8203조에 139만 2574명이 조원이 되어 64%의 조직률을 보이게
되었다.[182]

상호연대보증조는 '조합원 증용—降下적 대중화를 가능케 하기
위해 특히 하층 농민에게 與信을 도모하기 위한 지도조직'으로 선
전되었지만, 다음의 사례는 그 선전의 허구를 극명히 보여준다.
1933년 12월 평북 의주군의 한성권이란 청년이 용만금융조합에서
대출을 하고자 하였으나 규정상 5인조를 만들지 않으면 대출이 불
가하다는 답변을 듣고 5인조를 만들기 위해 노력하였으나 뜻을 이
루지 못하고 사망하였다.[183]

조합원 훈련은 신문, 잡지, 영화 상영, 시국강연회 등을 통해 실
시되었다. 다음은 업무 발전을 위한 활동 사례들이다. 경기도 파주
군 문산의 금촌금융조합에서는 조합원의 고리채정리를 위해 저리

---

179) 『東亞日報』 1933.8.3조(5) 「漏川金組活動, 農村振興目的」.
180) 『第三回金融組合年鑑』(1936년도), 54~55쪽.
181) 『第五回金融組合年鑑』(1938년도), 51쪽.
182) 『第九回金融組合年鑑』(1942년도), 51~52쪽.
183) 『朝鮮中央日報』 1933.12.13(5) 「빗을 엇지못해서 靑年이 吐血卽死, 金
融組合의 빗을 어드려다가 義州郡下의 慘死」.

자금을 대부하고, 자작농 계획안을 세웠으며, 이사가 관내 구역을 순회하며 '농민도'를 강연하고, 환등기를 이용하여 정신교육을 실시하였다.184) 또한 평남 강동군 승호리금융조합에서는 만달면 괴음리를 지도촌락으로 정하고 이사가 출장하여 주민의 고리채를 조사하였는데, 60여 호의 고리부채가 3천여 원에 달하였다. 이에 3월부터 5월 말까지 저리자금 3천 원을 대부하여 고리대를 정리하고 농사개량과 부업장려 등을 전개하였다.185)

그밖에 모범부락에 대한 지도 활동을 들 수 있다. 1934년 8월 말 현재 경기도 3275개 등 전국적으로 4342개의 지도부락이 조직되었는데,186) 경기도의 비중이 타 도에 비해 월등함을 알 수 있다. 금융조합이 담당하는 사업은 고리부채의 정리, 생활개선, 공동경작, 자작농 창설, 양우, 양돈, 가마니 짜기 등 부업장려, 퇴비조성, 저축장려, 강습회, 색복 장려, 구판사업 알선 등이었다. 금융조합이 지도하는 부락은 크게 ① 금융조합 자체의 지도부락 또는 모범부락으로서 경영하는 것, ② 총독부 지도의 갱생부락을 금융조합이 스스로 단일지도를 가하는 것, ③ 갱생부락에 대한 각 기관의 종합지도에 대해 금융조합이 참가하여 협력하는 3종이 있었다.187)

1930년대 '농촌진흥운동'기에 금융조합으로서는 '물 만난 고기'였다. 특히 조금련 창설 이후 전시체제기 이전의 기간은 금융조합 관계자에 의해 '금융조합사상 극성기'로 평가받을 정도였다. 그 결과 금융조합의 금융활동도 '농촌진흥운동'의 일환으로 이루어졌다.

---

184) 『東亞日報』 1932.12.2조(2) 「組合員 위해, 金村金組 活動」.
185) 『東亞日報』 1933.7.7조(3) 「高利債整理코 模範村을 建設, 각종부업으로 六十여호 소생, 勝湖里金組理事指導」.
186) 『第三回金融組合年鑑』(1936년도), 55쪽.
187) 『第五回金融組合年鑑』(1938년도), 52~53쪽. 1937년 6월 말 현재 각각 부락 수와 조합원 수는, ① 1430개, 3만 559명, ② 638개, 1만 7942명, ③ 1만 1868개, 26만 1504명이었다.

그 대표적인 것이 자작농창정과 고리채정리를 위한 자금 대출이다. 이 시기 자금의 조달은 주로 예금과 특별차입금, 산업채권 발행으로 이루어졌다.

자작농창정자금을 통한 일부 농가의 계층 상승은 결국 이웃 영세 빈농의 대량 탈농의 대가였고, 그나마 자작농지 설정사업도 '갱생 실적이 현저한' 농가를 중심대상으로 전개되어 매우 제한적이었다. 고리채 정리사업은 초기 자금의 규모가 소액이라 수요에 충분히 응할 수 없었고, 담보를 제공할만한 능력이 있는 계층에게나 유용했으며, 그 방법은 채무자에게 도움이 되는 채무액의 조정 감액 등을 위해 조합 이사 등 유지들의 '알선' 압력이 사용되었다.

3. 전시통제기 전쟁수행 원조 활동

1) 금융조합 조직개편 논의와 일선조합의 통폐합

1937년 7월 7일 중일전쟁이 발발되었다. 1931년 9월 18일 중국 동북지방(滿洲)을 침략하여 괴뢰 만주국을 세우고 중국 본토 침략의 기회를 엿보던 일제가 결국 실행에 옮긴 것이었다. 이후 일제는 전쟁 수행을 위한 물자와 인력동원을 위한 전시총동원체제를 구축하고,[188] 1938년 5월 '국가총동원법'을 조선에 적용하였다. 또한 전쟁발발 1주년이 되는 7월에는 조선총독부 학무국이 중심이 되어

---

188) 전시총동원체제에 대해서는 최유리의 『일제 말기 식민지 지배정책연구』(국학자료원, 1997) 참조.

'국민정신총동원연맹'을 조직하였다. 이어 1940년 10월에는 연맹의
명칭이 '국민총력조선연맹'으로 변경되었고, 총재도 조선총독이
직접 맡았다.

그 과정 속에 1937년 9월과 10월에 수출입품등임시조치법과 임
시자금조정법이 각각 조선에도 적용되면서 조선 내 전시경제통제
가 본격화되어 조선경제는 무역, 자금, 물자수급, 소비에 이르기까
지 광범한 통제를 받게 되었다.[189]

이러한 전시 경제통제에 따라 금융조합, 산업조합, 농회 등 이른
바 농촌 3단체의 통합이 추진되었다. 그 시발은 총독부 내에서 금
융조합 중앙기관 설립을 추진하던 1933년 초부터 비롯되었다. 細
農은 금융조합에 가입할 수 없어 조합 본래의 사명에 沒却한다는
비난에 대해 총독부 내에서 농촌금융조합 개혁설이 대두되었고,
두 가지 방안이 마련되었다. 산업조합에 금융기관 역할을 부여하
는 것과 금융조합에 공동판매와 공동구입 등 협동조합의 기능을
재부여하는 방안이 그것이었다.[190]

이를 둘러싸고 여러 논의가 거듭되다가 1939년에 이르러 다시
농촌 3단체 조정 움직임이 생겨난 것이었다. 전시총동원체제기에

---

189) 방기중, 「1930년대 조선 농공병진정책과 경제통제」 『일제 파시즘 지
배정책과 민중생활』, 혜안, 2004, 103~104쪽.
190) 『東亞日報』 1933.2.21석(2) 「農村金融組合 改革說 擡頭, 본래 사명을
다 못한다고, 産業組合 設置說」. 산업조합의 개조설은 4가지 방안의
주장이 있었는데, ① 산업조합에 금융업무를 취급케 함, ② 금융조합
에 산업조합을 합병, ③ 금조 내에 산조를 병치, ④ 산업조합 또는 산
업 유사의 협동단체를 금조 구역 내에 조직케 하고 이것을 단위로 금
조에 가입 등이다. 그 가운데 마지막 방안이 가능성 있는 안으로 평가
되었다[『東亞日報』 1933.2.25석(4) 「産組 金組를 合倂, 農村 自力更生
의 一策으로 産組 改造 大組合主義論 總督府 內 擡頭」]. 그러나 산업
조합은 당시 51개소에 불과하여 각처에 증설하고, 금융기관의 역할을
부여하자면 상당한 자금이 필요하다는 문제가 있었다.

접어들면서 농산물의 통제, 농촌 필수품의 배급 통제의 강화에 따라 기구 일원화를 도모한다는 것이 명분이었다.[191] 이후 1940년 1월 이들 3단체를 대상으로 한 기구개편에 대한 총독부의 안[192]이 총독부 농림국 주도로 마련되어 조선사업연합회의 설치가 추진되었다.[193] 이러한 새로운 계획은 농회의 회비 증징, 신기구 증설로 인한 수수료의 증대 등 농민층에게 새로운 부담이 되지 않을까 하는 우려가 제기되어 끝내 실현되지는 않았다.

한편 이 시기에 이르면 그동안 증설 일변도의 추세에 반하는 현상이 나타났는데, 그것은 금융조합 감축이었고, 그 배경은 일부 금융조합의 수지 악화였다. 1940년 조금련에서는 적자를 보고 있는

---

191) 『東亞日報』 1939.8.3석(8) 「農村三團體 不遠調整具體化 農會는 指導에만 置重」.

192) 『東亞日報』 1940.1.18석(8) 「農村三團體機構 改善要綱 正式決定 農會,産組,金組의 分野調整코, 各自 機能의 活用策 解決」. 총독부의 안 가운데 주요내용은 다음과 같다.

　　제1. 농촌에서의 판매 구매사업단체는 단위조합, 도연합회 및 중앙연합회의 3단제의 조직으로 하고 이의 계통조직을 속히 完整할 것.
　　제2. 도연합회 및 중앙연합회의 사업집행은 관계관 및 조선금융조합연합회 역원으로 하여금 參合시킬 방도를 강구하고 관계방면과의 연락을 긴밀히 할 것.
　　제3. 조선금융조합연합회 사업부는 폐지할 것.
　　제4. 농회는 농가의 지도기관으로 이에 전념시키고 판매구매사업은 특수한 것을 제한 외는 이를 행치 않을 것.
　　제5. 농회의 경영하는 농업창고 및 租창고는 이를 신기구에 의한 단체에 이양할 것.
　　제6. 신기관에 의한 판매구매사업은 이의 기초가 확립하기까지 경영비에 대하여 보조금을 교부하고 사업의 견실한 발달을 기함과 공히 농회에 대하여는 상당한 정도까지 회비의 증징을 認하고 농회사업의 수행이 지장 없도록 할 것.

193) 『東亞日報』 1940.6.11석(8) 「農村三團體調整次 朝鮮事業聯合會 設置, 今秋까지 實現코자 準備」.

금융조합에 대해 타개 대책을 강구시킴과 동시에 자금을 지원하던 종래의 방침 대신에 구역 내 경제력의 빈곤으로 자립할 수 없는 조합에 대해서는 행정관청과 협의 후 해체시킬 방침을 정했던 것이다. 이처럼 일부 조합에서 수지 악화가 나타난 원인은 후술하는 바와 같이 대출의 억제와 전비조달을 위한 채권 투자 강요 등 금융조합 활동에 대한 총독부의 통제에서 비롯된 것이었다. 일선 조합의 통폐합에 대해서는 3장에서 상술한다.

2) 강제저축과 대출억제

강제저축을 통한 자금조달, 대출 억제와 채권 투자를 통한 운용, 식량 확보를 위한 곡물 공동판매, 그리고 '시국인식 보급' 등이 전시통제기에 금융조합이 전쟁수행을 원조하기 위해 벌였던 사업들이었다.

이제 이 시기 금융조합의 활동에 대해 살펴보겠다. 먼저 금융활동을 보자. 앞의 <표 1-15>에서 조금련의 자금 조달과 운용 실태에 대해 살펴본 바와 같이 일제 말기가 되면 조달면에서는 강제저축의 극력 시행을 통해 예금액이 증대되었고, 운용면에서는, 대출은 극도로 억제된 반면 83%의 운용자금이 유가증권 매입에 투입되어 전쟁 수행을 위한 국공채에 투자되었다. 즉 강제저축을 통한 자금조달과 대출억제 및 국공채 등의 매입을 통한 전쟁자금 동원으로 요약할 수 있다. 다음으로 일선 조합의 상황을 살펴보자.

〈표 1-20〉 전시통제기 금융조합의 자금조달 상황

연 도	기본금	적립금	차입금	예 금	출자금	합 계
1940	4,262,000	32,923,815	123,102,398	432,142,855	16,877,202	609,308,270
1944	4,265,000	60,410,105	114,716,714	1,751,876,031	36,156,300	1,967,424,150

출전 : 朝鮮金融組合聯合會調查課, 『第九回金融組合年鑑』(1942년도), 朝
鮮金融組合聯合會, 1942 ; 朝鮮金融組合聯合會調查課, 『朝鮮金融
組合統計年報』(1944년도), 朝鮮金融組合聯合會, 1947.
주) 적립금, 차입금, 예금은 연도(적금 포함) 말 현재액, 출자금은 불입
완료액 기준.

위 표를 통해 알 수 있다시피 전체 조달액 가운데 가장 비중이
큰 것은 예금인데, 1945년 3월 말에 이르면 89%에 달하게 되었다.
이는 앞에서 살펴본 바 있는 조금련의 자금 조달에서의 예수금 증
가 경향과 일치하는 것이다.

예금의 급속한 증가는 전쟁 수행을 위한 도구로서 정책적으로
실시된 저축 장려 운동에 의한 것이었다. 그 시작은 1938년 5월 저
축장려에 관한 정무총감의 통첩이 각 도지사에게 시달되면서부터
였다.[194] 이 통첩에는 저축장려계획요강이 첨부되어 있었는데, 그
요강에 의하면, 저축 장려의 이유는 국채의 소화와 생산력 확충자
금의 공급, 물가 등귀의 억제 등이었고, 저축 장려의 방침과 방책
등의 내용이 담겨 있었다.[195]

또한 1938년 5월 '금융조합기념일'을 맞아 총독부 재무국장이 발
표한 담화에서는, 금융조합의 목적으로 조합원에게 필요한 자금을
공급하여 그 경제의 발달을 도모하고 이를 통해 다시 지방산업의
발달을 꾀한다는 종래의 사항 이외에 '근로정신의 배양, 근검저축

---

194) 『東亞日報』 1938.5.22석(8) 「貯蓄獎勵의 計劃要綱通牒(下) 總監, 知事
에 通告」.
195) 朝鮮金融組合聯合會調查課, 『國民貯蓄造成運動에 關하는 資料』, 朝鮮
金融組合聯合會, 1940, 19~21쪽.

의 미풍을 양성'한다는 새로운 내용이 추가되었다.196) 그 가운데
'근로정신의 배양'은 '근로에 의한 수입의 증가에 대하여 저축 장
려를 행하여 외로는 장기전에 備하고, 내로는 국민생활의 안정에
資하는 것'을 위한 것이었다. 즉 '근로정신의 배양'을 강조하는 것
은 저축 장려를 위한 하나의 수단이었던 셈이다.

　이에 따라 6월 14일 조금련에서는 회장 명의로 '금융조합예금장
려 계획목표 및 실행방책에 관한 건'을 도지부장에게 통달했다. 그
내용을 보면, 1938년도에 저축 순증 목표를 3천만 원으로 하여 도별
로 할당하며, 근검역행에 의한 증가 소득 및 시국관계에 의한 증가
소득, 절약 여유금을 대상으로 하였다. 선전방법은 포스터와 삐라,
저금통, 달력 등 선전가치 있는 가정용품을 배포하며, 전담 사무원
을 두고, 조합 임직원을 총동원해서 권유할 것 등을 담고 있다.197)

　이에 따라 종전 대출재원, 즉 자기자금조성의 측면에서 장려하던
예금업무가 전시체제기 전쟁수행을 위한 '국민저축운동'으로서 실
시된 것이다. '국민저축운동'의 실시와 금융조합의 적극 참여에 힘
입어 1938년 12월 말 금융조합 예금액은 2억 898만 5천여 원으로 2
억 원을 돌파하여 신기록을 수립했다.198) 1938년도 말 무렵 금융조
합 예금은 2억 2천만 원, 대출은 2억 5천만 원이었는데,199) 이는 당
시 조선 전체 금융기관의 실적(예금 10억 7천 4백만 원, 대출 15억
5백만 원)에 비하면 각각 약 20%와 16%에 해당하는 비율이다.200)

　1940년도 총독부의 저축목표 4억 원에 대해 조금련에서는 그 4

---

196)『東亞日報』1938.5.29조(3)「金組記念日에 際하야」(水田財務局長 談).
197)『國民貯蓄造成運動に關する 資料』, 31～32쪽.
198)『東亞日報』1939.1.20석(4)「金融組合預金도 二億圓臺를 突破」.
199)『東亞日報』1939.4.7석(8)「金組預金貸出 繼續해서 增加」.
200)『東亞日報』1939.4.7석(8)「全朝鮮預金十億臺, 貸出十五億圓突破, 增
　　加一路·新記錄示現」.

분의 1에 해당하는 1억 원으로 잡고 지부장회의에서 협의한 결과 6월 10일부터 20일까지 '저축장려 특정기간'으로 설정하고 각도에 할당액을 배정했는데, 경기 1천 8백만 원에서 충북 260만 원까지 차등을 두었다.[201] 같은 해 7월 각도 이재과장회의에서는 인플레이션 대책으로 저축의 강화방책 등이 논의되었다. 그 결과 買物저축제, 遊興저축제를 전 조선에 보급하기 위하여 우선 경성부와 경남도에 대해 유흥저축을 실시하고 주요도시에서는 백화점을 중심으로 전문점에 매물저축을 실시하는 방책 등이 논의되었다.[202]

이어 1941년 11월 '조선국민저축조합령'에 의해 금융조합은 그 결성과 지도에 나섰고, 양곡매상대금 지불 시 天引[先除]저금을 실시하였다. 특히 양곡매상대금지불업무에서는 원천적인 천인저금을 강화하였고, 그 밖의 각종 생산물대금에까지 확장하였다.[203] 이에 따라 미곡에 대해서 벼 1가마당 1원 70전, 현백미는 2원 70전을 저축해야 했는데, 공판하는 경우와 庭先買付(농가에 가서 사는 경우) 두 가지로 나누어 전자는 영수증을 발행한 후 예금통장을 교부하고, 일부분을 보국채권으로써 저금하게 하였고, 후자는 원칙적으로 보국채권을 교부하는 방식이었다.[204]

미곡 외 다른 생산물에 대한 사례는 강원도지부 관내 금융조합에서 했던 것으로 蠶繭 매상대금과 大麻 공판대금에 대해 先除저

---

201) 『東亞日報』 1940.5.29석(8) 「金組의 貯蓄運動 道配定決定 今年目標는 一億圓」.
202) 『東亞日報』 1940.7.24석(6) 「貯蓄強行具體策 理財課長會議서 決定, 인플레抑制實踐으로 前進」 기사와 「買物遊興貯蓄制友(度의 오자 ; 인용자) 全朝鮮에 普及할 方針」 기사 참조.
203) 농협중앙회, 앞의 책, 93~94쪽. 금조에서 농민의 양곡을 매입하면서 그 대금 가운데 일정 비율의 금액을 천인저금이라 하여 강제 저축시키고 나머지만 지급했다.
204) 『半島の光』 50호, 1942.1, 5쪽.

금으로 할 것을 종용하여 春繭에 대해 7만 5천여 구, 12만 6천여 원의 실적을 올렸는데, 이는 총매상대금 160만 원의 8%에 해당하는 금액이었다.[205]

이 저축의 강제성에 대해서는 당시 조선인들 사이에는 '저금은 사변이 종료하기까지 拂戾해주지 않는다', '저금이자는 헌금해야 한다' 등의 소문[206]이 나돌았던 것을 통해 파악할 수 있다.

조합원과 비조합원의 예금 비중은 이전 시기에 약 1 : 4 수준으로 비조합원 예금이 압도적이었으나 일제 말기에 이르면 조합원예금과 비조합원예금이 거의 비슷해지는데, 이는 조합원 수가 '전가 포용'에 가까워지고, 농촌 천인저금의 급격한 증가 때문이었다.[207] 즉 1942년도 말에도 조합원(개인, 식산계, 조합원 가족) 예금과 조합원외(개인, 단체)의 예금이 각각 3억 6211만 7579원, 3억 9181만 4288원으로 조합원 외 예금이 약간 많았으나 1943년도 말에 이르면 각각 5억 8836만 2465원과 5억 5737만 3544원으로 역전되고, 1944년도 말에는 8억 9704만 7296원과 8억 4080만 5377원이 되어 그 격차를 더욱 벌리게 되었던 것이다.[208]

전시체제기 강제저축운동과 관련해서 특기할 점은 첫째, 1구 당 예금액이 130원 미만인 비교적 소액으로 농민에 대한 천인예금과 소상공자의 소액 예금이 대부분이라는 점, 둘째, 비조합원 예금 가운데 단체 예금보다 개인 예금이 증가되는 추세에 있었던 것은 농민과 도시 서민에 대한 저축 장려에 기인한다는 점, 셋째, 1조합 당

---

205)『半島の光』49호, 1941.12, 19쪽.
206)『半島の光』42호, 1941.4, 16쪽. 이에 대해 저축과 헌금을 혼동하지 말 것을 강조하였다.
207) 농협중앙회, 앞의 책, 93~94쪽.
208)『朝鮮金融組合統計年報』(1943년도)와『朝鮮金融組合統計年報』(1944 년도)의 29~30쪽.

예금 계좌 수가 2만 4천에 달하여 당시 금융조합의 서민 예금 흡수 노력이 지대했다는 점 등이다.[209]

조달액 가운데 예금에 이어 두 번째 비중을 차지하는 차입금을 살펴보자.

〈표 1-21〉 전시통제기 금융조합 차입금 항목별 추이

구	분		1938	1939	1940	1943	1944
특별	무 이 자		2,934,000	3,101,000	3,035,000	2,114,000	579,000
	기 금		427,692	435,748	407,504	9,647	7,054
	농사개량자금	장기	1,532,681	1,521,628	1,460,152	13,322,345	1,995,293
		단기	2,819,543	3,558,842	1,886,285		
	특수산업자금	장기	11,612,485	13,375,365	15,588,776	51,589,454	76,100,314
		단기	12,025,720	3,000	110,817		
	특수저리자금		2,218,453	2,077,797	1,972,619	1,854,819	1,538,067
	부채정리자금		24,188,901	24,688,584	24,879,343	24,097,856	23,092,054
	수해복구자금		5,994,176	5,824,700	5,627,500	4,444,568	4,108,585
	중소상공업자금		-	635,100	1,646,221	3,041,788	3,096,770
	계		63,753,651	55,221,764	56,614,217	100,474,477	106,408,552
보통	장 기		32,755,665	36,860,063	39,653,534	10,508,020	2,686,781
	단 기		15,080,300	36,079,400	26,793,263	4,460,000	1,476,853
	당좌 차월		71,312	273,531	41,377	10,865	35,942
	계		47,907,277	73,212,994	66,488,174	14,978,885	4,199,576

출전 : 鮮金融組合聯合會調査課, 『朝鮮金融組合統計年報』(1940년도), 朝
　　　鮮金融組合聯合會, 1942 ; 朝鮮金融組合聯合會調査課, 『朝鮮金融
　　　組合統計年報』(1944년도), 朝鮮金融組合聯合會, 1947.

위 표를 통해 알 수 있는 것은 1939년과 1940년에는 보통차입금이 특별차입금에 비해 많았으나, 1943년과 1944년의 실적에서 볼 수 있는 바와 같이 일제 말기에 이르면 그 지위가 역전되어 특별차입금이 보통차입금을 압도한다는 것, 그 추세를 이끈 주요 원인은 특별산업자금의 급증에 기인한다는 것 등이다.

다음은 운용에 대해서 살펴보자. 이 시기에는 대부가 억제되는

---

209) 농협중앙회, 앞의 책, 93~94쪽.

대신 그 자금은 국채, 공채, 사채 등 전쟁수행을 위한 자금 조달에 투입되었음은 앞에서 살펴본 바와 같다.[210] '황군장병의 무운장구를 비는 모양으로 1원짜리 꼬마채권이라도 나올 때마다 사라'는 권유와 '채권 없는 집은 괘씸한 집, 나라의 은혜를 모르는 집'이라는 질타 속에 전개된 채권구입 장려[211]에 따라 1941년 6월 14일에서 7월 10일까지 약 1개월 간 금융조합이 구입하여 조합원에게 매각한 저축채권과 보국채권의 금액이 37만 5천 55원에 달했다.[212]

이 시기 금융조합 대출업무에 영향을 미친 것은 임시자금조정법이었는데, 이 법으로 신규방출을 제한하였기 때문이었다.[213] '임시자금조정법'은 앞에서 살펴본 바와 같이 1937년 9월 일본에서 제정되어 10월에 조선에 적용된 것으로 같은 시기에 제정된 '수출입품등임시조치법'과 1938년 4월에 제정되어 5월에 조선에 적용된 '국가총동원법'과 더불어 전시경제통제의 기본법제였다.

이러한 시대 분위기를 반영하여 앞의 <표 1-15>에서 살펴 본대로 중일전쟁 발발 직전 조금련의 전체 운용액 중 85%에 달했던 대출금이 1941년 3월 말에 45%로 급감하고, 다시 4년 후에는 8%에 불과하게 되었다. 전시체제기에 이르면 결국 금융조합의 대부업무도 극력 억제되었던 것이다. 이런 방침에 따라 1938년 2월 충북 보은금융조합의 평의원회 결과를 보면, 중일전쟁 이후 미곡자금 이외의 대출을 중지했다가 1938년도부터 단기에 한하여 대출을 재개

---

210) 해방 당시 금융조합 보유 유가증권액은 다음과 같다. 국채 2억 7504만 5829원, 지방채 1795만 6001원, 社債 11억 4619만 355원, 일본질소비료주식회사 등 29개 회사 주식 9796만 7045원 등 약 15억원에 상당하였다(농협중앙회, 위의 책, 101쪽).

211) 香山光郎, 「농촌동포에게」 『半島の光』 49호, 1941.12, 6쪽. 香山光郎은 李光洙의 창씨명이다.

212) 『半島の光』 49호, 1941.12, 19쪽.

213) 『東亞日報』 1939.2.8석(8) 「銀行과 金融組合 放資難 드디어 表面化」.

하기로 결정했다.[214]

이와 같은 시대적 분위기 속에서 이뤄진 대부에 대해서 살펴보자. 먼저 대부금은 보통대부금과 특별대부금으로 나눌 수 있는데, 특별대부금에 비해 보통대부금이 월등히 많았음을 알 수 있다. 특별대부금은 대장성 예금부 저리자금을 재원으로 하여 농사개량, 고리채 정리 등 특정한 용도에 융통되었던 자금으로서 1940년에는 11.1% 수준이었다가 1944년에는 13%에 머물렀다. 대신 보통대출금은 기간 내내 90%에 가까운 높은 점유율을 보였다. 이 특별대부금의 사용 목적은 앞서 특별차입금에서 설명했던 바와 같다.

그밖에 중소상공업자금은 도시의 중소업자가 중일전쟁의 장기화에 의해 영향 받는 것을 방지하기 위해 손실보상제도에 의해 중소업자의 금융을 취급한 것으로 1939년 9월 27일 조금련이 일괄해서 총독부와 보상계약을 체결하고, 9월 28일부터 실시하였다.[215]

다음으로 농사개량자금 가운데 들어있는 농우구입자금은 특수산업자금과도 관련이 있는 것으로서, 중일전쟁 이후 그 비중이 커졌다. 즉 전쟁의 장기화에 따라 일본에서 전쟁에 동원된 말의 보충과 만주의 자원 개발을 위해 조선 소의 급속한 증식이 추진되고, 그에 따라 총독부에서는 1938년을 기점으로 '축우증식 20개년계획'을 수립했다. 이에 금융조합에서도 특별자금 대출을 확대할 방침을 세워 추진했다.

이 시기 일반적인 대부업무가 억제되는 분위기에도 불구하고, 새로 신설된 대출도 있었다. 기업정비에 따른 전폐업자 구제를 위해 1941년 12월 갱생금고제도가 실시되었는데, 1942년 7월에 금융

214)『東亞日報』1938.2.10조(6)「報恩金組에서 貸付를 緩和, 단기에 한하여 대출」.
215)『第九回金融組合年鑑』(1942년도), 53쪽 ;『東亞日報』1939.9.28석(4)「도시금조육십이 중소금융을 개시」.

조합이 이에 대한 담당기관으로 지정되어 중소상공자금 대출을 늘
렸던 것이다.[216] 또한 1944년 9월 조선총독부령으로 금융조합의 생
계응급자금 융통에 관한 건이 제정되어 시행되었다.[217]

3) 미곡 수집과 '시국인식' 보급 활동

이제 일본으로 이출하기 위해 실시했던 미곡(벼) 공동판매에 대
해서 살펴보자. 1929년 금융조합령의 개정으로 폐지되었던 금융조
합의 겸영업무(공동구입과 위탁판매)가 다시 실시되었던 것은 1933
년 조금련의 설립에 의해서였다.[218] 그리고 이들 업무가 활성화된
직접적인 계기는 1935년의 식산계 설립이었다. 공동구입 물품 가
운데 가장 많은 비중을 차지하는 것은 비료였는데, 1940년도 기준
으로 1540여 만 원의 실적을 올려 전체 2270여만 원의 67.8%를 차
지했다.[219]

공동판매 사업은 1936년도부터 실시했는데,[220] 1938년 9월말 현

---

216) 농협중앙회, 앞의 책, 94쪽.

217) 「金融組合ノ生計應急資金融通ニ關スル件左ノ通定ス」 朝鮮總督府
令 제318호『朝鮮總督府官報』第5280號, 昭和 19年(1944) 9月8日. 그
내용은 다음과 같다. 제1조 금융조합이 조선총독의 명령에 의해 공습
기타 전시재해로 인해 罹災하여 일시의 생계자금으로 지장을 來한
조합원에 대하여 행한 생계응급자금의 융통액은 금융조합업무감독규
정 제29조에 규정한 대출금 총액 제한의 계산상 이를 산입하지 않음,
제2조 금융조합 전조의 자금에 대해 무담보대부를 할 경우는 금융조
합업무감독규정 제35조 제1항의 규정에 불구하고 보증인 또는 수형
상의 채무자를 세우는 않을 수 있음.

218)『朝鮮日報』 1937.5.30조(4)「金融組合業務大要」.

219)『朝鮮金融組合統計年報』(1941년도), 59쪽.

220)『東亞日報』 1937.9.19조(8)「金組事業部 縮小할 方針」.

재 조금련 공동판매액은 647만 원이었는데, 전년 동기에 비해 511
만원이 증가된 것은 正租의 증가가 주된 원인이었으며 그 가운데
正租[벼]의 취급액은 약 85%에 해당하는 522만 원이었다.[221] 이어
11월말에는 1천만 원을 돌파하여 1039만 5천 원이 되었는데, 그 가
운데 벼가 873만원이고, 그밖에 대두[콩], 옥수수, 소맥[밀], 백미,
현미, 마포, 목탄, 지, 저포 등이었다.[222] 그 결과 1938년도 말 실적
은 4천 백여만 원으로 전년에 비해 3천여만 원이나 증가했다.[223]
그러나 1939년 여름의 가뭄피해로 인한 미곡의 배급 감소에 의해
1939년도 실적은 1천만 원 이상의 감소를 보였다.[224] 이후 1940년
도 실적은 1억 2천여만 원이 되었다가 다시 1년 후에는 무려 4억
5천여만 원이 되었다.[225] 태평양전쟁을 전후로 하여 급신장을 보였
던 이 실적은 전쟁 말기까지 지속되었는데, 이와 같이 이 시기에
공동판매사업이 곡물 위주로 높은 실적을 보인 것은 전시통제기의
특징으로 조선의 인력과 물자가 총동원되었던 일제 말기의 상황을
반영하는 것이었다. 이들 곡물은 총독부의 지시에 따라 일본 대재
벌에게 넘겨져 일본으로 이출되었다.[226]

　공동판매 사업과 관련해서 전북 부용금융조합에서는 공동판매
를 위해 조합원으로부터 모아 둔 벼를 1937년 12월에 수의 매매하
여 조합원에게 손실을 끼쳤다. 이 조합은 5천 석(1만 가마니)의 벼
를 수용한 후 11월 하순 제1차 경쟁 입찰을 부쳤는데, 조합 내정가
에 미달하여 차회로 연기하였다. 이후 곡가가 등귀하고 있던 도중

221) 『東亞日報』 1938.11.6석(8) 「金聯共販成績」.
222) 『東亞日報』 1938.12.28석(8) 「金聯販賣高 一千萬圓을 突破」.
223) 『朝鮮金融組合統計年報』(1941년도), 60쪽.
224) 『東亞日報』 1940.5.22석(4) 「金組共同購販」.
225) 『朝鮮金融組合統計年報』(1941년도), 60쪽.
226) 농협중앙회, 앞의 책, 88쪽.

에 돌연히 조합에서는 일본인 정미업자에게 헐값으로 수의 처분하
였고, 이를 알게 된 조합원들 가운데 일부는 저장 벼를 반환치 않으
면 손해배상청구소송까지 제기하겠다고 규탄하였다.[227] 조합 직원
과 일본인 정미업자 사이의 유착관계를 의심할 수 있는 사례이다.

다음은 '시국인식 보급' 활동이다. 이는 전시통제체제를 맞아 조
합원을 대상으로 정신교육을 강화한 활동이었다. 먼저 중일전쟁 발
발 직후인 1937년 9월 경북 영주군 영주금융조합에서는 제2회 지도
원회를 열었다. 조합 이사(甲斐直記)의 사회로 열린 이 회의에서는
맨 처음 '시국인식보급의 건'을 결정한 후 총대 선거 시일과 시국강
연회를 각 동리별로 25개의 '구'로 나누어 개최하기로 하였다.[228]

경기도 양평금융조합에서는 1938년 7월 17일 중일전쟁 발발 1주
년에 즈음해서 일반에게 조합 취지 선전, 전시하 총후 국민 시국
인식 보국저금 선전 등을 위해 영화대회 등을 개최하였는데, 많은
사람들이 참석했다.[229] 또한 1938년 5월 30일 충북 보은금융조합에
서 조합기념일을 맞아 조합지도원회를 열고 조합기념일 선전, 조
합원 증모, 저축장려, 연체대부금 정리 등을 협의하였다.[230] 같은
조합에서 같은 해 10월에도 지도위원회가 열려 조합원 증모 등을
타협했다.[231] 총독부에서 강력히 추진하던 조합원 증모와 전시총

227) 『東亞日報』 1937.12.21조(8) 「競爭入札할 共販租 隨意賣買處分, 저장
    햇든 조합원의 손해가 막대, 芙蓉金組의 大失態」.
228) 『東亞日報』 1937.9.20(2) 「榮州金組指導員會」.
229) 『朝鮮日報』 1938.8.10조(3) 「楊平金組 主催의 映畵大會盛況」. 이 기사
    에서는 참석자가 3천 명이나 되었다고 보도했는데, 총동원체제기 농
    민동원의 사례를 잘 보여주는 것이다.
230) 『東亞日報』 1938.5.31석(7) 「報恩金融組合에서 指導員協議會」.
231) 『東亞日報』 1938.10.16석(7) 「報恩金融組合에서 組合員增募協議會」.
    지도위원회의 타협사항은 다음과 같다. 조합원증모의 건, 공동판매
    및 공동구입 사업의 확충강화의 건, 미가조절저리자금 융통의 건, 저
    축 장려의 건, 연체대부금 정리의 건, 이자납입 일제독려의 건, 출자

동원체제에서 진행된 저축 장려운동이 주요 의제였던 것이다.

'시국인식 보급'을 위한 활동은 다음과 같은 것들이 있었다. 먼저 조금련의 금융조합원 교육은 신문, 잡지, 영화 상영 등을 통해 실시되었다. 그를 위해 조선어 신문 30만 부, 일본어 신문 5만 부를 월 2회 발행하여 배부하였고, 조합부인회를 위해 잡지『家庭の友』를 약 4만 부 발행하였으며, 영상반에서는 각지 순회 영사회를 실시하였다.[232]

식산계의 주사, 부주사에 대한 강습회도 조합원 훈련의 일종으로 볼 수 있다. 1938년 9월 충북 보은과 회인 양 금융조합에서 합동으로 50명의 주사, 부주사에 대해서 식산계령, 구매판매사업 등에 대해 강습회를 개최하고, 충북도금련 촉탁이 식산계의 취지와 농촌진흥운동에 대해 강연했다.[233] 1940년대에 들어서면 국민정신총력연맹에서 식산계와 부락연맹이 표리일체가 되어 그 기능을 발휘하도록 종용하여 전시통제에 식산계를 동원했다.[234]

전시체제기, 특히 태평양전쟁기에 접어들면 채권 발행, 차입금 등을 통한 자금조달은 그 비중이 현격히 낮아지고 강제저축에 의한 예금 비율이 압도적으로 되었던 것이 자금 조달면의 특징이었다. 이전에는 비조합원 예금이 압도적이었으나 일제 말기에 이르면 조합원예금과 비조합원예금이 거의 비슷해지는데, 이는 조합원 수가 '전가포용'에 가까워지고, 전시총동원체제기에 천인저금이 급격히 증가하였기 때문이었다. 아울러 운용 면에서는 대출이 극력 억제되고, 전시통제를 위한 정책 대출에 제한되며 대신 유가증

불입 기일엄수의 건 등이다.

232)『朝鮮日報』1937.5.30조(4)「金組三十週年」(矢鍋金組聯會長 談).

233)『東亞日報』1938.9.20조(4)「報恩, 懷仁金組 合同」.

234) 채만식,「농촌현지보고-전라남도의 부락들」『半島の光』47호, 1941.9, 25쪽.

권 매입 비중이 역시 압도적으로 커진다. 일제의 전비 조달에 동원되었기 때문이다.

또한 식산계 설립을 계기로 다시 실시된 공동판매사업에서는 곡물의 비중이 높았고, 이는 특히 태평양전쟁 발발을 전후로 하여 급증했는데, 그렇게 모아진 곡물은 총독부 측의 지시로 일본의 대재벌을 통해 일본으로 이출되었다. 식량을 비롯한 물자와 인력을 대상으로 취해졌던 총동원 조치의 일환이었다. 아울러 전시통제에 따라 조합원에 대한 정신훈련도 강화하여 '시국인식 보급' 활동도 실시했다.

해방 이후 일제 잔재의 청산과 농민 주체의 협동조합 건설이라는 시대적 요청 앞에, 일제의 착취기관의 하나였던 금융조합이 남한에서는 미군정의 점령정책과 이승만의 권력욕에 따라 온존 강화된 반면, 북한에서는 일제 잔재의 청산과 인민정권의 수립 계획의 일환으로 농민은행에 흡수되었다.

해방과 함께 금융조합을 개편하려는 움직임은 금융조합이 일제의 수탈기관이었다는 인식을 그 바탕에 깔고 있었다. 일제 식민지 치하에서 금융조합은 철저히 관제적 성격을 가지고 있었으므로 해방 후에 남한에서 추진된 금융조합의 구조개편 움직임은 농민이 주체가 되는 협동조합을 목표로 하였다.

해방 후 한동안 동태를 살피던 금융조합의 각 도 대표자 15명이 모여 1945년 9월 25일 금융조합대책중앙위원회를 조직하고 위원장에는 연합회 참사 하상용을, 부위원장에 임종관을, 그리고 상임위원에 정재억, 윤범수, 박원식을 선출했다.[235]

---

235) 『금융조합』 제19호(해방 후), 조선금융조합연합회, 1948.11, 4쪽. 이 자료는 해방 3주년을 맞아 1948년에 편찬된 것으로, 크게 '일지'와 '금조 3년' 두 부분으로 구성되어 있다.

　협동조합운동의 전개와 좌익세력의 맹비난이라는 외부 환경 속에 움츠려있던 금융조합 측 인사들은, 김주인과 김성칠이 기초한 금융조합의 과거 활동개요와 장래에 대한 요망 건의안을 미군정 당국에 제출했다. 그 결과 미군정 측으로부터 '금융조합은 그 출자의 95%까지가 한국인에 의해 성립되었으므로 적산이 아니라 한국인의 기관이다. 금융조합은 당분간 과거의 법령과 제 규정에 의하여 금융기관으로서 업무를 계속해 나갈 것이다'라는 결정을 이끌어 냈다. 미군정이 금융조합을 적산으로 인정하지 않은 이면에는 이처럼 대책위원회의 노력이 절대적이었다.

　이러한 노력에 힘입어 금융조합은 과거의 위상을 회복했다. 그리고 그 위상은 1956년 농업은행의 발족과 1958년 금융조합의 법적 청산시기까지 지속됐다.

제2장

금융조합 경영진과
일제의 조합 운영

제1절

지역유지와 식민지 경영 '첨병'의 결합

1. 지방금융조합의 조선인 조합장과 일본인 이사

1) 조선인 임원

금융조합에서는 조합장 등 임원과 이사가 조합 내부에서 조합 운영을 담당했다. 지방(촌락)금융조합에서는 명목상 조합을 대표하는 조합장을 비롯한 임원으로 조선인들이 많았고, 실질적 권한을 갖고 있는 이사로는 일본인이 다수 임명되었다. 반면 도시금조에서는 양상이 달랐는데, 일본인이 조합장 등 임원 자리를 차지하였고, 이사로는 주로 일본인, 그리고 간혹 조선인이 임명되었다.

지방금융조합의 조합장은 조합 설립부터 설립위원으로 관여하는 경우가 많았다. 지방금융조합을 설립하는 절차를 보면, 1907년

당시에는 탁지부대신이 설립위원을 임명하여 지방금융조합 설립
에 관한 일체의 사무를 처리케 하였다. 설립위원은 군수, 세무관,
재무관·재무관보 및 관찰사가 추천하는 민간위원 약간 명이었
다.[1] 1907년 충청도 홍주지방금융조합 설립위원으로 임명된 자들
은 홍주 인근 각 군의 군수들이었다.[2]

　이어 병합 직후인 1910년 말에는 조선총독이 설립위원을 임명하
는 것으로 하였고, 설립위원은 군수, 군서기, 조선총독이 적당하다
고 인정하는 자 및 지방장관이 추천한 민간위원 약간 명으로 바뀌
었다.[3] 이어 1914년 지방금융조합령 제정에 따라 도장관이 '설립
준비위원'을 임명하도록 하여 명칭도 '준비'자가 추가된 것으로 바
뀌었고, 임명권자도 조선총독에서 도장관으로 변경되었다. 또한 그
설립준비위원은 '조선총독이 추천하는 자, 所轄 군수, 군서기 및
민간위원 10명 이상으로써 충당'하는 것으로 변경되었다.[4] 지방금
융조합 창설기, 병합 직후, 조합령 제정 이후 등 각 시기마다 약간
의 방침이 변경되는 와중에도 빠지지 않는 설립위원으로는 탁지부
및 조선총독부에서 내정한 이사 후보자도 포함되어 있었고, 민간
위원에는 지방위원회의 지방위원 등 각 지역 유지[5]들이 많이 포함

---

　1)「地方金融組合設立에關호件」度支部令 제16호(6월 5일)『官報』제3793
　　호, 光武 11년(1907) 6월 15일.
　2) 예산군수(이범소), 서산군수(박승준), 당진군수(이계태), 해미군수(이순
　　규), 태안군수(서리 박승준) 등이었다(『皇城新聞』1907.12.19(2)「金融組
　　合委員」).
　3)「地方金融組合設立ニ關スル件」朝鮮總督府令 제52호『朝鮮總督府官
　　報』제70호, 明治 43년(1910) 11월 21일.
　4)「地方金融組合設立準備ニ關スル件」官通牒 제309호『朝鮮總督府官
　　報』제70호, 大正 3년(1914) 8월 27일.
　5) 일제하의 지역유지에 대해서는 지수걸이 수행한 많은 연구가 있는데,
　　그는 '유지집단'에 대한 개념을, 일제가 국가 헤게모니를 조선 지방사
　　회 내부에 관철시키기 위해 의도적으로 형성한 '지위집단'으로서, '재

되었다. 그리고 이들 설립위원들은 조합 설립 후에 조합의 임원이
되어 제한적이나마 조합 운영에 참여하기도 하였다.

　조합원을 모집한 신설 지방금융조합은 창립총회를 열어 임원을
선출하였는데, 금융조합에는 조합장, 평의원 등의 임원과 이사가
있었다. 창설기에는 각 조합에 조합원의 선거에 의해 조합장 1인과
평의원 약간 명을 두도록 했다(계획요령 제3조 및 규칙 제6조). 이
후 1914년에는 직제규정6)에서 금융조합의 직원을 조합장, 이사, 감
사, 평의원, 서기, 기수 또는 農手, 이외 이사견습, 서기견습 또는
傭人(제1조)으로 정하였다. 일본인은 이사, 이사견습, 기수, 통역,
농수, 雇員 등이 있었고, 조선인은 조합장, 평의원, 통역, 농수, 고
원 등이 있었는데, 이사견습, 서기, 서기견습, 기수 또는 농수는 이
사가 임면하고, 기수 또는 농수는 이사의 지휘를 받아 서무에 종사
(제3조)하도록 했다. 조합 내에서 이사가 갖고 있었던 막강한 권한
을 확인할 수 있다.

　이 시기 지방금융조합에서는 조선인과 일본인의 차별이 심하였
는데, 출장여비 지급에서 그 사실을 확인할 수 있다. 1911년 3월 30
일자의 '지방금융조합여비규정준칙'에 의하면, 임원인 조선인 조
합장과 평의원은 하급직원인 통역, 농수, 고원 등과 같은 금액을
지급받았다.7) 그러다가 '지방금융조합령' 제정 이후 1915년 1월 22

산'(특히 토지재산), '사회활동능력'(특히 학력), '당국 신용'과 '사회 인
망'을 고루 갖춘 유력자 집단이라 규정하였다[지수걸, 「구한말~일제
초기 유지집단의 형성과 향리-충남 공주지역 사례를 중심으로-」
(『한국근대 이행기 중인연구』, 신서원, 1999.9, 529쪽)를 비롯한 여러 연
구 참조].

6) 「地方金融組合職制及職員給與規程準則ニ關スル件」 官通牒 第382號
　『朝鮮總督府官報』 第668號, 大正 3年(1914) 10月 23日.
7) 「地方金融組合旅費規程準則」 官通牒 第54號 『朝鮮總督府官報』 第172
　號, 明治 44年(1911) 3月 30日. 예를 들면 조선 내 여행 시 지급되는 여

일자 '직원여비규정'에서는 조합장과 이사가 동급으로, 감사·평
의원·이사견습이 동급으로, 일본인과 조선인을 막론하고 서기·
서기견습·기수·농수가 같은 급으로 조정8)되어 조합장과 평의원
에 대한 대우가 격상되었음을 확인할 수 있다.

　이는 1914년 조합령 제정 시 방침 변경에 따라 일본인도 조합원
으로 가입할 수 있게 되었고, 다시 조합장과 평의원 등 임원으로
선출될 가능성이 열렸기 때문으로 생각된다. 결국 조선인 임원에
대한 처우가 나아 졌다기보다는 일본인도 그 자리에 선출될 가능
성이 생겼기 때문에 일본인도 그 차별대상이 되지 않도록 하는 안
전판을 만들어 놓은 것에 불과했던 것이다. 그러면 아래에서는 지
방금융조합의 임원, 특히 조합장에 대해 살펴보겠다.

　먼저 설립 초기 조합장과 평의원은 어떤 인물들이 차지하였는지
를 알아보자. 가장 먼저 설립된 광주지방금융조합의 조합장은 최
상진이었고, 평의원은 정재룡, 김장호, 김영섭, 문형로, 고기주, 유
□□, 이윤태, 최재윤 등이었다.9) 이 가운데 정재룡, 김장호, 김영
섭, 문형로 등은 광주군에, 고기주, 유□□는 창평군에, 이윤태는
담양군에, 최재윤은 옥과군에 주소를 두고 있어10) 평의원은 조합

　　비(일당)가 이사 1원 50전, 이사견습·기수 1원 20전, 통역·농수·고
　　원 1원이고, 조선인 조합장·평의원 1원, 통역·농수·고원은 60전이
　　었으며 조합구역 내 숙박할 경우 이사 2원 50전, 이사견습·기수 2원,
　　통역·농수·고원 1원 50전이고, 조선인 조합장·평의원 1원 50전, 통
　　역·농수·고원 1원이었다.

8)「地方金融組合職員旅費規程準則ニ關スル件」官通牒 第23號『朝鮮總
　督府官報』第739號, 大正 4年(1915) 1月 22日.

9)「光州地方金融組合 貸付金旬報」(규26486).

10) 그런데,『朝鮮金融組合史』에는 '조합장 최상진, 평의원 정재룡, 軍盆
　　김장호, 黑石 김영섭, 瓦谷 문형로'로 표기하고 있다(秋田豊, 앞의 책,
　　92쪽). 이는 지역명인 군분, 흑석, 와곡 등을 직책명으로 오인하여 표기
　　한 것으로 집필 또는 인쇄시의 오류이다. '정재룡(군분), 김장호(흑석),

구역 내의 각 지역 유지로 지역(군) 대표자의 성격이 강했다.

지방금융조합규칙에는 조합장에 대해 상세한 규정이 없지만, 1914년에 제정된 조합령에는 조합장에 대해 다음과 같이 규정하고 있다. 즉 조합장은 총 조합원의 과반수 출석과 의결권의 과반수로 선임(지방금융조합령, 제34조)하였으며 임기는 3년(제31조)이었다. 또한 조합장은 이사와 공동하여 지방금융조합을 대표하며(제35조), 총회 소집권(제39조, 제40조)과 평의원 소집권(제38조)을 갖고, 총회 및 평의원회의 의장(제35조)이 되었다. 이를 통해서 보면, 조합장은 조합의 대표권, 총회 및 평의원 소집권 등을 갖고 총회와 평의원회 등 회의시 의장이 되는 권한이 있었다.

그러면 <부록 1>을 통해 제1기에 조합장을 맡았던 인물들을 살펴보기로 한다. 이들 조합장에 대한 분석을 통해 확인할 수 있는 특징은 다음과 같다.

먼저, 당시 조합장의 연령에 대한 것인데, 표에서 확인할 수 있는 대로 1907년부터 1914년 사이에 조합장이 된 자들 27명[11]을 대상으로 먼저 연령대를 보면, 연령을 알 수 없는 4명을 제외한 23명 가운데 40대가 가장 많은 10명이고, 50대가 6명이며 이 둘을 합치면 27명 중 16명으로 10명 중 6명꼴이다. 당시 일제의 협력 대상인 지역 유지계층은 역시 40~50대가 대부분이었을 것으로 생각되며,

---

김영섭(와곡)'으로 표기해야 했다.『朝鮮金融組合史』의 오류는 광주시에서 발행한『광주시사』(광주직할시사편찬위원회,『광주시사』제2권, 1993, 392쪽)에서도 그대로 답습되었다. 1879년에 간행된『광주읍지』(1990년에 국역)에 따르면, 군분·흑석·와곡은 당시 광주군의 41개 면 가운데 속하는 것으로서 군분면은 주의 서쪽 10리에, 흑석면은 주의 서쪽 30리에, 와곡면은 주의 서쪽 40리에 있다고 하였다(광주직할시,『광주읍지』, 1990, 15~16쪽).

11) 1914년 말 현재 설립된 조합이 227개였으므로 10%가 약간 넘는 비율이다.

지방금융조합장에서도 이 연령대의 인물이 다수를 차지한 것은 당시의 일반적인 추세를 반영한 것으로 보인다. 특이한 것은 20대가 2명이라는 것과 60대의 고령자도 1명이 있다는 사실이다. 자료에 오류가 없다면, 20대인 두 명은 매우 어린 나이에 지역 유지로 행세한 셈이고, 일제의 협력 상대로 선택된 것이 된다.

　다음으로 이들의 전력을 보면, 거의 모두 관직 경력이 있다. 그 가운데 조선시대 관직인 오위도총부의 오위장, 참봉 등은 실권 없는 자리이나, 공명첩을 통해 손에 넣은 것으로 보이며 이는 그들의 재력을 짐작하게 한다. 그밖에 관찰부 주사, 군 주사, 세무 주사 등 주사급을 역임한 자가 6명으로 가장 많다. 이어 군수 경력자는 4명(군수와 같은 직급이라 할 수 있는 현감까지 포함하면 5명)이고, 면장을 역임한 자는 3명이며, 군 참사, 총독부 경시를 지낸 자들도 있다. 군수, 면장, 주사, 참사, 경시 등 지역에서 권력을 행사할 수 있는 관직을 역임한 자들이 조합장에 많이 선임된 것은 이 시기 지방금융조합의 역할과 관련하여 일제의 권력이 이들 조선인 지역 유지들을 통해 조선의 농민들에게 미치는 주요 통로가 되었다고 볼 수 있는 것이다. 그밖에 중추원 의관 경력자도 2명이 있고, 지방위원을 역임한 자도 2명이며, 금융조합 설립위원을 지낸 자는 3명이다.

　이러한 조합장의 경력은 당시 지방제도를 통해 보다 내밀히 파악할 수 있다. 지방제도의 변화에 따라 병합을 전후로 하여 그 특징을 살펴보겠다. 1906년에서 1910년에 이르는 시기의 지방제도는 일제에 의해 향회·민의소가 해체되고, 지방행정체계가 면으로 확대되는 과정이었다.[12] 다시 <부록 1>을 통해 이 시기의 조합장,

---

12) 이상찬, 「1906~1910년의 지방행정제도 변화와 지방자치논의」『한국학보』 42, 1986.

즉 지방금융조합 창설 시기부터 조합장이 되었던 자들과 1911년 현재 조합장에 있었던 자들을 추려보면 19명이다.

이들 가운데 조선왕조 및 대한제국의 관직 경력자는 15명으로 압도적이다. 그 중 가장 눈에 띠는 직위는 군주사인데, 군주사를 역임한 자는 모두 4명이다. 군주사는 1906년 9월 제정된 '지방관관제'에 따라 각 군에 설치된 직원으로 '군수의 지휘를 承하여 서무에 종사'하였다.[13] 이 시기 군주사가 될 수 있는 자격은 주·판임직을 거친 자, 각 府部의 판임직에 있는 자, 3년 이상 서기직에 있어 사무에 通曉하고 文算이 구비된 자, 유림과 鄕人 중에 사무에 통효한 자[14]로 제한되었다.

여기서 유림과 향인에게 이 자격이 주어진 것이 주목된다. 이에 대해 이상찬은, 지방의 유력자가 군수를 보좌한다는 의미가 있었으나 1908년에 타도 또는 타군 출신이 채용되기 시작하면서 군주사는 완전히 군청의 행정관리가 되었고, 이어 1909년에는 일본인이 군주사에 임명되면서 군행정을 일본인 군주사가 전담하고, 군수는 상징적인 지위에 이르게 되었다고 평가하였다.[15] 군주사는 또한, 군수가 사고 있을 때에는 그 직무를 서리(제27조)한다고 규정되어 있었는데, 이와 같은 사례를 여수지방금융조합장이었던 김한승의 경우에서 확인할 수 있다. 그는 군주사로서 군수서리를 역임했다.

---

13) 「地方官官制」勅令 第50號 『官報』, 光武 10년(1906) 9월 24일. 이 관제는 10월 1일부터 시행되었다. 23조에 의하면, 각 군에는 군수 1인과 주사 1인을 두고, 주사는 판임으로 한다고 하였다.

14) 「地方官銓考規程」勅令 第52號 『官報』, 光武 10년(1906) 9월 24일. '지방관관제'와 같은 날 제정, 시행되었다.

15) 이상찬, 앞의 논문, 62~63쪽. 1909년 6월, 21군에 40명의 일본인이 군주사에 임명되었는데, 당시 약 320여 개 군 가운데 그 비중은 아직 미약하여 보편적인 추세였다고 보기는 어렵다.

다음으로는 지방위원회와의 관련성이다. 지방위원회와 지방금
융조합의 밀접한 관련성은 제1장에서 언급한 바 있는데, 세무관이
회장을 겸하는 지방위원회에서 회장에게 자문의견을 제시하는 지
방위원이 금융조합장을 맡았던 것은, 조합장이 세무관의 직접 지
휘를 받았음을 짐작하게 한다. 병합 이전 조합장 가운데 지방위원
경력자는 2명으로 모두 고창·김제 등 전북 관내의 사례라는 특징
이 있다.

이와 같은 사정은 병합 이후에 일정한 변화를 보인다. 병합 이전
에는 군수가 조합장을 맡는 사례가 거의 없었으나(현감 출신 1명
제외) 병합 이후에는 6건으로 1912년부터 1918년까지 조합장이 된
28명 가운데 거의 1/4이다. 병합 이전의 군수는 금융조합 설립위원
으로는 임명되었으나 조합 설립 단계에만 관여하고, 조합 설립 이
후에는 손을 뗀 것으로 보인다.

그리고 이들은 병합 이후에도 병합 이전의 근무지에 그대로 유
임된 경우였다. 병합 직후 제정된 '조선총독부지방관관제'에서는
군수의 기능에 대해서 도장관의 지휘감독을 承하여 법령을 집행
하고 관내의 행정사무를 掌理하며 부하 관리를 지휘 감독하는 것
으로 규정했다.[16] 종래 군수의 권한 가운데 대한제국 시기를 거치
며 재판권, 경찰권, 징세권 등을 박탈당하고 단지 지방 행정관으로
서의 지위로 축소되었던 것이다. 1910년대 군수의 특징으로는 대
한제국 하급 관리 가운데 친일성과 일제에 대한 충성심이 강한 인
물이 군수로 발탁되었는데, 1910년대 군수에 임명된 107명 가운데
절반인 54명이 군 서기, 촉탁, 기수, 통역생 등에서 승진한 자들이
었다.[17]

---

16) 「朝鮮總督府地方官官制」 勅令 第357號 『朝鮮總督府官報』 第28號, 明
治 43년(1910) 9월 30일.

다음으로는 면장에 대해 알아보겠다. 면장 경력자가 조합장이 된 것은 4건인데, 1914년 이전과 이후 각각 2명이다. 면장의 성격은 병합을 계기로 변질되었다. 병합 이전에는 면회의 추천에 의해 면장이 임명되었지만, 이후에는 도장관이 임명하는 것으로 바뀌었던 것이다.[18) 이 시기 면장의 자격을 보면, 철저히 친일적 인사로 한정했음을 알 수 있다.

이 시기 조합장 가운데 면장 경력자가 상당히 희박한 원인은 일제의 지방제도 및 정책과 관련해서 생각해야 한다. 즉 병합 이전 면장의 지위는 신분적으로 낮고, 재산상으로도 열악하며 소작농 출신도 많았다. 그리하여 그 자리에 나아가는 것을 기피하는 현상이 심했다.[19) '면'이 지방제도의 기초 단위가 된 것은 1914년 지방 행정구역 개편을 거치고, 1917년에야 시행된 '면제' 이후이다. 면장의 지위 상승과 권한 강화는 이 과정을 거친 이후에 가능했다. 따라서 지역의 유지 중심의 친일 협력자를 구하는 데 노력을 기울였던 일제 측으로서는 지위가 낮은 면장보다는 관직은 없더라도 지주 출신을 선호했다고 할 수 있다.

홍순권에 의하면, 1911년의 '면사무감독준칙'에서는 면 내에서 명망과 자산을 가지고, 상당한 학식과 재능을 갖춘 자 가운데 부윤

---

17) 홍순권, 「일제시기의 지방통치와 조선인 관리에 관한 일고찰 — 일제시기의 군 행정과 조선인 군수를 중심으로 —」『국사관논총』64, 1995, 58 ~59쪽.

18) 김익한, 「일제의 초기 식민통치와 사회구조 변화」『일제식민통치연구1 : 1905~1919』, 백산서당, 1999, 183쪽. 병합 직후 제정된 '조선총독부지 방관관제'와 '면에 관한 규정'을 통해 면의 성격도 변화하였는데, 그 변화에 대해 김익한은 종전의 면 자치적 요소가 제도적으로 부정되고, 면의 행정기구적 성격만이 본격적으로 강화되는 양상이 나타났다고 평가하고 있다.

19) 염인호, 「일제하 지방통치에 관한 연구 — '조선면제'의 형성과 운영을 중심으로 —」, 연세대 사학과 석사학위 논문, 1983, 11~12쪽.

과 군수가 선정토록 했고, 그 과정에서 이력서와 관할 경찰관서에
서 조사한 신원조서, 기타 참고사항 등을 갖춰 도장관에게 추천토
록 했고, 1913년 '면직원 임면규정'에서는 연령 30세 이상으로 학
식·명망·재능을 갖추고 면내 사정에 通曉한 자, 국세 연액 2원
이상 및 戶別割을 부담하는 자, 시가 5백 원 이상의 부동산을 소유
하고 연령 20세 이상의 보증인 두 명 이상이 있는 자, 일본어를 아
는 자 등으로 제한했다.[20] 당시의 규정은 이러했지만, 규정의 정비
와 동시에 인물까지 즉시 바뀐 것은 아니었다. 일제 측으로서는 인
물난을 겪었고, 그에 따라 이전의 면장이 병합 이후에도 여전히 유
임된 상태였던 것이다. 그러다가 면장이 새로운 인물로 교체된 것
은 1914년 지방행정구역 개편 이후였다.[21]

1913년 현재 경기도 관내 면장 33명 가운데 사립학교 교원 또는
교장 출신은 17명으로 과반수이고, 나머지는 대부분 재력가 또는
명망가이며 각종 조합과 계의 장을 맡기도 하고, 금융조합의 설립
위원과 평의원에 선임되기도 했는데, 이는 이 시기 면장의 선정에
대한 일제의 방침이 신분, 지역 내 영향력 등을 보다 더 고려한 결
과였다.[22] 병합 이전에는 행정관청의 단순한 수족 역할에 머물렀
던 면장의 위상이 병합 이후 격상된 것이며 이러한 면장의 사회적
위상은 당시 금융조합장의 그것과 일치하는 것이었다.

다음으로는 군 참사이다. 군 참사는 조선총독부 지방관 관제에
따라 신설된 것으로 관할 내에 거주하고 학식과 명망이 있는 자에
대해 조선총독의 인가를 받아 도장관이 임명하며, 그 기능은 군수
의 자문에 응하는 것이었다.[23] 군 참사는 군서기처럼 행정관리가

---

20) 홍순권, 「일제 초기의 면 운영과 '조선면제'의 성립」『역사와 현실』23,
    1997, 144~145쪽.
21) 김익한, 앞의 논문, 1999, 184~200쪽.
22) 홍순권, 앞의 논문, 1997, 151쪽.

아닌, 군수 자문직으로 지역 유지급이 역임하는 자리였다.

조합장의 관직 경력에 대해 살펴보면서 波形昭一의 주장을 검토해 볼 필요가 있다. 1911년에서 1913년 사이의 금융조합장, 평의원, 설립위원의 경력을 분석한 波形昭一은, 금융조합장과 평의원에 대한 경력의 차이점을 강조하였다. 조합장 27명, 평의원 41명, 설립위원 32명 등 100명의 경력을 조사한 결과 평의원은 면장, 면공전영수원, 학무위원, 참봉 등의 경력자가 많은 반면, 조합장의 경력에서는 중추원 의관, 학교장, 군 참사, 지방위원 등이 많이 발견된다는 것이다. 그리고 그 결과에 대해 이는 일제의 침략에 대한 의병투쟁이 치열했던 결과 병합 당시의 금융조합에서는 면단위까지의 지방장악은 성공하지 못했음을 의미하며 면장 등 지방 유력자를 평의원으로 하며 측면에서 지원케 하고, 그 위에 중앙에 직결된 중추원 의관 경험자 및 지방위원을 조합장으로 삼았음을 보여주는 것이라 한다.[24] 이는 상당히 흥미 있는 분석이라 생각되지만, 전적으로 수긍하기는 어렵다.

그 이유는 먼저, 병합 초기까지만 해도 면장, 면 공전영수원 등 '면' 관련 경력자의 사회적 위상은 앞에서 살펴 본 바와 같이 상당히 낮았다. 이후 1910년대 중반을 거치면서, 특히 1914년 지방행정구역 개편을 거치면서 면장의 위상은 과거의 그것과는 비교할 수 없을 정도로 높아졌다. 따라서 波形의 평가는 위상이 강화된 이후의 면장에 대한 시각으로써 그 이전 면장에 대해서도 바라보고 있다는 생각이다. 둘째, 군참사, 지방위원 각각의 경력이 지방 장악의 여부를 판가름할 만큼의 차별이 있는지 하는 의문 때문이다. 조합

23) 「朝鮮總督府地方官官制」 勅令 第357號 『朝鮮總督府官報』 第28號, 明治 43년(1910) 9월 30일.
24) 波形昭一, 앞의 책, 209~211쪽.

장이 면장 또는 면 공전영수원 출신이면 지방 장악에 성공한 것이
고, 지방위원이나 군참사 출신이면 그렇지 못한 것인가 하는 생각
이 든다. 또한 지방 장악 성공의 척도로 파악한 면장과 면 공전영
수원 등의 경력을 평의원이 가졌으면 성공하지 못한 것이고, 조합
장의 경력이 그것이어야만 성공한 것으로 보아야하는 것인가 하는
의문도 있다. 만약 '면' 관련 직위 경력을 지방장악의 성공 여하의
판단 기준으로 하는 波形의 논리에 따른다 하더라도 조합장이든,
평의원이든 같은 금융조합의 임원이기 때문에 임원 누구라도 그
경력을 가지고 있다면, 금융조합으로서는 지방 장악에 성공한 것
으로 보아야 하지 않을까 한다.

이 시기 조합장이 된 인물들의 특징 가운데 세 번째는 유지가·
독농가·명망가·덕망가 등으로 표현된 이들이 많다는 점이다. 이
들 역시 지역유지집단이며, 당시 조선의 산업구조 및 경제발달상
태에 비춰 지주 출신이 많았다. 대구의 정해붕, 사천의 최연국, 광
주의 최상진,[25] 여수의 김한승, 동복의 오재영[26] 등이 그들이다.

다음으로는 일본과의 관련성 또는 친일성이다. 조합장 가운데
병합을 전후한 시기에 일본 시찰을 다녀 온 자도 2명이 있고, 1914
년 '조선진신 내지시찰단'의 일원으로서 일본을 시찰하기도 했다.
이들 가운데 1917년에 용인지방금융조합의 조합장으로 취임한 정
규한은 수여면장으로서 1914년 일본을 시찰하고, 그 감상기인『동
유감상록』을 남겼는데,[27] 그 내용은 일제의 근대적 시설물을 접하

---

25) 최상진은 50정보 이상의 농토를 소유하였고, 광주농공은행에도 이사로
참여했다고 한다(고승제,『한국금융사연구』, 일조각, 1980, 134쪽.
26) 오재영은 전남 화순군 동복면의 대지주 오씨가의 사람으로 1913년 동
복금융조합의 설립위원에 임명되어 설립 작업을 주도하고 조합장이 되
었다(홍성찬,『한국근대 농촌사회의 변동과 지주층』, 연세대학교 대학
원 경제학과 박사학위논문, 1989, 55~60쪽).
27) 1914년의 일본 시찰단에 대해서는 조성운의「'매일신보'를 통해 본

고 그에 압도되어 찬미에 급급한 것이었다.

또한 일본 적십자사 사원도 2명이 눈에 띠는데, 이러한 경력은 총독부 권력과 더욱 밀착되는 기회가 되었을 것으로 보인다. 1910년 병합 직후에 조선총독부 내무부장관이 일본 적십자사 조선본부 부총재를 겸임하고 있었기 때문이다.[28) 그리고 종교적으로 볼 때도 유교와 공자교 신자가 보이는데, 이들 종교는 총독부 권력에 포섭된 친일 종교였다.[29)

그밖에 교풍회 관련자도 1명 있는데, 그는 경남 사천금조 조합장 최연국이다. 1916년의 자료에 의하면, 경남 교풍회는 도에 총회를 두고, 군에 지부, 면에 분회, 동리에 리조합을 설치하여 조직을 갖췄는데, 그 사업내용은 저축의 장려, 개인위생과 공중위생에 대한 관념의 보급, 신교육과 일본어의 보급 및 청년의 지도, 법령의 周知 등이었으며 각 분회 소속으로 권농계, 식림계, 牛契 등을 조직하도록 하여 지방에서 가장 대표적인 관변단체였다고 한다.[30) 이러한

1910년대 일본시찰단」(『일제의 식민지 지배정책과 매일신보 - 1910년대』, 두리미디어, 2005) 참조. 또한 정규한의 『동유감상록』에 대해서는 조성운의 해제(『경기사론』 3, 경기대학교 사학회, 1999) 참조.

28) 『每日申報』 1910.10.20(2) 「赤十副總裁囑托」. 당시 일본적십자사 총재는 조선총독부 내무부장관 宇佐美勝夫를 조선본부 부총재로 촉탁하였다. 현재에도 적십자사는 정부와 밀접한 관련을 맺고 있는데, 총재는 국무총리, 여당 대표 등 정관계 고위 경력자가 선임되며, 사무총장 자리는 차관급으로 취급되고 있다.

29) 공자교는 1909년 10월에 大東學會(1907년 3월 창립)가 개칭된 것으로, 이들은 '일진회에 버금가는 친일세력'의 단체였다. 공자교에서는 대한제국 마지막 이완용 내각에서 학부대신을 역임하고 이후 중추원 고문을 지낸 이용직을 회장으로, 박제빈·이인직·이응종 등 거물급 친일파를 간부로 선임하여 출범하였다. 공자교에서는 지방의 향교 직원에게 지방포교원의 자격을 주어 전국적 조직화를 꾀했다(유준기, 「1910년대 일제의 유림친일화정책 - 공자교와 대동교를 중심으로 - 」 『건대사학』 8, 건국대학교사학회, 1993, 206~213쪽).

단체에서 최연국은 경남교풍회 사천군지부의 고문을 역임했다.

다음은 상업 등 농업 이외 분야에 진출한 자산가들이다. 개성의 손봉상과 고양의 고윤묵은 모두 상인 출신이었는데, 손봉상은 개성의 대상인 가운데 한 명이었으며, 고윤묵은 마포 동막을 무대로 하여 한강 상인으로 활동했다. 특히 고윤묵은 대한제국의 황실과 거래할 만큼 성장하여 정3품에 敍品 되고, 1914년에 지방행정구역이 개편될 때까지 용산면장을 역임하였으며, 1918년에는 조선제사주식회사를 설립하기도 하였다.31) 그밖에 유동식(시장관리인), 이재륜(상업가), 원성환(상업 종사), 최규석(은행 취체역) 등도 같은 범주에 속한다.

다음으로 이들 조합장들은 총독부와의 유착으로 1920~1930년대를 거쳐 학교평의원, 면 협의원, 도 평의원, 도회 의원, 중추원 참의 등으로 일신의 영달을 누리면서 계속해서 일제 식민통치의 적극적인 협력자로 성장하였다는 것이다.32) 일제는 지역 사회에서 이들이 갖고 있는 영향력을 이용해서 지방을 더욱 철저히 장악할 수 있었고, 이들은 총독부 권력과의 유착으로 자신들의 재산과 영향력을 더욱 확대해 갔던 것이다.

한 가지 덧붙이자면, 아버지와 아들 2대에 걸쳐 금융조합과 관련을 맺는 경우도 있었다. 1918년 당시 충남 공주지방금융조합장이었던 서한보의 아들 서덕순은 1921년 평의원을 거쳐 1938년 조합장에 취임했다.33) 이와 같이 대를 이어 조합장이 된 경우는 아니었

30) 홍순권, 앞의 논문, 1997, 153~154쪽.
31) 이한구,『일제하 한국기업설립운동사』, 청사, 1989, 165쪽 및 172쪽.
32) 특히 방인혁, 김한승, 최연국, 이충건 등은 중추원 참의를 역임하여 2002년 3·1절을 앞두고 '민족정기를 세우는 국회의원 모임'에서 선정한 친일파 708명에 속하는 자들이다. 방인혁은 1921년 3월에, 이충건은 1932년 3월에, 김한승은 1932년 6월에, 최연국은 1933년 6월에 중추원 참의에 임명되었다.

지만, 여수지방금융조합장 김한승과 그 아들 김우평도 2대가 금융
조합과 인연을 맺은 사례로 볼 수 있다.[34]

한 조합에서 조합장의 임기 만료 후에 인근 신설 조합의 조합장에
취임한 경우도 있었다. 강원도 김화지방금융조합 조합장으로 있다
가 1913년 임기 만료되었고, 다시 신설된 금성지방금융조합의 조합
장직을 11월 4일 허가받은 고장환의 사례에서 그것을 볼 수 있다.[35]

이들 조합장은 얼마나 자주 교체되었는지를 알아보기 위한 것이
다음 표로서 1910년대 매일신보를 통해 공고된 금융조합 등기와
1918년 경기도 관내 각 금융조합 임시총회 의사록을 통해 연도별
경기·강원도 금융조합장 명단을 작성했다.

〈표 2-1〉 1910년대 경기·강원도 금융조합장 교체상황

구 분	1912	1913	1914	1915	1916	1917	1918	1919
원 주			이민화					
철 원	최 규	박흰양	박흰양		박흰양(재)			박진양
김 화	고장환		염문우			염문우(중)		
양 주	이종협		이종협			이종협(중)		
포 천	김현적		김현적(중)			김현적		
여 주	권중익	권중익(중)	권중익		전홍준+		전홍준	전홍준
이 천	정기용		정기용(중)			정기용(중)	정기용	
장호원	황영수	황영수(중)	황영수			황영수(중)	황영수	
수 원	김희경		김정식			김정식	최동필*	

<hr/>

33) 지수걸, 「일제하 공주지역 유지집단 연구-사례 1 : 徐憙淳(1892~1969)
의 '유지기반'과 '유지정치'-」『역사와 역사교육』창간호, 웅진사학회,
1996.12.

34) 미국 유학을 마치고 돌아와 1930년대 동아일보 경제부장을 역임하면서
『금융조합론』등 금융조합에 관한 글을 통해 금융조합에 많은 관심을
기울였던 김우평은 김한승의 아들이었다[김우평의 사위 신영길의 증언
(한국정신문화연구원 편,『내가 겪은 민주와 독재』, 선인, 2001, 444쪽)].
김우평은 해방 이후 초대 외자구매처장을 거쳐 부흥부 장관과 민의원
을 역임했다.

35)『每日申報』1913.10.14(3)「法人登記公告」및『每日申報』1913.11.25(3)
「法人設立登記公告」.

영등포	이윤상	이윤상(재)	이윤상			이연철	이연철	
안 성	조병균		김형배			유진영	유진영	
광 주	최익영	이용호*	이용호			이용호		
남 양	홍익선	정시현	정시현		정시현(재)		김현진	
伊 川	이순홍		이순홍(재)	이순홍				
문산포	결원	이원용	박준수				박준수	
개 성	손봉상	손봉상(재)			손봉상(중)		손봉상	
장 단	이민하		김영식			김영식(재)	김영식	
영 월	장응식		장응식(중)					
양 평	김유정		이경렴					
연 천		이달우(재)	정용한					
용 인		조병두	조병두			정규한	정규한	
삭 녕		이순정						
금 성		고장환	고장환			고명환		
마 전			유철영			홍창섭*		
가 평			이창목		이승조*			
평 강			민명식		송이민+			송이민
평 택			김준식				김준식	윤종철
춘 천			이동근			이동근(중)		
양 구				이찬영				
평 창				이규형				
홍 천				김광수				
회 양				송홍식				송홍식
화 천				장명순				장명순
고 양				고윤묵			고윤묵	
횡 성					정호봉			
인 제					이시영			
오 산						김철현	김철현	
정 선						고연학		
풍 덕								이종학
발 안								윤원영
금 천								이원실

출전 : 1912~1917년과 1919년은 每日申報의 해당 조합 등기공고에서,
　　　 1918년은『金融組合聯合會定款』(국가기록원 문서철 88-4)에서 작성.
주 1) 조합명 우측의 사선은 해당 조합 설립 이전을 표시.
　 2) 조합장 이름 우측( )의 '재'는 재선, '중'은 중임. *는 전임 조합장
　　　 의 사망으로 교체. +는 전임 조합장의 사임으로 교체.

표를 통해 알 수 있는 것은 각 금융조합장의 교체가 그리 자주
일어나는 일이 아니었다는 것이다. 조합장의 교체가 있었던 조합
가운데, 광주, 가평, 마전, 수원 등은 전임 조합장의 사망으로, 그리

고 여주, 평강 등은 사임으로 교체되어 사망과 사임에 의해 일부 교체된 경우이다. 사망에 의한 교체는 불가피한 사정이었으므로 제외하면, 대부분은 한 번 조합장에 선임되면 계속 재선, 중임하였던 것이다. 또한 1930년대 후반까지 20년 이상 그 직을 유지한 조합장도 많았다.[36)

다음으로는 1914년에 신설된 감사에 대해서 살펴보겠다. 監事는 조합의 운영과 활동 등을 내부에서 監査하는 기능을 담당하였다. 이들 감사의 감사에 대한 규정은 도별로 약간 차이가 있었는데, 경상북도의 경우를 보면, 매월 1회 감사를 실시하고, 3명의 감사가 감사 1명씩 윤번제로 실시하며 감사 종료시 감사보고서를 도장관에 제출하게 하였다.[37) 충청남도와 북도는 2인 이상의 감사가 공동으로 감사를 실시하도록 했다.[38) 1918년 5월 사리원금융조합의 조합장에 취임했던 이충건의 사례에서 보듯이 이전에 감사직에 있다가 차기 조합장이 되는 사례도 많았다. 따라서 그 경력도 조합장과 별반 차이가 없었다.

다음으로 평의원을 보자. 1911년 현재까지 평의원을 역임한 자들 가운데 경력을 확인할 수 있는 이들은 8명이다.[39) 그들의 경력

---

36) 위 표에 있는 조합장 가운데 장단(동장으로 개칭)의 김영식, 양주의 이종협, 장호원의 황영수, 포천의 김현적, 영등포의 이연철, 이천의 정기용 등은 모두 1920년대에 10년 근속 표창을 받을 정도로 오랫동안 조합장 직을 유지했고, 발안의 윤원영은 1937년에도 여전히 조합장이었다.

37) 「地方金融組合監事監査手續」 조선총독부 경상북도 훈령 제325호(大正 4년 12월 24일) 『朝鮮總督府官報』 第1029號, 大正 5年(1916) 1月 12日.

38) 「地方金融組合監査規程」 조선총독부 충청남도 훈령 제3호(2월 25일) 『朝鮮總督府官報』 第1071號, 大正 5년(1916) 3월 2일 ; 「地方金融組合監事監査規程」 조선총독부 충청북도 훈령 제7호(7월 3일) 『朝鮮總督府官報』 第1178號, 大正 5년(1916) 7월 7日. 충북에서는 감사사항이 11항목으로 경북과 충남보다 3건이 많다.

을 살펴보면, 조합장의 그것과 크게 차이가 나지 않는다. 연령도 30대에서 50대에 걸쳐 있고, 관직 등의 경력도 유사하며 지방 유지가, 독농가, 덕망가 등으로 표현되는 것도 그렇다. 특히 관직에서는 참봉 경력이 3명이 있고, 중추원 의관도 2명이 있으며, 지방위원 2명, 조합 설립위원 출신이 1명이다. 또한 유교 또는 공자교 신봉의 종교성향도 마찬가지이다.

이와 같이 평의원들은 조합장에 비해서 경력 면에서 거의 차이점을 찾아볼 수 없을 정도로 유사한데 이런 점에서 평의원들이 차기 조합장 후보군이라고 할 수 있다. 즉 이러한 자들 가운데 한 명이 조합장으로 선택되었고, 임기 만료 또는 유고시 이들 평의원 가운데 다른 자가 조합장이 되는 구조였던 것이다.

---

39) 이들 8명의 명단 및 경력을 표로 나타내면 다음과 같다.

이 름	생년	주 소	주 요 경 력
김장호	1859	전남 광주군	전 흑석면장. 지방유지가
한상량	1870	전북 금산군	태릉참봉. 구 한국중추원 의관. 금산금조 평의원. 동군 독농가. 유교 숭신
한승창	1871	황해 안악군	6품. 전 참봉. 안악금조 평의원. 유교숭신. 동군 덕망가
송창희	1870	황해 황주군	정3품. 중추원 의관 주임관 6등. 금융조합소 위원 겸 평의원. 지방위원. 유교 숭신.
구경조	1856	충북 충주군	정3품. 첨지 오위장 세무원 공전영수원. 금융조합소 설립위원. 평의원을 역임. 본군 독농가
安壎	1885	경북 예천군	6품 혜민원 주사. 예천금조 평의원. 유교 숭신. 명망가
김동순	1862	경북 용궁군	전 목릉참봉. 용궁군 지방위원, 용흥학교 교장, 금조 평의원. 공자교 신자. 명망가
김계묵	1866	평남 순안군	향교 재장, 섬학 유사. 평양금조 평의원, 지방위원, 유교 숭신

출전 : 牧山耕藏, 『朝鮮紳士名鑑』, 株式會社 日本電報通信社 京城支局, 1911.

2) 일본인 직원

다음으로 식민지경영의 '첨병'으로 불리며 금융조합을 실질적으로 장악하고 운영하였던 이사에 대해 알아보자. '계획요령'에서는 '조합의 업무는 탁지부대신이 추천하는 사무원으로써 집행케 함'(제3조)이라는 조항이 있는데, 여기에 이사에 대한 단초가 보이며, 이후 '세조설명'에서 '조합의 업무는 이사에게 집행케 함'[40]이라고 규정하였다.

위와 같은 방안을 반영하여 마련된 이사에 대한 규정을 보면 '하부금을 받은 조합에 대하여 탁지부대신은 그 추천한 이사로써 조합의 상무를 집행케 함'(규칙 제7조 제2항)이라고 하여 하부금으로써 이루어지는 대부업무에 대해 전담시켰던 것이다. 이사를 관선으로 한 근거는 바로 여기에 있었다.

창립총회를 마친 조합에는 이사가 임명되었다. 조합 이사에는 동양협회 부속전문학교(척식대학의 전신) 졸업생들이 많았는데,[41] 동양협회는 척식을 위한 자료조사와 척식업무 종사자 양성을 위해 桂太郞이 주도하여 설립한 단체였다. 또한 이사가 갖춰야 할 자격으로는 농사상의 지식이 풍부하고, 일반농사, 경제사정, 민정 풍속

---

40) 세조설명 제6에서는 조합 업무의 집행 및 감독에 관해 설명하고 있는데, '조합의 업무는 이사에게 집행케 함. 이사 미 배치의 경우 재무관 또는 재무관보가 집행'이라고 하였다(『財政整理報告』 제4회, 341~345쪽).

41) 동양협회학교 졸업생을 이사에 임명한 것은, 금융조합 창설 구상 시부터 계획에 있었다. 目賀田이 伊藤과 협의하고 안을 만들어 한국정부에 보일 때 그 요령에 동양협회학교 졸업자를 채용할 계획이 담겨있었다(目賀田種太郞, 「金融組合設立の由來」 『金融組合論策集』, 朝鮮金融組合協會, 1930, 93쪽).

등에도 通曉해야 했다.[42)]

그들이 조선에 오게 된 경위에 대해서는 조선총독부 재무국장을
역임한 河內山樂三의 회고담을 통해 자세히 알 수 있다. 그에 따르
면 1907년 초여름 동양협회 부속전문학교 졸업생 30명[43)]이 동양협

---

42) 目賀田種太郎, 「朝鮮の開發と金融組合」, 위의 자료, 113쪽. 이사의 이
런 자격은 농사기수의 그것과 일치한다.

43) 이들 30명의 명단은 目賀田이 伊藤博文에게 올린 보고서를 통해 추정
해 볼 수 있다. 보고서 말미의 '인사'라는 항목에 '빙용 및 해직인원조'
라는 이름이 실려 있는데, 1907년 7월 1일부터 10월 31일 사이 재관자,
비재관자의 명단이다. 지방금융조합 설립 후 이사가 된 자들의 이름은
비재관자 가운데 보이며, 취직 연월일은 9월 14일, 15일, 16일 3일에 걸
쳐 있고, 종사부과는 재정고문부 지부 및 분청별로 표시돼 있다. 이를
취직 날짜별로 보면, 9월 14일은 矢後啓三(수원지부), 簀浦熊人(대구지
부, 대장속), 藤本周三(공주지부), 吉永卯吉(공주지부), 小早川岩藏(천안
분청), 奧田種彥(광주지부), 重松藤四郞(제주분청), 古市正之(의주분청)
등 8명이고, 9월 15일은 小島三郞(춘천지부), 井田魯一(홍산지청), 佐下
橋鐘次郞(영동분청), 中村孝嗣(밀양분청), 境伊勢次郞(창원분청), 陸川
辰之助(대구지부), 松田文雄(대구지부), 高取爲吉(나주분청), 杉山信雄
(영암분청), 土屋泰助(광주지부), 堀內光芳(제주분청), 辻圓知(전주지부),
菊池一德(전주지부), 小川一三(김제분청?), 井上充亮(평양지부), 松本淸
司(덕천분청), 栗原斐(강계분청), 加藤謹(함흥지부), 前田與七郞(경성지
부), 荻原周三(서흥분청) 등 20명이며, 9월 16일은 野村金兵衛(춘천지
부), 高田政雄(진주지부), 朝田直夫(창원분청, 세무서 세무속 겸 세무감
독국 세무속), 大須賀熊三郞(평양지부, 세무서 세무속) 등 4명이다. 이
가운데 簀浦熊人, 朝田直夫, 大須賀熊三郞 등과 같이 소속 지부 또는
분청 외에 추가로 관명이 표시된 자들은 금융조합과는 관련없는 '재관
자'들로 보인다. 이들 3명을 제외한 29명에다가 취직 연월일이 5월 15
일로 표기되어 있으나 9월 15일의 오기로 생각되는 山根讜(안주분청)
를 더하면 꼭 30명이다(『財政整理報告』 제5회, 441~453쪽). 위에서 밑
줄 친 23명은 필자의 이전 논문(석사논문 각주 45번, 24~25쪽과 2001
년 발표논문, 98쪽)에서 밝힌 1908년 상반기 현재 각 조합 이사의 명단
과 일치한다. 이 가운데 矢後啓三, 小島三郞, 佐下橋鐘次郞, 陸川辰之
助, 杉山信雄, 井上充亮, 前田與七郞 등 7명의 이름에 대해서는 필자가
이전 연구에서 판독 오류로 잘못 표기하였던 것을 여기에서 바로잡는

회 간사 門田正經의 인솔로 조선에 와서 교육을 받은 후 지방금융
조합 설립위원의 사령을 받고 임지에 갔으며, 이들 설립위원은 조
합성립 후 당연히 조합의 이사가 되었다고 한다.[44]

　이들이 조합의 이사에 임명되는 과정을 추적하여 공주와 鏡城지
방금융조합의 이사 藤本周三과 前田與七郎이 이사에 임명되기 전
후의 사령장을 보면, 藤本은 재무서주사였고, 前田은 鏡城재정고
문지부에 근무하였다. 또한, 牧田淸吉은 탁지부주사, 楚山지방금
융조합 설립위원이었다.[45]

　이어 1908년 6월말 현재 각 조합의 이사를 보면, 모두 재무서 주
사 4등 또는 5등의 직위를 갖고 있다.[46] 이로 미루어 각 조합의 이
사는 이렇게 겸직 발령을 한 것으로 생각된다. 이들의 대우는 얼마
나 되었나를 1908년 탁지부 주사에 임명된 판임관 4등 牧田淸吉의

　　　다. 이전에는 矢俊啓三(수원금융조합 이사), 佐下橋銈次郎(청주), 陸川
　　　辰士助(경주), 松山信雄(영암), 井上祀亮(평양), 前田興七郎(경성) 등으
　　　로 표기하였기에 위와 같이 바로잡는다. 또한 小島三郎(강릉)은 이전에
　　　는 조합 측 자료에서는 씨명 가운데 씨(小島)만 기재되어 있어 필자도
　　　그대로만 표기했는데, 명(三郎)도 밝혀졌으므로 씨명을 함께 밝힌다.

44)　河內山樂三, 앞의 자료, 5~6쪽.
45)　牧田淸吉은 1908년 6월 13일 탁지부주사에 임명되고 이틀 뒤인 6월 15
　　　일 초산지방금융조합 설립위원에 임명되었다. 그가 초산금융조합 이사
　　　였는지는 확인할 수 없으나, 전후사정을 감안하면, 이사에 임명되었을
　　　것으로 보인다. 또한 藤本周三은 1908년 2월 7일 재무서주사에 임명되
　　　었는데, 牧田의 경우를 참조할 때, 곧이어 공주지방금융조합 설립위원
　　　에 임명되었을 것이다. 그는 이후 같은 해 5월 현재 공주금융조합 이사
　　　였다. 그리고 前田與七郎은 경성재정고문지부 근무명령을 받았다. 그
　　　후 재정고문지부가 없어지면서 재무서로 이동되고, 다시 경성지방금융
　　　조합 설립위원이 되었을 것으로 보인다. 그는 1908년 4월 30일 탁지부
　　　로부터 경성지방금융조합 이사에 임명되었다. 그 형식은 탁지부대신
　　　고영희로부터 경성지방금융조합장 앞 추천이었다(秋田豊, 앞의 책, 97
　　　~98쪽).
46)　『財務經過報告』, 539~610쪽.

사례를 통해 살펴보면, 그는 8급봉을 받게 되었다.[47] 그리고 판임
관 4등 8급의 봉급은 180원이었다.[48] 이것은 1907년 세무감부, 세
무서, 세무분서에 2명씩 배치된 세무서기와 같은 대우였다.[49] 연봉
180원을 월급으로 환산하면 월 15원인 셈인데, 실제로 이사들이 지
급받은 것은 월급의 3~4배에 이르는 거금이었다.[50] 1910년대 조
선총독부의 일본인 관리들은 본봉 외에 加俸을 받고 있었는데, 그
것은 시설과 환경이 열악한 식민지에서 건강과 생명을 담보로 근
무하고 있다는 명분에 의한 조치였다. 합병 이전에 각 조합 이사들
에게도 이와 같은 명분에 따라 월급의 3배에 가까운 수당이 가봉
되어 지급된 것으로 보인다.

이들 이사들의 봉급 지급을 위해 신설된 조합에는 탁지부로부터
경비보조금이 있었는데, 이는 이사봉급 전부와 설립 후 2년 이내
서기봉급의 일부를 보조하기 위한 것이었다.[51] 경비보조금은 1906
년 3월 일본흥업은행으로부터 차입한 기업자금채 가운데에서 1907
년에 4만 원이 지원되었다.[52] 이후 경비보조를 위한 1908년과 1909

---

47) 「敍任及辭令」『官報』 제4101호, 隆熙 2년(1908) 6월 16일.
48) 「官等俸給令」 勅令 제42호(6월 30일)『官報』 제4121호, 隆熙 2년(1908)
   7월 9일.
49) 『財政整理報告』 제4회, 48쪽. 세무서기는 각 군서기 기타 자산 있고 세
   무에 경험 있으며 實直(성실ㆍ정직)한 자 가운데 채용하기로 하였다.
   연봉은 180원이었다.
50) 세조설명에서는 '이사의 봉급은 약 50원 내지 60원으로 하여 조합의 부
   담으로 할 것'이라고 하였다(위의 자료, 341~345쪽).
51) 秋田豊, 앞의 책, 165쪽.
52) 기업자금채는 1906년 3월 관세를 담보로 하고, 연리 6.5%의 이자와 5년
   거치 5년 상환(1916년 3월)의 조건으로 일본흥업은행으로부터 차입한 5
   백만 원이다. 이 자금의 사용목적은 산업ㆍ교육 기타 起業의 자금 또
   는 금융기관확장보조비에 충당키 위한 것이었는데, 治道공사, 인천ㆍ
   평양水道, 농공은행보조, 學事확장 등에 지출하였고, 1907년 금융조합
   보조로 4만원을 지출하였다(統監官房, 『韓國施政年報』(1906ㆍ1907년),

년의 예산은 각각 5만 원과 15만 원이었다.[53] 지방금융조합의 기본
금과 경비를 지원하기 위한 자금은 공채발행과 일본정부로부터 차
입을 통해 조달한 국채였다.

1913년에 이르면 경비보조에 관한 방침이 약간 변경되었는데,
1913년 5월 20일 탁지부장관이 각 도장관에게 보낸 통첩에는 기설
조합에 대한 경비 보조로서 이사, 이사견습, 기수의 급료 및 사택
료, 통역의 급료(1조합 1명에 한함), 이사, 이사견습의 부임, 전근
및 귀국 여비 등을 지급하고, 신설조합에는 설립비를 보조하며, 보
조금을 지급하지 않는 경우도 적시하였다.[54] 이어 1914년에 다시
경비 보조에 관한 방침의 일부를 변경했다. 1914년 6월 12일 탁지
부장관이 각 도장관에게 했던 통첩에 따르면 신설 조합에는 설립
비로서 1조합에 금 50원을 한도로 하는 등 전 해에 비해 약간의 제
한이 가해졌다.[55]

금융조합 이사 이하 일본인 직원에 대한 우대는 1914년 9월 정

193～197쪽].

53) 統監府, 『第三次統監府統計年報』(1908년), 593쪽.

54) 「大正二年度地方金融組合經費補助金二關スル件」 官通牒 제156호 『朝鮮
總督府官報』 제239호, 大正 2년(1913) 5월 20일. 신설조합에 대한 보조
는 ① 설립위원의 급료 및 사택료, ② 통역의 급료, ③ 설립위원의 부
임 및 전근 여비, ④ 조합원 모집에 요하는 여비 기타 잡비 등이고, 경
비보조금을 지급하지 않는 경우는 설립년으로부터 3년을 경과한 것은
통역의 급료, 4년을 경과한 것은 통역의 급료 및 기수의 급료 사택료
등으로 이들은 조합의 부담으로 하였다.

55) 「地方金融組合經費補助金支出方ノ件」 官通牒 제216호 『朝鮮總督府官
報』 제558호, 大正 3년(1914) 6월 12일. 경비를 보조하는 경우는 ① 이
사, 이사견습, 기수의 급료 수당 및 사택료, ② 서기(종전 통역)의 급료
(1조합 1명에 한함), ③ 서기견습(종전 통역견습)의 급료, ④ 이사, 이사
견습의 부임, 전근 및 귀국 여비 등이고, 보조하지 않는 경우는 설립 년
으로부터 3년을 경과한 조합의 서기 급료, 설립 년으로부터 4년을 경과
한 조합의 기수의 급료 사택료, 1908년 이전에 설립된 조합의 이사 사
택료(단 평북 강원 함남북 관내 조합 제외) 등이었다.

무총감이 각 도장관에게 보낸 통첩을 통해서도 확인할 수 있는데, 그 통첩에 의하면, 제1차 대전에 참전하여 독일령 중국 교주만 공격에 참전한 조합 직원에게는 군대에서 받는 봉급액이 조합의 급여액(봉급 및 僻陬수당)보다 적을 때는 육해군의 봉급증명서를 제출하면 그 부족액을 조합에서 지급해주도록 하였다.[56]

또한 1914년 조합령 제정 이후 지방금융조합이사 복무 및 징계규정(조선총독부 훈령 제61호), 지방금융조합 이사 신원보증금 규정(조선총독부 훈령 제62호), 지방금융조합직원복무 및 징계 및 신원보증금 규정에 관한 건(관통첩 제381호), 지방금융조합직제 및 직원급여규정준칙에 관한 건(관통첩 제382호), 지방금융조합 장부 및 문서양식에 관한 건(관통첩 제383호) 등이 모두 같은 날인 10월 23일에 제정되고 통첩되었다.[57]

이제 각 조합 이사에 임명된 자들의 경력에 대해서 살펴보겠다. 1907년부터 1918년까지 그 신상과 경력을 파악할 수 있는 자는 110명이다. 이들에 대한 약력을 검토한 결과 다음과 같은 특징을 파악할 수 있다.

먼저 이들의 나이와 관련된 것으로 대부분 20대 전반의 약관이었다는 점이다. 첫 해인 1907년에 조선에 와서 이사에 임명되었던 자들 가운데 기록이 남아있는 7명의 이사 부임 당시 나이를 보면, 21세에서 28세까지 골고루 이다. 졸업 이후 육군 통역 경력이 있는 加藤謙을 제외하면 모두 20대 전반이다. 이어 1914년까지 이사에 임명되었던 자들 가운데 나이를 알 수 있는 자들은 65명인데, 그 가운데 20대 전반은 38명, 20대 후반은 22명, 30대는 5명이다. 20대 후반에서 30대인 이들은 군대, 타 직장 경력자가 많고, 대학 졸업

---

56) 「地方金融組合職員應召中給與方ニ關スル件」官通牒 제326호 『朝鮮總督府官報』 第631號, 大正 3년(1914) 9月 8日.
57) 『朝鮮總督府官報』 제668호, 大正 3년(1914) 10월 23일.

이 늦은 자들이다. 1915년에서 1918년까지 임명된 자들의 연령을 보면, 20대 전반 10명, 20대 후반 9명, 30대 6명 등이다. 19세 1명을 포함해도 20대 전반의 비율이 많이 줄어든 셈이다. 고령자도 있어 40대 1명, 50대 1명이다. 1915년에 의주지방금융조합 이사에 임명된 山口豊正은 1863년생으로 1887년부터 일본 내 각 지방에서 세무 관련 일에 종사하다가 1906년 대한제국의 재정고문부 재무관으로 일한 경험이 있으며 1915년에 다시 조선에 건너와서 이사에 취임하였다. 그가 이사에 취임한 때의 나이는 52세였다. 위와 같이 다양한 모습을 보이긴 하지만, 20대 전반이 다수였음을 알 수 있다.

다음은 학력과 관련한 것으로 초기에 동양협회 전문학교 출신들이 많았던 점을 들 수 있다. 이들의 학력에 대해서 표를 만들어 보면, 학력이 확실한 105명의 내용이 다음 표와 같다.

〈표 2-2〉 제1기 조합 이사의 학교별 분포

구 분	동양협회 전문학교	대만협회 전문학교	고등상업학교	대학	농업학교	기타	계
인원수	68	2	17	9	3	6	105

출전 : <부록 2>에서 작성.

위 표를 통해서 볼 때, 출신학교를 알 수 있는 105명 가운데 67명이 동양협회전문학교(경성분교를 포함) 출신으로 다수를 차지한다. 동양협회는 1901년에 설립된 대만협회를 1907년에 '협회의 세력범위를 만한(만주와 한국 ; 인용자) 지방으로 확장하고, 더욱 그 취지와 특색을 발휘시킬 필요'에서 개조, 개칭된 식민단체[58]로, ① 대만・조선・만주, 그 외 동양에 관한 학술상・경제상의 조사활동, ② 식민지에서 식민정책을 위해 종사할 인재양성, ③ 식민지에 관한 지식의 보급 및 식민사상의 작흥, ④ 식민지에 관한 연구자료의

---

58) 波形昭一, 앞의 책, 214쪽.

수집 및 연구기관과 도서관 설립 등을 목적으로 조직된 것이었
다.[59] 결국 이 학교 출신들이 다수 금융조합 이사에 임명된 것은 위
와 같이 식민지 행정기구의 중하급 관리로 육성되었다는 점과 그들
가운데 조선어 습득자가 많았다는 점이 고려되었기 때문이었다.[60]
  특히 1907년부터 1909년까지는 모두 동양협회 전문학교 출신자
들 가운데서만 이사를 임명하였다. 1908년 2월경 동양협회 부속전
문학교 졸업생 가운데 금융조합이사는 14명이었다.[61] 또한 1909년
4월에 임명된 이사도 모두 같은 학교 출신들이었다.[62] 사립대만협
회 전문학교는 동양협회 전문학교의 전신이므로 같이 취급해도 될
것인데, 이들이 조합 이사에 다수 임명되었다는 것은 금융조합이
주요한 척식기관 가운데 하나였다는 사실을 대변하는 것이다. 아
울러 동양협회 전문학교 경성분교는 1907년 10월에 문을 열었다.
한일병합 이후에는 총독부의 보조를 받았고, 1918년 4월 동경 본교
로부터 독립하여 사립 동양협회 경성전문학교로 교명을 바꾸고 행
정과와 고등상업과를 설치했다.[63]
  동양협회 외에 고등상업학교(고상) 출신들이 많다는 점도 특징
적이다. 고상 출신으로는 東京고상(2명), 山口고상(4명), 神戸고상(2
명), 長崎고상(9명) 등 고등상업학교 출신이 17명이다. 기타 학교는
早稻田대 4명, 日本대 2명, 明治대 2, 東京帝大 1명, 농업학교 3명,

---

59) 『東洋時報』 136, 1910.1 ; 이동언, 앞의 논문, 289쪽 재인용.
60) 波形昭一, 위의 책, 214쪽.
61) 동양협회전문학교 졸업생 287명 중 1908년 2월경 조선에 취직한 사람
    은 62명이고, 그 가운데 금융조합에 취직한 사람은 14명이며, 1909년
    10월에는 졸업생 539명 중 조선에 취직한 사람이 209명, 금융조합에 취
    직한 사람은 101명이다(波形昭一, 위의 책, 213쪽 참조).
62) 『皇城新聞』 1909.4.28(2) 「金融組合理事」. 아울러 그 이후에도 새로 설
    립되는 조합의 이사는 동양협회 전문학교 출신자들을 채용하였다(『大
    韓每日申報』 1909.6.3(2) 「金融組合增設」).
63) 『東亞日報』 1920.5.16(2) 「東協校名 並 位置變更」.

東京외국어학교 1, 사범학교 1명, 第一고 1, 縣立중학 2, 고등소학 1명이다.

시기적으로 보면, 동양협회나 대만협회 전문학교 출신이 아닌 타 학교 출신자가 1910년 이전에 이사에 임용된 사례는 보이지 않는 다. 이처럼 초기에는 척식 계통 학교 출신자만이 임명되었음을 알 수 있다. 그러다가 1910년에 들어서면, 동양협회 전문학교 외에 이 사의 출신학교로 長崎·神戶 등의 고등상업학교 출신자들이 등장 한다.[64] 이어 1912년의 자료에도 고등상업학교 출신의 임용 방침이 이어진다.[65] 병합을 전후 한 시기에 척식계통의 학교 출신자만으로 임명하던 관행에서 상업학교 출신자에게까지 문호가 넓혀졌다고 볼 수 있다. 조합 업무가 주로 장부를 중심으로 이루어지는 특성상 상업학교 출신자에 대한 수요를 느꼈다고 판단된다. 고상 출신자의 특징으로는 지역적으로 九州와 四國 소재 학교 출신자가 많다.[66]

아울러 1912년 이후 농업학교 출신자의 이사 임용이 나타난 것 은 1910년대 농업생산력 증대라는 총독부 농정과도 관련된 조치이 며, 농업 기수 등으로 조합에 취직했다가 전임 이사의 전근이나 퇴 직 등으로 후임 이사에 임명되었던 것으로 보인다.

이사로 취임하기 이전의 경력과 관련한 특징은, 앞에서 본 바와 같이 학교 졸업 후 곧바로 금융조합에 들어가 그 해에 이사로 부임 한 경우가 가장 많다는 것이다. 1907~1914년에 걸쳐 이사가 된 자 들은 학교 졸업 후 바로 이사에 임명되는 경우가 많았다. 특히 1907년에서 1910년에 이르는 초창기에 이사에 임명된 자들은 대한

---

64) 『皇城新聞』 1910.5.11(3) 「金融組合任員과 處所」.
65) 『每日申報』 1912.3.20(2) 「金融理事銓衡」.
66) 九州의 6개 현과, 山口·廣島·岡山·香川·愛媛 등 5개 현, 합해서
   11개 현 소재 고상 출신자는 1930년대 일본인 이사 519명 가운데 55%
   인 285명에 이를 정도가 되었다(波形昭一, 앞의 책, 220쪽).

제국의 탁지부 또는 재정고문부, 재무서, 재무감독국 등에서 주사 등의 관리를 거쳐 지방금융조합 설립위원으로 지방금융조합 창설 작업에 참여한 후 이사에 임명된 경우가 많았다. 그밖에 조선총독부, 토지조사국, 군청 등 일제 식민통치기구 경력자 등이 다음을 이었고, 금융기관, 그리고 농사시험장 등 농사개량기구, 교육계 등의 경력자도 있었다. 이어서 군 경력자, 기타 회사 경력자, 대만총독부 근무 경력자도 있다.

1910년경에 이르면 이사가 되기 전에 이사견습 과정을 거치게 했다. 1910년 3월 학교를 졸업하고 나주지방금융조합 이사견습을 거친 후 12월에 진도지방금융조합 이사에 부임한 山本忠의 사례에서 볼 수 있듯이 1910년대에 들어 와서는 기왕에 설립된 지방금융조합 중 규모가 큰 조합에서 이사견습기간을 거친 후 신설되는 조합에 이사로 부임하는 경우가 발생했다. 이로 미루어 보면, 1910년 경부터는 이사가 되기 전에 이사견습의 단계를 거쳐 미리 업무수습을 하게 하였다고 보이며,[67] 이는 학교 졸업 직후 곧바로 이사에 부임하여 여러 실수를 반복하였던 초창기의 시행착오를 피하려는 장치로 생각된다. 또한 1915년의 사례를 보면, 새로 채용한 이사견습 가운데 일부는 각지 기설 금융조합에 배치하고, 현임 이사는 견습생과 교대하여 신설할 금융조합으로 전임하여 설립준비를 맡게 한 경우도 있었는데, 이 역시 업무 공백을 최소화하려는 의도였던 것으로 보인다.[68] 또 1916년 평북에서는 도 재무계에서 금융조합 관련 업무를 담당하던 3명을 이사로 임명하여 신설 조합에 배치한

---

67) 설립이 오래되고, 중추적인 지방에 있는 조합의 이사견습으로 있다가 벽지의 소규모 조합 이사로 부임한 사례는 1913년에도 보이는데, 의주 금융조합 이사견습으로 있다가 강계의 만포진금융조합의 이사로 부임한 吉井次作의 경우가 그러하다(『每日申報』 1913.9.15(1) 평북통신「金融理事의 交迭」).

68) 『每日申報』 1915.6.13(2)「新設金融組合」.

경우도 있었다.[69)]

이들 이사 가운데는 조합업무에서 전횡을 일삼아 조합업무를 독단적이고 고압적으로 처리하여 물의를 빚기도 했다. 심지어 전북 고산금융조합 이사는 대출을 거부하여 살해당하기도 하였다.[70)] 또한 1915년 3월 13일 총독부 회의실에서 열린 각도 재무부장 회의에서 총독은 훈시를 통해 '지방금융조합 이사 가운데 그 본분을 망각하고, 업무집행에 진지함을 결하여 조합의 신용을 실추시키고 그 발달을 저해하는 자가 있음은 유감'이라고 하면서, 각 도 재무부장으로 하여금 '이사의 복무에 대해 충분히 감독'할 것을 특별히 당부하기도 하였다.[71)]

이들 이사와 관련하여 또한 주목할 만한 것은 1914년 조합령 제정 이후 이사에 대해 조선어 시험을 부과한 것이 나타난다는 사실이다. 금융조합 이사들의 조선어 습득은 조선총독이 특히 관심을 두었던 사안이었다. 寺內 총독은 1912년 3월부터 이후 그의 임기 중에 4차례 열렸던 전 조선 이사회의 석상에서 행한 훈시에서 4차례 모두 이사들의 조선어 학습을 강조하였다. 특히 1916년의 훈시에서는 이사들에게 수차례 조선어 습득을 강조하였으나 미진하다며 질책한 바 있다. 이 같은 양상은 조선어를 습득했던 동양협회 출신자들로만 조합 이사에 임명하던 관행이 1910년경이 되면 고등상업 등 타 학교 출신자들에게도 문호가 개방되면서 조선어를 습득치 못한 자들이 이사에 임용되었기 때문으로 보인다.

조선어 학습에 대해 이처럼 거듭되는 총독의 강조에 따라 은율지방금융조합에서는 1915년의 이사회의에서 '조합원 지도에 가장 필요한 것은 선어의 습득'이라며 '등한히 하지 않은 결과 목하 보

---

69) 『每日申報』1916.5.30(2) 「三金融理事新任」.
70) 『每日申報』1914.5.26(3) 「金融理事를 打殺」.
71) 「各道財務部長に對する寺內總督訓示」『朝鮮彙報』, 1915.4.1, 3쪽.

통어에서는 불편을 느끼지 않을 양호한 성적'을 거뒀다고 보고하
였다.[72] 그밖에도 1916년 8월 충남,[73] 12월 경북,[74] 1917년 2월 경
기도[75]에서 관내 조합 이사들에 대해 조선어 시험을 실시하였다.
총독부 당국이 이토록 조합 이사들에게 조선어 실력을 강조했던
것은, 조합이사들로 하여금 조합원을 더욱 확실히 장악하게 하려
했기 때문으로 생각된다.

지방금융조합의 이사는 감독관청과 깊은 유착 관계를 맺었다.
그 관계를 매개하는 조직은 이사구락부였다. 이사구락부는 1909년
8월 탁지부 차관이 각 재무감독국장에게 보낸 통달에 의해 조직되
었다.[76] 설치 요항을 통해 이 조직에 대해서 살펴보면, 회원은 각
재무감독국 관내 이사 전원으로 하며, 재무감독국장이 필요하다고
인정한 때에는 지방금융조합의 임원, 기수 및 설립위원도 가입할 수
있었다. 회장은 재무감독국장이 맡고 재무감독국 사무관이 평의원이
되었으며, 사무소가 설치된 조합의 이사가 간사를 담당했다. 회원은
매월 1원을 회비로 납부해야 했고, 이 조직의 주요 활동은 서적 및 잡
지의 구입 회람, 회원 간 윤번통신(Cyclical Correspondence, 최소 매월
1회 이상), 조합사무 등에 관한 연구 회부 등이었다.[77]

'강원도지방금융조합이사구락부규약'을 보면, 위와 같은 활동

---

72) 朝鮮總督府,『大正四年十月地方金融組合理事會同答申書』(1915년), 153쪽.
73) 『每日申報』 1916.8.16(2) 「理事의 鮮語試驗」.
74) 『每日申報』 1916.12.17(2) 「金融組合理事 鮮語試驗」.
75) 『每日申報』 1917.2.22(2) 「京畿金融理事會同」.
76) 「地方金融組合理事俱樂部設立ニ關スル件」 理監發 第964號(1909.8.27)
    『地方金融組合執務便覽』, 朝鮮總督府, 1911, 139~140쪽. 이 통첩이 재
    정고문부로부터 발해졌다는 기록(山根譓 編,『朝鮮金融組合協會史』,
    朝鮮金融組合聯合會, 1934, 24쪽)은 착오이다. 1909년은 이미 재정고문
    부가 해체되고 난 이후이기 때문이다.
77) 「地方金融組合理事俱樂部設置要項」『地方金融組合執務便覽』, 朝鮮總
    督府, 1911, 140~143쪽.

외에 회원 간의 공제사업도 중요한 업무였는데, 회원의 사망에 대해서는 20원의 조위금을 지급하도록 했다.[78] 이러한 공제조직의 성격에 대해서 1914년 당시 탁지부 이재과장이었던 藤原正文은, 1907년 군대 해산 이후 치열했던 의병 투쟁에 대해 일선 조합의 이사들이 신상의 위협을 느꼈기 때문에 공제회의 설치가 필요했다고 회고[79]한 점으로 봐서 이사구락부가 창설된 배경에는 공제조직으로서의 요구도 큰 몫을 한 것으로 보인다. 회원들의 월 회비가 1원으로 다소 거금이었던 것은 이와 같은 공제사업의 필요성 때문이었다. 결국 이사구락부는 조합소재지의 경제상황의 조사, 각 이사와 감독기관 직원 사이의 정보 교환, 공제 활동 등을 위해 조직되었던 것이다.

이러한 이사구락부를 모체로 해서 1914년 9월에는 지방금융조합회가 조직되었다. 이 시기는 같은 해 5월에 지방금융조합령이 제정된 직후라는 점에서 알 수 있는 바와 같이 지방금융조합회 조직에 대한 새로운 체제정비의 일환이었던 셈이었다. 신설된 지방금융조합회는 특별회원, 갑종회원, 을종회원 등으로 구성되었다.[80] 조선

---

78) 山根讜 編, 앞의 책, 30쪽.
79) 山根讜 編, 위의 책, 33쪽.
80) 조선금융조합회 조직 당시의 회원을 보면 다음과 같다.

구 분	구 성 원
간 사	탁지부 재임 고등관(이재과장, 藤原正文), 경기도 재무부장(櫻井小一)
지방위원	13도 재무부장
특별회원	도장관, 각 부장, 참여관, 기사, 조선은행 총재 이하 간부, 조선상업은행 본지점 지배인, 농공은행 본지점 지배인, 동양척식회사 금융부장 등(119명)
갑종회원	지방금융조합 이사, 조선총독부 이재과원, 도 이재과원, 각 은행원 등(450명)
을종회원	지방금융조합 이사견습, 서기, 농수, 통역, 조선총독부 이재과 고원(866명)

출전 : 山根讜 編, 위의 책, 37쪽.

총독부 및 각 도의 간부, 각 금융기관의 간부, 지방금융조합의 직원 등을 망라하여 회원수가 천 4백 명이 넘는 거대한 조직으로 탈바꿈한 것이다. 지방금융조합회에서는 잡지 및 도서의 간행, 화재공제사업, 공동인쇄, 이사 숙박소의 설비 등의 사업을 추진했다.[81] 이사구락부의 활동 가운데 서적 및 잡지의 구입 회람이 있었는데, 지방금융조합회에서는 그의 간행으로 승격되었던 것이다.

설립 초기 각 조합에는 이사 이외의 일본인 직원으로 농업기수가 있었다. 농업기수는 처음에는 전국 10개소의 조합에 배치할 방침을 정하고 인선은 수원권업모범장장에 의뢰하고, 배치조합에 대해서는 각 재무감독국장에 조회하였다.[82] 이어 1909년 6월 이후 전국을 통해 50명이 되게 할 계획에 따라 다시 기수 10명을 증배하였다. 또한 기수의 채용은 탁지부의 추천 또는 지방장관이 적임자라 인정되는 자를 탁지부의 승인을 거쳐 추천하도록 하였으며, 기수의 월봉과 사택료는 지방금융조합 보조비 중에서 지출하였다.[83]

조합의 농사 기수들은 지방 농민지도를 담당하여 황해도 해주군의 청단금융조합 창고 내에서 열린 叺織 강습회의 강사로 활동했던 사례가 있다.[84] 또한 농사순회교사에 촉탁되기도 했는데, 경기도 양주, 여주, 김포, 양평, 장단 등의 조합 기수들은 각각 해당 군에 주재했던 농사순회교사였다.[85] 각 조합 기수들은 도 단위 회의

---

81) 山根謙 編, 위의 책, 42쪽. 그 결과 월간지로『地方金融組合』이 간행되었는데, 논설, 자료, 지방경제상황, 법령에 대한 질의 응답, 서임사령, 법령 예규 등에 관해 수록하였다. 이 잡지의 편찬은 탁지부 이재과원들이 담당하다가 1915년부터는 전담자를 두어 맡게 하였다.

82)『財務經過報告』, 225쪽.

83)「地方金融組合技手配置方ニ關スル件」『地方金融組合執務便覽』, 朝鮮總督府, 1911, 93~94쪽.

84)『每日申報』1914.3.4 지방매일(4)「黃海 海州」.

85)『每日申報』1913.3.15(法令附錄, 경기도 제4호)(2)「敍任及辭令」;『每日

를 통해 농사시설 등에 관한 협의를 하였는데, 1913년 4월의 경북
과 1914년 3월과 황해도의 사례가 있다. 협의 내용은 농사시설과
관련된 모든 것과 금융조합에서 공동구입할 種籾에 관한 것 등이
었다.[86]

 평남 덕천에서는 지방금융조합 기수가 군수와 공동으로 덕천·
맹산 양군의 면장·실업가·유생 등 43인으로 조직된 시찰단을
인솔하여 진남포·평양·경성 등을 방문하였는데, 특히 평양에서
는 도청·부청, 권업모범장 평양지장, 공립농학교 물산진열장, 동
아연초분공장, 수원지 등을 시찰하기도 하였다.[87] 시찰단 인솔의
사례에서 조합 기수의 지위를 가늠해 볼 수 있다.

 금융조합 기수들은 또한 국유지소작인조합[88]의 이사에 임명되
기도 하였는데, 1911년 9월 25일에 신설된 경기도 여주군 국유지소
작인 조합 이사에 여주지방금융조합 농업기수 角能外次郎이 임명
되었고, 경남 김해군 덕산역 및 광둔 국유지소작인조합 이사에 김
해지방금융조합 기수 常石茂가, 울산군 부평역 국유지소작인조합
이사에 울산지방금융조합 기수 上田勝雄가 임명되었다.[89] 여기에
서는 지방금융조합과 국유지소작인조합과의 밀접한 관련을 엿볼

申報』 1913.6.12(法令附錄, 경기도 제9호)(3)「敍任及辭令」.
86)『每日申報』 1913.4.10(2)「金融技手協議會」;『每日申報』 1914.2.21 지
  방매일(4)「黃海 海州」.
87)『每日申報』 1913.9.3(1) 평남통신「德川視察團消息」.
88) 국유지소작인조합은 1912년 12월말 현재 97개가 조직되고, 조합원 2만
  343명이었다. 그 활동은 '자금의 융통, 농사사상의 보급을 도모하여 종
  묘의 선택, 시비의 방법, 경작법의 개선 등에 관하여는 직영전 혹은 시
  작전, 감독전을 설치하여 신구 양 양법에 의해 일반의 농작물, 과수, 소
  채 등의 試作을 함으로써 발아로부터 수확에 이르기까지의 생육의 良
  否, 수확의 다과 등을 비교 實見'하는 것이었다(「國有地小作人組合業
  務執行狀況」『朝鮮總督府月報』 3권 9호, 1913.9, 44쪽).
89)『朝鮮總督府官報』 第342號, 明治 44년(1911) 10月 16日.

수 있다.

그 밖의 직원으로 통역이 있었는데, 주로 조선인이 채용되었다. 채용 과정을 보면, 조합장이 재무감독국장의 승인을 거쳐 임명하고, 봉급은 조합 보조비 중 20원을 초과하지 않는 범위 내에서 승인받았다.[90] 이들 통역은 이사 등 일본인 직원과 조합원 또는 조선인 임원들 사이를 연결하는 역할을 담당하였을 것이다. 그리고 통역과 통역견습은 1914년에 폐지되고 각각 서기와 서기견습으로 대체되었다.

이상을 놓고 볼 때 병합 이전의 조합장은 그 지역의 유지 대표라 할 수 있는 자들이 맡았다. 대한제국의 관직 경력자와 지방위원 출신들이 그들이다. 하급 관리라 할 수 있는 자는 군 주사만이 있을 뿐이었다. 여기서 현직 관리 배제 방침을 느낄 수 있다. 현직 군수는 설립위원으로서만 참여하고, 조합의 운영에 간여하는 조합장으로는 선임되지 않았던 것이다. 일제가 조선의 지방을 장악해 가는 과정에서 지방금융조합에 대해 지방행정기관을 보완하는 것으로서 충분히 이용했다고 생각한다. 그런 면에서 지역 유지를 조합장으로 포섭하고 그를 통해 조선의 지방민을 장악하고자 했다고 볼 수 있다. 그러다가 병합 이후가 되면 현직 지방관이 조합장이 되는 사례가 나타난다. 군수와 면장이 조합장에 선임되었던 것이다.

다음으로 지방금융조합의 실권을 장악하고 있던 것은 일본인 이사였다. 이들은 주로 20대 중반에, 척식업무 종사자 양성기관인 동양협회 부속 전문학교 졸업생들로서 학교 졸업 후 바로 조선에 건너와서 금융조합 이사가 되었던 것이다. 1910년경부터는 고등상업학교 출신자들도 이사에 임명되었다. '식민지 경영의 최일선'에서

---

90) 「地方金融組合通譯俸給限度ニ關スル件」 理監發 第365호(1909년 4월 20일) 『地方金融組合執務便覽』, 朝鮮總督府, 1911, 94쪽.

지방 농민과 직접 접촉하는 이들에 대한 총독부의 대우는 각별했다. 또한 이들의 그릇된 자부심은 조선인에 대한 우월감으로 표출되기도 했다.

아울러 조합 이사들은 감독관청과 유착관계를 형성하였는데, 그 매개체였던 이사구락부와 지방금융조합회는 지방금융조합의 초창기와 1910년대를 걸쳐 지방금융조합을 둘러싸고 官界와 금융계 인사들을 포괄하는 조직이었다. 다만, 그 조직을 움직이는 중심인물은 지방금융조합 측 인사들이 아닌, 감독관청의 관리들이었음이 주목할 만한 점이다. 그리고 그 기능은 1919년 5월 조선경제협회로 개칭된 새 조직에서 계승하였다.

2. '민족분열정책기'의 조합장과 조선인 이사의 등장

1) 지역 유지와 조합장

주지하다시피 3·1독립운동의 발발 이후 일제는 식민지 조선에 대한 통치방침을 변경했다. 새로운 통치방침은 민족분열정책의 실시였고, 그에 따라 조선인 가운데 친일파를 양성하기 위한 정책을 펴는 한편, 일제에 저항하는 조선인에 대해서는 '치안유지법'으로 상징되는 엄혹한 수단을 동원하여 철저히 탄압했다.

금융조합의 조합장은 총회에서 조합원 가운데 선출하게 되어 있었다. 그러나 지방장관의 승인을 받지 않으면 효력이 없었다(제31

조).[91] 조합장은 규정상으로는 조합원 총회에서 선출하게 되어 있었지만, 지방장관(도지사)의 승인을 필요로 했기 때문에 도지사 승인을 받는 데 하자가 없는 사람들, 즉 총독부(도) 당국으로부터 인정을 받은 사람들만이 조합장 후보에 출마하고, 선출되었다. 결국 각 금융조합장 자리는 도 당국이 사전에 내정한 자들의 전유물이었다고 할 수 있다. 이를 통해 1920년대 민족분열정책기에 금융조합장에 새로 부임한 조선인들은 일제의 친일파 양성책과 맞물려 지역에서 일제의 협력자가 된 자들이었음을 확인할 수 있다.

조합장은 이사와 공동으로 금융조합을 대표하였고, 총회 및 평의원회의 의장이 되었으며(1914년의 지방금융조합령 제35조), 이사와 함께 금융조합의 업무를 집행했다(1918년의 개정 금융조합령 제36조). 1914년의 조합령에서는 업무 집행은 이사 단독으로 행하도록 규정했으나 1918년의 개정 조합령에서는 조합장과 이사의 공동 집행으로 규정하여 조합장의 조합 운영 참여를 강화했던 것이다. 그러나 이 시기 조합장도 1910년대와 마찬가지로 명목상의 대표로서 자신의 본업에 충실하고, 조합의 활동에는 그다지 적극성을 보이지 않는 경우가 많았던 듯 하다. 1922년 2월 함경북도에서 열린 북부조합 이사 부분회의에서 다룬 안건을 보면, 조합장이 지켜야 할 사항을 다루고 있는 것에서 그 사정을 알 수 있다.[92]

---

91) 「地方金融組合令中左ノ通改正ス」制令 第13號 『朝鮮總督府官報』第 1767號, 大正 7년(1918) 6월 27일.
92) 『金融と經濟』 36, 朝鮮經濟協會, 1922.4, 55~62쪽. 그 내용은 조합장의 업무집행이 유명무실하다고 하면서 1주일에 2일 이상 사무소에 출근하여 차입금 신청의 허가여부의 조사, 조선인에 대한 예금의 장려, 신용정도표의 작성 등의 업무에 종사하고, 1개월에 5일 이상 서기 또는 서기견습을 대동하고 구역 내를 순회하면서 조합 취지를 선전하고 조합원을 모집하도록 했다. 이런 경향은 조합장에만 그쳤던 것이 아니라 평의원과 감사 등 다른 임원도 마찬가지였다.

이제 조합장의 경력을 통해 민족분열정책기 조합장의 특징을 밝혀보기로 하겠다. 1919년에서 1929년 3월 사이에 새로 조합장이 된 자들 가운데 명단이 확인된 자는 도시금조 8명[93]과 촌락금조 72명인데, 먼저 촌락금조의 조선인 조합장 72명을 대상으로 살펴보겠다.

먼저 근대식 학교교육을 받은 적이 있는 자는 14명인데, 학교는 매우 다양하다.[94] 이는 이전 시기(1907~1918년) 조합장 가운데 근대교육을 받은 자가 2명에 그쳤던 것에 비해 상당히 늘어난 것이다. 그나마 이런 교육을 받은 적이 있는 자들도 거의 대부분 1920년대 중반 이후에 조합장에 취임한 특징이 있다. 이를 통해서 금융조합이 창설되었던 1907년 이래 1920년대 중반까지는 전근대 교육을 받았던 계층 위주로 조합장에 선임되었고, 근대식 교육을 받은 계층이 아직 지역유지의 주류를 점하지는 못했음을 알 수 있다. 다음 표를 통해 연령대와 경력을 살펴보자.

〈표 2-3〉 제2기 촌락금조장의 연령대와 경력

구 분	연 령 대						경 력				
	30대	40대	50대	60대	70대	계	면장	군수	자문기관 의원	농회 의원	학교의원
인원수	16	29	9	2	1	57	47	2	28	10	18

출전 : <부록 3>에서 작성.

연령대를 알 수 있는 57명을 대상으로 살펴볼 때 40대가 가장 많으며 절반을 차지하는 것을 볼 수 있다. 그 뒤를 30대가 잇고 있어 30~40대의 비율이 높아졌다. 이는 이전 시기에 비해 조합장으로

---

93) 도시금조 8명 가운데는 일본인이 3명이고, 조선인이 5명이다.
94) 보성전문 경제과를 졸업한 신규선(경기 벽제관)이 유일한 전문학교 출신자이다. 나머지는 대한제국시기에 사립학교를 졸업한 자들이 7명이고, 육군무관학교, 관립 고등보통학교, 공립 농업학교, 총독부 공업전습소, 부기학교, 국어야학회 출신이 각 1명이다.

처음 취임하는 평균 연령대가 대폭 낮아진 것인데, 이는 이 시기 조합장이 갖고 있는 두 번째 특성이다. 그리고 이 현상은 친일파의 세대 교체와 그 맥을 같이 한다고 볼 수 있다. 일제는 종래의 명망가 위주에서 활동성이 높은 인물들로 협력 대상자의 범위를 옮겼던 것이다. 이 점은 1920년대 지역유지의 성격이 변하는 것과 그 맥을 같이 하는 것으로 자세한 것은 후술하겠다.

다음은 경력 상의 특징인데, 72명 가운데 면장을 역임한 자가 47명이다. 3명 가운데 2명꼴로 많은 편이다. 군수는 2명을 차지한다. 1920년대 면장의 위상은 이전 시기에 비해 현저히 높아졌다. 군수를 역임했던 사람이 다시 면장을 맡는 경우가 있을 정도였다. 면장에 임명되는 인사들도 지역사회의 유지 급에 해당하는 인물들로 교체되었다.

이어 도·면 등의 자문기관의 면협의원은 16명, 도평의원은 9명(2명은 면협의원과 도평의원 모두 역임)이다. 이어 30년대 도평의회가 이름을 바꾼 도회의 의원을 지낸 자도 6명(그 중 1명은 도평의원과 도회의원 역임)이다. 민족분열정책기 친일파 양성을 위해 설치됐던 면 협의회의 의원 역시 지역사회 유지급에 해당되는 인물이었다는 점에서 면장과 마찬가지였다. 보통면의 면협의회는 면장의 자문에 응하기 위한 것으로 면장이 의장이 되고, 8인 이상 14인 이하로써 군수가 임명하도록 했다.95) 일제가 조선 농촌에 면협의회를 설치한 목적은 조선인 상층부를 면 행정에 끌어들여 의견을 표현케 하고 그 의견을 일정 반영하여 조선인의 정치욕구를 해

---

95) 制令 第13號, 『朝鮮總督府官報』 號外, 大正 9년(1920) 7월 29日. 면협의원의 정원은 면 인구 규모를 기준으로 정했는데, 인구 5천 명 이하의 면은 8명, 5천~1만 명의 면은 10명, 1만 명~2만 명의 면은 12명, 2만 명 이상의 면은 14명이었다[朝鮮總督府令 第103號, 『朝鮮總督府官報』 號外, 大正 9년(1920) 7월 29일].

소시키고, 면장 중심의 간접통치 기반을 강화하려는 것이었다.[96)] 일제가 조선 농촌에서 통치 협력자로 삼고자 했던 세력은 지주 부 농층이고, 그 법률적 표현이 면협의회원 자격요건이었던 것이다.[97)]

면협의회원 선임 방식은 대체로 '부락' 내에서 후보자를 추천하 여 이를 면장에게 보고하면 이를 군수가 임명하였다. '부락' 추천 의 의미는 면의 중심지에 거주하는 상업종사자 또는 관공리보다는 농촌지역의 인물들을 광범히 포섭하려는 것이었다.[98)] 1920년에 구 성된 보통면의 협의회원 2만3천 382명을 신분을 기준으로 구분해 볼 때 양반유생이 62.2%에 해당하며 연령별로 볼 때는 30·40대가 57.3%나 되는데, 이는 명망가 1세의 참여가 저조한 대신 일제에 협 조하면서 시대변화에 '능동적'으로 대응할 가능성이 높은 명망가 2 세층이 체제 내에 적극 포섭되었기 때문이었다.[99)] 면협의회의 이 러한 연령상의 특징은 앞에서 살펴본 바 있는 이 시기 조합장의 그 것과 일치하는 것이다. 아울러 도평의회원은 도지사가 임명했는 데,[100)] 그 역할은 면협의회원과 유사했다.

波形昭一의 분석에 의하면, 1937년 경 483명의 조선인 조합장

---

96) 염인호, 「일제하 지방통치에 관한 연구-'조선면제'의 형성과 운영을 중심으로-」, 연세대 사학과 석사학위 논문, 1983, 29~30쪽.

97) 염인호, 위의 논문, 67쪽.

98) 김익한, 「1920년대 일제의 지방지배정책과 그 성격-면행정제도와 '모범부락'정책을 중심으로-」『한국사연구』93, 한국사연구회, 1996.6, 155쪽. 1920년대 면협의회원 임명은 1920년부터 3년 간격으로 1929년 까지 네 차례에 걸쳐 11월에 행해졌다. 면협의회원 자격인 면 부과금 5원 부과자의 토지 소유규모를 계산하면 대략 논 1.8정보, 밭 6.5정보, 합 8.3정보의 중소지주규모였다(같은 논문, 152쪽).

99) 김익한, 위의 논문, 157쪽.

100) 「朝鮮道地方費令」制令 第15號『朝鮮總督府官報』號外, 大正 9년(1920) 7월 29일. 도평의회원의 정원은 경기·경북의 37명을 최고로 하고, 충 북·함북의 18명을 최하로 하였다[「朝鮮道地方費令施行規則」朝鮮 總督府令 第105號『朝鮮總督府官報』號外, 大正 9년(1920) 7월 29일].

가운데 가장 많은 비중을 차지하는 것은 면장 출신자(48.7%)이고, 이어 면협의원(24.6%), 면서기 및 면회계원(12.4%) 등이 뒤를 잇는데, 이처럼 면장, 면협의원, 면서기, 면회계원 등의 경력 출신자가 크게 증가한 것과 관련하여 그는, '1930년대에는 조선에서 지방행정의 식민지적 장악이 완성되고, 이것이 면 단계를 기반으로 하는 금융조합 운영에 반영된 것임을 시사하는 것이라고 평가'했다.[101] 그러나 이는 1910년대 초와 1937년을 직접 비교했기 때문에 나온 결과로서 이 경향은 1930년대에야 형성되는 것이 아니고 이미 1920년대에 나타났다고 봐야 할 것이다. 즉, 이 시기에 새로 조합장에 취임한 자들 가운데 면장 및 면협의원 경력자가 60%(중복 포함)나 되기 때문에, 그가 파악한 경향은 이미 1920년대에 이루어졌던 것이다. 그 이유는, 면제의 시행으로 면이 조선의 기초 지방행정단위로서 지위를 굳히고, 금융조합이 1군 1조합의 상태를 넘어 1군에 2~3개의 조합이 설립되는 시기가 1920년대였기 때문이다.

지주단체인 도 및 군 농회의 평의원·부회장 등이 10명이고, 보통학교 학무위원 또는 학교평의원이 18명이었다. 1920년대 조선농회와 도평의원에는 조선 주재 일본인 식민농업회사 중역과 조선인 및 일본인 자본가와 지주가 절대 다수를 차지하였는데, 이는 민간자본을 끌어들여 산미증식계획을 추진하려 했던 일제의 의도가 반영된 것이다.[102] 이 점으로 미뤄 고윤묵·방인혁·김갑순·정해봉을 포함한 10명의 농회 간부를 겸하는 조합장의 성향을 알 수 있다. 한편 학교비는 보통학교 기타 조선인교육에 관한 비용을 支辨하기 위해 부·군·도에 설치되었는데, 학교비에 관해 부윤, 군수

---

101) 波形昭一, 앞의 책, 210~211쪽. 그밖에 금융조합 감사와 평의원 경력자(197명, 40.8%) 및 학무위원 및 학교평의원을 역임한 자(29%)가 많은 것이 특징이다.

102) 김용달, 『일제의 농업정책과 조선농회』, 혜안, 2003, 118~123쪽.

또는 島司의 자문에 응하기 위한 기구가 학교평의회였다.[103]

　조합장 경력 가운데 특이한 것으로 소방조 부조두(부의장)와 적십자사 사원이다. 소방조 부조두는 2명이 있는데, 이 시기 소방업무는 경찰업무 가운데 하나였고, 그런 면에서 소방조 간부는 경찰과 밀접한 관련이 있었다고 할 수 있다.[104] 소방조의 실상에 대한 자료로는 여수소방조에 대한 기록이 있는데, 여수소방조는 1910년에 창설되어 일본인이 역대 조두를 역임했다.[105] 또한 일본적십자사사원에 대해 살펴보면, 1933년 광주군내에는 945명의 회원이 있었는데, 조선인이 506명, 일본인이 439명이었다.[106] 적십자사와 정권과의 유착관계에 대해서는 앞에서도 서술한 바 있다.

　조합장 취임 이전에 금융조합 설립준비위원 또는 평의원, 감사 등을 역임한 자도 26명이나 되었다. 이런 경향은 이전 시기에 비해

---

103) 「朝鮮學校費令」 制令 第14號 『朝鮮總督府官報』 號外, 大正 9년(1920) 7월 29일. 학교평의회 역시 부윤, 군수, 도사를 의장으로 하고, 6인 이상 20인 이하로 정했는데, 부의 평의회원은 선거로, 군·島의 평의원은 군수 또는 도사가 임명했다.

104) 전남 벌교의 채중현과 전북 익산의 홍종주가 그들인데, 일제 식민지기 소방업무는 경찰사무에 속했다. 1910년대 신문(『每日申報』)에서 '소방조'에 관한 기사를 흔히 볼 수 있는데, 1914년의 예를 들면, 신년초에 인천경찰서에서 소방대 出初式을 열었다는 기사[1914.1.5(2) '仁川消防出初']와 6월에 경기도 고양군 龍江面 阿山峴에 消防組를 신설하고 소방기구 구입을 고양경찰서에 의뢰하였다는 기사[1914.6.20(4) '消防 新組']가 대표적인 것이다. 이를 통해서 알 수 있는 바와 같이 소방조의 간부는 일제의 경찰과 밀접한 관계를 갖고 있었다.

105) 그 활동으로는 가솔린 펌프를 구입하고, 격납고를 건설했으며, 시내 중요지에 비상용수·탱크를 설치하고, 삼륜자동자전거를 구입하기도 했다. 片岡議 편, 「麗水發展史」 『南鐵沿線史』, 片岡商店, 1933, 106~107쪽(경인문화사 영인본, 『한국지리풍속지총서』 187).

106) 片岡議 편, 「光州郡發展史」 『南鐵沿線史』, 片岡商店, 1933, 19쪽(경인문화사 영인본, 『한국지리풍속지총서』 187). 사원에는 유공사원, 특별사원, 종신사원, 止(正의 오자인 듯 ; 인용자)사원 등으로 구분되었다.

대폭 증가한 것으로 조합장이 되기 이전에 금융조합과 인연을 맺
은 자가 많았음을 의미한다. 또한 이전 시기에 비해 농업 이외 분
야에 진출한 자들이 증가했다. 경남 양산군의 양산금융조합 조합
장 전석준과 동래금융조합 조합장 문진호는 1910년대 후반 부산지
역에 각각 설립된 일금상회, 삼양상점 등의 무역회사 설립을 주도
한 지주들이었다.107) 또한 경남 구포조합의 조합장 장진원은 구포
의 물산객주 출신의 거상 장우석의 아들로서 그 아버지의 부를 물
려받아 기업가로서 활동했다.108) 그밖에 수리조합, 산업조합 및 각
동업조합 간부 출신도 있어 어업조합, 연초경작조합, 산업조합, 수
리조합 등에는 각 2명, 삼림조합, 罐詰[통조림]조합, 축산동업조합
에는 각 1명이 있다.

　다음은 도시금조의 조선인 조합장의 특징인데, 먼저 그들은 주
로 자본가였다. 그리고 그들 가운데는 1910년대에 이미 지방금융
조합장을 역임하였다가 도시금융조합의 창설과 함께 도시금융조
합의 조합장이 된 자들도 있다. 대구의 정해봉, 여수의 김한승 등
이 대표적이다. 평남 평양북금융조합 조합장 박경석은 1924년 7월
평양지역에서 설립된 평안고무의 자본주 가운데 한 명이었다. 박
경석은 이교식 등 평양 지역 다른 자산가 층과 함께 한말 서북학회
회원이었으나 이덕환·오윤선 등과 같이 일제 통치에 저항하는 자
본가 층과는 달리 105인사건과 무단통치를 겪으면서 일제 통치에
협조하고 순응하는 친일 세력이 되었다.109)

---

107) 오미일, 『한말~1920년대 조선인 자본가층의 형성 및 분화와 경제적
　　 지향』, 성균관대 사학과 박사논문, 1998, 107~108쪽. 전석준은 양산
　　 군의 유력지주로 군 참사를 역임하였으며, 울산의 대지주인 엄주원의
　　 매부로서 구포은행의 중역을 지내기도 하였다.
108) 조기준, 『한국기업가사』, 박영사, 1973, 142쪽.
109) 오미일에 의하면, 한말에서 1920년대 말에 이르는 시기의 평양지역 조
　　 선인 자본가의 성격과 경영형태에서의 특징을 보면, 양말·정미·고

도시금융조합 조합장의 특징 두 번째는, 선거전이 치열했다는 것이다. 평양북금융조합에서는 1921년 서기장 교체를 요구하는 감독관청의 간섭으로 전 임원이 총사직한 가운데 후임 임원 선거를 예상하고 조선인과 일본인을 막론하고 선거운동에 돌입하였다. 이들은 조합원들을 찾아다니며 위임장 획득 경쟁을 벌였는데, 조선인 가운데서는 김희경, 강태두, 정인숙, 임필주 등이 선두에서 각축을 벌였다.[110] 이러한 각축전은 금융조합 임원 자리를 부협의원, 학교조합원 등과 같이 간주하였기 때문이라 생각된다.[111] 선거전이 치열하다 보니 위임장을 둘러싸고, 매수와 탈취 등 부정행위도 많았다.

이상을 통해 판단하건대, 당시 조선인 자산가 등은 부협의회, 학교평의회 등 행정 및 교육기관 자문기구, 경제단체(상업회의소, 금융기관) 등 선거를 실시하는 곳이면 여기저기 입후보하여 당선되려고 노력하였다. 그 이유는 지역유지로서의 자신의 성가를 높이고, 그를 배경으로 일제 측으로부터 지원을 얻고자 하였다고 생각

무 공장의 발달, 대상인 자본의 투자에 의한 공장 설립 등을 들 수 있으며 조선인 자본가들은 중복 투자, 분산 투자의 경향이 있어 일부에서는 공장을 직접 경영하거나 공동 자본주로 투자하고 있더라도 일본인 회사나 은행에 투자하는 대상인도 있었다고 하면서 그 대표적인 인물로 몇 사람의 이름을 예로 들고 있는데, 그 가운데는 박경석도 들어 있다(오미일, 앞의 논문, 77·85~86·126~131쪽). 평안고무는 김동원, 이영하, 김정상, 박경석, 문학선, 주우식 등이 자본주였다.

110)『東亞日報』1921.11.5(3)「北金融의 選擧戰, 평양에 처음일, 개인으로 운동에 분주」.

111) 정인숙은 1914년 4월 부제 실시와 동시에 설치된 평양부협의회의 제1회 관선의원으로 임명된 적이 있었고, 김희경은 1920년 제1회 학교평의회 선거에서 당선되었다(오미일, 앞의 논문, 203~204쪽). 또한 1921년 12월 1일 실시된 평양상업회의소 평의원선거에서 조선인 10명, 일본인 20명을 선출하였는데, 당선된 조선인 10명 가운데는 임필주, 최순정, 박경석 등도 있다[『東亞日報』1921.12.4(4)「平壤商議選擧」].

된다. 이는 조선인 유지들이 권력에 접근하기 위해 공직을 획득하
는 데 많은 관심을 보였기 때문이다.112)

 도시금조 조합장 가운데 일반기업체의 임원을 겸임하였던 자들
은 지역의 상업회의소 또는 상공회의소의 임원으로 활동한 인물들
도 많았다.113) 그리고 이들 도시금조의 조합장 가운데 장차 중추원
참의에 임명되는 자가 많다는 것도 주목되는 점이다.114)

2) 이사 특성의 다양화

 다음은 이사에 대해 살펴보겠다. 이 시기에 이사 선임 방법은 이
전 시기와 달라졌다. 지방금융조합이 이름을 바꾼 촌락금조에서는
여전히 총독에게 임면권이 있었지만, 신설된 도시금조에서는 조합
원 총회에서 선출토록 했다. 이사는 조합장과 공동으로 조합을 대

112) 지수걸, 「일제하 공주지역 유지집단 연구-사례1 : 徐憙淳(1892~1969)
 의 '유지기반'과 '유지정치'-」『역사와 역사교육』 창간호, 웅진사학
 회, 1996.12, 530쪽. 지수걸에 의하면, 이것은 '사회인망'을 얻은 후 '당
 국신용'을 획득한 유형이다. 반면 일제하 공주의 대표적 유지이자 갑
 부로 널리 알려졌던 김갑순은 '당국신용' 획득을 위해 거액의 뇌물과
 향응을 통한 '줄서기'에 주력했다[지수걸, 「일제하 공주지역 유지집단
 연구-사례2 : 金甲淳(1872~1960)의 '유지기반'과 '유지정치'-」『한
 국민족운동사연구』, 나남출판사, 1997.8].
113) 문영주, 앞의 논문, 2002.6, 137쪽.
114) 박경석은 1928년 9월, 정해붕(창씨명 日鄭海鵬)은 1940년 8월에 임명
 되어 김한승, 고일청 등과 함께 1920년대 도시금융조합장 중 중추원
 참의의 경력을 갖춘 인물이 되었다. 의주금융조합의 고일청은 도시와
 촌락을 망라하여 조합장 가운데 유일하게 대학 학력을 지닌 자로, 일
 본의 法政대와 독일 베를린대에 유학하였으며 의주읍장과 중추원 참
 의를 역임했던 의주지역의 대표적 친일인물이었다. 그는 1935년 4월
 25일 奏任 참의에 임명되었고, 창씨명은 高峰一淸이었다.

표하고(1914년의 지방금융조합령 제35조), 조합장과 함께 업무를
집행했다(1918년의 개정 금융조합령 제36조). 이사는 업무 집행권
을 통해 금융조합의 실권을 장악했다.

아울러 또 하나 주목할 점은 조선인이 이사에 임명되기 시작했
다는 점이다. 총독부 당국은 일본인만 이사로 임명하던 것을 1919
년부터 조선인도 이사에 채용하기로 방침을 변경했다. 총독부의
이러한 방침 변경은 총독부 관리인 조선인과 일본인의 차별 철폐
조치[115]와 일맥상통하는 것으로 인력난이 원인이었다. 1차 대전 이
후 미증유의 호황을 맞은 일본 자본주의 체제 속에 종래 조선의 금
융조합을 취직처로 생각하던 일본인들이 다른 직장으로 전직했다.
동양협회 전문학교(이후 척식대학으로 개명)와 고등상업학교 졸업
생들은 대우가 나은 직장을 선호했고, 이미 금융조합 이사로 있던
자들마저 전직하는 경향이 나타났다. 그에 따라 군경출신들로 임
시 보충하였지만,[116] 보다 장기적인 대책이 요구되었고, 그런 사정
속에서 조선인 이사 채용방침을 채택했던 것이다.

조선인 이사 채용에 대해서는, 1918년 조합령 개정 직후인 11월
15일부터 3일간 각 금융조합연합회 이사 후보들을 총독부에 소집
하여 개최한 회의에서 단초적 움직임이 있었다.[117] 그때 회의 자문

---

115) 朝鮮總督府, 『朝鮮總督府施政年報』(1918~1920년도판), 44~45쪽. 일
　　제는 1919년 10월부터 조선인 문관의 分限 및 급여에 관한 규정을 철
　　폐하여 일본인 관리와 같게 하고, 같은 시기 공립보통학교 교장의 임
　　용 시 조선인 훈도로써 임용할 수 있는 길을 열어 두었다.
116) 『東亞日報』 1922.1.28(2) 「金融組合現況, 今度年 新設二十個所」.
117) 이동언은 조선인 이사 채용 방침에 대해 1919년 4월의 신문기사를 근
　　거로 그 논의가 1919년부터 시작되었고, 3·1운동의 영향이 아닌가 생
　　각(이동언, 「일제하 조선금융조합의 설립과 성격」 『한국독립운동사연
　　구』 6, 1992, 290쪽)했지만, 3·1운동이 일어나기 전인 1918년 11월에
　　이미 그 방침이 발표되었던 것이다.

사항 가운데 '조선인으로 금융조합 이사에 채용함에 대해 그 양성
방법여하'라는 것이 있는데, 이로 미루어 1918년의 금융조합령 개
정을 준비하고 있던 당시에 조선인 이사 임명에 대한 논의와 대책
이 있었을 것으로 보인다. 그리고 그것을 촉진하게 된 계기는 조선
인의 전 민족적 항일투쟁인 3·1운동이었을 것이다.

　그에 따라 3·1운동의 전국적 확산이 있은 직후인 4월 20일경부터
는 실제 착수에 들어가서 금융조합의 서기로 근무하는 자 중 '학력
있고, 수완 있고, 경험 있고, 신망 있는 자', '상당한 학식, 자산, 신
망이 있고, 또 다년 금융조합의 서기 또는 군서기 등의 직에 있어
사무의 경험에 富한 자'[118] 32명을 발탁하여 각 도에 배치하고 이사
사무를 견습시켰다. 이에 따라 보령금융조합 서기 이한우가 조선인
으로는 최초로 논산금융조합 이사에 임명될 예정이었는데,[119] 기록
에 따르면, 조선인으로서 최초로 이사에 임명된 자는 1919년 12월
설립된 전남 송정금융조합의 초대 이사로 임명된 박명효였다.[120]
이후 1922년 1월경 조선인 이사는 약 50명에 이르렀다.[121]

　1919년부터 1929년 3월 사이에 임명 또는 선임된 이사 가운데
기록이 남아있는 자들은 모두 273명(<부록 4> 참조)이다. 이를 도
시와 촌락으로 나누고 다시 조선인과 일본인으로 구분해 보면, 도
시금조는 모두 일본인으로 10명, 촌락금조의 조선인은 79명, 일본
인은 184명이다.[122]

---

118)『每日申報』1919.4.20(2)「金組와 鮮人理事」및『每日申報』1919.4.21(2)
　　「村落金融組合鮮人理事登用」.
119)『每日申報』1919.5.23(4)「理事得人」. 그러나 이한우는 1920년 5월 웅
　　천금조 이사에 임명되었다(藤澤淸次郎, 앞의 책, 463쪽).
120) 藤澤淸次郎, 앞의 책, 229쪽.
121)『東亞日報』1922.1.27(2)「金組增設方針」(總督府理財課當局者談).
122) 필자의 박사학위 논문(129쪽)과 2005년 발표 논문(「1920년대 민족분열
　　정책기 금융조합의 인적구성」『사림』23, 수선사학회, 2005, 155쪽)에

그 가운데 학력에 관한 기록이 있는 자는 216명인데, 이를 학교별로 보면, 가장 많은 것이 경성고등상업학교 26명이고, 이어서 척식대학 25명이며, 동양협회전문학교 10명이다. 그런데 이는 모두 이름이 다르지만, 한 가지로 분류할 수 있는 것들이다. 동양협회전문학교는 척식대학으로, 동양협회전문학교 경성분교는 경성고등상업학교로 교명을 변경했기 때문이다. 동양협회전문학교 경성분교는 1918년 4월 사립 동양협회 경성전문학교로 개칭하고, 행정과와 고등상업과를 설치하였다. 그러나 입학자는 고등상업과 생도에 그치고 행정과의 지원자 없어서 1920년 5월에 다시 사립 경성고등상업학교로 변경하였던 것이다.123)

대학 졸업자가 많아진 것도 특징인데, 早稻田대 13명, 慶應義塾대학 9명, 中央대학 8명, 京都帝大 2명 등 이들 4개 대학 졸업생이 32명이다. 앞선 시기에 비해 이사들의 학력이 많이 상승하였음을 알 수 있다. 이어 경성법학전문 출신이 15명을 차지하고, 山口고상 6명, 長崎고상 6명, 神戶고상 2명 등 고등상업 출신자들도 이전 시기에 비해 상대적으로 감소했다. 조선인만을 대상으로 다시 살펴보면, 학력을 알 수 있는 자는 52명인데, 그 내용은 다음 표와 같다.

서는 촌락금조 이사의 민족별 인원을 각각 78명과 185명으로 집계하였다. 그러나 기장금조 이사 諸世晃이 일본인이 아니라 조선인이라는 지적을 받아들여 이 글에서 숫자를 조정한다.

123)『東亞日報』1920.5.16(2)「東協校名並位置變更」. 경성고등상업학교 탄생의 이면에는 경성상업회의소의 건의가 있었다. 1915년에 통합된 경성상업회의소는 1918년 11월 고등상업학교 설치를 건의하기로 하고, 1919년 5월 조선상업회의소연합회에서 청원을 결정하여 총독에게 청원서를 제출했다(정혜경의「'每日申報'에 비친 1910년대 재조일본인」『식민지 조선과 매일신보 - 1910년대』, 신서원, 2003, 162쪽).

〈표 2-4〉 제2기 조선인 이사의 학교별 분포

구 분	전문학교	농업학교	상업학교	대학	고등보통	기타	계
인원수	17	16	7	3	4	5	52

출전 : <부록 4>에서 작성.

위 표를 통해서 볼 때 전문학교 졸업자가 17명으로 가장 많은 수를 차지한다. 학교별로 보면 경성법전 15명, 보성전문 2명이다. 경성법전 출신 15명은 모두 조선인이었던 것이다. 상업학교는 경성고상 3명, 山口고상 1명, 부산상업 2명, 선린상업 1명이다. 농업학교가 16명으로 눈에 띄는데, 공립, 사립, 간이공립학교 등 다양하다. 그 외에 대학 졸업생이 3명이고, 기타는 사립학교, 사범학교 등이다.

금융조합 이사 취임 이전 경력을 보면, 학교 졸업 후 금융조합에 곧바로 취직한 자가 가장 많아 이사견습 등을 통해 이사로 부임하는 것이 가장 보편적인 사례였다. 그러나 관리 경력자 26명, 군 경력자 18명, 경찰 경력자 8명 등도 상당수이다.[124] 이전 시기에 비해 관리 및 군경 출신자가 증가한 것은, 세계대전 이후 호황기를 맞아 동양협회 전문학교 및 경성고등상업학교 출신자가 다른 직장에 전직한 경우가 속출하여 그를 보충하였기 때문이었다. 그러나 여러 차례 업무상 범죄사건이 발생하여 총독부에서는 이사의 선택과 정리에 관하여 고민이 많았다.[125] 또한 조선은행 · 제일은행 · 농공은행 · 식산은행 · 동척 금융과 등 금융기관 출신자도 14명이나 된다. 조선인 79명 가운데는 통역 · 서기견습 · 서기 등을 거친 자도 16명이었다.

---

124) 『東亞日報』 1921.10.13(4) 「生沼氏理事被任」. 평남도경찰부 경무과장을 역임했던 경시 生沼義信이 1921년 10월경 사직하고, 삼화금융조합 이사로 임명되었다.
125) 『東亞日報』 1922.1.28(2) 「金融組合現況, 今度年 新設二十個所」.

1920년대 이사에 임명된 자들은 이사견습 과정을 거쳤는데, 1927년 3월 일본과 조선의 관립·사립대학과 전문학교 졸업생 23명이 경기금융조합연합회의 직원(이사견습)으로 채용되어 4월 1일부터 총독부에서 1개월간의 강습을 받고 각도금련에 배치[126]되었다. 이처럼 1920년대의 이사는 일단은 경기도금련의 이사견습으로서 채용되고, 강습을 거쳐 각도에 배치되었던 것인데, <부록 4>의 각 이사의 경력을 통해서 그것을 확인할 수 있다.

이 시기 이사에 대한 대우는 판임관 5, 6급 정도였다.[127] 조선총독부 판임관에 대한 급여는 1919년도 말 기준으로 평균 연봉은 631원이었고, 1928년도 말에는 1200원이었다.[128] 판임관은 하급관리였지만, 금융조합 이사에 대한 대우는 달랐다. 강원도 평강금융조합에서는 1927년 정기총회에서 결산보고 중 이사 사택비 건축에 거액이 소요되어 파란을 일으켰다. 조합 사무소 신축비는 3천 원이었음에 비해 이사 사택비는 그보다 많은 3천 4백 원이었기 때문이었다.[129] 이로 미루어 이사에 대한 예우가 상당하였음을 짐작할 수 있다.

또한 도시금조의 이사는 명예직으로 무보수가 원칙이었는데, 1928년 4월부터 일제히 유급 이사로 전환되었다.[130] 금융제도준비조사위원회에서 1927년 8월 15일 기준으로 조사·작성한 자료에

---

126) 『東亞日報』 1927.3.30(2) 「金組理事見習 이십삼명채용」.
127) 『東亞日報』 1922.3.21(2) 「一面一金融組合, 總督府當局者談」.
128) 1919년도 말 조선총독부의 판임관은 7735명이었고, 급여 총액은 487만 3797원이었으며[朝鮮總督府, 『朝鮮總督府統計年報』(1919년도), 599쪽], 1928년도 말에는 각각 1만 762명, 1291만 3013원이었다[朝鮮總督府, 『昭和三年度朝鮮總督府統計年報』(1928년도), 708쪽].
129) 『東亞日報』 1927.4.27(4) 「理事私宅費가 組合費보다 만허, 總會에선 原案通過」.
130) 『東亞日報』 1928.4.22(6) 「都市金組 有給理事로 變更」.

의하면, 유급이사가 다수였다. 당시 59개 도시금조의 이사에 대해 관선, 유급, 명예 등 3가지로 나누어 파악한 자료에는 관선이사 3명, 명예직 이사 7명, 그리고 나머지 49명이 유급이사였다.[131]

금융조합 이사가 횡령, 업무집행 착오, 조합원 멸시와 구타 등으로 말썽을 일으키거나 조합원의 배척을 빚는 일이 많았다. 麗水金融組合에서는 임시총회에서 이사(山本忠)를 고소하였다.[132] 또한 利川금융조합 이사(新納時雄)에 대해 불성실한 태도 및 酒癖, 그리고 직권남용 등의 이유를 들어 조합장 이하 여러 사람이 경기도금련 회장에게 진술서를 제출한 일도 있었다.[133] 그리고 동복금조 이사(川島中喜)는 조합원이 대출금을 상환하려 했으나 일부 금액이 부족하다며 구타하여 물의를 빚었다.[134] 경성부 왜성금융조합에서

---

131) 『金融制度準備調査關係書類』(국가기록원 문서철 88-16), 329쪽. 관선 이사 3명은 경기도 2곳, 황해도 1곳인데, 경기도 2곳은 자금지원을 받은 종로와 광화문이고, 황해도의 1곳은 1927년에 지정조합으로 전환된 겸이포 조합일 것으로 생각된다. 그런데 이 조사에서는 이사의 유급 여부를 조합 직원의 부정행위 발생 내력과 연계하였다. 그에 따르면, 관선 이사가 임명된 조합에서는 직원의 부정사건이 한 건도 발생하지 않은 반면, 유급 이사를 둔 곳은 6건, 명예직 이사를 둔 조합은 9건이 발생하였다. 이런 조사 결과를 근거로 총독부 당국은 1929년 조합령 개정 시 도시금조 이사에 대해 전원 임명제로 전환했다. 관선(임명)을 해야 부정행위를 방지할 수 있다는 논리였던 것이다. 그러나 그 논리는 수긍하기 어렵다. 3곳의 관선이사 배치 조합에서 1건도 없었다는 것을 비임명제 조합 56곳에서 9건이 발생했던 것과 단순 비교하는 것은 무리라고 생각하기 때문이다.
132) 『東亞日報』 1922.1.5(3) 「理事를 거러 告訴」. 정확한 이유는 알 수 없으나 중대한 범죄 행위를 저지른 것으로 보인다.
133) 『東亞日報』 1922.11.16(3) 「不正한 金融理事, 조합에서 반대 진술」. 이 사를 배척한 이유는 업무不勤, 조합원에 대하여 대부사업폐지, 醉酒로 人家 牆垣 훼손 및 喧譁, 직권남용으로 사무원 임의출척 등이었다.
134) 『東亞日報』 1922.12.31(3) 「金融組合理事가 조합원을 란타, 리사의 사과로 화해」. 조합원 김성문이 30원을 갚으러 와서 상환하였으나 1원

는 이사(交野熊吉)가 2만 원의 거금을 조합장(中井忠三)과 횡령하
여 枇峴역에서 자살한 사건도 있었다.[135] 경기도 장단군 문산금조
이사 岡根三은 1923년 봄부터 1924년 봄까지 2만여 원을 횡령하였
다.[136] 또한 1926년 雲山金組에서 이사(高椙八郞)가 조합원에게 불
경한 언사를 사용하며, 조합원을 구타하기도 하여 문제가 되었
다.[137] 그리고 金陵金組 이사(森山)는 업무착오로 이미 변제 완료된
채무에 대해 지불명령과 집행명령을 발행하여 문제를 일으켰다.[138]

　이러한 것들은 이 시기 이사의 자질을 보여주는 것이고, 이렇게
문제를 일으키는 이사들에 대해 총독부 당국에서도 처리에 고심했
다. 그러나 그 해결방법은 미봉적인 것이 많았다. 문제되는 이사에
대해 다른 조합으로 전직시키고 무마하는 사례가 많았기 때문이다.

　조합 이사에 대해서는 전 시기와 마찬가지로 조선어 능력을 강
조했다. 경남도금련 이사장은, 이사가 조선어에 능통하였을 때 얻
을 수 있는 이득에 대해 나열하면서 조합 이사의 조선어 능력 배양
을 강조하였다.[139]

　다음으로 한국 근대 민족운동 가운데 '가장 크고 높은 봉우리'로
평가를 받는 3·1운동과의 관련성으로 이사를 포함한 금융조합 관
계자들이 3·1운동에 대해 강력하게 진압에 나섰던 사실을 꼽을 수
있다.

　　50전이 부족하다며 이사가 폭력을 휘둘렀다가 사과했다.
135) 『東亞日報』 1923.8.23(3) 「倭城 金融組合理事 枇峴서 鐵道自殺」 ; 『東
　　亞日報』 1923.9.23(3) 「倭城金融組合 組合당에 대한 부정사건폭로」.
136) 『東亞日報』 1924.4.20(2) 「金融組合理事가 조합돈 이만여 원을 횡령」.
137) 『東亞日報』 1926.2.10(4) 「雲山金組에서 非行理事排斥 組合長과 評議
　　員一同連署로 道와 聯合會에 不信任案提出」.
138) 『東亞日報』 1926.3.1(4) 「貸金은 回收하고도 執行命令發付」.
139) 一瀨千里, 「朝鮮語와 金融組合理事」 『金融과 經濟』 28호, 朝鮮經濟協
　　會, 1921.8, 14~17쪽.

먼저 금융조합 이사가 일제 헌병들과 함께 적극적으로 무력진압에 나섰던 평안남도 양덕군에서의 사례이다. 이 시기 시위군중이 헌병분견소를 습격하여 충돌하였는데, 헌병과 함께 시위 군중의 진압에 나섰던 양덕금융조합 이사 重松韶修가 중상을 입었다. 그는, 1919년 3월 4일 인근 성천군에서의 3·1운동에 관한 소식을 접하고 읍내 각 관공서와의 연락을 취하며, 대책회의에도 적극 참석했다. 이후 헌병과 민간인이 합동으로 조직한 경비반의 일원으로 읍내 및 주변 정찰과 경계에도 나섰다. 그러던 중에 헌병분견소 문패를 땅바닥에 내동댕이치고 만세소리를 연호하며 쇄도하는 '천여 명의 군중'을 향해 권총과 일본도로 막아보려다 오른쪽 다리 부상을 입었다.140)

조선인 사망자 15명에, 부상자 50여 명, 피검자는 70여 명에 이를 정도로 상당한 규모의 시위141)를 맞아 일제는 그날 일본 헌병과 조선인 보조원 등 모든 병력 외에 양덕읍 내 거주 재향군인까지 동원하였던 것인데, 당시 금융조합 이사 重松은 시위 군중에게 욕설을 하며 날뛰다가 일제 측에서 발사한 총탄에 다리를 맞아 중상을 입었던 것이다.142)

다음은 평안북도 구성금융조합 이사 笠間의 사례이다. 구성군의

---

140) 重松韶修, 『朝鮮農村物語』, 中央公論社, 1941, 22~33쪽. 重松韶修는 1915년 동양협회 전문학㏇를 졸업하고 토지조사국에서 근무하다가 1917년 가을 퇴직했다. 이후 의주지방금융조합 이사견습으로 약 3개월 있다가 같은 해 12월 31일자로 양덕지방금융조합 이사로 발령받았다. 이후 그는 30년대 말과 40년대 초에, 山根譓의 뒤를 이어 조선금융조합연합회 교육부장을 역임했다.

141) 독립운동사편찬위원회, 『독립운동사－3·1운동』, 독립운동사번각발행처, 1983, 433~434쪽.

142) 『每日申報』 1919.3.8(3) 「其後의 騷擾」. 신문에는 1919년 3월 4일 오전 9시에 일어난 일로 보도되었다. 그러나 당사자인 重松韶修는 3월 5일의 일로 기억하였다(重松韶修, 앞의 자료).

3·1운동에서는 시위 군중이 성 밖에서 성 안으로 밀어닥치고 있었는데, 그때 筅間은 큰 지팡이를 들고 성문 밖의 길에 서서 군중을 바라보았고, 군중 가운데 끼어 있던 조합원들이 筅間의 얼굴을 보고 뒤돌아 오던 길로 되돌아갔다고 한다.[143]

이처럼 지방금융조합 이사가 시위 군중 속 조합원의 행동에 영향을 미친 사례는 경기도 부천군에서도 발견되는데, 시위 군중 속에 있던 조합원이 소사금융조합 이사 赤木直枝을 보고 그의 시선을 피하기도 했다.[144] 赤木은 사무원을 보내 시위 군중 가운데 조합원이 섞여 있는지를 알아오도록 시키기도 하였는데, 赤木은 이와 같이 조합원이 이사의 시선을 부담스러워 한 것은 향후 대출과정에서 조합원 자신의 신용 실추를 우려했기 때문이라고 풀이하였다.[145]

유사한 사례로 경남금융조합연합회 이사장 一瀨千里는 거창금융조합 이사 奧田의 이야기를 소개하였는데, 조합원이 이사에게 봉기계획을 밀고하기도 했다고 한다.[146] 또한 3·1운동 당시 황해도 곡산금융조합 이사였던 長尾基一은 이후 조합원 증모운동을 벌일 때 시위 가담자도 조합원으로 가입이 가능한지, 그리고 자금 차입 시 시위 가담이 악재가 되지 않는지 문의하는 자가 많았다고 하였다.[147]

3·1운동이 어느 정도 진정되고 난 이후 평의원회를 소집하여 각지 사정을 파악했던 조합도 있었다. 황해도 사리원금융조합 이사

143) 「草創時代お語る」『金融組合』제31호(1931.5), 42쪽 ; 牟田口利彦,『金融組合逸話集』, 朝鮮金融組合協會, 1931, 141~142쪽(재수록).
144) 朝鮮總督府財務局理財課 編,『金融組合に關する逸話』, 朝鮮經濟協會, 1923, 10~11쪽.
145) 그리하여 2천여 명의 시위군중 가운데 십사오 명의 조합원을 발견하였다고 한다(위의 책, 11쪽).
146) 위의 책, 135쪽.
147) 위의 책, 176~179쪽.

角田正義는 평의원회를 소집하였는데, 1, 2명을 제외하고 전부 출석했다하며, 이때 각 지방의 사정을 평의원들에게 차례로 물어보면서 당시의 사정을 파악하였다.[148]

다음으로는 (각도)금융조합연합회와의 관련성이다. 제1장에서 살펴본 바와 같이 설립을 허가받은 각 금융조합연합회에는 임원으로서 이사장과 이사가 임명되었다.[149] 「금융조합령」의 규정에 의하면, 이사장은 금융조합연합회를 대표하여 그 임무를 집행하고, 이사는 이사장을 보좌하여 이사장이 사고 있는 때에 직무를 대리하도록 하였다(금융조합령 제93조의 6). 조선총독이 임명하는 각 도 금융조합연합회의 이사장은 당시 각 도의 제2부장이 겸임하였다.[150]

역시 조선총독이 임명하는 연합회의 각 이사는 산하 조합 이사 가운데 선발된 자들이었다. 그들은 고양금융조합 이사로 있다가 경기도금련 이사에 임명된 片岡介三郎 등이었다.[151] 원래의 소속을 알 수 있는 7명을 살펴보건대 용인금융조합 이사로 있다가 경북금융조합연합회 이사가 된 牧田淸吉을 제외하고 모두 관내 금융조합 이사로 있다가 발탁된 자들이었음을 알 수 있다. 소속을 알수 없는 나머지 6명의 경우도 마찬가지였을 것으로 보인다.[152]

---

148) 위의 책, 140~141쪽.
149) 금융조합령 제93조의 5에는 임원에 대한 것이 규정되어 있는데, 이사장 1인, 이사 1인, 감사 2인 이상을 두고, 이사장 및 이사는 조선총독이 임면하며, 감사는 소속 금융조합 및 소속 법인의 임원 가운데에서 총회에서 선임하고, 임기는 2년으로 하였다.
150) 鈴木穆, 앞의 글, 21쪽. 제2부장의 직함은 나중에 재무부장으로 바뀌었다.
151) 그밖에 <표 1-8>과 같이 齋藤淸治(청주), 小野脩徹(홍산), 村松保度(무주), 小林省三(나주), 牧田淸吉(용인), 遠藤與七郎, 滑川秀三(연안), 佐藤長五郎, 河合作次郎, 牟田口利彦, 飯田國夫, 谷口善四郎 등(괄호 안은 원래 소속 금융조합)이었다.
152) 遠藤與七郎의 약력으로 미루어 보건대, 그도 울산금융조합 이사로 있

<부록 2>를 통해 그 경력을 확인할 수 있는, 齋藤淸治 이하 금융조합연합회 초기 이사의 면면을 살펴보면, 지방금융조합 창설기에 처음 조합의 이사로 임명된 자들이 대부분이다. 동양협회전문학교를 졸업한 20대 초중반에 조선에 건너와 신설된 지방금융조합의 이사에 부임했다. 이후 10여 년 이상 금융조합에서 경력을 쌓은 후 다른 경쟁자들보다 두각을 나타내 연합회의 이사에 발탁되었던 것이다.

1921년에 이르면 각 연합회 이사들이 소속 연합회의 이사장 자리를 차지하는 현상이 나타난다.[153] 이는 도금련 이사장에 專任 이사장이 임명된 것을 의미하는데, 종래 도재무부장이 겸임하였으나 1921년 2월 7일부터 5월 12일까지 전북, 황해, 평북을 제외한 10개 도금련에서는 연합회 및 금융조합 이사 중에서 이사장을 발탁하였다.[154]

경기도금융조합연합회에서는 1920년 10월부터 片岡介三郎의 후임 이사로 있었던 高橋眞治가 1921년 2월 이사장이 되었다. 같은 시기인 1921년 2월에 경북의 牧田淸吉과 전남의 小林省三 등이 소속 금융조합연합회 이사에서 이사장으로 자리를 옮겼다. 그리고 1921년 5월에는 충북의 齋藤淸治, 평남의 佐藤長五郎, 강원의 牟田口利彦, 함남의 飯田國夫 등이 소속 금융조합연합회 이사로 있다가 이사장이 되었다. 1921년 6월에는, 1920년 12월부터 황해도 금융조합연합회 이사를 맡고 있던 山根讜가 이사장에 취임하였다. 각 금융조합연합회 초대 이사에 발탁된 자들은 총독부 측으로부터 금융조합의 중추인물로 낙점된 자들이었다. 이들은 이후 1933년 설립된 조선금융조합연합회에서도 요직을 차지하게 되는데, 牧田

다가 경남금융조합연합회 이사로 발탁된 것으로 보인다.
153) 秋田豊, 앞의 책, 부록 85~89쪽.
154)『東亞日報』1921.5.20(2)「金組聯合會 專任理事長 任命」.

清吉, 小林省三, 齋藤淸治, 牟田口利彦, 山根讓 등이 그들이다.

이 시기 금융조합 이사와 감독기관의 관리, 그리고 금융계 인사들의 유착관계를 알 수 있는 조직은 조선경제협회였다. 금융조합이사들과 官界 및 금융계를 망라한 인사들의 조직인 지방금융조합회가 1919년 5월 조선경제협회로 개칭되었던 것이다. 개칭된 계기는 1918년의 금융조합령의 개정이었다. 명칭의 개정과 함께 조직의 변경을 통해 13명의 평의원과 3명의 이사를 두었으며 각 도에는 제2부장이 장이 되는 지부를 설치했다.155)

그 구성원을 통해서 살펴볼 때 이전의 지방금융조합회와 마찬가지로 관계와 금융계 인사들이 중심이었음을 알 수 있는데, 역시 관계 인사들이 이 조직의 운영을 장악하였고, 특히 각 도의 제2부장이 조선경제협회 도지부장과 각 도 금융조합연합회장을 겸하여 금융조합은 제2부장에 의해 업무와 운영 등 양면에서 종속되었음을 알수 있다. 아울러 식산은행도 이 조직에 깊이 관여하였다. 먼저, 본부평의원 13명 중 4명, 이사 3명 중 2명을 식산은행 측 인사가 차지하였고, 지부에서도 식산은행 지점장이 지부의 위원이 되었다. 또한회계에서도 식산은행과 이 조직의 밀착관계를 파악할 수 있다.

그리고 조선경제협회 회칙에서 규정한 사업은 금융 및 재정에 관한 사항의 조사 연구, 월간 잡지의 발간, 금융 및 재정에 관한 연구회 또는 강연회 개최, 회원의 지식 교환에 필요한 사항의 시설 등이었다.156) 이를 통해서 볼 때 이전의 금융조합회에 비해서 조사연구

---

155) 山根讓 編, 앞의 책, 69~70쪽. 최초의 평의원은 탁지부에서 6명(이재
    과장 和田一郎 등), 경기도 제2부장(松本誠) 및 조선은행, 동양척식회
    사 경성지점, 조선식산은행 간부 등이었고, 이사는 평의원 가운데서 3
    명(和田一郎과 식산은행 이사 2명 有賀光豊, 櫻井小一)이 맡게 되었
    다. 또한 각 지부는 도 세무과장과 이재과장, 식산은행 지점장, 금융조
    합연합회 이사가 위원이 되었다.

가 더욱 강화되었음을 알 수 있다. 그리고 이러한 조사연구 위주의
사업에 대해 금융조합 관계자는 '조합운동의 제1선적 활동으로부터
일보 퇴각'이라고 평가하였으며, 조선경제협회에 대해서는 '금융
및 재무 관계자의 상호연계기관에 지나지 않았다'고 보았다.[157]

한 가지 주목할 만한 사실은 매년 11월 15일을 기준으로 조사된
매년 회원 상황에서 1921년까지는, 금융조합 및 연합회 관계자의
수가 그를 제외한 단체 소속의 회원에 비해 적었으나 매년 그 격차
가 줄다가 1922년도부터는 역전되어 조선경제협회 내에서 다수가
되었다는 사실이다. 이는 금융조합의 증설에 따라 새로 임명된 이
사의 수가 증가한 탓도 있으나 그보다는 오히려 타 기관 소속 회원
숫자가 매년 격감했기 때문이다.[158] 이러한 현상이 나타나게 된 원
인은 새로운 조직의 결성이었다. 즉 1922년 12월 조선재무협회가
결성되고, 이어서 조선식산은행 행우회가 만들어졌던 것이다.[159]
이로 인해 재정과 금융 종사자의 유일한 조직이었던 조선경제협회
는 새로 결성된 조직들에 회원을 넘겨주게 되었다. 그리고 조선경
제협회는 금융조합 관계자들의 금융조합 중앙기관 설립운동의 결
과 과도기적 조처의 일환으로 1928년 9월 조선금융조합협회로 개
편되었다.

그밖에 이 시기 금융조합의 일본인과 관련해서 주목할 것은 일
본인 조합원이 많은 도시금조에서는 평의원 등 임원을 일본인이
다수 차지하여 문제가 된 경우가 있었다. 1921년 4월 창립총회를

---

156) 山根讜 編, 위의 책, 72~73쪽. 금융과 재정에 관한 조사연구의 결과
　　는 월간지 『金融と經濟』에 수록되었는데, 이 월간지는 1919년 5월호
　　부터 발행되었다.
157) 山根讜 編, 위의 책, 106~109쪽.
158) 山根讜 編, 위의 책, 68~69쪽.
159) 山根讜 編, 위의 책, 98쪽.

개최한 충남 연기군 조치원금융조합은 감사 1명을 제외하고는 모두 일본인이 차지하였다.[160] 또한 경성부 신용산 금융조합에서 15명의 평의원을 모두 일본인만으로 구성하였는데, 경성부 관계자조차 '일반 조선 사람에게 악감정을 주는 것은 실로 불가한 일'이라며 우려할 정도였다.[161]

민족분열정책기에 금융조합장에 새로 부임한 조선인들은 일제의 친일파 양성책에 따라 지역에서 일제의 협력자가 된 자들이었다. 연령상으로 볼 때 30~40대가 80% 가까이 압도적 다수를 차지하여 이전 시기에 비해 세대 교체가 이뤄진 것으로 보인다. 또한 근대적 교육 이수자도 대폭 증가했고, 면장과 면협의회원 경력자도 60%에 달한다. 병합 이전에는 면장의 사회적 위상이 낮았으나 1910년대 면에 대한 제도가 정비되면서 강화되었는데, 바로 그러한 사정을 반영한 것이다. 이들은 조합원 추천과 신용정도표 작성, 그리고 대출 심사를 통해 조합원들에게 영향력을 행사할 수 있었다. 조합장이 되고자 치열한 경쟁을 벌인 것은 일제 당국으로부터 신망을 얻을 수 있는 자리라는 점 외에도 위와 같이 조합원에 대한 영향력을 토대로 지역 사회에서 유지로 행세할 수 있었기 때문이었다. 조합장이 사실상 총독부 측에 의해 간택되고, 이들은 조합원의 권익을 대표하기보다는 자신들의 이권을 추구하는 양상을 보임으로써 금융조합의 활동은 앞 장에서 살펴본 바와 같이 효과를 거둘 수 없었던 것이다.

1920년대 금융조합 이사의 특징을 살펴보면, 가장 주요한 것으

---

160) 『東亞日報』 1921.4.26(4)「都市金融組合總會」. 조합장 中島隆衛, 이사 福永喜八, 감사 李永昌, 今村德, 重岡淸太郎 등으로 조선인은 감사 1인으로 구색 맞추기에 불과하다.
161) 『東亞日報』 1922.12.27(3)「評議員 十五人을 전부 일본인만 신룡산금융조합에 조선인 관계자 불평」.

로 총독부 당국은 일본인만 이사에 임명해 오던 것을 1919년부터 조선인도 이사에 채용하기로 방침을 변경했다는 점이다. 총독부의 이러한 방침은 이사들이 타 직종으로 전직하는 것에 대처하기 위한 것이었다. 또한 총독부 관리인 조선인과 일본인의 차별 철폐 조치와 일맥상통하는 것이었다. 그리고 이 조치는, 조선인을 친일파와 배일파로 나누고 친일파에 대해서는 특혜를, 배일파에 대해서는 가혹한 탄압을 했던 일제의 민족분열정책의 틀 내에서 작동한 것이었다. 이 시기 이사에 새로 부임한 자들의 경력을 살펴보면, 그 이전 시기와 기조는 유지되고 있지만, 이사의 출신학교가 다양해졌다는 점, 그리고 다른 기관 유경험자가 늘었다는 점 등이 특징이다. 촌락금융조합의 조선인 이사 역시 총독부에서 임명하는 자리였던 만큼 일제에 의해 선택되었던 자들이었고, 그들 또한 일제에 적극 협력했던 친일세력이었다.

3. 1930년대 '농촌진흥운동기' 조합장과 이사

1) 면단위 농촌진흥운동의 전개와
금융조합장

금융조합은 1929년 5월 시행된 개정 조합령에서 금융 전업기관화를 규정하면서 완전한 금융기관이 되었다. 1930년대 초에 시작된 농촌진흥운동과 함께 자작농창정자금 및 구채정리자금의 대출 등 정책금융을 실시하였고, 농민을 조직하는 일에 적극 참여하여 그 운동과 불가분의 관계가 되었다.

앞서 언급한 바 있지만, 1929년 조합령 개정은 조선금융제도조
사위원회 활동의 산물이었다. 이 때 금융조합 제도 개편을 담당했
던 제2소위원회의 조사사항 가운데 금융조합에 관한 사항을 자세
히 살펴보면 다음과 같다. 첫째 '조합의 기관에 관한 사항'(1927년
8월 18일)으로, 이사의 官選 및 民選 양 제도 존속의 可否, 조합 대
표에 관한 현행 제도의 가부, 副理事 增置의 要否, 감사의 권한을
확장할지의 요부, 현행 평의원회 부의 사항의 適否, 總代會를 설치
할지의 요부 등 5항목이다.162) 이러한 검토는 결국 1929년 조합령
개정에 반영되었는데, 이사는 모두 관선으로 통일하고, 부이사를
신설하며 총대회제를 도입하는 것으로 결말지어졌음을 전술한 바
있다.

둘째 '조합의 대표 및 업무집행기관에 관한 고찰'에서는, ① 금
융조합의 조합장 및 이사의 공동대표제도, ② 대표와 업무집행을
분리시켜 조합장을 대표기관으로 하고 이사를 업무집행기관으로
하는 제도(조합령 1918년 개정 전 제도), ③ 조합장을 대표기관으
로 하여 조합장 및 이사로써 정관에 의거하여 함께 사무집행을 담
당하도록 하는 제도(조선산업조합의 제도), ④ 이사 3명 이상을 둠
을 원칙으로 하여 각 이사에게 대리권 및 업무집행권을 부여하고
정관에 의거하여 상무를 집행하는 이사를 관선하고, 상무이사 이
외의 이사 중에서 조합을 대표하고 업무를 총리하는 조합장을 호
선하는 제도(일본 산업조합제도에 관선 상무이사를 둠) 등 네 가지
제도를 소개하여 검토하였다.163) 이것 역시 1929년 조합령 개정시
조합장과 이사의 공동 대표제를 채택하되, 업무집행권은 이사가

162) 『金融制度準備調査關係書類』(국가기록원 문서철 88-16), 316~331쪽.
163) 위의 문서철, 339~345쪽.

단독으로 갖도록 하는 것으로 귀결되었다.

이와 같은 과정을 거쳐 개정된 조합령 시행 이후 금융조합장에 새로 취임한 자들 가운데 경력사항이 확인되는 자들은 247명(<부록 5> 참조)인데, 도시금조가 12명이고, 촌락금조가 235명이다. 도시금조 12명 가운데 조선인은 8명이고, 일본인은 4명에 불과하며, 촌락금조는 전원 조선인이다.

촌락금조의 조합장 235명을 살펴보면 다음과 같은 특징이 있다. 먼저 학력사항을 알 수 있는 113명 중, 서당과 한학 등이 18명이고, 나머지는 근대 교육의 경험이 있다. 이전 시기에 비해 근대 교육 경험자가 월등히 증가한 것이다. 이들 가운데는 사립학교 출신이 많은데, 대학 교육 경험자도 몇 명 있다. 東京大・明治大 등의 졸업자가 4명이고, 경성의전・세브란스 의전 등 의학전문학교 출신자가 4명, 보성전문 출신자가 1명이다. 그밖에 공보・고보, 농업학교, 실업학교 등등 여러 학교 출신자들이다. 이 역시 지방에서 일제의 협력자 역할을 하는 세력의 세대교체 현상을 보여주는 지표로 생각된다.

다음은 이들의 경력 가운데, 면장 경력자가 102명(43.4%)으로 가장 많았고, 면협의원이 59명(25.1%)으로 그 뒤를 이었으며, 도평의원 및 도회 의원 21명, 중추원 참의 3명,[164] 그밖에 읍장, 읍회 의원, 부회 의원 등도 있었다. 면장 경력자가 다수였던 것은, 1930년대에는 이전 시기에 비해 면 행정에 익숙한 행정직 경력자가 면장에 취임하는 경향이 뚜렷했는데, 이는 '지방의 덕망가 운운하는 구실을 버리고 사무본위로 전형해야 한다'는 주장에서 보는 것처럼

---

164) 대동의 이교식, 달성동부의 진희규, 창녕의 노영환(大元次郞)인데, 진희규는 1933년 6월, 이교식은 1935년 4월, 노영환은 1936년 6월에 각각 임명되었다.

면장 층에 사무능력을 갖춘 인물이 등용돼야 한다는 여론[165]에 부합하는 현상이었다.

1930년 지방제도의 개편 내용을 보면, 지정면 대신 읍을 신설하여 도·부·읍·면을 법인격으로 하고, 자문기관이었던 부회·지정면협의회·도평의회에 대신하여 부회·읍회·도회를 설치하고 의결기관으로 하며, 면협의회는 그대로 자문기관으로 하고, 면협의원은 임명제에서 선거제로 변경했다.[166] 여기서 주목할 점은 면협의회는 여전히 자문기관으로 놓아두었다는 것이다. 이는 면협의회가 의결기관이 되었을 경우 닥칠 사태를 미연에 방지하기 위한 것이었다. 면협의회원에 대해서는 선거제로 변경되었는데, '이미 상당한 훈련을 쌓은 면'이 아닌 기타의 면에서의 선거 방법을 보면, 면을 몇 개의 구로 나누어서 협의회원의 정수를 배당하도록 했는데, 이는 일부 부유층에만 집중되는 것을 방지하고 각 동리 내의 명망가 층을 포섭하기 위한 것이었다.[167]

1931년 5월 21일 선출된 충북 관내 제1회 면협의회원의 구성을 보면, 자산 5천 원 미만 층이 약 76%로 중소지주 층을 중심으로 구성돼 있었고, 40대 이하가 약 60%에 달했다. 이는 지역 내 명망가 2세와 지역 내에서 새롭게 영향력을 확대한 층 등이 포괄되었기 때문이었다.[168] 이 시기 조합장에 면협의원 출신이 다수 진출하는 것도 위의 현상과 그 궤를 같이 하는 것으로 보인다.

면장 및 면협의회원이 다수를 보이는 현상과 관련하여 앞에서 소개했던 波形昭一의 분석에 의하면, 1937년 경 483명의 조선인

---

165) 김익한, 「1930년대 일제의 지방지배와 면 행정」 『한국사론』 37, 서울대 국사학과, 1997, 228~229쪽.
166) 김익한, 위의 논문, 210~211쪽.
167) 김익한, 위의 논문, 215쪽.
168) 김익한, 위의 논문, 221~222쪽.

조합장 가운데 가장 많은 비중을 차지하는 것은 면장 출신자로 235명(48.7%)이고, 이어 면협의원(119명, 24.6%), 면서기 및 면회계원(12.4%) 등이 뒤를 잇는데, 이처럼 면장, 면협의원, 면서기, 면회계원 등의 경력 출신자가 크게 증가한 것과 관련하여 그는, '1930년대에는 조선에서 지방행정의 식민지적 장악이 완성되고, 이것이 면 단계를 기반으로 하는 금융조합 운영에 반영된 것임을 시사하는 것이라고 평가'했다.[169] 그러나 이는 전 시기 조합장을 다룰 때 지적했던 바와 같이 1920년대의 경향을 누락한 채 1910년대 초와 1937년을 직접 비교한 결과이다. 따라서 필자는, 그가 파악했던 결과는 1920년대에 이미 그 상태에 이르렀다고 주장한 바 있다.

다음은 시대현상을 반영하여 소작위원과 농촌진흥위원 등도 다수 있다는 것이다. 소작위원은 예비위원 1명(경기 양평의 이인구)을 포함해서 모두 6명이고, 농촌진흥위원회 회장, 고문, 위원 등은 7명이다. 그밖에 농촌진흥운동과 밀접한 관련을 가진 이들을 보면, 그들은 '농산촌 개발진흥에 진췌'(경북 청송금조, 윤해진)하고, '농촌중견인물 양성에 헌신'(경북 청도금조, 박영재)하였으며, '농촌진흥에 관한 당국의 시설에 순응'(전남 나주 봉황금조, 서대수)했다. 또한 '농촌진흥책에 노력'(함남 북청 신창금조, 김성협)하고, '농촌진흥 및 심전개발에 철저 노력'(함남 문천금조, 박근모)하는 등의 방법으로 농촌진흥운동에 적극 활동했던 자들이 있다.[170]

그리고 조합장 선거가 치열하게 전개되는 사례들이 나타났다. 이전 시기에 도시금조에서 이런 경향이 있긴 했지만, 이 시기에 이르면 촌락금조에서도 조합장 자리를 두고 선거전이 과열되는 경우

---

169) 波形昭一, 앞의 책, 210~211쪽. 그밖에 금융조합 감사와 평의원(197명, 40.8%) 경력자 및 학무위원 및 학교평의원(29%)을 역임한 자가 많았던 것이 특징이다.

170) 藤澤淸次郎 編, 앞의 자료 참조.

가 나타난다. 1933년 평북 선천금융조합에서는 조합장 선거전이
만 8개월이나 걸릴 정도로 대격전이었는데, 1933년 4월 정기 총대회
에서 소장파와 노장파의 대결이 치러져 55 대 27로 소장파의 승리로
끝을 맺었다.[171] 1935년 4월 경남 고성군의 고성금융조합에서도 조
합장 선거를 실시하였는데, 그 입후보자의 선거운동이 치열하게 전
개되었다.[172] 또한 1940년 4월 평남 용강군 지우면 진지동 금융조합
에서는 임원선거를 앞두고 후보자가 난립하여 치열한 경쟁을 보였
는데, 3개면 유지 138명이 연서하여 김계윤을 추천하였다.[173]

이처럼 조합장 선거가 치열하다 보니 부정 선거 시비도 있었는
데, 평북 용천군 양시금융조합에서는 1938년 3월 조합장 임기만료
에 따라 조합장 선거를 실시하여 새로운 조합장이 당선되었으나
선거운동과정에서 면 직원과 조합 사무원을 동원하여 유권자들에
게 향응을 제공하였다는 이유로 비난을 받았다.[174]

다음은 이전 시기에 비해 조합장의 경력이 다양해졌다. 국세 및
소득세 조사위원 3명을 비롯하여 상공회의소 의원 또는 회장, 부회
장과 소방조두를 역임했거나 하고 있는 자, 조선신궁 봉찬회 지부
위원, 신사 총대, 미곡통제조합 총대, 사상선도회 이사, 재향군인
회[175] 후원찬조원, 적십자사 지부 위원, 수리조합과 삼림조합, 어업

---

171) 『東亞日報』 1933.4.30(3) 「金組長의 運動費, 萬圓을 突破, 宣川金融組
合長의 비싼 자리, 八個月동안의 選擧戰」. 이 선거전은 큰 화제가 되
어 선거 당일 구경꾼이 수천 명이나 몰렸다고 한다.
172) 『東亞日報』 1935.4.11(4) 「고성금융조합장 삼파 축녹전 격렬」. 1937년
현재 조합장은 동해면의 박영갑인데, 이로 미루어 이 선거에서 그가
당선된 것으로 보인다.
173) 『東亞日報』 1940.4.13조(4) 「金組組合長候補者 百餘名連書로 推薦」.
174) 『東亞日報』 1938.5.28조(4) 「不正事實潛在?」.
175) 재향군인회의 실상을 보여주는 자료로서 여수분회의 것이 있는데, 이
단체는 1911년 5월 여수경찰서장의 알선으로 여수 거주 재향군인들이
설립했다. 이 단체는 민중사상의 선도, 안녕질서의 유지, 입퇴영자의

조합, 연초경작조합, 축산동업조합 등 역원 등이 소수 있다. 이들 경력 가운데 조선신궁 봉찬회 위원과 신사 총대, 사상선도회 이사 등은 일제의 사상 통제에 적극 협력한 자들로 보인다.

학무위원, 학교 평의원 등을 역임한 자도 50명(21.3%)이나 되었다. 또한 향교 직원, 장의, 문묘 유사 등 향교의 간부는 12명이다. 이들 역시 지역 유지 급이었다고 말할 수 있다. 반면, 지역 유지 급이라고 보기 어려운 경력자들도 다수 있다. 면서기 및 면 회계원 출신은 29명, 사법서사 등 대서업 11명, 경찰출신 13명, 금융조합 서기 출신이 5명이다. 그밖에 농회, 각 동업조합, 산업조합 기수 출신도 있다. 이처럼 서기, 기수 등 말단 직원 출신이 지역 유지 급이 맡아오던 조합장이 되었던 것은 신분상승의 의미도 있었을 것으로 보인다.

이들 가운데는 1910, 20년대 회사 설립을 주도한 자본가 출신도 있는데, 1930년대 중반 평남 대동금융조합 조합장 이교식은 여러 차례 임기를 거듭했던 인물로, 1910년대에 평양지역에서 활동했던 합자회사 형태의 무역회사 共盛組合의 설립자 가운데 한 명이었다.[176] 또한 달성동부 금융조합장 진희규는 1920년 4월 영업을 개시한 경일은행의 설립을 주도한 대지주 가운데 한 명이었다.[177]

마지막으로 도시금조의 조선인 조합장 8명 가운데 근대 교육을

송영, 회원의 상호부조 등을 사업내용으로 하였는데, 무기의 구입과 훈련이 주목된다. 1921년 4월에는 28식 보병총 20정 등을 구입하여 경찰서에 보관하다가 회원의 무기 연습용으로 사용했다[片岡議 편, 『麗水發展史』, 片岡商店, 1928, 103~107쪽(경인문화사 영인, 『한국지리풍속지총서』 98)].

176) 오미일, 앞의 논문, 61~62쪽. 공성조합은 이교식, 이진태, 임석규, 이면희, 김남호 등이 설립하였으며 이교식이 조합장을 맡고, 이진태, 임석규가 주임을 맡았다.

177) 오미일, 위의 논문, 93쪽.

받은 자는 2명이었다.[178) 그리고 경력을 보면, 중추원 참의 2명,[179) 부회 의원, 읍회 의원, 면협의원 각 1명 등이다. 일본인 4명의 경력은 모두 그 지역의 자산가 또는 상업(상공)회의소 의원 경력이 있다.

2) 민선제 철폐 이후의 금융조합 이사

다음은 이사에 대한 것인데, 이 시기 이사에 관한 사항 중 특기할 만한 내용은 민선이던 도시금조의 이사도 촌락금조와 마찬가지로 관선으로 변경되었고, 부이사제도가 신설되었다는 점이다. 앞에서 설명했던 대로 1929년의 조합령 개정으로 과거 민선이었던 도시금조의 이사직도 총독이 임명하는 관선으로 변경되었다. 이 같은 방침은 금융제도준비조사위원회의 검토과정에서 이미 확인되었다. 그리고 그 전 단계로 명예 이사제를 폐지하고, 대신 유급이사로 전환코자 하였는데, 그 움직임이 표면화된 것은 1928년 4월에 들어서였다.

즉 총독부에서 도시금융조합의 모범정관을 개정하여 금융조합의 명예이사는 일제히 유급이사로 변경키로 했다. 그에 따라 될 수 있는 대로 4월의 정기총회에서 그 변경을 추진하되 임기가 만료되지 않아 변경하지 못할 조합은 제외하고, 이사의 임기가 만료된 조

---

178) 그 가운데 배재학당을 졸업하고, 미국 유학하여 루이빌 의과대학에서 의학박사학위를 받고 돌아 온 오긍선은 1934년 세브란스의전 교장 재임 중 서대문 금융조합장이 되었고, 1943년 8월부터 조금련 감사(『朝鮮金融組合聯合會十年史』, 부록 43쪽)에 선임되었으며, 해방 후 결성된 금융조합대책중앙위원회 고문에 추대되었다.
179) 전주의 인창환, 해주의 김영택 등이다. 김영택은 1935년 4월에, 인창환은 1936년 6월에 임명되었다.

합만은 반드시 변경할 방침을 세우고 추진했다.[180]

그러나 용산 금조 등의 총회에서는 개정 반대 움직임이 강했다. 반대 이유는 專任이사는 자치정신에 의해 성립되는 조합정신에 위반되고, 전임이사의 급여를 250원 이하(6할의 수당)를 한도로 하면 현재 명예이사에 대한 부담액 보다 2배 내지 3배가 되어 경영상 곤란하며, 전임이사가 되면 전임 등의 일이 생겨 자연히 일이 사무적으로 되어 조합정신이 저해된다는 것이었다. 그러나 총독부는 급여증가로 인한 부담증가는 서기장제의 폐지에 따라 그다지 증액되지 않을 것이라며 조합의 반대를 일축했다.[181] 이런 과정을 거쳐 1929년이 되면 법령 개정을 통해 관선 전임이사제가 전면적으로 실시되게 되었다.

아울러 1929년에 개정된 조합령에서는 이사로 하여금 금융조합의 업무를 단독으로 집행하게 하였고, 부이사를 둘 수 있도록 했다. 그 결과 주로 지소가 설치된 조합에는 부이사가 임명되었는데, 부이사는 지소의 장이었다. 또한 규모가 큰 조합에도 부이사가 임명되었다. 이들 부이사들의 학력이나 경력 등은 이사의 그것과 크게 다르지 않았다. 그리하여 이들 부이사들은 어느 정도의 경력을 쌓은 후에는 이사로 승진 발령되었다.

이제 1929년 4월부터 1937년 사이에 이사에 임명된 자들의 약력을 중심으로 살펴보겠다. 이 시기 신규 임용된 이사 가운데 약력이 확인되는 자는 339명(<부록 6> 참조)이다. 그 가운데 도시금조는 겨우 3명이고, 나머지 336명이 촌락금조의 이사인데, 그 가운데 조선인은 86명이고, 일본인은 250명으로 약 1 : 3의 비율이다.

---

180) 『東亞日報』 1928.4.22(6) 「都市金組有給理事로 變更」.
181) 『東亞日報』 1928.4.21(6) 「都市金組의 專任理事制問題, 結局은 當局의 方針대로 될 듯」.

그중 학력이 확인되는 자는 323명인데, 대학 졸업자와 고등상업
학교 출신자가 대부분을 차지하며, 또 두 그룹이 거의 양분하고 있
음을 알 수 있다. 민족별로 볼 때 특징적인 것은 일본인은 전문대
학 출신자가 없는 데 반해, 조선인은 전문대 출신자가 대학 및 고
상 졸업자와 함께 거의 鼎立의 추세를 보인다는 것이다. 대학 졸업
자의 출신 학교 가운데 단일 학교로서 가장 많은 비중을 차지하는
대학은 척식대학(일본인 26명, 조선인 1명)이다. 이 학교는 앞에서
살펴보았듯이 척식계통 종사자 양성을 목적으로 설립되었던 동양
협회 부속전문학교의 후신으로 그 학교 설립 목적도 계승한 대학이
다.182) 이어 제국대학 출신은 28명(東京 8, 京都 7, 九州 2, 東北 2,
경성 9, 기타 1. 그중 경성제대 졸업 조선인 2명 포함)이다. 제국대
학은 일본 제국의 관료와 식민지 엘리트들을 양성하는 기능을 수
행했었는데, 특히 경성제대 출신 조선인들은 졸업 후 일제의 식민
지배를 뒷받침하는 역할을 담당하며 일신의 안위와 영달을 추구하
였다.183)

다음으로는 사립대학 출신인데, 早稻田대 20명(조선인 4명), 明
治대 18명(조선인 6명), 日本대 10명(조선인 3명), 慶應의숙대학 6
명, 法政대 6명(조선인 4명), 中央대 4명(조선인 2명) 등이며, 소수
로 立教대, 靑山학원, 關西대, 立命館대 등이 있다. 전문대 출신 20
명은 모두 조선인이며, 경성법전 16명을 비롯하여 보성전문 3명,
연희전문 1명이다.

대학 출신자와 더불어 쌍벽을 이뤘던 것은 고등상업학교 출신자
였다. 금융조합의 업무가 주로 금융 업무이다 보니 장부 정리가 주

---

182) 波形昭一, 앞의 책, 214쪽.
183) 장세윤, 「일제의 경성제국대학 설립과 운영」『한국독립운동사연구』 6,
　　　독립기념관 한국독립운동사연구소, 1992.

가 될 수밖에 없고, 그에 따라 고상을 비롯한 상업학교 출신자가 금융조합에 많이 들어갔던 것으로 풀이된다. 고상 가운데 단일 학교로서 가장 많은 비중을 차지하는 것은 경성고상으로 그 출신은 모두 46명(조선인 8명)이다. 이 학교 역시 앞에서 살펴보았던 대로 동양협회 전문학교 경성분교의 후신인 학교이다. 그 성격은 척식대의 아류라고 보면 될 것이다. 이 학교 출신 일본인이 왜 이처럼 많은지는 이로써 짐작할 수 있다. 다음으로는 山口고상 21명(조선인 5명), 大分고상 12명, 長崎고상 9명, 神戶고상 8명(조선인 4명) 등이며, 그밖에 福島고상, 松山고상, 高松고상, 高岡고상, 大倉고상, 和歌山고상, 名古屋 고상, 東京巢鴨고상, 同志社고상 출신들이 소수를 이루어 상당히 다양한 분포를 보여준다.

그밖에 농업계통의 학교는 수원고등농림 5명(조선인 2명)을 비롯하여 기타 농업학교를 포함해서 11명인데, 이는 금융조합의 '농사지도' 사업을 위해 농업학교 출신들이 기수로서 금융조합에 들어왔고, 다년간 재직 후에 경력을 쌓아 이사 자리에 임명되었기 때문으로 이해된다. 기타 중학교, 육사, 관립 한성외국어학교와 도 잠업강습소 출신 등이 있다. 이상에서 언급한 이사의 학력별 분포를 표로 나타내면 다음과 같다.

〈표 2-5〉 제3기 금융조합 이사의 민족별 학력 분포

구 분	대 학	전문대	고상 및 상업	농 업	기 타	계
조 선 인	28	20	21	6	4	79
일 본 인	110	-	113	5	16	244
계	138	20	134	11	20	323

출전 : <부록 6>에서 작성.
주) 일본인 통계에는 도시금융조합 이사(3명) 포함.

위 표를 통해 이 시기에 이사로 처음 임명된 자들의 학력에서 이

전 시기에 비해 대학 졸업자가 많아졌다는 특징을 찾을 수 있다. 아울러 경성고상을 비롯한 고등상업 출신자도 많으며 그 출신학교 도 다양해졌다는 것이 주목된다. 또한 조선인 이사의 학력만 살펴 보면, 대학과 고등상업학교 모두 일본 유학 경험이 있는 자들이 그 렇지 않은 자들보다 약간 많다는 것도 특징이다.

금융조합 이전 경력 유무 여부를 보면, 학교 졸업 후 바로 취직 한 경우가 가장 많았다. 학교 졸업 후에 도금련에 들어가 이사견습 이나 설립준비위원을 거쳐 이사에 임명된 경우가 대부분이었기 때 문이었다. 조금련 설립 이전까지는 1920년대와 같이 먼저 경기도 금련에 이사견습으로 채용되어 강습을 받은 후 임지에 부임했는 데, 조금련 설립 직후인 1934년에 채용된 이사 70명은 약 4개월간 조금련 본부에서 강습회를 거쳐 임지에 부임하였다.[184]

금융조합 이전 경력이 있는 자 소수 가운데는 조선총독부 경력 이 가장 많았다. 여기에는 각 도, 군 등에서의 경력도 포함되는데, 모두 24명이다. 다음으로는 군 경력자로 8명이다. 은행 경력자는 5 명이며, 학교 교사 출신이 4명이다. 일본 내에서 공무원 생활을 한 자도 3명이다. 특이하게 일본 신용조합에서 일했던 자도 2명이 있 다. 이는 일본의 신용조합이 조선의 금융조합과 업무 면에서 유사 하였기 때문이었을 것이다.

이들 이사에 대한 대우를 보면, 1930년대 중반 이사의 1년 봉급 은 상당한 거액이었다. 당시 경주금융조합 이사가 받았던 모든 금 액을 합하면 경주의 각 관공서를 통해서 제1위의 고액이었으므로 조합원들의 불평이 자자하였다.[185] 또한 1936년 5월 경 충남 논산

---

184)『朝鮮中央日報』1934.10.13(4)「금융조합 신이사 부임」;『東亞日報』
  1934.10.12석(4)「金組新理事赴任」. 이들은 7월 1일부터 10월 25일까
  지 강습을 받았다.

185)『東亞日報』1935.12.25석(5)「"細民爲하는 金融組合에 高給理事不必

금융조합 노성지소의 사무소가 협소하여 새로운 사무소 신축공사
에 착공했는데, 그 공사비가 5천 원이었음을 비춰볼 때 5천 원의
연봉은 대단한 것이었음을 알 수 있다.[186]

이들 이사들의 비뚤어진 우월의식은 대단했는데, 그것을 살필
수 있는 사례는 충남 예산군의 대흥금융조합 이사 조익환을 통해
서이다. 1934년 당시 24세이던 그는 65세의 노인(권태원)에 대해
'이놈 저놈'하며 모욕을 주었고, 이로 인해 그 노인과 같은 동네에
살던 조합원 십오륙 명이 그에 분개하여 조합 탈퇴서를 제출하기
도 하였다.[187]

또한 경기도 강화군 온수금융조합의 이사 中川博은 공사를 막론
하고 자리를 비울 때 조합 직인을 휴대하여 조합 업무의 마비를 가
져왔다.[188] 이러한 행태에 대해 인근 강화금조 이사(石崎)도 '조합
장 혹은 차석 서기에게 위임하고 가는 것이 정당한 일'이라며 비난
했다.[189]

금융조합 직원들의 우월의식과 전횡은 이사에서 그치는 것이 아
니라 그 밑의 서기들도 마찬가지였다. 충북 진천군의 광혜원 금융
조합의 서기는 대부금을 상환하러 간 조합원에 대해 금융조합은
반관청이라 호언하면서 불친절하여 조합원의 비난이 팽배했다.[190]
이러한 행태들로 인해 당시 조합 직원들은 '조합 영감'들이라는 비

要" 이사 一인에 지급이 연五천원, 慶州金組員 大不平」.
186) 『東亞日報』 1936.5.5조(4) 「金組支所新築」.
187) 『東亞日報』 1934.9.9조(5) 「老人侮辱햇다고 金組員들이 脫退」.
188) 『東亞日報』 1937.9.1조(4) 「理事의 職印없어 事務進行難澁, 중천리사
는 문병가서 무소식, 江華溫水金組怪聞」.
189) 『東亞日報』 1937.9.1조(4) 「組合長이나 次席에 委任하는 것이 正當, 江
華金組石崎理事談」.
190) 『朝鮮中央日報』 1934.12.28(3) 「불친절한 진천금융조합 서기, 군민비
난점고」.

난을 받았다.191)

다음은 조합 관계자와 조선금융조합협회와의 관련성에 대해 살펴보자. 1928년 9월 조선금융조합협회 설립 신청이 인가되었다. 1920년대를 통해 금융조합 관계자들이 금융조합 중앙기관 설치에 관한 주장을 꾸준히 제기했던 결과였다. 조선총독부는 중앙기관의 설립 대신에 과도기적 조처로서 조선금융조합협회를 설립한 것이었다. 이로써 '금융 및 재무관계자의 상호연계기관에 불과했던' 조선경제협회는, '금융조합 독자의 연락기관인 조선금융조합협회로 전화'되었다.192)

조선금융조합협회의 사업은 조선경제협회의 그것에 비해 공로자 표창, 퇴직위로금 · 조위금 지급 등이 추가되었고, 임원은 여전히 감독기관인 관계 인사가 실권을 장악하긴 했으나 이전 시기에 비해 금융조합 관계자 위주로 진용이 갖춰졌다. 회장은 총독부 재무국장이 겸하였고, 회장을 제외한 이사 5명 가운데 경기도 재무부장이 한 자리를 차지했으며 평의원 30명 가운데도 경기도 재무부장을 제외한 12개 도 재무부장이 겸하였지만, 보다 많은 자리는 금융조합 측 인사들이 차지했다. 이사 가운데 한 자리는 경기도금융조합연합회 이사장이 겸하였고, 평의원에도 각 도금련 이사장과 금융조합 대표자 중 회장이 선임한 인사로 채워졌던 것이다.193)

---

191) 금융조합의 간부만 되면 조합원들을 초개와 같이 대하고, 微末 서기 雇員의 직을 가진 자라도 창구에 온 조합원에 대하여 "저리가!", "시끄러워" 하는 것을 상투어로 하며, 대합실에는 의자 하나 없이 종일 기다리게 하면서 조합원들에 대해 "가만있어", "좀 더 기다려" 호령하고 안에서는 잡담만 하는 '조합 영감'들이라는 비판이 나오게 되었다 [『朝鮮日報』 1930.4.3(3) 지방만필 「금융조합에 대하야」(중화지국 일기자)].
192) 山根謙 編, 앞의 책, 106쪽.
193) 「朝鮮金融組合協會寄附行爲」『金融組合』 제1호, 1928.11.

3) 조선금융조합연합회의 간부

다음으로는 금융조합 이사는 아니었지만, 그와 밀접한 관련을 맺고 있었던 조선금융조합연합회의 간부들에 대해서 살펴보자. 조선금융조합연합회는 앞서 살펴본 대로 1933년 각 도금련, 식산은행 중앙금고과, 조선금융조합협회 등 3개 기관과 업무가 통합된 것이다. 그에 따라 3개 기관의 인사도 조금련에 합류하였다. 조금련 회장에는 식산은행 이사 矢鍋永三郞이 임명되었다.

회장 아래에는 16명의 이사가 있었다. 본부 3부의 부장과 13개 지부의 지부장이 그들이다. 본부의 3부는 서무부, 금융부, 교육부였는데, 상무이사 3명이 부장을 겸했다.[194] 부장 3명 가운데 2명은 조선금융조합협회의 상무이사로써, 나머지 1명은 식산은행지점장으로써 임명했던 것이다. 그리고 본부의 부장과 지부장은 동급이었는데, 지부장은 각 도금련의 이사장이 유임되었다. 이상을 통해 초창기 조금련 임원 인사는 위 3개 기관의 출신들의 합류를 통한 자리였음을 알 수 있다.[195]

그밖에 조금련 초대회장 矢鍋는 상담역을 설치하여 고문 4명과 참여 14명 등 18명을 위촉했다. 고문에는 박영효, 이윤용 등 조선인 2명과 加藤敬三郞, 有賀光豊 등 일본인 2명, 참여에는 경기도의 한규복 등 조선인 5명, 일본인 9명이 선정되었다. 고문과 참여는 정관에 따라 설치된 것으로 년 1회 소집되어 조금련의 자문기관

---

194) 『東亞日報』 1933.9.1석(4) 「陣容決定」. 그에 따라 서무부장은 牟田口利彦, 금융부장은 本田秀夫, 교육부장은 山根讜가 임명되었다. 서무부에는 다시 3개의 과가 있었는데, 식산은행 중앙금고과장 대리 岸田虎一이 총무과장과 조사과장을 겸하였다.

195) 조금련 임원에 대한 분석은 이경란의 박사학위 논문, 146~149쪽 참조.

역할을 하였다.196)

　1938년 6월에는 1936년 8월에 이어 다시 矢鍋회장의 퇴진 여부
가 관심사로 떠올랐다. 그에 따라 조금련이 처해있는 상황 상 矢鍋
회장을 대체할 만한 인물이 없다는 대안부재론, 조금련 내부에서
유임을 원하고 있다는 중임요망론 등 여러 관측 속에 후임 후보의
하마평도 나돌았다. 그 후보는 식산은행 두취 林茂樹, 조선제련사
장 松本誠 등이었다.197) 결국 1938년 8월 31일 矢鍋 회장의 임기만
료로 후임에는 조선제련사장 松本誠이 임명되었다.198) 松本誠은
각 도의 재무부장과 총독부의 이재과장, 전매국장을 거친 후 경기
도 지사를 역임했던 관료 출신으로 그가 식산은행 두취를 제치고
회장에 임명된 것은 조금련 회장직이 관료의 입김이 강한 자리였
음을 반증하는 것이다.199)

　아울러 조금련 임원직은 조선인과는 무관한 자리였다. 대신 참
사에 임명된 사례는 있는데, 줄포금융조합 이사 강선명은 1938년 8

---

196)『東亞日報』1934.7.21석(4)「金組聯合會에 相談役設置, 顧問四名, 參
　　與十四名」. 참여 14명은 경기도 2명을 포함해 각 도별로 1명씩이었다.
　　박영효와 이윤용은 중추원의 부의장과 고문으로 친일 거두였고, 조선
　　인 참여는 경기도의 한규복(창씨명 井垣圭復), 충북의 민영은, 경북의
　　서병조(大峰丙朝), 황해도의 김영택, 강원도의 심의춘이었다. 이 가운
　　데 한규복, 서병조, 김영택은 중추원 참의에 임명되었던 자들이고, 김
　　영택에 이어 1937년 황해도의 참여에 위촉된 오세호와 1936년 충남
　　참여가 된 민재기(芝山祺), 그리고 1937년 충북 참여였던 한정석(大原
　　定錫) 등은 각각 1938년, 1944년, 1945년에 참의에 임명되어 조금련의
　　상담역 자리는 조선인에게는 친일 거두들을 위한 것이었음을 알 수
　　있다.
197)『東亞日報』1938.6.23석(8)「矢鍋金聯會長 進退如何注目」.
198)『東亞日報』1938.9.1석(8)「金聯會長後任 松本誠氏 發令」.
199) 이처럼 관료가 우대받았던 경향은, 해방 후 한국의 금융기관의 임원
　　직에 재무부의 관료 출신이 '낙하산 인사'를 통해 임명되었던 사실과
　　별반 다르지 않은 모습이다.

월 20일 조금련 참사에 임명되어[200] 금융부 지도과에서 근무하였다. 아울러 1941년 5월부터 역시 지도과 참사에 임명된 河本祥三은 해방 전 '본부 내 유일한 조선인 참사'였던 河祥鏞과 동일인일 것으로 생각된다.

이상을 통해 1930년대 '농촌진흥운동기'에 조합장에 처음 취임한 자들의 특성을 보면, 첫째 근대교육 경험자가 주류를 이루게 되었다는 것이고, 둘째, 면장과 면 협의회원 경력자가 전체 68.5%를 차지하여 이전 시기(1920년대)에 비해 보다 더 많아졌다는 것이며, 셋째, 촌락금조에서도 조합장이 되기 위한 치열한 선거전이 전개되었는데, 이는 그만큼 금융조합장 자리가 지역에서 유지로 행세하는 자들에게 좋은 수단이 되었음을 의미하는 것이며, 넷째, 조합장의 경력이 상당히 다양해져서 농촌진흥운동에 적극 참여하는 자뿐만 아니라 사상통제 분야에서도 활약을 하고 있으며, 그 밖의 광범한 영역에서도 일제에 협력하는 경향이 두드러진다는 것 등이다.

다음으로 이사는, 제3기에는 종전 선출제였던 도시금조의 이사도 촌락금조와 마찬가지로 임명제로 바뀌었다는 것이 주목할 만한 점이다. 아울러 이 시기에 이사로 처음 임명된 자들의 학력 특성을 보면, 이전 시기에 비해 대학 졸업자가 많아졌다는 것이다. 또한 경성고상을 비롯한 고등상업 출신자도 많으며 그 출신학교도 다양해졌다는 것이 주목된다. 그리고 조선인 이사의 학력에 대해서만 살펴보면, 대학과 고등상업학교 모두 일본 유학 경험이 있는 자들이 그렇지 않은 자들보다 약간 많다는 것도 특징이다. 다음으로 금융조합에 취직하기 이전의 경력을 보면, 다른 경력 없이 학교 졸업

---

200) 『東亞日報』 1938.8.22석(1) 「金組聯合會異動」. 『朝鮮金融組合聯合會十年史』(부록 45쪽)에 1938년 8월부터 1941년 4월까지 지도과 참사를 역임한 것으로 기록돼 있는 神本善明이 그다. 그는 해방 후 제헌국회 의원 보궐선거에서 당선되었다.

후 바로 취직한 경우가 가장 많다. 또한 이 시기 이사였던 이들은
해방 직후 금융조합대책중앙위원으로서 활동하며 금융조합이 일
제의 유산으로서 청산되지 않고 존속할 수 있도록 진력하였으며,
미군정기에 재편된 조선금융조합연합회의 본부와 지부의 간부에
임명되어 금융조합을 장악하기에 이른다. 이들의 일부와 조합장
가운데 일부는 제헌 및 제2대 국회의원 선거에 출마, 당선되어 대
한민국의 지도층에 편입되기도 하기도 하였다.

제2절

일제의 금융조합 운영

1. 지방금융조합에 대한 관치금융의 시작

1) 관청의 직접 감독

1907년 창설 당시 지방금융조합의 업무는 탁지부 대신의 감독에 속했다(규칙, 제12조). 이는 금융조합이 금융기관으로서 설립되었음을 의미한다. 농업기구로 취급했다면, 농상공부대신의 감독에 속했을 것이기 때문이다. 이는 금융조합의 기본 성격을 이해하는 데 중요한 기준이 된다. 또한 탁지부 대신은 감독관으로 하여금 조합의 업무를 감독하게 하였는데, 그 감독관은 바로 재정고문 지부와 분청의 재무관 또는 재무관보였다.[1]

'집행내규' 제26조에 의하면, 각 조합은 대부금순보, 재고품월보,

---

[1] 「地方金融組合設立計劃要領」 제7조 『財政整理報告』 제4회, 332쪽 ; 「地方金融組合ニ關スル細條説明」 제6조.

매월실제보고표, 매기영업보고표를 양식에 따라 지방장관에 제출
하여야 했는데, 순보는 매월 11, 21일, 익월 1일에 제출하고, 월보
는 익월 5일까지, 기보는 차기 초에 발송하도록 하였다. 그에 따라
각 지방금융조합 이사는 대부금순보를 작성하여 열흘마다 관할 재
무감독국을 경유하여 탁지부 이재국 감독과 앞으로 제출하였다.
이 과정에서 감독기관의 업무지도를 받았는데, 그와 관련한 내용
이 대부금순보 상에 남아있으며, 그 내용은 다시 각 지방금융조합
이사 앞으로 통보되었다.[2]

<그림 2> 대부금순보 양식

貸 付 金 旬 報

理 事 _____   _____ 地方金融組合   第 號

隆熙   年   月   日

證書番號	借主氏名住所	保證人氏名住所	貸 付 金			使用ノ目的	期限	利率	利息	擔 保 品			評價格二對スル貸付金ノ比例	摘要
			貸付額	回收額	現在額					品名	數量	評價格		

　　관할 재무감독국장을 경유한 사례로는 공주·남원·진주·밀
양·상주지방금융조합 등 5개 조합의 대부금순보에서만 발견된다.

---

2) 이러한 일련의 과정이 하나의 문서철에 잘 남아있는 사례는 밀양지방
금융조합 대부금순보 1908년 5월 20일자인데, 이 대부금순보는 발송문
서(送 제90호, 1908년 5월 21일)에 첨부되어 5월 22일 대구재무감독국
을 경유, 탁지부 이재국 감독과 앞으로 제출되었다. 이 문서가 언제 탁
지부에 도착했는지는 알 수 없으나, 이에 대한 감독과의 지적사항은 감
독과장으로부터 밀양지방금융조합 이사 앞 발신문서(理監發 제500호,
1908년 5월 29일)에 기재되어 있는데, 그것은 5월 20일부 대부금순보상
의 글자가 조잡하여 불분명하니 정정하고 整然하게 기재하라는 것이
었다(「密陽地方金融組合 貸付金旬報·個人別明細表」 규26503).

남원지방금융조합의 대부금순보에는 '전주재무감독국 경유'라는
문구와 전주재무감독국 직인이 남아있고,3) 진주·밀양·상주지방
금융조합의 대부금순보에는 대구재무감독국의 직인이 찍혀있다.
위의 사례를 통해 볼 때 전남·북과 충남지역의 지방금융조합은
전주재무감독국의 감독을 받았음을 알 수 있다. 또한 이 시기 대구
재무감독국의 관할구역은 경남·북과 충북이었으므로,4) 경남·북
과 충북지역의 지방금융조합은 대구재무감독국의 감독을 받았을
것이다. 재무감독국은 1908년 1월 한성·평양·대구·전주·원산
등 5군데로 출발했다가 1908년 8월 「재무감독국관제」의 개정으로
한성재무감독국 산하에 공주지국이 설치되었다.5) 공주지국이 설치
된 후 한성재무감독국은 경기·강원지역을, 공주지국은 충남·북
지역을, 평양재무감독국은 황해도와 평남·북 지역을, 대구재무감
독국은 경남·북 지역을, 전주재무감독국은 전남·북 지역을, 원
산재무감독국은 함남·북 지역을 관할하였다.6)

  각지 재무감독국을 경유한 대부금순보는 탁지부 이재국 감독과
앞으로 제출되어 과장 供覽을 받았다. 이 과정에서 감독과장 櫻井
小一7) 이하 직원들은 각 대부금순보를 정밀히 검사하고, 미흡한

---

  3) 「南原地方金融組合 貸付金旬報」(규26530). 공주지방금조의 대부금순
     보에서도 마찬가지였다.
  4) 대구재무감독국의 관할구역은 1908년 1월부터 9월까지는 경남·북과
     충북이었다가 10월부터 경남·북으로 변경되었다(田中愼一, 「韓國財政
     整理における「徵稅台帳」について－朝鮮土地調査事業史研究序論－」
     『土地制度史學』 63호, 1974, 7쪽). 이는 공주지국 설치에 따른 결과이다.
  5) 대구·전주재무감독국의 관할구역이 넓어 1908년 8월 「재무감독국관
     제」의 개정을 통해 충남·북을 분리하여 한성재무감독국 관할로 하고,
     공주재무지국으로 하여금 충남·북의 재무를 감독케 했다. 이후 1909년
     3월 공주지국을 폐지하고 이를 독립된 재무감독국으로 하여 재무감독
     국은 모두 6개소가 되었다(統監府, 『第二次韓國施政年報』, 1908, 71쪽).
  6) 統監府, 『第三次統監府統計年報』(1908년), 598~599쪽.

부분에 대해서는 각 대부금순보에 그 지적사항을 적고 도장을 찍었다.8)

그 후 그 지적사항을 정식문서로 작성 발송한 경우도 발견되는데, 그것은 덕천('貸付金旬報記載方注意ノ件', 理監發 제396호, 1908년 4월 16일),9) 밀양·영암(이감발 제426호, 1908년 5월 5일),10) 의주지방금융조합의 사례(이감발 제439호, 1908년 5월 5일)11)이다. 그밖에 다른 조합들의 지적사항이 대부금순보 상에 기재되어 있다.

그 지적사항을 앞의 대부금순보 양식상의 순서에 따라 유형화해 보면, 첫째, 차주와 보증인의 주소 기재에 관한 것, 둘째, 보증인에

---

7) 櫻井은 1914년 9월에서 1915년 2월까지 지방금융조합회 간사를, 1919년 5월에서 1926년 11월까지 조선경제협회이사를 역임하였다(『朝鮮金融組合協會史』, 부록 39~40쪽).

8) 대부금순보상에 남아있는 도장은 櫻井·伊藤·殿岡·大庭, 그리고 성명미상 1명 등의 것이다. 櫻井과장은 개성·밀양·안주·의주 등 4개 조합에 대하여 지적을 남겼고, 伊藤은 개성·강릉·원주·공주·홍산·밀양·상주·광주·영암·순천·전주·평양·덕천·의주·함흥 등 15개 조합에 대한 지적사항을 작성하여 이들 가운데 업무지도과정에 가장 많이 관여하였다. 여기서의 伊藤은 1907년 11월부터 1911년 8월까지 이재국내에서 조합계 주임을 역임한 伊藤榮이었을 것이다(朝鮮金融組合聯合會 편, 『朝鮮金融組合の現勢』, 1937, 부록 172쪽 <歷代監督官廳關係者> 명단 참조).

9) 4월 11일자 제7호 대부금순보에 대하여 부동산담보에 대한 전당증명의 유무 및 이식지불기한 등에 관하여 적요란내에 상세기입할 것, 대부금 난내의 대부액·회수액 및 현재액은 전순누계를 繰越하여 본순계와 누계기입할 것, 회수액은 朱字로써 기입할 것 등이다[「德川地方金融組合 貸付金旬報」(규26508)].

10) 4월 21일자 대부금순보에 대하여 납입이식기재가 불분명하니 이식납입의 경우에는 차주의 씨명·대부액·기한·이율 등을 상세히 기입하라는 것이다[「靈巖地方金融組合 貸付金旬報」(규26499)].

11) 4월 30일자 대부금순보 제6호에 대하여 기한 전에 회수한 金龍祚의 대부액 50원에 대한 이식 징수에 관한 것 등이다[「義州地方金融組合 貸付金旬報」(규26488)].

대한 것, 셋째, 대부금란에 대한 것, 넷째, 사용목적에 대한 것, 다섯째, 이자율에 대한 것, 여섯째, 利殖에 대한 것, 일곱째, 담보물에 대한 것, 여덟째, 기타 등이다.

먼저 차주와 보증인 주소 기입에 대한 지적은 개성지방금융조합에서 사례가 보인다. 보증인에 대한 지적은 일본인을 보증인으로 하는 것은 가급적 피하라는 것(나주)[12]과 1명이 다수 채무자의 보증인(전주)으로 되어 있어 부당[13]하다는 경우이다. 대부금란에 대한 지적은 前旬 누계를 本旬計와 累計 기입하라고 했던 덕천을 비롯하여 광주·영암·전주·평양지방금융조합의 경우와 잔고란을 만들어 잔고를 기입하고 回收欄을 만들 것을 요구한 개성지방금융조합의 경우에서 보인다.

또한 사용목적에 대한 것은 개성을 비롯하여 의주지방금융조합에서 보이고, 이자율에 대한 것은 '100원에 대한 日步 3선 5리의 이율이 저렴'하다는 덕천지방금융조합의 경우이며, 이식에 대한 것은 이식지불기한에 관한 상세 기입을 요한다는 광주·순천·평양·의주·함흥지방금융조합의 경우와 납입이식에 대한 기재가 불분명하다는 영암지방금융조합에 대한 지적이 있다.

담보에 대한 지적이 가장 많아 부동산담보에 대하여 적요란에 전당증명유무를 기입하라는 지적은 원주·홍산·밀양·상주·광주·나주·영암·순천·평양·안주·덕천·의주·함흥·경성지방금융조합 등 14개 조합에서 그 사례가 보인다. 또한 담보란내에 담보유무를 기입할 것(의주), 전답 등 담보물에 대한 군수 증명서를 첨부할 것(함흥) 등의 지적도 있다. 신용대출에 대한 지적도 있는데, 차주와 보증인의 신용정도를 상세히 기입할 것(개성), 신용

---

12) 「羅州地方金融組合 貸付金旬報·個人別明細表」(규26500).
13) 「全州地方金融組合 貸付金旬報」(규26487).

대부의 경우 적요란에 채무자의 재산 신용정도를 상세 기입할 것
(평양), 신용대출은 가급적 피할 것(개성), 신용대부를 피하고 채무
이행에 확실한 대부방법을 강구할 것(의주)과 안주지방금융조합의
경우가 그것이다. 그밖에 담보평가액에 대한 대부금의 비례를 기
입할 것(광주)과 대부년월일과 회수년월일란을 증서번호란 앞에
만들어 기입할 것(개성·함흥) 등의 지적과 글씨에 대한 지적(밀
양·덕천)이 있다.

　이러한 지적은 해당 지방금융조합에 통보되었는데, 앞에서 서술
한대로 감독과장으로부터 밀양 등 4개 조합 앞으로 발신된 문서를
통해 알 수 있다. 그리고 그 지적사항이 곧바로 다음 대출 때 반영
되는 것을 안주지방금융조합(이사 山根諶)의 경우에서 발견할 수
있다. 1907년 12월 업무를 개시한 이후 초기 38건의 대출은 모두
신용대출이었으나 이때 '신용대부'에 대한 지적(12월 10일자 대부
금순보)이 있은 이후 107건에 대한 대출에서 신용대출 4건을 제외
한 나머지는 모두 부동산 담보대출로 전환하였다. 이후 부동산담
보의 전당증명유무에 대한 기입요구 지적(1월 11일자 대부금순보)
이 있자, 다음부터는 '토지매매계약서 보관'·'문기보관'·'전당증
명' 등을 기입하였다.[14] 그밖에 개성지방금융조합에서는, 차주와
보증인의 주소를 기입하고, 대부년월일과 회수년월일란을 증서번
호란 앞에 만들어 기입하라는 지적을 받고, 그동안 사용하던 한성
농공은행 개성지점의 정기대부금일보를 손으로 쓴 대부금순보로
문서양식을 바꾸었다.[15] 이상이 1907년 말과 1908년 상반기에 걸
쳐 각 조합이 작성, 제출한 '대부금순보'를 매개로 재무감독국과
탁지부 이재국이 업무지도를 한 실례이다.

---

14)「安州地方金融組合 貸付金旬報·個人別明細表」(규26489).
15)「開城地方金融組合 貸付金旬報」(규26491).

1908년 7월에는 「지방금융조합감리내규」가 제정되었다.16) 지방
금융조합의 감독에 대해 규정한 최초의 법규였다. 이 내규에는 제2
조에 '주의 사항'으로 다섯 가지의 감독사항이 열거되어 있다. 그
리고 지방장관은 매월 1회 및 임시 필요시에 조합 업무를 검사하
도록 하였다.17) 이어 같은 달에는 탁지부 차관이 재무감독국장 및
재무서장 앞으로 '지방금융조합임검심득'도 통달하였다.18) 이에는
주로 감리내규 제2조의 주의사항을 검사하는 데 주의할 10가지의
사항이 열거되어 있다.

1908년과 1909년에는 탁지부 차관이 재무감독국장 또는 이사에
게 통달을 보내어 조합 업무와 관련한 지도를 하기도 하였다. 예컨
대 1908년에는 '위탁판매, 창고보관, 동산(담보물) 보관 대부의 업
무는 추수기로부터 파종기에 이르는 기간이 최적'이라고 한 것19)
과 1909년에는 추수기로부터 농번기에 이르는 기간에 다액의 대부
를 하는 것은 대부금을 고정시키는 것이므로 주의20)하라는 등 대

16) 「地方金融組合監理內規」(1908년 7월 13일 탁지부령 제163호, 재무감독
   국장 앞 탁지부대신 통달), 『地方金融組合執務便覽』, 朝鮮總督府, 1911,
   127~128쪽.
17) 다섯 가지 주의 사항은 다음과 같다. 1, 조합의 업무집행상 법률, 명령,
   정관 및 내규 등에 위반하거나 공익을 해하거나 해한 사건 유무, 2. 업
   무집행의 巧拙, 3. 조합업무의 개선을 꾀하여 제 규정 또는 시행상 개
   선을 요하는 사항의 유무, 4. 조합 소재지에서 생산, 상업, 금융 등 경제
   상태 및 조합과 타 금융기관과의 관계, 5. 조합 역원의 風紀.
18) 「地方金融組合臨檢心得」(1908년 7월 28일) 理監發 제636호 『地方金融
   組合執務便覽』, 朝鮮總督府, 1911, 128~129쪽.
19) 「地方金融組合業務執行內規改正主趣通達ノ件」(1908년 8월 24일, 理
   監發 제711호, 차관이 각 이사 앞 통달) 『地方金融組合執務便覽』, 朝
   鮮總督府, 1911, 74쪽.
20) 「貸付金ニ關スル注意ノ件」(1909년 11월, 理監發 제1420호, 각 이사 및
   재무감독국장 앞 차관 통달) 『地方金融組合執務便覽』, 朝鮮總督府,
   1911, 87~90쪽.

부업무와 관련된 것이었다.

병합 이후인 1911년 12월 19일에는 '지방금융조합감독규정'이
발포, 시행되었다. 11개조로 되어 있는 이 규정의 주요내용을 보면,
총독의 인가를 받을 사항, 지방장관의 인가를 받을 사항, 총독에게
보고할 사항 등으로 구분되어 있다.[21] 1914년 8월 4일에는 지방금
융조합령의 제정에 맞춰 전체 5장 60조로 이루어진 '지방금융조합
업무감독규정'이 제정되었다.[22] 그리고 1917년 12월 1일에 감독규
정이 개정 공포, 시행되었다.[23]

각 도에서도 지방금융조합의 감독을 위해 '지방금융조합업무감
독규정'의 제정과 함께 감독 보칙 등도 마련하였는데,[24] 그 명칭도
도에 따라 일정치 않아 '지방금융조합업무감독보칙'[25] · '평안남도
지방금융조합업무감독규정',[26] '평안남도지방금융조합업무검사규
정',[27] '지방금융조합업무감독규칙'[28] 등이었다.

---

21) 「地方金融組合監督規程」 朝鮮總督府令 제152호 『朝鮮總督府官報』 號
外, 明治 44년(1911) 12월 19일.
22) 「地方金融組合業務監督規程」 朝鮮總督府令 제115호 『朝鮮總督府官
報』 제602호, 大正 3년(1914) 8월 4일.
23) 「地方金融組合業務監督規程中左ノ通改正ス」 朝鮮總督府令 제92호 『朝
鮮總督府官報』 제1597호, 大正 6년(1917) 12월 1일.
24) 『每日申報』 1915.2.5(2) 「金融組合補則」.
25) 「地方金融組合業務監督補則」 조선총독부 경기도 훈령 제2호(1월 22일)
『朝鮮總督府官報』 제750호, 大正 4년(1915) 2월 4일.
26) 「平安南道地方金融組合業務監督規程」 조선총독부 평안남도 훈령 제7
호(3월 31일), 『朝鮮總督府官報』 제800호, 大正4년(1915) 4월 7일. 감독
규정에서는 도장관의 승인을 받을 사항과 도장관에게 보고할 사항 등
에 대한 규정을 담고 있다.
27) 「平安南道地方金融組合業務檢査規程」 조선총독부 평안남도 훈령 제8
호(3월 31일) 『朝鮮總督府官報』 제801호, 大正 4년(1915) 4월 8일. 검사
는 매년 1회 실시하는 정기검사와 필요에 따라 실시하는 임시검사로
구분되며 정기검사는 재무부장인 사무관이 실시하고, 임시검사는 도서
기가 실시한다고 규정하였다.

1910년대에 걸쳐 각 지방금융조합에 관한 감독은 주로 각 도에서 담당했는데, 주로 도 재무부(제2부)에서 각 조합 이사 앞 통첩을 통해 업무지도를 하였다. 그 내용은 관내 각 조합에서 조합의 업무와 관련해서 각 인민에게 주지시키라는 것이 많았으며, 조합 이사에게 업무의 嚴確과 경비 절약을 당부하거나 업무현황을 보고하라는 것[29]이었다.

또한 대부금의 연체 고정, 조합원 및 임원 등으로 조합 경영이 어려워진 때에는 조합원의 선발, 임원 및 직원의 풍기 단속 등에서부터 신용조사의 실시, 대부금 정리부의 설비 등의 업무에 이르기까지 간섭을 강화하기도 하였다.[30] 각 도에서는 또 소속 직원을 파견하여 조합 사무를 검사하기도 했는데, 평남도 재무계 서기 2명이 조합사무 검사를 위해 순천·숙천·개천·덕천·영원의 지방금융조합에 12일간 일정으로 출장하였다.[31]

지방금융조합 관련 사무가 각 도에서 차지하는 비중은 1916년 도부군 참사회의의 안건에 '지방금융조합원의 가입보급'이 포함되었음을 통해서도 확인할 수 있다.[32] 1916년에는 6월에 조선총독부에서 제2부장, 농공은행 지배인, 금융조합 이사들을 연달아 소집하여 자작농의 몰락 현상에 대해 각별한 주의를 주문했던 시기였으

---

28) 「地方金融組合業務監督規則」 조선총독부 경상북도 훈령 제122호(4월 22일) 『朝鮮總督府官報』 제818호, 大正 4년(1915) 4월 28일.
29) 周知 요구의 경우는 다음의 기사 참조. 『每日申報』 1911.5.13(2) 「財務部와 金融組合」 ; 『每日申報』 1913.1.7(2) 「金融組合과 農民」 ; 『每日申報』 1914.4.15(2) 「貸付金用途取締」. 당부의 사례는 『每日申報』 1916.2.6(4) 「金融組合業務計劃」 참조. 보고 요구는 『每日申報』 1911.11.17(2) 「金融組合調査」 참조.
30) 『每日申報』 1913.9.2(1) 「金融組合의 改善」.
31) 『每日申報』 1914.1.31(4) 지방매일 「平南 平壤」.
32) 『每日申報』 1916.5.11(4) 「道府郡參事會議」.

므로 이 안건이 포함된 것으로 보인다. 총독부 본부에서도 직원을 출장시켜 금융조합 사무를 검사하게 한 사례[33]도 있으나, 각 금융 조합에 대한 감독권은 기본적으로 각 도에 있었던 것이다.

초창기인 1908년 상반기 자료를 통해 탁지부 감독과의 과장(櫻 井小一) 이하 일본인 관리들이 각 지방금융조합에 대해 직접 업무 지도와 감독을 하였던 것을 확인했다. 그 내용은 업무 전반에 걸친 것이며 필체에 대한 아주 사소한 것도 포함되었다. 그러나 이는 설 립된 조합이 수십 개에 이르는 시기에나 가능했고, 병합을 전후로 한 시기가 되면 100개를 넘는 조합에 대해 그렇게 한다는 것은 불 가능했을 것이다. 그리하여 지방금융조합에 대한 감독 기능은 각 도로 이관되었다.

2) 1910년대 이사회의의 소집과 총독의 훈시

금융조합 관련 법령을 제정하는 것이 총독부의 중장기 정책을 마련하는 것이라면, 조합의 실권자인 이사를 소집하여 총독부의 방침을 전달하는 것은 수시적인 방침을 관철하기 위한 것이었다. 병합 이전인 1910년 4월 15일부터 탁지부에서 각 지방금융조합 회 의를 열었다.[34] 이 회의 참석자의 범위가 얼마나 되었는지는 알 수

33)『每日申報』1913.2.19(1) 전주통신「組合及農銀檢查」.
34)『皇城新聞』1910.4.14(3)「金融組合會議件」. 이 회의의 자문사항은 자 금대부에 관한 건, 대부담보에 관한 건, 조합부업에 관한 건, 기타에 관 한 잡건 등이었다. 또한 이 회의에 대해 농공은행에 자문하였는데, 그 내용은 농공은행과 연락 가부, 농은과 조합 기사, 기수간에 연락 가부 등이었다.

없지만, 대한제국시기에 개최된 유일한 전국단위의 금융조합 관련
회의였던 것으로 보인다. 이어 병합 이후에 총독부에서 금융조합
이사를 소집하여 이사회의를 개최하면서 총독부의 정책을 주지시
키기도 하였다. 이사회의에서는 각 이사들이 총독부의 정책방침
등에 대해 교육을 받고, 또 총독부에 대해 업무보고를 하기도 했으
며, 각지에서 참석한 이사들이 서로 경험을 공유하기도 하는 자리
였다. 寺內 총독 재임기간 중에만 4차례 개최된 것으로 확인35)되
는 전 조선 이사회의의 주요 내용 및 총독부의 지시사항은 총독의
훈시 내용을 통해 엿볼 수 있다.

금융조합 이사들이 총독부에 소집된 것은 1912년 3월부터였는
데, 이때 열린 회의는 1911년 9월에 개최하기로 계획36)되었다가 연
기된 듯하며, 3월 25일부터 27일까지 3일간 전국에서 110명의 이사
가 참석하여 진행되었다.37) 이 시기 총독은 회의 마지막 날인 3월
27일에 훈시하였다.38)

이 시기 회의에 참석한 이사들은 총독의 관저에서 열린 다과회
에 초대되기도 하고, 조선은행 사택의 만찬회에 참석하기도 하였
으며, 창덕궁과 조선은행을 관람하기도 하는 등 특별대우를 받았
다.39) 식민지 경영의 '최일선'에서 일제의 조선 지배를 위해 조선

---

35) 이후 長谷川 총독 임기 중에는 더 이상 이사회의 관련 자료가 없고,
   1918년 11월에 개최된 금융조합연합회 이사들의 회동에 관한 기록만
   있을 뿐이다(秋田豊, 앞의 책, 부록 21쪽).
36) 『每日申報』 1911.7.23(2) 「金融理事招集期」.
37) 『每日申報』 1912.3.6(4) 「金融組合理事會議」 ; 『每日申報』 1912.3.21(2)
   「金融組合理事會議」.
38) 山本四郎 編, 『寺內正毅日記-一九00~一九一八-』(京都女子大學, 1970)
   의 1912년 3월 25일과 26일자(533쪽) ; 『每日申報』 1912.3.28(2) 「金融理
   事會의 終了」.
39) 『每日申報』 1912.3.27(2) 「總督의 金融理事饗應」 ; 『每日申報』 1912.3.28(2)
   「金融理事의 觀覽」.

농민을 상대로 그 임무를 다하고 있던 이사들에 대한 배려였다고
풀이된다.

이후 1913년 5월에 두 번째 전 조선 이사회의가 개최되었다. 제2
차 이사 회의에 참석할 대상은 전년 회의에 출석한 이사 및 전년
6월 이후에 임명된 자를 제외하고 64명이었는데, 5월 26일부터 28
일까지 본회의를 열고 29일에는 사무협의를 하였다.[40]

1914년에 이사회의가 열렸다는 기록은 없다. 그리고 1915년에
10월 7일부터 3일간 이사회의가 열렸는데, 62명의 이사가 출석하
였다.[41] 이 회의는 1914년 '지방금융조합령'이 제정되고 난 뒤 처
음 열리는 회의였다. 역시 회의 마지막 날인 10월 9일 오전에 총독
이 훈시하였는데, 그 내용은 모두 7개 항이었다.[42]

1916년에는 6월 15일부터 3일간 이사회의가 개최되어 50명의 이
사가 참석하였다.[43] 총독은 전례대로 회의 마지막 날인 6월 17일에
훈시를 하였다.[44] 그런데 한 가지 주목되는 사실은 전 조선 금융조
합 이사회의가 열리기에 앞서 6월 12일부터 14일까지 3일간 농공
은행 지배인회의가 개최되었다는 것이다.[45] 금융조합 이사회의 전

40) 『每日申報』 1913.3.7(2) 「金融組合理事會議」 ; 『每日申報』 1913.5.27(2)
　　「金融組合理事會議」 ; 『每日申報』 1913.5.29(2) 「金融理事會의 終了」.
41) 朝鮮總督府, 『大正四年十月地方金融組合理事會同答申書』, 1915 ; 『每
　　日申報』 1915.10.8(2) 「金融理事會議」 ; 『每日申報』 1915.10.13(2) 「總督
　　訓示」. 참석 대상은 65명이었으나 62명이 참석했다고 보도된 것으로
　　봐서 3명이 불참한 듯하다.
42) 『每日申報』 1915.10.10(2) 「寺內總督訓示」.
43) 『每日申報』 1916.4.25(2) 「支配人理事會」 ; 『每日申報』 1916.5.21(2) 「理
　　事支配人會議」 ; 『每日申報』 1916.6.13(2) 「金融組合會同」 ; 『每日申
　　報』 1916.6.13(2) 「高橋理財務主任」 ; 『每日申報』 1916.6.16(2) 「金融理
　　事會同」 ; 『每日申報』 1916.6.17(2) 「金融組合會同(제2일)」.
44) 『每日申報』 1916.6.18(2) 「金融組合會同(最終日)」.
45) 『每日申報』 1916.6.13(2) 「農銀支配人會議」. 한편 이 회의 마지막 날인
　　14일 오후에 총독이 농은 지배인에게 훈시를 하면서 '… 지방금융조합

후에 농공은행 지배인회의가 열린 사례는 바로 전 해인 1915년에
도 있었는데, 이때는 지방금융조합 이사회의 직후인 10월 10일부
터 13일까지 4일간 농공은행 지배인회의가 열렸던 것이다.[46]

   그리고 1916년 이사회의와 관련해서 또 하나 주목되는 점은
1916년 6월에 각 도 제2부장회의,[47] 농공은행 지배인 회의, 금융조
합 이사회의 등이 연속해서 개최되었다는 것이다. 각 도에서 재무
와 금융 업무를 관장하는 제2부장, 농공은행 지배인, 지방금융조합
이사들이 줄을 이어 총독부에 소집된 것이었다. 이런 점에서 총독
부의 금융정책 또는 방침에 대한 일련의 흐름 속에 전 조선 지방금
융조합 이사회의가 놓여 있었음을 알 수 있다.

   또한 이렇게 개최된 이사회의 결과 답신서라는 회의 자료를 만
들어 각 금융조합에 송부하기도 하였다. 1913년 이사회의 이후 경
기도 용인, 삭녕 등 신설 지방금융조합 20곳에 '지방금융조합 이사
회동답신서'를 1부씩 배부하기로 하고 20곳에 송부하였다.[48] 이상
4차례 있었던 총독의 훈시 내용은 다음 표와 같다.

위탁의 대부업무는 아직 소기의 성적을 봄에 이르지 못함과 같으니 …
각행 당사자는 지방금융조합 이사자와 밀접히 연락'할 것을 당부하였
다[『每日申報』1916.6.16(1) 「總督訓示(農銀支配人會同)」].

46)『每日申報』1915.10.8(2) 「農工銀行會議」.

47) 이곳에서 행한 총독의 훈시내용은 ① 일반과세물건의 조사, ② 부역
   및 납세, ③ 2기 징세, ④ 토지조사, ⑤ 면의 재무취급, ⑥ 중소농민 비호
   격려, ⑦ 지방금융조합 관련(설립취지를 일반농민에 이해시킬 것, 적절
   한 지도감독을 가할 것, 지방금융조합 직원의 인선에 주의), ⑧ 제1, 제2
   양 부가 相倚相援할 것, 재무종사자는 특히 嚴正廉潔할 것 등이었다
   [『每日申報』1916.6.11(1) 「總督訓示-第2部長會同席」]. 지방금융조합과
   관련하여 특히 세 가지나 강조했던 점이 주목된다.

48) 「地方金融組合理事會同答書送付ノ件」官通牒 第258號『朝鮮總督府官
   報』第310號, 大正 2년(1913) 8月 12日.

〈표 2-6〉 이사회의시 총독의 훈시내용

구 분	이사의 자세	업무
1차 (1912.3.27)	① 이사는 지방금융조합감독규정에 근거하여 소할 장관의 방침에 따라 산업상의 개발 보급에 힘을 다함으로써 지방의 발전에 공헌할 것을 주의 ② 조선어 학습 ③ 궁행실천으로 모범을 보여 신뢰심 야기 ⑨ 일상에서 사치를 경계하고 質素 근면의 미풍을 양성하기 위해 이사가 모범으로 실행하고, 또 통속적 강화 등의 방법으로 법령의 취지 기타 산업상 필요사항을 說示	④ 事途의 감독, 자금 산포에 주의(대부) ⑤ 저축사상의 보급에 진력, 위탁판매 공동구입에 기반한 이익금, 부업장려에서 나오는 수입 등은 저축의 좋은 재원(예금) ⑥ 보조화 교환자금의 운용에 유의(화폐 교환) ⑦ 농공은행과의 업무 취차 관련 농공은행 당국자와 협의하여 담보물 평가감정대부수속 등에 관하여 은행 당국자의 방침을 양지(농공은행업무 매개) ⑧ 내지인 중 조선인 생산자와의 거래에서 부당이익을 취하는 자에 대해 생산자를 보호하여 매도인과 매수인 사이에 적당히 이익을 분배(생산자 보호)
2차 (1913.5.29)	① 지방장관의 지휘에 따라 조합업무의 발전상 최선의 노력을 함으로써 지방개발에 공헌 ⑧ 역원으로서 조합의 성질 및 조합업무상황 知悉 ⑨ 조선어 수양	② 자금의 대부에 관하여는 조합원의 신용조사 담보물의 감정 등에 대하여 주도한 주의. 자금의 사도에 엄중한 감독을 하여 불생산적으로 사용되지 않도록 하고, 조합의 대부업무는 위탁판매 및 공동구입과 相俟(대부) ③ 사치를 경계하고 근검저축의 풍을 양성하는 것이 가장 필요한 바 적당한 방법을 강구하여 조합원으로 하여금 저금을 勵行케 할 것(예금) ④ 농공은행 취차대부에 관하여 농공은행 당국자와 충분한 협의(농공은행 매개) ⑤ 보조화 교환기금의 예입은 거래의 원활과 일반경제의 활성을 위한 것인바 통화유통의 상황을 사찰하여 적의 안배(화폐 교환) ⑥ 지방특산물 생산 장려, 생산자금 공급, 생산물의 판로 지정 등에 십분 유리한 방법 강구하여 농가의 수입증가를 도모. 일부 商賈의 巨利 농단 악폐 유의(생산자 보호) ⑦ 도청의 권업방침 준봉. 미종의 개량, 묘포의 경영, 감독전 모범 시작 또는 종자·종묘의 분배

3차 (1915.10.9)	① (조합령의 제정에 따라) 본령의 취지를 체득하여 감독관청의 지휘 명령에 따라 조합의 정신을 일반 민중에 철저히 하고 조합업무의 수행에 최선의 노력을 할 것 ⑥ 조합 직원의 조선어 수양 ⑦ 이사는 지방농민의 儀表. 인격수양에 노력	② 일정한 正業이 없는 細民에게 조합정신이 미쳐 遊惰의 무리로 하여금 정업에 나아가게 하고 장차 조합원이 되게 하여 조합 목적을 달성할 것 ③ 일정한 자격을 갖춘 내선인 구별 없이 조합에 가입하게 되었으니 내지인과 조선인 사이에 문화의 정도, 생활의 상태가 다르므로 銳意 조화를 도모하여 공동상조의 實을 완전케 할 것 ④ 자금 대부는 조합원의 성행 근로 및 용도 등을 조사하여 확실한 상환력을 가진 자에 대해 행할 것. 신용정도표의 작성, 사도의 감독에 주의할 것(대부) ⑤ 상시 사치를 경계하고 근검저축의 미풍을 양성하여 저축의 장려(예금)
4차 (1916.6.17)	⑤ 銳意로 조합사무의 정돈을 圖하고 殊히 그 자금의 취급을 정확히 하여 집무상에 遺算이 만무함을 바람	① 자금 운용상에 항상 機宜를 制하여 농촌경제의 발전에 資함을 懈함이 불가 ② 자작농민간에 지방금융조합의 취지를 철저케 함에 노력하여 조합 가입을 권함과 共히 능히 조합의 효용을 발휘함을 요함 ③ 저축 장려 ④ 농공은행 취차업무

출전 : 秋田豊, 앞의 책, 朝鮮金融組合協會, 1929, 부록 3~9쪽 ;『每日申報』 1916.6.20(2)「總督訓示-金融組合理事에게」.
　　주) 번호는 훈시 내용의 순서임.

　제1차 회의 시에 한 총독의 훈시 내용을 구분해 보면, 대략 이사의 자세와 관련된 것이 4가지이고, 업무 관련 사항이라고 볼 수 있는 것이 5가지이다. 이 가운데 이사에게 조선어 학습을 강조한 것이 눈에 띈다. 이 조항은 이후 금융조합 이사회의에서 있었던 총독의 훈시 때마다 빠지지 않고 강조되는 점이다. 또한 일본인 상인의 농간에 대해 조선인 생산자를 보호하라고 주의를 환기시키는 것도 주목되는 사항인데, 이는 일본인 상인의 농간으로 조선인 생산자가 파탄하여 생산 붕괴에 이르는 상황을 염려한 것으로 생각되며, 금융조합의 위탁판매업무를 강조하기 위한 것으로 보인다.

제2차 회의에서 총독이 훈시한 내용 역시 9가지였다. 그 내용은 1912년의 이사회의에서의 그것과 대동소이하나 업무 관련 사항이 6가지로 늘어서 업무에 관하여 강조점을 두었음을 알 수 있다. 추가된 한 가지는 '도청의 권업방침 遵奉, 미종의 개량, 묘포의 경영, 감독전 모범 시작 또는 종자·종묘의 분배 등' 농사개량에 관한 내용이다.

1915년 회의에서 한 총독 훈시 내용의 특징을 보면, '지방금융조합령' 제정 이후 처음 열린 회의였던 만큼 새로운 법령과 관련된 내용이 주요 내용이 되었고, 업무와 관련해서는 대부와 예금(저금 장려) 등에 관해 언급하는 수준이었다. 특히 두 번째 '세민'에 대한 내용과 세 번째 조선인·일본인 조합원의 조화를 강조한 사항이 두드러진 내용이다.

1916년의 제4차 회의의 총독 훈시 내용에서는 자작농에 대해 특별히 언급하였다. 자작농의 보호와 육성에 대해서는 1912년 11월 조선총독이 각 도장관에게 훈령을 발하여 주의를 환기한 바 있었다.[49] 결국 이 시기에 총독이 다시 자작농민의 보호에 대해 언급한 것은 자작농민의 몰락현상에 대해 총독부로서도 속수무책이었음을 스스로 드러내는 것이고, 자작농 몰락 방지를 위해 식민지 권력기구를 통한 직접적 방법 외에 총독부의 영향력이 미치는 관변단체를 통해서도 대책을 강구하려 했음을 보여주는 사례이다.

이상 4차례의 총독 훈시 내용을 1910년대 일제의 금융조합정책,

---

49) 朝鮮總督府訓令 第13號, 『朝鮮總督府官報』 第78號, 大正 元年(1912) 11월 2일. 이 훈령에서 총독은 토지겸병의 폐가 심해진다고 개탄하면서 지방장관은 양민을 비호하고 토지의 濫賣를 防遏하여 적의의 방법을 강구함으로써 자작농민을 보호 증식하라고 강조했다. 그러나 농민들의 토지매각과 토지겸병의 현상은 일제의 식민지배로 인한 것이었는데, 이를 조선 농민들의 문제로 전가한 것이었다. 이에 대해서는 제3장에서 다시 언급하겠다.

나아가 식민정책과 관련해서 살펴보면, 다음의 특징이 있다. 첫째, 4차례 모두 일관되어 강조된 것은 저축 장려이다. 총독부의 대하금만으로 대출하던 행태로는 금융조합의 확장과 활성화는 불가능했기에 조합원 예금을 동원하기 위해 취했던 조치로 보인다.

둘째, 초기 2회에서는 위탁판매와 공동구입 등과 농사개량 등 농업생산력의 증대와 농업생산물 상품화 촉진을 위한 활동을 강조했다는 점이다. 그것이 후기 2회에서 보이지 않는 것은 그 활동의 중요성이 떨어졌다기 보다는 이들 사업에 대한독려로 인해 어느 정도 궤도에 올라섰고, 그에 따라 구태여 재론하지 않아도 좋다고 판단하였기 때문으로 생각된다.

요약하면, 1912년의 회동에서는 첫 번째 모임인 만큼 조합 이사의 마음자세를 다잡으며 업무에 대한 주의를 강조했고, 1913년에는 농사개량을 강조했으며, 1915년에는 제정된 '지방금융조합령'에 관한 사항을 주지시켰다. 또한 1916년에는 1910년대에 사회적 문제가 되고 있던 자작농의 몰락 현상에 대해 주목하였다.

다음으로는 도 관내 금융조합 이사회의에 대한 것인데, 대한제국시기에 전국의 이사들이 모여 회의를 열었던 기록은 없지만, 지역별로 회의가 개최되기는 했다. 이 시기에는 과거 고문감부의 후신인 재무감독국에서 관할 이사를 소집하여 회의를 열었다. 예를 들면, 대구재무감독국에서 1908년 5월 30일 이사들을 소집하여 '금융에 관한 건'에 대해 회의를 하였다.[50] 이 시기에는 금융조합에 관한 감독권이 각 재무감독국에 있었기 때문이었다. 병합 이후 조합에 대한 감독권이 각 도로 이관되면서부터는 도 단위에서 관내 이사들을 소집하여 회의를 열기도 하였다.

이 회의의 방법 및 절차 등에 대해서는 「지방금융조합이사회의

---

50) 『皇城新聞』 1908.6.10(2) 「金融組合會議」.

개최규정」에 정해져 있다.[51] 그 내용에 대해 대략 살펴보면, 지방장
관은 매년 1회 이상 관내 지방금융조합 이사를 招集하여 지방금융
조합 이사회의를 개최(제1조)해야 했다. 또 회의를 개최할 때는 회
의의 회기, 일정, 초집지, 초집의 장소 및 자문사항을 정하여 1개월
이전에 조선총독에게 보고하고 아울러 각 이사에게 통지(제2조)해
야 했다. 또한 회의의 의장은 지방장관이 되었다(제3조). 다음 표는
1910년대에 개최되었던 도 단위 이사회의에 관하여 정리한 것이다.

〈표 2-7〉 1910년대 도 단위 지방금융조합 이사회의

개최 기간	도명	안건 또는 목적	비 고
1911. 3.6~9	평남	대부금 용도의 현황 및 이의 주의감독법 등 약 20건	
1911. 4.27~29	경기	자문안	
1911. 6.20~22	평북	-	
1912. 4.1~2	경기	협의회	전조선이사회의 직후
1912. 4.5~7	평남	자문회	〃
1912. 7.22~24	경기	사무발전과 저리자금 대부로 지방인민의 생산력 증진	
1912. 8.30~31	평남	신업무(농공은행 취차예금) 발흥	
1912. 10.1~3	함남	-	탁지부 과장 임석
1913. 3.18~21	전북	자문 27건	
1913. 5.19~21	평남	제반사 협의	전조선이사회의 직전
1913. 10.8~11	경기	자문사항, 지시주의사항, 강화훈시, 사무타합	
1913. 12.6~7	평남	타합회	
1914. 2.22~24	함북	관내 각 금융조합 정례 이사회	
1914. 6 .2~8	평북	관내 경제상황 보고 및 자문사항 답신, 타합	조합령 실시에 즈음
1915. 2.17~20	경기	조합령 시행상황 및 지방의 경제상황 등 자문사항	
1915. 4.29~5.4	평남	자문 및 타합사항	

---

51) 「地方金融組合理事會議開催規程」(隆熙 3년 7월 20일, 訓令 제76호, 각
　재무국장 앞)『地方金融組合執務便覽』, 朝鮮總督府, 1911, 133~134쪽.
　隆熙 3년(1909)에 정해진 것이긴 하지만, 1911년 편람에 수록될 당시 사
　정에 맞게 자구 수정된 상태이므로 규정 내용은 1910년대에도 거의 그
　대로 통용되었을 것으로 보인다.

1915. 6.7~9	황해	-	
1916. 2. 8~10	충남	도장관 훈시 등	
1916. 6.22~24	평북	-	전조선이사회의 직후
1916. 7.3~5	전남	자문회의	〃
1916. 9.18~22	전북	-	
1916. 9.21~25	평남	-	
1916. 10.19~22	충북	지방금융조합경제에 관한 관내상황 등	
1917. 6.6~8	경북	-	
1918. 2.13~16	전북	출장소 개설 등	

출전 : 『每日申報』의 관련 기사에서 작성.
　　주) 신문기사를 중심으로 작성하였으므로 누락된 것이 있을 수 있음.

위 표에서 본 바와 같이 당시 각 도 지방금융조합 이사회의 개최 기간은 3~4일인 경우가 많았다. 안건이 무엇이었는지에 대해서는 자세히 알려진 경우가 드물지만, 다음의 사례로 미루어 짐작할 수 있을 것이다.

평남 대부금 용도의 현황 및 이의 주의감독법 기타 위탁판매 공동구입의 효과와 이의 장려방법 및 그 효과 등과 지방의 화폐유통상황 등 약 20건[52]

충북 지방금융조합경제에 관한 관내상황, 지방금조업무취급상황, 발전상 개선에 관한 의견, 監事監査規程 실시의 상황 및 역원 집무에 관한 상황[53]

전북 출장소 개설, 조합원으로서 조합을 □치적 경영케 할 가부 및 의견, 가장 유효적절하게 인정할 자금운용의 방법 및 각종 자금수요의 상황, 공동구입 위탁판매의 실황 및 장래에 대한 의견, 차용금증서를 통장으로 대용할 가부, 가장 유효한 저금장려의 방법 등[54]

52) 『每日申報』 1911.2.28(2) 「平南金融理事會」.
53) 『每日申報』 1916.11.11(2) 「金融組合理事會」.

위 3가지 사례 가운데, 1910년대 전반기에 1개, 후반기에 2개의 사례가 있는데, 이에 따르면 대부·공동구입·위탁판매 등은 전후 반기에 걸쳐 언급되어 있어 조합의 고유 업무에 관한 사항은 변화가 없었음을 알 수 있다. 다만, 전반기에는 한국은행 화폐정리사업의 종료에 맞춰 화폐유통 상황에 관련된 것이, 후반기에는 저금 장려 관련 사항이 있어 1910년대 식민지 금융정책의 변화에 따른 강조점의 변화를 읽을 수 있다.

또한 표에 의하면, 1912년, 1913년, 1915년과 1916년에 이사회의가 빈번히 열렸던 것을 알 수 있는데, 이 해는 앞에서 언급한 대로 총독부가 조선 전체 이사회의를 개최했던 해였다. 이로 미루어 회의 내용은 전 조선 이사회의 내용에 관련된 것이었을 것으로 보인다. 특히 1912년 4월 초순에 열렸던 경기도와 평남의 회의, 또 1916년 6월 하순에 열렸던 평북과 7월 초순 전남의 회의 등은 전 조선 이사회의 직후였음이 주목된다. 이들 회의는 총독부 회의에 참석했던 이사들이 그렇지 않았던 도내 이사들에게 총독부에서 개최되었던 전 조선 이사회의 내용을 전파하는 자리였을 것으로 생각한다. 아울러 총독부 회의 직전에 열렸던 1913년 5월 중·하순의 회의는 총독부 회의에 대비한 것이었을 것으로 보인다.

그밖에 각 도 조합장 회의가 열린 경우도 있는데, 1910년 12월 경북과 1915년 10월 경기도에서 그 사례를 확인할 수 있다.[55] 1915년 10월 25일에 경기도에서 열린 금융조합장 회의는 같은 달 초순에 총독부에서 열렸던 전 조선 이사회의 직후에 열린 것이기 때문에 그 자리에서는 총독부 이사회의에 관한 내용이 주요 안건이었을 것으로 생각된다.

---

54) 『每日申報』 1918.1.23(4) 「金融組合理事會議」.
55) 『每日申報』 1910.12.15(2) 「大邱金融理事會」 ; 『每日申報』 1915.10.26(2) 「金融組合長會議」.

2. 1920년대 금융조합 관계자 회의의 다변화

1) 금융조합연합회 이사장회의

총독부는 1920년대 도지사를 통해 금융조합에 대한 감독을 실시했다. 각종 인허가 사항과 지도감독사항에 관한 권한이 도지사에게 있었기 때문이었다. 아울러 금융조합에 대한 보다 효과적인 통제를 위해 금융조합연합회 이사장회의를 소집하기도 하고, 도시금융조합 역원간담회, 각 도 관내 금융조합이사회의 등에 총독부 관리를 참석시켜 총독부의 방침을 시달하기도 하였다.

이 가운데 가장 큰 비중을 차지했던 이사장회의를 보자. 1921년 6월 28일부터 30일까지 재무국장의 統裁로 개최된 회의가 專任 이사장이 임명된 후에 최초로 열린 것이었다. 이 자리에서 총독부 재무국장 河內山樂三이 "최초의 전임 연합회 이사장으로서 후임자의 모범될 것을 결심하여 그 직무에 盡瘁"해줄 것을 특별히 당부하였다.[56] 이 회의에서는 자문사항으로 '지방민심 및 재계의 변동이 금융조합의 업무에 미친 영향' 등이 논의되었다.[57] 또한 마지막

---

56) 『金融と經濟』 27, 朝鮮經濟協會, 1921.7, 2~3쪽.
57) 『東亞日報』 1921.6.29(2) 「금융연합이사장회의, 작이십팔일개최」. 그밖에 지방산업교통경제발달의 상황 및 장래의 금융조합 증설에 관한 의견, 연합회가 소속조합에 대한 자금대출에 관하여 채택한 방침 및 연합회 업무의 상황, 연합회가 업무상 도청, 식산은행 및 소속조합과의 연락상황, 소속금융조합의 대출금업무의 상황(① 조합원 신용정도표의 설비 및 이 이용실황, ② 담보부동산 및 동산의 감정의 실황), 소속금융조합의 매개대부금 취급의 실황 및 개선의견, 소속금융조합의 예금 장려에 관한 시설실황 등이다.

날에는 재무국장의 지시가 전달되었다. 이어 다음 날인 7월 1일에
는 식산은행에서 이사장들을 초대하여 회의를 개최하였다.[58]

이듬해인 1922년 6월 8일부터 10일까지, 그리고 12일 이렇게 4일 동
안 제2회 금융조합연합회이사장협의회가 개최되었다. 이 회의는 재무
국장 대리 矢鍋 이재과장의 통재로 진행되었는데, 그는 첫날 재무국
장 연설 대독을 통해 총독부의 의사를 이사장들에게 전달했다.[59]

이후 1925년 6월에 3일간 개최된 이사장회의에서 첫날인 15일에
정무총감의 훈시가 있었는데, 각 이사장에 금융조합의 업태와 조
합 직원의 근태를 사찰하라는 특별주문이 있었다.[60] 또한 이 자리
에서 각 도연합회로부터 제출되어 협의된 사항은 중앙회 설립에
관한 건 등 13개였다.[61] 아울러 금융조합의 대출이자 인하에 관한
것도 중요 안건이었다.[62]

1926년에는 10월 15일부터 19일까지 이사장회의가 열렸다. 이
회의에서 정무총감은 예년과 같이 첫날 훈시를 하였는데, 그 내용
은 특별한 것 없이 예년과 같았다. 또한 이 회의에서는 총독부에서
제출한 사항과 이사장들이 제출한 사항을 중심으로 논의가 이루어

---

58) 『金融と經濟』 27, 朝鮮經濟協會, 1921.7, 91쪽. 회의 내용은 대부금에
　　관한 대리점 사무, 대부 사무 이외의 대리점 사무, 위탁 사무 등에 관한
　　것이었다.
59) 『金融と經濟』 38, 朝鮮經濟協會, 1922.6, 82쪽.
60) 『金融と經濟』 73, 朝鮮經濟協會, 1925.7, 80~81쪽.
61) 위의 자료, 85~86쪽. 그밖에 금융조합 데이 창정, 연합회 상호간 예금
　　관련, 활동사진 필름 제작 배부의 알선 관련, 우량조합 및 조합공로자
　　표창, 직원 대우개선 관련, 업적 우량한 조합의 기본금을 인상하여 조
　　합을 신설하거나 업적 부진한 조합의 기본금으로 충당, 연합회의 식산
　　은행 차입금 관련, 조합의 식산은행 업무대리 매개 관련, 중앙회 설립
　　위원회 설치, 재해 이자 면제 거치 또는 경감 관련, 금융조합 증설 관
　　련, 금융조합과 연계된 산업조합법령의 제정 관련 등이었다.
62) 『東亞日報』 1925.6.26.(4) 「金組引下 七月一日實施? 日步換算二厘假量」.

졌다.63) 특히 이 회의에서는 자작농창정자금의 대출문제가 논의될 것으로 관측되었으나 그 문제는 의제에 포함되지 않았다.64)

1927년 7월 이사장회의에서의 자문사항은, 금융조합이 산업경제의 발달향상을 촉진하기 위하여 소속조합의 업무에 대하여 특히 지도를 필요로 할 事蹟 및 장래 실시코자 하는 사항 등 여섯 가지였는데, 특히 '금융조합 창고의 현황 및 산미 無賣(매급) 방지에 관한 의견'과 '금융조합이 취급하는 농사개량저리자금의 대출방법에 관하여 개선을 요하는 사항'은 예년의 의제와는 다른 새로운 것이었다.65)

마지막으로 1928년 6월 21일부터 열린 이사장회의에서의 자문사항은 '금조의 사명에 鑑하여 업무경영상 특히 지도를 가할 사항과 장래방침'과 '조합의 농사개량자금 기타 특수용도의 저리자금대부가 조합원의 산업경제발달에 기여한 실상과 장래의 연합회 본저리자금 연구에 관한 의향' 등이었다.66) 이 시기 금련 이사장회의 상황을 표로 정리하면 다음과 같다.

63) 『金融と經濟』 89, 朝鮮經濟協會, 1926.11, 75~77쪽. 이사장 제출 협의사항은 중앙회 급설, 조선경제협회의 개조, 금융조합대회의 개최에 관한 것이었다.
64) 『東亞日報』 1926.10.8(6) 「自作農創定貸出 金組에서 開始? 今番理事長會議에 提案될 듯」 기사 및 『東亞日報』 1926.10.20(6) 「理事長會議再延期」 기사 참조.
65) 『東亞日報』 1927.7.7(6) 「金組聯合會 理事長會議, 第一日」; 『東亞日報』 1927.5.12(6) 「金組短資問題 理事長會議提出?」.
66) 『東亞日報』 1928.6.22(6) 「各道金組聯合 理事長會合」.

<표 2-8> 1920년대 도금련 이사장회의 상황

시 기	훈시자	지시 사항	주요 안건
1921.6.28～30	재무국장	조합원의 정신적 훈련	지방민심, 재계변동의 영향여하
1922.6.8～10	재무국장 대리	금융조합원 사무원 부정행위 방지, 촌락금조 증설방침	-
1925.6.15～17	정무총감	조합직원 채용문제, 중앙회 설립문제, 대출이자 인하	중앙회설립, 대출이자 인하
1926.10.15～19	정무총감	부정사건 방지, 조선어 장려	중앙회 설립, 금융조합대회 개최
1927.7	-	-	미곡 무賣 방지, 농사개량저리자금 대출 개선
1928.6.21	정무총감	조합원 확대, 분규 우려	저리자금 대부

출전 : 『金融と經濟』와 『東亞日報』해당 기사에서 작성.

이제 1920년대에 개최되었던 금융조합연합회 이사장회의를 통해 총독부가 밝힌 금융조합에 대한 정책 및 방침에 대해 구체적으로 살펴보자. 이 작업을 통해 1920년대를 통해 관철되었던 정책 당국의 의도가 시국의 변동에 따라 어떻게 변화하는지를 분명히 파악할 수 있다.

1921년 6월에 개최된 제1차 회의에서의 지시사항으로는 연합회의 소속조합에 대한 업무의 실지지도, 조합에 대한 자금융통, 연합회의 회계경리 등이 연합회 관련 사항이었고, 조합 관련 사항으로는 업무경영방침의 수립, 조합원 신용조사 및 조합원 선택, 대부금업무, 예금업무, 조합원의 정신적 훈련 등이었다. 이 가운데 조합원의 정신적 훈련을 강조한 것이 이채로운 것인데, 총독부에서 3·1운동 발발 2년이 지났음에도 여전히 조선인의 동향에 촉각을 세우고 있음을 보여주는 것이라 하겠다. 즉 '지방 민심의 변동에 의해 조합에서 조합원이 점차 敦厚한 기풍을 잃고 헛되이 권리를 주장하는 경향'이 발생하였으며, 또한 대부금의 상환 기한, 이식의 납입 및 출자 불입기일의 엄수 및 저금의 勵行 등 '良風을 파괴하는 경

향'이 있음을 경계했던 것이다.[67]

조합원의 권리주장경향 발생 가능성에 대한 총독부의 예상은 적중하여 그로부터 3개월 여가 지난 10월부터 평양북금조에서 조합 운영과 관련한 분규가 발생하기 시작하여 1920년대 내내 각 도시 금조에 만연되었으며, 급기야 촌락금조에까지 파급되었다.

1년 후인 1922년 6월에 개최된 제2차 회의에서 재무국장이 연설을 통해 강조한 것은 소속 금융조합에 대한 업무의 조사지도, 소속 조합에 대한 업무의 실지조사, 금융조합 사무원의 부정행위, 촌락 금융조합의 증설방침, 이사장의 직책 관련 등[68]으로 일상 업무에 관한 것은 대체로 전년과 일치하지만, 뒤의 세 가지가 새로운 것이었다. 금융조합 사무원의 부정행위는 금융조합 이사의 이직 경향이 두드러지자 관공서, 군대와 경찰 경력자를 중심으로 보충하였는데, 여러 차례 부정행위가 발생하여 총독부 측에서도 골머리를 앓았다. 이 대목은 바로 그런 사정이 반영된 것이었다. 그러나 그 대책으로 제시된 내용은, 소속 금융조합 직원으로 하여금 항상 '청신 발랄한 의기'로써 직에 종사하도록 고무하라는 추상적인 것이었다.

다음으로 촌락금융조합의 증설 방침과 관련해서는 당시 1조합당 평균 구역이 6개 면이었는데, 그 구역이 너무 광범하여 업무집행의 편의를 위해 조합원 선택 시 중류 이상에 편중될 수밖에 없었음을 유감으로 여기면서 장차 1면을 표준구역으로 하여 조합을 증설하겠다는 포부를 밝혔다. 그밖에 이사장의 직책과 관련해서, 사회로부터 언행에 의혹과 비방을 받는 일이 없도록 깊이 유의하라는 내용이었는데, 이는 사무원의 부정행위와 관련지어 생각해볼 수 있는 것이다.

---

67) 『金融と經濟』 27, 朝鮮經濟協會, 1921.7, 80~82쪽.
68) 『金融と經濟』 38, 朝鮮經濟協會, 1922.6, 82~85쪽.

1925년의 회의에서 마지막 날 재무국장이 연설을 통해 총독부의 방침과 희망을 피력했다. 그 내용은 크게 네 가지로 분류할 수 있다. 첫째 인사 문제와 관련된 것으로 조합 직원 채용 시 '채용관문에서 불량분자를 제거한 후 훈련을 충분히 할 것'을 주문하고, 연합회의 조합에 대한 조사 지도를 철저히 할 것을 당부했다. 다음으로는 회의 중에 논의된 것 가운데 가장 뜨거운 쟁점이 되었던 두 가지에 대해 의견을 밝혔는데, 중앙회 설립문제는 차후 충분히 연구를 거듭해야 할 것이라고 신중론을 제시한 반면, 대출 이자 인하 문제에 대해서는 대체로 실행하지 않으면 안 되는 것으로 파악하면서, 각 조합의 사정에 따라 인하의 정도, 범위, 방법을 찾아 실행하겠다고 답했다.[69]

'불량분자의 제거' 문제는 앞에서 언급했던 것과 같이 금융조합 직원의 부정행위 발생과 관련지어 생각할 수 있는 것으로, 그 부정행위는 총독부 당국의 예의 주시에도 불구하고 불식되지 않았으며 이로 인해 총독부 당국에서 그 해결을 위해 부심했음을 엿볼 수 있다.

1926년의 회의에서는 다른 해와 달리 총독부에서 제출한 사항의 논의가 있었다. 그 내용은 금융조합의 대부금 이율 관련, 금융조합에서의 부정사건 방지 관련, 촌락금조에 하부한 기본금 및 연합회 저리자금 관련, 금융조합 예금 이율 인하 관련, 연합회 소속 회원의 직원에 대한 조선어 장려 관련 등 5개였다.[70]

대출이자율 인하는 전년 회의에서 나왔던 내용이었고, 부정사건 방지는 끊이지 않고 발생하는 조합 직원의 부정행위를 막기 위해 총독부가 기회 있을 때마다 조합 관계자에게 강조했던 내용이었다. 또한 예금 이자율 인하는 보통은행과 도시금조 사이에 예금쟁

---

69) 『金融と經濟』 73, 朝鮮經濟協會, 1925.7, 81~83쪽.
70) 『金融と經濟』 89, 朝鮮經濟協會, 1926.11, 75~77쪽.

탈전이 치열히 전개되던 와중에 일부 지역에서 양자가 타협책으로 예금협정을 체결하여 예금 이자를 인하하기로 합의했던 분위기 속에서 그 합의사항을 전국적으로 확대 적용시키기 위한 의도에서 나온 것이었다.

그리고 조선어 장려는 1910년대에도 총독이 강조한 바가 있었지만, 1920년 이후 총독부에서는 이를 더욱 장려하여 일본인 관리로서 조선어에 숙달한 자에 대해서는 장려수당을 지급할 계획을 세우고 1921년도부터 시행했다.[71] '3·1운동'을 겪은 일제로서는 다시 그와 같은 일을 겪지 않기 위해 조선인을 더욱 잘 파악하고, 일본이 조선인에게 호의로 다가선다는 느낌을 심어줄 필요가 있다고 판단했을 것이다. 이 시기 일본어 장려를 언급한 것은 이와 같은 판단에서 나온 것으로 생각된다.

1928년 회의에서는 정무총감 훈시를 통해 총독부의 방침이 천명되었다. 훈시의 내용은 대체로 '小産者의 가입 비율은 조합원의 8할을 넘으나 총 호수에 비하면 극히 소수'임을 유감으로 여기면서, '조합원의 협동 자조의 정신이 普遍으로 조합원에게 철저치 못하였으며 조합의 경영에 임하는 이사도 다만 계수적 성적의 擧揚에만 전념하게 되어 조합원의 정신적 지도 및 계발을 忽諸에 부치는 경향'이 있고, '조합업무의 집행도 왕왕 조합의 목적에 적합지 못하는 嫌'도 있다고 질타했다. 또한 '특히 최근 일반의 풍조변화의 영향은 도리어 조합에까지 파급하여 혹은 총회 시에, 혹은 일상조합의 업무집행에 際하여 시시로 분규를 초래하는 것'에 대해 우려하였다. 이러한 현상에 대해 총독부 당국은 이사장으로 하여금 '소속 금조를 지도하여 될 수 있는 대로 소산자를 많이 수용함과 조합

---

71) 朝鮮總督府, 『朝鮮總督府施政年報』(自大正七年度至大正九年度), 140
～141쪽.

정신을 작흥하기에 노력을 하여 조합 이사자로 하여금 항상 一意
全心 조합원의 복리증진에 임하게 하여 그 업무집행에 대해 유감
없기를' 당부했다.[72]

　조합원 확대가 총독부의 근본방침이나 조합의 영업성적에만 관
심이 있는 일선 이사들의 태도로 인해 그 방침이 집행되지 못하는
것에 대한 불만과, 3·1운동 이후 고양된 조선인의 의식에 따라 조
합운영을 둘러싸고 조합 집행부의 전횡에 대해 조합원들이 제동을
걸면서 발생한 분규에 대한 총독부의 우려 등을 그대로 느낄 수 있
는 훈시였다.

　1920년대 이사장회의를 일제의 금융조합정책 및 식민정책과 관
련하여 살펴보면, 1921년에는 3·1운동의 영향력이 남아있는 분위
기에서 지방 민심을 예의주시했음을 알 수 있다. 1920년대 중반에
이르면 중앙회 설립이 주요 관심사가 되었고, 1920년대 후반에는
산미증식계획에 따른 저리자금대출이 중요한 문제로 다뤄졌다.[73]
아울러 전·후반을 통틀어 조합 증설과 조합원 확대가 총독부의
관심사였음을 알 수 있다.

　이러한 이사장회의는, 1910년대 오륙십 명의 이사를 소집하여
개최되었던 지방금융조합 이사회의에 비해서 덜 번거로운 것이면
서도 소속 조합에 대한 지도를 맡고 있는 도금련 이사장을 통해 일
선 조합에 총독부의 방침을 전달하는 데 큰 효과를 거두는 장치였
다고 볼 수 있다.

---

72) 『東亞日報』 1928.6.23(6) 「金組에 對한 政務總監訓示 金組聯合會 理事
　　長會議에서」.
73) 1926년 산미증식 '갱신계획'에 따라 대장성 예금부 저리자금이 총독부
　　의 알선으로 농사개량을 위해 금융조합에 융통되었음은 앞 장에서 고
　　찰한 바 있다.

2) 부문별 회의

다음으로는 도시금조 역원간담회에 대해서 살펴보자. 1922년 10월 6일부터 7일까지 이틀간 제1회 '전선도시금융조합역원간친회'가 개최되었다. 이 자리에서 정무총감의 훈시와 재무국장의 告辭가 있었고, 각 조합에서 제출한 안건에 대한 토의가 진행되었다.[74]

이후 1925년 6월 5일에는 경성공회당에서 제3회 전조선도시금조 간화회가 개최되었는데, 38조합에서 49명의 대표자가 참석했다.[75] 이 자리에서 대부금 한도 확장, 대부금 용도범위, 도시금조에서 상업기관으로 창고업의 필요, 출자 제1회 이후는 임의 불입할 것 등을 결의하였고, 다시 통일기관으로 중앙연합회를 조직하고 각 도에 지부를 설치하기로 당국에 건의키로 하였다.[76] 이러한 결의 및 건의사항은 도시금융조합의 성장에 필수적인 것이었지만, 이들의 이해는 보통은행의 그것과 상충하게 되어 총독부 재무당국 및 식은 간부, 그 외 금융업자 사이에 비난의 소리가 높았다.[77]

제4차 간담회는 1926년 6월에 개최되었다. 이 자리에서의 주요 협의사항은 예금이자 인하에 관한 것이었다.[78] 아울러 수년 간 현

---

74) 『金融と經濟』43, 朝鮮經濟協會, 1922.11, 47~51쪽. 이 자리에는 남대문 · 왜성 · 용산 · 신의주 · 송도 · 조치원조합의 조합장, 남대문 · 광화문 · 왜성 · 용산 · 종로 · 평양남 · 평양북 · 인천 · 군산 · 구마산 · 마산 · 이리 · 대구 · 부산제일조합의 이사, 그리고 원산조합의 평의원 등 21명이었는데, 경성부내 조합에서 온 참석자가 다수였다.
75) 『東亞日報』 1925.6.6(4) 「全道都市金組協議會」.
76) 『東亞日報』 1925.6.7(4) 「金組懇話會, 可決附議事項」 및 『東亞日報』 1925.6.9(1) 「全鮮金組懇話」.
77) 『東亞日報』 1925.6.9(4) 「金組要望의 非難」.
78) 『東亞日報』 1926.5.30(6) 「總會를 開催」.

안이 되었던 중앙회 설립에 관해 진정위원을 선정하여 그들로 하여금 당국에 진정하게 하였는데, 그 결과 경성부 내 8개 도시금조의 조합장과 이사가 진정위원이 되어 진정서를 제출했다.[79]

1927년 6월 제5회 간담회가 열렸다. 이 자리에서의 중요 안건은 중앙회 설립과 대부금 한도 확장 등이었고, 금융제도조사위원회에 금융조합 대표가 참가할 수 있도록 건의하는 것이었다. 이 가운데 한도 확장과 관련해서 조합 관계자의 설명과 이재과장의 답변 등이 있었다. 조합 관계자는 금조의 한도를 확장하지 않으면 예금은 더욱 증가하는데 대부는 이에 비례하여 증가치 않는 결과로 경영이 곤란하다고 설명하였고, 이재과장은 '경영에만 沒念치 말고 이상에 착안'하라며 '중산 이하를 고객으로 한다는 금조 본래의 사명으로 보아 이 규정이 설정된 것으로 변경할 수 없다'고 답변했다.[80]

제6회 간담회는 1928년 6월에 열렸다. 이 자리에서의 중요 안건 역시 중앙회 설치, 금융조합대회 개최, 공제회 설치, 大典기념사업 시설 등에 관한 것들이었다. 그리고 이 자리에서 결정된 안건들에 대해 정무총감 앞으로 진정서를 제출했다.[81]

지금까지 살펴 본 바와 같이 도시금융조합 역원간담회는 이사장 회의와 더불어 총독부 정책 담당자와 조합 관계자가 '중앙'에서 직접 연결되는 매개였다. 이를 계기로 총독부의 방침이 시달되고, 또한 조합 관계자의 목소리가 직접 전달되었다.

이와는 달리 지방에서 이루어지는 모임도 있었다. 각 도 단위에

---

79) 『金融と經濟』 89, 朝鮮經濟協會, 1926.11, 30쪽.
80) 『東亞日報』 1927.6.24(6) 「都市金組懇談會 各地提出協議事項」 및 『東亞日報』 1927.6.26(6) 「金組의 限度擴張은 原則上使命에 反한다 松本理財課長答辯」.
81) 『東亞日報』 1928.6.19(6) 「都市金組의 懇話會 第一日 午前四案議了」 및 『東亞日報』 1928.6.21(8) 「決定事項을 總督府에 提出, 都市金組懇談會에서」.

서 개최되는 이사모임이 그것이다. 각 도 관내 금융조합이사회의
는 년 1회 개최되었다.[82] 각도 금융조합연합회 총회 시에 식산은행
에서도 관심을 기울여 1920년 5월 식산은행 이사 有賀光豊, 中村
光吉, 櫻井小一은 각도 금융조합연합회 총회에 참석하기 위해 지
방출장을 하였다.[83] 1921년 5월 26일에 충남 관내 금융조합이사회
가 개최되었는데, 이 자리에서는 일본 산업조합을 시찰하고 돌아
온 논산금조 이사 등의 시찰 감상담이 소개되었다.[84]

또한 도 내에서 특정 지역을 중심으로 인근 금융조합 관계자들
이 집합하여 진행했던 부분이사회의도 있었다. 대표적인 예를 보
면, 1921년 10월 3일부터 6일까지 전남 순천 부근 각 군 이사회의
가 개최되었다. 그들은 자급자금의 충실에 관한 건, 기한초과 대부
금정리방법 및 계획에 관한 건, 대부금 이식에 관한 건, 식산은행
매개대부에 관한 건 등을 논의하였다.[85]

함경북도에서는 1922년 2월 16일에 회령에서 북부조합이사부분
회동을 개최했다.[86] 도 재무부장, 이재과장과 나남・회령의 식은
지점장 등이 임석하고, 연합회 이사장과 경성조합 등 10개 조합의
이사 및 서기장 등이 참석했다. 이 자리에서는 도청으로부터 제출
된 사항, 연합회 측 제출 사항, 조합 측 제출사항, 은행 측 제출사
항 등을 중심으로 협의에 들어갔다.[87]

---

82) 秋田豊, 앞의 책, 부록 15～23쪽.
83) 『東亞日報』 1920.5.6(2) 「殖銀理事出張」. 櫻井은 경남북, 有賀는 함남
    북, 中村은 충남 및 전남북지방을 출장하였다.
84) 『東亞日報』 1921.6.3(4) 「忠南金融組 理事會」.
85) 『東亞日報』 1921.10.18(4) 「金融組合 理事會議」. 이 자리에는 전남도
    이재과장, 전남금련 이사장 및 이사, 그리고 순천・여수・구례・곡
    성・옥과・주암・동복・벌교・광양 등 전남 동부지역 금융조합의 이
    사 및 이사견습이 참석하였다.
86) 『金融と經濟』 36, 朝鮮經濟協會, 1922.4, 55～62쪽.
87) 도청 제출사항은 금융조합 감독방침, 촌락금조 역원 이용방법 등 조합

1920년대는 1910년대에 비해 다양한 층위의 회의가 개최되었던 시기였다. 도금련 이사장회의, 도시금융조합 역원 간담회, 도 단위 금융조합 이사회의, 각 지역별 부분 이사회의 등 금융조합 관련 여러 회의는 그러한 시대적 분위기 속에서 진행되었다. 그리고 이들 회의를 통해 총독부의 방침이 전달되었고, 그 방침은 금융조합 운영과정에서 관철되었다.

3. '농촌진흥운동기'와 전시통제기의 동원을 위한 회의

1) 금융조합 중앙대회와 지방대회

(1) 중앙대회

1929년 개정 조합령의 시행 이후 금융조합 관계자들의 모임에 새로운 경향이 나타났다. 1929년 10월부터 개최된 금융조합대회가 그것이다. 금융조합대회는 3년을 주기로 경성에서 개최되는 중앙대회와 그 사이에 각 지방에서 개최되는 지방대회가 있었다. 금융조합대회의 개최 결정 과정과 개최 사례는 다음과 같다.

의 운영과 관련된 것이었고, 연합회 측 제출사항은 사업계획 방침, 저금장려 계획, 조합 취지의 보급 방법 등 조합의 업무와 관련된 내용이었다. 또한 조합 측 제출사항은 이사에 대한 정신상의 대우 개선, 조합 서기에 대한 수당 지급 등 조합 직원 처우와 관련된 것이었으며, 은행 측 제출사항은 매개대부금 중개에 관한 의견 교환이었다.

1929년 10월 제1회 금융조합 중앙대회가 열렸다. 조선금융조합협회에서 개최한 대회였다. 이 대회의 개최는 1928년 도시금융조합간담회에서 결정되었는데, 경기도금련을 중심으로 준비를 진행하고, 협찬회를 조직하였다. 도시금조간담회에서 결정되었던 내용은 1929년 조선대박람회 기간을 이용하여 2일간 금융조합 전국대회를 개최하여 일반에게 금융조합을 선전하고, 지방 관계 방면의 인사를 초대하여 원유회를 실시할 예정이었다. 그리하여 대회 회장은 총독부 재무국장이, 협찬회장은 경기도금련 이사장이 맡았다.[88]

1929년 조선대박람회 개최를 계기로 7월 조선금융조합협회 이사회에서 '금융조합대회 규정'을 결정하였다.[89] 이에 따라 1929년 10월 14일 총독부 관리 및 금융조합 관계자 약 천 2백여 명이 참석한 가운데 제1회 금융조합대회가 개최되었다. 대회 첫날인 14일에는 조선총독부 재무국장 겸 조선금융조합협회장 草間秀雄의 개회사가 있었다.[90] 이 자리에서 정무총감(兒玉秀雄)은 기념사를 통해 '하층 소산자의 증용에 힘쓰고, 협동 일치 근로의 정신을 확충하며

---

88) 『東亞日報』 1929.1.16(8) 「朝鮮金組大會 今秋開催準備」. 이 대회의 예산은 1만 6, 7천 원이었고, 평의원, 상담역, 지방위원 등을 두었는데, 평의원은 경성부내 금조 조합장과 재무국, 식산은행 관계자 등 16명, 상담역은 각 도 재무부장, 각 도 금련 이사장 등 25명, 지방위원은 각 도 이재과장, 금련 이사 등 26명이었다.

89) 주요 내용은 다음과 같다. 대회의 목적은 금융조합의 발달을 도모하기 위하여 협의·보고·강연·표창을 행하는 것으로 하고, 개최방법으로는 협회 주최로 하고, 시기와 장소는 협회가 정하며, 출석자는 금융조합 및 연합회 역원, 협회의 역원 및 협회가 승인한 자로 하였다. 또한 협의문제는 협회, 도연합회 또는 금융조합이 제출하는 안건을 심의위원회를 두어 심의결정한 후 대회에 보고하고, 대회의 경비는 협회 및 각 도연합회의 부담으로 하기로 하였다(농협중앙회, 앞의 책, 63~64쪽).

90) 「第一回金融組合大會開會辭」 『金融組合講演集』, 朝鮮金融組合協會, 1931, 369~376쪽. 그는 光輝있는 역사, 機能發揚, 門戶 開放, 綱領 第一 등을 주제로 연설했다.

저축의 미풍을 작흥'하도록 조합 관계자에게 주문하였다.[91] 조합
원 증모와 저축 장려, 조합정신의 작흥 등이 골자였던 것이다.

그 가운데 조합원 증모에 대한 것은, 1920년대 이사장회의에서
살펴본 바와 같이 총독부에서는 보다 많은 조선인을 조합원으로
포용하려는 방침을 가졌으나 연체대부의 고정으로 인한 조합 경영
부실을 염려했던 조합 경영진(주로 이사)에 의해 조합원 자격을 중
농 이상만으로 제한했던 상황에서 나온 것이었다. 총독부 측으로
서는 조합원 '3할 포용'이라는 목표를 위해 현 상황을 타개할 돌파
구가 필요했다. 그런 배경에서 나온 것이 조합 관계자들을 향한
'하층 소산자 증용' 요구였던 것이다. 조합정신의 작흥이란 것도
'隣保相助'라는 이른바 '조합 본래의 취지'에 맞춰 중농 이상보다
는 하층 소농에 대한 관심을 촉구하기 위한 것이었고, 저축 장려는
조합 증설을 위해 필요한 대출 재원의 확충이란 의미가 있었다.

대회 이튿날인 15일에는 금융조합대회위원회에서 심의 결정한
협의안이 대회에 보고되었다. 이 협의안은 조선금융조합협회안과
각도 금융조합연합회 요망 및 건의사항으로 구성돼 있었다. 그 내
용은 크게 '금융조합정신' 보급에 관한 것과 금융조합 업무에 관한
것 등으로 나눌 수 있다.[92] 이 대회에서 결정된 내용은 조선금융조
합협회에서 채택하였는데, 협회안 10항은 금융조합의 강령으로 즉
시 실행하고, 연합회의 요망사항에 대해서는 실시방안을 강구하며,
건의사항은 총독부에 건의할 것을 결정했다.[93] 그밖에 대회를 3년
마다 협회 주최로 개최하고, 대회가 개최되지 않는 해에는 각 도연
합회가 돌아가면서 지방대회를 열 것을 결정하였다.[94]

---

91)『金融組合』제13호, 朝鮮金融組合協會, 1929.11, 21쪽.
92) 위의 자료, 58~64쪽 ;『東亞日報』1929.10.15(8)「大會協議事項」.
93)『東亞日報』1929.10.25(8)「金組大會 建議, 事實 實行 豫定」.
94) 그밖의 결정사항으로는 조합훈의 제정, 금융조합강령 수립, 금융조합에

3년 후인 1932년 10월 4일부터 제2회 중앙대회가 개최되었다. 이 자리에서는 농어촌 진흥에 대해 금융조합이 취할 대책, 금융조합 중앙기관 설치의 촉진 요망, 농촌구제를 위한 특수저리자금의 융통요망, 은행 소재지 이외 금융조합의 비조합원 예금 무제한 취급 요망 등이 결정되었다.[95] 이 대회는 3일간 계속되었는데, 대회 부설사업으로 '금융조합 시설전'이 개최되었다. 또한 경기도 오산금융조합 등 4개 조합이 우량조합으로 표창을 받았고, 50여 명이 공로자 표창을 받았다.[96] 또한 마지막 날인 6일 오후에는 총독부 후원 경복궁에서 금융조합중앙대회 원유회가 열렸는데, 1천여 명이 참석할 정도로 성황을 보였고, 호화판 행사가 되었으므로 농촌경제의 곤경이 지속되는 시국을 저버렸다는 이유로 많은 비판을 받았다.[97]

대해 예금부 저리자금을 원활하고, 한층 저리로 공급하도록 요망, 11월 1일을 '금융조합 저금일'로 결정, 금융조합 기념일을 휴업일로 할 것을 요청, 초등 교과서에 '금융조합' 1과를 삽입토록 편찬 당국에 건의, 금융조합 직원 양성기관 설치, 금융조합 서기 장기강습회의 결정 등(『金融組合』 제13호, 朝鮮金融組合協會, 1929.11, 58~64쪽)이다. 또한 대회 폐회 이튿날인 16일에는 탑골공원에서 目賀田種太郎의 동상 제막식이 있었고, 남산 본원사에서 금융조합 순직 이사추도회도 열렸으며, 조선금융조합협회 건물 내에서 금융조합자료전람회도 열렸다(같은 자료, 68~93쪽).

95) 『東亞日報』 1932.10.7(8) 「金融組合大會 建議, 決議, 否決 各 事項의 內容」. 농어촌진흥대책으로서 결의된 실행요강은 ① 중소산업자 등 조합원을 총호수의 3할에서 5할로 신목표 수립, ② 저리자금의 다각적 융통, ③ 조합경영의 합리화에 의한 대출금리의 인하, ④ 타 기관과의 협조로서 청년·부녀자의 자각에 의한 자조역행정신의 진작, ⑤ 야적금융 등 조합원 생산물에 대한 금융의 방도 강구, ⑥ 고리채 정리와 자작자금으로써 가계향상과 생활개선의 지도, ⑦ 적지 부업의 부식과 다각적 농법에 대한 생산 증가와 생산물의 유리한 판매를 위한 알선 지도, ⑧ 상호연대보증계 조직의 보급 확충 등이다.

96) 『東亞日報』 1932.10.6(8) 「優良組合 表彰」.

이 대회는 '농촌진흥운동'과 관련해서 주목을 끈다. 위에서 소개한 결의사항에 그 내용이 포함돼 있긴 하지만, 이러한 결의가 나오게 된 데에는 뒤에서 살펴보게 될, 정무총감의 훈시가 직접적인 배경이 되었다. 그리고 이 결의는 금융조합이 농촌진흥운동에 본격적으로 개입하는 신호가 되었다.

(2) 지방대회

3년 주기의 중앙대회가 개최되지 않는 해에 열기로 했던 지방대회는 1930년 9월 부산에서 처음으로 개최되었다.[98] 이 대회에서는 ① 소농 조합원의 영세저금 장려방안, ② 조합원의 정신적 지도의 철저화 방책, ③ 하층 계급자의 증모와 그 지도방안(3년 내지 6년을 목표로 구역 내 총 호수에 대한 3할 이상 증용), ④ 금융조합 중앙기관의 설치 촉진 요망, ⑤ 저리자금 차입의 이율인하 요망, ⑥ 부이사 설치를 전 조합에 인정하여 조합 활동의 왕성화를 기하도록 요망 등을 결정하였다.[99] 조합원 증모, 저축 장려, 조합정신 진흥 등은 단골 메뉴였다. 또한 중앙기관 설치 건에 대해서는, 1년 전인 1929년에 총독부에서 식산은행 내에 중앙금고과를 설치하여 금융조합 중앙기관 설치 논란을 종식시키고자 하였으나 이렇듯 1년 후에 다시 중앙기관 설립 여론이 제기된 것이다.

이어 1931년 9월에 평양에서 제2회 지방대회가 개최되었다.[100]

---

97) 『東亞日報』 1932.10.8(2) 「會合한 使命沒覺, 金組園遊會 醜態, 금융조합 연회에 비난」. 특히 기생, 藝妓, 웨이트리스 등이 다수 참가하였고, 연회가 끝난 후에는 '근무시간 이내임에도 불구하고 취한 남녀가 손을 이끌고 청사 정문으로 몰려나오는 등' 지탄받을 만한 행태가 난무했다.

98) 『東亞日報』 1930.9.17(8) 「朝鮮金融小會 釜山에서 開催」. 9월 16일부터 19일까지 약 3백 명의 참석으로 열렸으며 총독부 측에서는 재무국장이 참석했다.

99) 『金融組合』 제26호, 朝鮮金融組合協會, 1930.12, 72~75쪽.

이 대회에서 결정한 사항은 ① 장기무담보대출 용인요망, ② 조합원 부채정리를 위해 저리 장기자금의 융통요망, ③ 자작농창정자금에 의해 구입하는 토지의 매매 및 저당권 설정 등기에는 등록세 폐지 요망, ④ 금융조합, 동 연합회 및 협회의 유급직원을 위한 공제회 조직, ⑤ 조합관계 직원의 영년근속자 표창 등이다.

1933년 9월에는 신의주에서 제3회 지방대회가 열렸다.[101] 조금련 설립 직후인 9월 7일부터 3일간 조금련 평북지부의 주최로 열린 이 대회에서 협의문제의 중심은 농업동산신용법을 조선에서 시행하는 일에 대한 것이었다.[102] 또한 개회식 날 재무국장이 대독한 기념사에서 宇垣 총독은 농산어촌진흥운동이 白熱化하고 있는 상황에서 금융조합은 일찍이 이 운동에 참여하여 근로정신의 고취, 저축사상의 함양, 고리부채의 정리 등에 다대한 노력을 거듭했음을 상기시키며, 장래에도 운동이 일층 효과를 거둘 수 있도록 더욱 협력 奮勵해 줄 것을 당부했다.[103]

---

100) 『東亞日報』 1931.9.19(6) 「全朝鮮金組, 第二回 地方大會, 十八日부터 平壤에서」. 9월 18일부터 3일간 열렸는데, 조합 이사 2백여 명과 각도의 재무부장 등이 참석했다.
101) 朝鮮金融組合聯合會 平北支部, 『第三回全鮮金融組合地方大會』, 1934 참조.
102) 그 내용은 다음과 같다. ① 농산어촌 중소산자의 경제갱생조성에는 금융조합의 적극적 자금융통이 필요하다. 그러기 위해서는 조합이 다른 채권자에 우선할 수 있는 국가적 보호를 받을 필요가 있다. ② 농업용 동산의 점유를 옮기지 않고 담보할 수 있음은 중소농에 대한 자금융통상 담보력을 증대케 하는 동시에 그 산업경제 지도의 철저를 기할 방도가 된다. ③ 금조의 중소농의 적극적 증용과 이에 대한 지도를 효과적이게 할 필요에 있다 등[위의 자료 및 『東亞日報』 1933.9.10 석(4) 「全朝鮮 第三回 金組大會狀況」]. 그 문제는 경기·전북·황해 등 3개 도에서 제출한 안건이었는데, 논의 결과 가결되었다. 또한 위 문제를 포함하여 각 도지부에서 제출한 25건에 대해 논의를 벌였으며, 차기 대회는 대구에서 개최하기로 결정했다.

2) 전조선 금융조합 이사협의회

제3회 중앙대회가 열리기로 되어 있었던 1935년에는 그 대신에 조금련 주최로 1935년 전조선 금융조합 이사협의회가 개최되었다.[104] 1935년 9월 18일부터 20일까지 열린 이 회의에는 전국의 이사 및 부이사 약 8백여 명이 참석하였는데,[105] 농촌진흥운동에 금융조합이 대처할 방안에 대한 것이 중점 논의사항이었던 이 회의에서 총독은, 이례적으로 기념사 외에 추가로 훈시를 통해 농촌진흥운동을 자찬하며 이 사업의 완성에는 금융조합의 활동이 가장 중요함을 강조하며 조합 관계자의 활약을 기대했다.[106]

회의에서는 연합회가 제출한 '농가갱생계획에 대하여 금조가 취할 방책에 관한 건' 등을 협의하였는데, 그 결과 '갱생지도부락 10개년 확충계획에 대한 금융조합 참가 협력의 방책' 결의문을 채택했다. 그 내용은, 조합은 갱생계획의 방침에 즉응하여 노력하고, 식산계의 활동 촉진, 가정 부인의 자각 환기, 근검저축의 장려, 고리부채의 정리, 자작농의 창정, 기타 일반 산업의 신장에 관해 유효 적절하다고 인정되는 시설을 강구한다는 것이었다. 기타 대부 한도의 확장 등에 대해 협의 후 가결시키는 등 여러 협의가 있었다.[107]

제2회 협의회는 중일전쟁의 발발로 연기되어 1940년 9월에 개최되었는데, 그 준비는 3월부터 시작되었다. 5년 전에 제1회 대회가

---

103) 朝鮮金融組合聯合會 平北支部, 앞의 자료, 12쪽.
104) 朝鮮金融組合聯合會調查課, 『第三回金融組合年鑑』(1936년), 朝鮮金融組合聯合會, 1936, 225쪽.
105) 『東亞日報』 1935.9.19석(6) 「金組理事協議會 十八日 早期開催」 ; 『東亞日報』 1935.9.20조(4) 「全朝鮮金融組合 理事會協議事項」.
106) 朝鮮金融組合聯合會調查課, 앞의 자료, 234~235쪽.
107) 위의 자료, 235~241쪽.

열린 이후 열리지 않고 있다가 소위 '황기 2600년'을 맞아 개최된 것이었다. 참석 대상자는 이사 722명이었다.[108] 이 협의회에서는 '시국하 금융조합의 사명수행에 관한 선서결의'가 채택되었다. 그 내용은 생업보국의 實을 擧揚, 농촌에서 전호 포용의 목표를 달성하여 황국정신의 철저에 노력을 경주, 부락식산계의 전면적 조직화를 촉진하고 협동적 신생활체제의 건설, 생산증식·저축 장려의 2대 임무를 계획화하여 전시금융경제의 강화에 즉응, 공동구입·공동판매에서 적정 및 공익적 기능 발휘로 국가목적에 부응 등이다.[109] 전시총동원체제에 적극 부응하는 것들임을 알 수 있다.

이 협의회 역시 이상 두 차례에 걸쳐 개최된 이후 추가로 열렸다는 기록은 없다. 이상의 협의회를 통해서 볼 때, 1930년대 중반에 개최되었던 제1회 모임에서는 당시 총독부가 전력을 기울여 추진하고 있던 농촌진흥운동에 금융조합이 전 조직적으로 참가하기 위한 결의를 다지기 위한 자리였음을 알 수 있고, 전시 체제기인 1940년에 열린 제2회 모임에서는 일제 및 총독부가 사력을 다해 수행했던 '국가총동원'시책에 부응하여 금융조합에서도 적극 참여할 것을 다짐하는 계기였음을 알 수 있다.

3) 금련 이사장회의

1929년 6월 18일부터 20일까지 전 조선 금융조합연합회 이사장회의가 재무국장 주재하에 열렸다.[110] 이 자리에서 총독(山梨半造)은 훈시를 통해 금융조합에서 조합원 신용정도표의 사정 및 대부

108) 『東亞日報』 1940.3.19석(8) 「朝鮮金組理事會議」.
109) 농협중앙회 편, 『한국농업금융사』, 농협중앙회, 92쪽.
110) 『東亞日報』 1929.6.18(6) 「金組聯合會 理事長會議 十八日부터 三日間」.

금 담보 부동산의 감정, 소속 산업법인 업무의 실지조사 및 지도,
금융조합에서 담보대부금의 使途 제한 철폐, 금융조합이 대부금의
담보로서 징구할 유가증권의 價額 조사, 도시금조에서 手形대부와
手形할인의 처리, 금융조합에서 예금업무 등을 지시하였는데,111)
그 내용은 상당히 세세한 것이어서 굳이 총독이 지시할만한 것인
가 하는 생각이 들 정도이다.

1930년 6월 재무부장회의에 이어 열린 이사장회의에서는 정무총
감이 훈시를 했고, 금융조합에 대한 업무경영방침의 지도, 금융조
합에서 연대 상호보증제도의 운영, 소속 정리조합의 정리계획 실
행에 대한 조사 지도, 소속 조합업무의 실지조사 시기, 소속 조합
직원의 교양 등 5항목에 관한 사항을 지시했다.112)

1931년에는 7월에 이사장회의가 먼저 개최되고, 이어 재무부장
회의가 열렸다. 이사장회의에서 정무총감은 훈시를 통해 당시의
조합원수는 전체 농가의 24%에 불과하다며 조합원 증모 旣定계획
을 속히 수행하고, 중소산자의 구제 특히 농가경제의 향상에 이바
지하는 것이 초미의 급무라고 강조했다. 아울러 조합 관계자의 일
부가 안이한 일만 하려는 경향으로 흘러 조합원의 경제를 개선 유
도할 방도에 대한 노력을 게을리 한다며 질책했다. 또한 조합 직원
의 비행사건의 빈발 경향에 유감을 표하며 부하 직원을 독려하길
주문했다.113)

---

111) 『金融組合』 제9호, 朝鮮金融組合協會, 1929.7, 127~129쪽. 그밖에 자
문사항은 금융조합 관계법령의 개정에 伴하여 조합업무의 조사 지도
상 특히 유의를 필요로 認할 사항, 금융조합 이외에 소속 법인의 현황
과 연합회로 此에 대한 자금 융통상 및 업무실지 조사상 특히 주의할
것이라고 認할 사, 연합회 및 금융조합의 예금부 장기자금 차입금 운
용상황 등이었다(『東亞日報』 1929.6.19(8) 「金組聯合會議 總督府의
諮問事項」).
112) 『金融組合』 제22호, 朝鮮金融組合協會, 1930.8, 144~146쪽.

1932년에는 10월 제2회 금융조합 중앙대회를 앞두고 2일과 3일, 이틀 동안 각도 금련 이사장회의가 열렸다. 이 자리에서 정무총감 (今井田)은 "시국 匡救에 관한 대책에 대하여는 … 각자가 경제난 국에 立함을 자각하여 스스로 發憤興起하여 勤儉力行함으로써 此에 克己할 용맹심을 진작하는 소위 自作更生의 정신이 아니면 안된다고 信하는 바나 … 금융조합으로서는 시절인 만큼 진실로 책무의 중대를 加한 것이라고 말하지 않으면 안 된다. … 본부는 차제 특히 예금부 저리자금을 얻어 此 실행의 조성에 노력하기로 하고 본회의에서도 조합원의 구채 정리 구체적 방책 또는 상호연대 보증제도의 개선에 관하여 각위의 의견을 從하여 충분한 타합을 遂하기로 한 것"이라고 훈시하였다.[114] 조합원의 구채정리에 대한 방침이 언급되었음이 주목할 만한 점이다. 이 내용은 앞에서 중앙 대회를 소개하면서 언급했다시피 당시 총독부가 추진하려던 '농촌진흥운동'에 대해 금융조합의 역할을 기대한 것이라 볼 수 있다. 이에 화답하여 이틀 후 열린 중앙대회에서 금융조합 측에서는 금융조합의 역할에 대한 결의를 하게 되었던 것이다.

1933년에는 6월 5일과 6일에 금융조합연합회 이사장회의가 개최되었다.[115] 전국 도 재무부장회의에 이어서 이틀간 열린 이 회의 첫날 정무총감이 훈시를 하고 두 가지 자문사항에 대한 답신으로 진행되었다.[116] 이 회의의 중심 의제는 고리채 정리와 농촌진흥으로 인한 조합령의 개정이었다. 고리채의 정리에 대해 각 도금련도

---

113) 『金融組合』 제35호, 朝鮮金融組合協會, 1931.9, 122~123쪽.

114) 『東亞日報』 1932.10.4(8) 「各道金融組合 理事長會議, 諮問及總督府 提出事項, 三日 午前 九時 開會」.

115) 『東亞日報』 1933.5.20석(4) 「全朝鮮 金組聯合會 理事會, 總督府 諮問事項」.

116) 『東亞日報』 1933.6.6석(4) 「負債整理와 指導金融, 金組聯合會 理事長會議에 總督府諮問」.

자기자본과 혼합하여 저리자금의 융통을 선처할 것을 결정하였고, 농촌진홍 자력갱생으로 인한 조합령의 개정에 대해서는 농촌진홍회 중 우수한 것을 조합령의 개정에 의해 법령으로 승인하고 이것을 조합에 가입케 하자는 것이었다.117)

이후 조금런 창립 이후에는 지부장 회의가 열렸는데, 1934년 5월 24일에 개최된 지부장 회의에서는 사무규정 개정 등을 처리하였다.118) 이후 1939년 5월에 열린 지부장회의에서의 협의사항은 다음과 같다. 금조의 수지평형, 금조 사업부의 진전으로 금융사업에 미칠 영향, 장려금제도, 산업조합의 본회 사업부 이용, 판매 입찰 장소의 통일 등에 관한 건이었다.119)

1941년에는 지부장협의회와 지부장 打合會가 개최되었다. 5월에 열린 협의회에서는 부락생산확충계획, 국민저축조성, 중소상공업자 지도시설 등에 중점이 두어졌고, 9월에 개최된 타합회에서는 저축 장려에 관한 건과 식산계 공동시설에 관한 건 등이 중요 문제였다.120)

4) 도 단위 금융조합 이사회의 등

다음으로는 도 금융조합 이사회의가 있다. 1932년 5월 25일부터 26일까지 2일간 경기도 금융조합 이사회의가 열렸다. 이 회의에서는 '조합원의 고리 구채 정리에 관한 건' 등 8건을 협의하였다.121)

---

117) 『東亞日報』 1933.6.9석(4) 「日本模倣 組合令 改正, 金組理事長會議의 中心議題」. 두 번째 의제는 부채정리조합법인을 인정하고 이를 조합에 가입케 한 일본의 산업조합법을 모방한 것이었다.
118) 『東亞日報』 1934.5.25석(4) 「金組聯合會 支部長會議」.
119) 『東亞日報』 1939.5.6석(8) 「金組聯合會 支部長會議」.
120) 朝鮮金融組合聯合會調査課, 『第九回金融組合年鑑』(1942년), 朝鮮金融組合聯合會, 1942, 118~125쪽.

또한 1933년 각 도 금융조합 이사회의의 가장 일반적인 주제는 농촌진흥운동이었다. 회의에서 각 도지사가 지시했던 사항을 살펴보면, 고리채 정리자금 대부에 관한 것이 많다.[122]

1933년 조금련 설립 이후에는 각도 지부 이사회의로 명칭이 바뀌었다. 1935년 7월에는 함남, 강원, 평북 3개 도를 제외하고 10개 도의 회의가 종료되었는데, 공통 주제는 총독부 농가갱생 10개년 실시에 따라 갱생농가에 대한 지도금융방침의 협의이며, 고리채 차환, 수지균형, 식료 충실 등을 중심으로 농가 갱생을 조장하는 방침, 조합원 증용 도모 등이 결정됐다.[123]

1938년 5월 7일과 8일에 걸쳐 열린 경기도 지부 이사회의에서는 관내 이사 및 부이사 90여 명을 소집하였는데, 회의 내용은, 조합원 지도준비 협의 등에 관한 것이었다.[124] 또한 전시체제하에서 절약 및 저축이 강조되었다. 참석자들은 조선신궁 참배 후 경기도지사 훈시, 내무부장 지시 등을 들은 후 이사들의 의견제출, 협의 등이 이루어졌다. 지시사항으로는 이재과에서 시국인식의 철저에 관한 건, 저축의 장려에 관한 건, 대출금업무에 관한 건, 고리부채의 정리에 관한 건 등 11건, 지방과에서 농산어촌진흥의 촉진에 관한 건, 식산계의 지도 조장에 관한 건 등 2건 등이었다. 또한 제출의견으로는 식산계 지도원 배치의 건, 고리대정리대부 보통자금 대부

---

121) 『東亞日報』 1932.5.28(8) 「京畿金組理事會, 第二日 續開 諸案 可決」.

122) 경기, 충북, 충남, 전북, 경북, 경남, 함남 등으로 함남을 제외하면, 농업이 주산업인 남부지역이다. 그밖에 특수저리자금 대부에 관한 것(경기, 강원), 농가경제갱생계획 실시에 관한 것(충남), 농산어촌 중심인물 양성에 관한 것(전북, 경북), 지도부락 경영에 관한 것(경북, 평남) 등이 있다[朝鮮金融組合聯合會調査課, 『第一回金融組合年鑑』(1934년), 1934, 314~339쪽].

123) 『東亞日報』 1935.7.11석(6) 「金組理事會議」.

124) 『東亞日報』 1938.5.8석(8) 「金組理事副理事, 七日부터 協議會」.

이율 인하 등 2건이었고, 협의사항은 미곡자금의 매개대부에 관한 건, 금융조합의 공동구입과 공동판매 등이었다.125)

같은 해 6월 17, 18일 양일간 열린 전남 이사회의에는 77개 조합과 27개 지소의 104명이 참석하였는데, 지사의 훈시 이후 협의가 있었다. 자문사항으로는 조합원의 정신지도에 관하여 조합에서 취할 방법, 저축장려 방법 등이었다.126)

1940년 6월에 열린 경기도 금조 이사회에서는 1939년도 旱害대책 실시상황 및 罹災者의 현상에 대하여 일층 唱後의 완벽을 기하기 위하여 특히 시설 또는 개창을 요한다고 인정되는 사항, 현 시국에서 저축 장려의 철저를 위해 특히 시설한 방책 및 금년도 5억 저축 실시를 위해 필요 유효하다고 인정하는 방책 등이 논의되었다.127)

각 지부 관내 이사 부분 타합회도 있었는데, 1939년 6월 전남 강진에서 강진, 장흥, 해남, 완도, 진도, 여수, 고흥 등 남해안에 연해 있는 7개 군의 금융조합 이사, 부이사 등과 조금련 전남지부장 및 지부 직원, 도 이재과 참사 등이 참석하여 부분 타합회를 개최했다. 저축장려, 식산계 지도, 생산확장 등이 회의 주제였다.128)

1940년 2월 강원도 내 금융조합은 춘천, 철원, 강릉, 원주 등 4개 권역으로 나누어 이사, 부이사 부분회의를 개최하였다. 춘천권역은 2월 20일 8개 조합 이사와 6개 지소 부이사 및 연합회 지부 관계자, 식산은행 지점장, 우편국장 등이 참석한 가운데 저축장려, 부채정리 등에 대한 협의를 하고, 도 당국으로부터 시국의 재인식과 농가 갱생지도 등에 대한 지시가 있었다.129)

---

125) 『東亞日報』 1938.5.8조(2) 「貯蓄徹底化 어제부터 道에서 九十名參席, 金融組合理事會議」.
126) 『東亞日報』 1938.6.19석(7) 「金組理事會議, 全羅南道에서 開催」.
127) 『東亞日報』 1940.6.11석(8) 「京畿道金組理事會開催」.
128) 『東亞日報』 1939.6.30석(7) 「七郡金組理事會合, 生産擴充協議會」.

이상을 통해서 살펴 본 결과 1929년 개정 조합령의 시행 이후 금융조합 관계자들의 모임에 새로운 경향이 나타났다. 1929년 10월부터 개최된 금융조합대회가 그것이다. 금융조합대회는 3년을 주기로 경성에서 개최되는 중앙대회와 그 사이에 각 지방에서 개최되는 지방대회가 있었다. 1929년부터 1933년까지 두 차례의 중앙대회와 세 차례의 지방대회가 개최되었는데, 신의주에서 열린 제3회 지방대회 이후 중단 상태가 되었다. 이들 대회에서 총독부 관계자가 강조하는 것은 조합원 증모, 저축 장려, 조합정신의 작흥이었다.

또한 1935년과 1940년 두 차례에 걸쳐 개최되었던 전조선 금융조합 이사협의회는 당시 총독부가 전력을 기울여 추진하고 있던 농촌진흥운동에 금융조합이 전 조직적으로 참가하기 위한 결의를 다지고, 일제 및 총독부가 사력을 다해 수행한 '국가총동원'시책에 부응하여 금융조합에서도 적극 참여할 것을 다짐하는 계기였다.

그밖에 전 조선 금융조합연합회 이사장회의(1934년 이후에는 조금련 지부장회의), 도 금융조합 이사회의, 도별 부분 이사회의 등 이전 시기에 개최되었던 종류의 회의도 계속 개최되어 갈수록 회의의 형태가 다양화되었음을 알 수 있다. 그리고 이런 회의들은 말할 것도 없이 총독부의 방침이 금융조합 측 인사들에게 전달되는 계기로 작용했다.

---

129) 『東亞日報』 1940.2.25조(4) 「金組理事部分會議 廿日春川에서 開幕」.

제3장

금융조합의 조합원과
조합운영 참여

제1절

조선 농민의 조합원으로의 포섭

1. '가급적 다수의 포용'에서 조합원의 精選으로

1) 소농과 소산자에 대한 문호 개방

1907년 '지방금융조합규칙'이 발포되어 금융조합제도가 시행된 직후 금융조합의 이사 후보자인 설립위원이 지방의 식자층과 유력자들을 찾아다니며 필담으로 조합의 목적과 사업을 설명하기도 하고, 면장과 지방위원들이 조합원 모집활동에 적극 나섰다. 이 시기 조합원으로 가입시키려고 했던 대상은 '세조설명'에 상세히 열거되어 있는데,[1] 이를 통해 파악할 수 있는 것은 금융조합이 설립되

---

[1] 제2조에서는 구역 내에 주소를 둔 농업자를 권유하여 가급적 다수를 조합에 가입시킬 것을, 제3조에서는 설립의 취지(농민의 경제상태 구제)에 따라 가급적 소농 즉 소작인으로써 조직할 방침을 취할 것, 지주는 가급적 가입을 피할 것, 소상인 또는 소공자도 적당하다고 인정될

기 시작했던 창설기에는 '소농금융기관'을 표방하며 지주를 배제하는 대신 가급적 소농을 가입시키려 하였고, 소규모 상공인에게도 문호를 개방하여 소액금융기관을 지향했다는 것이다.

그러나 이 시기 조합원 모집은 순탄치 않았다. 농민들은 금융조합을 관설 전당포로 간주하거나 혹은 인민의 재화를 탈취하는 관아로 보는 등 금융조합을 백안시하였고, 그에 따라 자진하여 가입을 신청하는 자가 없었으며 가입하는 자도 당국자의 기대를 충족시키지 못하는 사람들이었다.[2] 또한 1907년 군대해산 이후 전국 각지에서 의병의 활동이 더 한층 활발해졌기 때문에 일본인 관리들이 마음놓고 나다닐 수 있는 상황이 아니었다. 조선총독부 재무국장을 역임한 河內山樂三의 회고에 의하면, 지방금융조합 설립위원들은 권총과 일본도를 휴대하고 조합원 모집 등 조합설립에 나섰다.[3]

이와 같은 우여곡절을 겪으며 조합 설립 첫 해인 1907년에는 10개의 조합에서 5616명의 조합원이 가입했다. 1개 조합 당 평균 562명꼴이었다. 이 시기 조합원이 된 사람들에 대해 알 수 있는 첫 번째 정보는 이들의 직업이다. 다음 표는 1907년 영업 개시부터 1908년 상반기까지를 대상으로, 조합원 직업을 알 수 있는 수

때 가입시킬 것, 조합원의 신원 및 신용은 항상 적당한 선택을 요하여 품행이 좋지 않아 향리에서 擯斥을 받는 자로 조합 신용을 훼손하며 조합원의 의무를 이행치 못할 자는 처음부터 가입을 허용하지 말 것 등을 규정하였다(朝鮮總督府 編, 「地方金融組合ニ關スル細條說明」 『地方金融組合執務便覽』, 朝鮮總督府, 1911).

2) 이에 대해 '빈궁 무뢰의 무리'가 태반을 차지하였다고 표현하고 있다 (朝鮮總督府財務局, 『大正10年9月 金融組合槪況』, 1921, 7쪽).

3) 河內山樂三, 「組合創設當初のことども－理事諸氏の奮鬪を想起して」 『金融組合』 제4호, 朝鮮金融組合協會, 1929.2, 5~6쪽 ; 朝鮮金融組合協會, 『金融組合逸話集』, 1931, 103쪽.

원·강릉·홍산·밀양·경주·상주·나주·전주·평양·안
주·강계 등 11개 지방금융조합 조합원의 직업별 통계를 합산한
것이다.

〈표 3-1〉 창설기 조합원의 직업별 구성

구 분	농 업	상 업	兼 業	鹽 業	합 계
조합원 수	913	44	30	2	989
	(92.3)	(4.5)	(3.0)	(0.2)	(100)

출전 : 해당 지방금융조합의 대부금순보 등에서 작성.

위 표에서 11개 조합의 직업을 알 수 있는 조합원은 989명이다.
그 가운데 농업인구가 92.3%인 913명으로 압도적이다. 겸업인구
30명까지 합하면 95%정도가 된다. 이 시기 조합에 가입한 조합원
은 농업인구가 절대적인 다수를 차지하기는 하였으나 조합원의 직
업이 100% 농업만은 아니었음을 보여주는 것이다. 앞에서 서술하
였듯이, 필요한 경우 소상인 또는 소공자도 가입시키라는 방침에
따른 결과였다. 겸업을 포함한 농업자가 약 95% 가까이에 달하는
추세는 1912~1913년의 173개 조합 6만 2484명에 대한 조합원 직
업별 구성을 조사한 연구결과에서도 확인된다. 이 연구에 의하면,
농업 84.3%, 농업 겸 상업 8.2%, 농업 겸 공업 0.9%, 半農半漁 0.5%
로 겸업을 포함한 농업인구가 93.9%에 달했고, 상업인구가 5.1%,
공업인구는 0.7%였다.[4]

어쨌든 설립위원·면장·지방위원들의 적극적인 활동으로 첫해
5천 6백여 명이 조합원으로 가입하였고, 이듬해인 1908년에는 조
합원수가 1만 6128명이 되었다. 설립 조합 수는 약 5배로 늘었으나
가입 조합원은 약 3배만 늘어난 셈이었다. 이후 매년 조합 설립의

4) 정용욱, 앞의 논문, 235쪽.

증가와 더불어 가입 조합원 수도 크게 증가했다. 이처럼 조합원 수
의 증가는 한편으로는 각지 조합 증설의 결과였다고 볼 수 있다.

따라서 조합원 수의 증가를 살펴보기에 앞서 조합 증설에 대
해 살펴보기로 하자. 제1장에서 확인한대로 1907년과 1908년은
대체로 설립 예정지 50곳에 지방금융조합이 설립되었던 시기였
다. 그에 따라 1908년 말에 이르면 설립조합 47곳, 영업조합 43곳
이 되었다. 금융조합 설립계획에 따라 50개소의 설립이 1908년을
기준으로 어느 정도 일단락되자, 1909년 2월 탁지부차관 荒井賢
太郞은 각 재무감독국장 앞으로 통첩을 발하여 조합설립관련 방
침을 변경하였는데, 조합구역은 1군 또는 2군으로 하여 행정구
역을 표준으로 하고 경제교통을 기초로 하도록 하였다.5) 이에 따
라 1909년 4월에는 또 다시 50군데의 조합을 증설하기로 하였
다.6) 이어 1910년에는 각 재무감독국 관내 30곳에 조합을 증설할
계획을 세웠다.7) 그에 따라 5월에는 그 30곳에 대한 선정을 완료
했다.8)

초기 50곳에 대한 설립 예정지를 결정할 때는 각지 재무관의 영
향력이 컸다. 병합 직후인 1910년 11월에는 설립 장소 및 업무구역
에 대해 지방장관의 상신에 의해 조선총독이 지정9)하는 것으로 방

---

5) 「地方金融組合增設ニ關スル注意ノ件」(理監發 第59號, 1909.2.1) 『地
  方金融組合執務便覽』, 朝鮮總督府, 1911, 9쪽.
6) 『皇城新聞』 1909.4.28(2) 「金融組合理事」.
7) 『皇城新聞』 1910.5.6(2) 「金融組合增設」. 그리하여 남부지방인 광주와
  대구재무감독국 관내에는 5개 처를, 한성, 평양, 공주, 원산, 전주재무
  감독국 관내에는 3, 4처를 증설하기로 했다.
8) 『大韓每日申報』 1910.5.11(2) 「金融組合數」 ; 『皇城新聞』 1910.5.11(3) 「金
  融組合任員과處所」.
9) 「地方金融組合設立ニ關スル件」 朝鮮總督府令 第52호 『朝鮮總督府官
  報』 제70호, 明治 43년(1910) 11월 21일.

침이 정해졌다. 과거의 재무관이 지방 행정관서(도, 부, 군)로 흡수되었기 때문에 역시 각 도의 재무 담당부서의 관리가 그 구역을 결정하는 데 중요한 역할을 담당하였을 것으로 생각된다.

지방금융조합 설립과 관련하여 1912년 조선총독부는 장차 1군에 1개의 지방금융조합을 설립할 계획을 세웠다.[10] 이 당시 조선 13도에 걸쳐 군의 수는 약 320개였으므로 약 320개의 지방금융조합을 목표로 했음을 짐작할 수 있다. 그리고 새해 초부터 조선총독부는 각 도에 통첩하여 각 관내에 신설할 금융조합의 地點, 신설할 지방의 경제상황과 교통기관의 여하, 그리고 기설한 금융조합의 관계 여하를 조사하여 보고토록 하였다.[11] 그리고 이 해의 금융조합 설립지역은 장관회의를 통해 결정되었다.[12] 이처럼 조합설립 후보지역을 각 도의 조사 결과에 의거한 신청을 받고 다시 도의 의견을 참작하여 결정하였다.

이후 1914년에는 조합 설립지점은 1군 가운데 '비교적 중요한 부락'에 설립할 방침을 정했고,[13] 다시 1915년에는 조합원이 '조합 소재지까지 왕복 1일 여정 내'에 있는 곳에 설립하고자 하였다.[14] '비교적 중요한 부락', '왕복 1일 여정 내' 이러한 것들은 1909년 2월의 통첩에서 '경제교통을 기초'로 하라는 것과 일맥상통하는 것이다.

이상에서 본 바와 같이 1910년대 지방금융조합 설립 예정지 결정과정에는 대체로 다음과 같은 특징이 있다. 1/4분기에 그 해 또는 그 사업년도에 신설할 조합 개수를 정하고,[15] 2/4분기에 설립지

---

10)『每日申報』 1912.2.14(2)「金融組合의 現狀」.
11)『每日申報』 1912.1.14(2)「金融組合新設地調査」.
12)『每日申報』 1912.4.26(2)「各道의 金融組合」.
13)『每日申報』 1914.1.22(2)「金融組合新設」.
14)『每日申報』 1915.2.17(2)「金融組合과 當局」.

점을 정하고,16) 설립위원을 임명하며,17) 3/4분기에 조합원 모집 등 설립준비작업18)을 하여 4/4분기에 개업19)을 하는 것이다. 1/4분기에 신설할 조합 개수가 결정되었던 이유는 조합을 설립할 때 기본금으로 지원하는 자금이 총독부 예산에서 지출되었고, 총독부 예산은 일본의 회계연도 말에 일본의 제국의회에서 결정되었기 때문이다. 다음 표는 매년 조합의 증설과 조합원의 증가 추이를 나타낸 것이다.

---

15) 『每日申報』 1911.3.1(2) 「金融組合增設」 ; 『每日申報』 1912.1.24(2) 「金融組合의 增設」 ; 『每日申報』 1913.3.2(2) 「金融組合新設地」 ; 『每日申報』 1914.1.22(2) 「金融組合新設」 ; 『每日申報』 1915.3.19(2) 「明年度金融組合」. 그러나 1916년도에 신설할 조합 개수는 예년과는 달리 비교적 이른 1915년 8월에 결정되었다[『每日申報』 1915.8.20(2) 「明年度金融組合」].

16) 『每日申報』 1912.5.26(2) 「新設金融組合」 ; 『每日申報』 1913.6.14(2) 「金融組合의 新設」 ; 『每日申報』 1915.4.25(2) 「新設金融組合總數十個所로 決定」 ; 『每日申報』 1916.4.25(2) 「金融組合新設」.

17) 『每日申報』 1911.5.28(2) 「金融組合의 增設」 ; 『每日申報』 1913.7.26(20) 「金融組合 開業期」 ; 『每日申報』 1915.6.26(2) 「新設金融組合進捗」 ; 『每日申報』 1916.5.18(2) 「金融組合委員」 ; 『每日申報』 1917.5.29(2) 「烏山金融組合設立」.

18) 1911년 8월 말과 9월 초에 걸쳐 황해, 경기, 함북 관내 3개 지방금융조합의 창립총회가 열렸다[「地方金融組合創立總會」 『朝鮮總督府官報』 第335號, 明治 44년(1911) 10월 7일]. 그밖에 1912년 이후의 상황은 『每日申報』 1912.9.7(2) 「新金融組合狀況」 ; 『每日申報』 1913.9.5(2) 「金融機關의 進步」 ; 『每日申報』 1916.7.14(2) 「地方金融組合」 등 참조.

19) 1911년에 설립된 조합들은 11월 1일부터 업무를 개시하였다[「地方金融組合業務開始」 『朝鮮總督府官報』 第380號, 明治 44년(1911) 12월 2일]. 1912년 이후의 사정은 『每日申報』 1912.10.15(1) 社說 「金融組合增設」 ; 『每日申報』 1913.11.7(2) 「新設金融組合進捗」 ; 『每日申報』 1916.12.27(2) 「新設혼 金融組合」 등 참조.

〈표 3-2〉 제1기 연도별 조합 수·조합원 수 증가추이(1907~1918년)

연 도	1907	1908	1909	1910	1911	1912
설립조합	17	47	100	130	158	190
영업조합	10	43	97	120	153	189
조합원수	5,616	16,128	30,297	39,051	51,762	67,798
연 도	1913	1914	1915	1916	1917	1918
설립조합	210	230	240	250	260	310
영업조합	209	227	240	250	260	266
조합원수	80,573	59,722	65,886	94,680	120,216	137,075

출전 : 朝鮮總督府財務局調査, 『金融組合要覽』 제1차(1921.7), 朝鮮經濟
協會, 1922, 3~6쪽.

　　지방금융조합의 증설과정을 시기적으로 살펴보면, 위 표에서 확
인할 수 있는 바와 같이 1914년까지 매년 크게 증대되다가 1914년
부터 1917년에 이르는 시기는 그 증가율이 둔화된다. 1914년은 지
방금융조합령의 제정으로 지방금융조합이 정비된 해이며, 지방행
정구역 개편으로 317개의 군이 대대적인 통폐합을 통해 220개의
군으로 정리된 해이기도 하다.[20] 1912년에 장래 1군에 1조합씩을
목표로 한 바 있었는데, 1914년도 말에 230개의 조합이 설립되었
고, 군의 통폐합으로 군의 수는 220으로 줄었으므로 결과적으로 목
표를 초과 달성한 셈이 되었다. 1918년은 조합령의 개정으로 다시
한 번 금융조합의 성격이 크게 변했던 시기이다.

　　조합설립이 늘어남에 따라 금융조합이 관할하는 구역[府郡]도
아울러 늘어났는데, 1907년 47개의 부군에서 1908년 173개, 1909년
264개, 1910년 261개, 1911년 293개를 거쳐 1912년에 이르면 전체

---

20) 1914년 3월 1일부로 100개 군이 폐합되고 3개 군이 신설되어 종래 329
　개 부군에서 232개 부군으로 되었다[기왕의 12개였던 부의 개수는 변
　동 없음](朝鮮總督府, 『朝鮮總督府施政年報』(1914), 29~31쪽]. 또한
　1914년의 지방행정구역 개편에 대해서는 최재성의 「1914년의 지방행
　정구역 개편과 그 성격」(수요역사연구회 편,『식민지 조선과 每日申報
　-1910년대-』, 신서원, 2003) 참조.

329개 부군 가운데 309개 부군이 지방금융조합 관할구역으로 포함
되어 거의 전체 부와 군을 포괄하게 되었다. 이어 행정구역 개편이
있었던 1914년에는 226개로 감소했다.21) 이에 따라 1 조합이 포괄
하는 평균 부군 수는 1907년 5.2개에서 1908년 3.6개로 크게 줄어들
었고, 1909년 2.6개, 1910년 2.2개, 1911년 1.9개, 1912년 1.6개, 1913
년 1.5개로 한 조합이 포괄하는 지역이 갈수록 축소되었으며, 1914
년에 이르면 1.03개로 1개 부군마다 평균해서 금융조합 1개씩이 설
립된 셈이 되었다.

이 과정을 평양지방금융조합의 사례를 통해 살펴보겠다. 평양지
방금융조합의 관할부군은 1907년 말 현재 무려 14개나 되었다. '1
내지 수군'의 범위를 훨씬 넘어서는 것이다. 이어 1년 후인 1908년
말에는 6개로 대폭 줄었다. 이는 1908년 하반기에 시행된 일부 군
의 폐합 시 관할구역 내의 함종군이 폐합되고,22) 기존의 관할구역
이던 강서군에 4개 군을 관할하는 지방금융조합이 신설되었기 때
문이다. 이후 설립조합이 증가하고, 부군폐합으로 부군 수는 감소
되어 관할 부군 수는 축소되었다. 이후 1912년 2월 현재에는 평양
부 및 중화·상원군 등 3개 부군만이 조합구역으로 남아있게 되었
다.23) 관할구역이 증가하고, 포괄하는 부군수가 감소하는 것은 위
와 같은 현상 때문이었다.

그럼 한 번 가입한 조합원은 영원한 조합원으로 남을 수 있었을
까. 아래의 표를 통해 그것을 확인해 보자. 이 표는 1907년에 설립
된 10개 조합의 매년 조합원 추이를 나타낸 것이다.

21) 『朝鮮總督府統計年報』(각 년도판) '地方金融組合業務累年比較篇' 참조.
22) 함종군은 폐지되고 셋으로 나뉘어 그 가운데 하나는 강서군에, 다른 하
   나는 용강군에, 나머지 하나는 증산군에 합해졌다. 統監府, 『第二次韓
   國施政年報』(1908), 26~27쪽.
23) 『每日申報』 1912.2.25(4) 「平壤金融組合의 成績」.

〈표 3-3〉 제1기 연도별 10개 조합 조합원 수(1907~1917년)

구 분	1907	1908	1909	1910	1911	1912	1913	1914	1915	1916	1917
수 원	1,347	346	263	281	누락	360	360	313	350	401	340
광 주	1,034	483	466	395	442	424	539	268	271	271	308
나 주	686	259	201	243	284	330	337	336	344	376	484
상 주	186	299	384	420	466	451	522	351	379	736	914
성 주	280	445	484	568	442	400	396	398	388	554	605
경 주	40	288	442	314	423	411	431	181	246	562	677
밀 양	829	381	465	315	423	296	386	424	413	570	939
진 주	407	482	466	545	523	485	410	258	259	436	428
평 양	463	224	291	494	360	290	380	137	166	207	376
안 주	344	574	404	397	380	336	314	193	215	209	453
계	5,616	3,781	3,866	3,972	3,743	3,783	4,075	2,859	3,031	4,322	5,524

출전 : 朝鮮總督府財務局調査,『金融組合要覽』제1차(1921.7), 朝鮮經濟
協會, 1922, 39~155쪽.

위 표에서 확인한 대로 각 조합별로 매년 조합원 수가 일정치 않
고 들쭉날쭉한 경향을 보인다. 조합별 조합원 수도 1907년의 통계
에서는 굉장히 큰 편차를 보인다. 조합원이 가장 많은 수원은 가장
적은 경주의 33배도 더 된다. 그러나 1908년부터는 조합간 편차가
크게 줄어들었다가 1917년부터 다시 커지는 경향을 보인다. 다시
1907년과 1908년을 비교해보면, 수원·광주·나주·밀양·평양금
융조합에서는 조합원이 대폭 감소했는데, 그 이유를 알아보자.

1907년 12월 25일 탁지부 차관은 각 재정고문 지부와 분청 앞으
로 보낸 통첩에서, 가급적 다수의 농업자를 권유하되, 그 사람의
직업, 신분, 자산, 신용 등을 조사하고, 신청에 의해 가입을 허용할
때는 가입자가 다수가 되어 소액인 조합자금으로 대출에 응할 수
없으므로 모집 시 충분히 조사하여 인원과 자금의 정도에 맞게 하
라고 하였다.[24] 다수를 대상으로 가입을 권유하되, 신청한대로 가
입을 허용하지는 말고 선별적으로 허용하라는 것이었다.

---

24)「地方金融組合員募集及貸付方法ニ關スル件」理監發 제351호『地方
金融組合執務便覽』, 朝鮮總督府, 1911, 8쪽.

다시 한 달 후인 1908년 1월에 탁지부 차관은 각 이사 앞으로 통첩을 보내 조합원의 직업, 身許, 신용 등을 정사하여 조합비 납입 불능한 불건전한 조합원은 탈퇴를 재촉하여 조합원의 정선을 도모하라고 하였다.[25] 조합원 가입 시 선별하는 것을 넘어 이미 가입한 조합원 가운데 조합비를 납부하기 곤란한 조합원은 탈퇴시키라는 것이었다.

조합원이 가입할 때는 평의원 1명 이상의 소개로 조합장에게 신청하고, 조합장은 평의원회의 결의에 의해 가입을 승낙하도록 하였고(모범정관 제32조), 가입한 조합원은 조합의 경비에 충당하기 위해 매년 2원 이내를 2기로 나누어 분납해야 했다(계획요령 제4조 및 규칙 제8조). 위 표에서와 같이 수원, 광주 등 5개 조합의 조합원이 1907년과 1908년 사이에 대폭 감소된 것은 위와 같은 지침에 따라 조합비를 납부할 수 없어 탈퇴를 강요받았기 때문이라 생각된다. 아울러 위 조합구역 내에 새로운 조합이 신설되어 조합이 분할된 영향도 컸다.[26]

그러나 이렇게 매년 조합비를 납부하는 것이 조합원에게 부담이 되어 조합원 모집에 장애 되었다. 그리하여 1909년에는 가입 시 1회에 한하여 가입금을 납부하는 것으로 바뀌었다.[27] 또한 조합원의 수에 대해서도 초기에는 제한하지 않았으나 1909년 2월 탁지부 차관이 각 재무감독국장 앞으로 발한 통첩을 통하여 조합원 수는

---

25) 「金融組合員精選方申牒ノ件」(1908년 1월 25일, 理監發 제56호), 위의 자료, 91쪽.

26) 예를 들어 광주지방금융조합은 광주, 남평, 능주, 화순, 동복, 창평, 담양, 곡성, 구례, 옥과 등 10개 군을 포괄하는 조합으로 설립되었으나 1909년에 구례와 곡성을 조합 구역으로 하는 구례금융조합이 설립되고, 1910년에 담양, 1911년에 능주, 1912년에 곡성, 1913년에 동복조합 등이 차례로 설립되면서 업무구역과 조합원이 분할되었다.

27) 秋田豊, 앞의 책, 184쪽.

300명 이내로 하도록 하였다.

　조합원 모집과 관련하여 탁지부 당국의 방침은 일관치 않았다. 당시는 한국 농민들의 반일 감정이 거셌던 시기였다. 특히 정미의병 이후 1909년 가을 이른바 '남한대토벌작전'에 이를 때까지 남부 지방에서의 항일 투쟁의 파고는 높았다. 이러한 때에 한국 농민들을 대상으로 설립한 금융조합에서 조합비와 가입비 문제로 많은 농민들에게 무작정 문을 닫아놓을 수만은 없었다. 그렇다고 모든 희망자를 받아들이는 것 또한 수지맞는 일이 아니었다. 이 두 가지 딜레마 사이에서 고심하다가 오락가락하는 모습을 보였던 것으로 생각된다.

　그리하여 조선 농민의 인심을 얻고자 할 때는 금융조합이 빈민 구제의 목적을 갖고 있다고 선전하기도 하였고,[28] 조합의 수지가 걱정될 때에는 조합원 자격에 대한 엄중한 조사를 엄포 놓기도 하였다.[29] 그에 따라 지방 농민들도 조합원 가입 시 그 자격을 허위로 신고하기도 하고,[30] 또 가입 후 대출을 받아 상환하지 않고 버티는 경우가 많았다.[31] 이에 탁지부와 각 도에서는 조합원의 자격을 엄격히 조사함이 불능하였음을 인정하고,[32] 각 조합으로 하여금 각별한 주의와 계도를 당부하기도 하였다.[33]

　이러한 사정이 반영되어 1조합 당 평균 조합원 수는 1907년 561명이었다가 설립조합 수가 급속히 늘어남에 따라 1908년 375명, 1909년 312명으로 줄었으며, 1910년 325명, 1911년 338명, 1912년

---

28) 『每日申報』 1911.6.13(2) 「盈德金融組合의 目的」.
29) 『每日申報』 1911.8.17(2) 「組合員資格調査」.
30) 위의 자료.
31) 『每日申報』 1911.10.15(2) 「金融組合과 沒識民」 ; 1912.10.15(1) 社說 「金融組合增設」 ; 1913.9.2(1) 「金融組合의 改善」.
32) 『每日申報』 1912.11.15(2) 「金融組合員選良」.
33) 『每日申報』 1913.1.7(2) 「金融組合과 農民」.

358명, 1913년 385명으로 320명과 390명 사이였다. 또한 가입 조합 원수를 호구총수(總戶數)[34]와 비교하면 다음과 같다. 1908년 총호수 233만 3087호에 비해 조합원 1만 6128명으로 0.73%를 차지하였다. 이는 조선 전체 천 가구당 7가구 꼴로 가입한 셈이었다. 1909년에는 1.10%(274만 2263호 대비)로 1%를 돌파하였고, 1910년 1.42%(274만 9956호), 1911년 1.84%(281만 3925호)로 늘다가 1912년에는 2.35%(288만 5404호)로 다시 2%대에 들어섰고, 1913년 2.72%(296만 4113호)까지 늘었다.

2) 중산 이상자를 위한 진입장벽의 설정

이러한 분위기가 일변한 것은 1914년 지방금융조합령이 제정되고서부터였다. '지방금융조합령'에서는 다시 조합원 1인당 1구 이상의 출자를 하고, 1구의 금액은 10원으로 하며 가입 시 제1회의 출자금을 납부하도록 했다. 이러한 출자금제 시행에 대해 탁지부 이재과장은 '1914년 9월 1일 조합령의 시행에 따라 거의 전 조합이 제1회의 출자금 불입을 완료'하였다면서 이는 '금회의 新令에 의해 조합은 엄격히 조합원을 위하여만 편의를 줄 기관'이 되었음을 선언하고, '지방 일반을 위하여 업무를 집행하는 기관과 같이 오해하는 자 많았으나 이는 과도시대의 權宜에 의한 것'이었음을 분명히 하였다.[35] 출자금 제도의 도입으로 더 이상 과거와 같이 지방 농민의 인심과 조합의 수지 사이에서 좌고우면하는 모습을 보이지

---

34) 호구 총수는 『統監府統計年報』와 『朝鮮總督府統計年報』(각 년도판) '戶口篇' 참조.
35) 『每日申報』1914.11.29(2) 「地方金融組合의 成績及將來(入江理財課長談)」.

않고, 한 방향으로만 나아가겠다고 선언한 것이었다. 총독부가 이처럼 조합원 선정에 확고한 방침을 마련한 1914년은 1910년대 일제의 식민통치 과정에 일대 전기가 되었던 때였는데, 그것은 조선 내의 항일세력이 거의 사라졌고, 지방행정구역을 개편하여 지방통치의 바탕을 마련하였으며, 시정 5주년 기념 공진회를 준비하여 조선통치에 대한 조선총독부의 자신감을 내외에 과시하였던 시기였다.

출자금 제도의 도입으로 많은 조합원이 탈퇴하였다. 1914년 조합원수는 전년에 비해 약 2만 명 이상 감소하였는데, 이 감소는 출자금을 납부하기 어려운 소농이 스스로 탈퇴하거나 또는 강제 제명되었기 때문이다. 결국 이 조치는 출자금을 납부할 수 없는 조합원을 솎아내는 역할을 한 것이었다.

1907년에서 1914년에 이르는 시기의 조합원 선정을 둘러싼 총독부의 방침에 대하여 이경란의 연구에서는 위와 같은 사정을 반영하고 있지 못한다고 생각한다. 이 시기의 조합원의 경제상태와 관련하여 이경란은 1907년과 1908년 사이에 '소작인을 비롯한 소농 대상의 신용대부방침에서 자소작 층에서부터 자작농 또는 소지주 대상의 부동산·동산담보대부방침으로 바뀌었다'고 하였다.[36) 그리고 그 배경으로 '정미7조약' 체결을 전후로 한 시기에 탁지부 대신 민영기가 교체되고 '차관정치'가 실시된 것을 근거로 조합 관련 규정 및 방침 등이 급속히 일본인들의 주장대로 전개되었다고 하였다.

또한 안주지방금융조합의 대출 사례를 통해 1907년 12월 초부터 중순까지의 신용대부 경향이 12월 하순을 시작으로 1908년에 접어들면 신용대부 대신 담보 대부화 한다는 것을 들어 담보를 할 수 없는 소작인이 조합원에서 배제된 것으로 파악하였다. 그러나 그

36) 이경란, 앞의 논문, 48·67~68쪽 및 이경란, 앞의 책, 71~78쪽.

의 연구에 의하면, 1913년 25개 조합의 조합원 가운데 소작인의 비율이 14.8%이나 되는데, 이에 대해 그는 '1908년과 비교할 때 순소작농이 가입했다는 점은 일정한 변화'라고만 언급하고 있다.

위와 같은 주장은 다음과 같은 두 가지 의문에 답하지 못한다고 생각한다. '차관정치' 실시를 계기로 조합 관련 규정 및 방침도 일본인들의 주장대로 '소농 대상의 신용대부방침에서 자소작층 이상 대상의 담보대부방침'으로 급속히 전개된 와중에, 왜 그 방침이 12월 하순에 이르러서야 일선 조합에서 따를 정도로 지체되었는지 하는 것[37]과 '소작인 배제의 방침'에 따라 1908년 당시 거의 사라졌다는 소작인이 4~5년이 경과한 뒤인 1913년경에는 그 방침과 어긋나게 왜 다시 14~15%에 이를 정도로 비율이 높아져 '일정한 변화'를 보였는지 하는 것이다.

따라서 필자는 '소작인 배제의 방침'은 '차관정치'의 실시에 따라 1908년 초부터 적용된 것이 아니라 1914년 조합령 제정에 와서야 적용된 것으로 생각한다. 즉 이경란은 지방금융조합의 설립 동기를 '대한제국의 의도'에서 찾고, '차관정치'를 계기로 그 의도가 좌절되고 대신 일본인의 주장이 전개되었다는 입론에 따라 조합원에 대한 방침에 대해서도 위와 같은 논지를 편 것이다. 그러나 필자는 지방금융조합의 설립부터 일본의 의도에 의한 것이었기에 금융조합에 대한 방침이 '차관정치'를 전후로 해서 변경될 이유도 없고, 조합원에 대한 방침은 앞에서 살펴본 대로 조선 농민으로부터의 지지라는 정치적 목적에 따라 '가급적 다수를 포용'하는 것과 조합 수지의 양자 사이에서 좌고우면하는 양상을 보이다가 일제가

---

37) 그 밖에도 1908년 상반기까지 각 지방금융조합의 대출 실태를 살펴보면, '당국의 방침'에 어긋나게 담보대부 대신 여전히 신용대부가 행해지고 있는데, 그 대표적인 조합은 수원·개성·강릉·공주·전주·의주 등이다(최재성, 석사논문 참조).

조선 통치에 대해 자신감을 과시할 수 있게 된 시기인 1914년에 이르러서는 '가급적 다수의 포용'이란 방침을 내팽개칠 수 있게 되었다고 생각한다.

그에 따라 1913년경에 약 15%에 달했던 순소작농 조합원은 1908년 이래 사라졌다가 갑자기 나타난 '일정한 변화'가 아니라 초창기 이래 엄연히 존재하고 있었던 항상적 모습이었던 것이다. '가급적 다수의 포용'이란 이전의 방침을 내팽개치고 총독부 당국이 선택한 새로운 방침은 건실한 조합원의 정선이었다. 그리고 그 방법은 출자금제도의 도입이었던 것이다.

이 시기 개정된 지방금융조합령에서는 조합원 자격에 대해 '업무구역 내에서 1년 이상 계속하여 주소를 둔 자로서 농업에 종사하여 독립의 생계를 營하는 자'(제2조)로 규정을 고쳤다. 이 규정에 따라 조선에 주소를 둔 일본인도 비로소 조합원으로 가입할 수 있게 되었다. 일본인도 조합원이 된 것은 병합 직후부터 그에 관한 여론이 있었기 때문인데, 그에 관해서는 다음과 같은 신문기사를 통해 확인할 수 있다.

> 병합 이래로 내지 농민의 이주도 증가하여 각지에 내지 소농의 정주하는 결과로 이들 이주민의 금융에 관하여 금융조합의 現制를 改하되 내지농민도 금융조합에 참가함을 得케 한다는 논의에 대하여 당국자의 말을 거한 즉 내지 이주 농민의 현상은 금후 10년 내외에 如是 변경할 필요가 없고 그들 소농의 이주함은 태반 농사경영에 종사하는 대자본가의 募出함인즉 그 자금 등은 그 방면에서 융통할 것이니 現時는 금융조합에 내지인을 참가케 할 필요가 없다더라.[38]

이 기사에 의하면, 일본인 이주자를 지방금융조합의 조합원으로 가입시키자는 여론이 있었는데, 총독부 측에서는 일본인 이주민의

---

38) 『每日申報』 1911.7.6(2) 「金融組合과 內地人」.

금융은 그들을 모집한 대자본가에 맡기고, 향후 10년 이내에는 지방금융조합원으로는 가입시키지 않겠다는 방침을 천명하였던 것을 알 수 있다.

그러다가 1914년에 이르러 일본인을 지방금융조합원으로 가입시키도록 방침을 변경한 배경은 1914년의 부제의 실시와 관련지어 생각해볼 수 있다. 부제의 실시와 함께 일본인 거류민단이 폐지되고 민단의 업무는 12개의 府와 상업회의소로 넘어갔다.[39] 또한 1915년 '조선상업회의소령'에 따라 조선인상업회의소와 일본인상업회의소가 통합되었다.

이와 같이 일본인 거주지역과 조선인 거주지역의 행정적 통합, 경제 관련단체의 통합 등의 분위기 속에 지방금융조합도 그 영향을 받아 일본인 조합원을 받아들이게 되었던 것으로 보인다. 이후 일본인 조합원은 평의원[40]이나 조합장[41]으로도 선임되어 조합 운영에 적극적으로 참여하게 되었는데, 일본인 평의원과 조합장 선출의 배경에는 일본인 조합원의 힘이 크게 작용하였음을 어렵지 않게 짐작할 수 있다.

위에서 확인한 바와 같이 조합원 자격의 강화와 관련한 조합원 수의 감소로 1조합 당 평균 조합원 수는 1914년에는 263명으로 크게 줄었고, 조합설립 증가속도가 완만해진 1915년부터는 다시 274명, 1916년 378명, 1917년 462명, 1918년에는 515명으로 한 조합이

---

39) 1914년의 부제의 실시와 1910년대 거류민단의 역할에 대해서는 『식민지 조선과 매일신보-1910년대』(수요역사연구회 편, 신서원, 2003)에 수록된 최재성의 「1914년의 지방행정구역 개편과 그 성격」과 정혜경의 「'매일신보'에 비친 1910년대 재조 일본인」을 각각 참조.
40) 1916년 경주지방금융조합에서는 10명의 평의원 가운데 江上寅次郎이라는 일본인이 선출되었다[『每日申報』 1916.4.25(4) 「金融組合開會」].
41) 1918년 전북 임피금융조합의 조합장은 川崎藤太郎이었다[『金融組合聯合會定款』(국가기록원 문서철 88-4)]. 川崎藤太郎은 임피의 농장주였다.

포괄하는 조합원수가 많아지게 되었다. 또한 총 호수 대비 조합원 가입자 비율도 조합원의 정리가 있었던 1914년에는 1.97%(총 호수 303만 3826호 대비)로 다시 2%대 미만으로 떨어졌으나, 1915년에 2.18%(302만 7463호)로 다시 증가하기 시작했고, 1916년 3.08%(307만 2092호)로 3%를 넘었다. 1917년에는 3.87%(310만 7219호)로 급격히 늘었고, 1918년에는 4.37%(313만 9140호)로 가입 조합원 수가 20호당 1명에 가까웠다.

이 시기 조합원의 경제상태에 관한 정용욱의 연구결과[42]를 보면, 1912~1913년에 33개 조합 1만 66명을 대상으로 지주, 자작농, 자소작농, 소작농 등으로 구분할 때 자소작농이 가장 많은 51.74%이고, 이어 자작농 30.27%, 소작농 13.03%, 지주 4.96%를 차지한다고 하였다. 또한 1913년 조사 결과[43]에 의하면, 약 250만의 농가호수 가운데 1정보 미만의 농지를 경작하는 호수가 63%이고, 1정보 이상 2정보 미만의 경작호수가 20%였는데, 이들이 대체로 소작농과 자소작농이었을 것으로 보인다.[44] 이후 1914~15년의 곡가 하락과 물가 등귀로 인해 자작농, 소지주에게 큰 타격을 주어 조합원의 경제상태는 일부의 지주층을 제외하고 전반적으로 불안정한 상태였으며 토지를 방매하고 계층적으로 몰락의 경향이었다.

금융조합 조합원 가운데 다수를 차지했던 자작농, 자소작농의 몰락 경향에 직면하여 1916년 6월에 잇달아 열린 도 제2부장회의, 금융조합 이사회의에서 총독은 그 훈시를 통해 자작농에 관한 사항을 특별히 언급하였다. 총독 훈시 내용에 관한 자세한 것은 '이

---

42) 정용욱, 앞의 논문, 222~236쪽.

43) 임경석, 「1910년대 계급구성과 노동자·농민운동」, 『3·1민족해방운동연구』, 청년사, 1989, 204쪽.

44) 이를 통해서 볼 때 지주와 부농의 조합 가입률이 높고 소작농과 자소작농의 가입률이 낮았다고 판단할 수 있다.

사회의'에 관해 설명할 때 서술하였지만, '중소농민을 비호 격려할
것'을 주문(각 도 제2부장 회의)하기도 하고, '중소농 중 왕왕히 자
작경지를 매각하고 혹은 소작인이 되며 혹은 流民에 墜하는 자가
있음이 한심할 경향'이라 우려하면서 금융조합 이사들에게 자작농
민의 조합 가입을 권할 것을 강조(금융조합 이사회의)했던 것이
다.45) 이는 일제의 식민정책에 따라 일본인 지주 및 일부 조선인
대지주에 의해 토지 집적이 일어나고 있는 현실을 간과한 채 그 책
임을 조선 농민에게 전가하는 것이었다. 어쨌든 이와 같이 1916년
총독의 훈시를 통해서 볼 때, 1910년대에 진행되었던 농민층의 양
극분해 과정에서 총독부는 금융조합으로 하여금 자작농의 몰락을
저지하는 역할을 하도록 주문했다고 이해할 수 있다.46)

1914년 출자금제도 도입 이전에는 한국 농민으로부터 인심을 얻
기 위한 방책으로 소농들도 조합원으로 수용했으나, 일제가 조선
통치에 자신감을 갖게 된 1910년대 중반에 이르면 출자금을 납부
할 수 없는 소농들을 탈락시키고 중농 위주의 조합원 정책을 추구
했다. 그러나 1910년대 중반기에 만연했던 자작농의 몰락 현상으

---

45) 『每日申報』 1916.6.11(1) 「總督訓示 第二部長會同席에서」와 『每日申
報』 1916.6.20(2) 「總督訓示 金融組合理事에게」 기사 참조. 제2부장에
게 한 훈시에서는 최근 수년간 토지소유권 이동의 추세라고 하면서 점
차 중소작 자농자의 감퇴를 염려하고, 중소농민이 '祖先 전래의 전답
을 방매하고, 恒産이 無한 流民으로 전락'함을 우려하였는데, 이는 일
제의 식민지배의 결과임을 애써 간과한 것이다.

46) 1913년에서 1925년 사이 지주, 자소작농, 소작농은 3.1%, 32.4%, 41.7%
에서 각각 3.8%, 33.2%, 43.2%로 약간씩 증가하고, 대신 자작농은
22.8%에서 19.1%로 감소하는 추세[小早川九郎, 『朝鮮農業發達史 - 資
料篇』, 1960, 93쪽(이경란, 앞의 논문, 68쪽 재인용)] 속에 이경란은 '금
융조합이 지주층의 농촌지배구조 속에서 자작 자소작농의 경제적 몰락
을 방지하고 이들을 상업적 농업과 금융자본의 메커니즘에 편입시키는
역할을 담당했다'고 평가하였다(이경란, 위의 논문, 68쪽).

로 조합도 타격을 받았을 것이다. 조합원의 중추를 이루었던 것은
자작농이었을 것이기 때문이다. 따라서 총독부에서는 자작농의 몰
락 방지에 적극 나서라는 지시를 내렸지만, 재원 조달에 한계가 있
었던 지방금융조합으로서는 속수무책이었을 것으로 보인다.

이러한 분위기 속에서 일선 조합은 자산이 있는 자작농을 대상
으로 조합원 모집에 적극 나섰다. 1916년 의성금융조합에서는 조
합장 이하 각 임원이 각기 담당한 구역에 출장하여 조합 가입을 권
유하는 한편 신용조사를 철저히 하고, 다시 조합원 모집기한을 연
장하기도 하였다.[47] 또한 1918년 평남 영원금융조합에서는 1916년
도에 비해 70명을 증원하여 290명의 조합원이 되었지만, 1918년도
에 210명을 더 증모하여 조합원 총원을 5백 명으로 늘릴 계획을 잡
기도 하였다.[48]

조합이 조합원을 관리하는 과정에서는 신용조사 결과 부적격자
의 가입제한, 또는 제명 등 외에 모범조합원에 대한 표창을 통해
선전효과를 노리기도 하였다. 즉 1914년에 평남 관내 각 이사들은
평남도 재무부에 건의하여 조합 총회 날에 모범조합원을 포상하였
고,[49] 공주금융조합과 충북도에서는 모범조합원 표창에 관한 규정
을 제정하였다.[50]

일제가 한말 금융조합을 창설하던 시기에는 한국 민중에 대해
일제의 호의를 선전할 필요가 있었다. 이에 지방금융조합에서도
조합원을 모집할 때 가급적 소농을 포섭할 방침을 정했다. 그 결과
소농을 포함한 농민과 소상공인이 조합원으로 가입했다. 이후 일

---

47) 『每日申報』 1916.8.2(2) 「義城郡金融組合狀況」.
48) 『每日申報』 1918.4.24(4) 「金融組合員 增募」.
49) 『每日申報』 1914.1.8(1) 「模範組合員褒賞」; 1914.1.13(1) 「安州」.
50) 『每日申報』 1916.6.7(2) 「模範組合員表彰內規」; 「地方金融組合模範組
合員表彰規程準則」 朝鮮總督府忠淸北道訓令 제4호(5월 4일)『朝鮮總
督府官報』 第1432號, 大正 6년(1917) 5월 15일.

제는 병합을 전후로 한 시기에 조합원 대상을 둘러싸고 다수의 포
용과 조합의 수지 사이에서 오락가락하는 모습을 보였다. 그러나
1914년에 이르러 지방금융조합령을 제정하면서 토지를 소유하고
있는 자작농 위주의 포섭으로 방침을 변경했다. 그 방침의 법적인
표현은 출자금제도의 도입이었고, 이 제도의 시행으로 당시 전체
조합원의 약 1/4이 자격을 상실했다. 이 시기에 이처럼 소농에 대
한 과감한 방침을 내릴 수 있었던 이유는, 일제를 위협할 의병도
진압되었고, 지방제도의 개편 등 식민 통치를 위한 기반 마련도 순
조로이 진행되고 있었기 때문이었다. 아울러 일본인도 조합원으로
가입할 수 있는 길이 열렸다.

2. 1920년대 중농과 상층 상공업자 위주의 조합원

1) 조합의 증설과 조합원의 증가

1920년대 조합원의 포섭 정도를 살펴보기로 하자. 다음 표는 연
도별 조합원 수 추이에 대한 것이다.

〈표 3-4〉제2기 연도별 조합원 수 추이(1918～1928년)

연　도	1918	1919	1920	1921	1922	1923	1926	1927	1928
촌락금조	137,075 (515)	206,150 (573)	228,247 (634)	268,889 (688)	312,378 (760)	315,532 (713)	412,457 (845)	464,309 (905)	503,248 (937)
도시금조	3,171 (113)	12,457 (356)	16,069 (402)	19,972 (454)	19,387 (388)	20,773 (364)	23,574 (400)	25,288 (421)	27,144 (452)

출전 : 朝鮮總督府財務局調査, 『金融組合要覽』 제1차(1921.7), 朝鮮經濟
     協會, 1922, 5~6쪽 ; 朝鮮經濟協會, 『金融組合及金融組合聯合會槪
     況』(大正 12년도 말 현재), 朝鮮經濟協會, 1925, 16~17쪽 ; 朝鮮金融
     組合協會, 『金融組合要覽』(1930), 朝鮮金融組合協會, 1932, 3~6쪽.
  주) 괄호 안은 조합 당 평균 조합원 수(소수점 이하 반올림).

  이 표에서 확인할 수 있는 바와 같이 1918년에서 1928년의 10년
사이에 촌락금조의 조합원은 약 3.7배의 증가를 보였다. 이는 앞에
서 살펴 본 바대로 조합의 증설이 급속히 이루어진 것에 따른 결과
이다. 도시금조에서도 같은 기간 그보다 훨씬 많은 약 8.6배 증가
했으나 그 추세는 대체로 1921년까지는 급격히 증가하다가 그 이
후에는 다소 완만해지는 경향을 보인다. 그 이유는 주요 도시에서
도시금조의 설치가 1923년까지 거의 마무리되었기 때문이다.
  그런데 위 표에서 1922년도와 1923년도 사이의 조합원 증가는 다
른 해에 비해 극히 미미하다는 것을 발견할 수 있다. 그 이유는 1923
년 9월 발생했던 關東대지진의 영향이었다. 관동대지진 이후 조선의
금융조합에서는 조합원 증모, 예금 및 대출이 잠시 중단됐다.
  또 하나는, 대체로 연도 말(매년 3월 말)에는 결산기인 관계로 정
리를 행한 결과 전월(2월) 대비 조합원 수가 감소하는 경향이 있었
는데,[51] 이 해에는 그 정리가 엄격했던 것으로 보인다. 조합 당 평
균 조합원수에서도 매년 상승세가 계속되었으나, 촌락금조에서는
그 해에만, 도시금조에서는 전년에 이어 계속 감소 현상이 나타났
기 때문이다. 이어 1926년 이후에 다시 조합원이 크게 늘게 된 것
은 1927년 풍작의 영향이 컸다.[52]
  1918년에서 1928년에 이르는 기간 동안 조합원이 증가한 근본적

---

51) 『東亞日報』 1924.5.14(4) 「金融組合情況」.
52) 『東亞日報』 1927.9.10(6) 「豐作과 金融組合, 小農級은 反히 樂觀」.

인 원인은 금융조합원으로 가입하려는 조선인이 많았기 때문이었
다. 조합원이 되면 고리 사채보다는 훨씬 낮은 이자의 자금을 대출
받을 수 있었다.

조합원 증가 원인의 한 축을 담당했던 조합 증설과정을 살펴보
자. 먼저 도시금조의 설립을 보자. 도시금조의 설립은 앞에서 살펴
본대로 금융조합령의 개정에 따른 조치였다. 금융조합령 제5조 제
2항의 규정에 의해 지정된 시가지(조선총독이 지정한 시가지)는 경
기도 수원군 수원면 등 15개 면이었는데,[53] 이들 15개의 시가지는
1917년 6월 9일 공포된 '면제'[54]에 따라 같은 해 9월 19일에 지정
된 23개의 지정면[55] 가운데, 13개 면에다가 전남 나주군 나주면과
황해도 황주군 송림면을 합한 것이다. 다음은 1918~1924년에 도
시금조가 설립된 상황을 보여주는 표이다.

〈표 3-5〉 도시금융조합 설립상황(1918~1924년)

연도	1918	1919	1920	1921	1922	1923	1924	계
경기	수원 인천 종로 송도	광화문 왜성남대문 용산			신용산	서대문	동대문	11
충북	청주				영동			2
충남	대전 강경 공주			조치원		화지산		5
전북	전주 군산	이리				초성		4

---

53)「金融組合令第五條第二項ノ規定ニ依ル市街地ヲ左ノ通指定ス」朝鮮總
督府告示 제229호『朝鮮總督府官報』號外, 大正 7년(1918) 10월 1일.
15개 면은 경기도 수원군 수원면, 개성군 송도면, 충북 청주군 청주면,
충남 공주군 공주면, 대전군 대전면, 논산군 강경면, 전북 전주군 전주
면, 전남 나주군 나주면, 광주군 광주면, 경북 김천군 김천면, 경남 진
주군 진주면, 황해 해주군 해주면, 황주군 송림면, 평북 의주군 의주면,
함남 함흥군 함흥면 등이다.
54)「面制」制令 第1號『朝鮮總督府官報』第1454號, 大正 6년(1917) 6월 9일.
55)「面制第四條ニ依リ相談役尾ヲ置ク面左ノ通之ヲ指定ス」朝鮮總督府令
제67호『朝鮮總督府官報』第1539號, 大正 6년(1917) 9월 19일.

지역								계
전남	목포 광주 나주		여수		순천 영산포	금봉		7
경북	대구 김천		포항		상주	**대구서부**		5
경남	진주 **마산 부산제일 부산제이**	통영		**구마산 부산제삼**		진해제일		8
황해	해주 **겸이포**				**사리원**			3
평남	평양남 평양북 진남포							3
평북	의주	신의주				정원		3
강원				춘천			동주	2
함남	원산 함흥							2
함북	청진		나남 성진 회령					4
계	28	7	5	4	6	7	2	59

출전 :『金融組合要覽』(1931년도), 朝鮮金融組合協會, 1932 ; 秋田豊, 앞의 책, 115쪽.
주 1) 설립 인가일 기준. 굵은 글씨는 실제 설립이 완료된 것이 익년 이후인 경우.
2) 겸이포 금융조합은 1927년 지정조합으로 전환.[56]
3) 1927년 현재 보통면에 설립된 도시금조는 6개(영동, 논산, 송정, 순천, 나주, 영산포).[57]
4) 1924년 이후 강원 명주(1927.12.19), 부산서부(1929.9.18), 군산동부(1930.1.31) 설립 인가.[58]

1918년도에 설립 인가를 받은 도시금조는 위 표에서 보는 바와 같이 28개였다. 그런데 실제 설립이 완료된 조합은 9개였고, 1919년도 말까지는 32개 조합이 설립되었다. 이를 지역적으로 보면, 경기·전라·경상도 등에 도시금조가 상대적으로 많이 설립되었음을 알 수 있다. 특히 1919년도까지 경성, 평양, 부산부 등 조선 3대 도시에 설립된 도시금조가 9개로 전체 도시금조의 1/4가량이다.[59]

---

56)『東亞日報』1927.6.14(6)「兼二浦金組指定追加」. 지정조합에는 관선 이사가 임명되었다.
57)『金融制度準備調査關係書類』(국가기록원 문서철, 88-16), 382쪽.
58) 藤澤淸次郎, 앞의 책, 각각 342·668·655쪽.

대부분 설립 인가를 받은 당해 년도 또는 익년 도에 설립 절차를
마무리지었지만, 그렇지 않은 경우도 있다. 예컨대, 부산제이(1920),
통영(1922), 겸이포(1922), 사리원(1926) 등은 2년에서 4년까지 늦어
지기도 했다.

1918년 12월 16일자로 설립 인가를 받은 김천도시금조는 원래
김천저축계에서 비롯된 것이었다.60) 1913년에 설립된 동복지방금
융조합이 1905년부터 있었던 평준조합에 뿌리를 두고 있었던 것61)
과 마찬가지 사례라 할 수 있다. 다른 금융조합도 김천에서와 같이
원래 존재하고 있었던 사설 금융단체를 모태로 해서 이 시기에 들
어와 금융조합으로 전환한 사례가 있을 것으로 생각된다.

조치원조합은,『朝鮮金融組合史』에는 1920년에 설립된 것으로
표시되어 있으나, 1921년이 맞다. 도시금융조합은 1921년 3월 현재
12부 22면을 통하여 40조합이었는데, 3월 24일 총독부고시로써 충
남 연기군 조치원면과 강원도 춘천군 춘천면을 조합설립지로 지정
하였다.62) 이에 따라 촌락금조 조치원금융조합은 4월 1일부터 연
기금융조합으로 개칭되었다.63)

위 표에서 볼 수 있는 바와 같이, 1924년도 이후에는 1929년도에
이르기까지 6년 동안 4개의 조합이 설립인가를 받을 정도로 1920

---

59) 이 시기 도시금조 설립 특성에 대해 문영주는, 경성과 남부지방을 중심
    으로 증설이 이루어졌고, 보통은행의 밀집도가 높은 도시지역에 도시
    금조의 밀집도도 높았다고 지적했다(문영주, 앞의 논문, 2002.6, 133~
    134쪽).
60) 藤澤淸次郞, 앞의 책, 481쪽.
61) 홍성찬, 앞의 논문, 53쪽.
62)『東亞日報』1921.3.28(2)「金融組合設立」.
63)『東亞日報』1921.4.7(4)「都市金融組合創立」. 조치원금융조합 신설 준
    비를 위해 연기금융조합에 근무 중이던 정재억이 전근되어 4월 3일에
    부임하였다[『東亞日報』1921.4.7(4)「鄭在億氏轉勤」].

년대 중반 이후 도시금융조합의 증설이 거의 정체 상태에 빠지게
되었다. 그 이유는, 총독부 이재과장의 "조선의 금융조합 … 이 생
긴 사명은 농촌의 금융 즉 하층금융을 원만케 하는 것이 목적인 이
상 장래는 이 점에 입각하고 … 도시금조는 대개 도회지이며 이곳
에는 은행 우편국 등 기타 이용할 금융기관이 많다. 如斯한 처소에
장래 도시금조를 설립하여 함부로 경쟁한다는 것도 그 主旨에 위
반될 뿐 아니오 그다지 환영할 것이 아니라고 생각하며 …"[64]라는
발언을 통해서 이 시기에 이르면 도시금조의 증설에 대해 총독부
당국이 부정적인 태도를 가졌음을 느낄 수 있다.

　총독부 당국의 부정적 태도는 부와 지정면 등 시가지지역에 도시
금조 설치가 완료되었고, 도시금조의 증설로 인접 촌락금조와의 활
동 경쟁을 초래하여 금융조합 측의 비판이 제기되었으며,[65] 1920년
대 내내 보통은행과 업무마찰을 야기했기 때문으로 생각된다.

　다음으로는 촌락금조의 증설을 살펴보자. 조합령의 개정에 따라
종래의 '지방금융조합'에서 이름이 바뀐 촌락금융조합도 대폭 증
설되었는데, 개정된 금융조합령이 시행되기 직전인 1918년 9월 말
현재 존재하고 있던 지방금융조합은 260개로서 이 조합들은 조합
령 제31조 제2항 단서의 규정에 의한 금융조합(조선총독이 지정한
조합)으로 지정되었다.[66]

　아울러 도시금조의 신설에 따라 조합 명칭을 도시금조에 넘겨주
고, 명칭이 변경된 촌락금융조합도 있었다. 충남 대전,[67] 강경,[68]

---

64) 『東亞日報』 1928.3.18(8) 「村落組合改善이 急務」(林理材課長 談).
65) 천안금융조합의 古川은 도시금조 허가 조치에 대해 '하등의 표준이 없
　　고 관청의 알선과 민의에 영합한 나머지 적확한 조사와 세밀한 연구를
　　게을리 한 채 증설에만 급급했다'고 비판했다(문영주, 앞의 논문, 134쪽).
66) 「金融組合令第三十一條第二項但書ノ規定ニ依ル金融組合ヲ左ノ通指定
　　ス」 朝鮮總督府告示 제231호 『朝鮮總督府官報』 號外, 大正 7년(1918)
　　10월 1일.

경남 진주금융조합[69] 등이 그 첫 사례였다. 이들 조합의 소재지는
시가지에 속하는 곳으로 향후 도시금융조합이 설립될 예정이어서
신설될 도시금조의 명칭과 중복을 피하기 위한 조치였다. 이제 조
합의 증가 추이를 다음 표를 통해서 살펴보자.

〈표 3-6〉 제2기 연도별 금융조합 수 증가추이(1918~1928년)

연　　도	1918	1919	1920	1921	1922	1923	1926	1927	1928
촌락금조	266	360	360	391	411	442	488	513	537
도시금조	28	35	40	44	50	57	59	60	60

출전 : 朝鮮總督府財務局調査,『金融組合要覽』 제1차(1921.7), 朝鮮經濟
　　　協會, 1922, 3~4쪽 ; 朝鮮經濟協會,『金融組合及金融組合聯合會
　　　概況』(1923년도 말 현재), 1925, 16~17쪽 ; 朝鮮金融組合協會,『金
　　　融組合要覽』(1930년도), 1932, 3~6쪽.
　　주) 촌락금조는 영업조합, 도시금조는 설립조합 기준.

　위 표를 보면, 조합령 시행 이후 촌락금융조합의 증설이 비약적
으로 이루어져서 10년 만인 1928년에는 조합령 시행 이전 조합 수
의 2배를 초과한 것을 알 수 있다. 이렇게 조합 증설이 이루어진
과정을 살펴보면 다음과 같은 특징을 찾을 수 있다.
　첫째, 촌락금조 증설에 대한 방침이 몇 차례 변경되었다. 그 방
침은 1918년, 1922년, 그리고 1925년과 1926년에 수립되고, 변경되

---

67) 대전금융조합의 명칭은 회덕금융조합으로 개칭되었고, 조합 구역은 대
　　전군 외남·회덕·북·구척·유성·진잠·기성·유천·탄동·산내·
　　동면으로 변경되었다[「大田金融組合臨時總會決議錄」(국가기록원 문서
　　철 88-4), 131쪽].
68) 총회 결의록에는 강경금융조합의 개칭될 명칭이 공란으로 남아있으나
　　채운으로 개칭되었다. 조합구역은 논산군 성동·논산·가야곡·구자
　　곡·은진·채운 등 6면과 부여군 세도·장암·석성 등 3면으로 변경
　　되었다[「第一回臨時總會決議錄」(江景金融組合), 위의 문서철, 147쪽].
69) 진주금융조합은 조합명칭을 진양으로 개칭하였다[「決議錄謄本」(晋州
　　金融組合)『金融組合聯合會定款』(국가기록원 문서철 88-6), 819쪽].

었다. 먼저 총독부는 조합령을 개정하면서 촌락금조 증설 방침을 처음 발표했다. 그 내용은 '천 원 내지 5천 원의 기본금을 교부하고, … 大正 7년도(1918년도) 이래로 매년 40~50개소씩 5개년 내지 6개년간에 기설 조합을 합하여 약 600개소를 설립'[70]한다는 것이었다. 첫 해와 그 다음 해는 계획대로 진행되었다. 그 결과 조합령 시행 이후 1918년도 말에 이르면, 설립인가를 받은 조합은 310개로 50개가 증가했고, 다시 1년 만에 50개의 조합이 추가로 인가를 받아 1919년도 말에는 설립 및 영업조합 360개가 되었다. 약 1년 반 만에 1백 개의 증가를 보게 되었던 것이다.

조합령 개정 당시의 총독부 방침에 대한 첫 번째 변경은 4년 후인 1922년에 있었다. 총독부가 각 조합의 수지 악화를 방지하기 위해 새롭게 세운 방침은, 금융조합으로 하여금 일본의 산업조합이 갖고 있던 기능까지 담당하게 하려는 것이었는데, 이렇게 금융조합의 사업범위를 확장한다면, 1개 면에 1개의 조합은 설치돼야 한다고 판단했다.[71] 이렇게 방침을 변경한 이유는 1922년 1월 현재 촌락금융조합의 구역은 평균 6개 면이었는데, 종래와 같은 방법으로 증설을 한다면, 각 조합의 영업수지 악화라는 곤란에 직면할 것이기 때문이었다.[72] 변경된 방침은 이전 방침에 비해 '조합구역'을 고려한 것이었다.[73]

---

70) 鈴木穆, 앞의 글, 22쪽 ;『每日申報』1918.6.29일(2)「地方金融組合令改正에 就ᄒ여」(鈴木度支部長官談).
71)『東亞日報』1922.3.21(2)「一面一金融組合, 總督府當局者談」.
72)『東亞日報』1922.1.22(2)「金組增設調査」.
73) 여기서 1개 금융조합이 포괄하는 조합구역에 대해서 살펴보면, 앞에서 확인했던 바와 같이 1914년경에 이르면 '1군 1조합' 상태가 되었다. 그 이후부터는 계속해서 1개 조합이 포괄하는 조합구역의 면적이 점차 축소되는 과정에 있게 되었다. 그러다가 1922년도 말이 되면 촌락 및 도시금조의 수는 461개가 되고, 부·군수는 232개이므로 1개 부군에 평

'1면 1조합'은 2500여 개를 목표로 했던 셈인데, 상당히 방대한 계획이었다. 그리고 우선 경제가 발달한 지방부터 점차 증설하고자 하는 방침에 따라 조합 소재지 아닌 곳 가운데 상당한 촌락을 가진 1면으로 조합경제에 적의한 곳을 선택하여 증설하려는 것이었다.[74] 그 결과 1922년도에는 20개소가 증설되어[75] 4백 개를 돌파하였다.

이후 1925년도에는 재무국 이재과에서는 다시 수보다 질에 치중하기로 방침을 변경했는데,[76] 이러한 방침은 산업조합령의 공포와 관련이 있었다. 1926년도부터 신설될 금융조합은 새로 설치될 산업조합의 助勢기관이 되게 하는 것이 총독부의 의도였다. 이 의도에 따라 총독부에서는 1926년부터 1년에 50개 조합씩 증설하는 것으로 해서 10개년에 약 5백 조합을 설치하여 천 조합으로 할 방침을 세웠다.[77] 1922년도에 세웠던 1면 1조합에 비하면 상당히 축소

균 2개의 금융조합이 설치된 셈이 되었다. 1군 1조합 상태에서 1군 2조합 상태가 되는 데 8년이 걸린 셈이다. 이를 다시 '면'을 기준으로 살펴보자. 1914년 행정구역 개편 때 면의 통폐합 결과 4320여 개의 면이 2520여 개로 감축된다. 이후 1922년 말 현재 면의 개수는 2504개이다 [朝鮮總督府, 『朝鮮總督府施政年報』(1922년도판), 456쪽]. 이를 촌락금조 수 411로 나누면, 6.09로 1개 조합에서 포괄하는 구역은 평균 6개 면이라는 결과가 나온다. 면의 수에는 지정면 41개의 수가 포함되어 있으므로 도시금조가 설치된 지정면을 제외하고 다시 계산하면, 조합구역으로서의 면의 개수는 위의 6.09보다 적어진다.

74) 『東亞日報』 1922.1.22(2)「金組增設調査」및 『東亞日報』 1922.1.27(2)「金組增設方」(總督府理財課當局者談).
75) 『東亞日報』 1922.1.28(2)「金融組合現況, 今度年 新設二十個所」및 『東亞日報』 1922.4.21(6)「金融組合增設 全道四百六十個所」. 촌락금조는 경기·경남·평남·평북·함남 등 5개 도에는 2개소씩, 경북 3개소, 나머지 7개 도에는 각각 1개소씩 배정되었다.
76) 『東亞日報』 1925.7.15(4)「來年 新設金組」및 『東亞日報』 1925.9.23(6)「新設金組 十個所 決定」.
77) 『東亞日報』 1925.11.5(6)「金組改善 組合數倍增 貸付限度도 增大」(水田

된 셈이었다. 2500개 목표에서 1000개로 대폭 줄었기 때문이다.

그러나 이 계획 역시 이내 변경되지 않을 수 없었다. 1926년부터 제2차 산미증식계획이 변경 실시되었고, 토목, 치수, 항만, 철도 등에 대한 신규계획이 추진되어 예산 형편으로 인해 금융조합 증설 계획을 축소하지 않을 수 없었던 것이다. 그리하여 예산 약 150만 원을 투입해 5개년간 150개 조합을 신설하는 것으로 변경되었다.[78] 이렇게 상황 변화에 따라 방침을 수정하면서도 총독부에서는 다시 장기적인 목표로 '3면 1조합'의 방침을 정했다.[79] 그렇게 되면 목표 조합 수는 830여 개가 되는 것으로, 1년 만에 다시 축소되는 셈이었다. 이처럼 금융조합 신설에 대한 총독부의 장기계획이 수시로 변경되는 가장 큰 이유는 예산문제였다. 각 금융조합 창설 시 기본금으로 하부할 자금은 총독부 예산에서 지출되는 것으로 총독부 예산은 일본 제국의회의 승인을 받아야 했기 때문에 의회 승인 과정에서 언제나 축소될 수 있었다. 이에 총독부로서는 그 예산 형편에 따라 계획을 수시로 변경해야 했던 것이다.

이상을 요약하면, 1918년에는 600조합을 목표로 정했고, 1922년에는 '1면 1조합'으로 목표를 확대했으며, 1925년에는 다시 천 조합으로 후퇴했다. 1926년에는 상황 변화에 따라 단기적으로는 5년간 150개 증설을 목표로 하면서, 장기적으로는 '3면 1조합'으로 수정했다. 위와 같은 방침 변경 과정은 총독부 측의 시행착오 과정이기도 했다.

두 번째 특징은, 이 시기에 이루어진 증설 가운데 다수는 경기·강원 이남 지역에 집중됐다는 것이다. 먼저 1923년도에 31개소가

事務官 談) 및 『東亞日報』 1926.1.14(8) 「十年後 千組合」.

78) 『東亞日報』 1926.4.28(6) 「金組增設計劃變更 百五十組로 減縮」.

79) 『東亞日報』 1926.11.13(8) 「村落金組計劃 三面一個處方針」.

증설되었는데,[80] 그 위치는 주로 '남선'지방이었다.[81] 1924년도에는 10개소가 증설되었는데, 10개소 중 6개소가 삼남에 위치했다. 또한 1926년도 신설 조합 수는 26개로 결정되었는데,[82] 각 도 가운데 제일 많이 신청한 도는 경남북과 전남이었고, 26개 조합 가운데 18개가 남선에 설치되는 것으로 결정되었다.[83]

이처럼 중남부지방에 증설이 집중적으로 이루어진 데 대해 총독부 측은 '삼남방면이 비교적 창설 시기가 빠름으로 실력에 비해 조합수가 부족한 감이 있는 결과'[84]라고 밝혔다. 또한 남선 지방에는 1조합이 10개 면 이상의 업무범위를 포괄하는 경우도 있었으므로 그것을 완화하기 위한 것이었다.

1926년 현재 1조합의 영업범위는 전 조선 평균 1군에 2.6개의 꼴이었다. 지방별로 보면 남선 지방에는 1군에 4개 내지 3개 조합이 설치된 지방도 있고, 특히 소작인이 많아 평균 재력이 빈약하여 더이상 영업범위를 축소하기 매우 곤란했다. 반면 북선 지방은 대체로 재력의 여유가 있고, 영업도 비교적 순조로워 업무구역을 축소하는 것이 괜찮은 편이었다. 총독부에서 파악하기에 황해도와 함남이 장래 증설될 여지가 많은 지방이었다.[85]

---

80) 『東亞日報』 1924.3.8 4 3 「村落金融組合 三十一所增設」.

81) 『東亞日報』 1923.11.9(2) 「金融組合增設 約三十個所豫定」. 처음에는 15개소를 목표로 했으나 기설 조합의 경제범위 등의 이유로 10개소로 결정되었고, 그 지역은 각 도 당국과 협의하여 경기, 충북, 전남, 함남, 평북에 각 1개소, 경북 2개소, 경남 3개소로 정해졌다. 남선지방은 경기·강원과 삼남지방을 포함한 지방이다.

82) 『金融と經濟』 89호, 朝鮮經濟協會, 1926.11, 78쪽.

83) 『東亞日報』 1926.10.8(6) 「今年度內 新設金組 卄六增設內容 亦是 南鮮에 大部分」 및 『東亞日報』 1926.10.30(6) 「金組新設 二十六個所 數日內에 決定」.

84) 『東亞日報』 1924.10.3(4) 「金融組合增設, 十個所로 減少」.

85) 『東亞日報』 1926.9.4(6) 「金組明年新設 二十六組合假量」.

셋째, 이 시기 각 지방의 금융조합 설립운동이 활발했다. 이런
활동은 이전 시기에는 찾아볼 수 없는 새로운 경향으로 금융조합
의 설립운동이 어떤 경로를 거쳐 진행되었는지 1924년에 설립된
경남 진주군의 문산금융조합의 사례를 통해 살펴보자. 1924년 11
월 15일 발기회가 개최되어 조합 정관이 작성되고, 조합장 및 감사
선거가 실시되었다. 그리고 당선된 위원이 연서하여 총독부에 허
가원을 제출했다.[86] 허가 신청에 대해 12월 24일자로 설립이 인가
되었다.[87] 그밖에 다른 지역의 조합 설립운동을 살펴보면, 다음과
같다.[88]

---

86) 『東亞日報』 1924.11.18(3) 「金融組合創立 晋州郡文山面에 文山 井村 金
谷 琴山四個面聯合으로」.
87) 藤澤淸次郞, 앞의 책, 557쪽.
88) 조합 설립 신청 시기와 그에 대한 조치를 해당 신문기사에서 작성한 내
용은 다음과 같다.
충남 대덕군 신탄진 : 1922.8 신청, 1926.1 회덕금조 출장소 설치, 1934.1
신탄진금조 승격
경남 진주군 반성 : 1924.1 신청, 1924.2.29 반성금조 인가
전북 익산군 용안면 : 1924.10 신청, 함열금조 용안지소
경기 안성군 양성면 : 1924.10 신청, 1929 양성지소
전북 익산군 금마 : 24.10 신청, (불명)
전남 광양군 : 1924.가을 신청, 1924.12 진상금조 인가
평북 구성군 방현면 : 1925.6 신청, 1927.1 방현금조 인가
경남 거창군 가조면 : 1925.10 신청, 1925.12 가조금조 인가
경기 인천부 부평 : 1925.10경 신청, 1928.12 부평금조 인가
전남 고흥군 : 1926.6 신청, 1926.12 과역금조 인가
충북 괴산군 연풍 : 1926.12 신청, 1927.1 연풍금조 인가
평남 안주군 대니면, 용화면 : 1927.11 신청, (총독부 계획대로 신안주에
설립)
강원 伊川군 낙양면 지석시 : 1927.하반기 신청, 1928.3 지석금조 인가
황해 봉산군 舍人面 桂東里 : 1928.5 신청, 1930.10 계동지소 설치
충북 괴산군 靑川면 : 1928.6 신청, 1929 청천지소 설치
경북 선산군 구미, 고아, 해평면 : 1928.7 신청, 1928.12 구미조합 인가

구역 내에 인구가 많고 경제규모가 큰 곳은 신청 이후 1개월에서 6개월 이내에 신속히 인가를 받았다. 괴산군 청천면에서는 우편소와 금융조합 설치기성회를 발족하고, 다방면의 노력을 기울였으며 관계당국에 파송할 진정위원을 선임하기도 했다.[89] 금융조합뿐만 아니라 우편소를 유치하려는 활동을 같이 벌였다는 것이 특징이다. 여기서 진정위원의 존재가 주목되는데, 진정위원은 주로 지역 유지들이 담당했고, 진정위원들의 진정은 식민지기 민원해결을 위한 한 수단이었다.[90]

평남 안주군의 주민 대표는 평남도 당국에 대해서 신안주에 설치하기로 되어 있는 금융조합을 만성역에 설치하여 달라고 요구했는데, 이에 대해 도 재무부장은 기정 방침을 변경할 수 없다는 점과 만성역과 같은 미약한 곳에 설치하면 영업상 수지가 맞지 않는다는 이유를 들어 거부했다.[91] 이에 대해 양 면의 조합원들은 도당국의 방침대로 신안주면에 금융조합이 신설된다면 신안주금조에 1명도 가입하지 않고 상조조합을 조직할 것을 결의하였다.[92] 그러나 결국 당국의 방침대로 신안주에 조합이 설치되는 것으로 매듭지어졌다.

구역변경문제로 인근 지역 간 갈등을 빚기도 하였다. 1922년 설립된 삼랑진금융조합은 삼랑리에 사무실을 두고 있었는데, 1924년 삼랑진으로 이전하기로 결정했다. 이에 삼랑리 조합원 등은 경남

경남 통영군 일운, 이운면 : 1928.11 청원, 1928.12 장승포금조 인가(하청 금조 출장소 승격).

89) 『東亞日報』 1928.6.4(4) 「郵所 金組期成, 陳情委員選擧」.
90) 지수걸, 「일제하 충남 서산군의 '관료-유지 지배체제'-'서산군지'(1927) 에 대한 분석을 중심으로-」『역사문제연구』 3호, 역사문제연구소, 1999.4, 58~65쪽.
91) 『東亞日報』 1927.11.12(4) 「金組設置陳情, 安州龍花面서」.
92) 『東亞日報』 1928.5.22(4) 「相助組合設置?」.

도 당국에 이전 반대 진정서를 제출하였으나, 도 당국은 조합 명칭
에 따라야 한다며 이전을 강행했다.93)

함북 경성군 어랑면 어대진금조에서는 조합 구역 가운데 일부인
경성군 주북면을, 주을온면 1면만을 조합구역으로 하여 영업에 곤
란을 겪고 있는 주을금조에 이속케 하려 했으나 조합원들이 반대
하였다.94) 함남 정평군의 신상리금융조합의 조합원으로 가입해 있
던 귀림면 조합원들은 영흥군 왕장금융조합의 신설과 함께 신설된
왕장금조에 소속된다는 소문을 듣고 산간벽지이고 교통이 불편한
왕장금조에 지정구역으로 편입되는 것은 부당하다며 도 당국에 진
정하였다.95)

강원도 伊川군 지석시장은 支下·支石 두 개 리가 합해진 시장
으로 금융조합 설립운동을 벌여 1927년 봄에 이천금조 지하 출장
소가 지하리에 설치되었다. 이후 계속 금조 승격 운동을 벌여 1928
년 3월 지석금조의 설립 인가를 받았는데, 이사(이희재)가 비밀리
에 단독으로 지석리로 이전하려고 하였다. 이에 지하리 주민들은
이전에 반대하여 시민대회를 개최하고, 그 결의사항을 도 당국과
도금련에 진정했다.96)

금융조합 설치운동과 조합 사무소 이전 또는 조합구역 변경에
대한 반대운동은 총독부 방침과 어긋나지 않는 범위 안에서만 받

---

93) 『東亞日報』 1924.8.29(3) 「三浪金組 移轉問題 三浪津金組移轉問題, 組
合員極力反抗 組合長以下辭職」. 1937년 현재 조합 주소가 삼랑진인
것으로 봐서 결국 이전된 것으로 보인다(藤澤淸次郎, 앞의 책, 682쪽).
94) 『東亞日報』 1925.11.18(4) 「金組 區域變更의 難關에 際하야」(鏡城支局
一記者).
95) 『東亞日報』 1927.11.15(4) 「金組區域에 反對, 歸林面民一致로」.
96) 『東亞日報』 1928.7.2(4) 「金組位置問題로 兩里間에 葛藤, 畢竟道當局
에 陳情書提出」. 1937년 현재 주소가 여전히 지하리(藤澤淸次郎, 앞의
책, 512쪽)인 점으로 미뤄 이전은 무산된 듯하다.

아들여졌다. 그 외의 경우는 모두 총독부나 조합 당국의 의지가 관철되었다.

위와 같은 금융조합 설립 운동은 도시에서도 진행되었는데, 경성 서대문금조의 사례를 통해 확인해 보자. 1921년도 말 현재 경성부 내 도시금조는 왜성, 남대문, 용산, 종로, 광화문 등 5개소였다. 그러나 은행을 이용치 못하는 하층 상공업자에게는 부족하였고, 특히 8월 1일부터 실시된 '무진업법취체규칙'에 따라 금융경색은 더욱 가중되었다. 이에 세 군데에서 거의 동시에 경쟁적으로 조합 설립을 추진하였다. 그 결과 동대문금조는 이강혁 외 수십 명, 서대문금조는 박기용 외 수십 명으로 설립 신청을 출원하였고,[97] 약 두 달 후에는 신용산에서도 신설을 신청하였다.[98]

그 가운데 서대문금융조합은 세 부류가 조합 설립 신청을 출원하여 문제가 되었다.[99] 이에 총독부 당국에서는 3개의 청원을 전부 각하하고 상호 타협케 하여 조합장 이사 및 감사의 추천은 주무관청에 일임토록 했다.[100] 그리고 10월 20일부로써 총독의 허가가 있었는데, 그 구역은 종래 광화문금조의 일부 및 남대문금조의 일부였고, 신용산에 이어 경성부에 설립된 7번째 금조였다.[101]

넷째, 이 시기에 일어난 '3·1독립운동'이 금융조합의 설립에 영향을 미쳤는데, 그것은 지방금융조합 창설기에 의병전쟁이 미친 영향과 유사했다. 그리하여 금융조합의 설립이 지연된 사례는 경기도 광주군의 경안금융조합에서 찾아볼 수 있다. 이 조합은 이미 설립 허가를 받았으나 창립총회를 열지 못하다가 3·1운동이 어느

97) 『東亞日報』 1922.8.30(2) 「金融組合出願」.
98) 『東亞日報』 1922.10.23(2) 「金組新設認可申請 龍山居住民 二百餘名」.
99) 『東亞日報』 1922.12.27(2) 「又復 金融組合競願」.
100) 『東亞日報』 1923.8.19(2) 「西大門金組役員」.
101) 『東亞日報』 1923.10.25(2) 「西大門金組許可」.

정도 진정되고 난 후인 5월 26일에 창립총회를 열었다.[102]

　이상의 과정을 거쳐 신설되는 조합의 수는 계속 증가하고 반대로 총독부의 면 통폐합 방침에 따라 면의 개수는 계속 감소하여 1개 조합이 포괄하는 면의 개수가 감소되는 경향도 지속되었는데, 1914년 군통폐합 당시와 유사한 양상이었다. 그리하여 1926년에 이르면 5.12개, 1927년이 되면 4.8개가 된다.[103]

　이 시기 조합원을 증모하려는 금융조합 측의 노력은 두 가지 방향으로 나타났다. 그것은 다음과 같은 두 가지의 유인책 제시였다. 첫째, 1926년 말 도시금융조합의 조합원을 증대하려는 총독부의 의도에 따라 경성부 내 금융조합에서 조합원의 출자금을 인하하려 시도했다. 그 결과 경기도 금융조합연합회에서 그에 관한 신청서를 총독부에 제출했다. 이는 총독부 이재과장의 발안에 의한 조치였다.[104] 또 하나는 대출 한도액 인상이었는데, 1928년 저축은행령의 제정으로 금융조합의 저축예금업무가 금지되어 금융조합이 타격을 받게 되었다. 이에 금융조합은 그 대책으로 조합원 증가를 꾀하게 되었고, 그 가운데서도 상층 조합원의 증강을 목표로 하였다. 그 일환으로 금융조합의 대출금 제한액을 상향조정하고자 하였다.[105]

---

102) 『每日申報』 1919.5.24(2) 「慶安金融組合」. 기사에서는 수원군으로 나와 있으나 광주군의 오류이다.

103) 1926년 면의 수는 2503개[施政年報(1926년도판), 462쪽]이고, 1927년에는 2470개[施政年報(1927년도판), 480쪽]이다. 그리고 이 수치에서 도시금조가 설치되어 있는 지정면(29개)과 보통면(6개)을 제외하면, 조합구역은 더욱 축소된다. 이들을 뺀 2435개의 면을 촌락금조 513개로 나누면 4.7이다.

104) 『東亞日報』 1926.12.2(6) 「金組出資引下로 對乙銀協定無視, 府內某銀行家 談」. 이러한 움직임으로 인해 총독부 당국과 금융조합은 은행 측으로부터 비난을 받았다.

105) 『東亞日報』 1928.11.23(6) 「貯銀令 實施後의 金融組合의 對策, 組合員 增加에 努力」.

그러나 위와 같은 노력은 도시지역에서 금융조합과 경쟁하고 있던 보통은행 측을 자극했고, 보통은행 측에서는 이러한 시도에 대해 금융조합과 총독부 측을 비난했다. 이런 보통은행 측의 반발로 인해 유인책을 통해 조합원을 증대시키려는 총독부의 의도는 크게 성공하지는 않은 것으로 보인다. 앞에서 본 바와 같이 1928년 연합회 이사장회의 석상에서 정무총감은, 여전히 소산자 가입 비율이 낮다고 지적하며 소산자 수용을 강조하였기 때문이다.

2) 조합원의 직업별 구성과 계층별 구성

1918년 금융조합령의 개정으로 조합원 자격에 또 한번 변동이 생겼다. 조합구역 내에 거주하는 자는 직업에 관계없이 금융조합의 조합원이 될 수 있었던 것이다. 이에 따라 공식적으로 상공업자도 조합원이 될 수 있었는데, 이는 도시금조의 설립과 맞물린 조치였다.[106] 그러면, 금융조합령에 의해 공식적으로 조합원 자격을 획득한 상공업자의 조합 가입상황은 어느 정도였는지 다음 표를 통해 그것을 확인해보자. 조합원의 직업별 구성의 변화 추이를 조합령 개정 직후인 1919년도와 그로부터 4년 후인 1923년도의 자료를 통해 표로 나타내면 다음과 같다.

〈표 3-7〉 제2기 조합원 직업별 구성의 변화(1919년도 말, 1923년도 말)

구 분	1919년도 말				1923년도 말					
	농업	상공업	기타	합계	농업	상업	공업	수산업	기타	합계
촌락금조	195,616	7,932	2,602	206,150	292,529	14,738	1,070	1,165	6,738	315,532
도시금조	743	8,999	2,715	12,457	1,935	11,982	1,619	265	4,972	20,773

106) 이에 대해서는 제1장의 1918년 금융조합령 개정 관련 부분 참조.

출전 : 朝鮮總督府 財務局 調査,『金融組合要覽』제1차(1921.7), 朝鮮經濟
    協會, 1922, 7~8쪽 ; 朝鮮經濟協會,『金融組合及金融組合聯合會
    槪況』(大正 12년도 말 현재), 朝鮮經濟協會, 1925, 30~39쪽.

위 표를 통해서 볼 때, 1919년도 말에 금융조합에 가입한 조합원
21만 8607명은 조선 전체 총 호수 324만 9872호 가운데 6.73%를 차
지한다. 이를 다시 산업별로 구분하여 살펴보면, 농업(임업, 목축업
포함)은 총 호수 266만 3986호 가운데 7.37%이고, 상공업(교통업 포
함)은 총 호수 31만 214호 가운데 5.46%이며, 기타는 27만 5672호
가운데 1.93%를 차지한다. 이를 다시 촌락과 도시로 나누어 살펴보
면, 촌락금조에서 농업자의 비율은 약 95%이다. 도시금조에서는
반대로 농업자는 약 6%로 소수이고, 상공업자가 약 72%로 대다수
이다.[107] 이를 통해서 보면, 도시 상공업자를 위한 도시금조의 신
설이라는, 금융조합령 개정 시에 노렸던 목적은 효과적으로 달성
된 것으로 평가할 수 있다.

1923년도 말에는 촌락금조의 조합원 가운데 농업자는 약 93%로
1919년도 말에 비해 약간 비중이 감소했다. 도시금조는 농업자
9.3%로 4년 전에 비해 상승했다. 상업자는 약 58%이고, 공업자는
약 8%이다. 상공업자를 합하면 약 66%로 4년 전에 비해 약 6% 감
소했다.[108] 촌락금조의 농업자가 감소하고 대신 도시금조의 농업
자가 증가한 것은, 농민이 농촌을 떠나 도시로 이주했다기보다는
과거 촌락금조의 구역에 속해 있던 지역이 지정면으로의 지정 등
시가지세 시행지가 되면서, 신설된 도시금조의 업무구역으로 바뀌
었기 때문이 아닌가 생각된다. 또한 농촌의 수공업자가 증가된 것

---

107) 朝鮮總督府 財務局 調査,『金融組合要覽』제1차(1921.7), 朝鮮經濟協
    會, 1922, 7~8쪽.
108) 朝鮮經濟協會,『金融組合及金融組合聯合會槪況』(大正 12년도 말 현
    재), 朝鮮經濟協會, 1925, 30~39쪽.

은 조선 전체의 산업 비율 가운데 수공업이 차지하는 비율이 증대
되는 것과 관련이 있다고 생각된다.

　그러면 여기서 이 시기 금융조합원은 어떤 계층이었나를 검토해
보자. 1925년 11월 말 현재 조선총독부 재무국 이재과에서 조사한
「금융조합 내 세대의 자산 및 조합원가입상황」을 통해 조합원 가
입상황을 표로 정리하면, 다음과 같다.

〈표 3-8〉 자산에 따른 조합원 구성(1925.11)

구　　분		상　층	중　층	하　층	細　층	계
가구 총수		157,209 (9.2)	310,861 (18.2)	1,072,133 (62.8)	167,567 (9.8)	1,707,770
조합원 총수		43,121 (21.9)	61,997 (31.6)	88,101 (44.8)	3,339 (1.7)	196,558
戶別割 부과표준액	촌락 총가구	118,597 (7.9)	268,254 (17.8)	1,007,852 (66.9)	111,000 (7.4)	1,505,703
	조 합 원	37,331 (20.1)	58,988 (31.8)	86,852 (46.9)	2,226 (1.2)	185,397
	도시 총가구	38,612 (19.1)	42,607 (21.1)	64,281 (31.8)	56,567 (28.0)	202,067
	조 합 원	5,790 (51.9)	3,009 (26.9)	1,249 (11.2)	1,113 (10.0)	11,161

　출전 : 『金融と經濟』 90호, 朝鮮經濟協會, 1926.12, 55～63쪽.
　　주) 계층별 분류기준(호별할 부과표준액) : 상층(천 원 이상), 중층(4백
　　　　원 이상), 하층(4백 원 미만), 세층(등 외).

　먼저, 조선 전체 가구(위 표에서 '가구 총수') 170여 만 가구[109]
가운데 상층에 속하는 가구는 9.2%, 중층은 18.2%, 하층은 62.8%,
세층은 9.8%였다. 이를 촌락과 도시로 구분해보면, 상층에 속하는
계층은 촌락 7.9%, 도시 19.1%로 도시에 거주하는 상층계급이 훨

---

109) 이 자료에는 전남·경남·평북·강원·함북 등 5개 도에서는 조사가
　　완료되지 않아 통계에서 빠져있어 조선 전체의 상황은 아니지만, 그
　　래도 당시의 대체적인 경향과 크게 다르지 않을 것으로 생각된다.

씬 많음을 보여준다. 다음으로 중층에 속하는 계층은 각각 17.8%와 21.1%로 역시 도시 거주자 비율이 높다. 하층에 속하는 계층은 66.9%, 31.8%로 농촌 거주자가 압도적으로 다수임을 보여준다. 세층민은 각각 7.4%와 28.0%로 도시가 역시 많다.

이렇게 놓고 보면, 농촌에서는 100가구 가운데 67명의 하층민이 대다수를 차지하며, 18명의 중층민이 그 뒤를 잇고, 8명의 상층민과 7명의 세층민이 엇비슷한 수준을 보여준다. 반면, 도시에서는 상층 19명, 중층 21명, 하층 32명, 세층 28명 등으로 하층과 세층이 60%로 다수를 구성하고, 상층과 중층이 크지 않은 차이로 나머지 40%를 구성하여 다양한 계층이 골고루 살고 있었음을 알 수 있다.

이번에는 금융조합원 가운데 계층별 구성을 살펴보면, 21.9%, 31.5%, 44.8%, 1.7%로 상과 중에 속하는 조합원이 과반수를 차지했다. 이를 촌락과 도시로 나눠 살펴보면, 상층에 속하는 조합원은 각각 20.1%와 51.8%로 도시금조에서는 과반수를 차지했다. 중층은 31.8%와 27.0%, 하층은 46.8%와 11.2%, 세층은 1.2%와 10.0%였다.

촌락금조에서는 100명의 조합원 중 20명의 상층, 32명의 중층, 47명의 하층, 그리고 1명의 세층으로 구성되어 있었고, 도시금조에서는 52명의 상층, 27명의 중층, 11명의 하층 10명의 세층으로 구성되어 있었던 셈이다. 촌락이 중층과 하층이 약 80%로 압도적 다수를 이루고 있었다면, 도시에서는 상층과 중층이 역시 약 80%를 차지했다.

도시금조원의 80%에 달했던 상층과 중층의 자산계급 예금이 도시금조의 여유자금이 되어 도금련에 예치되고, 이 자금은 다시 중층과 하층이 약 80%를 차지했던 촌락금조에 융통되어 조합원에게 대출되었다. 도시의 자금이 농촌에, 부자의 자금이 빈자에게, 도시 상인의 자금이 농민에게 융통되었고 후자는 전자에게 이자를 붙여 상환했다. 바로 이런 현상 때문에 도시의 자금이 농촌에 들어가 도시가 농촌을 착취한다는 평가를 받았다. 그 결과 '부자는 빈자를, 도회는 농촌을 吸取'[110]하고 '부유한 도시상인이 농촌빈민을 착취하는 결과'[111]가 되었다는 당대의 비판이 생겼다.

다시 각 계층별 총 가구에서 조합원으로 가입한 상황을 살펴보겠다. 조선 전체 가구에서 조합원 가입률은 11.5%(19만 6558/170만 7770)였다. 계층별로 보면, 각각 27.4%(4만 3121/15만 7209), 19.9%(6만 1997/31만 861), 8.2%(8만 8101/107만 2133), 2.0%(3339/16만 7567)로 상층일수록 가입률이 높다. 조선에서 상층에 속하는 계층 가운데 1/4을 약간 넘는 수준이 금융조합원이었고, 중층 계층은 5명 중 1명꼴이었다.

이를 다시 촌락과 도시로 구분해 보면, 상층은 각각 31.5%와 15.0%였고, 중층은 22.0%와 7.1%였으며, 하층은 8.6%와 1.9%, 세층은 2.0%와 2.2%였다. 촌락금조에서는 상층과 중층의 가입률이 총평균 보다 높았지만, 도시에서는 상층만 10%를 넘겼을 뿐 중층 이하의 가입률은 낮았다.[112] 그 결과 조합 활동의 혜택이 조선 전체 가구의 중층 이상에게만 돌아갔다.

이처럼 조합원이 주로 중류 이상이라는 점을 들어 금융조합이

---

110) 『朝鮮日報』 1935.5.20석(1) 사설 「金融組合과 庶民-眞實한 庶民機關이 되게 하라」.

111) 『朝鮮日報』 1937.5.30석(1) 사설 「金融組合의 得失－創立三十週年에 際하야－」.

112) 호별할 부과표준액 대신 소유 토지 법정지가를 기준으로 검토해보아도 결과는 비슷하다. 조선 전체 가구에서 각 계층이 차지하는 비율은 각각 9.0%, 16.7%, 51.2%, 23.1%로 호별할 부과표준액을 기준으로 할 때에 비해 하층 계층이 10% 정도 적은 대신 세층이 13% 정도 많았다. 반면, 전체 조합원 가입률은 11.7%로 거의 비슷했으며 계층별 가입률 역시 31.3%, 19.9%, 9.1%, 0.0002%로 큰 차이가 없었다.

서민금융기관이 아니라 중류이상의 금융기관이라는 비판이 많았
다. 이에 대해 당시 식산은행 이사였고 후일 조선금융조합연합회
회장을 역임했던 矢鍋永三郎은 조합의 '원대한 이상'을 모르는 자
들의 말로만 치부했다. '원대한 이상'이란 조합의 구역이 점차 축
소되면 그와 동시에 조합원의 대상도 중류에서 하류로 진전된다는
것이었다.[113] 그러나 총독부의 '원대한 이상'은 쉽게 달성할 수 없
는 말 그대로 '이상'에 지나지 않은 것이었고, 그 결과 1920년대 금
융조합원은 중농 이상 위주로만 구성되었다. 그리고 그 '이상'은
1930년대 이후 '농촌진흥운동기'를 거쳐 전시통제기라는 非常 시
국에서 비상한 방법을 통해 이루어졌다.

　금융조합 내 조합원의 민족별 구성을 보면, 촌락금융조합에서는
물론 조선인이 압도적이었다. 반면, 일본인들이 집단으로 거주하는
도시지역에서는 반대 양상을 보이기도 했다. 1921년 4월 창립총회
를 개최한 충남 연기군의 조치원금융조합이 그 예이다. 이 조합은
일본인 조합원이 171인이고, 조선인 조합원은 39인으로 일본인 조
합원이 절대 다수였다.[114] 이후 1927년도 말 현재, 일본인 거주자
가 비교적 많았던 전남 관내 금융조합원의 민족별 구성을 보면, 촌
락금조에서는 조선인의 비율이 약 96%에 이를 정도로 압도적이었
지만, 반대로 도시금조에서는 일본인이 과반을 차지했다.[115]

---

113) 矢鍋永三郎, 「金融組合制度に對する一考察」『金融組合講演集』, 朝
　　鮮金融組合協會, 1931, 216~217쪽. 이 글은 식산은행 이사였던 矢鍋
　　가 1929년 제1회 금융조합대회에서 강연한 내용의 요지이다.
114) 『東亞日報』1921.4.26(4) 「都市金融組合總會」. 조합장 中島隆衛, 이사
　　福永喜八, 감사 李永昌, 今村德, 重岡清太郎 등 조선인은 감사 1인으
　　로 구색 맞추기에 불과했다.
115) 波形昭一, 「朝鮮金融組合の構造と展開」『金融經濟』170, 1978, 43쪽.
　　촌락금조에서는 조합원 총수 45,426명 가운데 조선인이 43,399명(95.5%)
　　이었고, 일본인은 2,027명(4.5%)이었다. 도시금조에서는 각각 1,064명

그러면 도시금조에 조합원으로 가입했던 조선인의 사례를 통해 도시금조원의 일면을 살펴보자. 강원도 춘천군 춘천면 허문리 강영근(31세)은 內田新次郞의 잡화상점에서 점원으로 일하다가 1923년 12월 고물상을 개업했다. 이후 춘천금융조합장 久武의 권유로 1924년 5월 조합에 가입했고, 조합에서 대출할 때는 內田의 보증을 받았다.[116]

1920년대 조합원에 대한 계층별 분석을 통해서 볼 때 촌락금조에서는 100명의 조합원 중 20명의 상층, 32명의 중층, 47명의 하층, 그리고 1명의 세층으로 구성되어 있고, 도시금조에서는 52명의 상층, 27명의 중층, 11명의 하층 10명의 세층으로 구성되어 있는 셈이다. 촌락금조에서 중층과 하층이 약 80%로 압도적 다수를 이루고 있다면, 도시금조에서는 상층과 중층이 역시 약 80%를 차지했던 셈이다.

다시 각 계층별 총 가구에서 조합원으로 가입한 상황을 촌락과 도시금조로 구분해 보면, 상층은 각각 31.5%와 15.0%였고, 중층은 22.0%와 7.1%였으며, 하층은 8.6%와 1.9%, 세층은 2.0%와 2.2%였다. 조선 전체 가구를 대상으로 하여 계층별로 보면, 조선에서 상층에 속하는 계층 가운데 1/4을 약간 넘는 수준이 금융 조합원이었고, 중층 계층은 5명 중 1명꼴이었다. 당시 조선 전체 가구에서 조합원 가입률은 11.5%였다.

1920년대를 통하여 총독부는 꾸준히 조합원 증대를 도모하여 보다 많은 조선 농민을 포섭하기를 희망하였다. 그러나 그 희망은 쉽게 이루어지지 않았다. 중산 이하의 농민을 조합원으로 포섭하여 제도권 내로 끌어들임으로써 총독부의 시책이 농촌 말단까지 일사

(45.1%), 1,295명(54.9%)이었다.
116) 「金融組合が生んだ內鮮人の融和」『金融と經濟』 85호, 朝鮮經濟協會, 1926.7, 72쪽.

불란하게 파급되고, 아울러 격화되고 있던 소작쟁의에 대한 간접
대책이 되기를 기대했지만, 이런 '원대한 이상'과 조합 경영 수지
와의 조화라는 현실 사이의 괴리가 너무 컸기 때문이었다.

3. 1930년대 '3할 증용'을 거쳐 '전호 포용'으로

1) '농촌진흥운동기' 조합원 증용운동

1929년에 개최된 금융조합 중앙대회에서 표방하였던 '조합원 3
할 증용'에 따라 조합원은 급속히 증가하였다. 일제는 '3할 증용'을
위해 1929년부터 1933년까지 5개년간 계획을 수립했는데, 전조선
농가 총 호수의 약 30%인 89만 5천인을 목표로 하였다.[117] 이로 인
해 이전에 비해 조합원으로 가입하는 일이 쉬워졌다. 그리하여 '이
시기 조합원이 되는 원인은 거의 채무를 지기 위함에 있고, 저축이
나 예금을 하고자 조합원이 되는 일은 거의 없는 현상'[118]이라는
말이 나올 정도로 채무를 통해 생활자금을 조달해야 할 경제적 여
유가 없는 계층도 조합원이 될 수 있었다.

이후 1933년부터는 다시 5개년 목표로 '5할 포용'을, 1938년부터

---

117) 『東亞日報』 1933.3.13석(1) 「今後 金組 發展策, 全朝鮮農家 五割抱擁
目標」.
118) 『東亞日報』 1934.9.28석(2) 「金組에 負債한 組合員 百五萬二千餘人이
一億四千萬圓借用, 이래도 十九金組를 增設할 형편, 昨年보다도 千
萬圓 增加」.

는 '8할 포용'을, 그리고 1943년부터는 '전호 포용'을 내세워 5년마
다 목표를 늘리며 조합원 증모를 적극 추진했는데, 1933년에는 농
촌진흥운동에, 1938년부터는 전시통제 시책에 부응한 것이었다. 이
제 1929년도 말부터 해방 직전인 1944년도(1945년 3월) 말까지의
조합원 증가 추이를 다음 표를 통해 살펴보겠다.

〈표 3-9〉 조합원 수 증가추이(1929~1944년)

연 도	1929	1932	1937	1940	1944
촌락금조	556,700	793,375	1,155,880	2,030,090	2,649,235
도시금조	29,177	37,643	77,633	115,100	166,078

출전 : 『金融組合要覽』(1931년도), 朝鮮金融組合協會, 1932 ; 朝鮮金融組
合聯合會調查課, 『第一回金融組合年鑑』(1934년도), 朝鮮金融組合
聯合會, 1934 ; 朝鮮金融組合聯合會, 『朝鮮金融組合統計年報鑑』
(1944년도), 朝鮮金融組合聯合會, 1947.
　　주) 식산계 회원은 제외.

위 표를 통해서 볼 때, 1929년 말 조합원 수는 전년에 비해 촌락
과 도시에서 각각 10.6%와 7.5% 증가했다. 그 내용을 자세히 보면,
1929년도 말 조합원 수는 촌락금조에서는 전년 말에 비해 9만 9천
여 명이 새로 가입하고, 4만 6천여 명이 탈퇴하여 약 5만 3천여 명
이 증가하였다. 도시금조에서는 5300여 명이 가입하고, 3100여 명
이 탈퇴하였다. 조합원수를 전체 가구 수와 비교해 보면, 촌락금조
에서는 구역 내 거주 조선인 및 일본인 가구 수 341만 6868호에 대
해 약 16.3%의 조직율을 보였다. 이 조직율은 도별로 편차가 커서
충남이 약 23%인 반면, 함남은 13%에 불과했다. 촌락금조에 비해
도시금조에서는 그 비율이 더 낮았다. 전체 33만 2천여 가구 가운
데 8.8%정도였기 때문이다. 도별로 보면 역시 충남이 가장 높은
14%였고, 경기·경북·평남 등은 6%대였다.[119]

촌락 16.3%, 도시 8.8%의 조직율은 아직 높지 않은 것이었지만, 전년에 비해서는 크게 증가한 실적이었다. 1929년 8월말 현재 경기도 관내 금융조합원은 전년 동월에 비해 5600명이 증가했는데, 이 증가는 당시 도금련에서 '內戶개방주의'를 지도한 결과로 평가[120] 되었다.

1931년 1월 말경에 강원도 양구군의 양구금융조합에서는 전해 9월부터 5개월 동안에 가입한 자가 3백여 명에 달했는데, 그 원인은 '살인적 錢荒' 때문이었다.[121] 또한 1931년 5월 30일 금융조합 창립기념일에 즈음하여 조선금융조합협회 이사 兒島高信은 '현하 경제계는 沈衰가 극에 달하고 더구나 하층금융의 경색으로 중소산자가 받는 타격이 심각한 때'라며 '금융조합이 그 융통의 문호를 개방하고 총 호수의 3할 포용으로써 조합원 증모의 제일목표로 정하고 만인의 가입을 기다릴 바'라고 하였다.[122]

이후 1931년 말 현재를 보자. 촌락금조는 전년 대비 10만 8896명 증가, 5만 5803명 감소였다.[123] 이처럼 1930년대 전반기에 조합원 수는 매년 크게 늘어났지만, 그 이면에 금융조합 탈퇴자도 매년 5

119) 『金融組合要覽』(1931년도), 朝鮮金融組合協會, 1932, 1~2쪽.
120) 『東亞日報』 1929.9.21(8)「京畿金組業績 前年보다 非常良好」.
121) 『東亞日報』 1931.2.3(6)「金融組合에 加入者 激增」.
122) 『東亞日報』 1931.5.30(8)「金融組合 過去와 現在, 今日이 創設日」.
123) 『金融組合要覽』(1930년도), 朝鮮金融組合協會, 1932, 9쪽. 가입자의 종류를 보면, 지분 상속 가입자가 3425명, 지분 양수가입자가 709명이었고, 기타 가입자는 10만 4762명이었다. 조합원이 아니었다가 새로 조합원으로 가입했던 이들이 압도적이었던 것이다. 지역별로 보면, 전남에서 지분 상속가입자가 가장 많은 1400여 명이었다. 반면 탈퇴자의 내용을 보면, 기타 법정 원인에 의한 탈퇴자가 가장 많은 3만 6420명이었고, 기타 임의탈퇴자가 1만 3013명, 제명 탈퇴자는 6277명, 지분 양도 탈퇴자는 1093명이었다. 충북, 황해, 평북 등에서는 지분 양도 탈퇴자가 제명 탈퇴자보다 많았던 것이 특징이다.

만 명 이상 되는 상황이 지속되었다. 이는 고리대와 금융조합이라는 이중의 부담을 지고 있던 농민들이 담보물인 토지를 방매하고 소작인 등으로 하강하였기 때문이었다.[124]

1932년의 촌락금조의 조합원수는 약 79만 3천여 명으로 전체 가구 344만 2911호의 23%를 차지했다. 3년 만에 약 7% 상승한 것이었다. 도시금조에서는 전체 가구 38만 4135호의 약 9.8%로서 3년 전에 비해 약 1% 포인트 정도만 증가했다. 1933년 3월 말(1932년도 말) 경기도 관내 각 금융조합의 조합원 수는 1년 전에 비해 1만 8700여 명이나 증가하였다. 이것은 또한 같은 해 증원계획에 비해서도 약 4천 700호가 초과된 성적이었으며, 당시 경기도내 총 호수의 22%를 차지하는 것이었다.[125] 이는 1929년에 시작된 제1차 5개년 계획의 마지막 해인 1933년도를 앞두고 조합원 증모에 박차를 가했던 결과로 생각된다.

1933년에 이르면 다시 농가 5할을 목표로 조합의 증설보다는 조합원의 증모를 계획하였다.[126] 조합원 증모계획을 실시하면서 걸림돌이 될만한 것은 제거할 필요가 있었다. 경상북도에서는 재무부장과 도금련 이사장 및 각 금조 이사가 같은 해 신의주에서 열렸던 금융조합 지방대회에 제출할 안건을 마련하면서 경북도내 근농공제조합 폐지를 건의하는 안을 준비했다. 경북도 지방과 사회계에서 장려하여 조직한 근농공제조합은 1933년 7월 말 당시 경북도에 505개 조합, 1만 5천여 조합원이 있었다.[127] 금융조합 측에서는

---

124) 金森襄作, 「日帝下 朝鮮金融組合과 그 農村經濟에 미친 影響」 『史叢』 15·16합집, 1971, 411~413쪽.

125) 『東亞日報』 1933.5.7석(4) 「京畿金組 加入激增, 昨年末現在 成績」.

126) 『東亞日報』 1933.3.13석(1) 「今後 金組 發展策, 全朝鮮農家 五割抱擁 目標」. 농촌진흥운동기의 금융조합원 증용운동에 대해서는 김영희의 『일제시대 농촌통제정책 연구』(경인문화사, 2003, 134~138쪽) 참조.

127) 『東亞日報』 1933.8.13석(3) 「共濟組合廢止를 金組大會에 提案, 같은

근농공제조합의 활동이 금융조합의 확장에 장애가 될 것으로 판단하고 이의 폐지를 요망했던 것이다.[128]

농촌진흥운동의 전개와 함께 시작된 '5할 포용'운동의 일환으로 갱생지도부락, 자체 지도부락, 상호연대보증조, 농촌진흥회 등을 이용하여 조합원 증모를 도모했다. 금융조합은 지도부락에 존재하는 농가를 전부 가입시킬 방침을 정했고, 농촌진흥회를 단위로 하여 집단으로 가입시켰으며, 식산계장·총대·평의원 등을 동원하여 증모에 나섰다. 특히 금융조합이 담당했던 부채정리사업은 농민들을 유인하는 좋은 도구였다.[129]

이후 1935년 7월 말 현재 조합원은 1년 전에 비해 약 20만 명의 격증[130]을 보았고, 1936년 초 조합원 수 132만 명으로 전년 동기 112만 명에 비해 역시 약 20만 명 증가했다.[131] 그리고 1936년 6월 초 조사에 의하면, 농촌의 295만여 가구 중 132만여 가구가 조합에 가입하여 44.8%에 이르렀고, 도시의 44만 5천여 가구 중 6만여 가구가 가입하여 13.6%를 보였다. 이에 대해 총독부 재무국과 조금련에서는 1936년도 중에 목표를 달성할 수 있을 것으로 보고, 다시 목표를 상향하려는 움직임을 보였다. 새로운 목표는 2백만 호였다.[132]

1937년도에는 촌락·도시금조를 포함하여 조합원 수가 163만 3513명으로 전체 가구수 422만 3296호에 비해 38.68%였다. '자작농

도청안에서 양자가 배치, 注目되는 問題의 歸結」.

128) 이경란, 앞의 책, 289쪽.
129) 김영희, 앞의 책, 137~138쪽.
130) 『東亞日報』 1935.9.1석(6) 「金組資金激增」.
131) 『東亞日報』 1936.2.22석(8) 「金組員 二十萬人 增加」.
132) 『東亞日報』 1936.7.16석(4) 「農村五割을 金組가 包擁」. 그리고 이 통계에서 도별로 조합원 가입률을 살펴보면, 경기(58.1%), 평북(57.1%), 함남(56%) 등이 반수를 넘었고, 전남은 33.6%로 가장 낮은 비율을 보였다.

창정', '고리부채정리'를 내걸고 진행되었던 농촌진흥운동기 금융
조합원 증용 운동은 이렇게 큰 효과를 거두었다. 강원도에서는
1932년부터 조합원 증용 제1차 5개년 계획을 수립, 추진하여 1937
년 말까지 농가호수 23만 890호에 대해 조합원수 12만 2507명으로
53%를 가입시킴으로써 목표를 초과 달성하였다.[133]

조합원 증모와 병행되어 추진되었던 조합의 증설과정을 살펴보
자. 1929년 이후 촌락 및 도시금융조합의 증가추이를 보면, 다음
표와 같다.

〈표 3-10〉 금융조합 수 증가추이(1929~1944년)

연	도	1929	1932	1937	1940	1944
촌락금조	본소	561	613	657	658	549
	지소	84	156	212	212	294
도시금조	본소	62	61	62	64	64
	지소	-	1	3	3	5

출전 : <표 3-9>와 같음.

위 표를 통해서 볼 때, 1929년도 말 조합 수는 촌락금조가 561개,
지소 84개 합해서 645개였고, 도시금조는 62개였다.[134] 3년 후인
1932년도 말에는 촌락금조가 613개소로 늘었고, 지소는 156개가
되었다.

이 시기 조합 증설과정의 특징을 보면 다음과 같다. 먼저 1930년
대 초 총독부의 방침은 조합 8백 개 설치를 목표로 하였다.[135] 이
는 1926년에 세웠던 '3면 1조합'에 근접한 목표였다. 그러다가 조

---

133)『東亞日報』1938.12.28석(7)「農家戶數 八割目標 組合員增容計劃, 江
原道內金組에서」.
134)『金融組合要覽』(1931년도), 朝鮮金融組合協會, 1932, 1쪽.
135)『東亞日報』1931.1.16(8)「金組增加計劃의 內容, 每年 卅個所씩을 增
設, 八百組合을 目標」.

금련 창설 직후인 1933년 10월에는 '소조합 분산주의'를 채택하기
로 하였다. 즉, 기설조합 중 가입구역이 비상히 넓은 곳을 분할하
여 가입구역이 좁은, 조합원이 밀집한 조합을 신설할 방침으로 먼
저 기설 조합의 지소를 설치하여 점차 조합으로 승격할 계획이었
던 것이다.136) 이 시기 증설 계획에서는 '3면 1조합'과 '소조합 분
산주의'가 슬로건이었다.

둘째, 조합 증설을 조합원 확대운동과 결부시켰다. 앞에서 본 바
와 같이 총독부는 1929년 제1회 금융조합 대회에서 4개년 계획으
로 전조선 호수의 3할을 조합원으로 가입시킬 목표로 계획을 수립
하였다. 이어 1932년 제2회 금융조합대회를 앞두고 총독부 이재과
에서는 제2차 확장계획을 수립하였는데, 조선 농가의 50%를 가입
시킬 계획으로 안을 마련하였다.137)

그러나 조합원 증용, 조합 증설 등의 계획은 넘어야 할 산이 많
았다. 왜냐하면 '하등의 담보물품을 못 가졌고 또 현재의 無지도적
상태 하에서는 一分의 신용도 못 가진 노동층 농민층에까지 조합
의 혜택을 내린다는 것은 공상'138)이라는 지적에서 알 수 있는 바
와 같이 조선 농촌에서 절대 다수의 비중을 차지했던 소작인에게
는 쉽게 다가갈 수 없는, 높은 문턱을 가진 기관이었기 때문이다.
따라서 조합 증설과 조합원 증모는 소작인을 도외시하고는 이루기
힘든 목표였다. 결국 '농촌진흥운동'의 전개, 전시체제기를 거치며
농촌대책의 일환으로서 농민에 대한 통제가 강화되면서 농민의 다

136) 『朝鮮中央日報』 1933.10.26(6) 「금융조합설립은 소조합분산주의, 기설
조합지소를 충실케」 ; 『東亞日報』 1933.10.26석(4) 「금융조합설립 소
조합분산주의」.
137) 『東亞日報』 1932.9.25(8) 「金融組合 大擴張計劃, 理財課에서 調査中」.
138) 『東亞日報』 1932.10.5(1) 사설 「金融組合檢討-"庶民"金融의 任務를 竝
行할 수 있는가」.

수를 차지했던 소작인을 끌어들이면서 목표를 달성하게 되었다.

셋째, 총독부에서 조합 증설 방침을 수립하고, 추진해 나가는 동
안 금융조합 신설 운동도 여전히 전개되었다. 경남 산청군 신등면
에서는 '모든 산물이 풍부하며 따라 앞으로 발전의 여망이 있는
곳'이나 금융기관은 삼가면의, 우편은 단성면의 관할이 되어 불편
하다는 이유로 금융조합과 우편소 설치 운동을 벌였다. 이에 1929
년 12월 4일 면민대회를 열고 진정위원 3명을 선임하였다.[139] 그
결과 1930년도에 신설된 22개 조합 가운데 하나로 신등면에 금융
조합이 신설되었다.[140]

금융조합 신설 요구에 대한 대책으로 총독부는 먼저 지소를 설
치하여 몇 년간 운영하다가 독립조합으로 승격시키는 방침을 채택
하였는데, 예를 들면 전북도금련의 건의에 따라 고창군 대산면 매
산면에 무장금융조합 지소를 설치하였다.[141]

위와 같은 과정을 거쳐 1937년도 말에 이르면 촌락금조 657개,
지소 212개로 869개였고, 도시금조는 본소 62개, 지소 3개 등 65개
였으며, 촌락금조와 도시금조를 합하면 934개였다. 조합 증설에 따
라 조합 구역의 축소 추세도 지속되었는데, 전체 부읍면 수 2216개
에 비해 1개 조합 당 평균 부읍면 수는 2.37로 '3면 1조합'의 목표
가 이미 초과 달성되어 '2면 1조합'을 향해 나가게 되었던 것이다.

이 시기 금융조합원 증가 과정에서 식산계의 역할도 빼놓을 수
없다. 1933년 조금련이 설치되고 금융조합이 '농촌진흥운동'을 활
발히 수행하는 과정에 1935년에 이르면 일선 금융조합의 하부조직

---

139) 『東亞日報』 1929.12.9(3) 「新等面民大會, 금조, 우소문제」.

140) 『東亞日報』 1930.9.5(8) 「今年度 新設의 村落金組 決定, 二十二.組合
    四十個 支所」 ; 『東亞日報』 1930.9.17(6) 「金組郵所運動」.

141) 『東亞日報』 1929.11.13(3) 「金組支部 設置」. 이 지소는 이후 승격되어
    1935년 1월 대산금융조합으로 설립되었다(藤澤淸次郎, 앞의 책, 645쪽).

으로서 식산계[142)가 조직되었다. 식산계가 조직되기 전에 금융조합 업무구역 관내에는 그 선구 조직이라 할 지도부락이라는 것이 있었다. 1931년 8월 22일에 황해도 평산군 누천금융조합이 평산군 남곡면 오포리 방경동에서 지도부락 설치식 행사를 하였는데, 이것이 일례이다.[143) 그러나 이것은 금융조합에서 자체 사업으로 했던 것이고, 총독부 차원에서 이 제도의 전국적 실시를 검토한 것은 1934년 9월이었다. 이때 총독부 재무국에서는 금융조합 내 1부락에 대해 법인격을 부여하고 공동구입, 공동판매의 사업을 담당케 하도록 결정하였다.[144)

이후 1935년에 식산계령이 공포되었던 것이다. 식산계령의 시행과 함께 식산계의 설치는 먼저 각 금융조합이 1조합 당 4 내지 5개 부락을 선정하여 시범 설치했다. 1938년에는 연합회에서 '식산계 확충 5개년 계획'을 수립하여 설립 조장에 나섰고, 1940년 11월에는 전면적으로 설치되기에 이른다. 이는 국민정신총동원연맹이 각 부락까지 조직되고, 이어 국민총력조선연맹으로 변경되었던 '전시 총동원'체제에 부응하려는 방침에 따라 각 부락의 식산계를 조직화 한 것이었다.[145)

1930년대 '조선공업화' 정책의 추진에 따라 식민지 조선에서 공

---

142) 이 시기 식산계에 대해서는 이경란의 「1930년대 전반기 금융조합의 농촌조직 확대와 식산계 설립」(『동방학지』, 연세대 국학연구소, 2002.3)과 앞의 책, 그리고 김영희의 앞의 책 참조.

143) 『東亞日報』 1931.8.26(3) 會合 「漏川金融組合 指導部落 設置式」.

144) 『東亞日報』 1934.9.16석(4) 「金融組合에서 共同販賣施設, 明年度부터 實施」. 이러한 결정과 관련하여 산업조합의 사업과 상충된다는 지적에 대해 총독부 재무국 측에서는 1부락 단위의 소법인 조직이 규모가 커지면 이것을 산업조합에 포함시키고 산업조합의 발달에 이바지하게 할 산업조합 조장책으로 나온 안이라며 일축하였다.

145) 농협중앙회, 앞의 책, 91쪽.

업화와 도시화가 가속화되었고, 이는 조선인의 직업별 구성에 큰
영향을 미쳤다. 이러한 시대적 배경을 갖고 있었던 금융조합원의
직업별 구성을 다음 표를 통해 살펴보기로 하자.

표를 통해 1929년도 말 촌락금조의 조합원을 직업별로 살펴보
면, 농업자는 약 94%인 52만여 명으로 대다수를 차지했다. 도시금
조는 반대로 상업자가 가장 많은 약 50%를 차지했고, 이어 기타가
약 30%였으며, 상업자와 공업자를 합한 상공업자는 약 57%를 차
지했다.146)

〈표 3-11〉 조합원 직업별 구성의 추이(1929〜1940년)

연도 말	구분	농업	상업	공업	수산업	기타	합 계
1929	촌락	520,296	20,132	1,745	2,541	11,253	555,966
	도시	3,337	14,632	2,244	388	8,787	29,388
1932	촌락	744,685	23,854	2,640	3,959	18,237	793,375
	도시	4,579	17,959	2,573	490	12,042	37,643
1940	촌락	1,856,129	80,050	9,540	19,338	65,033	2,030,090
	도시	10,854	45,873	7,612	1,310	49,451	115,100

출전 : 『金融組合要覽』(1931년도), 朝鮮金融組合協會, 1932 ; 朝鮮金融組
合聯合會調査課, 『第一回金融組合年鑑』(1934년도), 朝鮮金融組合
聯合會, 1934 ; 『朝鮮金融組合統計年報鑑』(1940년도), 朝鮮金融組
合聯合會, 1942.

촌락금조의 농업자 94%는 1923년도 말의 약 92.7%에 비해 약간
증대한 것이었다. 이는 그동안 조합원으로 가입하지 못하고 있던
하층 이하의 농민들이 조합원 '3할 포용' 정책의 추진에 의한 대대
적 증모 운동에 따라 새로 조합원에 가입하였기 때문으로 보인다.
또한 도시금조에서 상공업자에 속하지 않는 기타가 30%나 되는
것은 관공리와 회사원 등 봉급생활자였던 것으로 보인다.

3년 후인 1932년도의 상황을 보자. 촌락금조의 농업자는 약

146) 『金融組合要覽』(1931년도), 朝鮮金融組合協會, 1932, 1〜2쪽.

93.9%였고, 상업자 3%, 기타 2.3%의 순이었다. 3년 전에 비해 거의 변화가 없음을 알 수 있다. 반면 도시금조에서는 상업자의 비중이 47.7%였고, 공업자는 6.8%로 두 가지를 합하면 54.5%로 계속 감소 추세에 있었다. 반면 기타의 비중이 32%로 약간 상승했다.[147] 공업자의 수에서 도시금조에서는 약 3백여 명 증가에 그친 데 반해, 촌락금조에서는 9백여 명이나 증가된 것이 주목된다.

이 시기 조합원 증가에 따라 과거 조합원 자격을 얻지 못했던 자소작농 층이 대거 새로운 조합원으로 가입하게 되었다. 다음에 살펴볼 금융조합원의 계층별 구성을 통해 그 사실을 확인할 수 있다. 1930년경 금융조합원을 지방비 부과 등급에 의해 상중하 3단계로 구분하면, 촌락금조에서는 상층이 9%, 중층 40%, 하층 51%, 도시금조에서는 7%, 34%, 하층 59%였다. 당시 조선 내 총 가구수에서 3계층이 차지하는 비율은 농촌에서는 3%, 19%, 78%였고, 도시에서는 1%, 8%, 91%[148]였는데, 농촌에서는 약 80%, 도시에서는 90% 정도로 10중 8, 9가 하층계급이었다. 앞에서 1925년 조합원의 경제적 구성을 살펴볼 때 촌락금조에서 중, 하층이 차지하는 비율이 80% 정도였으나 5년 후인 이 때에는 약 90%로 10%나 늘었고, 도시금조에서 상층과 중층을 합해 약 80%였던 것이 5년 후에 약 40%로 크게 줄어 든 것을 파악할 수 있다. 이는 촌락금조와 도시금조에서 중·하층의 가입이 격증했음을 증명하는 것이다.

또한 1932년 5월 현재 경기도 관내 촌락금융조합의 과거 1년간 신규 가입자 1만 3천여 명의 자산 정도를 살펴보면, 면비 부과 등

---

147) 朝鮮金融組合聯合會調查課, 『第一回金融組合年鑑』(1934년도), 朝鮮金融組合聯合會, 1934.

148) 兒島高信, 「金融組合의 本質と 使命」 『金融組合講演集』, 朝鮮金融組合協會, 1931, 273~274쪽. 兒島는 총독부 이재과장으로 1930년 6월 제5회 서기 장기강습회에서 위 제목으로 강연을 하였다.

급 최하급 및 상위 2등급 등 하부 3등급에 속하는 사람이 가입자 총수의 약 52%에 달하여 '소농계급의 증용 운동이 진전되는 터'라는 평가를 받았고, 탈퇴자는 1930년 이래 불황의 타격으로 파산된 자들이 다수를 점하여 연체 대부금 증가의 주요 원인이 되기도 하였다.149)

또한 1933년 3월(1932년도 말) 경기도 문산금융조합원 2276명의 계급구성을 보면, 지주 4명, 지주 겸 자작농 36명, 자작농 43명, 자작 겸 소작농 225명이었는데, 이를 10년 전(지주 12명, 지주 겸 자작농 67명, 자작농 93명, 자작 겸 소작농 144명)과 비교하면 지주와 자작농은 감소하였고 자작 겸 소작농은 증가하였다.150)

1935년 경기도내 58개 촌락금융조합원의 재산별 분포를 보면, 소작 세농으로 분류되는 호세 부과액 1백 원 미만이 26.6%였는데, 세층이 전체의 1/4 정도를 차지했음이 주목된다.151) 조합원 증모계획의 추진으로 자소작농을 넘어 소작농에게까지 조직화가 진행되었음을 보여주는 사례이다.

1930년대 이후 조합원은 크게 늘어났다. 격화되고 있던 소작쟁의와 농민운동에 대한 대책으로 '조선농촌사회 안정'을 목적으로 추진됐던 농촌진흥운동의 일환으로 '자작농창정'과 '고리부채정리'를 내걸고 농민들 속으로 파고든 결과였다. 이러한 적극적 증모 활동으로 1938년에는 조선 전체 농가의 거의 절반에 가까운 호수

---

149)『東亞日報』1931.5.30(8)「金融組合 過去와 現在 今日이 創設日」.
150)『東亞日報』1933.3.9조(4)「地主는 三分二 減少, 自作農은 二倍減, 自作兼小作만이 倍增現狀, 十年間 汶山金組員 富力」.
151)『東亞日報』1935.5.19조(2)「金融組合 利用은 中産階級以上, 京畿六十九金組統計, 細農에겐 風馬牛」;『朝鮮日報』1935.5.20석(1) 사설「金融組合과 庶民－眞實한 庶民機關이 되게 하라」. 5백 원 이상 조합원은 27.4%였고, 4백 원 이상 호수는 5%이며, 3백 원 이상 46.7%, 2백 원 이상 5.8%, 1백 원 이상 38.2%였다.

를 포섭하였고 다시 '8할 증모'를 목표로 박차를 가하게 되었다.

이처럼 조합원은 늘었지만, 조합원들이 조합에 대해서 갖고 있는 인식은 여전히 가까이 할 수 없는 존재라는 것이었다. 그리하여 조합원들은 금융조합을 오직 신용 있는 사람에게 돈 꾸어주는 곳으로 알 뿐, 요구하고 개선할 움직임을 할 수 없는 존재로 인식하였다. 그것은 금융조합이 신용조합의 형태를 갖추고는 있지만, 실제 경영방침으로 보면, 소규모의 은행이라 할 수 있어 조합원의 뜻대로 조합사업이 진행되지 못하였기 때문이었다.[152] 또한 조합원들은 금융조합을 당국 또는 조합 이사들의 기관인 것처럼 생각하였다.[153] 그 결과 조합은 조합원에 대해 고리대금의 채권자였고, 조합원은 조합에 대해 머리를 조아리고 허리를 굽힐('低頭鞠躬') 뿐이었다.[154]

2) 전시통제기 '전호 포용' 계획의 추진

전시통제가 시작된 1938년부터는 제2차 조합원 증모계획을 수립하였는데, 목표는 '8할 증용'이었다.[155] 이후 1940년 3월 말에는 1년

---

152) 『朝鮮中央日報』 1934.5.15(1) 사설 「金組對産組의 조정문제」.
153) 『朝鮮日報』 1938.5.29석(1) 사설 「금융조합의 이폐 - 창립삼십일주년에 제하야 - 」.
154) 『朝鮮日報』 1930.4.3(3) 지방만필 「금융조합에 대하야」(중화지국 일기자).
155) 『朝鮮金融組合聯合會十年史』, 57쪽. 이것은 조선금융조합연합회에서 추진한 조합원 증모를 위한 제2차 5개년 계획의 목표였다. 그에 따라 조금련 강원도지부에서는, 도내 총 호수 27만 5천여 호 가운데 1942년에 이르면 6만 5436명의 증가를 이루어 약 18만 7900명에 달하게 할 계획을 세웠는데, 목표는 총 호수에 비해서는 68%, 농가호수에 비해서는 80%에 달하는 것이었다[『東亞日報』 1938.12.28석(7) 「농가호수 팔할목표 조합원증용계획, 강원도내금조에서」].

동안 10만 7071명의 조합원이 증가하여 196만 5199명이 되었으며, 식산계원 중 조합원이 아닌 자 12만 5469명을 합하면 209만 668명이 되었다.156)

조금련에서는 1940년 5월 20일에서 6월 10일까지 '조합원 增勢기간'으로 설정하고, 팜플렛, 간판 등을 제작하고, 부락 간담회, 중심인물 타합회, 호별방문 등을 실시했다. 그리하여 기간 중 가입신청 수리건수는 10만 7759명이었는데, 그중 4만 1천여 명에 대해 기간 중 가입수속을 완료했다.157) 이런 대대적인 가입 운동에 따라 1940년도 말에 이르면 식산계를 제외한 개인 조합원수는 214만 5천여 명으로 전체 가구 수 432만 4700호의 절반에서 1만 7천여 호가 모자라는 49.6%를 차지하였다. 농촌진흥운동기에 약 15%가 늘었고, 전시체제기에 다시 10%가 증가한 셈이었다.

1943년 1월 조금련에서는 '금융조합지도방침'을 정했는데, 여기에서 '전호 포용'이 표방되었다. 또한 이 방침에서는 조합취지의 보급, 조합원 증용, 조합원 훈련, 식산계 확충 강화, 경영의 합리화, 내외의 통제 등 6개 분야에서 노력하겠다는 내용을 담고 있다.158)

1941년 말경 수원군 사강금융조합에서 전국 최초로 전호포용을 달성했다. 구역 내 총 3151가구 가운데 3130호가 조합에 가입하였고, 나머지 21호는 조합원이 될 수 없는 사람들이라 남겨두어 계급과 직업을 초월해서 '全家包容'에 성공하고 '全家指導'에 착수하게 되었다.159)

156) 『東亞日報』 1940.5.8석(4) 「昨年度金組員 純增 卄二萬人」.
157) 『東亞日報』 1940.7.24석(6) 「金組增募週間 十萬餘名 新申込」.
158) 『朝鮮金融組合聯合會十年史』, 55~56쪽. 아울러 '조합원의 맹세'가 제정되었는데, 그 내용은 근검저축으로써 治山, 隣保共勵로써 향토 부흥, 至誠봉공으로써 황은에 보답 등 3가지였다.
159) 『半島の光』 49호, 1941.11, 19쪽.

이러한 대대적 운동에 힘입어 해방 직전인 1944년도 말의 실적을 보면, 촌락금조원(개인)은 약 265만 명으로 총 가구 394만 8323호에 비해 67.1%에 달해 조선 농가 호수의 2/3를 포괄하게 되었다. 세 집 가운데 두 집은 금융조합원이었다는 것이다. 도시금조에서는 23.9%의 가입률이었다.[160] 이는 식산계원을 제외한 통계로서 여기에다 식산계원을 포함하면 사정은 달라지는데, 그 비율은 1943년 3월 말 현재 촌락금조에서는 98%, 도시금조에서는 70%로 전국적으로 볼 때는 82%에 달했다.[161]

조합원의 직업별 구성을 보면, 1940년도에는 촌락 조합원 가운데 농업자는 91.4%로 크게 감소했고, 상공업자는 4.4%였다. 반면, 도시금조에서는 농업자가 9.3%였고, 상공업자는 46.5%로 반수 이하가 되었으며 기타 직업이 43%에 육박하여 크게 증가하였다.[162] 촌락금조원 중 농업자의 감소 현상은 당시 조선의 농촌 사정을 반영하는 것으로 전체 호수 가운데 농가 호수가 감소하는 추세에 있었기 때문이다. 1942년도 말 현재 전체 농가 가운데 농가 호수는 63.8%로 전년에 비해 6% 감소했다.[163]

아울러 식산계의 조직도 급속히 진행되었다. 그리하여 1935년도 말(1936년 6월 말, 契년도 말)에 금융조합 소속 식산계는 143개, 계원 5290명이던 것이, 2년 만인 1938년 6월말이 되면 4225개, 16만 6724명에 달하게 되었다. 전시체제기에 집하 및 배급기관으로서 역할이 커졌고, '시국'에 따라 식산계의 전면적 설치가 급선무였기

160) 朝鮮金融組合聯合會, 『朝鮮金融組合統計年報鑑』(1944년도), 朝鮮金融組合聯合會, 1947, 16쪽.
161) 『朝鮮金融組合聯合會十年史』, 57~58쪽.
162) 『朝鮮金融組合統計年報鑑』(1940년도), 朝鮮金融組合聯合會, 1942.
163) 『半島の光』, 1944.3, 30쪽. 이 자료에 의하면, 전체 호수는 305만 3446호였다. 총 호수에서 농가호수가 차지하는 비중이 큰 곳은 전남(80.9%)과 충북(80.7%)이었고, 작은 곳은 경기(40%)와 함북(30%)이었다.

때문이었다.[164] 2년 만에 식산계의 수는 29.5배, 계원수로는 31.5배의 신장률을 보였던 것이다.

1년 후인 1939년 7월 말의 조직률을 보면, 9209개소에 설립되고, 계원은 33만 2186명이었다.[165] 이는 1년 전에 비해 계수로는 2.2배, 계원수로는 2배의 증가율인 것으로 1년 만에 계수와 계원수 모두 곱절이나 증가했다. 1940년 3월 말에는 식산계수 1만 6824개로 1939년 3월 말에 비해 9142개가 증가했다.[166] 그리고 해방 직전인 1944년도 말(1945년 6월 말)에는 계 4만 8838개, 계원 302만 3553명으로 급팽창하였다. 당시 조선의 호수 거의 전체가 식산계에 포섭되었던 셈이다. 이처럼 식산계의 조직이 급속히 진행되는 과정에 충북 보은금융조합 관내에서는 1939년 9월경 식산계 설립이 완료되었다.[167]

식산계의 활동을 보여주는 한 사례를 보면, 경주 안강금융조합에서는 1939년 9월 4일 조합 임원과 강동면, 강서면의 25개 동리 지도원, 식산계 주사 연합대회를 개최하였다. 이 자리에서는 가뭄 피해 대책을 가장 중요한 의제로 정하고 기왕의 대부금에 대한 기한을 갱신 연기하고, 대용식을 장려를 위해 현물을 공동구입하여 식산계 또는 부락연대로 대부하며, 가축 飼養 기타 생산적 자금을 적극적으로 융통해주는 등의 구제책을 마련했다.[168]

이처럼 식산계의 급속한 조직으로 조금련 회장의 평가처럼 "금

---

164) 『東亞日報』 1938.8.19석(8) 「殖産契 增加, 契員 十六萬名」.
165) 『東亞日報』 1939.9.28석(4) 「殖産契膨脹 契數契員 一割增, 現存契數 九千突破」.
166) 『東亞日報』 1940.5.8석(4) 「殖産契擴充狀況 實績極良好 三月末 一萬 六千餘契」.
167) 『東亞日報』 1939.9.6조(4) 「報恩金融組合에 殖産契 設立完了」. 이전에 28개가 설립되었고, 새로 29개가 설립되면서 57개가 조직되었다.
168) 『東亞日報』 1939.9.7조(4) 「殖産契主事의 聯合大會開催」.

융조합 하에는 구역 내의 부락을 지역으로 하는 판매, 이용사업을 경영하는 식산계라는 단체가 조직되어 금융조합에 단체조합원으로 가입하고 있어 중앙에 조금련, 지방에 금융조합 다시 그 밑에 식산계라는 세 조직이 계통적으로 연결되어 1개의 금융조합제도라는 거대한 체계를 형성"[169]하였다.

이 시기 조합 수와 관련한 특징으로는, 날이 갈수록 늘기만 하던 금융조합의 수가 1939년을 정점으로 하락세로 반전되었다는 것이다. 1940년도에 본소 722개소, 지소 215개소, 합계 937개소로 절정에 달했던 것이 1941년 1월 충북 괴산금융조합에 연풍금융조합을 합병시키면서 내림세로 꺾어진 이래 1942년도에 이르러 크게 감소했다.

촌락금조는 본소가 658개에서 563개소로 95개가 줄고, 지소는 반대로 212개에서 278개로 66개 증가했다. 도시금조에서도 본소 64개가 63개로 1개 줄어 든 대신 지소는 3개에서 5개로 2개가 늘었던 것이다.[170] 본소 가운데 많은 조합이 지소로 격하되었고, 약 30개 가까운 조합이 사라졌음을 알 수 있다. 그리하여 해방 직전인 1944년도 말(1945년 3월 말)에는 촌락과 도시를 합하여 본소, 지소가 각각 613개와 299개 소였다.

이런 사태가 벌어지게 된 배경은 일부 금융조합의 수지 악화였다. 1940년 조금련에서는 적자를 보고 있던 금융조합에 대해 타개대책을 강구하도록 하고, 동시에 자금을 지원하던 종래의 방침 대신에 구역 내 경제력의 빈곤으로 자립할 수 없는 조합에 대해서는 행정관청과 협의 후 해체시킬 방침을 정했던 것이다.[171] 이처럼 일

---

169) 『東亞日報』 1938.5.29조(3) 「金組記念日을 迎하야」(朝金聯矢鍋會長).
170) 朝鮮金融組合聯合會調査課, 『朝鮮金融組合統計年報鑑』(1942년도), 朝鮮金融組合聯合會, 1944, 3~5쪽.
171) 『東亞日報』 1940.3.30석(8) 「朝鮮內, 金組中의 弱體組合은 解體」.

부 조합에서 수지가 악화되었던 원인은 제1장에서 살펴본 바와 같이 전시통제정책의 일환으로 실시된 금융정책 때문이었다. 금융기관의 대출을 억제하고 전비 조달을 위한 채권 투자에 운용토록 한 금융정책의 강력한 시행으로 일선 금융조합의 수지악화가 발생했던 것이다.

1929년 10월 '3할 포용'을 내걸고 시작된 1930년대 이후 금융조합의 조합원 증모사업은 농촌진흥운동과 전시통제 시책에 부응하여 1933년의 '5할 포용'과 1938년의 '8할 포용'의 표방을 거쳐 1943년 '전호 포용'을 목표로 추진되었다. 농촌진흥운동의 전개와 함께 추진된 금융조합의 조합원 증모 활동은 갱생지도부락, 자체 지도부락, 상호연대보증조, 농촌진흥회 등을 이용하기도 하였고, 부채정리사업이 농민들을 유인하는 좋은 도구가 되기도 했다. 전시체제기 역시 마찬가지였다. 대대적인 증모 운동에 의해 목표는 달성되었다. 특히 식산계의 폭발적 확산으로 1943년 3월 말 현재 촌락 금조의 가입률이 98%에 달했다. 이 양상은 해방 이후 그대로 남겨져서 1950년대에도 남한 전체 농가의 대부분이 금융조합에 가입돼 있었다.

제2절

조합원 총회와 내부 운영상 갈등

1. 1918년의 임시 조합원 총회

금융조합의 내부 운영기구로는 조합원 총회와 평의원회가 있었다. 설립 초기 각 지방금융조합은 조합의 업무성적 및 손익계산에 대해 매년 1회 조합 총회에 보고해야 했다(규칙 제11조). 조합원 총회는 형식상 최고 의결기관이었으나, 조합원 총회에서 다뤄졌던 주요안건은 총독부와 감독기관인 도에서 하달한 것이었다. 그리고 조합원 총회는 정시총회와 임시총회가 있었다. 그러나 조합원 총회에 출석하는 조합원의 숫자는 미미했던 것으로 보인다. 이에 조합을 감독하는 각 도에서는 조합원의 총회 출석을 독려했는데, 1913년 경기도의 사례가 있다. 각 조합의 총회 개최를 앞둔 1월 10일 재무부장은 각 이사 앞으로 통첩을 보냈는데, 조합 총회에 참석하는 조합원이 심하면 십수 명에 불과하다고 지적하면서, 조합원의 출석을 독려하기 위해 출석 조합원에게 적당한 수준의 酒食 향

응도 무방하다고 하였다.[1]

정시총회는 매년 1회 정관에서 정한 시기에 조합장이 소집하였으며 적어도 10일 전에 회의 목적되는 사항을 각 조합원에게 통지해야 했다. 또한 총회에서는 미리 통지한 사항에 대해서만 결의하도록 하였고, 특별한 경우를 제외하고 출석 조합원 의결권의 과반수로 결의하도록 했다.

1912년의 지방금융조합 총회 사례를 보면, 조합원뿐만 아니라 군수, 헌병분견소장, 우편소장, 각 공립보통학교 직원 등이 내빈으로 참석[2]하여 지방금조의 총회가 조합 하나의 행사에 그치는 것이 아니라 지역 사회의 주요 관심사였던 것으로 생각된다. 또한 1918년 10월과 11월에 전국 각지에서 집중적으로 개최되었던 각 지방금조의 임시총회는 이 시기 총회의 실태를 잘 보여주는 사례이다.[3] 이 시기 각 금융조합에서 개최한 총회에 관한 회의록을 통해 충남·북, 전남·북, 경남·북, 황해, 평안남도 관내 각 조합별 임시총회에 관한 내용을 작성한 것이 <부록 7>[4]이다.

총회 개최 통지와 관련하여 충북 진천·청풍·단양지방금조의 사례를 보면, 소속 조합원에게 각각 10일 전에 총회 개최 사실을

---

1) 『每日申報』 1913.2.13(법령부록, 경기도 제2호) 「정기총회 개최에 관한 건」 도통첩 제8호(각 금융조합이사 宛).
2) 『每日申報』 1912.2.16(2) 「安邊의 金融組合」.
3) 이 시기 각 지방금융조합의 임시총회 내용에 관해서는 최재성의 「금융조합연합회의 설립과 활동」 37집(한국민족운동사학회, 2003.12) 참조.
4) 이는 충남·북, 전남·북, 경남·북, 황해, 평남 등 8개 도 관내 금융조합에 대한 의사록을 바탕으로 작성된 것으로, 조선 13도 가운데 경기, 평북, 강원, 함남·북 등 5개 도 관내 금융조합의 결의록이 문서철에서 빠져 있어서 이들 5개 도의 상황은 반영되어 있지 않다. 또한 8개 도 가운데서도 부강(충북), 성환·조치원(충남), 무장·익산·고산·용담·임피·운봉(전북), 맹산·개천·성천(평남) 등 12개 금융조합의 총회 상황도 문서철에서 발견할 수 없었는데, 이는 이들 조합의 결의록이 문서철의 말미에 편철되어 관리소홀로 누락된 것으로 보인다.

통지하였는데, 이는 당시 「지방금융조합정관」에서 규정한 총회 소집요건, 즉 '총회의 소집은 10일 전에 그 회의의 목적사항을 표시한 서면으로써 각 조합원에 통지를 발할 것을 요'한다는 규정5)에 의한 것으로 다른 조합들도 이 절차를 취했을 것으로 생각된다.

총회 의결방법과 관련하여 '정관'에 따르면, 총 조합원의 1/3 이상 출석과 출석 조합원의 과반수로써 총회 안건을 결의하고, 조합장 및 감사의 선임, 정관의 변경, 해산 및 합병의 결의 등과 같은 중요 안건에 대해서는 총 조합원의 과반수 출석을 규정하였는데, <부록 7>에 의하면, 모든 조합에서 위임자를 포함하여 참석자가 총 조합원의 과반수였다. 이 시기 조합의 임시총회가 주로 정관 변경을 다루었기 때문에 그에 맞춰 과반수 출석이란 요건을 갖추었던 것으로 보인다.

그런데, 출석자에 포함된 위임자가 실제로 참석한 조합원의 숫자를 초과한 조합도 충북 청주 등 상당수에 달했는데, 특히 경북과 황해도에서 그런 경향이 두드러졌다.6) 예를 들어 청주지방금조에서는 참석자가 227명(의결권 행사 위임자 166명 포함)으로 총회 회원 450명에 대하여 과반수에서 단 1명만이 추가되었고, 위임자 166명을 제외하면 총회에 실제로 참석한 조합원은 겨우 61명이었다. 총 조합원의 13.6%에 해당하는 61명의 참석자로써 총회에 부의된 안건을 의결한 것이다. 또한 평양지방금조의 임시총회에서도 조합

---

5) 「地方金融組合定款案ニ關スル件」 官通牒 第307號 『朝鮮總督府官報』 第621號, 大正 3년(1914) 8월 26일. 이 규정은 정관 제19조에 명시되어 있었다.

6) 그밖에 보령, 아산, 성환(이상 충남), 장수(이상 전북), 목포, 곡성, 구례(이상 전남), 상주, 경주, 안동, 대구, 포항, 영주, 영덕, 예천, 청도, 군위, 문경, 선산(이상 경북), 장기, 경산, 왜관, 안계, 진주(이상 경남), 안악, 서흥, 연안, 금천, 사리원, 옹진, 수안, 배천, 시변리(이상 황해), 평양, 덕천, 요파, 용강, 영유(이상 평남) 등 39개였다.

원 386명 가운데 위임장 제출자 159명을 포함하여 205명이 출석하
였는데, 실제 참석자는 46명에 지나지 않았다. 그리고 안동금융조
합에서는 총회 회원 1008명 가운데, 의결권 행사 위임자를 포함해
도 670명이 참석하였고, 의결권 행사 위임자 541명을 제외하면 실
제로 총회에 출석한 자는 129명에 불과했다. 이처럼 위임 참석이
두드러진 경향이었는데, 그 가운데 충남 아산금융조합에서는 출석
조합원 1명이 적게는 1명에서 많게는 7명의 위임을 받아 대리 의
결하기도 하였다.7)

　다음으로 안건 결의 방법을 보면, 모두 제출된 의안에 대해서는
단 한 건의 이의나 반대 없이 만장일치 가결되었다. 총독부의 시책
에 따른 지시로 개최된 총회였던 만큼 이견이란 있을 수 없었던 것
이다. 주목할 만한 점은 표결방식인데, 누천·수안·취야·시변리
금융조합에서는 '전원 기립'으로 가결했고, 배천금융조합에서는
'전원 거수'로 찬성을 나타냈다.

　그밖의 안건으로 조합에 따라 조합장과 감사, 평의원 등 임원 선
거를 한 곳도 있었다. 조합장 선거를 한 곳은 충남 강경, 서산 등이
었다. 조합장 선거는 조합원 투표를 통해 이루어졌는데, 서산금융
조합에서는 임시의장인 이사가 후보 4명을 지명하여 그 가운데 선
출하였다. 당시 금융조합의 이사가 실질적인 권한을 행사하였음을
잘 보여주는 사례였다고 생각한다. 감사를 선출한 곳은 부여, 서산,
면천, 예산, 진주, 취야지방금조 등이었다. 감사는 주로 의장이 지
명하여 투표 없이 선출하였다. 또한 평의원 선거도 있었는데, 평의
원 선거가 이뤄진 곳은 서천, 홍산, 부여, 서산, 면천, 예산, 고흥,
능주, 장성, 진주, 취야지방금조 등이었는데, 대부분 평의원 정수를
증원하여 늘어난 만큼 새로 선출하는 것이었지만, 보결선거를 한

7)「臨時總會代理權委任者名簿」(牙山金融組合)『金融組合聯合會定款』, 국
　가기록원문서철(88-4), 239~242쪽.

곳도 있었다.

위에서 살펴본 대로 조합원의 출석률, 표결방법 등을 통해 조합원 총회라는 것은 하나의 형식적인 기구였음을 알 수 있다. 즉 조합원 총회에서 조합원의 의사에 따라 안건을 결정하는 것은 형식상의 절차였을 뿐이고, 총독부 측의 일방적인 방침이 각 도와 금융조합 이사를 통해 전달되고, 거기에 조합원들이 거수기 역할을 통해 추인하는 식이었던 것이다. 여기에 조합원들의 요망사항이나 나아가 경영 참여 등은 끼어들 여지가 없었던 것이다. '근대적' 기구의 외형에도 불구하고 그 내용은 '근대적'인 모습과는 거리가 멀었다.

다음으로 평의원회는 조합장, 이사, 평의원들이 참여하는 것이었다. 평의원회에 관한 규정은 '모범정관'[8]에서 찾아볼 수 있는데, 평의원회는 상무 이외의 사항을 결의(제19조)하도록 하였다. 이사가 상무를 집행(제18조)하도록 규정되어 있었으니 이사의 업무에 속하지 않는 것을 평의원회에서 결의하도록 한 것이었다. 또한 각 평의원은 조합의 회계 기타 사무를 검사(제23조)할 수 있었는데, 이는 당시 감사직이 없었기 때문에 그 직무를 평의원이 담당하였던 것으로 보이며, 이 직무는 '지방금융조합령'에서 '감사'직제가 신설되면서 감사의 직무로 변경되었다. 그리고 1914년에 변경된 정관에서는 평의원회에서 다룰 안건이 보다 구체적으로 규정되었다.[9]

---

8) 「地方金融組合模範定款」(光武 11년 5월 13일) 『地方金融組合執務便覽』, 朝鮮總督府, 1911, 11~16쪽. 광무 11년(1907)에 정해진 것이긴 하지만, 1911년 편람에 수록될 당시 사정에 맞게 자구 수정되어 1914년 '지방금융조합령' 제정 전까지 통용되었을 것으로 보인다.

9) 예를 들면, 조합용 토지 건물의 취득, 처분, 조합용 건물의 신축, 개축, 증축 등(제27조)과 조합원의 제명 등(제36조)에 관한 것들이다[「地方金融組合定款案ニ關スル件」 官通牒 第307號 『朝鮮總督府官報』 第621號, 大正 3년(1914) 8월 26일].

1910년대 조합 평의원회의 실제 의결안건을 보면, 조합원 가입
시 자격심사에 관한 것,[10] 농공은행 차입금에 관한 것,[11] 저축 장
려에 관한 것,[12] 내규제정에 관한 것[13] 등이었다.

이 시기 조합의 내부 운영을 위한 장치로는 조합원 총회와 평의
원회가 있었는데, 조합원 총회의 상황을 보면, 조선인 농민(조합원)
들이 조선의 '근대적 금융기관'에서 '근대적 운영'에 참여한 최초
의 경험이라고 할 수 있을 것이다. 그러나 그 내용은 '근대적'인 것
과 거리가 멀었다. 조합원 총회에서 조합원의 의사에 따라 안건을
결정하는 것은 형식상의 절차였을 뿐이고, 총독부 측의 일방적인
방침이 각 도와 금융조합 이사를 통해 전달되고, 거기에 조합원들
이 거수기 역할을 통해 추인하는 식이었던 것이다.

2. 3·1운동 이후 금융조합 내 민족갈등

금융조합을 구성하는 두 축인 조합원과 임원들이 조합 운영과
관련해서 만나는 장은 조합원 총회를 통해서였다. 총회에 참석하
는 일은 조합원인 농민들에게는 많은 부담이 되는 자리였다. 특히
농사가 시작되는 매년 4월에 열리는 정기총회에 참석하는 일은 자
신의 거주지에서 조합 소재지까지 왕복하고, 머무르는 데 보통 한

---

10) 『每日申報』 1911.12.6(1) 「永登浦金融組合」; 『每日申報』 1916.7.27(2) 「金
    融評議會」; 『每日申報』 1917.3.28(4) 「金融評議員會」.
11) 『每日申報』 1912.10.15(1) 「金融組合의 借金」.
12) 『每日申報』 1913.5.23(1) 「江陵金融組合狀況」.
13) 『每日申報』 1916.7.27(2) 「金融評議會」.

나절을 필요로 했기 때문에 생활에 여유가 없는 일반 조합원에게
는 더욱 그러했다. 이에 조합 측에서는 의사 정족수를 확보해야 할
필요를 절실히 느꼈고, 의사 정족수에 필요한 조합원을 동원하기
위해 특별한 대책을 마련했는데, 그 가운데 가장 보편적인 것은 연
회였다. 그와 같은 것은 1910년대[14] 이래 관행이 되다시피 했다.

이런 관행이 아주 특별한 경우에는 연회 대신 다른 경품 지급 등
으로 변경되기도 했는데, 그런 사례를 1923년 4월 25일에 개최되었
던 전북 순창금융조합에서 찾아볼 수 있다. 당시 정기총회에서 금
주단연의 풍조가 성행하는 때이므로 연회 대신 農具를 매입하여
추첨으로 일반 조합원에게 분배하였던 것이다.[15]

금융조합과 산업조합이 임시총회를 함께 개최한 사례가 있는데,
1928년 10월 8일 경북 군위군 의흥금융조합과 산업조합에서 금조
이사와 산조 이사가 사회를 보고, 금융조합장과 산업조합장을 각
각 선출하였다.[16]

조합 내 일본인 직원과 조선인 직원에 대한 차별대우는, 다음과
같은 조선인 직원의 불만에서 단적으로 찾아 볼 수 있다. 일본인
직원에게는 사택료로 매월 7원 내지 15원과 수당으로 본봉의 45%
내지 70%를 더 지급하였는데, 이에 대해 조선인 조합 서기는 '조선
사람의 사정에 밝은 조선인 직원이 도리어 저들보다 일도 잘하고
공로가 많을 터인데도 도리어 그 보수가 적어 조선인은 총사직을
하고픈 생각이나 고기의 목숨(육적 생명)을 살기 위해 영혼의 목숨
(영적 생명)을 죽인다'[17]고 불만을 토로했다.

---

14) 1910년대의 사례는 앞에서 언급했던 바와 같이 1913년 경기도 재무부
    장이 관내 금융조합 이사에게 보낸 통첩을 통해 알 수 있다.
15) 『東亞日報』 1923.5.7(4) 「淳昌金融組合總會」.
16) 『東亞日報』 1928.10.20(4) 「義興兩組合臨總」.
17) 『東亞日報』 1920.6.1(3) 讀者의 聲 「金融組合에서는 얼마나 챠별을 …」

조선인과 일본인이 함께 구성원으로 참여하는 금융조합 내부에서 민족 갈등이 심했고, 이런 갈등은 결국 조합 운영과 관련된 분규로 표출되곤 했다. 조합운영 관련 조합원 총회에서는 주로 조합원의 의사와 총독부 당국, 그리고 당국의 방침을 따르는 경영진의 뜻이 일치하지 않아 많은 분규가 발생하였다.

1) 도시금융조합에서의 분규

일본인이 많이 거주하는 도시금융조합에서는 일본인 조합장과 평의원도 많았다. 이사는 총회에서 선출되었으나 그 선출은 감독기관인 도에서 내정한 자들을 위한 요식행위였다. 이렇게 구성된 금융조합은 운영을 둘러싸고 내부에서 많은 갈등이 생겨났다. 그 것은 특히 이사가 조합원 총회에서 선거로 선출되는 도시금조에서 특히 심했다. 다음 표는 도시금조에서 일어난, 조합운영을 둘러싼 분규를 정리한 것이다.

이 표를 통해 알 수 있는 바와 같이 1920년대 도시금융조합에서 발생했던 분규 가운데 대부분은 조－일 간 민족감정에 의한 것이었고, 일부는 민족감정과는 관계 없이 임원 선거 또는 조합의 활동을 둘러싸고 빚어진 것이었다. 민족감정에 의한 분규는 그 양상에 따라 다시 다섯 가지 유형으로 구분할 수 있다. 그 다섯 가지 유형은 ① 조선인 조합원과 일본인 조합원 사이의 갈등(1-가), ② 조선인 임원과 감독관청 사이의 갈등(1-나), ③ 조선인 조합원을 한 축으로 하고, 일본인 이사와 감독관청을 또 다른 축으로 하여 전개된 갈등(1-다), ④ 외형상으로는 경영상의 문제에서 비롯된 것으로

(一組合書記).

보이지만, 내면적으로는 민족문제가 개입돼 있는 갈등(1-라), 역시
⑤ 겉으로는 민족갈등이 아닌 것처럼 보이지만, 민족갈등으로 일
어난 분규(1-마) 등으로 나눌 수 있다.

〈표 3-12〉 1920년대 도시금조의 분규

유형	조합명	기간	사유 및 분규 내용
1-가	성 진	1923.4	임원선거시 조-일간 갈등
1-가	나 남	1923.4	임원선거
1-가	구마산	1924.3	조합장 선거
1-나	평양북	1921.10 ~ 1922.4	서기장 선임
1-나	대구서부	1927.4	임원선거
1-나	평양북	1928.4	이사 선임
1-나	구마산	1928.4	이사 선임
1-다	김 천	1924.12 ~ 1927	이사선거 및 이사전횡
1-다	김 천	1925.4	총회에서 조-일 간 폭력사태
1-라	광화문	1925.9	경영상 문제(고정대부)
1-마	전 주	1923.7~12	조합장·이사 선거, 도에서 총회결과 승인 취소, 임시총회에서 임원 재선출
2	정 원	1927.11	임원선거 부정(조합원 다수 퇴장 후 선거실시), 조합원 연서 총회 취소신청 도에 제출
2	정 원	1928.2	조합원(백은행)이 조합장의 비행을 이유로 고소
2	사리원	1928.4~	부정대출
2	사리원	1928.7	조합정관 무시(이사 선출건)

출전 : 『東亞日報』 해당 기사에서 작성.
　주) 유형 구분에서 1은 민족감정에 의한 것, 2는 운영문제에서 비롯된
　　　것을 나타냄.

그러면 위와 같이 구분한 기준에 따라 실상을 살펴보기로 한다.
먼저 첫 번째 유형(1-가)은 조선인 조합원과 일본인 조합원 사이의
갈등이다. 그 사례는 城津금융조합에서 열린 총회를 통해 알 수 있
다. 1923년에 열린 총회[18]에서 조선인은 106명, 일본인은 85명이
출석하였는데, 조합장과 이사 선거에서 양파로 나뉘어 득표경쟁을

18)『東亞日報』1923.5.8(4)「都市金融組合總會日　紛爭」.

벌었다. 이응렬을 조합장으로 미는 측에서는 금전 차용 시 일본인
과 조선인을 차별한 것, 일본인에게는 정관에 의한 한도 이상의 금
전을 대부하고 조선인에게는 정관대로 행한 것, 대부금 체납처분
에 관해 지불명령을 발한 것이 일본인은 1인에 불과하나 조선인은
57인에 달한다는 것, 보증대부의 연체처분에서도 일인은 8인 10구
에 불과하나 조선인은 39인 46구에 달한다는 등 조선인 조합원의
불평을 드러내며 현 조합장과 이사 측을 공격하였다. 그러나 선거
결과 현 조합장 北川 193표 대 이응렬 98표 등 현 조합장과 이사 측
이 압도적 다수로 재선되었다. 출석 조합원은 조선인이 많았으나
위임장을 제출한 것은 일본인이 많았기 때문인 것으로 보인다. 나
남과 구마산금융조합의 사례도 같은 유형으로 분류할 수 있다.[19]

두 번째 유형(1-나)으로는 감독관청인 도 재무부와 도시금조 간
의 알력을 보여주는 사례로서 먼저 1921년 10월경부터 1922년 초

---

19) 나남금융조합에서도 조선인 이사가 선임된 것을 두고 조선인 조합원과
일본인 조합원 사이에 갈등관계가 형성되었다. 1923년 4월 조선인 120
명, 일본인 280여 명이 출석한 가운데 열린 정기총회에서 한덕수가 이
사에 선출되었으나, 일본인 조합원 측에서는 조선인 조합원은 3분의 1
에 불과한데 이사를 조선인으로 함은 일본인의 이해상 막대한 관계가
있다 하여 반대운동에 나섰다. 이에 대해 조합장과 감사 등 일본인 임
원은 전부 사표를 제출하였다. 조선인 조합원들은 이는 총회의 의결을
무시하는 것으로 '일본인의 차별적 排鮮熱'에서 비롯된 것이라고 분개
하였다[『東亞日報』 1923.5.13(4) 「羅南金組紛糾, 朝鮮人理事問題」]. 1924
년 임시총회에서 조합장 개선문제로 조선인과 일본인간에 분규가 생겨
유회되었던 구마산 금조에서는 3월 31일 임시총회를 열고 조합장선거
투표를 행한 결과 271표 중 265표로 구성전이 당선되었다. 감사역은 종
전 규칙상 3인이던 것을 조선인과 일본인 각 반수로 하기 위하여 4인
을 선거를 실시하였는데, 일본인 중 몇몇은 투표지상에 일본인 2인은
기입하였으나 조선인 2인은 기재치 않는 등 '별별 야심적 회피 반복의
애매한 수단'을 동원하여 민족감정을 드러냈다[『東亞日報』 1924.4.6(3)
「舊馬山金組 波瀾中任員改選」].

까지 계속된 평양북 금융조합의 갈등이다. 평남도 재무부에서 서
기장[20] 최순정을 사임케 하고,[21] 후임자로 전 용만금조 이사 秋田
豊을 채용하도록 평의원회에 요구하였다. 평의원회에서는 일본인
을 서기장으로 하면 불편이 많다고 반대하였으나, 재무부의 강권
으로 10월 21일 秋田豊을 서기장으로 하기로 결정하였다. 이에 조
선인 감사는 말할 것도 없고 일본인 이사까지 사표를 제출하였
다.[22] 또한 평양북금조 임원들은 총사직하고, 11월 10일에 총회 개
최를 결의하였다.

평남도 재무부에서는 11월 5일 총회를 중지할 것을 통지하는 한
편 평남 지사가 조합장과 이사를 불러 사직서를 반려하면서 무마
에 나섰다. 그리고 최순정의 후임에는 조선인 박승억을 임명하고,
최순정은 촉탁으로 하기로 결정하였다.[23] 그러나 이것으로 사태가
모두 해결된 것이 아니었다. 이것은 11월 10일의 임시총회를 무산
시키려는 평남도의 계략이었던 것으로 보인다. 박승억이 경험이

---

20) 서기장이라는 직책은 도시금조 가운데 이사를 명예직으로 정한 조합에
    서 둔 것으로, 이사가 무보수 명예직인 대신 유급 서기장을 채용하여
    그에게 업무 집행을 일임하였다(『金融制度準備調査關係書類』, 국가기
    록원 문서철 88-16, 318쪽).
21) 『東亞日報』1921.10.2(4)「平壤北金融評議會」. 최순정은 1910년대 전반
    평양에서 활동한 공동조합의 주임이었다. 1910년대 평양의 무역상들은
    일본 상인과 중국 상인을 중개하는 간접무역형태를 벗어나 직접 수이
    출, 수이입 무역에 종사하는 형태로 전환했는데, 삼수조합, 공성조합, 공
    동조합 등이 그러한 것들이었다. 공동조합은 주임 최순정, 감독 한승국
    등이 경영한 합자형태의 무역상이었다(오미일, 앞의 논문, 61~62쪽).
22) 『東亞日報』1921.10.25(3)「平壤北金融組合 問題의 書記長, 일본인 서기
    당은 반대 리사까지 사표를 데출」;『東亞日報』1921.10.31(3)「監督官
    廳의 專橫으로, 평양북금융조합의 총사직, 래월십일에 총회를 연다고」.
23) 『東亞日報』1921.11.7(3)「金融總會中止, 감독관텽의 양보로 조선인 서
    긔장결뎡」. 박승억은 1924년 평양에 해동양말공장을 설립한 인물이다
    (조기준, 『한국기업가사』, 박영사, 1973, 349쪽).

없다는 평계를 들어 도 재무부가 다시 반대하고 나섰기 때문이
다.24) 이에 평의원회에서도 끝까지 양보하지 않았다.

평남도와 평양북금조 평의원회 사이에 계속되는 알력에 조합장
과 신임 서기장이 사직원을 제출하였다. 그러나 12월 17일 열린 평
의원회에서는 신임 서기장의 사임원서를 반환하기로 가결하였
다.25) 결국 박승억도 평의원들의 설득으로 유임을 결정하고, 문부
정리 등 집무에 들어갔다.26) 해를 넘겨 1922년 4월 15일 정기총회
에서 실시된 조합장과 이사 선거에서 박경석과 林長太郎이 각각
중임되었다.27) 이로써 평양북금조의 문제는 해결되었다.28)

대구서부금융조합의 사례는 조선인 조합원과 감독관청인 도 사
이의 갈등을 보여주는 것이다. 1927년 4월 24일 대구서부금조의 제
3기 정기총회에서 조합장과 이사의 투표를 행했는데, 일본인 조합
원 십수 명이 퇴장한 가운데 실시된 투표 결과는 조합장 후보 가운
데 杉原長太郎 92표, 정해붕(현임 조합장) 16표를 얻었고, 이사 후
보 허억이 90표, 北林兼三(현임 이사)이 14표를 얻어 조합장과 이

24) 『東亞日報』 1921.12.4(4) 「北金融 書記長未決」.
25) 『東亞日報』 1921.12.22(4) 「平壤北金融 評議會」.
26) 『東亞日報』 1922.1.23(4) 「北金融 評議會」.
27) 『東亞日報』 1922.4.23(4) 「平壤北金融 總會」.
28) 관선 이사 3명은 경기도 2곳, 황해도 1곳인데, 경기도 2곳은 자금지원
을 받은 종로와 광화문일 것이고, 황해도의 1곳은 1927년에 지정조합
으로 전환된 겸이포 조합으로 생각된다. 그런데 이 조사에서는 이사의
유급 여부를 조합 직원의 부정행위 발생 내력을 연계하였다. 그에 따
르면, 관선 이사가 임명된 조합에서는 직원의 부정사건이 한 건도 발생하
지 않은 반면, 유급 이사를 둔 곳은 6건, 명예직 이사를 둔 조합은 9건
이 발생하였다. 이런 조사 결과는 1929년 조합령 개정시 도시금조에서
도 이사에 대해 도시와 촌락을 불문하고 전원 임명제로 전환한 조치로
연결되었다. 그러나 관선 여부가 부정사건 발생과 직접 관련이 있다고
보기 어렵다. 3곳의 조합에서 1건도 없었던 것과 49곳에서 6건이 발생
한 것은 그다지 차이가 있다고 생각되지 않기 때문이다.

사 모두 현임자가 탈락하였다.[29]

　이후 감독관청인 도 당국에서는 조합원 퇴장을 문제삼아 투표결과를 승인치 않으려 하였다. 그러나 실제로는 '조선인 조합장-일본인 이사'체제가 '일본인 조합장-조선인 이사'체제로 바뀌었기 때문인 것으로 보인다. 경북도당국에서는 총회의 개선은 무효로 하고 다시 총회를 열어 개선케 하라는 명령을 내렸다. 이에 임원회에서는 선거결과를 무시하고 전임자의 연임을 결정하여 조합원들의 반발을 샀다.[30]

　평양북금융조합에서는 1928년에 다른 이유에서 또다시 분규가 재개되었다. 조선인 이사를 지지하는 파와 일본인 이사를 찬성하는 양 파로 나뉘어 갈등을 보였는데, 도에서는 공개적으로는 누가 이사에 당선되든 상관없다고 말하면서도 한편으로는 일본인 이사의 당선을 지원하였다. 그리하여 1928년 4월 정기총회를 앞두고 이사 林長太郎의 연임을 지지하는 조합원과 改選을 주장하는 조합원들이 있었다. 개선을 주장하는 조합원들은 "조선인을 본위로 하는 북금융조합에 조선인 중에 적당한 인재가 없다고 하는 것은 우리의 체면을 무시하는 것이니 구태여 일본인을 이사로 쓸 필요가 없다"는 것이었고, 유임을 청하는 운동을 하는 측에서는 "일본인 이사를 둠이 금전융통 상에나 기타에 많은 편리가 있는 것이 사실"이라며 반박하였다.[31]

---

29) 『東亞日報』 1927.4.28(4) 「日人退場하고 金組幹部改選 道의 處斷이 注目」.
30) 『東亞日報』 1927.5.15(4) 「總會의 選擧를 無效라고 道에선 改選을 命令, 選擧時에 日人退場이 問題, 西部金組의 役員改選事件」.
31) 『東亞日報』 1928.3.29(5) 「朝鮮人? 日本人? 兩派로 暗中活躍, 조합장과 리사의 후임문데로 平壤北金組에 一問題」. 이사 조선인 선출 여부는 평양부 내의 비상한 관심을 불러 일으켰다. 그리하여 "조선인 본위로써 운용되는 북금융조합이 창립 이래 9년간 조선인의 실정에 정통치 못하고 그 이해조차 도일치 못한 인물을 이사로 연임시켜 왔다는 것은 북

이어 4월 22일에 열린 정기총회에서 이사는 투표로 선거하자는
안, 전형위원으로 후보를 하여 투표하자는 안, 이사는 반드시 조선
인으로 투표하자는 안 등이 속출하다가 결국 보류되었다.32) 정기총
회는 다음날인 23일에 속개되었는데, 이날도 이사의 선거를 마치지
못하고 조합장 선거 및 감사 보선만 종료한 채 다시 휴회하였다.33)
　세 번째 날에도 진전이 없자,34) 26일에는 평남금융조합연합회 이
사장과 북금융조합장이 도청 재무부장을 방문하여 장시간 密議하
였다.35) 평남도 재무부장과 총독부 이재과장은 각각 조선인과 일본

金融組合 자체의 무능을 표명하는 것, 조합원 전체의 무관심 또는 무견
식을 폭로하는 것"이라는 지적과 함께 간부들의 노력을 촉구하는 기사
[『東亞日報』 1928.4.5(4) 「北金融組合 理事人選問題(平壤 一記者)」]도 있
었다.
32) 『東亞日報』 1928.4.24(4) 「從多數可決로 日人에 加俸廢止, 近來에 보기
드문 事實이라고, 平壤北金組定款變更」. 또한 이날 회의에서는 이사
급료 및 수당지급규정 제정의 건에 대해 제7조 일본인 이사에게 소위
재근수당(가봉)을 지급한다는 규정은 절대로 용인키 어렵다고 일치하
여 제7조를 삭제키로 가결하였다.
33) 『東亞日報』 1928.4.26(4) 「投票가 過半數에 未達, 理事選擧는 又延期
朝鮮人理事選擧案은 取消」. 23일에 속개된 회의에서는 의장이 전일
의안 중 재개의 즉 조선인으로 이사로 선거하자는 것을 직권으로써 취
소한다고 선언하자 개의 제안자도 이를 취소하여 동의(무기명 투표주
장) 및 개의(전형위원 선출안)에 대해 투표로 채결한 결과 동의가 채택
되었다. 즉시 선거투표에 들어가 개표의 결과 조합장은 박경석 444표
로 재임되고, 감사 보결도 다수로 당선되었다. 그러나 이사는 林長太郎
231표, 김용수 206표로 과반수에 미달, 재투표키로 한 바 재투표 전에
林長太郎파는 퇴석한 조합원이 다수였으므로 그 파는 전부 기립퇴장
한 후 재투표 결과 김용수 184표, 林長太郎 19표를 얻어, 결국 휴회되
었고, 조합장은 사표를 제출했다.
34) 『東亞日報』 1928.4.27(4) 「第三日總會에도 未解決로 休會, 平壤北金組理
事選擧問題」.
35) 『東亞日報』 1928.4.28(4) 「兩候補除外 딴 人物推薦? 平壤北金融組合 理
事選擧後에」.

인을 막론하고 누구라도 이사에 선출되면 용인하겠다는 취지의 발
언을 하였으나 이는 평양북금조 조합원들로 하여금 조속히 이사를
선출케 하려는 의도에서 한, 원칙론적인 발언에 불과했다.[36]

　이후 5월 4일 속개된 총회에서 이사의 선출문제가 일단락되었는
데, 평양경찰서 고등계 주임 이하 정사복 경관 십수 명이 입회하고,
도 재무부장이 "분규가 계속될 때는 단호한 처치를 하겠다"는 위
협적인 발언으로 조선인 조합원이 다수 퇴장하고, 남은 출석자 약
240명 가운데 林長太郎이 215표를 얻었다.[37] 이에 조선인 조합원
들은 당선 무효를 주장하는 등 반발하였으나 이 반발은 결국 무마
된 것으로 보인다.[38]

　구마산금융조합의 사례도 마찬가지 경우이다. 구마산금조에서
는 1928년 4월 21일 열린 정기총회에서 이사 선거를 실시하여 투
표 결과 이근우 220표, 金崎正人 95표, 赤塚貞藏(현 이사) 53표로
이근우가 당선되었다. 그러나 일본인 조합원 측에서 조합장이 조
선인이면 이사는 일본인이 되어야 할 터인데 조합장 및 이사가 모

---

36)『東亞日報』1928.4.29(4)「理事選擧까지 現理事가 執務 北金組問題 其
　　後」;『東亞日報』1928.5.2(4)「理事로 選擧만 하면 朝鮮人도 無妨, 北
　　金組理事問題에 對하야(總督府理財課長談)」. 도 재무부장은 "정관에
　　의해 총회가 아직 끝나지 않았고, 또 총회에서 당연히 이사가 선거될
　　것이니까 그때까지는 현 이사의 집무가 마땅"하다며 "이사선거문제에
　　대해 조선인이든 일본인이든 사무처리만 잘하고, 조합을 발전시키기에
　　적합한 인물이면 누구나 관계없"다고 발언하였다. 평남 재무부장이 평
　　양북금조의 문제를 가지고 총독부를 방문하였을 때 이재과장 또한 "조
　　선인 측의 요구는 조선인 이사의 당선에 있는 모양이나 아직 선거도
　　하지 않고 일본인이 선거될 것을 예측하여 선거를 천연하는 것은 이해
　　키 어렵다. 당국의 방침은 일본인이나 조선인이나 직무에 능할 사람의
　　당선을 희망"한다고 하였다.
37)『東亞日報』1928.5.6(4)「朝鮮人派退場 日人만 理事選擧, 道財務部長
　　의 命令的行事, 平壤北金組理事選擧問題」.
38)『東亞日報』1928.5.6(4)「當選無效主張 一部조합원이」.

두 조선인이 된 것은 공약을 무시한 투표라 하여 항의하면서, 총회
에 임석한 금련 이사장에게 결재를 받자고 요구하였다. 이에 조선
인 조합원은 조합규칙에 의해 공정히 투표한 결과 최다 득표로 조
선인이 당선된 것임에도 불구하고 무리한 항의는 민족적 차별문제
에 불과하다며, '이사장의 결재를 받을 것 같으면 당초에 임명제로
할 터이지 조합원에게 투표선정하게 할 리가 만무하다, 다수 조합
원의 의사를 무시한 편협적 차별문제에 불과하다'며 반박하였다.
이에 일본인 수 명은 퇴장하였다.[39]

이후 조선인이 당선되었다고 불평이던 소수의 일본인들도 李謹雨
의 자격과 신용정도를 확신하고 차차 양해하여 불원간 취임할 것으
로 보였다.[40] 그리하여 이 문제는 여기서 매듭지어 지는 것으로 보
였다. 그러나 경남도금융조합연합회에 제출된 이사허가원에 대해
한 달 가량이 지나도록 허가가 나지 않으면서 새로운 문제로 비화되
었다. 이에 조합 평의원회에서는 조선인 2인과 일본인 2인의 위원을
도에 파견하여 조속히 허가하라고 교섭하기로 결정하였다.[41]

이후 6월 9일 경남도금련 이사장이 마산을 방문하여 赤塚 이사
와 장시간 밀담을 하고 돌아간 후 일이 생겼다. 赤塚 이사가 조합
장의 인장을 가져다가 임시등기를 신청하였고, 이것이 14일 임원
회 석상에서 발각되었기 때문이다.[42]

---

39) 『東亞日報』 1928.4.24(4) 「公正한 投票임도 不拘, 日本人은 退場, 朝鮮
人이 理事當選되엇다고, 馬山金組總會에서」. 이 기사에 의하면, 이근
우는 동경고등사범학교를 졸업하고, 귀국 후 교육계에 다년 종사하다
가 실업계에서 성공하여, 창고회사 지배인으로 수년 근무하였는데, 조
선인은 물론 일본인 중에서도 찬성하는 사람이 많았다고 한다.
40) 『東亞日報』 1928.5.1(4) 「李氏不遠間就任」.
41) 『東亞日報』 1928.5.21(4) 「理事認可遲延, 組合員은 不平, 舊馬山金組에서」.
42) 『東亞日報』 1928.6.20(4) 「組合長도 모르게 理事의 假登記手續 多數組
合員이 選擧한 理事를 少數日人의 反對로 우물쭈물, 慶南道의 孟浪한

이에 임원들은 임원회를 개최하여 도 당국에 질문키로 하고 질문위원을 선정하였고, 도를 방문하여 이사는 도에서 불인가하였으나 이사 임시등기한 것은 도에서 모른다는 답변을 듣고 돌아왔다. 조합장은 25일에 조합장직 사표를 제출했고, 조선인 평의원 5인과 감사 2인은 도당국의 차별적 처치에 분개하여 26일에 모두 사표를 제출하였으며, 조선인 조합원 측에서는 26일에 긴급 유지회를 열고 대책을 강구한 결과 실행위원 10인을 선정하여 제반 대책 강구 실행키로 하였다. 또한 이사 임시등기사건에 대해서는 일본인 조합원도 동일한 보조를 취하여 등기소송취소를 제기하기로 하였다.[43]

이후 경남도금련에서는 이사 불인가는 도 당국에서 결정한 것이지만, 이사 임시등기 수속은 모르는 일이라고 잡아떼었고, 조합원 측에서는 총회 개최를 준비하였다.[44] 그러던 차에 경남도에서는 조합장을 초대하여 이사후보로 조선인 2인, 일본인 2인을 추천해 줄 것을 요청하였다. 이에 임원회에서 협의 후 조선인 측에서는 이근우, 공상용, 일본인 측에는 赤塚, 金崎 등을 추천하였다. 도에서는 4인 모두 불합당하다고 통지하고, 도연합회 이사장이 임원회를 소집하고 당시 내서면 금융조합의 瀧本 이사를 일반 조합원에서 잘 선전하여 총회에서 투표 당선케 해달라고 요구하였다.[45]

이에 조합장은 도 당국의 지시에 따라 8월 20일에 임시총회를 소집하였다. 도 당국의 태도에 분개한 조합원 수백 명이 출석을 거부하고, 조합원 중 일본인 10여 명만 참석하여 임시총회는 개최되

處置」.
43)『東亞日報』1928.6.29(4)「朝鮮人役員 總辭表提出, 假理事不正登記로 因한 舊馬山金組事件擴大」.
44)『東亞日報』1928.7.6(4)「聯合理事長責任을 回避, 組合員總會準備 舊馬山金組事件」.
45)『東亞日報』1928.8.14(4)「組合報告無視 道當局에서 指定 組合員은 不平滿滿, 舊馬山金組理事選擧問題」.

지 못했다.[46]

세 번째 유형(1-다)의 김천금조 문제는 조선인 조합원과 도 당국
사이에, 그리고 조선인 조합원과 일본인 이사 사이의 갈등이 중첩
된 사례이다. 1918년 12월 16일자로 설립된 김천도시금조는 원래
김천저축계에서 비롯된 것인데,[47] 경북도청과 김천군청에서 조합
으로 변경케 할 때에 일반 임원과 서기는 조선인으로 채용하고, 5
만 원의 저리자금을 원조하겠다고 약속하여 창립총회 때에 조합장
과 이사가 전부 조선인으로 선거되었다. 그러나 몇 개월 되지 않아
도청에서 일본인을 이사로 부임케 한 후 조선인 이사를 무리하게
해임시켜 문제가 발생하기 시작했다.[48]

이러던 차에 1924년 말에 이르러 河村利舍가 이사에 부임하면서
문제가 불거지기 시작했다. 이사 선거 시에 조선인 측에서는 도청
의 횡포에 분개하여 조합원 가운데서 선출하고자 맹렬히 운동하였
으나 결국 총회석상에서는 도청에서 민 河村이 피선되었다.[49] 河
村은 진양금융조합 이사로 있다가 급사 1명의 횡령[50]에 책임을 지
고 물러났는데,[51] 도청의 비호로 이사에 재임된 것이었다.

河村에 대한 조선인 조합원의 반발은 1925년 4월 20일에 열린

---

46)『東亞日報』1928.8.24(4)「道의 態度에 憤慨, 多數組合員不參 理事選擧
　　問題로 紛糾中인 舊馬山金組臨總會流會」.
47) 藤澤淸次郎, 앞의 책, 481쪽.
48)『東亞日報』1925.5.23(부1)「道當局에 問함, 金融問題에 對하야(金泉一
　　記者)」.
49)『東亞日報』1924.12.8(5)「金融組合總會, 日人河村利舍가 畢竟理事로
　　被選」.
50)『東亞日報』1924.8.5(2)「金組給仕가 七千圓 橫領 逃走, 독립단과 련락
　　이 잇서 그럼인 듯 범인은 경성방면으로 도주했다」. 기사에서는 독립
　　단과 관련이 있는 듯이 보도하였으나 관련 없음으로 판명되었다.
51)「金融組合理事異動」『金融と經濟』69, 朝鮮經濟協會, 1925.3, 90쪽.
　　진양금융조합 이사 河村利舍는 1924년 11월 27일 의원 면직되었다.

정기총회에서 폭발하였다. 1924년도 영업결산 감사 시에 조선인 감사가 여러 가지 비리사실을 적발[52]하였고, 이에 감사 보고서에 날인을 거부하다가 총회하던 날 오전에 일본인 측 임원들의 압박에 못 이겨 날인하였다. 그것을 조합원들이 알고 총회 석상에서 조선인 조합원이 그 진상을 밝힐 것을 요구하다가 이사의 퇴장명령과 임석했던 군 재무주임 및 대구금조 이사의 찬동에 힘을 얻은 일본인 평의원에 의해 회의장 밖으로 축출당한 일이 발생하였다.[53]

이후 河村은 조합 운영에 전횡을 휘둘렀다. 평의원회의 결의도 없이 조합장과 군청 재무주임의 동의를 얻어 평의원 홍재숙의 형 홍재기(당시 남면장)를 조합 서기에 채용하기로 결정하였다가 조합원들의 반발을 사기도 하였다.[54]

---

52) 그 내용은 다음과 같다. ① 채무자로부터 임시로 받아두었던 가수금 1068원 5전을 수취인도 없이 현금으로 불출한 것, ② 중천 아무개가 振出한 선남은행 소절수 140원짜리 1매를 법정기한이 경과하여 무효가 되도록 현금과 바꾸지 않은 것, ③ 여인숙업하는 한 아무개의 수형 한 장을 이서 없이 받은 것, ④ 4월 1일 이후로 각 채무자에게 받은 이식금 419원 69전이 일기장과 총감정원장에 기입되지 않았고 따라서 현금도 없었던 것, ⑤ 대구 어느 인쇄회사에 3월 31일에 현금 150원을 증빙서류도 없이 불출하여 놓고 4월 20일 이후에 송금한 증서를 제출한 것, ⑥ 경북금련 원금 2만 5천 원에 대한 이식 1187원 50전을 3월 31일에 지불하고 지불치 않은 양으로 한 것, ⑦ 거년도 상반기 이사 상여금 415원을 총회의 결의도 없이 지불한 사건 등이다[『東亞日報』 1925.5.25(3)「理事非行의 가지가지, 金泉金組紛糾詳報」].

53) 위와 같은 기사. 총회 석상에서 이와 같은 일이 발생했던 것은, 김천면 남산정에 사는 홍모(홍재숙 ; 필자)가 일본인 유력자들을 찾아다니면서 조선인들이 일본인 이사를 배척하고 자기들이 이사가 될 야심으로 허무한 사실을 꾸며 총회에서 파란을 일으킬 계획인 즉 분기하여 이에 대항하고 자기를 평의원으로 투표하여 달라고 선전하였는데, 이에 일본인들은 홍의 말만 믿고 총회 석상에서 조선인 조합원들을 무조건 압박하였기 때문이었다[『東亞日報』 1925.5.25(3)「評議員慾에 反間」].

54) 『東亞日報』 1926.2.15(4)「非難밧는 書記採用」.

김천금조의 문제가 이걸로 끝난 것은 아니었다. 河村의 비리 사실을 정기총회에서 폭로하려던 조합원이 퇴장당하여 이사의 승리로 일단락된 듯싶었던 김천금조의 내부 갈등은 이사의 전횡으로 인해 다시 법정으로 번져 재연되었다.

河村이 자기의 당파가 되지 않는 조합원 10여 인을 제명하자 제명을 당한 조합원 중 고덕환 외 3인이 제명무효소송을 제기하였다.[55] 이 소송에서 결국 원고측은 패소하였으나, 원고측에서는 다시 6월 9일 이사의 공문서 위조 사실을 들어 김천경찰서에 고발하였다. 경찰서에서는 즉시 河村을 소환하여 조사하고, 변조한 장부도 전부 압수하였으며,[56] 7월 14일 김천경찰서 사법주임이 조합에 출장하여 장부와 증거서류 등을 세밀히 조사하였다.[57]

이어 1심 판정에 불복한 원고측의 항고로 9월 30일 대구복심법원에서 열린 2심 재판에서 재판장은 피고 河村에게 원고의 청구대로 제명을 부활하고 화해하라고 종용하고, 10월 20일에 변론을 재개하기로 결정하고 폐정하였다. 이에 도 재무부장은 河村의 비리 사실에 대하여는 선후책을 강구하겠고, 조합원을 제명한 것은 대단히 잘못된 것이라는 반응을 보였다.[58]

제2회 구두변론, 제3회 구두변론 등 시일을 끌던 재판 과정에서 양측은 사태 해결을 위한 협상을 했던 것으로 보인다. 1927년 3월 1일 평의원회에서 河村은 사표를 제출하였고, 원고측에서는 소송을 취하하였기 때문이다.[59]

---

55) 『東亞日報』 1926.6.9(4) 「金泉金組事件 一回公判開延, 言渡는 來十一日에」.

56) 『東亞日報』 1926.6.15(4) 「僞造帳簿押收 金泉金組事件」.

57) 『東亞日報』 1926.7.16(4) 「金泉金組事件 證據品을 調査 金泉署에서」.

58) 『東亞日報』 1926.10.2(2) 「雙方和解를 勸告 제명을 복활시키라고, 金泉金組除名事件」.

59) 『東亞日報』 1927.3.4(4) 「金泉金組紛糾 理事辭表로 解決」.

이어 3월 15일에는 임시총회를 개최하여 후임 이사를 선출하였
는데, 상산금융조합 이사 白幡準三이 결정되었다.60) 4월 22일에는
다시 정기총회가 개최되었다. 이 자리에서는 권고사직당한 河村의
퇴직위로금 지급에 관한 건과 평의원 선출건, 조합장 불신임건 제
안 등이 있었다.61) 이후 전선은 다시 조합장 및 조합 서기와 조선
인 조합원 사이에 형성되어 조선인 조합원들은 조합장에 대한 불
신임과 河村이 무리하게 채용한 서기 홍재기에 대한 배척운동을
벌였다.62)

네 번째 유형(1-라)에 속하는 광화문금융조합의 문제는 고정대부
로 인한 경영상의 문제에서 비롯되었으나 조선인 조합원들이 조선
인 위주의 도시금조와 일본인 주도의 도시금조에 대한 총독부 측
의 차별의식을 문제삼은 경우였다. 광화문금융조합은 경성부 내에
서 조선인 위주로 설립되어 조선인을 상대로 영업을 하였다. 북촌
의 조선인 상권이 점차 일본인 상인 자본의 침투로 붕괴되면서 광
화문금조의 조합원에 대한 대부가 연체되고 경영난에 봉착하게 되
었다. 그리하여 3만 원의 자본금과 보통예금 25만 원도 거의 고정
대부가 되었고, 경기도금련의 빚 11만 9천 원으로도 경영난을 타개
할 수 없어 다시 경기도 지사에게 구제책을 청원하였다. 경기도 지

---

60) 『東亞日報』 1927.3.11(4) 「金泉金組臨總」 ; 『東亞日報』 1927.3.19(4) 「金
組理事改選을 討議」. 월급은 2백 원으로 결정되었다.

61) 『東亞日報』 1927.4.26(4) 「總會席上에 紛糾, 理事退職金과 債務整理로」.
이날 河村의 퇴직 위로금 지급을 둘러싸고 지급을 주장하는 일본인 조
합원과 지급을 반대하는 조선인 조합원 사이에 설전이 벌어졌으나 투
표를 통해 1천 5백 원을 지급하기로 결정되었으며 평의원은 조선인 6
명, 일본인 4명이 선출되었다. 또한 조선인 조합원 측에서 이사의 편에
가담하지 않은 조합원에 대해서는 차압과 경매 등 적극적 수단을 취하
면서 조합장 이상인에 대해서는 연대 채무 수천 원이 연체된 지 오래
이나 조치가 없음을 들어 조합장 불신임안을 제안하기도 하였다.

62) 『東亞日報』 1927.8.1(4) 「組合長不信任 老書記도 排斥, 金泉金組員들이」.

사는 당국에서 지정하는 이사를 써야 대부해 준다며 정관변경을
통해 당국이 이사를 임명하도록 개정하라는 조건을 붙였고, 조합
장 양재규와 감사 박보양은 이를 수락하였으나, 이사 유영용은 현
제도를 고수할 것을 주장하여 문제가 불거지게 되었다.[63]

이에 조합원들은, 전 해에도 조선인이 경영하던 종로금조에 약
점을 잡아 제도를 변경하여 일본인 이사를 임명했던 총독부 당국
이 진남포금조와 왜성금조는 광화문금조보다 더 성적이 나쁘고,
왜성금조는 부정대부까지 많아 일본인 이사의 자살까지도 있었는
데, 두 조합에 대해서는 조건 없이 자금을 융통하였으면서 조선인
경영의 광화문금조에 대해서만 무리한 압박을 가하는 것은 순전히
조선인을 무시하는 것이라고 반발하였다.[64]

경기도금련 이사장의 주재로 열린 9월 29일의 총회는 양측의 충
돌로 유회되었다.[65] 이후 다시 10월 10일 임시총회가 개최되었는
데, 이 자리에서 조합제도를 변경하여 지정조합으로 고치고 정관
을 개정하여 이사를 관선하게 하였다. 이에 조합원 유석태가 경성
지방법원에 소송제기서류를 가지고 수속을 하려고 여러 차례 시도
하다가 거절당한 후 11월 7일에 조합장 양재규, 이사 유영룡을 피고
로 총회 무효소송을 제기하였다.[66] 12월 21일 개정된 재판에서는

63) 『東亞日報』 1925.9.27(2) 「朝鮮人 本位의 光化門金組 北村衰退와 運命
   을 함께」.
64) 『東亞日報』 1925.9.28(2) 「當局의 强壓과 組合員의 奮起」; 『東亞日報』
   1925.9.28(2) 「計出政策」; 『東亞日報』 1925.9.29(1) 사설 「光化金組問題
   －當局의 苛酷과 組合員의 無能－」.
65) 『東亞日報』 1925.10.1(5) 「刑事巡查까지 招請한 所謂 臨時總會의 表裏,
   련합회리사장 조정으로 열린 림시총회, 뒤죽박죽하다 못하야 필경은
   류회되여, 怪雲이 重重한 光化門金組事件, 總會 形式도 不法」; 『東亞
   日報』 1925.10.2(5) 「幽靈갓흔 所謂委任狀, 비경에 빠진 광화문금융조
   합의 명일」; 『東亞日報』 1925.10.3(5) 「干涉은 暴風가치, 貸付停止도
   命令」.

피고 양재규 대신 경기도금련 이사장이 출석하여 금융조합령 제11
조에 있는 '금융조합회를 취소하거나 또는 무효로 주장할 때에는
도지사의 허가를 얻어야한다'는 것을 들어 총회 무효 여부에 대해
서는 사법관청에서 상관할 성질의 것이 아니라고 진술하였다.[67]

　다섯 번째 유형(1-마) 역시 외형상으로는 민족 갈등이 아닌 것처
럼 보이지만, 그 내용은 민족 갈등으로 인해 일어난 분규인데, 전
주금융조합의 사례이다.[68] 이 조합의 조선인 조합원 측에서는 조
합장 이해만과 평의원 이준상, 이광렬 등 3인을 불신임한다고 배척
하였는데, 그 이유는 1923년 7월 24일에 3인이 평의원회를 열고 조
합원의 신용 정도를 7, 8할을 줄여 금전대부를 거절하는 한편 일본
인 조합원에 대하여는 그 전보다 신용정도를 올리는 차별을 행했
다는 것이었다.

　이상이 1920년대 도시금융조합에서 조선인과 일본인 사이의 민
족 감정으로 인해 발생했던 분규들이다. 이런 분규가 발생했던 중
요 이유 중의 하나는 조선인이 조합 내에서 실권을 차지하는 것에
대한 일본인 조합원과 총독부 당국의 거부감이었다. 일제가 조선
인 이사의 등장을 꺼린 배경은 '조선인 이사는 대부 및 회수에 대
해 정실에 구속되는 폐가 있다'[69]는 총독부 관계자의 발언을 통해
엿볼 수 있는데, 조선인 이사가 도시금융조합의 이사에 취임하는
것을 달가워하지 않았던 속내를 감추기 위한 핑계였을 뿐이다.

　같은 시기 조선인과 일본인이 공동으로 구성하는 회의체에서 민
족 갈등으로 회의가 파행을 겪었던 사례는 다른 곳에서도 찾아볼

---

66)『東亞日報』1925.11.8(2)「總會는 無효라고 畢竟訴訟提起, 말성만튼 림시
　　총회사건으로 필경 조합원측에서 소송데긔, 光化門金融事件의 其後」.
67)『東亞日報』1926.1.14(7)「總會無效訴訟, 昨日口頭辯論」.
68)『東亞日報』1923.8.3(3)「都市金組粉糾, 조합댱 평의원배척」.
69)『東亞日報』1922.3.21(2)「一面一金融組合, 總督府當局者談」.

수 있다. 1928년에 일어난 전남도평의회 사건과 1929년도의 경남 도평의회 사건이 그것이다.[70] 전자는 일본인 도평의회원 山野瀧三 의 '조선 농촌이 피폐해 가는 원인은 조선인 교육을 위해 보통학교 를 너무 많이 세운 때문'이라는 발언으로 인한 것이었고,[71] 후자는 조선인 보통학교 증설을 둘러싸고 전·현임 지사의 방침의 차이에 서 비롯되었다.[72]

1924년부터 1930년에 이르기까지 7회에 걸쳐 개최되었던 '전선 공직자대회'는 부협의원, 학교조합원, 학교비평의회원, 상업회의소 의원, 도평의원, 면협의원 등이 참석하여 참정권문제, 지방자치, 중 앙행정과 지방행정, 경제·산업, 교육, 사회 등 제반 문제에 걸쳐 논의했는데, 이 자리에서도 교육문제를 둘러싸고 민족 간 대립이 표면화되었다. 보통학교에서의 교수 용어를 조선어로 하고, 보통학 교의 교장과 교사를 전부 조선인으로 해야 한다는 안건이 조선인 참석자들에 의해 제기되었기 때문이었다.[73]

여섯 번째 유형(2)은 금융조합 경영상의 문제에서 빚어진 갈등인

---

70) 손정목, 『한국지방제도·자치사 연구』상, 일지사, 1992, 226~230쪽 ; 董宣喜, 『日帝下 朝鮮人 道評議會·道會議員 研究』, 韓國學中央研究 院 韓國學大學院 박사학위 논문, 2005, 247~254쪽. 동선희는, 1920년 대 조선인 도평의원들의 이와 같은 행동에 대해 '민족·사회운동의 범 주도 아니고, 반대로 일제 통치에 대한 '봉사'나 협력으로 규정하기도 어려운 어떤 '틈새'에 위치하고 있었다'고 평가했다.

71) 이에 반발한 조선인 도평의회원들이 사과를 요구하여 山野는 사과를 하긴 했으나 그가 운영하는 지역 신문에서 그를 번복하는 취지의 글을 기사화했고, 이에 다시 조선인 도평의회원 5명이 사퇴했다가 도청 간 부, 군수, 경찰서장의 설득으로 철회했다.

72) 전임 지사는 1931년까지 '1면 1교'를 달성하겠다고 약속했으나, 후임 지사는 1935년으로 미루자 조선인 도평의원들이 예산안 返上으로 맞 섰다. 결국 무더기 의원 해임과 재선거, 지사의 경질 등으로 이어졌다.

73) 李昇燁, 「全鮮公職者大會: 1924~1930」『二十世紀研究』4, 京都大學, 2003.12 참조.

데, 사리원 금융조합의 분규는 부정대출이 문제가 된 사례였다. 그
발단은 1928년 4월 정기총회였다. 총회 중 조합원으로부터 조합에
서 부정한 대부를 했다는 문제 제기가 있었다. 그 내용은 토성면에
소재한 이 아무개의 소유 토지는 홍수에 모두 없어지고 문권으로
만 있는 것인데, 조합 측에서 그 사실을 알면서도 저당을 잡고 많
은 금액을 대부하여 주었다는 것과, 이 아무개의 가옥 2동을 시가
보다 훨씬 많이 매겨서 저당을 잡고 몇 천 원씩 부당하게 대부를
하여 주었다는 것이었다.[74]

이에 황해도금련 부이사가 사리원금조에서 문서정리를 하고, 봉
산 군청과 사리원 면사무소에 출장하여 토지대장을 열람했다.[75]
이어 당시의 서기장 山本 이사와 서기 등이 경찰에 구인되어 조사
를 받은[76] 후 9월 29일에 해주지방법원 재령지청 검사국으로 송치
되었다.[77] 황해도 재무부장은 부정 대부금이 1만 8천 원이라고 발
표했다.[78] 이후 도 당국에서는 조합장과 전 이사의 재산을 차압하
고 평의원회의 결의로 소송을 제기하도록 하기 위해 평의원회를
개최하도록 종용하였지만, 평의원들은 '차마 못할 일이라 하여' 도
의 지시를 거부하여 평의원회를 계속 유회시키다가 급기야 10명의
평의원들은 총사직하였다.[79]

74) 『東亞日報』 1928.5.1(4) 「不正貸附暴露, 沙里院金組에서」.
75) 『東亞日報』 1928.9.19(3) 「沙里院金融組合 巨額의 不正貸付, 白沙場가
    튼 땅을 잡고 貸金, 書記들이 共謀하고」.
76) 『東亞日報』 1928.9.26(2) 「重役에게 問責코저 臨時總會召集, 중역이 감
    독을 잘못하얏다고, 沙院金組不正貸付事件」 및 『東亞日報』 1928.9.29(5)
    「抵當品不足額은 責任者가 辨償, 이만 원 가량을 책임자가 판상, 沙里
    院金組事件後聞」.
77) 『東亞日報』 1928.10.1(2) 「沙里院金組疑獄, 理事와 組員 送局」.
78) 『東亞日報』 1928.10.17(3) 「"不正貸付金은 一萬八千圓, 去來에는 別無
    關係" 黃海道 大野財務部長 發表」.
79) 『東亞日報』 1928.11.7(4) 「沙里院金融組合 評議員 總辭職? 不正貸付事

2) 촌락금융조합에서의 분규

다음은 촌락금조에서 일어난 분규에 대해서 살펴보자. 촌락금융
조합에서 발생한 분규를 정리하면 다음 표와 같다.

<표 3-13> 1920년대 촌락금조의 분규

구분	조합명	기간	사유 및 분규 내용
1	천안	1923.12	일본인 이사의 민족차별, 조합원 집단탈퇴, 임원은 평의원회 거부
1	양주	1924.11	일본인 이사의 전횡, 불신임안 결의, 직원 총사직
1	금릉	1925.8	일본인 이사의 전횡, 이사-평의원 갈등
1	운산	1926.2	일본인 이사의 조합원 무시·폭력행사, 조합장·평의원 연서로 도와 연합회에 불신임안 제출
1	안주	1926.6	조선인 임직원이 일본인 이사 불신임안 평남금련에 제출
2	안중(진위)	1924.4	이사의 횡포
2	삼랑진	1924.8	사무소 이전, 찬·반 조합원간 진정 제출
2	진상(광양)	1925.5	서기의 횡포
2	강계	1926.4	조합운영미숙, 조합장·이사 불신임안 제출
2	양시(용천)	1926.4~	이사의 정관 무시, 연체이자 징수
2	안주	1926.4~5	일부 서명위원, 총회 회의록 날인 거부
2	죽산	1927.4	임원선거 부정(조합원 대신 지도원만으로 선출기도)
2	안양	1927.4	조합장 선출권 관련 이사-조합원 갈등
2	온수(강화)	1927.4	이사의 전횡
2	순안	1927.11	이사의 평의원 무시(서기 채용시 평의원 추천 관례 무시), 이사-평의원 갈등
2	영등포	1928.2	불량채무 결손처분 관련 이사-임직원·조합원 갈등
2	단천	1928.4	임원 선거(전형위원 독단)
2	금곡(양주)	1928.4	임원선거 부정(조합원 의사무시), 도에 진정

件의 餘波」. 그리고 도의 이러한 방침에 대해 평의원 가운데 한 명이었
던 이문재는 '자기들이 자유로 차압을 하야 노코는 평의원들보고 소송
의 여부를 결정하야 노흐라고 하지오. 말하자면 자기네는 책임을 벗고
평의원들에게 전가를 시키랴는데 불과'하다고 말했는데, 이는 평의원
들의 반발을 대변하는 것이다[『東亞日報』 1928.11.7(4) 「道當局無責任,
李門在氏 談」].

2	유구(공주)	1928.4	임원선거(다수 조합원 퇴장 후 투표실시), 조합장-조합원 갈등, 총회 재소집 요구
2	기장(동래)	1928.4	조합운영 미숙(대출 장부기재 문제), 조합장-이사 상호 책임전가, 도에 보고
2	영등포	1928.11	감사와 이사의 갈등

출전 : 『東亞日報』 해당 기사에서 작성.
　주) 구분에서 1은 민족 갈등으로 인한 것, 2는 경영상의 문제로 인한 것.

　위 표를 통해 알 수 있는 바와 같이 민족문제에서 비롯된 분규보다는 조합 경영상의 문제에서 발생된 것이 대부분이었는데, 이를 유형별로 살펴보면, 다음과 같다. 먼저 일본인 이사와 조선인 직원 사이의 갈등으로 일본인 이사의 민족차별의식이 문제가 된 경우이다. 천안금조 이사 小西豊三은 조합 임원의 의견을 무시하고, 서기를 질책할 때에 두뇌조직이 불완전한 인종이라고 민족적 모욕을 하였다.[80] 이에 조선인 조합원들이 집단 탈퇴하고, 임원들도 평의원회 개최를 거부하는 등 반발이 심했다. 그러자 충남도금련 이사장이 출장하여 이사장 명의로 평의회를 소집하고, 3주일 안으로 이사 개임을 하겠다고 서약하여 평의원회가 정식으로 열리기도 하였다.[81] 그 결과 5월 23일자 충남 관내 금조 이사 인사를 통해 천안의 小西豊三을 유구로, 금성의 古川甚二郎을 천안으로, 유구의 池上勝登을 금성으로 전보 발령하였다.[82] 그러나 이것은 근본적인 해결책이 될 수 없는 것이었다. 의식에 문제가 있는 사람을 다른 곳으로 발령한다고 그 의식 자체가 없어질 수 없기 때문이다.

　같은 유형으로서 경기도 양주금조에서 직원 일동이 조합장과 부

---

80) 『東亞日報』 1923.12.18(3) 「組合理事의 侮辱行爲, 天安金融組合粉糾 組合員續續脫退」.
81) 『東亞日報』 1924.4.21(3) 「理事改任決定, 天安金組에서 理事排斥事件 後聞」.
82) 「金融組合理事異動」 『金融と經濟』 61, 朝鮮經濟協會, 1924.6, 84쪽.

하 직원에 대한 인격 무시, 조합원에 대한 고리대금업자의 행동, 개인 비리 등의 이유를 들어 이사 梅根時次郎에 대한 불신임안을 결의하고, 연맹 총사직을 한 경우가 있다.[83] 그러나 이사는 조선인 서기 일동의 동맹 파업에 대해 4명을 징계 면직하여 강경하게 대응하였다.[84]

다음으로 역시 민족갈등에 의한 것인데, 조합장과 평의원 등 조선인 임원들이 일본인 이사를 상대로 불신임한 안주금융조합의 경우이다. 안주금융조합의 이사 福家修는 부임 이후 평의원회를 거치지 않고 모든 일을 독단적으로 처리하였다. 이에 대해 1926년 6월 27일과 28일에 열린 평의원회에서는 이사의 업무 처리에 대해 평의원들의 비판과 질문이 쏟아졌고, 이사는 모든 것을 연합회의 방침이라고 핑계를 댔다. 이에 조합장과 평의원들은 이사에 대한 불신임안을 평남도금련에 제출하기로 하였다.[85]

이후 8월 31일에 다시 임원회를 열어 이사에 대해 사직을 권고하고, 불응 시 임원 전부의 총사직을 결의하였다.[86] 이에 9월 25일

83) 『東亞日報』 1924.11.16(3) 「楊州金組理事排斥, 職員總辭職」. 직원들이 이사 불신임 사유로 열거한 내용은 다음과 같다. ① 일반조합원에게 고리대금업자의 행동, ② 유언무행, ③ 조합장 眼下視, 부하 직원 인격 무시, ④ 조합원에 대해 불친절, ⑤ 직원 간 이간으로 상호간 친목 교란, ⑥ 일개인의 전제적 행동을 감행, ⑦ 연체자에게 醜毒한 처단, ⑧ 극악한 고리대금업자의 수단으로 지불명령 또는 강제집행 能爲, ⑨ 현금출납부족액을 허위 출장으로 조합의 금전 소비, ⑩ 임의 공금 私用.
84) 『東亞日報』 1924.12.1(2) 「楊州金融組合 書記의 同盟罷業, 불법행동하는 매근 리사를 배척」.
85) 『東亞日報』 1926.7.8(4) 「理事不信任提出, 職權을 濫用한다고 安州金融組合 評議員會」. 당시 조합장과 평의원들이 문제 삼은 주요 내용과 그 처리 결과는 다음과 같다. 1. 이사 및 서기들의 급봉을 승급시키고자 한 것은 체면을 보아 가결, 1. 자전거 2대를 비치하고자 함은 필요가 없다하여 부결, 1. 서기 1인을 급봉 40원에 자의로 薦用하겠다 함을 불신임하고 부결(이상은 이사 제의를 평의회 부결) 등.

평남도금련에서 이사 등 2명을 파견하여 2일간이나 임원회를 열고 중재에 나서 이사의 반성과 향후 임원들의 의견을 존중할 것이라는 약속으로 안주금융조합의 이사 배척문제는 일단락을 맺었다.[87] 그러나 이듬해인 1927년 7월에 제2차 배척운동이 일어났다.

문제는 4월의 정기총회에서 있었던 조합장 선거와 경매 집행건 때문이었다. 4월의 정기총회에서 임기 만료된 조합장에 대한 투표를 실시했었는데, 현 조합장 현규홍이 최다 득표하였으나 출석 조합원의 과반에 미달하여 문제가 되었다.[88] 그리하여 심의부에 그 사안이 넘어갔었는데 수개월이 지나도록 해결되지 않고 있었다. 이에 매월 1회씩 열리던 평의원회가 3, 4개월 동안 열리지 않으면서 조합원의 신규가입 신청에 대한 승인 여부가 결정되지 않고 있었다.[89] 그 사이에 대출 자금 연체로 담보물에 대한 경매조치를 받은 조합원들인 피경매자들이 동맹을 조직하여 이사 배척운동에 나섰다.[90]

8월 8일에는 10여 건에 대한 경매 집행이 결정되어 1건만이 집행되고, 나머지는 무기 연기되었다. 또한 8월 13일에 다시 극비밀리에 60여 건 경매가 재차 신청되었다.[91] 이에 신, 구 임원들은 60여 건이란 다수의 경매신청이 조합원 수백 명의 사활문제를 야기하였다 하여 임원 서면회를 소집하고, 이사 배척을 위한 총회소집을 준비하였다.[92]

---

86) 『東亞日報』 1926.9.4(4) 「辭職勸告에 不應으로 金組全部가 動搖? 安州 金組理事의 不當處」.

87) 『東亞日報』 1926.9.30(3) 「金組紛糾解決, 聯合會 幹旋으로」.

88) 『東亞日報』 1927.5.7(4) 「金組長爭奪戰, 疑雲이 重疊」.

89) 『東亞日報』 1927.7.9(4) 「金融組合問題」(安州 一記者).

90) 『東亞日報』 1927.7.31(4) 「理事排斥 十餘件競賣事件으로 安州金組에서」.

91) 『東亞日報』 1927.8.16(4) 「理事排斥益甚, 安州金融組合」.

92) 『東亞日報』 1927.8.16(4) 「新舊役員蹶起」.

8월 26일 실시된 경매에서는 입찰자가 없어 경매시일이 무기 연기된 가운데93) 피경매자 측에서는 동맹을 조직하여 이사 인책 사직 및 경매집행 중지를 위해 9월 23일 조합원의 연서로 관계 당국인 도와 도금련에 탄원서를 제출하였다.94) 그러나 1928년 4월의 정기 총회에서도 福家修가 여전히 이사로 근무95)하였던 것으로 보아 이들의 탄원서는 수용되지 않은 것으로 보인다.

다음으로는 민족감정에 의한 것이 아닌, 경영상의 문제에서 발생한 분규의 사례를 보자. 먼저 이사의 전횡을 둘러싸고 벌어진 갈등이다. 그 사례는 다음과 같다. 영등포금조에서는 회수 불능한 불량 채무에 대한 결손 처분을 둘러싸고 임원 및 조합원과 이사 간에 갈등이 있었다. 1928년 2월 27일에 열린 임원회에서 지금까지 대부한 금액 중 부당대부로 회수할 희망이 없는 총액 1만 2천 원을 도의 방침에 의해 전부 결손 처분하여 1927년도 중 순익금 7천 원으로 충용하며, 1927년 중에는 이익배당을 안겠다고 이사가 주장하였다. 이에 일반 조합원들은 조합의 과실로 부당 대부하여 결손된 것을 일반 조합원에 배당될 이익으로 충용한다 함은 용인할 수 없다 하여 결손보충적립금 1만 3천 여 원 중에서 매년 4천 원씩 인출하여 결손금을 보충하고 이익 배당은 예년과 같이 할 것을 주장하며 만일 조합원 측의 요구를 불응하는 때에는 임원의 총사직과 조합원의 탈퇴를 결의하였다.96)

경기도 시흥군 서이면 안양금융조합에서 1927년 4월 22일에 정기총회가 이사 宗文雄의 사회로 개최되었다. 이사는 조합장 改選에 대하여 일반 조합원들은 아무 것도 모를 터이므로 전권을 자신

---

93) 『東亞日報』1927.8.30(4) 「擔保物競賣는 畢竟無期延期 入札者가 업서서」.
94) 『東亞日報』1927.9.27(4) 「關係當局에 歎願 安州金融組合員」.
95) 『東亞日報』1928.4.29(4) 「兩派對立 會議中派爭, 安州金組總會」.
96) 『東亞日報』1928.3.3(4) 「金組 對 組合員 配當問題로 葛藤」.

에게 일임하여 달라며 조합원을 무시하는 발언을 했다. 이에 조합
원들은 책임이 중대한 조합장을 일개 이사에게 일임하여 선거하는
것은 부당하다며 각자 무기명 투표로 선거하자고 요구했다. 그럼
에도 불구하고 의장(이사)은 자기에게 일임함이 좋다고 고집을 부
려 조합원들은 이사가 조합원을 너무 무시하고 자기 마음대로 한
다고 일제히 소리치며 퇴장하였다.[97]

　다음은 임원 사이의 갈등이다. 영등포금조에서는 감사 이혜선과
이사 사이의 갈등이 표출되었는데, 이혜선은 자신의 부동산을 담
보로 하고 한 조합원(피수봉)의 명의로 5백 원을 대출한 것이 문제
가 되어 감사직에서 제명되었다. 이에 이혜선은 제명통지거절내용
증명서를 보내는 한편 명예훼손죄로 이사를 고소하였다. 또한 나
머지 감사 2명도 연서로 조합의 조치가 부당하다며 도지사에게 진
정하였다. 이에 대해 이사는 평의원회에서 결의한 것으로 자신의
뜻이 아니었다고 강변하였다.[98]

　다음은 민족 갈등 외에 조선인 임직원과 조선인 조합원 사이에
일어난 갈등이다. 먼저 경기도 江華군 온수금융조합에서도 이사와
조합원 사이에 갈등이 있었다. 그 원인은 이사의 전횡에 있었다.
이사는 일반 조합원을 무시하고 불공한 언사를 하였으며, 감사 및
평의원 선거 시에 조합의 선거권을 무시하고 자기 임의로 지정하
였다. 또한 1927년 4월 10일 총회 시에도 조합장 선거에 대해 자기
가 지명하겠다고 주장하였으나 일반 조합원의 극력 반대로 결국
투표 선거하기로 하여 김영지가 피선되었다. 그러나 이사는 임원
및 조합원 몇 명과 밀의하여 신임 조합장 불신임안을 제출케 하고,

---

97) 『東亞日報』 1927.4.25(4) 「安養金組定總」.
98) 『東亞日報』 1928.12.1(4) 「除名當한 監事가 理事걸어 告訴? 組合 貸附金
　　五百圓問題로 永登浦金組의 內訌」.

총회에 투표수가 출석자의 반수에 못 미친다는 이유를 들어 총회를 다시 개최한다는 청첩을 발하였다. 이에 경기도 재무과에서는 이사에게 총회를 중지하고, 이사는 등청하라는 등의 전보를 보내 이사의 전횡을 저지하였다.[99]

安仲금융조합 이사 유준희에 대한 반발도 그와 같은 사례이다. 유준희는 대부금 체납자 백여 명에게 '적'이란 표현을 쓰면서 '拔劍征伐은 莫不得'이란 글을 배부하고, 조합 사무실 벽에다 자신은 손에 칼을 들고 조합원을 찌르려는 모양을, 조합원은 두 손을 들고 비는 모양으로 그림을 그려 붙여 조합원들은 분개하여 칠팔십 명이 탈퇴하였다[100]

그밖에 전남 광양군 진상금융조합 서기 김영륜은 조합원을 폭행하는 등 행실에 문제가 많아 조합원들이 '서기를 배척하자'는 글을 써서 면사무소와 경찰관 주재소에 가서 진정하고, 다시 250여 명의 조합원이 특별회의를 개최하여 질문위원을 선정하고 조합 이사에게 그 처치방법을 질문하였다.[101]

이상을 통해 민족 감정에 의한 분규 외에 조합 경영상의 문제로 발생한 촌락금조에서의 분규에 대해 살펴보았다. 그 분규의 중심에는 일본인 이사의 전횡이 상당수 자리하고 있다. 이는 외형상 민족감정과는 무관하게 전적으로 업무와만 관련된 것처럼 보이지만, 일본인 이사의 전횡은 조선인 임원과 조선인 조합원에 대한 멸시를 바탕으로 한 것이었기 때문에 민족 감정에 의한 것으로 볼 수도 있다.

이상을 통해 살펴본 바와 같이 1920년대 도시금조와 촌락금조에

99) 『東亞日報』 1927.5.11(4) 「溫水金組紛糾, 理事의 專橫으로」.
100) 『東亞日報』 1924.4.16(3) 「理事暴言, 진위안중금룽조합 리사의 폭언과 분개」.
101) 『東亞日報』 1925.5.25(3) 「패악한 금조서기」.

제3장 금융조합의 조합원과 조합운영 참여 377

서 광범히 발생했던 분규의 원인은 크게 두 가지로 나눌 수 있다. 조합 구성원 사이의 민족 갈등과 조합 운영상의 부정·비리가 그 것이다. 1910년대 조합 운영상에서는 보이지 않던 이런 분규가 1920년대에 만연한 이유는 어디에 있을까. 1910년대에는 자료 어디에도 분규에 대한 언급이 없기에 분규가 전혀 없었다고 단정짓기는 힘들지만, 무단통치가 자행되던 시기에 조합 운영에 대해 불만을 가진 조합원들이라 해도 감히 문제삼을 만한 분위기가 아니었다고 생각된다.

그러던 것이 1920년대 들어오면 조합원들의 불만이 분출하게 되는데, 그 이유 가운데 가장 중요한 것은 아무래도 '3·1운동'의 영향을 꼽아야 할 것이다. 3·1운동 이후 조선 사회는 사회 각 부문에서 조선인들의 의식이 높아졌다고 할 수 있다. 높아진 사회의식으로 인해 조합 내에서 행해지는 여러 유형의 민족차별에 대해 조선인들이 문제를 삼고 나섰다. 그 결과 위에서 본 바와 같은 여러 유형의 분규가 발생했다.

둘째는 일제의 식민지배정책의 변화를 들 수 있을 것이다. 무단통치 대신에 기만적인 민족분열정책의 시행으로 일제의 식민 지배를 인정하는 조선인들은 어느 정도의 숨통이 열리는 상황이 되었다. 또한 허울뿐인 것이긴 하지만, '지방자치제'의 준비에 따라 조선 각지에서는 도 평의회, 부·면 협의회 등이 설치되었다. 선거제가 시행된 도시지역의 투표에서 비록 소수이긴 하나 이 자문기관에 당선된 조선인들 가운데 일부는, 앞에서 소개했던 바와 같이 1928년과 1929년의 도 평의회에서 민족감정에 바탕을 둔 자신들의 요구를 주장하기도 했다. 이러한 분위기 속에 금융조합의 조합원인 조선인들도 조합 운영에 적극 참여하여 자신들의 목소리를 내기 시작했고 이사 독단의 조합 운영에 제동을 거는 경우도 있었는데, 그것이 분규로 나타난 것이다.

셋째는 일선 금융조합에 만연하게 된 조합 직원에 의한 부정과 비리이다. 1921년 4월에 열린 전 도지사회의에서 총독(齋藤實)이 했던 지시 내용 가운데 금융조합 업무의 감독에 관한 사항이 있는 데, 특히 도시금융조합에 대한 업무 감독이 완만하여 조합 업무의 방만 및 업무집행자의 부정행위가 심하다고 지적하면서 도시금융 조합과 촌락금융조합을 불문하고 감독의 철저를 주문하였고,[102] 6 월에 열린 도 재무부장회의에서도 재무국장이 재차 강조하여[103] 이미 총독부의 골칫거리로 대두하였음을 파악할 수 있다.

3. 이사 민선제 폐지 이후의 금융조합 분규

앞에서 살펴본 바와 같이 1920년대 도시금조에서 빈발했던 분규 는 조합장이나 이사, 서기장 등 조합 임원 자리를 놓고 조선인 조 합원과 일본인 조합원 사이에, 그리고 조선인 조합원과 감독기관 인 도나 도금련 사이에 벌어진 경우가 많았다. 이러한 사태에 고심 하던 총독부 측으로서는 1929년 조합령을 개정하면서, 도시금조에 서 민선제 대신에 촌락금조와 같이 임명제를 도입했다.[104] 그러나 이러한 조치가 문제를 완전히 종식시키지는 못했음을 다음의 표를 통해 알 수 있는데, 다음 표는 1929년 조합령 개정 이후 1930년대에

---

102) 『金融と經濟』 25호, 朝鮮經濟協會, 1921.5, 89쪽.
103) 「道財務部長會同狀況」 『金融と經濟』 27호, 朝鮮經濟協會, 1921.7, 77쪽.
104) 문영주, 앞의 논문, 2004 참조.

걸쳐 도시와 촌락금조에서 발생했던 분규에 대해 정리한 것이다.

〈표 3-14〉 1930년대 금융조합의 분규

구분	유형	조합명	기간	사유 및 내용
도시	경영	의주	1929.7	정관변경(민선제→관선제), 조합장－조합원 갈등
	민족	신의주	1931.4	조합장 선거, 조선인－일본인 조합원 갈등
	민족	군산동부	1936.4	조합장 선거, 조선인－일본인 조합원 갈등
	민족	공주	1936.4	조합장 선거, 조선인－일본인 조합원 갈등
촌락	경영	초산	1929.4	조합장 선거, 조합원－이사 갈등
	경영	화천	1929.4	조합서기－조합원 갈등
	경영	금릉(김천)	1929.10	조합구역 문제
	경영	개천	1930.12	이사의 지불명령, 강제집행문제
	경영	회인(보은)	1930.12	조합장－이사 갈등
	경영	온수(강화)	1930.12	지소 설치 및 관할 문제
	경영	남해	1930.12	조합사무소 위치 관련 조합원－도 갈등
	경영	이천(강원)	1931.2	정관변경, 이사－총대 갈등
	경영	이원(옥천)	1931.4	조합원들이 이사규탄 탄원서 도에 제출
	경영	곽산	1931.4	조합장 등 역원 불신임
	경영	마장(영흥)	1931.5	조합사무소 위치 관련 조합원의 이의 제기
	경영	고원(고원)	1931.7	滿洲粟 분급 문제
	경영	김해	1931.9	이사－평의원 충돌
	경영	승주	1932.5	이사－감사 갈등
	경영	양덕	1933.4	조합장 선거에서 후보 지지자 간 충돌
	경영	장천(선산)	1933.4	조합장 선거 부정 시비
	경영	여산(익산)	1933.6	조합정관변경에 대해 조합원의 임시총회 개최 추진
	경영	태천남	1934.4	신 조합장 반대
	경영	대흥(예산)	1934.9	이사(조익환)의 불친절, 조합원 탈퇴
	경영	고원(고원)	1935.4	고리채정리자금 대출문제
	경영	완도	1935.9	이사－서기 갈등
	경영	울산	1936.4	조합장 선거
	경영	무산	1936.8	이사－직원 갈등

출전 : 『東亞日報』 해당 기사에서 작성.

위 표를 통해서 알 수 있는 바와 같이 1930년대 이후 금융조합의 분규는 도시금조에서는 크게 줄어든 대신 촌락금조에서 많이 발생하였다. 1920년대 조합분규의 주요 양상이 도시금조에서 이사선출을 둘러싸고 빚어진 조선인과 일본인 조합원 사이의 갈등이었는데, 1929년 조합령 개정으로 도시금조에서 이사 민선제가 폐지되었기 때문에 그와 같은 유형의 분규는 원천 제거되었다. 다만 그 불똥이 조합장 선거로 옮겨진 것을 볼 수 있다. 그와는 반대로 촌락금조에서의 분규는 증가했는데, 그 원인은 다양하다. 이 분규 증가의 이유는 기본적으로 촌락금조 조합원들의 권익 옹호의식 제고와 밀접한 관련이 있는 것으로 보인다. 그러면 분규의 사례와 특징을 살펴보자.

먼저 도시금조 이사 민선제를 관선제로 변경하려는 조합 정관변경을 둘러싸고 갈등이 폭발했다. 1929년 금융조합령 개정에 따라 평북 의주금융조합에서는 7월에 임시총회를 열고 조합 정관 변경을 결의코자 하였다. 그러나 다수의 조합원이 이에 반발하였다. 이사 관선은 '시대착오'라는 조합원 측의 주장과 금융조합령에 의한 조치임을 강조하는 조합장(고일청) 사이에 논란이 계속되다가 조합원 백여 명이 퇴장하고 나머지 70여 명의 조합원만 남은 상태에서 조합장은 원안 통과를 강행했다. 이에 다시 조합원 측에서는 조합장의 조합원 자격을 문제삼았다. 우여곡절 끝에 결국 정관변경 원안은 통과되었다.[105]

다음은 1920년대와 같이 임원 선출을 둘러싸고 조선인과 일본인 사이의 민족갈등으로 인해 발생한 분규 사례를 보자. 평북 신의주

---

105) 『朝鮮日報』 1929.7.17(4) 「금조이사를 관선함은 시대에 대착오, 반듯이 관선하여야 할 것이라면 총회도 쓸데없다고 백여 명 퇴장, 의주금조총회분규」. 당시 조합장은 고일청으로 일본의 法政대와 독일 베를린대 유학경력이 있는 자였다. 조합장의 조합원 자격문제란 그의 주소지가 신의주였기 때문에 의주금융조합 업무구역이 아니라서 조합원으로서 자격이 없다는 것이고, 이에 제명처분이 되거나 자진사퇴했어야 한다는 것이었다. 이에 고일청도 사퇴의사를 밝혔다. 그러나 1937년 현재 그는 여전히 의주금융조합장이었고, 1935년에는 중추원 참의에도 임명되었다.

금융조합에서는 1931년 4월 25일 정기총회를 개최하여 조합장을 선출하였는데, 수적인 열세를 만회하고자 전형위원을 통한 간접선거를 주장하는 일본인 조합원들과 직선을 주장하는 조선인 조합원 사이에 의견이 분분하여 결국 일본인 조합원들이 집단 퇴장한 끝에 치러진 선거에서 조선인(이희적)이 당선되었다. 이는 신의주금융조합 창설 이래 최초의 조선인 조합장이었다.[106]

이러한 사태에 당황한 일본인 측에서는 유지 多田榮吉을 앞세워 조선인 유지 20여 명과 4월 30일 밤에 모여 새로 선출된 조합장이 용퇴하면 반드시 조선인 조합장 재선출을 보장한다며 재선거 실시를 요구하였으나 이튿날 새벽까지 계속된 이 모임에서의 결론은 총회 결과의 번복 불가였다.[107]

이후 이러한 양태는 1936년 4월 전북 군산부의 동부금융조합에서 되풀이되었다. 이 조합에서는 정기총회를 열고 조합장 및 임원 선거를 실시하였다. 조선인 377명, 일본인 273명 등 650명의 조합원이 가입돼 있는 이 조합에서 종래 조합장을 비롯한 일반 임원의 절대 다수가 일본인이었다. 이날도 전형위원을 통한 간접선거를 주장하였으나 '이상적이고 공정하게' 한다는 의미로 선거를 실시했다. 그 결과 조합장에 조선인(이만수)이 당선되는 등 임원 가운데 감사와 평의원 각각 1명씩만 일본인이 차지하고 나머지는 조선인이 선출되었다. 이에 일본인 조합원들은 퇴장하였다.[108]

이후 조선인 측에서는 '문제를 원만히 해결하는 것이 선책'이라

---

106) 『東亞日報』 1931.4.28(3) 「朝鮮人으로서 最初組合長, 이에 분개한 일본인들이 組合分離를 劃策中」.

107) 『東亞日報』 1930.5.5(7) 「조합장 사직요구나 조선인 측은 불응, 쌍방의 혐의도 불득요령, 신의주금조장문제」.

108) 『東亞日報』 1936.4.18조(4) 「朝鮮人組合長 當選에 憤慨한 總代들 總退場, 조선인측은 그대로 의사를 진행, 群山金組總會 大波瀾」.

하여 군산 부윤에게 문제 해결을 일임하겠다고 발표했다. 조선인 측은 조합장을 제외한 나머지 신 임원은 총사직하고 재선거를 실시하되 조선인과 일본인은 각각 반씩 임원에 선출한다는 조건을 붙였다. 이후 군산 부윤, 3명의 도회 의원, 그리고 각 町友會에서 중재에 나섰다.109)

군산 부윤(佐藤)은 4월 21일 기자들을 불러 그 동안 진행된 교섭 상황을 설명했는데, 조합장을 포함한 신 임원은 전원 부윤에게 사표를 제출하고 해결을 부윤에게 일임하였으며, 5월 중순에 임시총회를 개최하여 임원선거를 다시 실시하기로 하였다는 것이었다.110) 1937년 현재 동 조합의 조합장이 이만수인 것으로 봐서111) 5월 임시총회에서도 그가 재 선출된 것으로 보인다.

충남 공주금융조합에서도 조합장 선거를 둘러싸고 조선인과 일본인 사이의 갈등이 심했다. 1936년 4월 정기총회에서 종전대로 전형위원을 통한 간접선거를 주장하는 일본인 조합원과 직접선거를 주장하는 조선인 조합원의 주장이 맞서다 결국 조선인 측의 주장대로 투표를 실시한 결과 후보자 가운데 아무도 과반수에 달하지 못해 선거는 무효가 되었다.112)

다음은 촌락금융조합의 사례를 보자. 그 첫 번째 유형은 조합장 선거와 관련된 것인데, 조합장 선거를 둘러싸고 경쟁을 벌인 양 후보 지지자 사이의 갈등도 있었다. 평남 양덕군 양덕금융조합에서는

109) 『東亞日報』 1936.4.20조(3) 「新任員 總辭職하고 組合總會를 再開, 부윤의 알선으로 해결은 될 듯, 問題된 "朝鮮人組合長"」.
110) 『東亞日報』 1936.4.23조(4) 「組合長을 싸고도는 波紋, 組合長以下 總辭職코 白紙로서 府尹에 一任, 임시총회는 五月중에 개최해, 群山東部金組紛糾後聞」.
111) 藤澤淸次郎, 위의 책, 656쪽.
112) 『東亞日報』 1936.4.23조(4) 「組合長選擧에 雙方意見對立, 조선인 측과 일본 내지인 측이, 公州金組總會流會」.

1933년 4월 총대회의를 열고 조합장 선거를 하였는데, 총회원 24명 가운데 12표를 얻은 후보(박천일)에 대해 조합 이사(山本賢三)는 범법사실이 있다며 2위 득표자(손치각)를 조합장으로 선출했다고 발표하였고, 이에 대해 박천일과 그에게 투표한 총대 12명은 평남도 당국과 도금련에 진정서와 항의서를 발송하며 반발하였다.[113)]

평북 태천군의 태천남금조에서는 1934년 4월 총대회의에서 조합장 선거를 하였는데, 전체 총대 가운데 과반수로 새로운 조합장(김병도)을 선출하였으나 반대파 2백여 명은 신 조합장이 13년 전 관직에 있을 때 횡령혐의가 있었음을 들어 평북 도지사와 조금련 평북지부장에게 반대 진정서를 제출하였다.[114)]

경남 울산군의 울산금융조합에서는 1936년 4월 정기 총대회를 개최하고, 조합장 선거를 실시하였다. 총대 129명 중 125명이 참석한 이 회의에서 청량면 면장이자 현 조합장과 또 다른 후보를 대상으로 투표한 결과 두 후보의 동점으로 나타났다. 이에 동점의 경우에는 연장자를 당선자로 정하는 관행이 있으나 울산금조의 정관에는 이에 관한 규정이 없어 이를 두고 양측의 갈등이 빚어졌다.[115)]

조합장 자리를 둘러싸고 이처럼 선거전이 치열하게 전개되었던 이유는, 면장과 면협의회원 등이 다수 겸했던 금융조합장직이 일제 식민지기 지역 유지들에게 이권을 제공해줄 수 있는 자리였기 때문이었다.[116)] 조합장 선출을 둘러싸고 갈등이 끊이지 않자 평북

---

113)『東亞日報』1933.4.28조(3)「組合長選擧不平 道當局에 陳情」. 그러나 이 항의는 결국 받아들여지지 않은 것으로 보인다. 양덕조합의 제3대 조합장은 손치각이었기 때문이다(藤澤淸次郎, 앞의 책, 81쪽).

114)『東亞日報』1934.5.15석(3)「前科가 잇다고, 新組合長反對」. 이 진정도 받아들여지지 않은 것으로 보인다. 1937년 현재 조합장은 김병도였다(藤澤淸次郎, 위의 책, 720쪽).

115)『東亞日報』1936.4.15조(4)「金組長 選擧에 波瀾을 演出」.

116) 종전의 임명제에서 1930년 지방제도 개편으로 선출제로 바뀐 면협의

도 이재과에서는 1937년 9월 금융조합장에 대해 최고 득표로 당선
된 경우라도 적임자가 아니면 인가하지 않겠다는 취지를 각 조합
이사들에게 통지하였다.[117]

촌락금조에서 일어난 분규의 두 번째 유형은 조합원과 조합 임
직원 사이에 빚어진 갈등으로 인한 것이 많았다. 그 가운데 조선인
조합원과 일본인 이사 사이의 갈등 사례는 다음과 같다. 1929년 평
북 초산군의 초산금조에서는 정기총회에서 조합장 선거를 둘러싸
고 조합원의 불평이 있었다. 현 조합장의 재임을 주장하는 이사에
맞서 조합원 직선으로 선출하자는 조합원들이 자신들의 요구가 받
아들여지지 않자 조합 탈퇴를 선언하고, 퇴장하였던 것이다.[118] 경
북 선산군의 장천금융조합에서도 1933년 4월 정기총회에서 조합장
선거를 실시하였는데, 이 선거를 두고 부정선거 시비가 일어 조합
원들은 임시총회를 소집하여 조합장 선거를 재실시할 것을 요구하
며 요구가 받아들여지지 않으면 연대 탈퇴하겠다고 하였으나 경북
도금련 이사장은 부정선거 시비를 일축하며 이사를 두둔하였다.[119]

역시 이사와 조합원 사이의 갈등에 관한 사례로서 민족 갈등과
는 관계없는 것은 다음의 두 가지이다. 이유는 알 수 없으나 충북
옥천군의 이원금조 조합원들은 연서로 이사에 대한 비난을 담은
탄원서를 충북도 당국에 제출하였으나 도 이재과장은 '전부가 개

회원 선거에도 지역유지들의 경쟁이 치열했다. 그 이유에 대해 지수
걸은, 뇌물과 향응을 매개로 한 청탁과 로비활동('뒷거래 정치')에 유
리했기 때문이라고 해석했다(지수걸, 앞의 논문, 1999.4, 62쪽).

117) 『東亞日報』 1937.9.12조(5) 「金融組合長의 選擧淨化企圖 "適任者 아니
면 認可 안해"」.

118) 『東亞日報』 1929.5.6(3) 「役員改選에 不平, 退場者까지 續出, 楚山金
組總會서」.

119) 『東亞日報』 1933.4.23석(3) 「善山 長川金組에서 不正選擧로 一波瀾, 이
사와 역원 간의 감정으로 注目되는 今後의 展開」.

인의 감정문제임이 사실인 고로' 별로 문제로 보지 않는다고 답변
하였다.120) 충남 예산군 대흥금융조합에서는 이사(조익환)가 업무
차 조합을 방문한 노인을 불친절하게 대하고 모욕하였다는 이유로
조합원 십오륙 명이 탈퇴신청서를 제출하였다.121)

조합원의 임원 불신임 사례는 평북 곽산금융조합에서 1931년 4
월 17일 정기 총대 총회를 개최하여 조합장(이진추) 이하 총역원
불신임안을 가결한 것을 통해 알 수 있다. 문제의 발단은 전해 11
월에 조합 서기가 거금을 절취하여 도주한 일이 있었는데, 보증인
2명에게 일부를 변상케 하였고, 잔액에 대해 조합 결손으로 처리할
지 이사의 변상으로 할지를 두고 논란을 빚다가 조합장을 비롯한
전체 임원에 대한 불신임으로 비화한 것이었다.122)

다음은 조합원 권리 옹호 투쟁으로 구분할 수 있는 것으로 전북
익산군 여산금조에서는 1933년 6월 조합원 1백여 명이 결속하여
정관과 조합 변경 신청을 하고, 임시 총회 개최를 추진하였다. 그
원인은 조합 측이 일방적으로 정관을 개정하여 조합원의 종래 권
한을 삭제하였기 때문이었다.123) 이에 따라 조합원 대표 12명(崔快
玉 등)은 평의원, 총대의 권리 신장과 일반 조합원의 권리 회복 등
을 담은 문건을 이사에게 제출하였으나 이사(佐藤)는 제안에 동의
한 총대를 일일이 방문하여 제안 취소를 강요하였다.124)

강원도 화천금조에서는 1929년 4월 조합원(박갑성)과 조합 서기

---

120) 『東亞日報』 1931.4.16(3) 不平欄.
121) 『東亞日報』 1934.9.9조(5) 「老人侮辱햇다고 金組員들이 脫退」.
122) 『東亞日報』 1931.4.23(3) 「郭山金融組合 役員全部 總辭, 총회에서 문
    제를 일으키어, 五千圓假拂金問題로」.
123) 『東亞日報』 1933.6.20석(3) 「組合員의 權限 削除로 礪山金組紛糾, 組
    合員利害에 重大問題, 百餘名이 結束蹶起」.
124) 『東亞日報』 1933.7.7조(3) 「提案取消强要, 礪山金組紛糾, 조합원 대 이
    사 강경대치, 今後事態가 注目處」.

사이에 대출금액 규모를 두고 논란이 있었다. 조합원은 150원을 대출하였다고 주장하고, 서기는 210원을 대출했다고 주장하였다.[125] 이 사례는 조합 직원과 조합원 사이의 갈등에 대한 것이라 할 수 있다.

다음은 조합운영을 둘러싼 갈등인데, 함남 고원군의 고원금융조합에서는 1935년 4월 조합 총대회를 개최하였는데, 고리부채정리자금의 운용을 둘러싸고 일부 의원들이 조합당국을 규탄하였다. 그 이유는 동 조합에서 조금련으로부터 차입한 고리채정리자금은 2만 2천 원이었으나 실제로 대출된 것은 4400원에 불과하였기 때문이었다. 이 같은 결과를 두고 조합원의 곤경을 몰이해하는 불친절한 처사이며 동 자금 운용의 근본정신에 위반된다며 규탄을 하고, 운용하지 않을 자금을 차입하여 공연히 이식만 지불하느니 차라리 반환하라고 요구하였던 것이다.[126]

또한 같은 조합에서는 만주 粟 400俵를 수입하여 조합원들에게 나눠준다고 하였으나 240표만을 분급하고 나머지 160표는 중간상에 도매하여 지탄을 받았다. 이에 대해 조합 이사는 평소 성적이 양호한 조합원만을 대상으로 하였기 때문이라고 변명하였다.[127] 이에 대해 '동 조합의 알선방법을 보면 적극적 중농 본위에 그칠 뿐'이라는 비판이 제기되었다.[128]

---

125) 『朝鮮日報』 1930.1.5(7) 「의운이 중첩한 화천금조문제, 조합에서는 빗을 주었다고 조합원은 빗을 쓴일업다고」.
126) 『東亞日報』 1935.4.16조(4) 「高原金組總會, 高利債整理資金問題로 波瀾」. 이에 대해 조합 당국자는 금후 동 자금운용방법에 조합원의 편의를 도모하겠다고 답변하였다.
127) 『東亞日報』 1931.7.30(3) 「組合員 爲해 購入한 粟을 中間商人에 賣却 조합원에게 다 주지 안해, 高原金組에 組員不平」.
128) 『東亞日報』 1931.8.2(3) 地方論壇 「金組의 使命을 遂行하라」(高原 一記者).

다음은 조합구역 관련 갈등의 사례이다. 함남 영흥군 덕흥면의 마장금조는 덕흥면, 순녕면 등 2개 면을 구역으로 하여 1931년 5월 1일 업무를 개시하였는데, 당초 영흥읍 운평리에 조합 사무소를 설치하려던 방침이 별다른 설명 없이 갑자기 변경되어 덕흥면 신풍리에 설치되었다. 이에 대해 일부 조합원들은 당초 지점으로 이전해 달라는 문제제기를 하여 갈등을 빚게 되었다.[129] 이후 1933년 가을 일부 조합원들이 이 문제를 다시 제기하여 1934년 3월 2개면 지역 조합원의 연서로 조합총회 소집청원서를 제출하였고, 그에 따라 4월 15일 조합 총회가 열렸는데, 이 자리에서 역시 조합 사무소 위치 문제로 갑론을박을 거듭하다 급기야 유회되었다.[130] 이어 1936년에 이르면 조합사무소의 신축 결정으로 이 문제는 해결되었다. 즉 이전을 반대하는 덕흥면 마장시 주민들이 조합 사무소 건축을 위해 부지를 제공하려고 약 1천 원을 조합에 기증하기로 하였다.[131] 이후 4월 20일 정기 총대회에서 마장시 주민들의 기부금으로 조합 사무소 신축을 결정하여 이 문제는 일단락을 맺게 되었다.[132]

그러나 건축 설계가 끝나고 건축에 착수하려고 할 때 새로운 문제가 발생했다. 마장시 주민이 기증하기로 했던 부지 문제가 해결되지 않았던 것이다. 이에 당초 마장에 신축하는 것을 바라지 않고 있던 도 당국과 연합회 지부 측의 태도에 따라 영흥읍 이전을 주장하는 측의 유치 움직임이 재개되었다.[133] 결국 마장금조 위치문제는 현 위치 존속으로 결말을 맺은 것으로 보인다. 1937년 현재 마

129) 『東亞日報』 1931.7.29(5) 「馬場金融組合 位置問題 再燃, 移轉을 積極的 運動」.
130) 『東亞日報』 1934.4.18조(5) 「金組 位置問題로 兩地民 對立」.
131) 『東亞日報』 1936.4.4조(3) 「金組 位置問題로 馬場市民 蹶起」.
132) 『東亞日報』 1936.4.23조(5) 「多年間 懸案中의 金組位置 確定」.
133) 『東亞日報』 1936.7.20석(2) 「馬場金組位置 再次問題化」.

장금조 사무소 주소는 덕흥면 신풍리였다.

경남 남해군에서도 남해금조의 구역을 분리하여 해양금융조합을 신설하는 과정에서 조합 사무소의 위치 문제로 조합원과 경남도 사이에 갈등이 생겼다. 1932년 12월 6일 남해금융조합 신설을 위한 설치위원회가 개최되었는데, 남해면에 사무소를 두려는 당국의 의도에 맞서 조합원들은 고현면 도마리에 설치해 달라며 문제를 제기하여 회의도 연기되었고, 결국 도에 진정서를 제출하게 되었다.134)

김천의 금릉금융조합은 1929년 10월 20일 금융조합 신설준비위원회를 개최하여 김천군 10개 면을 동·서부로 나누어 각각 5개 면씩을 조합구역으로 정했다. 이때 '중요 조합원' 20여 명이 출석하였는데, 서부조합원 측에서는 교통 불편을 이유로 극력 반대하였으나 이사(杉山彦藏)는 자기 의견만을 일방적으로 주장하여 서부 조합원들이 퇴장하기도 하였다.135)

경기도 강화군 온수금융조합에서도 양도면 건평리에 지소를 설립하게 되어 강화금융조합의 업무구역인 내가면을 건평지소 관할로 하기 위해 1930년 12월 17일 임시총회가 열렸으나 조합원 320여 명의 반대로 부결되어 차기 총회로 미루고 유회되었다.136)

금융조합 이전 문제에서 발단이 되어 재판정에 간 사건도 있었는데, 제2장에서 살펴보았던 삼랑진금조 문제였다. 이 금조에서는 습격사건까지 일어나 13명에 대해 판결이 있었는데, 2명은 징역 6

---

134) 『東亞日報』 1932.12.16조(3) 「金組 位置問題로 道에 陳情書 提出, 兩面 組合員이 反對」; 『東亞日報』 1932.12.21조(5) 「金組 位置問題로 又復 陳情準備, 雪川古縣組合員들이」. 이 진정은 끝내 받아들여지지 않은 것으로 보인다. 1937년 현재 해양금조의 사무소는 남해면 아신리에 있었기 때문이다(藤澤淸次郎, 앞의 책, 233쪽).

135) 『東亞日報』 1929.10.23(3) 「東西兩部로 金融組合分離, 하나를 둘로」.

136) 『東亞日報』 1930.12.21(6) 「구역분리 반대, 강화금조에서」.

개월, 집행유예 3년을, 11명에 대해서는 20원에서 80원까지의 벌금형을 부과했다.137)

다음으로는 조합장 및 조합원과 도연합회의 갈등이다. 평남 개천금조에서 이사의 지불명령과 강제집행에 대해 조합장이 조합원 기채금 기한 연장 등 3건을 결의코자 임시 총대회를 개최하려 하였으나 도연합회에서 이 문제는 이사에게 일임하고 총대회는 금지하다고 통지하였다.138)

다음으로 도금련이 이사를 통해 감독 당국의 의사를 관철하려 한 사례는 강원도 이천금조에서 1931년 2월 22일에 개최한 총대회를 통해 알 수 있는데, 정관 13조 잉여금 4분의 1을 법정준비금으로 적립하는 건을 2분의 1로 변경코자 했다가 출석 총대 30여 명이 전부 불찬성하여 부결되었다. 그러나 이사(篠塚鎭雄)는 도금련의 지시임을 들어 송규환 등 유력한 총대 4명에게 총대회 재개최 및 가결에 대한 협조를 부탁했다.139)

다음은 이사와 조합 임원 사이의 갈등인데, 충북 보은군의 회인금조에서 이사 김수혁이 조합장 정태로와 의견충돌로 갈등을 빚다가 사직원을 제출했는데, 천여 조합원과 지방 인사들이 유임을 청하고 충북도에 진정하는 일도 있었다.140) 또한 경남 김해금융조합에서는 1931년 9월 12일 조합장 선출을 위한 임시총회를 개최하였는데, 평의원회의 시에 이사의 발언을 둘러싸고 이사와 평의원 사이에 충돌이 일어나 평의원이 퇴장하기도 하였으나 이사의 사과로

---

137) 『東亞日報』 1937.8.7조(4) 「三浪津金組襲擊事件 十三名判決言渡 二名執猶, 十一名罰金」.

138) 『東亞日報』 1930.12.27(3) 「价川金組懇談, 총회는 금지」.

139) 『東亞日報』 1931.3.7(7) 「否決된 定款改正, 總代會 再開催? 총대 의사를 무시한다 비난, 伊川金組의 窮策」.

140) 『東亞日報』 1930.12.13(3) 「理事留任運動」.

일단락되었다.[141] 전남 승주금융조합에서는 1932년 5월 5일 신임 감사 3명이 이사에게 조합 운영관련 장부를 열람할 수 있게 해 달라고 요구하였으나 이사는 이유 없이 응하지 않아 감사 등은 감독 관청인 전남도에 그 내용을 보고하였다.[142]

그밖에 1935년 9월 전남 완도금융조합에서 이사가 조합 서기에게 '별 이유 없이 사직서를 제출하라고 강요'하여 둘 사이에 싸움이 벌어졌고 서기는 경찰 조사를 받게 되었다.[143] 또한 함북 무산군의 무산금조에서는 1936년 8월 조합 직원 5명이 총사직하였다. 이들은 이사에게 불만을 갖고 있던 중 사직서를 제출한 것이었다.[144]

위에서 살펴본 대로, 1930년대 일어난 조합 분규의 특징은 다음과 같다. 먼저 도시금조에서 일어났던 이사 선출을 둘러싼 민족 갈등이 수그러들었다. 이는 1929년 조합령 개정 시 이사 민선제를 폐지한 조치에 의한 것으로 바로 이 조치에 대한 조합원의 반발로 이시기 조합 분규의 서막이 열렸다. 또한 이사 대신 조합장 선출을 둘러싼 민족 갈등으로 전화되었다.

반면 촌락금조에서의 분규는 다양했다. 조합 이사와 임원 및 서

---

141) 『東亞日報』 1931.9.15(3) 「金組總會 波瀾, 組合長엔 朴氏」. 문제의 발단은 장유 지소의 부정에 대한 감독책임을 이사가 평의원에게 전가시키고, 연체 대부금의 정리를 둘러싸고 1, 2개월간 유예를 주장하는 평의원에 대해 해당 평의원이 책임을 지겠다면 그렇게 하겠다고 답변하는 등 이사가 평의원들을 자극하였던 것이다.

142) 『東亞日報』 1932.5.13(4) 「監事 文簿檢査에 金組理事 不應, 도지사에 보고, 대책 강구 등, 問題의 昇州金組」. 이에 앞서 이사와 전 조합장 사이에 충돌이 있었고, 신임 조합장 선출을 둘러싸고 일부 조합원 측에서 부정선거설을 제기하는 등 조합 운영 관련 갈등이 계속되었다.

143) 『東亞日報』 1935.10.1조(3) 「金組理事와 書記가 亂鬪」. 당시 이사는 池田直次郎이고, 서기는 宋秀完이었다.

144) 『東亞日報』 1936.8.26석(2) 「金組理事總辭職」. 무산금조의 이사는 小田稔이었다.

기 사이의 갈등도 있지만, 조합원의 권익 옹호에서 나온 것도 적지 않았다. 조합 구역 및 사무소 위치 관련 분규와 정관 변경에 대한 반발, 그리고 조합 업무에 대한 불만 등이 그것이다. 특히 고리부 채정리자금 대출문제를 둘러싼 조합원들의 문제 제기는 그 사업이 속해있는 농촌진흥운동과의 관련성 문제, 그리고 농촌진흥운동에서 금융조합 역할에 대한 평가 문제와 관련해 생각해 볼 수 있다.

또한 앞의 문제들과 관련하여 이 시기의 분규의 또 하나의 특징은 조합원들의 조합 활동에 대한 참여가 수동적이고 피상적인 것에만 머무르지 않고, 주체적이고 적극성을 띠는 양상도 나타났다는 점이다. 조합 측의 일방적 정관 변경에 맞서 조합원 백여 명이 임시 총회 개최를 추진하는 것 등이 그것이다.

결국 위와 같은 갈등이 일어나게 된 배경은, 무엇보다도 금융조합 자체의 문제에서 비롯됐다고 할 수 있다. 금융조합이 겉으로는 신용조합을 표방했지만, 실제 경영방침으로 보면, 소규모의 은행이라 할 수 있어 조합원의 뜻대로 조합사업이 진행되지 못하였기 때문이었다.[145]

또한 이상에서 살펴본 것들은 모두 1936년까지를 대상으로 한 것들이다. 그 이후의 사례가 보이지 않는 것은 1910년대의 경우에서처럼, 그 사실을 반영하는 자료가 없다는 문제이거나 아니면 실제로 발생하지 않았거나 일 것이다. 그것은 다시 1937년 중일전쟁 이후 전시통제기에 접어들면서 신문 기사를 통제했거나 아니면 조합 분규 발생을 억제했거나 하는 문제와 직결된다. 어쨌든 전시통제기에 접어들면서 금융조합도 그 체제에 동원되었고, 그 과정에서 조합원의 권익을 주장하는 목소리들은 철저히 억압되었을 것으로 보인다.

---

145) 『朝鮮中央日報』 1934.5.15(1) 사설 「금조대산조의 조정문제」.

결 론

　이상을 통해 1907년 지방금융조합이 창설되는 것에서부터 1945
년에 해방에 이르기까지를 대상으로 금융조합을 고찰하였다. 필자
는 금융조합의 인적구성이 저변, 중층, 정점 등 3단계로 이루어져
있고, 조합원－조합 간부－총독부 관리 등이 각각 그 단계에 조응
한다고 생각했다. 정점에 있는 일제 식민정책 당국자의 의도가 중
층의 조합 경영자를 통해 저변의 조합원에 전달되고, 조합 운영에
반영되었다고 보기 때문이다.

　정점의 영역에 속하는 것은 조합 관련 법령 등 장단기 정책이었
다. 그리고 정점에서 결정된 장단기 정책이 중층에 전달되는 길은
법령의 공포와 조합 관계자와의 회의를 통해서였다. 중층에 속하
는 것은 조합장과 이사 등 조합 내 간부들이었다. 이들은 총독부
관리들로부터 지시받은 장단기 정책을 조합운영에서 관철하였으
며, 조합원 총회를 통해 조합원에게 전달했다. 저변에 있는 조합원
은 조합 이용을 통해 정점으로부터 전해진 장단기 정책과 방침들
을 실현했던 것이다.

　필자는 또한 1907년의 지방금융조합규칙의 제정, 1918년과 1929
년의 금융조합령의 개정, 그리고 1937년 중일전쟁 이후 전시체제

기의 성립 등을 기준으로 금융조합에 대해 시기 구분하고, 각 시기를 '기-승-전-결'로 삼아 금융조합을 조망하였다. 즉 위에서 말한 3단계 인적 구성을 날줄로 하고, 위 네 시기를 씨줄로 삼아 한말 일제하 금융조합을 고찰했다.

필자는 서론에서 다음과 같은 여섯 개의 사항에 중점을 두고 고찰하겠다고 했다. 첫째, 금융조합의 설립 경위와 설립 이유, 둘째, 금융조합 활동의 시기별 특징, 셋째, 금융조합 조합장과 이사의 시기별 특징, 넷째, 일제의 금융조합 개입상황, 다섯째, 조합원 구성의 시기별 특징, 여섯째, 금융조합 내부운영 양상 등이다.

이상을 통해 고찰한 결과를 여섯 가지 사항을 중심으로 정리하면 다음과 같다.

첫째, 금융조합의 설립 경위와 그 이유에 대한 것이다. 금융조합은 일제가 한국 경제를 식민지적으로 재편하는 과정에서 입안되어 설립되었는데, 재정정리·화폐정리사업, 식민지적 금융기관 설립이라는 이른바 '目賀田개혁'의 일환으로 계획되었으며 농공은행을 보조하여 금융경색을 완화시키려는 목적으로 만들어졌다.

지방금융조합제도는 目賀田의 구상에 따라 재정고문부의 주도로 입안되어 '지방금융조합규칙'에 의해 공식화되었다. 이 과정에서 대한제국 정부는 법령의 공포 과정에나 개입하는 정도로 그냥 들러리였을 뿐이고, 모든 것은 재정고문부 및 지부의 일본인 관리 주도로 진행되었다.

이때 만들어진 '규칙'을 비롯한 여러 법령을 통해 지방금융조합 설립에 대한 일제의 의도를 파악할 수 있는데, 그것은 한국을 일본의 실질적인 식민지로 재편하는 과정에서 한국 농민의 호의적 반응을 기대하며 지방금융조합으로 하여금 고리대인 사채보다 저리의 자금을 농민에게 대부하는 금융활동을 중심활동으로 하게하고,

대부 과정에서의 곡물 담보와 위탁판매, 그리고 농사지도, 징세와
화폐정리도 병행하게 하였던 것이다. 이러한 활동은 농업생산력을
증대시키고, 농산물의 상품화를 촉진하는 사업들이었다. 이를 통해
금융조합은 한국 농촌을 일본 제국주의를 위한 식량과 원료 공급
지로서 기능하도록 재편하는 데 기여했다.

둘째, 금융조합 활동의 시기별 특징이다. 1907년에 시작되어
1910년대를 관통하며 전개된 지방금융조합의 활동은, 농사자금의
대부, 위탁 판매, 농사지도 등을 통해 쌀의 상품화를 촉진하였다.
1920년대 '산미증시계획기' 금융조합의 활동은 금융활동에 집중되
었는데, 각 도 금융조합연합회는 관내 자금 여유가 있는 조합으로
부터 받은 예금을 낮은 이자로 식산은행에 예치해두고, 반대로 높
은 이자의 차입금을 조달하여 자금이 부족한 조합에 대부함으로써
역마진을 발생시켰고, 그 부담을 일선 조합과 조합원에게 전가시
켜 도내 자금 과부족 조절이라는 고유의 기능을 제대로 수행하지
못했다. 도시금조의 활동은 도시에 본점과 지점을 둔 보통은행, 특
히 조선인 보통은행과의 예금경쟁을 빚으며 갈등상태에 있었다.
촌락금융조합은 예금과 차입금을 위주로 조달하여 농사자금으로
방출했는데, 특히 '산미증식계획'과 관련해서 일본 대장성 예금부
자금이 식산은행을 거쳐 농사개량저리자금으로 금융조합을 통해
농촌으로 흘러들어 갔다. 그러나 조합원 가입자격의 제한과 그로
인한 자금 융통의 왜곡 등으로 1920년대 금융조합 활동은 효과를
거둘 수 없었다.

1930년대 '농촌진흥운동'기에 금융조합은 '물 만난 고기'였다.
특히 조금련 창설 이후 전시체제기 이전의 기간은 금융조합 관계
자에 의해 금융조합 역사상 '극성기'로 평가받을 정도였다. 그 결
과 금융조합의 금융활동도 '농촌진흥운동'의 일환으로 이루어졌다.

그 대표적인 것이 자작농창정과 고리채정리를 위한 자금 대출이었다. 이 시기 자금의 조달은 주로 예금과 특별차입금, 산업채권 발행으로 이루어졌다.

자작농창정자금 대출을 통해 일부 농가의 계층 상승이 이루어졌다. 그러나 자작농지 설정사업은 '갱생 실적이 현저한' 농가를 중심대상으로 진행되어 매우 제한적이었고, 일부 농가의 계층 상승은 결국 이웃 영세 빈농의 대량 탈농의 대가였다. 고리채 정리사업은 초기 자금의 규모가 소액이라 수요에 충분히 응할 수 없었고, 담보를 제공할만한 능력이 있는 계층에게나 유용했으며, 그 방법은 채무자에게 도움이 되는 채무액의 조정 감액 등을 위해 조합 이사 등 유지들의 '알선' 압력이 사용되었다.

전시체제기, 특히 태평양전쟁기에 접어들면 채권 발행, 차입금 등을 통한 자금조달은 그 비중이 현격히 작아지고 강제저축에 의한 예금 비율이 압도적으로 커진 것이 자금 조달면의 특징이었다. 또한 이전에는 비조합원 예금이 압도적이었으나 일제 말기에 이르면 조합원 예금과 비조합원 예금이 거의 비슷해지는데, 이는 조합원수가 '전가포용'에 가까워지고, 전시총동원체제기에 천인[공제] 저금이 급격히 증가되었기 때문이었다. 아울러 운용 면에서는 대출이 극력 억제되고, 전시통제를 위한 정책 대출에 제한되었으며 대신 유가증권 매입 비중이 압도적으로 커졌다. 일제의 전비 조달에 동원되었기 때문이다. 또한 식산계 설립을 계기로 다시 실시된 공동판매사업에서는 곡물의 비중이 높았고, 이는 특히 태평양전쟁 발발을 전후로 하여 급증했는데, 그렇게 모아진 곡물은 일본의 대재벌을 통해 일본으로 이출되었다. 식량을 비롯한 물자와 인력을 대상으로 취해졌던 총동원 조치의 일환이었다. 아울러 전시통제에 따라 조합원에 대한 정신훈련도 강화하여 '시국인식 보급' 활동도 실시되었다.

　셋째, 금융조합 조합장과 이사의 시기별 특징이다. 먼저 조합장에 대해 규정한다면 지역의 유지 집단이었다고 말할 수 있다. 창설기에는 현직 관리 배제에 따라 조선 및 대한제국에서 관직 경험이 있는 사람 또는 지역 유지층 가운데 조합장으로 선택되었으나 1910년대 후반 이후가 되면 '면'의 인물이 발탁되었다. 이시기 일제의 지방정책의 변화에 따른 것이었다. 종래 임의 행정기구였던 면이 법정 행정단위가 되고, 실권이 부여됨으로써 지역 유지 가운데 면장과 면협의원이 일제 협력자가 되었다. 과거 지역 유지들이 면장과 면협의원의 명패를 부착한 셈이었다. 이들은 신분, 재산, 학식 등에서의 우위를 바탕으로 지역에서 영향력을 행사할 수 있는 세력이었다. 일제에 의해 선택된 이들은 일제에 적극 협조하면서 각종 이권을 챙기고, 그 영향력을 유지, 확대했다.

　이사는 일본인이 주로 임명됐는데, 최초에는 초급대학 졸업 수준의 지식을 갖고서 20대 중반 정도의 청년들이 다수였다가 1910년대에 고등상업학교 출신이 급증했다. 1920년대 중반 이후가 되면 제국대학과 사립대학 졸업자가 다수가 되는 특징을 보이며, 이들은 모두 식민지 경영의 첨병이었다. 1919년 말부터 등장하는 조선인 이사 역시 고등상업학교와 대학 졸업자가 다수로서 일신의 안위와 영달을 추구하여 식민지배에 협조한 식민지 엘리트의 범주에 속하는 자들이었다. 그들 가운데 일부는 해방 후 조금련의 본부와 지부를 장악하여 금융조합이 일제의 유산으로서 청산되지 않고 존속할 수 있도록 진력하였으며, 그들 가운데 역시 일부와 조합장 출신의 일부는 국회의원에 당선되어 대한민국의 주도세력에 편입되기도 했다.

　넷째, 일제의 금융조합 개입상황이다. 이것은 정책 당국자와 조합 경영자의 회의를 통해 이루어졌다. 1910년대는 이사를 소집하여 총독이 훈시하는 형태였다. 4차례의 총독 훈시 내용을 1910년대 일제의 금융조합정책, 나아가 식민정책과 관련해서 살펴보면, 4차례 모두 저축 장려를 강조했다. 총독부의 대하금만으로 대출하던 행태로는 금융조합의 확장과 활성화가 불가능했기에 조합원 예금을 동원하기 위한 조치였다. 둘째, 초기 2회에서는 위탁판매와 공동구입 등과 농사개량 등 농업생산력의 증대와 농업생산물 상품화 촉진을 위한 활동을 강조했다. 그것이 후기 2회에서 보이지 않는 것은 그 활동의 중요성이 떨어졌다가 보다는 이들 사업에 대한 독려로 인해 어느 정도 궤도에 올라섰고, 그에 따라 구태여 재론하지 않아도 좋다고 판단하였기 때문으로 생각된다.

1920년대에는 각 도연합회 이사장회의가 10년대 이사회의와 마찬가지의 기능을 했고, 여기에 도시금조 임원 간담회와 도 단위 이사회의도 병행되었다. 1930년대에는 다시 이전 시기의 회의들 외에 금융조합 대회라는 대규모 행사가 추가되었다. 이러한 회의를 통해 총독부의 방침이 보다 신속히 전달되어 시행될 수 있게 되었다.

1929년 개정 조합령의 시행 이후 금융조합 관계자들의 모임에 새로운 경향이 나타났다. 1929년 10월부터 개최된 금융조합대회가 그것이다. 이들 대회에서 총독부 관계자가 강조했던 것은 조합원 증모, 저축 장려, 조합정신의 작흥이었다. 또한 1935년과 1940년 두 차례에 걸쳐 개최되었던 전조선 금융조합 이사협의회는 당시 총독부가 전력을 기울여 추진하고 있던 농촌진흥운동에 금융조합이 전 조직적으로 참가하기 위한 결의를 다지고, 일제와 총독부가 사력을 다해 수행했던 '국가총동원' 시책에 부응하여 금융조합에서도 적극 참여할 것을 다짐하는 자리였다.

다섯째, 조합원 구성의 시기별 특징이다. 최초에는 지주를 배제하고 소농 위주의 조합을 표방했다. 식민지화 이전이었기에 국민의 절대 다수를 차지했던 소농의 인기에 영합하려는 술책이었던 것이다. 이후 식민체제의 기반 구성이 일단락되는 1910년대 중반에 이르면 조합원 자격을 강화하여 중농이상으로 제한하며 일본인에게도 조합원 자격을 허용했다. 다시 1918년부터는 도시의 상공업자에게도 문호를 개방하였고, '조합원 증모'를 표방하면서도 조합의 수지 균형을 위해 중농 위주라는 틀을 깨지는 못했다. 그러다가 1930년대 '농촌진흥운동'의 전개에 맞춰 여러 수단을 통해 조합원 증가를 이루고, '5할 포용', '8할 포용', '전호 포용'을 표방하며 목표 달성을 위해 '일로매진'했다. 그 배경으로는 식산계라는 촌락조직이 매개체로서 작용했으며, 전시체제기에는 농촌통제를 통한 목적 달성을 위해 더욱 매진했던 것이다. 그리하여 일제 말기에 이르면 전 농가의 98%라는 경이적인 조직률을 이루게 되었던 것이다.

여섯째, 금융조합 내부운영 양상이다. 조합원은 조합원 총회를 통해 조합 경영에 참여하였는데, 1920년대에 도시금조에서는 민선제였던 이사 선출을 둘러싸고 분규가 빈발했다. 주로 조선인과 일본인 조합원들의 민족감정에서 기인된 문제였다. 이에 총독부 측에서는 문제 발생 소지를 없애기 위해 1929년 조합령 개정시 민선제를 폐지하고 관선제를 도입했다. 이후 도시금조에서 이사선출을 둘러싼 분규는 사라졌지만, 촌락금조에서 조합 경영을 둘러싼 갈등이 발생했다. 조합 측의 일방적 조치에 맞서 조합원 임시총회를 준비하는 모습에서 민주적 운영의 싹을 발견할 수 있는데, 식민지라는 조건이 없었다면 민주주의를 훈련하는 장이 될 수도 있었겠지만, 식민지 금융기관이라는 태생적 한계가 그것을 불가능하게 했다. 일제는 그럴 의사가 애초에 없었기에 그 싹을 자르기에만 급급했다. 그리하여 이 회의는 관치성이 관철되고, 중앙집권적 행태만 난무하게 되었던 것이다.

이상을 통해 필자가 보고자 했던 여섯 가지 사항을 중심으로 일제 식민지기 금융조합의 인적구성과 그를 둘러싼 활동과 운영 양상 등을 정리했다. 금융조합은 일제가 한국경제를 식민지로 재편하는 과정에서 입안되어 설립되었고, 일제의 식민정책을 조선 농촌에서 실행했던 기관이었다. 그 과정에서 금융조합은 식민지적 근대화에 기여했다. 한국 현대사에서 식민지적 근대화는 많은 문제와 과제를 남겼다. 정치에서의 독재체제, 경제에서의 정경유착과 관치경제, 사회에서의 실적주의와 온정주의 등이 그것이다.

식민지기에 식민지적 근대화에 기여했던 금융조합 역시 이와 같은 여러 문제 형성에 영향을 주었고 해결해야할 과제도 동시에 남겨주었다. 그 과제의 해결은 해방공간에서 이루어졌어야 했지만, 그렇지 못했던 것이 한국현대사 불행의 시작이었다. 해방 이후 일제 잔재의 청산과 농민 주체의 협동조합 건설이라는 시대적 요청 앞에, 북한에서는 일제 잔재의 청산과 인민정권의 수립 계획의 일환으로 농민은행에 흡수된 반면, 남한에서는 미군정의 점령정책과 이승만의 권력욕에 따라 일제 착취기관의 하나였던 금융조합이 온존 강화되었다. 그에 따라 금융조합의 과거 조직이 그대로 존속되고, 과거의 인물이 그대로 활동하고, 과거의 업무가 그대로 행해졌다. 이후 금융조합은 1958년 농업은행과 농업협동조합으로 분리되었지만, 1961년 5·16 쿠데타 세력에 의해 농협중앙회로 재통합되어 현재에 이르고 있다. 금융조합은 매 시기별로 특징을 갖고 있었는데, 여러 특징을 관통하는 하나의 흐름은 '관치성'(또는 관제성)이다. 이 특징은 식민지적 금융기관으로서 창설될 때부터 시작되어 일제의 식민정책을 뒷받침하는 식민지 농업금융기관으로서 활동하던 식민지기를 지나, 극우반공 독재가 맹위를 떨치던 이승만 정권시기까지 이어졌다. 그리하여 금융조합 관련 법령의 제·개정, 금융조합의 구조 개편, 금융조합의 신·증설, 조합원의 모집, 조합 직원의 채용, 조합 업무의 시행 등 처음부터 끝까지 관의 간섭이 미치지 않은 곳이 없었다. 그리고 이 관치성은 농협으로 개편된 이후에도 오랫동안 이어졌다.

이 관치성의 중심에는 금융조합의 인물들이 있었다. 해방을 맞아 식민지 잔재를 청산하고, 민주적 질서를 수립할 수 있는 기회가 무산된 틈을 타 일제로부터 훈련받은 인물들(임직원)은 일본인들이 물러간 자리를 차지하고 조직을 장악하여 앞에서 언급했던 금융조합의 과제 해결을 가로막았다. 그 결과 금융조합의 후신인 농협은 아직도 과거 금융조합에 쏟아졌던 비판에서 자유롭지 못하다. 지금도 들끓고 있는 협동조합 개편 요구의 뿌리는 여기에서 비롯된 것이다. 그런 면에서 금융조합은 과거 청산이란 곧 인적 청산임을 여실히 증명한다고 할 수 있다.

〈부록 1〉 제1기(1907~1918)
지방금융조합 조합장 명단 및 경력사항(47명)

금조명	이름	생년	주소/출신학교	경 력	초임년도	기타경력
순천	金順枰	1864	순천군 소안면	정3품, 전 비서감승 주임관6등. 금조 조합장. 유지가	1907	
광주	崔相鎭	1852		정3품, 중추원 의관, 농공은행 이사, 독농가, 공자교 숭신, 금융조합장	1907.06	
성주	裵相洛	1885		양반. 전화과 주사. 성주군 주사 역임. 일본 각지 시찰. 성주금조 설립위원, 조합장. 유지가	1907.12	
남양	홍익선	1856		평북 관찰주사, 남양금조 조합장, 보통학교 재단위원	1908.07	
이천	鄭起鎔	1858	한학	이천군주사, 우편전신취급소 주사, 사립학교장, 군참사, 장의	1909	1937년 현재까지 조합장
浦川	金翰郁	1875	사숙	1901 성균진사, 마산면장, 1925 면협의원, 수리조합평의원, 학교평의원, 산업조합평의원	1909	
금산	박승현	1862		정6품. 금산금조 조합장. 독농가, 유교 숭신	1909.07	
고창	박건하	52세		전북 고창. 전 중추원 의관. 주임관 6등. 지방위원, 보통양정학교장, 권업위원. 동군 명망가, 조합장	1909.07	
음성	朴曦陽			설립위원	1909.07	1915년 현재 7년
김제	조방순	1853		김제군 지방위원, 사립 삼성학교 교장, 금융조합장, 유교 숭신, 동군 덕망가	1909.08	
김해	김덕재	1868		지방금조 조합장. 일본적십자사원	1909.09	
진안	전균기	1843		첨지중추부사 오위장. 운봉현감 역임. 진안금조 조합장. 명망가	1909.10	
재령	玉振璿	1868		1902 재령군 감독서기, 동부면장, 재령금조 설립위원	1910	1937년 현재 조합장
여수	金漢昇	1869		여수우정취급주사, 군주사, 여수군수서리, 금조조합장, 적십자사사원	1910	여수소방조 부조두, 도회의원, 중추원 참의
고부	은세창	1855		정3품, 전 세무주사, 1910년 동척 주최 관광단원에 추천되어 일본 농사시찰. 고부금조 조합장	1910.06	
영천	유동식	1864	영천군 내면	금융조합장, 시장관리인 영천상업회의소 회원	1911 현재	
	정건유	1874		재령군주사 판임관4등. 우편취급소 주사. 지방금융조합장. 조선총독부 서기. 동군 연의학교 교감. 유교 숭신	1911 현재	
강경	金顯圭	1861	은진군 김포면 강경북촌	전 참봉, 현 강경금조 조합장. 유지가	1911 현재. 2대	
능주	曹百淳	1862	능주군 군내면	전 도총부 오위장, 금융조합장	1911 현재. 제2대	

지역	이름	출생	출신	경력	조합장	비고
함열	조갑식	1873		태인군수 주임관4등, 태인군수 고등관8등, 조합장	1912	
여주	權重翼	1879		경기 수원. 무관학교 출신. 보병참위. 총독부 경시(고등8) 전남경찰서, 조합장	1912 현재	
장수	柳景鎭	1871		군참사, 학무위원, 연초경작조합장, 군농회 부회장	1912 초대	설립이래 26년간 조합장
개성	손봉상			삼업조합장, 인삼재배 경영	1912 현재	
동복	吳在永	1865	동복군 읍내면	보성군수 주임관4등, 보성군수 고등관8등	1913 초대	
문산포	李源鎔	1889		경기 광주, 종2품 훈5등 내각 서기관, 광주군수 고등관6등	1913	
진천	南相䎗	1878	육군무관학교 (1904)	육군보병참위, 진위보병 제5大隊附, 진천군참사, 진천면장,	1913 조합장	1937 조합장, 번영회장
연천	정용한	1867		경기 연천. 연천군수(주임4등), 연천군수(고등8등)	1914	
요파	韓景烈	1879	보성전문	1905 육군유년학교 교관, 성천군참사, 1908 협성학교 교감, 1910 양덕군수, 면협의원, 학교평의원	1915 조합장 /1936 조합장	1911 양덕 설립위원
수안	金榮夏			군농회 부회장, 면협의원, 현재 학교평의원, 군농회 특별의원, 시정25주년, 금조30주년 표창	1915 초대	1910 서흥 평의원
광양	李在崙	1858	광양군 골약면	감찰, 司果, 사천현감 역임. 상업가	1915.01 초대	
고양	高允默	1860	경성 서부 동막웅리	(정3품)전 혜민원 참서관, 용산면장(~14.3)	1915.10 초대	
용인	丁奎漢	1859	용인군 수여면	현, 수여면장, 진명학교 교장	1917 2대	
법성	張結弦			농업, 면협의원	1917.03 법성	
맹산	方鳳聖	1859	한문수업	향장, 1914 맹산면장,	1918 2대	1937 조합장
태인	宋泳權			부조 이래 독농가,	1918 현재	
장연	한기선	1862	장연군 설산면	지방유지가, 현 장연지방위원	1918 현재	
사천	崔演國	1886	서당	1903 궁내부 주사, 경남교풍회지부 고문, 군농회장, 도 평의원, 면협의원	1918 현재 사천	번영회장, 중추원 참의
왜관	李尙萬	1861	경북 칠곡군 파미면	정7위(정3품) 전 은진군수 주임관2등, 면천군수(고등관6등)	1918 현재. 2대	
광주	鄭洛敎	1863	전남 광주군 부동방면	전 전주경기전 참봉, 공자교 신자. 독농가	1918 현재. 2대	

예산	崔圭錫		동일은행 취체역	1918 현재. 2대	1937년 현재 21 년간
청주	龐寅赫		도회의원, 중추원 참의	1918 현재. 3대	
금천	김희석	1859	황해 금천군 군내면	정3품, 전 중추원 의관(주임관6등), 현 동군금흥학교 교주	1918 현재. 금천	
보은	鄭泰魯	1871		순릉참봉, 회인진명학교장, 보통학교학 무위원, 군참사, 면협의원, 학교평의원	1918 현재. 보은	1929 회인조합장
옥천	鄭錫溶			덕망가, 중추원 참의, 조합장 된 것 19년	1918 현재. 옥천	1937년 현재 조 합장 19년, 중추 원 참의
안악	원성환	1843	안악군 수석면	현 금융조합원, 상업 종사	1918 현재.	
대구	鄭海鵬			유력가, 1914 대구부협의원, 수천석 지주	1918 현재.	1937 대구서부금 조 조합장
봉산	李忠健			1914 봉산금조 감사, 도평의원, 중추원 참의, 조양보통학교 경영	1918.05	1937 현재 조합장

출전 : 牧山耕藏, 『朝鮮紳士名鑑』, 주식회사 일본전보통신사 경성지국,
1911 ; 阿部薰, 『朝鮮金融組合大觀』, 民衆時論社, 1935 ; 藤澤淸
次郎 編, 『朝鮮金融組合と人物』, 大陸民友社, 1937 ; 『地方金融
組合理事會同答申書』, 1915 ; 『매일신보』.

〈부록 2〉 제1기(1907~1918년)
지방금융조합 이사 명단 및 경력(110명)

이름	생년	출신학교	주요 경력	초임년도 및 금조명	30년대 이후
藤本周三		동양협회전문	1907 도선, 공주 이사. 1918 경북련 이사. 한성은행 지배인	1907 공주	1933 강원 지부장. 함남지부장
中村孝嗣	1886(21)	동양협회전문 1907.7	1907.9월 도선, 밀양금조 이사, 1912 한호농은 전직, 16.1 춘천 지점힐	1907 밀양	
山根 譓	1885(22)	동양협회전문	1907년 재정고문부	1907 안주	
井上充亮	1883(24)	동양협회전문 1903	1907.9 한국정부 빙용. 재정고문부부. 평양근무, 1910 전주 이사	1907 평양	부산제일금조
堀內光芳	1884(23)	동양협회전문 1907.7	07.9월 재정고문부, 10월 제주금조 이사, 1908 재무서 주사, 병합후 제주금조 이사	1907.10 제주	
井田魯一	1882(25)	동양협회전문 1907.7	07.9월 도선, 재정고문부, 공주재정고문지부 홍산분청	1907.12 홍산	
遠藤與七郎	1883(25)	동양협회전문	1907 재무관보 빙용 도선, 1920 식은 공공대부과, 한성은행	1908 경성	1930 여천금조 이사
加藤 諶	1880(28)	동양협회전문 1904.4	졸업 직후 육군통역, 1907.9 재정고문부부, 1908 금조 이사, 12.6 원산	1908 금조 이사	
岸 泰助		동양협회전문	1908 도선,	1908.10 요파	양양금조
平原 保	1885(23)	동양협회전문 경성분교 1908.3	08.4월 탁지부 이재국 감독과, 7월 영동금조 설립위원, 11월 이사	1908.11 영동	
小川一三		동양협회전문 1907.3	1910.3 선천금조 이사(2대), 1912.12 후창 이사	1908.03 남원	1934 화의금조 이사
牧田淸吉	1880(28)		1908.6.13 탁지부 주사, 1908.6.15 초산금조 설립위원, 1913용인이사	1908?	경북지부장
大崎新吾	1882(27)	동양협회전문 1906.7	졸업후 육군, 1909 도선, 대전, 보은 등 금조 이사, 1913.3 청양 이사	1909 대전	
筒井種吉	1886(23)	동양협회전문 1909.4	졸업후 보령금조 이사	1909 보령	
瓜生定吉	1879(30)		1909 도선, 후 현직에 취임	1909 보은군 읍내	
奧小金吾	1880(29)	대만협회 전문학교	1904 육군통역관, 1906 지원병 입대, 1909.12 육군3등주계, 동년 도선	1909 충주	
信田秦一郎	1888(21)	동양협회전문 1909	5월 도선, 평양, 영변 이사, 1910.12 1년 지원병, 1912.2 재도선, 함홍 단천 이사	1909 평양	

鈴木直八	1878(31)	동양협회전문 1903	통역관, 교사, 1928 패동 겸임 이사	1909 홍원	
村松保度	1884(25)	동양협회전문 1907	1909 한국정부 재무주사,	1909.10 진안	
牧田收藏	1886(23)	동양협회전문 1909.3	1910 음성금조 설립위원, 11월 이사	1909.12 음성	용산금조 이사
馬場五郎	1885(24)	동양협회전문 1908.3	1909 구례금조 설립위원(재무서 주사)	1909.04 구례	전북지부장
小林省三		동양협회전문 1906	천진 무자양행, 1909 영광금조 창설관계	1909.07 영광	경남지부장
奧田 勇	1885(24)	동양협회전문 1907	1909 거창금조 설립위원(재무서 주사)	1909?	함남지부장
尾崎俊甫	1885(25)	山口고상	1909.4 신호해상보험회사, 1910.5 도선	1910 남양	
小村 薰	1887(23)	동양협회전문 1909.3	1910.1 도선, 문산포금조 이사	1910 문산포	
關田源太郎		東京고등상업 1908	한성창고회사 입사	1910 순창	전남지부장
矢野棟一	1886(24)	동양협회전문 1910	졸업직후 도선. 울진금조 이사	1910 울진	
牟田口利彦	1883(27)	동양협회전문		1910 원주	
八木澤幸太郎	1885(25)		도선 후, 1910.7 이사	1910.07 김화	
寺本豊治	1886(24)	동양협회전문 경성분교 1910.3	1910.8 영덕금조 이사, 1911.8 청송 이사, 1914.9 왜관 이사	1910.08 영덕	
堀內 深	1886(24)	法政대 예과, 동양협회전문 졸	1911? 금조	1910.12 예천	경주금조 이사
山本 忠	1889(21)	동양협회전문 경성분교 1910.3	나주금조 이사견습, 12월 진도 이사	1910.12 진도	
玉井俊一	1885(20대후)	동양협회전문	1907 도선, 전주금조 이사, 전주학교조합회 의원, 공립전주농교 강사	1910년대 전주(3대)	
田代 武		동양협회전문 1910	1910 금산금조, 천안 이사 (1918)	1910년대? 서천	강릉금조
重久定志	1887(24)	山口고상 1909.3	대장성 전매국, 1911.4 도선, 경성금조 이사	1911 경성	
植村敏樹	1880(31)	早稻田대학 정경과1908.7	1910.10 도선, 금조 이사견습,	1911 부평(초대)	
富永是保	1889(22)	東京제대 법과 1911	졸업 직후 현직	1911 영등포	
吉田彊平	1887(24)	早稻田대 상과	신호세관 화물과, 1911.10 도선, 장기 이사	1911 장기	
末岡 孟	1887(24)	長崎고상 1911.3	졸업후 도선, 영등포금조 이사견습, 7월 장호원 설립위원, 10월 이사	1911.10 장호원	

白幡準三	1885(26)	동양협회전문 경성분교1911	군위금조 설립위원. 1918 지례 이사	1911.11 군위	영덕금조 이사
城臺近道	1883(28)	동양협회전문 1909.9?	1909.6도선, 대구재무감독국 주사, 안동재무서, 09.12 1년 지원병, 1911.5 길주 이사견습	1911? 이사(2대)	
田中英一	1889(23)	長崎고등상업 1912		1912 부안	
高橋直衛	1881(31)	대만협회전문 1901	육군 통역관. 탁지부 재무서 주사	1912 서흥	
初谷秀雄	1884(28)	동양협회전문 1908	지원병	1912 양산	함북지부장
藤原吉久	1888(24)	동양협회전문 경성분교 1912.3	졸업 직후 현직	1912 장흥	
山內太三次		鹿兒島 고등농림 졸1901	대만총독부 근무, 1909 덕원금조 기수	1912 함흥	
岡今次郎		동양협회전문 1910	1910 한성재무감독국	1912 홍산	
船戸祐三	1889(23)	동양협회전문 경성분교 1912.4	졸업 동시 춘천금조 이사견습, 5월 홍천금조 설립위원, 이사	1912 홍천	
松永藤四郎	1885(27)	동양협회전문 1910	1911.11 전주금조 이사견습	1912.01 임실	
野間義夫	1889(23)	동양협회전문 경성분교 1912.4	졸업 직후 대구 이사견습	1912.06 의성	
山中盛三郎	1886(26)	동양협회전문 1910	1년 지원병, 만기제대, 도선, 1912.7 이사	1912.07 영월	
柴田丈次郎	1888(24)	동양협회전문 1912.3	5월 도선, 옥천금조 설립위원,	1912.08 옥천	
池田敏弘	1891(21)	長崎고상 1912	1912.5 전주금조 이사견습	1912.09 장수	명천금조
伊藤重雄	1887(26)	동양협회전문 1911	1912 금조입사 해주금조 재근	1913 신천	
矢野喜代作		동양협회전문 1907	군대생활. 1913 청주금조	1913 청풍	청주금조 이사
象山郁次郎	1886(27)	山口 고등소학교 1909.3	명치생명보험회사, 1913.2 도선, 하동금조 이사	1913 하동	
山田恒男	1884(29)	日本대 대학부 상과 정과 1908.4	고전상회, 1911.7 도선, 철도국 경리과, 1912 예비역 소집, 철도국 복귀	1913.05 청도	참사, 강원도지부
林田精一	1888(25)	東京고상 1911.7	바로 도선, 동척 근무(-13.5),	1913.07 익산	
寺出哲雄	1888(25)	長崎고상 1913	7월 도선, 고부금조 이사, 1914.9 용담 이사	1913.07 고부	
吉井次作	1887(30)	동양협회전문 1911.3	1년 지원병, 1913.3 만기제대, 도선, 8월 이사	1913.08 만포	

中村平三	1888(25)	長崎고상 1912.3	1912.7 도선, 광주금조 이사견습	1913.10 동복	
木下 齊		동양협회전문 1913	1913 금조 입사, 1915.1 금성에서 전임됨, 이천 원주금조 이사	1913? 금성	1933 조금련 충북지부
秋田豊	1888(26)	동양협회전문 1911	1912.6 日淸豆粕회사, 1913.9 탁지부 이재과, 금조 이사견습사무	1914.03 후창	1930 동광주금조 이사
尙 茂一	1888(26)	長崎고상 1912.3	1913.7 도선	1914.05 수원	
一色英一	1889(25)	長崎고상 1914.3	4월 도선, 김천금조 이사견습, 5월 이사 승임	1914.05 영주	
大道恭太郎	1886(28)	동양협회전문 경성분교 1914.3	14.4 이사견습, 19.3 입석 이사, 평남련 이사, 1928.11 독도 이사	1914.09 중화	신용산금조 이사
三位所敬六	1889(25)	동양협회전문 1914.3	1914.6 금조	1914.09 청송	예천금조 이사
鈴木昭三郎	1888(26)	동양협회전문 경성분교 1910.4	통감부속, 총독부속, 10.11 1년 지원병, 도선, 재판소 서기, 14.6 통천 이사견습	1914.09 통천	
廣瀨嘉十郎	1889(25)	山口고상 1914.3	5월 도선	1914.10 신흥	
上野進一郎	1886(28)	동양협회전문 1908	천진에서 실업종사, 향리, 1914.6 도선, 평택금조 이사	1914.11 평택 (초대)	
森井武次	1891(23)	동양협회전문 경성분교 1914.3	1913.4 도선, 졸업 후 금천 이사견습, 9월 누천 설립준비위원, 12월 이사	1914.12 누천	
行田當臣	1887(27)	山口고상 1912.5	내국통운회사 경리과 조사계 서기, 1914 도선, 해주금조 이사견습,	1914.12 수안	1934 해주금조 이사
山口喜一	1891(23)	長崎고상 1914.3	7월 도선, 탁지부 재근, 8월 문산포금조 이사견습	1914.12 수원	
大友信一	1888(26)	明治대 상과본과 1914.7	7월 도선, 고부금조 이사견습	1914.12 장수	
佐佐木 魁	1886(29)	早稲田 상과졸 1910	馬關상업은행 입행	1915 광양	1928 광산금조
隈部 雅	1886(29)	현립녹본중 재학중 유학파견	1905 경무고문 통역관, 1910 상공부 주사	1915 벽동	경안금조 이사
水藤壽一	1883(32)	神戸고상 1909	1915.3 도선, 양주 이사	1915 양주	
山口豊正	1863(52)		1887 각 지방 세무종사, 1896 대장성속, 1906 한국 재무관, 귀국, 1915 재 도선	1915 의주	
齋藤淸治	1885(30)	神戸고상 졸 1910	신호천기조선소 창고과, 1년 지원병, 1915.1 도선, 청주금조	1915 청주(3대)	37 조금련 서무부장

古川甚二郎	1886(29)	동양협회전문 경성분교 1913.3	1913 진남포세관 감리(-1914.12), 1915.5 회양금조 설립위원	1915 회양	참사, 경기지부
片山淳	1888(27)	岡山현립중학 1908.3	1909.12 육군 입대(-1910.10.1), 1914.5 도선, 10월 고령 설립 준비위원	1915.01 고령	
二藤部行義	1885(30)	東京외국어학 교 졸1913	1913.7 금조, 1914 단양금조 설립준비위원	1915.01 단양	광화문금조 이사
吉田悅兒郎	1891(24)	동양협회전문 1914	의주금조 채용	1915.03 태천	신의주금조 이사
福山芳太郎	1890(25)	동양협회전문 경성분교1915	1924 화의금조 이사	1915.05 옥천	
布甚作	1885(30)	明治대 정치과 1908.7	11월 도선, 내부 회계과 근무, 1910.8 총독부 회계과	1915.07 경주	
山口常春	1884(29)	농업학교 본과 졸1905	1913.5 선산금조 농수, 1915.5 안계금조 설립준비위원	1915.07 안계	달성금조 이사
春岡政人	1892(23)	長崎고상 1914.3	7월 도선, 1915.6 화대금조 설립준비위원	1915.09 화대	
石塚保	1892(24)	동양협회전문 1914		1916 금조 이사	고양금조 이사
岡田豊次郎	1893(23)	동양협회전문 1913		1916 송화	1933 조금련 자금과장
須磨正而	1889(27)	동양협회전문 1915	1915 금융조합 입사	1916 온성	참사, 경남지부
直井芳五郎		동양협회전문	1914 순안금조	1916 중화	평양북금조 이사
山藤半介				1916 진흥	
長濱能得		동양협회전문 1915	1919.3 진동 초대 이사	1916 합천	1933 조금련 참사(교무과장)
林駒介	1868(48)	제일고등학교 불법과	1895 체신국 통신서기, 관동 도독부부, 1908 한국 탁지부, 강릉재무서 주사	1916.01 태안	
池田利一郎		동양협회전문 1915	1915 금융조합 입사	1916.06 운산	조금련 참사
新井武夫	1893(24)	동양협회전문 1915	1915 금조	1917 단양	충주금조 이사
原田龍起池	1887(30)		도선, 경성 이사	1917 부강	
重松齡修		동양협회전문 1915	1915 총독부 임시토지조사국, 1917 의주금조	1917 양덕	
稻葉梅楠	1891(26)	동양협회전문 1914	1914.5 제천금조	1917 옥천	곽산금조 이사
牛田靜雄	1894(23)	동양협회전문 경성분교 1916.3	1916 원주금조 근무	1917.09 회천	영변금조 이사
森要	1895(23)	동양협회전문 1917	금조입사	1918 강진	광주금조 이사

前島忠	1889(29)		궁성현 농사시험장. 1914 영덕금조	1918 대구	사리원금조 이사
西部五郎	1879(39)	동양협회전문 1903	1907 재정고문부부, 총독부 관리	1918 순창	전주금조 이사
五浦二郎	1890(28)	山口현립농학교 1911	장야현 식남농잠학교 조교유, 1914 연안금조 기수	1918 청원	함양금조 이사
鈴木伊勢治		동양협회전문 1912	1913 토지조사국	1918 포항	
瀬メ直		동양협회전문	1916 조합 입사, 1년 지원병 (보병소위)	1918 풍산	
金子精	1893(25)	동양협회전문 경성분교1917	경기도속, 1924.4 문산 이사	1918 하동	참사
平本憲	1899(19)	동양협회전문		1918.02 영덕	달성동부금조
藤本守	1896(22)	早稻田대 연구과1917.9	1918.7 해주금조	1918.10 누천	신막금조
馬場國治		향천사범1903	교육계. 1916 도선. 군청 근무. 1918 경기도 이재과.	1918.10 이천	부산서부조 이사

출전 : 角田廣司, 『在朝鮮 內地人 紳士名鑑』, 朝鮮公論社, 1917 ; 阿部薰, 『朝鮮金融組合大觀』, 民衆時論社, 1935 ; 藤澤淸次郎 編, 『朝鮮金融組合と人物』, 大陸民友社, 1937.

주) 생년의 괄호 안은 이사 부임 당시의 나이.

〈부록 3〉 제2기(1919~1929.3) 금융조합 조합장 명단 및 경력사항

① 도시조합(일본인 3명, 조선인 5명)

금조명	이 름	생년	주소/출신학교	경 력	초임년도	조합경력
마 산	三宅吉郎	1875	明治대 법과	마산거류민단 의원, 학교조합 의원, 상의 副會頭, 부협의원, 부회 의원, 도회 의원, 소방組頭	1919 (초대)	
광 주	魚谷與藏			1906渡鮮, 면상담역, 신사총대, 상공회의소 의원, 道是제사회사 중역, 광주無盡 중역	1919 (초대)	
원 산	杉野多市			상공회의소 회두, 도회 의원, 부회 부의장	1922	
여 수	金漢昇	1869		여수우정취급주사, 군주사, 여수군수서리, 조합장, 적십자사사원	1920	
대 구	鄭海鵬			유력가, 1914 대구부협의원, 수천석 지주	1923	
동대문	李康赫			정신교회, 사회교육방면 최다경력, 경성 동부 인보관장	1924	
의 주	高一淸	1886	法政대 /베를린대	1928 의주면장, 읍장, 관선 도회의원, 1935 중추원 참의. 수리조합장, 도 농회 부회장	1928	
김 천	裵度潤			실업계증진, 공공사업 관여	1928.10	26.4 감사

② 촌락조합(72명)

금조명	이 름	생년	주소/출신학교	경 력	조합장 취임년도	조합경력
발 안	尹元榮	1873		1873년생. 향서면장 주임대우,	1919	
청 산	宋瑛淳	1882		1914 옥천군참사, 1924 보통학교 훈도, 학무위원, 1926 청산면장	1919 (초대)	
해 미	趙東植	1881	선린상교 /중동학교	평양지방재판소, 충남 도청 및 각군 근무, 면장(19)	1919 (2대)	
동 복	吳在逈	1881		1899-1916 군행정. 동복면장, 보통학교 학무위원	1919	1917 감사
진 남	曺鎭臣	1872	공맹의 교	산양면장(1910-28), 1919 두룡조합장, 평의원('23), 두룡조합장('26)	1919 두룡, 34 진남	조합장, 평의원
진 동	文漢奭	1880	한학	어업조합장, 면협의원, 군농회 부회장, 학교 평의원, 미곡통제조합 총대, 농촌지도위원회 위원	1919	
벌 교	蔡重鉉	1876		사립송명학교장, 면협의원, 학무위원, 소방조 부의장, 총독 기타의 표창, 각 회사 중역	1919.03 초대	
오 수	李奭儀			임실군 덕망가, 업무 진췌, 再三 표창 수상, 조합장 매회 중임	1919.08 (초대)	
익 산	洪鐘柱	1892	관립한성 고보교	군내 유수 자산가. 소방조 부조두. 면협의원. 학교 평의원. 농회 평의원	1920년대 중반	
송 화	孫致善	1857		1897 면장, 향장, 우편소 주사, 07 군주사, 서기, 14 약산면장, 도평의원, 26 군농회 부회장	1921	평의원, 감사
길 주	梁在鴻	1878		1906 판임관으로 함남 임관, 함북 무산군수(10.5-15)	1921	
서 귀	康性益		유학	罐詰조합 평의원, 면협의원, 전남수산회 의원, 산업조합 감사, 남부운수회사장	1921 (초대)	설립준비위원
가 평	李寬榮	1875	사숙	1911 군내면장, 가평조합 설립위원, 평의원	1921	
운 봉	朴重模	1881		운봉면장(1914.12), 연초경작조합장	1921	평의원
부 강	李泰鉉		한학	(생원, 진사), 면협의원	1921	1917 감사

구 포	張鎭遠		京都 부기학교	1902 동래감리소 주사. 1911 구포은행, 1915 경 남은행 지점장. 경남도회 의원	1921	
신안성	李說雨	1869		적상면장(16.3), 안성면장(19.12-31.10)	1921.11	
오 창	鄭雲會	1873		면장(1910), 사립학교장, 보교 학무위원, 오창금 조 준비위원, 토지조사 지세징수 면행정 등 진력	1922 (초대)	청주금조 평의원(1912)
지 례	李範淑	1884		대한제국 법부 궁내부 관리, 1916 부항면장, 대 덕면장,1920 경북도 평의원	1922	설립위원, 평의원, 감사
유 구	李達寧	1880		신상면의 舊家, 풍기군 주사(1905), 신상면장 (1922.9)	1922.04	1919.1 감사
평 강	李泰閏	1879		명망가, 강원도회의원, 토지개간사업 전념, 1923	1923	35.7 조합장
안 의	河榮奎	1875	한학	1906이래 군주사, 우체주사, 군수서리, 안의면 장, 학교평의원, 학무위원, 군농회 의원, 산업 조합장	1924	
강 화	洪斗燮	1874		1893 進士參榜, 1897 綏陵참봉, 1907 강화공립 보통학교 학무위원, 군농회 부회장, 농촌진흥 위원	1924	
고 창	吳然必		한학	독농가.	1924	1912 평의원
임 피	李東錫			조합장 재직(14년), 임기만료시 매번 만장일치 재선	1924경	
이 목	柳漢茂	1883	서당	송단면장(22-), 학무위원	1924(초대)	설립준비위원
장 련	林箕祚	1882		내부주사, 군참사, 장련면장(23.11-), 표창	1924.02	
군 북	趙鏞濮	1887		면장, 도평의원, 학교평의원	1924.12 (초대)	
창 평	朴贊圭			창평면장(-36),	1925	1923 감사
영 춘	趙冕楠	1881	영춘공보교 국어야학회	영춘흥명학교 학무위원(1909), 영춘면장(22-35), 30여 년의 공직	1925 (초대)	
신 평	金周鳳		한학, 한방의학	의사 자격, 면협의원, 학교평의원	1925	평의원, 감사
송 정	張安燮	1891	한학	1924 송정면장. 축산동업조합 평의원, 군농회 의원, 보교 학무위원	1925	
양 주	康元達	1874		사립보통학교 교원, 광흥학교 교사. 각 군수, 노해면장	1925.04	
이 원	陸炳世			근면가, 심천면장(22)	1926	
고랑포	李完相			장남면장	1926	
청 양	田在禧	1877		충남도회의원에 당선(1933)되어 조합에 대해 축우증식 혹은 부채정리 등에 헌신적 노력	1926	평의원(1920)
문 막	李熙俊	1870		구한국시대 관리(齊陵令, 孝陵令, 永陵令)	1926	
안 양	趙漢九	1884	한학	하서면장, 지방토지조사위원, 서이면장, 금련, 총독 표창	1927	설립위원
추 부	姜錫遠	1883		1927-1933 초대 조합장. 1935 재 취임	1927	
장 계	文鏡淑	1874	1894 성균진사	1926이래 면협의원, 1931 계내면장	1927	
벽제관	申圭善	1882	보성전문 경제과(07)	탁지부 서기, 사세국 정세과, 보전 강사, 총독 부 도서기, 군수, 면장(33)	1927	
구 화	尹庠善			구화금조설립준비위원(1924)	1927	설립준비위원
명 주	崔燉昇	1875		상업 종사, 면협의원, 군 학교평의원	1927(초대)	
수 교	金時業			면장	1927(초대)	
이 인	崔鍾岳	1868		제중원, 전보총국, 각 전보사 주사(1894-), 총독 부 재근, 1927 이래 면장, 1933 종7위, 주임관 대우	1927	

관 촌	崔鍾烈	1885		군참사, 보고 학무위원, 학교평의원, 면협의원, 도평의원	1927(초대)	
음 성	趙東渙	1885	사립중교의숙	1917 음성면장, 충북도회의원, 연초경작조합장	1927	1918 감사
기 계	李鍾淳			제1류, 기계면장	1927	
성산포	高明勛	1876	수산리사숙	1910 수산리장, 정의면협의원, 서기 회계원, 면장, 성산면 어업조합장	1927	
대 저	金鳳洙	1892		대전면장(1913), 하동면장, 수리조합장	1927(초대)	
내 수	吳永田		사립동아학관	1910 문의군수, 1915 북2면장,	1927	
석 교	金基鼎	1855	한학	興風會장, 식산계장, 문묘직원, 면협의원	1927.01	
녹 동	申乃雨	1875		지방 명가가, 각종 공직, 면장	1927.11 (초대)	
홍 현	邊晟圭	1895		면협의원, 각종 공공단체 관여	1927.12	설립준비위원
고 읍	魏大良	1884	漢籍	관산면장(14년간), 군농회 분구장, 미곡통제조합 분구장, 총대, 군농회 평의원, 관산신사 총대	1928(초대)	
고산진	金澤俊	1888	사립중학속성과	교단, 동장, 면서기, 면장(18), 주임대우(36), 양조회사 감사역, 도평의원	1928(?) 초대?	
영 미	金相有		성명학교(1890)	교단, 총독부 서기(14), 도평의원(27), 양가면장(28)	1928	
고 도	金炳鵑	1880		담양군수, 충남도회 의원	1928(초대)	
고 장	尹熙斗	1887		문관보통시험합격(1914), 1916 군서기, 1925 면장, 면협의원, 군농회 특별위원, 농촌진흥위원	1928	
철 산	鄭潤玉	1893	대성중학(1915)	1911 군립사범학교, 1913 군립측량학교 /1924 평안도평의원, 평북도회의원	1928	
북 진	崔性俊	1879	총독부공업전습소(1913)	소학교 교원, 면장, 운산금조 평의원, 북진금조 설립준비위원	1928	평의원, 설립위원, 감사
삼 수	禹鍾錫	1894	함흥공립농교	함남산업기수(1915-25), 도회의원,	1928	
양 산	安永壽	1887	사립명신학교	1920 면협의원, 군학교평의원, 1922 면장, 군농회 평의원	1928	1915 평의원
용 두	申錫圭	1884	육군무관학교(1900)	1902-1907 육군보병참위, 1924 구장, 1925 청운면장	1928	양평금조 평의원
홍 수	鄭昌熙	1880		무역상, 구연면장(08-15), 사립신흥학교장, 학교 평의원, 면협의원	1928	1920 감사
진 부	全炳萬	1893		면서기(1916), 면장(25-36), 산업조합 감사 겸	1928(초대)	
신안주	李寅彰	1878		덕망가, 도평의원, 면장	1928.01 초대	
청 성	金斗燮	1884		초산지방 舊家, 한문사숙강사, 헌병보(曹長계급) 면장, 군농회 분도위원, 산림회 지방촉탁	1928.04	
춘 주	朴東勳			토지조사사무, 춘천읍회 의원,	1928.04	평의원, 감사
하 양	鄭佔柱	1886	부산개성중학(1907)	곡물상, 私塾교사, 삼림조합 부회장, 면장, 도평의원, 보고학무위원, 면협의원, 군학교 평의원	1928.04	
부 평	趙九鉉	1875		부내면장(13년차)	1928.12 (초대)	
정 봉	金允河	1889	한학	면서기(1917), 면장(26), 국민정신함양, 농촌고리채 정리, 저축사상 보급, 청년회 부인회 보급	1929.03 (초대)	

출전 : 阿部薰, 『朝鮮金融組合大觀』, 民衆時論社, 1935 ; 藤澤淸次郎 編,
『朝鮮金融組合と人物』, 大陸民友社, 1937.

〈부록 4〉 제2기(1919~1929년 3월) 이사명단 및 경력사항

① 도시조합(일본인 10명)

이름	생년	출신학교	주요 경력	초임년도 및 금조명	30년대 이후
石井淸	1883 (26)	立命館대학	1911 도선. 총독부 관리. 1919 退官. 금조 이사	1919	성산포금조 이사
細田順三	1884	早稻田 상과	1909.6 渡鮮, 상업종사, 1919 금조 부산제이금조 이사, 1921 진주금조 이사	1919.3 부산제이	진주금조
中村百衛	1893	神戶고상 (1912)	1921.1 渡鮮, 1922.4 금조	1920년대? 이리	초성금조
西村七治郎	1885		1910 한국주차헌병대부. 1914 도경부.	1920 회령	성진금조 이사
杉田鍛雄	1890		1908 소학교 교편, 1913.4 渡鮮 강경소학교, 1919 강경금조	1921 강경	조치원금조
小野牛四郎	1890		교육가, 총독부 지방청 등에 근무	1921	종로금조 이사
渡邊淸作	1884	東京麻布獸醫학교1904	축산기수, 도기수, 1922 수의관(퇴임), 금조	1922	남대문금조 이사
重松茂平			1916 논산 이주	1923 화지산	화지산금조 이사
猪谷武夫	1886	육사, 立命館대	1906 보병소위, 1918 退官, 입명관대 입학, 1923 금조	1923.3 춘천	대구서부금조
細谷定	1881		1902 경찰관. 전남경무과장	1924 나주	나주금조 이사

② 촌락조합
가. 조선인(79명)

이름	생년	출신학교	주요 경력	초임년도 및 금조명	30년대 이후
安處瑛	1891(안악)		1909-10 조선농업회사, 1911 금천금조 통역생	1920.02 풍천	장련금조
李漢羽		한성사범	1911 남포금조 통역	1920.05 웅천 (3대)	유구금조
黃回鳳	1894경원군	회령간이공립농업학교(1913)	1915.12 금조 서기, 1919.4 이사견습	1920.09 신아산	부령금조
嚴敦永	1893(진안)		1912 금조	1920.12 오수	
李圭晶	1892(밀양)	부산상업학교 1914	1914 진주금조	1921 언양	거창금조 이사
趙範錫	1890영양군	대구농림 졸 1915	1915 금융조합 입사	1921 화목	1930 함창 이사
朴永喜	1894(상주)		1910.11 상주금조, 군서기 1919 退官, 금조 복직	1921.03 독천	영광금조
劉泳龍			경기도금련 서기 다년 재직	1921.04 무평	
金鐘禹	1892(여주)		경기도금련 서기	1921.09 송파	송파금조
金舜鳳	1898문천군		1916.10 문천금조 서기견습	1921.10 부거	어대진금조
羅炳淳	1897(태천)	보통학교	1914-17 태천군청, 1918.9 태천금조 서기견습, 1921 이사견습	1921.12 곽산	대관금조
白天瑞			용만 이사견습	1922.01 비현	
金雲英			신평 이사견습	1922.01 신평	
吳世源			청석두 이사견습	1922.01 청석두	

이름	생년/출신	학교	경력	연도/지역	금조
朴頤陽			괴산 이사견습	1922.01 청안	
朱永侃			용만 이사견습	1922.01 무평	
羅炳淳			곽산 이사견습	1922.01 곽산	
金元泓	1889연안군	사립연안덕의학교	1912.5 연안금조,	1922.01 덕우	
孔聖煥			하갈 설립준비위원	1922.01 하갈	
宋의昌			평강 이사견습(1년간 근무)	1922.02 인제	
尹時榮	1891(괴산)		경찰계 1916.3 引退, 음성금조	1922.06 오창	내수금조
金廷完	1898(남해)		1915 남해금조	1922.07 남해	함안금조
金文濬	1896(화천)	춘천공립농업 1916.3	1919.5 강원금련	1922.07 정선	흡곡금조
金泳鎭	1888(안변)		금조 1919 금조 서기.	1922.10 진흥	풍산금조
鄭在億		공주농학교 졸	충남도청 근무, 1913 연산금조 振出, 21.4 조치원	1923 정산	1933 규암 이사
鄭德陽	1898은율군	해주공립농업학교 1914	1916.5 금천금조, 취야 이사견습	1923.04 취야	시변리금조
趙一衡	1897	청주공립농교	전북금련, 오수 이사견습	1923.06 오수	고산금조
申豊均		경성법전(1919)	1919 은행. 1923 금조	1923.09 간성	마전금조
宋在洙	1895연기군	청주공립농교 (1916)	1924 청산금조 이사	1924 청산	황간금조 이사
金榮祐	함흥부		1915 금조 서기, 신포 이사견습	1924.01 신포	이원금조
諸世晃		진주농학교(1918)	1918.4 거제금조, 칠원금조 이사견습, 초계 설립준비위원	1924.02 초계	기장금조
申斗休	1888(청주)	청주사립보성중, 청주공립농교	1913.4 단양금조, 무극 이사견습	1924.05 이원	회인금조
金知龍			1914 금조, 삼기 이사견습	1924.07 삼기	신상리금조
金長松	1898(강계)	의주농업학교 1916.3	養蠶교사. 1916.10 중강금조 서기, 청성 이사견습	1924.10 청성	후창금조
金森述		부산제2상업 (1919)	1919 의성금조 서기. 달성 이사견습	1924.12 풍기	안강금조 이사
金東龍		함흥사립농업학교 1919	1919.4 함북원잠종제조소 조수, 1924 연사 이사견습	1924.12 연사	온성금조
金弼奎		함흥농교1919	1919 금조, 덕원 이사견습	1924.12 신갈파	신흥금조 이사
沈貳涉	1904(구성)	경성법학전문	1925 광산금조	1925 복내	사가리금조 이사
朴秉鎭	1897통천군	희천공립농교 1919.3	1919.5 통천금조	1925 정선	정선금조 이사
金龍起			1919 금조	1925 신고산	장진금조 이사
金錫圭		함흥고보	1916 신흥금조 서기. 1924이사후보(견습)	1925.07 하갈	갑산금조 이사
金最命	(영변)	경성법전(1925)	1925.4 화의금조 이사견습	1925.07 곽산	북진금조
金禹鳳		경성법전	1925 천안금조, 충남연합회, 이사견습	1925.10 해미	정산금조
張衡球	1891명천군		1919.10 도서기 이재과 근무, 1925.9 이사견습	1925.10 신아산	화대금조
權容高	1888(대전)	선린상업	1911 농공은행. 해동물산회사, 1925 금조	1925.10 대화 (승진)	화동금조 이사
金承極	1901대동군	경성법전(1925.3)	강원금련, 이사견습	1925.10 주천	대포금조
李德亨	1900(해주)	해주농학(1918)	1918.3 수안금조	1925.11 육리	청석두금조
柳承熙	1899장단군	경성법전(1925.3)	완산금조 이사견습	1925.12 무장	
宋準生			1917 금조 투신, 단성 산청 거창 등 각 금조 근무	1925.12 가조	삼랑진금조

李京俊	1900(달성)	대구고보(1919)	동척 대구지점 금융과, 1925.3 충남 금련 이사견습	1926.02 정산	
裵基烈	1899(평양)	경성고상(1925.3)	대전금조, 이사견습	1926.03 삼등	입석금조
金暾培	1897(천안)	明治대학 (상학사)	1925.4 금조	1926.11 둔내	간성금조
申泰齊	1905(영변)	경성법전(1926)	평북금련	1926.12 청정	비현금조
盧祐鎭	1901평원군	보성전문법과 1925.3	군우금조 서기	1926.12 양덕	기양금조
張聲鎭	1906(해주)	경성법전(1926)	양산금조	1926.12 안의	홍현금조
吳仁錫	1905경성부	경성법전(1926)	1926.3 전남금련	1926.12 지도	浦川금조
徐海錫	1885(대구부)	독학 역행	군서기. 1918.4 의성금조 서기, 연합회 서기, 이사견습	1927 청하	고령금조 이사
劉宗澤			1926.3 진양금조 견습이사	1927 군북	합천금조
安太元	1902(固城)	山口고상(1924)	1926 이사견습	1927 금호	
盧俊洪	1899(달성)	경성법전(1925.3)	1926.3 금조	1927.01 기계	장천금조
朴宗均	1895(順川)		1914 평남 순천군 서무과, 1916 순천금조	1927.03 요포	한천금조
宋亨淳	1895(개성)	경성법전(1926)	경기금련, 경남금련	1927.03 삼랑진	단성금조
金祥河	1902영변군	경성법전(1926.3)	평북금련 이사견습	1927.09 방현	
姜愉祖	1890창성군	사립其昌학교	1912.3 창성금조 서기, 1918.1 퇴직, 1922.4 복직	1927.12 영미	청성금조
金在缶	1901(북청)	東京상과대학		1928 장진	삼수금조
孫鴻祿		평양고보	1917 송화금조 금조서기. 1927 누천금조 이사후보	1928 누천	누천금조 이사
吳炳稷	1902(청주)	보성전문(1924.3)	1924 전남금련	1928.02 안좌	법성금조
李熙載	1902(廣州)	경성법전(1927.3)	강원금련	1928.03 지석	지석금조
林興植	1906(천안)	경성고상(1927)	1927.3 금조	1928.04 이사	면천금조
李鐘龜	1902(문경)	경성고상(1927)	1927.5 경북금련	1928.04 창천	화령금조
邊圭燮	1898(경산)	대구농학교(1914)	1920 안강금조 서기, 1928.2 이사견습	1928.11 화목	영양금조
林鍾寬	35세(파주)	경성법전(1925)	1928 금융계	1928.12 부평	부평금조
尹泳規	1896(울산)	大日本國民中學會1917.4	울산금조	1928.12 하청	영산금조
郭熙俊	1899(강화)		1927.9 금조	1928.12	풍덕금조
明利哲	1900삭주군	경성법전(1928.3)	금조	1928.12 상원	
金壽鉉	1903통천군	춘천공립농업 1917.3	강원금련	1929 회양	통구금조
金聖鉉	1896중화군	立教대학상학부 1928.3	경기금련	1929.01 원장	함종금조
金鎭永		대구고보(1919.3)	성주군 근무, 1920.4 조선은행, 1925.11 회양금조	1929.01 대화	대화금조
金瀅椿	1898재령군	해주공립농업 (1918)	해주금조, 황해금련,	1929.02 율리	탁영금조

나. 일본인(184명)

이름	생년	출신학교	주요 경력	초임년도 및 금조명	30년대 이후
常石茂	1891	현립농학교 졸 1911	1911 김해금조 농업기수	1919 김해	경북연합회 이사
山建次		福岡현립농학교 졸(1908)	수원권업모범장	1919 영광	
大渡淸次	1895	長崎중학 졸1914	복강 24연대 입영, 1919 명천금조 이사. 28 협회 사사	1919 명천	36 조금련 본부 참사 (비서계 주임)
岡村正道		육사 졸 (보병대위)	경성중학교 교관, 1918 금조 입사	1919 벽동	
高島隆助	1885		1914 渡鮮, 官界(지방행정)	1919.02	평택금조 이사
今村毅	1894			1919.04 재령	1935 전북지부 근무
腹家修	1894	明治대 정경학부1918	1919.2 도선, 대동금조	1919.05 신창	대동금조
甲斐勝記	1889	현립농학교 졸	현 산업기수	1919.06 길주	조금련 함북지부
朝倉一彌	1879	日本대학1904	1911 渡鮮, 조선지방행정. 退官	1919.09 사인	화성금조 이사
池上勝登			공주헌병분대장, 총독부 경사(예비역 헌병대위), 1919 금성 이사견습	1919.11 고덕 (초대)	1929 서산금조 이사
池田養治	1881		보병 특무조장	1919.6	영등포금조 이사
岸本末二	1890	山口 현립농학교1911	廣島현기수	1920 김화	참사, 전남지부
岩淵吉郎	1896			1920 무산	참사, 평북지부
竹原英二	1900?	체신관리양성소 1905	1910. 통감부 철도관리국원. 1919 금조	1920년대? 해미(2대)	강경금조 이사
安東春逸	1889	大分고등부기학교(1906)	조선군사령부부. 1919.11 제대, 벽성금조	1920 곡산	신천금조 이사
秦晴喜	1886	早稻田 상과(1909)	橫浜제2은행, 醬油회사사장, 안악에서 농장경영, 1919 배천금조	1920 안악	재령금조 이사
增野虎雄	1902	大阪시립고상 1924	1925.3 금조	1920년대	소사금조 이사
小林小三郎			1903년 憲兵隊附로 도선, 1919 춘천금조	1920년대? 홍천(3대)	1933 유성금조 이사
杉町利七			1922 군 재무주임, 금조	1920년대? 현풍(4대)	청송금조 이사
德永幹次		육군유년학교, 사관학교	1919 충남금련	1920년대? 홍주(3대)	연기금조 이사
大西捨松	1881		1900년 軍籍, 헌병, 1921 대동금조, 구룡 이사 24.3 성천 이사	1920년대	1930 평양남금조 이사
八木新太郎	1886	香川사범(1907)	1914 경남 고성소학교장, 1919 창원금조	1920.04 남해	부산제삼금조 이사
橋口康	1890	육사1912	보병중위. 1918 경남 권업부. 1920 사천금조	1920.10 양산	진해제1금조
關口正三郎	1881		1907 재정고문부. 재무서 주임. 1920 충남 세무과장	1921 회덕	1927 대전금조 이사
萩尾惣太郎	1884		군입대, 주차헌병대 근무, 1919 이원경찰서장	1921 영월	송정금조 이사
立石久米一	1906	松山중학	神戸세관. 총독부 세관. 1921 송정리금조	1921.03 송정리	진산금조 이사
無津呂覺次			1906 渡鮮 대구헌병대, 1919 상당금조 이사견습, 1921.11 자인 이사	1921.03 대소원	김해금조

鹽津儀十郎		東亞同文書院 1913.6	조선 군청. 1921.4 금조	1921.04 구포	통영금조 이사
森本衛橘	1892	상업학교	1918.9 조선면화회사	1921.09 외읍	목포금조
水內日出高	1895	早稻田대 상과1918	1918. 常盤상회. 1921 창원금조	1921.10 창원	두룡금조 이사
村岡德平			정읍 이사견습	1921.12 함열	
川本圓太郎	1895	中央대학 경제과	1922 도선	1922 운산	참사. 전남지부
厚地兼麿			양덕 겸 신고산 이사견습	1922.01 신고산	
胲黑正人			회덕 이사견습	1922.01 유성	
小野寺長藏			서흥 이사견습	1922.01 청단	
福永寅四郎			고령 이사견습	1922.01 고령	
杉野荒			삼천포 설립준비위원	1922.01 삼천포	
畠山常晴			경성 이사견습	1922.01 화대	
中村格郎	1889	中央대 경제과1917	강령금조 이사견습	1922.03 강령	연안금조
正立章熙	1886	제6고교	1914 渡鮮. 임시토지조사국 서기. 재판소 서기. 남조선철도회사	1922.03 태탄	안악금조 이사
川畑政次		鹿兒島사범 졸	1912 부여공립보통학교장	1922.08 보령	1928 아산 이사
青森秀雄	1900	척식대 중국어과 1년수료. 1921	1921.9 용만금조 이사견습	1922.10 영변	벽동금조
大石猪太郎	1882	長崎중학	不二興業 근무. 1921 신안금조	1922.10 능주	順天금조 이사
彌永義信	1899	경성고상(1922.3)		1922.11 벌교	참사. 경기도 근무
河野國太郎	1898	척식대 졸1922	31 평남금련 이사, 33.8 조금련 참사, 35 총무과 비서계 주임.	1923 구성	1933 조금련 지도과 촌락조합주임
兒玉智吉	1884	早稻田대 상과1911	1922.9 금조	1923.03 정주	벌교금조
大關峯次郎	1896	동양협회전문 1916.3	朝鮮郵船회사, 1923.2 송화금조	1923.03 송화	황주금조
八木彦一	1899	척식대학	1922 재령금조, 신원 이사견습	1923.04 신원	울진금조 이사
野本德次郎		明大졸	常總신탁회사사장. 1922 춘천금조	1923.04 문막	명주금조 이사
磯島與吉	1898	岡山金川중학 1918.3	渡鮮, 금조	1923.06 장수	정읍금조
平林鶴松		東京文武강습관, 육군교도단	조선 각지 경찰서장,1922 금조	1923.07 경원	1931 나남금조 이사
瀧本彦造	1892	富山현福野농학 졸	富山현 郡技手, 1920 경남금련 부이사	1923.07 칠원	1929 구마산 이사
川崎順一	1897	松山고등상업 1910?	1915 상은, 벽성 이사견습	1923.08 청단	1933 조금련 참사(사업과)
吉田稔	1895	立教대학1922	육군항공본부 교육반, 1923 벽성, 강령 이사견습	1923.08 강령	벽성금조 이사
寺島登	1897	경성고상(1921.3)	滿鐵, 1922.3 충남도속, 1923.8 금조	1923.08 임실	울산금조
松浦音吉	1898	척식대학 졸업 1923	1923 금조 입사, 광산 이사견습	1923.09 진도	참사. 전북지부
馬場政夫		척식대(1923)	완산금조 이사견습	1923.12 고부	창남금조
畠三好		동양협회 전문 졸 1909	1909 전남관찰청	1924 금남	順川금조 이사
田中次夫	1884		1902 우편국, 도선, 헌병분견소장, 양주경찰서장, 1921.6 금조	1924 이전 회양	동주금조
溝口喜八		척식대학(1919)	1923 진양금조 이사견습, 1924 군북금조 설립위원	1924? 군북	밀양금조

岡村悌二郎	1896		1913 금조 이사견습(-24.2)	1924.02 북창	참사, 전남지부
安藤正隆	1898	同志社대법경과 1921.3	1924.3 벽성금조	1924.02 탁영	연안제2금조
淸水精一	1898	척식대 졸	금융조합 입사	1924.02 곡산	황해지부 참사
小口弘	1900	척식대 졸1923	渡鮮, 금조 입사, 금성 이사견습, 광천 예산 이사, 1928 조선경제협회 司事	1924.02 광천	조금련 조사과장
大村金次郎	1883	東京寶田고등소학교(1897)	도선. 탁지부, 재정고문부. 1920 도서기 退官, 1922 이사견습, 화원 설립준비위원	1924.02 화원	영주금조 이사
松尾文次	1894	동양협회전문학교 경성(1918.3)	1917 도선, 죽산 이사견습	1924.04 죽산	여주금조
鈴木賢治	1886	公立沼津상업학교 1902	1908 원산세관 지서, 1923 부령금조이사견습	1924.04 명천	회령금조 이사
池村養成		中央대학	1917.11 동척회사. 금조, 광산 이사견습	1924.05 창평	화순금조 이사
高橋 正		日本대 상과 졸	경성 이사견습	1924.06 어대진	
橫山邦雄	1888	척식대 출신 1922.3	1923.12 도선 금융조합, 남원 이사견습	1924.06 부안	조금련 평남지부 (참사)
岩田寬文		척식대학(1924)	금조, 합천 이사견습	1924.07 내서	고성금조
大山茂		長崎고상 졸1922	화의 이사견습	1924.10 청정	참사 함북지부
野島哲哉	1885		1914 국경수비로 渡鮮, 화의 이사견습	1924.11 회천	1930 남시 이사
菊屋龜登	1899	척식대학1923.3	4.25 금성 이사견습,	1924.12 태안	1928.11 보령
飯塚龜嘉久	1897	척식대학	1924.3 금조, 완산 이사견습	1924.12 태인	완산금조 이사
江部三郞	1890	동양협회전문	1924 渡鮮	1924.12 회양	횡성금조 이사
鈴木基四郎		동양협회전문 (1914)	총독부 임시토지조사국. 1917 선은. 함남금련 영흥 이사견습	1924.12 신흥	함성금조 이사
岩永俊一	1897	早稻田상학과 1923.3	1924.8 금조, 달성 이사견습	1924.12 예안	상주금조
豊增忠之	1895	慶應의숙 졸 1921	동척 근무, 1년 지원병, 함성 이사견습	1924.12 장진	조금련　함남지부 참사
橫田 操	1897	中央대 상과 (1922)	1923 벽성금조 서기, 배천 이사견습	1924.12 율리	송화금조 이사
市川龜一	1884	慶應의숙이재과 1908	1910 來鮮, 농공은행, 식은지점장	1925 함창	안동금조
松尾一義	1891	京都제대 경제학부 졸업1920	1920 조선은행 입행	1925 蠹島	조금련 충남지부 재근
小川想平	1896		제사회사 근무, 1909 입영, 1920 삼계금조 입사, 삼계 이사견습	1925 삼계	능주금조
森謙治		同志社대 졸1925		1925 옥산	1933 참사, 충남지부
柳美澤正午	1897	早稻田상학부 1924.3	1924 금조, 고양 이사견습	1925 일산	인제금조
岡崎進		東京외국어학교 졸	1906 군산이사청, 충북 이재과장, 북청군수	1925 홍원	영흥금조 이사
片岡榮太郎		慶應의숙 상업부	1906-21육군 경리부, 1924 회의이사견습	1925.01 차련관	동림금조
太田與八	1896	동양협회전문 1920	삼릉상사, 지원병, 춘천 이사견습	1925.01 화천	참사, 강원도지부
野坂宗吉	1900	척식대(1924)	정산 이사견습	1925.05 진안	김제금조

渡邊倫造	1903	長崎고상(1924.3)	금조 정산 이사견습	1925.05 흥덕	순창금조
川久保邦平		東京神田중 졸	1921 평남금련 서기, 대동 이사견습	1925.06 대평	1928 진지동 이사
日下晟	1899	경성고상(1923.3)	전매국, 황해도 이재과, 1925.3 재령금조	1925.07 청단	장연금조
松村彌三郎		長崎고상 출신	주을금조 이사견습	1925.07 종성	1932 청진 이사
水谷公平	1903	하얼빈일러협회 학교1924	1924 오산 이사견습	1925.07 아간	鰲山금조 이사
佐藤三太郎	1903	東北학원전문부 1925	화의금조, 이사견습	1925.09 구장	안주금조
竹中一彦		山口사범(1915)	1919.12 황해도청 이재과. 1922 황해금련	1925.10 배택	마산금조
小野雅文	1889	慶應의숙대학 1914.3	재계, 이사견습	1925.10 김포	안양금조
寺田正雄	1898	경성고등상업	1925.9 경기금련	1925.10 양평	진남금조
弘重都雄	1901	경성고상	1925.4 금조	1925.10 자인	금릉서부금조
飯野禎造		척식대학	1925 錦城금조, 이사견습	1925.10 당진	이인금조
須田豊次	1895	동양협회전문 1920.3	동아연초회사, 전매국, 1925.8 금조	1925.11 탁영	수안금조
小林正次	1899	척식대학	小寺양행 3년근무. 渡鮮, 1925.10 양양금조	1925.12 양양	평강금조
夏目保夫	1902	하얼빈일로협회 1924	1924 경성금조	1925.12 남창	언양금조
中村正一	1902	일로협회(1926.3)	바로 봉화금조, 1928 경북 이재과, 1930 영일금조 이사	1926 봉화	안동북부금조
新宮本立	1899	경성고상(1921)	겸이포 三菱제철소 1925 금조, 이사견습	1926.02 군위	상산금조 이사
德久寶一	1899	척식대 본과 1925.4	평북금련	1926.03 철산	영미금조
藤澤良藏	1880 ?	경성고상(1925)	금조 이사견습, 7월 경남금련	1926.04 단파	삼천포금조
白石 素		경성고상(1925.3)	이사견습	1926.07 어대진	종성금조
丹羽昌夫	1898	선린상업, 中央상과(1924.4)	1924.10 포항금조 서기, 황해금련	1926.07 연안	태탄금조
吉田藤平	1901	척식대학(1924.3)	바로 금조	1926.08 장수	고창금조
有馬五郎	1902	山口고상 졸1925	이사견습, 1926 한천금조 이사	1926.08 한천	1930 충북금련 이사
田邊 廣	1902	山口고등상업 1925.3	1925 전남금련	1926.09 옥과	영산포금조 이사
櫻井義孝	1902	日本대 법과 (1925)	황해금련	1926.09 신원	신계금조
山田 勳		경성선린상업 1917	1917 제일은행 지점. 1921 금조	1926.10 반성	진양금조
中島 功	1897	山口고상(1910)	조선은행. 1926.3 이사견습	1926.11 신녕	성주금조
三浦正記	1900	早稻田상학부 1925.3	1926.5 평남금련	1926.12 맹산	사인금조
林源八		慶應의숙대(1924)	近海郵船회사, 포항소위, 1927 전남금련, 농동금조 설립준비위원(9월)	1927 녹동	승주금조
能見精藏		전주농학교 졸 1914	전주농회 기수, 보병 제64연대, 1920 상당금조 입사	1927 제천	1932 상당금조 이사
辻兼次郎	1889	日本대 법학과 1921	철도국, 1926 금조 입사	1927 주암	광양금조 이사

池田直次郎		神戸고상(1918)	山邑주조회사, 1927 전남금련 이사견습, 망운금조 설립위원(9월)	1927? 망운	완도금조
小林雄平		慶應대학이재과 1918	日淸기선, 時事신보, 1925 충남금련	1927 이인	금성금조 이사
重村知三	1903	山口고상1925	1925 금조 입사	1927	이천금조 이사
岡田唯惠	1901	하얼빈일로협회학교(1924)	이사견습(1925)	1927.02 장기	영천금조
西田勝	1906	경성고상(1926.3)	경기금련, 1926.12 관촌금조 설립준비위원	1927.02 관촌	무장금조
加賀夏三郎	1901	하얼빈일로협회학교(1926)	경기금련, 충북금련	1927.03 오창	진천금조
堀田三四磨	1889		1918.4 도선 각 우편국 근무, 1920.3 강원금련	1927.03 주문진	원주금조
吉本五六	1905	長崎고상	1926.4 도선, 평북금련	1927.03 양하	의주금조
熊倉新太郎	1905	경성고상(1926)	1926.3 충남금련	1927.05 광천	홍산금조
橘利丸	1900	척식대중국어과 1924.3	1926 화성금조 서기, 1927.3 경기금련 이사견습, 4월 평북	1927.05 대관	운전금조
木村榮一	1902	早稻田상학부 1926.3	1926.4 평남금련	1927.05 북창	대평금조
市丸穆	1902	경성고상		1927.06 인제	통천금조
村田眞		明治대(상학사)	1927.1 전남금련	1927.07 외읍	해남금조
藤井元治		척식대(1923)	1926.5 경남금련	1927.07 곤양	1930.11 반성 이사
秦三一郎	1898	慶應대학1924.3	1926 황해금련 이사견습	1927.07 풍천	서흥금조
森里己	1901	明治대 법과(1925)	1927.2 황해금련 이사견습	1927.08 수교	석교금조
福永祐夫	1905	早稻田정경과 1927.3	평북금련	1927.09 영미	철산금조
高松道太郎	1904	경성고상		1927.09 강화	
德川軍六		小樽고상(1924)	1927.4 평북금련	1927.09 자성	장흥금조
南石治	1898	東北학원 전문부 상업과(1926)	1927.3 황해금련	1927.10 곡산	남천금조
山木賢三	1902	名古屋고상	1927.3 평남금련	1927.10 구룡	조양금조
江俟廣	1900	明治대 상업부 1925	지원병, 1927 강원금련 이사견습	1927.10 평해	
國廣慶一	1895	長崎고등상업 1923.3	대구공립사범 敎諭. 1926.12 금조	1927.11 홍해	경주동부금조
小山武成	1894	척식대학(1927.3)	1918 大分豊後은행, 國東철도 등 1927.10 평북금련	1927.12 용천	박천금조
佐藤久次	1903	척식대(1927)	1927.6 황해금련 이사견습, 12월 석교금조 설립위원	1927.12 석교	수교금조
江野茂		小倉사범	1923부터 금융조합 관계	1928 왕장	패동금조
小平勝雄		경성고상 졸1923	1926 금조 입사	1928 영원	영유금조 이사
松代榮嘉	1901	척식대학	1923 지원병, 1925 대동은행, 1927 경기금련, 함남금련	1928 퇴조	덕원금조
大熊良一		慶應의숙 고상부 졸1927	1927 도선, 금융조합 입사	1928 대평	1933 조금련 조사과 조사주임
池田才次郎	1878	日本법률학교 1901	1902 神戸세무소, 1920 경북 출향	1928	황등금조 이사
大畠重一	1904	彦根고상(1927.3)	황해금련	1928.01 이목	이목금조
永野兼重	1899	中央대학전문부 1924	1927 평남금련,	1928.02 입석	
小川龜一	1900	早稻田 전문부 1924.3	大阪益田상점. 1927.3 경기금련	1928.02 삼천포	사천금조

秋山隆		京都제대(1924)	1928 금조	1928.05 후창	고부금조 이사
庄野芳雄	1900	中央대 경제과 1921	평남 이재과, 1925.5 왜성대금조 서기, 1927 평북금련	1928.05 운전	구장금조
小泉隆三	1900	慶應의숙대학 1925.3	회사원. 1928.7 금조	1928.07 주안	주안금조
龜井勇雄	1902	경성고상(1927.3)		1928.07 성주	김천금조
川原利夫	1904	경성고상(1925.3)	1928.5 금조, 이사견습	1928.08 언양	연천금조
東田隆次郎	1902	경성고상(1927.3)	경기금련	1928.08	안성금조
高見壽惠男	1891	동양협회전문 (1915)	토지조사국 근무. 1920 진남포금조 서기장, 이사견습	1928.08 순안	덕천금조 이사
松崎政	1905	경성고상(1928.3)	경기금련	1928.09 화천	
楠見太郎	1902	同志社대(1927)	1927.9 금조	1928.09 청양	서천금조
阿部勇	1900	척식대	1927.3 경기금련	1928.10 곡성	담양금조
山下達雄	1906	경성고상	1928 충북금련	1928.11 태안	영인금조
松隈正憲	1893	山口고상	1927.10 평남금련, 이사견습	1928.11 광량	광량금조
中村幸雄	1900	中央대학(1920)	9월 東京明星硝子회사, 1927 渡鮮 전남 이재과, 8월 금조	1928.11 동복	
武村米次	1902	早稻田 정경과 1925	1927.3 금조	1928.11 산양	금릉금조
飯尾喜代司	1903	척식대학	1928.4 충남금련	1928.11 연산	서령금조
稻田仲勝		大分상업 졸	해운사업 종사, 1928 황해금조 이사견습	1928.11 온천	황해?
高橋光雄	1896	早稻田 상과 1922.3	帝國염료회사 상해출장소, 1928.3 경기금련, 이사견습	1928.11 장련	옹진금조
高木庫次郎		경성고상(1923)	군산전기 입사, 1926 금조	1928.11 진동	방어진금조
下司三郎		경성고상(1923)	大連상업학교 敎諭, 스탠다드석유회사, 1927 경기금련	1928.11 창녕	서면금조
福山侍郎	1904	경성고상(1925.3)	조선철도주식회사, 1927.12 경남금련, 장승포 설립위원	1928.12 장승포	하동금조
伊藤一郎		경성고등상업 (1926)	1926 금조	1928.12 부용	삼례금조
山本金三	1902	明治대 상과 1927.3	1928.3 경기금련	1928.12 옥계	망운금조
奧田近吾			官吏	1928.12 일산	
武知幸喜		松山고상	愛媛은행, 1927 함남 재무부, 1928 금조	1929 신고산	오로리금조
尾家幸正	1903	早稻田대 졸1928	1928 금조 입사,	1929 삼기	조금련 자금과 위체계산계 주임
松浦正夫	1901	경성고상(1923.3)	조선상업은행, 1926.12 지원병, 1928 금조, 전북금련 이사견습	1929.01 태인	부안금조
伊藤正泰		早稻田 英法科 1927	1927. 금조 1928 입대	1929.01 보령	홍주금조
伊藤與三郎	1901	大分고등상업 (1927)	1927.9 함북 재무부, 1928.3 이사견습	1929.01 부령	길주금조
酒井國太郎	1903	同志社고상(1927)	1928.4 경북금련 이사견습	1929.02 안계	영일금조
竹內房太郎	1886	三好농학교	1년지원병. 1911 충남군서기. 1928 금조	1929.02 당진	보령금조 이사
佐藤淸吾	1887	早稻田대1911	1913 朝鮮郵船회사. 1927 금조	1929.03 여산	신태인금조
服部七郎	1906	척식대(1928.3)	경기금련, 황해금련	1929.03 하봉	강령금조

출전 : 阿部薰, 『朝鮮金融組合大觀』, 民衆時論社, 1935 ; 藤澤淸次郎 編, 『朝鮮金融組合と人物』, 大陸民友社, 1937.
　　주) 발령월은 『金融組合』, 『金融と經濟』의 해당 발령 사항에서 참조.

〈부록 5〉 제3기(1929.4~1937) 금융조합 조합장 명단 및 경력사항(247명)

① 도시조합(조선인 8명, 일본인 4명)

금조명	이름	생년	주소/출신학교	경력	초임년도	조합경력
전 주	印昌桓	1887		삼남은행 취체역(23), 전주무진회사 취체역(29), 부회 제2부 부의장, 상공회의소 부회두, 중추원 참의	1931	
해 주	金泳澤	1870		해주농은 이사, 평안농은 감사(10), 해주전기회사사장(19), 중추원 참의(35.4)	1934	
부산제2	李炳夏	1882	한학(육영재)	1903 吳服상 경영, 1916 정미업. 학교 평의원, 학무위원, 부형회장, 소득세 조사위원	1934	1919 평의원, 1929 감사
광화문	吳珽煥	1888		1914.12 군서기, 1919 조선제사회사 부장, 1921 금융업. 1931 부회의원	1935	1927 평의원, 감사.
수 원	李光鉉		사립 보성중(13)	상업 종사, 면협의원, 第一社 전무취체역, 경기산업회사 취체역, 철도국 운수위원	1935.4	1919.4 수원 평의원
서대문	吳兢善	1877	배재학당, 미국유학	세브란스의전 피부과장, 동교교장(34-42.1),	1936	
군산동부	李晩秀			재계지도자, 조선인 조합원 신용조사에 철저적 관찰	1936.4	
공 주	朴準植	1884		궁내부 주사, 승6品 承訓郎, 공주권업주식회사장(23), 우성수리조합 평의원, 읍회의원	1936.5	
영산포	山上吉三郎	1881		영산포 원로격, 초대 이사	1930.8	1922 이사
목 포	井上美憲	1887		목포 제1류 자산가, 부회의원, 상공회의소 의원	1934.4	
부산제3	中村久藏	1890		1890-1893 부산 조선업. 부산상업회의소 의원, 학교조합 평의원	1935	평의원, 감사
부산제5	石原 香+香	1892	早稻田대	부산상공회의소 회원, 부회 의원, 세무서 소득세 조사위원, 회사 취체역, 사장	1936	

② 촌락조합(조선인 235명)

금조명	이름	생년	주소/출신학교	경력	초임년도	조합경력
송 우	李慶鈺			구장, 외소면장, 청산면장, 이동면장, 소흘면장	1929 초대	
대 방	金鉉奭	1881		왕치면장, 남원읍장, 산업조합 이사	1929 조합장	
연 기	張基鐄	1894		1923 면협의원, 도장학회후원회 부회장, 학무위원, 삼림조합 부조합장	1929 조합장	
연 산	姜永植	1888		1916 면장, 1920 면협의원, 1924 도회의원, 麯子판매조합 이사, 강경산업주식회사 감사역	1929 조합장	
중 교	李禎雨		한학	1913 중교리장, 정곡면서기, 면장. 1935 지정면장	1929 조합장	의령 평의원, 감사
청 도	朴永在			대성면장, 농촌중견인물양성에 헌신, 국체명징운동	1929 조합장	
능 주	朱在奭	1893		명망가, 능주면장(33), 면정을 釐革	1929 조합장	

지역	이름	생년	학력	경력	조합장	비고
고 양	沈相憙	1875	서당	군수, 1924 도평의원, 우편소장, 1926 신도면장	1929 조합장	
적 암	申 槇	1877	관립외국어학교/대동법전	적암면장(24),	1929.11 초대	누천금조 평의원, 감사
좌병영	吳義相			사회공익을 위해 진췌	1929.12 이후	
원 남	崔獜根	1894		舅家, 문묘 直員, 학교평의원, 삼림조합평의원, 연초경작협회 평의원, 면협의원, 농회의원, 연초경작조합장	1930 이후	감사
무 주	柳鎭爀		大阪고등부기학교 16	총독부 서기(16), 강동, 맹산, 영원,고창 군수, 고려요업회사 취체역, 지배인, 도회의원(30), 산업조합장	1930 무주	
초 전	都文熙	1884		월항면장(24년간)	1930년대	
영등포	李承瑀	1870		1906 시흥군 주사, 1910 군서기, 1923 북면장,	1930 조합장	
영 원	姜𡪘駿	1897	경성의전(1924)	함북도립 慈惠의원, 1925.10 영원군 공의. 1930 군 농회 특별위원, 학무위원, 면협의원	1930 조합장	1929 감사
태천남	金炳濤			덕망가	1930 이후	
차련관	宋德昊	1896		郡잠업순회강사, 경찰관, 사법서사	1930년대 (3개년 넘음)	
이천제2	宋鼎顯	1878		1919 대월면장	1930	
감 곡	南相喆	1891	사숙	교편, 면장(1919), 면농회장(25), 군 축산동업조합 평의원(29), 감곡금조 설립위원(29)	1930 제1대	1923 평의원, 1929설립준비위원
삼 기	宋秉植	1886	普校	강원관찰부 주사, 헌병대 경찰, 1920 목재상, 포목상, 학무위원, 면협의원, 학교평의원	1930 조합장	1926 감사
안성제2	鄭寅鼎			안성지방 대표적 인물	1930 이후	
울 산	李相喆	1892	공립간이농학교	청량면장(26)	1930 조합장	울산금조 감사
방 현	全鳳聖	1884	구성대동학교 측량과(07)	동 사범과(10), 평북 잠업강습과(14) 졸, 잠업제조 종사, 면협의원, 수리조합 평의원, 잠업조합장	1930 조합장	
고 흥	申常休		경성전수학교 1920	총독부 재판소 서기겸 통역생(1920), 농장경영, 도회의원	1930 조합장	1927 감사
평 택	安鍾喆	1883	경성관립중학교	1920 면협의원, 1927 군학교 평의원, 평택금조 감사, 자동차회사 운수회사 등 중역	1930 조합장	
통 구	玄魯海	1890	도잠업강습소 (14)	면서기, 면장, 연초경작조합 금조 평의원, 학교평의원	1930년대	창도 통구 평의원
연안제2	朴聖八			대지주, 연안기선주식회사 사장, 연해수리조합 평의원,	1930.12	
군 위	白南洙	1890	한학	보교 촉탁교원, 금조 서기, 군위 면장, 지방공공사업에 관여	1930.12 조합장	서기
대 포	朴祥喜	1891		토지조사국 근무(1912.2-), 면장, 영년근속 표창	1930.4 조합장	29 감사
영 산	河連珠	1888			1930.4 영산	
칠 보	金東柱		경성법관양성소	경찰계, 사립무성보교장, 정읍군 학교평의원, 칠보면장	1930.7 칠보	
금 남	金鍾彦			나주읍장	1931 금남	

영 변	崔鶴來	1885		사립학교 선생, 대서업	1931 영변	
사 강	崔弘植			토지의 인망가	1931 이후	
함 종	韓根弼	1897	明治대 전문부 법과(1925)	1925 사립희성학교장	1931	
신환포	金庚用	1897	사립대영학교 (11), 숭실중	서호면장(25-36)	1931 (초대)	
만 포	田宗善	1894	사립 돈명실업 측량과	사립학교 교원, 도 순사, 면장,	1931 조합장	
오산제2	鄭恒淳			篤志의 인격자	1931 이후	
보 성	金球永	1869	한학숙	1911 보성금조 설립위원, 평의원, 감사	1931 조합장	
광 산	鄭淳煥	1874		1921 효천면장, 1936 문묘 직원	1931 조합장	1918 평의원, 감사
자 인	金秉河	1882	유학	곡물무역 경영(1914-), 재계에서 제1류의 지위.	1931 조합장	
부 여	閔泳冑	1893		도회의원, 농진위원, 소작위원, 면협의원, 고적보존회 평의원, 사상선도회 이사, 학무위원	1931 초대	
진 안	金整鉉				1931 조합장	1925 감사
사 남	申 楑	1876	한학서당	1914 면장, 어업조합장, 학교평의원, 농회 통상의원/장남 양조업	1931 조합장	
완 산	柳彰根	1881		삼남은행 취체역, 전북도 평의원, 전주군 학교평의원	1931 조합장	1923 감사
남완산	張濟喆	1869		사헌부 감찰, 육군보병 참위, 전주농공은행 취체역	1931.1 초대	완산금조 조합장
문 화	金鼎健	1871		유수의 명망가, 면장, 15년 조합에 봉사	1931.12 문화	평의원, 감사
무 장	金容燮	1891		舊家, 면서기, 면협의원	1931.4 무장	
한 천	崔允復	1872		한천면 명망가, 학교 평의원, 면협의원	1931.7	23. 평의원
강 진	車鍾彩	1890		구가, 재계 중진. 농사경영, 비료상, 양조, 어업	1931.9 강진	1929 감사
서 령	金榮燦			지방 最유력자, 면협의원, 공보교 학무위원	1932 조합장	감사
주 천	嚴敬烈	1880		1914 영월 남면서기, 상동면장, 도 평의원, 주천면장, 주천연초 경작조합장	1932 조합장	평의원
청석두	李昌周	1887		재령헌병대, 보교 학무위원(27), 면협의원(31), 면장(32)	1932 이후	
비 현	朴寧欽	1895	경성의학전문 (1917)	의주 慈惠의원, 개업, 장로, 각 보교 공의, 면협의회원, 桃峴상 사회사 취체역	1932 조합장	
부 거	方周炫	1893	富居사립학교	교원, 1917 면서기, 1921 금조 서기	1932 조합장	1937 조합장
문 구	張順植	1895	한학, 鳳文측량강습소	측량사업 종사(13-18), 면서기, 대서업, 司法대서, 면협의원	1932 문구	1928 평의원
덕 천	朴應烈	1900	덕천공보교	1918 평양지방법원 덕천지청, 1925 사법서사	1932 조합장	
송 지	尹哲夏	1889	한학	해남명문, 목포운송회사사장, 현 산면장, 군학교평의원	1932 조합장	
태 안	李時雨	1885	사립 화양의숙	농장경영, 간석지 개간. 면협의원	1932 조합장	평의원
산 양	高羪動	1889		면협의원	1932 조합장	
경주동부	黃相泊			토지의 유력한 명망가	1932 이후	

지역	이름	출생	학력	경력	조합	기타
모 동	鄭在燁	1883	한학	1929 면협의원, 삼림조합 평의원, 학무위원, 모동면장	1932 조합장	
건 천	李永久	1879		산업조합 평의원, 면협의원, 학교평의원	1932 조합장	1925 감사
대 흥	李舜圭	1896		대흥면 명망가, 면장(21), 공주 慣業院 주사, 공립보교 학무위원, 제국비행협회 위원, 훈장 수여	1932.12 조합장	
한 산	李玄珪	1874	관립육군무관학교(1900)	육군참위, 진위대 소대장(-1907), 한산면장(21.12)	1932.6 한산	
진 교	金厚權			양포면장(1929-), 농촌진흥운동	1933 조합장	
장호원	李龍鎬	1903		청계면장, 지방명망가.	1933 조합장	평의원, 감사
평 창	高濟璇	1893	사립창명학교(1909)	경찰관, 순사부장, 면장, 삼림조합 평의원, 연초경작조합장	1933 조합장	
둔 내	安達善	1895	횡성공보	면서기(1915), 회계원, 면장	1933 조합장	감사
남 지	南寶熙	1888		남지면장(1922), 보교학무위원, 면협의원	1933 조합장	영산금조 평의원
삼 례	權日用	1893	진명보통교	농회의원, 학무위원	1933 조합장	1929 감사
목 도	李泰浩		한학	도평의원,	1933 목도	
풍 기	張師尙	1890		면서기, 면장(31-37), 가업에 종사, 풍기면장(36)	1933 조합장	1931 감사
과 역	孫在明	1882		남양면장(11-25), 면협의원(26-33), 학교평의원(27-34), 재향군인회 후원찬조원, 적십자사 지부위원	1933 과역	
위 원	朴觀弼	1898		면서기, 면장, 축산동업조합.삼림조합 평의원, 군농회 통상위원, 군향약회 평의원, 수리조합장	1933 조합장	
입 석	黃信五	1893	사립육영학교/공립농학	입석학교 교사, 1919 일본조합기독교봉천교회 전도사, 1936 곡물무역상	1933 조합장	
담 주	韓成準	1872		덕망가, 용면장(14.1-31)	1933 담주	17 담양 평의원, 30 담주 평의원
나 산	安恒錫	1893	금북학교	가업에 精勵, 면서기, 면장	1933 조합장	나산금조 평의원
신 북	柳寅龜	1895	恩賜授産蠶業강습소(15)	면서기, 회계원, 면장(29.7),	1933경	
돌 산	金相連			면서기(1918), 면회계원('21), 면장('31), 종저 구입 재배방법 연구, 1面2校주의 제창	1933 조합장	
북 창	朴殷錫	1892	평양사립대성학교	상업 경영, 수년후 공공사업에 관여	1933	29 평의원
구 례	高在涓	1901	구례공보	1934 군농회 특별의원, 1936 도회의원	1933 조합장	
혜산진	金錫禹		배재고보(1922)	청년실업가, 주조회사 취체역, 척림회사 전무, 혜산진주조회사 상무취체역, 읍회회원	1933 조합장	
오 송	朴泰純	1876		한국 내무부 주사, 총독부 도속, 총독부 군수, 면장, 수리조합장,	1933 조합장 (초대)	상당금조 감사
정 산	鄭寅晃	1889		1914 청양군참사, 1926 동양흥신사장,	1933 조합장	
광 천	高麟濟	1884	사립광신학교(1908)	학무위원, 면협의원, 조선水産會의원(1926)	1933 광천조합장	

영 안	車鍾璀	1884	함일실업학교	사립명동학교장(1917), 면장, 도회 의원, 도농회 특별의원, 충독, 도지사, 연합회장 표창	1933 조합장	
강 릉	沈東燮	1883	강릉동진학교	동진학교 교감(3년), 면협의원, 소작위원, 학무위원	1933 조합장	1929.4 감사
봉 황	徐大洙	1879		면장, 농촌진흥에 관한 당국의 시설에 순응	1933.1 조합장	1924 평의원, 1930 감사
누 천	李鎭根			신암면장, 농회, 축산조합, 삼림조합 등 간부	1933.4 조합장	평의원
화 의	趙尙鉉	1879	서당	사립학교 이사, 면협의원, 보교 학무위원, 모범부락 지도원, 면진흥회 고문, 수리조합 창립위원장	1933.5 조합장	
대 치	李載炯			독농가, 1925이래 향교장의, 학교평의원,	1933.5 대치	
은 흥	姜能學	1888		면서기(16.10), 회계원, 도 표창(30.2), 은흥면장(32), 서하면장(37)	1933.5 은흥	24 이래 평의원
안동북부	金秉文	1886		학술강습회 교편, 면유림 보호조합 고문, 면 농촌진흥회 부회장	1933.9 조합장	
진 보	權重燁	1881		지방 양반	1934 초대	
무 안	徐元明	1885		면회계원, 면장	1934 조합장	평의원('28), 감사('31)
영 주	全河暻	1898	한학/영주학술 강습회 수료	1925 면서기, 1928 영주양조주식회사 전무, 1931 학교 평의원, 1935 도회 의원	1934 조합장	1929 평의원
오 산	李學應	1876		황해관찰부 주사(1902), 학교장(1908), 면협의원(26)	1934 조합장	조합 평의원(25)
장 흥	宋淳卿	1898	東京대	家産의 整理에 종사, 면장	1934 조합장	
왜 관	張憲相	1900	중동학교	면장, 군농회 북3분구장, 군축산조합 북3지부장, 군 삼림조합 지부장, 조합장 3년여	1934/5년경	
마 장	張尙炫	1887	사립 沛中학교 (1911)	家業에 精勵, 면회계원('23), 면협의원, 삼림조합 평의원, 조선신궁봉찬회 함남도지부위원	1934 조합장	설립준비위원(30), 평의원
광 두	全斗燮	1870	한학	광천면장(1910.10) 24년간 근속, 주임관 대우(33), 종7위(34), 덕천평야 150정보 개답, 농진운동	1934 조합장 (초대)	
고 령	朴芝華	1880		지방 유력자, 군농회 부회장, 학교 평의원, 삼림조합 부조합장, 향교직원	1934 고령	1915 평의원, 1917 감사
삼 계	柳德烈	1891		면협의원, 향교 장의,	1934 조합장	
사가리	金仁洙	1887	서당	1914 면서기, 면장, 사립학교장, 군농회 통상위원, 향교 掌議, 학교평의원, 면협의원, 도평의원	1934 조합장	장성, 사가리 평의원
남 시	李承泰	1885	평양공립고보 (1914)	교편, 신도면장, 부업장려, 부인의 생활개선 등에 노력	1934 조합장	
거 창	愼鏞禧	1894	거창공보(1913)	1919 거창공보 학무위원, 군축산동업조합 의원, 군 농회 의원, 부회장, 면협의원, 도평의원	1934 거창조합장	
신 갈	金文植	1868		기흥면장, 자작농 창정, 고리채 정리에 노력	1934 조합장	감사(33)

고 부	殷東吉	1878		면협의원, 고부향교 장의, 조합원의 8할 增容달성, 생필품 공동구입, 籾의 공동판매 등에 노력	1934 조합장	감사(14)
신 포	朴南鉉	1888		경찰계, 실업계, 공흥주식회사 감사역(25), 신포 명태어수출조합장(34), 운송회사장(36)	1934 조합장	
화 천	張景壽	1888		화천유치원장.	1934 화천	
옥 계	崔鍾鳴		사립옥계학교 (1912)	옥계면서기	1934 조합장	1931.4 옥계금조 감사
별하리	劉貞奎	1882		공보교 학무위원, 향교 장의, 면협의원, 유일한 취미는 농사 개량과 소작인 지도	1934 이후	
강 계	田時恒	1880		면장(1899), 양조회사 사장(1928), 읍회의원(1931), 도회의원(1933)	1934 조합장	1908 강계금조 평의원
영 유	朴正運	1888	영유사립 이화학교	1916-28 공립보교 훈도	1934 조합장	
청 안	延秉鑽	1885		진천군 서무주임, 1934 청안면장	1934 청안조합장	
서정리	元濟昇	1884	무관학교(1905)	면장, 한성은행 근무, 1916 평의원, 감사	1934 조합장	
양 양	金鳳鶴	1899		영림서(1926), 삼림주사(28), 삼림조합 평의원, 면협의회원,	1934 양양조합장	1931 양양조합 감사
가 룡	羅錫琪		평양醫藥강습소 (16)	언론계 활약. 면협의원, 儒林會 평의원, 講師	1934 이후	
배 둔	朴容夏	1890	보성전문	1931 면협의원. 1933 군 소작위원회 위원	1934 조합장	1932 평의원
무 림	崔達湖	1896		육영사업, 삼동면장	1934 무림	1930.4 평의원
양 수	李彌商	1882		군주사, 1910 군서기, 1920-1928 양서면장. 학무위원	1934 조합장	분원조합 설립위원
채 운	金在喆	1902	예산공립농교 (1924)	논산군 농회 기수, 1932-1936 성동면장.	1934 조합장	
석 당	鄭圭璜	1894	경성사립 경신학교	귀향후 바로 면장(21세) 근속 7개년,	1934 조합장	1932 신천조합장
남 해	金亨기	1890		군서기(1919.12), 기수, 남해면장(29.1)	1934 조합장	
삭 주	金士元	38세	삭주공보	상업종사, 향교 장의	1934 조합장	총대, 평의원
창 녕	盧泳奐	1895		고암면장(19), 도평의원, 공보교 학무위원, 학교 평의원. 소작위원, 군농회 통상위원, 중추원참의	1934 창녕	평의원
단 천	李鎭浩	1881		학교 교사, 면회계원, 학교장, 문묘 直員, 도 관내순회강사, 사회교회순회강사	1934 이후	1934 감사
황 강	鄭祺源	1886		소방조두, 학무위원, 학교 평의원	1934.1 초대	1931 청풍 평의원
무 안	李相厚	1892	경성고보 교원속성과(13)	교직(-22), 농업 종사, 무안면장 (28.8)	1934.12 무안	1932.4 감사
강 서	魯炳烈	1908	강서사립 문천학교	교편, 1911 토지조사국 기수, 면협의원, 수리조합 평의원, 곡물조합 이사	1934.4 조합장	1927 조합감사
주 암	趙光鉉			자산 신용 제일류, 순천문묘 有司	1934.4 조합장	1924 감사

임 동	權大銑	1891		농사, 상업, 양조업, 면협의원	1934.5 조합장	
금 천	愼久範	1896		군서기(20-), 금천면장, 도회의원(30)	1934.5 조합장	
장 백	李秀東	1899	間島龍井 영신중학(21)	온건 착실한 사상, 精緻주도한 기획, 농사에 精勵	1934.5 조합장	
병 영	南周翼	1891		사법서기, 학교비 평의원, 면협의원	1934.6 조합장	
화 순	金容圭	1893		경찰(-23), 학무위원, 면협의원, 소작위원, 농진회 위원	1934.7 조합장	감사
소 사	元榮常			토지조사국 서기(11), 장교보통학교 교원촉탁(19), 충독부 군속(21.5), 소사면장(31.10)	1934.9 조합장	
신 창	金性協			명망가, 도산업위원, 학무위원, 면협의원, 조선신궁봉찬회 위원 농촌진흥책에 노력	1935 조합장	
장 유	尹大龍	1897	김해사립 녹명학교	지방의 명망가, 면서기, 면장	1935 조합장	
태 천	白鍾成	1886	사립 見心학교	경찰관, 도회의원, 사법서사	1935 조합장	
천 전	成厚慶		의학	면협의원, 학교평의원, 삼림조합 평의원, 면농촌진흥위원, 소방조 두, 조선소방협회 춘천지부	1935 천전	
아 산	沈仁澤	1881	한학	면서기(1906), 면장(08), 천안금조 평의원, 아산금조 감사(1929)	1935 조합장	평의원, 감사
선 장	徐廷昱	1887	휘문고	대지주, 미곡상, 면협의원, 신사 총대, 미곡통제조합 총대, 수리 조합 평의원	1935 조합장	1930 평의원
내금강	崔基泳	1884	달성일어학교(06)	재무서 주사(08), 군, 도서기, 도속, 군수, 면장(33), 연초경작조합장	1935 조합장	
비 인	林天奎	1887		서천군 근무, 비인면장, 지방명 망가	1935 조합장	서천 평의원, 감사(수회)
간 성	咸東錫			간성면장	1935 조합장	
왕 장	康浩南	1888		少時에 상업 종사, 33세 영흥에 서 포목상, 농업, 곡물 비료 賣捌	1935 조합장	
양 시	白學俊	1901	선천사립 신성학교	교회 장로, 독농가, 忠流수리조 합장(1933)	1935 양시조합장	
신아산	朴林宗			용덕면장(1913-24)	1935 조합장	
칠 원	安士烈			학교 평의원, 면장(-1937 현재)	1935 칠원	
제 천	申東休		경성제일고보	충북도청 雇員, 각군 근무, 사법 서사('29), 도회의원, 읍회의원	1935 4대	
정 읍	柳載陽	1882	한문	면장(24, 12년간)	1935 조합장	
동 림	桂勳奭	1889	사립육영학교	1931 선천금조 평의원, 면협의 원, 1934 동림금조 감사	1935 조합장	
함 흥	李明雨		明治대 전문부	北鮮창고회사(14), 北鮮상업은행(16), 조선상업은행 함흥지점 촉 탁(33)	1935 함흥	
김 해	文治模	1886	한학	도회의원	1935 조합장	
아오지	宋昌翼	1904	경흥보통학교	1920 면서기, 1933 경흥면장	1935 조합장	
군 선	金河潤			면서기, 면회계 담당	1935 조합장	
상 원	朴鍾薰	1882	한학	향교 장의, 배화면장	1935	

지역	이름	생년	학력	경력	조합장	비고
원 성	李柄秀	1890		유력자, 농사개량에 전념, 雲坪공장 鱸공장 경영, 공보학무위원, 면협의원, 군농회 특별위원	1935 조합장	1917 평의원, 1922감사
진 상	崔劭秉	1892		해태어업조합판매소 서기(23), 면서기, 해태조합 감사, 진상면장	1935 조합장	
상 서	金相基			名望家	1935 이후	
토 성	楊昌華			1923 남면장, 사립배양강습소장, 면협의원, 학교평의원, 농촌진흥회장, 학무위원	1935 조합장	개성, 토성 평의원
대 산	鄭東煥			덕망가	1935 (초대)	
대 평	尹綏三	1881	한학	1935 이래 면협의원, 군학교평의원	1935 조합장	
성 천	金永珦	1883	일어동명학교	1922 성천군속, 1931 순천군 전근	1935 조합장	
패 동	魏秀龍	1888	한학/사립 沛鄕학교	1913 면회계원, 1918-1932 면장. 학무위원.	1935 조합장	1923 합성금조 평의원, 1928 패동금조 평
순 천	金衡珽	1901	평양고보	1919 순천소방조두, 1933 순천산업조합 감사. 곡물류 무역상	1935 조합장	1930 평의원
이 포	李建奎	1885		금사면장(12), 표창, 수상	1935 조합장	1926.4 평의원
풍 각	朴漢起	1890		면서기(1919.3), 면장(28),	1935 조합장	
이 원	吳衡哲		鏡城보고/간이농업학교	1913 명천화태금조 서기, 1923 사법서사, 1934 학무위원	1935 조합장	
침 촌	安永燮		세브란스 의전 (1927)	의업 개업, 寡言篤行 전형적 인물	1935.10 조합장	
금 천	李鍾燮	1901	東京正則 영어학교	신진유력자, 학교비 사무원, 면서기, 덕산면장, 대서업(33-), 도회의원(37)	1935.10 조합장	
무 학	李鎔年	1888		舊家 명망가, 도평의원, 현 면장	1935.1 초대	
청 송	尹海鎭	1887	사립약일학교	경찰관, 축산조합, 군농회, 면협의원, 면장(1936), 농산촌개발진흥에 진췌	1935.4 조합장	평의원, 1929감사
현 풍	文輔元	1895		대서업(1920-), 각종 공공사업 관여, 사회교화에 관심	1935.4 조합장	
금 양	林泰喆	1870		면장(1907-25), 공공사업	1935.4 금양	1931 설립준비위원, 32 감사
은 파	李錫斌	1905		초와면장(28-35), 군농회 통상위원, 보교 후원회장	1935.4 조합장	
정 주	鄭宗殷	1885		남면장(1924-35)	1935.5 정주조합장	
김 포	金鳳欽	1884	법관양성소	광주재판소 서기, 총독부 서기, 검단면장, 군농회 의원(29)	1935.5 조합장	1928 평의원
위 성	盧眞泳	1895		함양 덕망가, 자산가, 회사 사장, 산업조합장	1935.5 조합장	감사
산 청	朴殷陽			생초면장(28.3-)	1935.5 조합장	1919.2 평의원
고 성	朴永甲	1889	한문사숙	文廟掌議(09), 각 면장, 보교 기성회장, 학무위원, 부형회장, 면협의원	1935.5 조합장	
연 안	金鍾應			면협의원, 학교평의원	1935.5 연안	
경 덕	姜哲模	1881		총독부문관보통시험 합격(13.9), 군서기(15), 하거서면장(17), 도평의원, 수리조합장	1935.8 경덕	

회 문	崔宗民	1865		1911이래 십유오년간 주남면장	1935.9 회문	1922 어대진 감사
구룡포	成鶴潤	1896	동래공보	조선수산수출회사(21)	1936 조합장	
희 천	崔鼎洽	1869	희천사숙	면장(1919), 소작위원회 위원	1936 희천조합장	
용 인	尹承九	1885		포곡면장(1919)	1936 조합장	1925 금조 감사
금 호	曺圭信	1901		실업계, 면협의원(28), 공보교 후원회장	1936 조합장	1928 평의원
화 성	李弼商	1876		1919 일왕면장	1936 조합장	1914 평의원, 감사
문 천	朴根模	1890		농촌진흥 및 심전개발에 철저 노력, 구역내 전세대 조합원 포용, 각 요지에 지소 설치 희망	1936 조합장	25 평의원
노 성	鄭大圭	1896	간이상업학교	부여산업조합 평의원, 논산금조 감사, 노성면 농촌진흥연구회 위원	1936 (초대)	논산금조 감사
성 환	李容默	1888	관립외국어학교(08)	직산공보 학무위원('18), 성환면장(1919), 성거면장	1936 조합장	평의원('19), 감사
정읍서부	鄭玟圭	1891		면협의원,	1936 조합장	1930 평의원
신갈파	姜承裕	1907	신갈파공보	신진 실업가, 수년간 금조 서기, 1933 원목업 개시	1936 조합장	
증 산	張循鐸	1891	동북중학(1913)	농촌지도자	1936 조합장	
송 정	徐丙昇	1892	경성관립고등학교	1922이래 풍덕리 구장, 면협의원, 학무위원, 학교 평의원, 산업조합 평의원	1936 초대	평의원
선 흥	趙成龍		함흥농업학교	교단, 영흥자동차회사 중역, 토지의 유력자, 현재 도회의원	1936 초대?	
곤지암	具然式			유력자, 유덕의 士, 경안금조 곤지암지소시대 경안조합장	1936 초대	경안 조합장
자 성	徐熙淳	1893	세브란스의전(1918)	전주야소교병원, 군산 韓湖병원, 도립 남원의원, 1921 자성, 전천 경찰서 公醫, 1930 개업	1936 조합장	
고 원	孟泰裕	1891	고원공보(1910)	소방조 부조두, 군농회 통상위원, 조선소방협회 고원지부 평의원, 고원무역창고주식회사 중역	1936 조합장	
정 평	崔鑴漸	1898	경신학교(1925)	금강인쇄소, 국정교과서 판매. 면협의원	1936 조합장	
서 호	曺雲鐸	1892	야학(경찰관 주재소)	1923~ 대서업. 구장. 1930 국세조사위원.	1936 서호조합장	1930 평의원, 1934 감사
임 실	嚴晙洪			남원세무서, 임실군청 근무, 임실면장(30)	1936 임실	
동 래	李相泳	1891	동명학교	1916 남면 회계원, 양계업, 1931 읍회 의원, 읍 지도위원, 군농회 통상위원	1936 조합장	
해 양	鄭鉉碩	1888	사립 집영학교	경찰관. 1926 면장. 군 농회 평의원	1936 조합장	1927 평의원, 감사
퇴 조	金斗溶	1898		헌병대, 면서기, 1925 司法代書 개업	1936 조합장	평의원, 1931 감사
여 천	金完植	1904	여수공립간이수산학교	1922 여수군 근무, 1929 전남 서기, 1935 화양면장	1936	
진 양	鄭承周	1893	경성교원양성소(1912)	공립보교 훈도, 회사 지점장, 총독부 군속, 면장(31-현재),	1936 진양조합장	
금 구	溫聖河			지방의 유력자	1936 조합장	태인, 원평조합

밀 양	吳仁德	1890		1919 경부시험 합격, 부장, 경부보, 경부, 사법서사, 학무위원, 농촌지도위원, 읍회의원	1936 조합장	
고 금	徐洪烈	1895	고금공립보교	학무위원, 면협의원, 학교평의원, 어업조합 군농회 특별위원, 농촌진흥위원, 수리조합장, 면장	1936 조합장	평의원
우수영	鄭興烈			입지전 중의 인물, 면서기, 청년회장, 학무위원, 소방조 소두, 면협의회원, 溫業조합 이사	1936 우수영	
남 평	高在漢	1895	한문	광산군 출생, 광산군 대촌면장(29)	1936 조합장	1931 감사
용 궁	李大一	46세			1936 조합장	
영 월	張俊英	1905	휘문고보(1926)	운수회사 사장, 도회의원(33), 연초경작조합장	1936 영월조합장	
동 촌	李相豪	1889		1920 면서기, 1931 수리조합 서기, 1934 면장	1936 조합장	달성동부 평의원
소 천	崔雲變	1899	내성공보교(1914)	헌병대, 경찰관. 1929 양조업. 곡물,反物 잡화상. 영주번영회 고문, 면협의원, 학무위원	1936 소천조합장	
시변리	李錫年	1889		토산향교 장의, 면협의원, 소주양조업, 곡물 목재 매매 종사	1936 조합장	
양 평	李寅求			면협의원(1926, '35), 보교학무위원촉탁('29), 학교평의원('30), 군농회 특별위원('33), 소작위원회 예비위원('34)	1936 조합장	
수안보	金泳泰	1904	휘문고보(1925)	상문면장. 소방조두. 학교 평의원. 1936 연풍금조 조합장	1936 연풍	
대 화	曹昇煥		중동학교	강릉상사주식회사 상무취체역('28), 대화주조조합 이사, 학무위원, 교육회 간사, 청년단 고문	1936 조합장	
흑 교	趙基亨	1897	養蒙학교	농업에 종사, 흑교리 구장, 운송업 경영, 비료배급에 노력	1936 조합장	
달 천	禹秉濟	1890	明治대 법과(1916)	재판소 서기 겸 통역(18), 학교평의원. 면협의원, 면장	1936 조합장	평의원
양 구	崔斗範	1895		독농가, 농진위 위원, 간이소방조두, 군 학무위원	1936 조합장	감사
상 당	韓定錫	1883		08이래 경찰계, 警視(21), 가덕면장(25), 부읍장(26.4),	1936.2 조합장	
안 강	鄭柄璨	1900		안강보교 장학회 부회장(29-), 수리조합 창립위원장, 조합장, 군농회 의원, 면협의원, 학교평의원	1936.4 조합장	
영 광	曹喜奭	1888	광주농립학교	청광보통학교 교편, 금조 서기, 학무위원, 농회 통상위원, 면협의원, 산업조합 평의원	1936.4 조합장	서기(1916)
금릉서부	白樂燉	1894		체신계, 경찰계 활약, 면장	1936.4 조합장	
배 화	韓炳稷	1906	正則영어, 東京물리학교	대지주, 소작인 관계 원만	1936.7 배화	
팔 원	吳學晋	1896	영변공립농교	보교 교원, 면작조합 기수, 농회 기수, 면장(32),	1936.8 팔원	
연 풍	金龍性	1907	공보교	면서기, 新進有爲의 適材	1937 조합장	
청 풍	柳桯河	1881	사숙	1904 충북관찰부 主簿, 수하면장, 청풍면장	1937	
제 주	崔元淳	1876		판사, 변호사, 군수, 읍회의원, 전남어업조합연합회 특별위원, 제주 昭和운송회사사장	1937 조합장	

출전 : 阿部薰, 『朝鮮金融組合大觀』, 民衆時論社, 1935 ; 藤澤淸次郎 編, 『朝鮮金融組合と人物』, 大陸民友社, 1937.

〈부록 6〉 제3기(1929.4~1937) 금융조합 이사 명단 및 경력사항(339명)
① 도시(일본인 3명)

이름	생년	출신학교	주요 경력	초임년도 및 금조명	30년대 이후
船田卓一	1900	山口고상 (1922.3)	경성제일고보 教諭, 뉴욕스탠다드회사, 1929.1 금조	1930.2 겸이포	겸이포금조
松尾親造	1884	五島중학	1912 전남 재무과, 군서기, 도 이재과장	1931 여수	여수금조 이사
井本享一	1903	척식대	1931.3 경기금련, 9월 경남금련	1932.1 부산제2	진영금조

② 촌락
　가. 조선인(86명)

이름	생년	출신학교	주요 경력	초임년도 및 금조명	30년대 이후
權泰雄	1904경성부	日本대전문부 1928.3		1929.11 신고산	금촌금조
姜善明		神戶고상(1928)	이사견습	1929.11 만경	
李昌林	1902(웅진)	東京상과대학(1929)	1929 경기금련, 1929.5 경남금련	1929.12 야로	단계금조
朴德灼	1897동래군	진주공립보통학교	영산금조, 경남금련, 1929.10 중교금조 설립위원	1929.12 중교	삼가금조
鄭學基	1905(영일)	경성법전(1925.3)	함남도서기, 금련	1929.12 낙동	
河祥鏞	1905마산부	山口고상(1929.3)		1929.12 청평천	서정리금조
廉規煥	1904연백군	경성법전(1928)	경기금련 이사견습	1929.12 육리	
金永龍	1902(논산)	선린상업학교	보통학교 교원, 은행원, 금조	1929.5 배둔	양수금조
朴璟灼	1899(동복)	광주농학교	동복우편소 1917.6 동복금조	1929.7 송지	담주금조
崔翼烈	1907순천군	早稻田대 상업부 1933.3	1933 금조	1930년대 별하리	별하리금조
孫琪澤		山口고상(1929)	경기금련, 경남금련	1930 단계	
吳興敎	1907북청군	연희전문(1932.3)	금조	1930년대 군선	
李福仁	1903천안군	보성전문(1930.3)	경기금련, 10월 경북금련	1930년대? 울릉도	구룡포금조
李圭珏	1902(울진)	專修대학 경제학부(1929.3)	경기금련, 평남금련	1930.03 순천	원장금조
李忠魯	1898(청주)	청주농학(1916.3)	산동연초경작조합 기수, 1923 충북금련	1930.05 청풍	한강금조
朴奎善	1902평양부	경성법전(1928.3)	5월 평북금련	1930.1 고산진	고산진금조
許 鏞	1900(창성군)		면사무소 서기. 1919 창성금조서기, 1921 평북금련 서기	1930.10 대유동	위원금조
朱道興	1906용강군	경성법전(1929.3)	경기금련, 평남금련	1930.10 한천	삼등금조
金成烈	(강계)		광화문금조, 1924.3 화의금조 창립사무, 1925.7 평북금련	1930.10 박천	맹중리금조
鄭昌連			학교 졸업 후 십수 년 진도금조 근무	1930.1 남평	봉황금조
孫義俊	(광주)	神戶고상	1928.6 전남금련, 1930.1 광산금조 부이사,	1930.11 과역	소라금조
白蒼濟	1906은율군	경성고상(1929.3)	금조, 5월 전남금련, 1930.1 여수금조 부이사	1930.11 고금	

閔丙秀	1905(무안)	山口고상(1928.3)	1928.3 경기금련, 1930 전남금련, 1월 남평금조 부이사	1930.11 독천	
李碩柱	1907(용강군)	경성법전(1929.3)	1930.11 이사견습, 봉양금조 설립준비위원	1930.12 봉산	
孫德鳳	1890(대구)	京都立命舘대 (1914)	사립대구법학전문 교편. 1928 충북금련	1930.12 목계	목계금조
李昌俊		경성법전(1929)	전남금련	1930.12 모슬포	모슬포금조
陳泰琬		早稻田대(1929)	경기금련	1930.4 극동	아간금조
咸德用	1904-용천군	福島고상(1929.3)	1929 경북금련	1930.7 임하	
林禎奎		大阪상대(1930)	1931 금조, 31.11 사천 설립준비위원	1931 사남	
河庚用	1900(밀양)	立敎대학 상학부	1928.6 강원금련	1931.10 옥계	
李芳燮	1905(단천)	경성법전(1931)	1931 경기금련, 평남금련	1931.10 순천	상원금조
鄭然淳	1896(봉산)	해주농업학교 1918.3	사리원금조, 1929.12 재령금조 부이사	1931.11 신평	신평금조
河仁容	1909(인천)	경성법전(1929.3)	금조, 경북금련 이사견습	1931.11 풍사	
金相珏	1903영변군	中央대학 경제학부(1931)	경북련 이사견습	1931.11 귀천	
李承業	1905(평양)	東京巢鴨 고등상업(1931.3)	황해금련	1931.11 율리	율리금조
鄭元鳳	1900명천군		1920.5 함북금련 고원	1931.12 임명	임명금조
金亨達	1908(연기)	대전중학, 神戶고상(1930.3)	경북금련	1931.2 영해	영해금조
盧龍植	1906(경북)	인천공립상업, 경성법전(1930.3)	금조 이사견습	1931.2 덕우	
金健七	1906(강화)	法政대 경제학부 (1930.3)	경기금련, 7월 경남금련, 1931.4 창녕금조 부이사	1931.5 하청	하청금조
金成國	1903경성부	明治대 전문부 1929	歸鮮후 금조, 이사견습	1931.6 하갈	
鄭寅穆	1902(울산)	明治대 상과 1926.3	총독부, 의성군 재무과, 1929.11 경남금련	1931.7 칠원	칠원금조
任時宰	(조치원)		1917 연기군청, 1922 조치원 금조, 신탄진출장소장, 1929 회덕 부이사	1931.8 송악	송악금조
文義根	1905(임실)	法政대 경제과 1931.3		1932.1 농암	
洪在善	1906(안동)	경성법전(1932.3)	금조	1932.11 기계	
金泰彦	1909정주군	경성고상(1932.3)	금조, 9월 전남금련	1932.11 대치	
權炳鎬	1908(함양)	山口고상(1931)	경기금련 이사견습	1932.2 분원	
金哲壽	29세(수원)	수원고등농림 (1931)	이사견습	1932.4 구화	
金漢福	1909(廣州)	경성법전(1931)	경기금련, 9월 황해금련	1932.4 학산	
吳在赫	1900(단양)		단양군 재무계. 1918 단양금조, 서기, 1929.8 상당 부이사	1932.4 대소원	이원금조 이사
李約翰		神戶고상	1931.10 북진금조 부이사	1932.7 운산	
金知龍	1905북청군	中央대(법학사)	1932.3 금조,	1933.10 행영	
尹範洙	1907개성부	明治대 전문부 1932.3	경기금련, 9월 경남금련	1933.1 무림	
李在撲	1906(경성부)	보성전문(1931)	3월 경기금련, 9월 충남금련	1933.1 고도	

孟性雄		早稻田대 상과 1931	1931 경남금련, 창남금조 부이사	1933.12 남창	
許起善	1898(예천)		1930.10 부이사,	1933.2 구룡포	울릉도금조
柳河庸	1901(신천)	해주공립농교 (1919.3)	황해도 금련	1933.3 신원	신원금조
金龍培	1900(고창)	明治대 정경과 전문부(1931)	1920-27 공립보통교 훈도,	1933.4	1935.1 대산금조 이사
康炳胄	1910정주군	수원고등농림 1932.3	차련관금조	1933.5 유원진	유원진금조
孫琪遠	1909(경성)	경성고상(1932)		1933.7 용담	
金轍均	1906(임실)	法政대 (경제학사)	1932.9 전북금련	1933.7 관촌	관촌금조
李興祚	1910해주군	경성고상	금조	1933.8 임동	
金駿植	1891(대전)	관립한성외국어학교	1911-1919 군서기, 1919-1932 식산은행, 1932.3 경기금련	1933.8 둔내	둔내금조
曺翼煥	1908(논산)	경성제대법과 1932.3	경기금련, 충남금련	1933.8 대흥	
安鍾林	1904(제주)	東京상과대학 전문부(1932)	1933.4 금련, 8월 충남	1934 병천	
洪承虎	1901안주군	東京상과대학 1932.3	1933 함남금련 이사견습	1934 광두	광두금조
趙丁龍	1907(강화)	경성법전(1932.3)	경기금련, 황해금련	1934.10 문구	
金鳳希	1905(평양)	法政대학(1932.3)	1932.9 황해금련	1934.10 능리	능리금조
徐容圭	(대구)	山口고상(1928)	1930 금조	1934.1 진보	
姜信懿	1906(금산)	보성전문상과 1930.3		1934.11 안협	
朴浚東	1906(해주)	경성법전(1933)	조금련	1934.11 원덕	원덕금조
崔東文	1904(광주)	明治대 법과	광주금조, 1934 조금련, 10월 전남지부	1934.12 과역	
李相萬	1904(의성)	휘문고보(1922.3), 경성법전	부산지방법원 서기, 금조	1934.3 창천	창천금조
鄭永模	1904(순천)	松山고상(1931.3)	1931.5 승주금조, 1933.3 전남금련	1934.3 다시	
金重甲	1911(목포)	경성고상(1933)	경기금련	1934.5 삼계	
鄭庚得	1910(대구)	경성법전(1933.4)	경기금련, 전남금련	1934.9 반남	
李敏求	1897(원주)	道잠업강습소 (1913)	철원잠업전습소, 1919.12 원주금조 서기, 1927 이사견습	1935 주천	주천금조
金泳權	1906(부안)	日本대학(1934)	장단금조, 1934.12 비인금조 설립준비위원	1935.1 비인	
金昌勳	1910(김해)	明治대 법학부 1934	조금련, 10월 경북지부	1935.1 낙동	
李麟男	(경성부)	경성고상(1934)	이사견습	1935.4 금성	
李昌榮	1910(옥천)	早稻田대 정경학부(1934.4)	충북금련	1935.5 영희	
金基采	1910(강진)	경성고상	1934.3 금융조합	1935.6 나산	
尙大植	1910경성부	경성제대 법문학부(1934.3)	금조	1935.7 추부	
李尙洛	1905이원군	日本대학(1928)	1930 금융계	1935.7 마장	마장금조
權寧武	1912(논산)	경성고상(1934)	금조	1935.8 달천	
李基鐸	1911(사천)	경성법전(1934.3)	금조	1935.8 귀천	귀천금조
李基禹	1910북청군	척식대(1933.3)	황해금련, 1934.10 충북금련	1935.9 봉양	

나. 일본인(250명)

이름	생년	출신학교	주요 경력	초임년도 및 금조명	30년대 이후
栗本友次郎	1902	早稻田대	간부후보생 입대, 1927.4 제대. 충북금련 이사견습	1929.04 청풍	괴산금조
島居潔	1904	경성고상(1925.3)	평북금련, 1926 제52은행, 1928.4 경기금련	1929.05 마전	미원금조
河浪清	1890	帝大 정치학과	日本생명 근무. 1927 평북금련	1929.06 청정	계산금조
菊竹一誠	1899	長崎고상(1925.3)	은행, 1928.8 금조	1929.06 포천	포천금조
小林德眞	1896	경성고상(1921)	1921.3 조선은행, 1928.4 경기금련	1929.07 경안	웅기금조 이사
寺崎直枝	1901	明治대 상과 1927.3	졸업 후 바로 금조	1929.07 금지	태인금조
松村眞亮	1901	明治대 법과 1925.3	帝國맥주회사. 지원병. 1927.11 충북금련	1929.07 미원	보은금조
兒嶋鑛輔	1901	明治대 정경과 1928	함북금련 이사견습	1929.08 금천	태안금조
三戶魁夫	1901	早稻田전문부 1928.3	경기금련	1929.08 죽산	동장금조
福田敏治	1897	慶應대학 이재과(1922.3)	회사, 1928.11 황해금련 이사견습	1929.08 동창포	
山本新一郎			1913 재판소 서기, 세무서, 廣島은행, 1929.7 금조	1929.09 서면	거제금조
山根滿夫	1907	경성고상(1929.3)		1929.11 양곡	안성제2금조
水野精二郎		동양협회전문 (1908)	총독부 道屬, 군주사, 도주사, 1928 총독부 이사관	1929.11 오수	남원금조
境 正義		大分고등상업 (1924)	1929.1 전남금련 이사견습	1929.11 돌산	영암금조
貞光只七	1904	경성고상(1927.3)	개성상업학교 교편. 1928.12 황해금련 이사견습	1929.11 적암	취야금조
芳村萬助	1899	慶應의숙대학 (1923)	안주전기제작소, 1929.1 평남금련, 이사견습	1929.11 기양	강서금조
森 博志	1902	척식대	1929.6 금조, 유원진금조 설립준비위원	1929.12 유원진(초대)	
岩佐四郎	1904	경성제대 법문학부(1929.3)	경기금련, 평남금련, 평양남금조	1929.12 신안주	
佐野秋男	1901	척식대학(1927)	1927.12 창성금조, 1929.3 북진금조 이사견습	1929.12 박천	정원금조
楢原長則	1910	法政대(1934)	금조	1930년대 평창	
中島鹿一		東京물리학교	대전군 재무주임, 충남 이재과장	1930 회덕	논산금조 이사
佐藤 巽		척식대(1923)	예비역 육군보병소위	1930 칠보	
田窪秀一	1908	神戶상업대학 (1931)	강원도 이재과, 1932 강원금련	1930년대 문막	
高村政吉	1893		목포우편국 통신사무원, 도서기, 전남 이재과장	1930 송정리	고성금조
秋山康雄	1912	경성고상(1932)	3월 충남금련	1930년대 신탄진	
石田常義	1905	京都제대(1931.3)		1930년대 온수	
清水榮學		東京제대법학부 1925	1925 동경 神田은행, 변호사, 1934 충남금련	1930년대 회덕	부여금조
栗田作四郎	1884	東京외국어(1908)	1908한국정부 재무서, 총독부 관리	1930 발안	발안금조

三谷尙乙	1908	경성고상(1929)	경남금련 이사견습, 1930.6 사천금조 부이사	1930년대 대저	
井上恒藏	1886	福岡현립중학전습관(1907)	1915.2 총독부 관리, 1930.8 도이사관, 동시 퇴관	1930 익산	이리금조
松尾 章	1909	福島고상	1932.3 충북금련, 입대, 제대	1930년대 부강	
丹羽左門		鹿兒제일중학 1908	경성이사청. 후창군서기	1930 숙천	숙천금조 이사
吉永鼎作	1905	척식대학(1930.3)	울산금조, 1933.3 경남금련	1930년대 신반	신반금조
藤川利彦	1906	關西대학 전문부1928.3	금조	1930. 산청	산청금조
田中錦吾	1910	高松고상	1932.3 함남금련	1930년대 퇴조	퇴조금조
本川二成		大倉고상(1933)	이사견습, 1934.1 웅기금조 부이사	1930년대 아오지	아오지금조
中枝武助	1904	日本대 상학부 1930	1932.4 도선, 평북금련	1930년대 중강	
上野 喬		早稻전대(1924)	大阪八千代생명보험, 1929.3 경기금련, 경남금련	1930 남지	
寺尾敬亮	1905	경성고상(1931.3)	함남금련	1930년대 신창	
畠中達男	1905	경성고상(1929)	1929.3 경기금련, 5월 함남금련	1930.01 진흥	
三枝治信	1893	척식대학(1917.3)	1929.4 금조	1930.01 현풍	의성금조
越智敬六	1905	경성고상(1928.3)	금조	1930.02 대방	
大谷任功	1886	國學院대 국어 한문과(1909.7)	1912.4 총독부 군서기, 학교 서기 겸 조교수, 1929.5 금조서기, 이사견습	1930.02 옥천	玉川금조
近藤朝喜	1905	大分고상(1928.3)	1929.1 황해금련 이사견습, 은강금조 설립위원	1930.02 은강	천대금조
黑佐正義	1904	大分고상(1928)	1929.2 이사견습	1930.05 경원	경원금조
虵川喜信	1904	척식대(1929)	3월 경기금련, 5월 충남금련	1930.05 전의	
喜多野庄治郎	1893	富山상업(1909)	조선은행. 1929 충북금련	1930.05 연풍	음성금조
木村正也	1907	山口고상(1928)	1928.5 渡鮮, 경기금련	1930.06 고도	채운금조
田邊 基		山口고상(1928)	1929.3 경기금련	1930.07 병영	병영금조
長谷川 巖	1909	척식대상학부 1934.3	금조, 1930.6 강원금련	1930.07 화천	
元谷吉三	1901	척식대(1925)	지원병, 1928 만포금조, 1930 장기강습회, 이사견습	1930.08 용강	용강금조
高橋勝一	1904	長崎고상	大阪藤澤상회, 1927 일본방송협회, 1928.9 강원금련	1930.08 양구	양구금조
伊藤哲應	1907	경성고상(1930.3)	금조	1930.08 춘양	
梅谷謹一郎	1891	松山상업	1925.6 강원금련	1930.08 금성	삼척금조
村島茂壽	1907	福島고상(1928)	금조 이사견습	1930.09 진안	
岡田義賢	1907	松山고상	1929.4 경남금련	1930.09 영산	물금금조
小林 郞	1906	척식대(1930)	경기금련, 이사견습	1930.09 문천	
久芳藤太郎	1885		山口현에서 대규모 실업에 종사, 1926 함남금련	1930.09 신갈파	신갈파금조
增原共之	1899	척식대학(1925)	1928.11 경북금련 서기, 1929 이사견습	1930.09 자인	안계금조
山元繁	1906	立敎대학(1929)	1930 渡鮮, 금조, 이사견습	1930.09 지경	
松田博達	1907	早稻田대 상과 1929	渡鮮, 금조, 이사견습	1930.09 퇴조	

이름	생년	학교	경력	발령	금조
芳村圭助	1898	東京제대 졸1925	25 神田은행 입행. 29 阿波新興社製絲所 지배인. 이사견습	1930.09 연천	1933.10 조금련 참사
青木武治郎	1904	경성고상(1925)	1925 금조, 경기도 이제과 산업과 근무	1930.09 고부	만경금조
吉田雅彦		神戸고상(1929.3)	1930.3 경북금련 이사견습	1930.10 화원	
野村一雄	1906	慶應의숙대학	1930.3 경북금련	1930.10 대신	
今田忠雄	1909	경성고상(1930)	경기금련, 8월 경북금련	1930.10 의흥	
荒井英男	1889	山口고상(1914.3)	6월 체신성 저금국, 1924 금남금조, 전남금련 부이사, 이사	1930.10 보성	
須田篤	1903	척식대	1930.3 경성금조 이사견습, 8월 경북	1930.10 옥산	청도금조
松永 守	1910	山口고상(1930)	경기금련, 평남금련, 평양부북금조	1930.10 신창	신창금조
國光五郎	1907	경성고상(1928.3)	경기금련, 1930.8 평남금련	1930.10 요파	요파금조
齋藤直人			1920.8 강원도청, 1927 황해금련	1930.11 의령	
山田 保		京都대 경제과 1924	1930 전남금련	1930.11 구례	
中橋一雄	1903	和歌山고상 (1926)	共立화재보험, 1년 지원병, 1927 초산금조 서기	1930.11 태천	
矢野敏夫	1907	明治대	1930.8 경기금련, 경남금련	1930.11 위성	
高田十郎	1899	長崎고상	1929.9 금조	1930.12 영강 (초대)	영강금조
岡村哲郎	1898	早稻田대상과 1925	大北화재보험회사, 1930.1 충북금련	1930.12 영춘	연풍금조
平井泉	1908	경성고상(1925.4)	1929.12 전남금련	1930.12 담주	
吉利學一	1905	東京제대 (경제학사)	1930.4 경기금련, 8월 경남금련, 이사견습	1930.12 구포	구포금조
才津英雄	1907	明治대 상학과	1928.3 황해도 재무부, 1929.2 황해금련	1930.12 청단	
高取新作	1906	明治대 법과 1930.3	8월 渡鮮, 전북금련, 이사견습	1930.12 정읍서부(초대)	
西岡信翁		愛媛현립 宇摩농림학교	1916 조선 군서기, 군 재무주임, 1930 함남 이재과장	1931 홍원	혜산진금조
菅原敏治郎	1893	宮城현립 築館중학1912.3	1918-26 세무서속, 1926.6 渡鮮, 전북 재무과	1931	
楳田正行	1904	경성고상(1928)	금조 이사견습, 입영, 1929 복직	1931.01 장백	장백금조
高橋義雄	1910	경성고상(1930.3)	9월 금조	1931.01 남완산	
山城幾三	1903	경성제대 법문학부(1930.3)	이사견습	1931.01 금계	
田崎要四郎		척식대(1929)	1930.3 금조, 경기금련 이사견습	1931.01 옥과	
古川德次郎		早稻田 상과 전문부	1926 충남도청. 1929 충남금련, 아산 부이사	1931.01 영인	해미금조 이사
江藤章		경성고상	금조, 선천금조 부이사	1931.02 창성	
高木善一	1905	부산공립제일상업(1925.3)	1925.10 전남금련,	1931.02 녹동	녹동금조
佐佐木龍雄	1903	東北학원 전문부 (1927.3)	간부후보생 입영, 1929.12 渡鮮, 황해금련	1931.02 은율	
廣澤理	1909	大分고상(1930)	금조 이사견습	1931.02 하양	
井上貞一郎		山口사범	1912 삼랑진 교편. 1914 도청. 1927 지방과장, 1930 회계과장	1931.03 양산	양산금조
立石半二	1905	경성고상(1928.3)	경기금련, 평남금련	1931.03 맹산	군우금조
村上道範	1902	척식대(1925)	1928.1 渡鮮, 정주금조 서기	1931.04 자성	
增田一郎	1908	神戸상대 상학부1931	평남금련	1931.08 요포	

平田誠次郎	1881	長崎중학 졸	1908.1 부산세관 주사, 인천세관 세무과장, 1930.1 금조	1931.09 고흥	고흥금조 이사
中村寛人	1908	大分고상(1929)	1929.6 함남금련, 입대, 충남금련	1931.09 해미	성환금조
石田善彌	1910	日本대학 상과 1931	황해금련	1931.10 신환포	
森田 稔	1903	早稻田대 상학부	이사견습	1931.10 창도	
石黑晴雄		慶應대학 경제과	1928 금조,	1931.10 신창	신창금조
豊田正	1900	早稻田(1921)	군대생활, 1925 渡鮮, 금조	1931.10 평창	철원제2금조
塚越彰壽	1907	東京외국어학교 1928	1929.3 함북 이재과, 1931.3 이사견습	1931.10 귀천	
牧田 懿	1910	경성고상(1931.3)	경북련 이사견습	1931.11 흥해	
吉原義男	1908	山口고상(1930)	9월 대구서부금조, 경북련 이사견습	1931.11 건천	
松波文友			工兵軍曹, 군청 근무, 1931 금조	1931.11 군위	
堀之內晃平	1904	青山학원 고등상과(1930)	1931.3 경기금련, 9월 경남금련 이사견습	1931.11 수산	
山口眞次	1894	육사(1916)	퇴관 후 도선, 1931.3 금조	1931.11 봉화	
江村 保		明治대 법과 (1925)	철도성 근무, 橫浜船渠회사, 1931 금조, 경북련 이사견습	1931.11 영양	문경금조
淺川龍象	1893	熊本濟齊黌중학 (1911)	세무감독국, 세무서, 1927 도선, 황해 이재과, 1931 황해금련	1931.11 풍천	
柴田重良	1910	山口고상(1931.3)	경북금련, 이사견습	1931.11 용궁	용궁금조
奧山藤明	1908	早稻田대 상과 1931.3	경기금련, 9월 경남금련, 악양금조 설립위원	1931.11 악양(초대)	
穴吹雅士	1911	高松고상(1931)	충북금련 이사견습	1931.12 오창	
戶所勝人	1906	京都제대경제과 1930	1930.10 전남금련, 신북 설립준비위원	1931.12 신북	함평금조
野口 榮	1906		1931.3 전남금련, 이사견습	1931.12 지도	
戶田勝郎	1908	明治대학(1930)	경기금련 이사견습, 9월 함북련 이사견습	1931.12 연사	
小田 稔		하얼빈일로협회 학교(1926)	이사견습	1931.12 임명	무산금조
鈴木重郎	1906	경성제대 법문학부(1930.2)	졸업후 바로 금조, 1931 간부후보생으로 입대, 육군3등 主計	1931.12 왕장	문천금조
石幡新明	1909	福島고상(1931.3)	충북금련	1931.12 광혜원	
林良之助	1884		청주헌병대 통역, 보은군청 근무, 도 이재과장	1931.12 옥천	영동금조 이사
平川俊章		東京상대 전문부(1929)	1931.10 금조	1932 임피	
田中靜男	1909	大分고상(1931.3)	6월 이사견습	1932 청하	청하금조
稻田鐵雄	1908	경성고상(1931.3)	경기금련, 9월 경남금련	1932.01 단산	
前田純正	1905	日本대학(1931)	경북금련	1932.01 초전	
吉田幸男	1909	山口고상(1930.3)	10월 경북금련	1932.01 금호	
開寅喜		中央대학(1916)	東京지방재판소, 전매국, 肥後은행, 1921 총독부, 강원 이재과장	1932.01 춘주	춘주금조
加藤重雄		경성고상(1931)	경기금련, 충남금련 이사견습	1932.01 금양	
山本藤十	1905	경성제대 법문학부	충남련 이사견습	1932.01 도리원	
黑岩龍夫	1909	大分고상(1931.3)	6월 경기금련, 9월 경남금련	1932.01 단산	
棗田知己	1908	山口고상(1930.3)	경기금련	1932.01 장호원	장호원금조
林 徹信		明治대학(1925.3)	은행. 1928.5-1930.3 경성제대 법문학부, 1932.2 금조협회 司事	1932.02 벽제관	사강금조

占部岩五郎		九州대학 졸1931	경기련 이사견습	1932.02 강화	1933 조금련 참사(지도과 주임)
川畑周藏	1904	神戸고상(1928.3)	1932 금조	1932.02 오산제2	
藤田郁彦	1906	大倉고상(1928)	금조, 경기련 이사견습	1932.02 남양	
兒玉信惠	1902	神戸고상	1930.8 평남금련	1932.02 맹산	맹산금조
太田英雄	1909	경성고상(1930)	금조	1932.03 신고산	
篁總一	1910	和歌山고상(1931.3)	이사견습	1932.03 송우	송우금조
成子久三郎	1906	高岡고상(1928.3)		1932.03	
中野忠雄	1882	熊本현립중학齊濟黌(1902.3)	1910 총독부 세관감리, 1931.12 전매국 부사무관	1932.03	원평금조
恒松 浩	1910	경성고상(1931.3)	서령 설립준비위원	1932.03 서령	
山內光照	1906	大分고상(1931.3)	4월 경기금련, 9월 충북금련	1932.04 제천 겸 청풍	
腹卷龍一	1909	경성고상(1931.3)	경기금련, 9월 충북금련	1932.04 상당	삼송금조
西田一夫	1902	京都제대 법학부(1928.3)	1931 육군 3등 主計, 1931.9 이사견습	1932.05 오수	오수금조
中村貞夫	1905	京都제대(1931)	이사견습	1932.05 동두천	동두천금조
瀨戸盛雄	1907	西南학원 고등학부(1930.3)	1931.3 전북금련	1932.05 장계	
長尾 勉	1898	中央대 법과 1926.3	12월 富田久保신용조합, 1931.3 경기금련, 32.1 해남금조 부이사	1932.05 우수영	
仁尾大三郎	1901	日本대 법과 1927.3	1928.9 강계금조 서기, 1931.6 경기금련 이사견습	1932.07 차련관	차련관금조
菅原俊夫	1908	東北학원 고등학부 상과(1930.3)	금조	1932.07 한산	
荒川千代喜	1902	척식대 상학사	1931.3 경기금련, 9월 강원금련	1932.08 천전	
松永一郎	1908	青山학원 고등학부(1930)	1930 충남 내무부 산업과, 1932.3 충북금련	1932.10 원남	
吉武宗政	1903	福島고상(1925.3)	1925 岐阜전력회사, 1931 광산금융회사, 1932.3 전남금련	1932.11 석곡	석곡금조
渡邊五郎	1903	早稻田대(1926)	금조	1932.12 구성	
淸水福民	1910	경성고상(1931.3)	경기금련	1933 회양	회양금조
木村穰甫		山口고상		1933 경덕	
內田喬壽		明治대 상과(1930)	1931.6 사천금조, 경남금련	1933 좌병영	
神谷兩一		名古屋고상(1926)	大洋상공회사, 1931 부산제1금조	1933 산청	
山木義男	1908	수원고등농림학교 졸1931	경기도금련 이사견습	1933 팔원	팔원금조 이사
堀尾重敏	1893	早稻田대 상과 1919.3	1919 渡鮮. 평북도청 이재과. 금조 입사	1933 용만	용만금조 이사
篠原 武	1911	수원고등농림(1932)	금조	1933 삼기	
竹內貫一郎			1920 순창군 재무계주임	1933 익산	
石崎幸次郎	1903	日本대학 전문부 1927	官界, 1932.4 금조	1933	
增井啓逸	1910	하얼빈일로협회(1931.3)		1933.01 신갈	

이름	생년	학력	경력	임명일	지역	금조
森崎匡善	1908	高松고상(1930)	7월 신의주금조 서기, 1932.3 이사견습	1933.01 운전		
粂井敏幸	1909	高松고상(1931.3)	渡鮮, 함북 이제과, 1932.3 함북금련	1933.01 신아산	
山本谷雄	1905	慶應의숙경제과 1925	1925.4 일본 硬質도기회사, 12월 단기현역 입영, 1929 서부금조	1933.01 울산	창원금조
藤井一男	1906	경성제대(1931)	금조	1933.02 예안	
尾崎健三		同志社고상(1931.3)	1932.3 함북금조 이사견습	1933.02 극동	
柳下堅太郎	1907	경성고상(1931.3)	경기금련, 경남금련, 1932.1 산청금조 부이사	1933.02 해양	
江野窪清	1911	高松고상(1932.3)	1932.3 경기금련 이사견습, 9월 평북금련	1933.02 방현	방현금조
佐藤司郎	1907	경성제대 법과 1931.3	황해금련 이사견습	1933.03 적암	
增村俊治	1908	高岡고상(1931.4)	1932.3 渡鮮, 9월 충북금련	1933.04 영춘	청안금조
古賀喜左一	1880	長崎중학(1901)	1911 전북도청. 1925 전매국 부이사관, 1927 경북 세무과장	1933.04 경산	경산금조
甲斐直記	1905	大分고상(1928)	1930.4 경북금련 서기, 1932.3 이사견습	1933.06 장기	
木暮修二	1907	척식대(1931)	1931.3 경기금련, 9월 평남금련	1933.08 양덕	
阿波守一	1911	福島고상(1932)	경기금련, 9월 전남금련	1933.08 진도	
柑村久健	1898	東京제대 정치학과(1928)	1932 渡鮮, 금조	1933.08 소사	
服部光雄	1910	早稻田대 상과 1932.3	경기금련, 전남금련	1933.08 창평	
佐藤武夫	1907	경성고상(1931)	경기금련, 평남금련	1933.08 동양	
栗林光雄	1908	척식대(1931.3)	경기금련, 9월 경남금련	1933.11 장유	
設樂彰	1905	長崎고상(1929.3)	영변금조, 1933.3 이사견습,	1933.11 창성	창성금조
今　實治	1906	關西대학 경제과1928.3	1933.3 전남금련	1933.11 진상	진상금조
佐藤浩太郎	1908	大倉고상(1930)		1933.11 운봉	
三好武夫	1906	척식대 상과 1930.3	5월 신용조합, 1933.4 도선, 경기금련	1933.11 동복	
吉本壽	1907	경성고상(1932)	경기금련	1933.11 광혜원	
俣木國司	1908	大分고상	1932 대구서부금조 서기, 1933.3 경북 이사견습	1933.12 풍각	풍각금조
石幡吉正	1910	福島고상(1932.3)	3월 금조, 9월 전남금련	1933.12 안좌	안좌금조
中山喜代次	1905	경성고상	부산조선수산물수출조합, 1931.2 금릉금조 서기, 금련 서기	1933.12 산양	
金敷寬	1908	척식대 상학부 1932	7월 경기금련 이사견습	1933.12 창천	
上野動	1910	名古屋고상(1931.4)	1932.4 충남금련	1933.12 전의	
金原信夫	1908	小原고등농림 1932.3	경북금련	1933.12 화륜	
井原泉	1902	松山고상	1930 평남금련, 1931.2 평양남금조	1933.12 신안주	
眞下政治	1909	척식대 상학부 1933.3	渡鮮, 경기금련	1933.12 북창	
坂本眞鷺	1903	경성고상(1925.3)	함흥상업, 목포고녀 敎諭, 1929.3 경기금련, 경남금련	1933.12 내서	내서금조
西岩重	1911	長崎고상(1932.3)	경기금련, 9월 경남금련	1933.12 진동	
川口慶太郎		경성고상(1932)	경기금련, 경남금련	1933.12 남지	
大谷源右衛門		杵築중학	1913 도선, 평남도 서기, 재무주임, 군수, 1932 금조	1933.12 순안	순안금조
吉野竹信	1910	경성고상(1932)	충남금련 이사견습	1933.12 청양	
五十嵐順三	1907	경성고상(1931)	5월 금조	1934 배화	

藤島正義	1908	高岡고상(1931.3)	渡鮮, 금조	1934 금산	
小坂貞治	1891	시립岐阜상업 (1909)	1910.4 성진세관지서. 세관지서장. 1934 퇴관	1934 영안	영안금조
欒 晈	1907	早稻田대 정경학부(1930.3)	평남 내무부, 1933.3 평남금련	1934.01 가룡	
菊川惟信	1909	神戶상과대학 1933.3	1933.4 강원금련 이사견습	1934.02 주문진	주문진금조
戶倉重藏	1909	척식대(1933.3)	황해금련 이사견습	1934.02 천대	
松尾朝秀	1906	長崎고상(1931.9)	10월 전남금련	1934.03 영광	장평금조
伊藤文藏	1910	松山고상(1932.3)	경기금련 이사견습, 9월 경북금련	1934.04 화원	
竹內四郎	1911	長崎고상(1933.3)	4월 경기금련 이사견습	1934.04 청정	
原正保	1910	神戶고상(1932)	황해금련	1934.04 문화	
川崎良正	1903	慶應대학경제과 1929	1931 渡鮮, 금조	1934.06 왕장	왕장금조
佐藤嘉孝	1908	경성고상(1933.3)	11월 홍주금조 겸무, 1934.8 전남지부	1934.08 고읍	
吉田武男	1909	척식대상학부 1933.3	경기금련 이사견습	1934.08 칠보	
岩城廣志	1908	척식대(1932.3)	경기금련	1934.08 武安	
和田德五郎	1911	松山고상(1933.3)	10월 경기금련	1934.09 원주제2	
有働貞男	1911	경성고상(1932.3)	금련	1934.09 구도	
角本元夫	1905	同志社대상과 1928.3	1930.2 군산금조, 1933.4 전북금련	1934.09 송지	송지금조
溝口大三		수원고등농림 (1933)	경기금련 이사견습	1934.09 부거	
林豊章	1907	척식대학(1932)	1932 청주금조	1934.09 당진	당진금조
古城秀穗	1910	日本대학 상과 1933	경기금련	1934.09 석양	
坂本 覺	1902	東京제대 경제학부(1926.3)	1932.2 渡鮮, 강계금조, 1933.4 평북금련	1934.10 용천	용천금조
豊久末吉	1906	척식대상학부 1931.3	1931.3 경기금련. 1932.9 황해금련 이사견습	1934.10 태천	태천금조
津田三郎	1905	早稻田대 상과 1931.3	1933.4 경기금련, 12월 충남지부	1934.10 고덕	
龜若文男	1910	和歌山고상 (1932.3)	5월 渡鮮, 昭榮상사, 1933.10 영천금조 서기	1934.10	
兒山六男	1907	山口고상	1931 남해금조	1934.11 야로	
安知和安邦	1908	早稻田대	1933.4 경기금련, 6월 경남금련	1934.11 무학	
尾崎信夫	1909	松山고상(1932)	경기금련 이사견습	1934.11 대유동	
澤田季次	1908	早稻田대 상과 1930.3	1931.6 완도금조, 1934.10 전남지부	1934.11 외읍	
土山一人	1909	長崎고상(1932.3)	경북금융계	1934.11 점촌	
北村力次	1908	明治학원 상학부 1933.3	4월 금조, 1934.9 조금련 전남지부	1934.11 돌산	
梶田和夫	1909	大倉고상1930	1933 황해금련	1934.12 진흥	
森友正城	1909	山口고상(1931)	1931 충남금련	1934.12 임천	
山本達夫	1906	京都제대 경제학부1929	1931.1 목포상공회의소 서기, 1934.3 경남금련 이사견습	1935.01 곤양	
宮部 勤	1910	東京제대 법과 1933	경남금련 이사견습	1935.01 중교	
雪吉眞澄	1913	경성고상(1933.3)	전북금련	1935.01 상서	
大山富美	1890		1919 조선 군서기, 군 재무주임, 1931 도 이재과장	1935.02 안변	안변금조

姫野秀次	1903	日本대학 상학부 1928	1934.3 금조	1935.03 금지	
安藤英三郎	1912	山口고상(1932.3)	7월 渡鮮, 경기금련	1935.03 대방	
山崎信夫	1902	山口고상(1926.3)	교육계, 회사원, 1932.3 금조	1935.03 양평	양평금조
田上節男	1911	大分고상(1932.3)	부산서부금조, 1934 조금련	1935.03 신북	
澁谷忠太郎	1906	九州제대 법문학부(1933)		1935.04 내금강	내금강금조
大野昇一	1910	高岡고상(1933.3)	총독부 농림국 임업과, 1934.3 금조	1935.04 곡산	
御廚勳	1913	山口고상(1933.3)	경기금련	1935.05 청풍	
村木愛次郎	1909	法政대 경제학부 1927.3	금조	1935.05 무주	
山岡公雄	1905	척식대상학부 1932.3	1932 충북금련	1935.05 청산	
西岡博	1911	大分고상(1932)	兵庫현 내무부, 1933 조금련, 1934.10 황해지부	1935.06 홍수	홍수금조
外村治義	1908	關西大 법과 1934.3	금조, 11월 전남금련	1935.06 복내	
田中正生	1912	경성고상(1933)	경기금련	1935.07 대소원	
田代綱	1894	東京제대(1929)	鶴見臨港철도, 1934.3 조금련	1935.07 여주제2	
內田喜久郎	1913	長崎고상(1934.3)	금조	1935.08 가평	가평금조
前川朝太郎	1910	경성제대법과 1934.3	금조 이사견습	1935.08 의흥	
崎山勝馬	1912	경성고상(1934.4)	경북금련	1935.08 대신	대신금조
堀尾達	1908	京都제대(1932.3)	상공대신 관방촉탁, 금조	1935.08 영평	
山口壽人	1909	明治대 상과 1934.3	4월 渡鮮, 경북금련	1935.08 옥산	

출전 : 阿部薰, 『朝鮮金融組合大觀』, 民衆時論社, 1935 ; 藤澤淸次郎 編,
『朝鮮金融組合と人物』, 大陸民友社, 1937.
주) 발령월은 『金融組合』, 『金融と經濟』의 해당 발령 사항에서 참조.

〈부록 7〉 각 금융조합의 임시총회 상황(1918년)

도별	조합명	조합장	이사	날짜	총조합원	출석	위임	비고
충북	청주	방인혁	齋藤淸治	10.19	450	227	166	
	영동	곽동선	萩原恒四郞	10.20	578	296	42	
	충주	윤우영	奧小金吾	10.21	651	383	180	
	음성	박희양	牧田收藏	10.18	572	292	63	
	보은	정태로	爪生定吉	10.19	318	164		
	제천	이종정	小倉宏平	10.19	342	243	42	
	진천	남상익	鎌田正知	10.19	321	168		10.9통지
	옥천	정석용	稻葉梅楠	10.22	423	227	69	
	청풍	권도상	矢野喜代作	10.20	378	193	32	10.10통지
	괴산	우영명	松下角治	10.24	358	182	56	
	단양	원용갑	新井武夫	10.20	516	203		10.10통지
	미원	신직휴	二藤部行義	10.18	383	196		
	부강	박학래	原田龍起池					
충남	공주	서한보	早川分後	10.15	542	281		
	대전	송성헌	森脇三津藏	10.15	538	285	78	명칭, 구역 변경
	연산	신대균	藤方邦雄	10.15	317	160		
	강경	김현규	千葉憲三郞	10.13	364	217	23	명칭, 구역 변경
	한산	이정직	山崎毅之助	10.15	375	161	34	
	서천	이봉상	高橋明治	10.15	413	232		평의원선거
	홍산	김종흡	小野脩徹	10.15	547	287		평의원선출
	부여	김현갑	竹腰典右衛門	10.17	373	244	69	선거
	청양	이규웅	大崎新吾	10.16	405	218		
	보령	이익호	山藤半介	10.11	404	215	129	
	광천	이계조	松本茂	10.17	352	223	66	
	홍주	이필구	佐下橋銲次郞	10.17	346	174		
	서산	결원	林駒介	10.17	659	407	119	선거
	태안	김병선	松永喜代治	10.17	320	179	74	
	면천	최익량	碇哲一	10.20	328	175		선거
	예산	최규석	井田魯一	10.14	391	201	81	선거
	아산	유기영	木付虎吉	10.21	398	200	124	
	성환	이원규	?	10.16	373	223	119	
	천안	심상면	田代武					
	조치원	임동훈	澤熊浩					
전북	전주	이강원	福田龜夫	10.21	402	230	71	
	남원	강제홍	橋本房太郞	10.23	291	191	41	
	함열	조갑식	玉井長三郞	10.18	406	223	91	
	고부	은성우	升澤龍吉	10.19	508	257	85	
	김제	조우성	栃屋滯	10.18	403	205	96	
	진안	전두하	麻生寬	10.20	496	263	90	
	금산	박승현	寺田哲雄	10.21	451	318	84	
	고창	유장규	酒井改藏	10.20	433	217	70	
	군산	조병승	磯尾卯之吉	10.22	339	188	61	
	임실	진관엽	松永藤四郞	10.25	318	190	17	
	태인	송영걸	神田龜孫	10.19	643	461	61	
	순창	김창식	西富五郞	10.17	361	214	24	
	무주	김동진	村松保度	10.20	419	238	-	
	부안	이영두	森田竹美	10.20	300	169	61	
	장수	유경진	大友信一	10.19	350	194	109	
	무장	김영곤	長寬					

	익산	유대근	田中英一					
	고산	유진혁	上田道太郎					
	용담	문종엽	長田德寶					
	임피	川崎藤太郎	豊田橋藏					
	운봉	박회옥	山野千城					
전남	목포	차성구	杉山信雄	10.21	606	520	350	
	광주	정낙교	堀內光芳	10.16	353	178	37	
	담양	국채웅	片山市太郎	10.17	480	250	79	
	곡성	김영회	杉山彰一	10.22	478	259	138	
	구례	김윤승	森平和三郎	10.19	498	301	199	
	광양	이재류	佐佐木魁	10.18	597	316	44	
	여수	김한승	山本忠	10.18	349	253	125	
	순천	김순평	一色正	10.25	639	326	150	
	고흥	이종호	大越英三	10.23	417	234	73	선거
	보성	김중거	所順一郎	10.18	397	210	40	
	능주	조백순	尾股忠助	10.14	408	360	4	평의원보선
	동복	오재영	中村平三	10.25	405	205	28	
	장흥	임우송	藤原吉久	10.19	556	317	106	
	강진	김병진	森要	10.22	448	256	98	
	해남	민경호	石塚良藏	10.20	454	251	65	
	영암	김상경	平尾猛	10.19	793	420	61	
	나주	남흥칠	小林省三	10.21	573	296	40	
	남평	정눌섭	梅園功三	10.25	323	172		
	함평	서상기	谷川菊次郎	10.20	517	298		
	영광	조정환	江口保孝	10.18	490	271	103	
	장성	김긍현	麻田實正	10.16	707	362	100	평의원보선
	완도	홍서범	崎山建次	10.20	665	415	97	
	진도	박기재	弘永吾八	10.16	685	543	220	
	제주	홍종시	馬場五郎	10.19	537	320	95	
경북	상주	박정준	武田百藏	10.18	936	549	302	
	경주	손병규	布甚作	10.18	733	378	225	
	성주	도갑모	野間義夫	10.19	694	365	140	
	안동	유시만	大森佐七郎	10.20	1008	670	541	
	대구	정해봉	藤本周三	10.17	569	345	220	
	의성	김은길	甲田昇輝	10.16	1087	565	225	
	김천	우상학	白幡準三	10.19	547	281	77	
	포항	이자원	鈴木伊勢治	10.20	567	299	153	
	영천	유동식	增田貞	10.19	969	537	175	
	영주	권대찬	山田三郎	10.19	644	409	218	
	영덕	홍영표	平本憲	10.20	578	362	251	
	예천	정남섭	岡今治郎	10.19		463	298	
	청도	강위환	田中與四郎	10.19	800	405	265	
	군위	김영성	藤原新太郎	10.17	628	360	223	
	문경	전택수	四宮章2	10.20	590	298	218	
	현풍	김병택	山本信吉	10.18	510	277	74	
	청송	윤기준	樺島久雄	10.20	569	291	66	
	선산	김상기	田中元房	10.20	500	263	132	
	장기	정진규	吉田彊平	10.16		306	188	
	봉화	권상갑	志茂牛作	10.20	578	314	100	
	경산	안영모	原田治郎一	10.19	685	348	200	
	왜관	이상만	寺本豊治	10.20	648	386	242	

	고령	이봉조	堀內深	10.18	550	287	57	
	안계	박원하	山口常春	10.17	572	310	229	
	영양	안병우	宮本庸三	10.18	504	321	126	
	신녕	김재석	杉本昌五郎	10.16	368	197	15	
경남	사천	최연국	初谷秀雄	11. 2	345	180		
	고성	허종택	中吉睦哉	11. 1		257		
	진주	강원로	河村利舍	11. 9		268	205	선거
황해	송화	오경선	諸富靜雄	10.19	501	278	137	
	안악	원성환	小野篤之助	10.19	560	288	183	
	서흥	윤자룡	高橋直衛	10.19	529	275	165	
	해주	이규승	塩田三郎次	10.23	717	383	128	
	황주	송창희	森井武次	10.20	491	354	85	
	재령	옥진선	船戶祐三	10.21	587	411	71	
	연안	공병헌	滑川秀三	10.21	805	565	393	
	은율	홍순한	平三右衛門	10.19	723	368	127	
	금천	김희석	近新一郎	10.16	386	337	182	
	신계	조면희	大田玖次郎	10.20	440	232	113	
	신천	박제윤	伊藤重雄	10.20	713	450	58	
	사리원	이충건	角田正義	10.25	517	279	165	
	장연	한기선	加藤勝藏	10.18	502	283	100	
	옹진	김의묵	岡田豊次郎	10.19	585	307	198	
	곡산	최녹걸	長尾基一	10.20	458	249	85	
	누천	송필오	藤本守	10.20	529	265	45	
	수안	김영하	行田當臣	10.20	349	180	101	
	배천	유영환	吉池淸	10.23	505	261	197	
	취야	오창근	中野平	10.20	457	232	108	선거
	시변리	유택희	片相啓治	10.20	338	244	132	
평남	평양	정재명	象山郁次郎	10.19	386	205	159	
	덕천	신용연	高木靜枝	10.18	403	232	175	
	안주	오덕연	大道恭太郎	10.19	445	258		
	강서	김낙요	松木節郎	10.19	378	200	46	
	요파	한경열	富永四方司	10.19	336	178	103	
	순천	김상훈	朝創一彌	10.18	333	205	72	
	용강	김만현	松山和太郎	10.18	389	201	125	
	양덕	손수기	重松贊修	10.20	442	232	3	
	영원	백윤호	大向太次郎	10.12	307	182	45	
	강동	김상준	神庭金一	10.17	329	181	78	
	중화	유기락	直井芳五郎	10.18	450	235	42	
	영유	백성기	野口銀藏	10.20		384	215	
	숙천	이병건	西田元吉	10.20	409	280		
	순안	김정룡	久常友一	10.14	533	270		
	맹산	방봉성	渡邊喜熊					
	개천	서긍열	栗田二郎					
	성천	김익현	神庭金一					

출전 : 『金融組合聯合會定款』(국가기록원문서철 88-4) ; 『金融組合聯合會
定款』(慶北)(국가기록원문서철 88-5) ; 『金融組合聯合會定款』(국가
기록원문서철 88-6).

참고문헌

1. 신문・잡지 및 연속 간행물

『皇城新聞』,『大韓每日申報』,『每日申報』,『東亞日報』,『朝鮮日報』,『時代日報』,『中外日報』,『朝鮮中央日報』,『第一線』,『彗星』,『金融組合』,『金融と經濟』,『半島の光』,『協同』,『官報』,『朝鮮總督府官報』,『軍政廳 官報』.

2. 금융조합 측 자료 및 금융조합 관련 자료

「江界地方金融組合 貸付金旬報」(奎26507).

「江陵地方金融組合 貸付金旬報」(奎26513).

「開城地方金融組合 貸付金旬報」(奎26491).

「鏡城地方金融組合 貸付金旬報」(奎26505).

「慶州地方金融組合 貸付金各個人別表」(奎26795).

「公州地方金融組合 貸付金旬報」(奎26496).

「光州地方金融組合 貸付金旬報」(奎26486).

「羅州地方金融組合 貸付金旬報・個人別明細表」(奎26500).

「南原地方金融組合 貸付金旬報」(奎26530).

「德川地方金融組合 貸付金旬報」(奎26508).

「密陽地方金融組合 貸付金旬報・個人別明細表」(奎26503).

「尙州地方金融組合 貸付金旬報」(奎26497).

「星州地方金融組合 貸付金旬報」(奎26510).

「水原地方金融組合 貸付金旬報」(奎26492).

「順天地方金融組合 貸付金旬報」(奎26490).

「安州地方金融組合 貸付金旬報・個人別明細表」(규26489).

「靈巖地方金融組合 貸付金旬報」(규26499).

「原州地方金融組合 貸付金旬報」(규26514).

「義州地方金融組合 貸付金旬報」(규26488).

「全州地方金融組合 貸付金旬報」(규26487).

「晉州地方金融組合 貸付金旬報」(규26509).

「淸州地方金融組合 貸付金各個人別明細表」(규26504).

「平壤地方金融組合 貸付金旬報・貸付金個人別明細表」(규26502).

「咸興地方金融組合 貸付金旬報」(규26528).

「鴻山地方金融組合 貸付金旬報・個人別明細表」(규26493).

「鴻山地方金融組合 貸借對照表・總勘定元帳元帳差引殘高表・損益勘
　　　定・任置金勘定」(규26493).

「鴻山地方金融組合 第一期營業報告書」(규26493).

「金融組合關係書類綴」①(규21689).

『金融組合聯合會定款』 국가기록원 문서철(88-4).

『金融組合聯合會定款』(慶北) 국가기록원 문서철(88-5).

『金融組合聯合會定款』 국가기록원 문서철(88-6).

朝鮮總督府 編,『地方金融組合執務便覽』, 朝鮮總督府, 1911.

朝鮮總督府 編,『大正四年十月地方金融組合理事會同答申書』, 1915.

朝鮮總督府 編,『地方金融組合業務槪況』, 朝鮮總督府, 1916.

朝鮮總督府財務局 編,『金融組合槪況』, 朝鮮總督府財務局, 1921.

朝鮮總督府財務局 編,『金融組合關係例規集』, 朝鮮金融組合協會, 1930.

朝鮮總督府財務局調査,『金融組合要覽』(제1차), 朝鮮經濟協會, 1922

朝鮮總督府財務局理財課 編,『金融組合に關する逸話』, 朝鮮經濟協會,
　　　1923.

慶尙南道理財課,『金融組合產業組合要覽』, 1940.

全羅北道理財課 編,『金融組合關係例規集』, 全羅北道, 1940.

朝鮮經濟協會 編,『金融組合及金融組合聯合會槪況』, 朝鮮經濟協會, 1925.

朝鮮金融組合協會,『金融組合論策集』, 朝鮮金融組合協會, 1930.

朝鮮金融組合協會, 『金融組合のしるべ』, 朝鮮金融組合協會, 1931.

朝鮮金融組合協會, 『金融組合要覽』(1930년도), 朝鮮金融組合協會, 1932.

朝鮮金融組合協會, 『金融組合要覽』(1931년도), 朝鮮金融組合協會, 1932.

朝鮮金融組合協會, 『金融組合講演集』, 朝鮮金融組合協會, 1937.

朝鮮金融組合聯合會調査課, 『第一回金融組合年鑑』, 朝鮮金融組合聯合會, 1934.

朝鮮金融組合聯合會調査課, 『第三回金融組合年鑑』, 朝鮮金融組合聯合會, 1936.

朝鮮金融組合聯合會調査課, 『第五回金融組合年鑑』, 朝鮮金融組合聯合會, 1938.

朝鮮金融組合聯合會調査課, 『第六回金融組合年鑑』, 朝鮮金融組合聯合會, 1939.

朝鮮金融組合聯合會調査課, 『第九回金融組合年鑑』, 朝鮮金融組合聯合會, 1942.

朝鮮金融組合聯合會調査課, 『預金金利協定より見たる金融組合の地位』, 朝鮮金融組合聯合會, 1939.

朝鮮金融組合聯合會調査課, 『國民貯蓄造成運動に關する資料』, 朝鮮金融組合聯合會, 1940.

朝鮮金融組合聯合會調査課, 『朝鮮金融組合統計年報』(1941년도), 朝鮮金融組合聯合會, 1943.

朝鮮金融組合聯合會調査課, 『朝鮮金融組合統計年報』(1942년도), 朝鮮金融組合聯合會, 1944.

朝鮮金融組合聯合會調査課, 『朝鮮金融組合統計年報』(1943년도), 朝鮮金融組合聯合會, 1946.

朝鮮金融組合聯合會調査課, 『朝鮮金融組合統計年報』(1944년도), 朝鮮金融組合聯合會, 1947.

朝鮮金融組合聯合會, 『朝鮮金融組合の現勢』, 朝鮮金融組合聯合會, 1937.

朝鮮金融組合聯合會 編, 『各道金融組合の指導施設』, 朝鮮金融組合聯合會, 1934.

朝鮮金融組合聯合會教育部 編, 『金融組合經營資料統計』, 朝鮮金融組

合聯合會, 1935.

朝鮮金融組合聯合會 編,『朝鮮金融組合聯合會十年史』, 朝鮮金融組合
        聯合會, 1944.

車田篤 編,『金融組合關係例規集』, 朝鮮經濟協會, 1927.

秋田豊,『朝鮮金融組合史』, 朝鮮金融組合協會, 1929.

山根謨 著,『金融組合槪論』, 朝鮮金融組合協會, 1929.

池田利一郎 著,『(實踐)金融組合事務解說』, 朝鮮金融組合協會, 1931.

牟田口利彥,『金融組合逸話集』, 朝鮮金融組合協會, 1931.

牟田口利彥,『金融組合運動』, 朝鮮金融組合協會, 1932.

牟田口利彥,『金融組合讀本』, 朝鮮金融組合聯合會, 1934.

靑山政雄 著,『金融組合令精義』, 朝鮮金融組合聯合會, 1936.

朝鮮金融組合聯合會全羅南道支部編,『朝鮮金融組合聯合會全羅南道支
        部例規集』, 1935.

朝鮮金融組合聯合會平北支部,『第三回全鮮金融組合地方大會』, 1934.

忠淸北道金融組合聯合會 編,『金融組合關係法規問答集』, 忠淸北道金
        融組合聯合會, 1932.

山根謨 편,『朝鮮金融組合協會史』, 朝鮮金融組合聯合會, 1934.

山根謨,『金融組合經營論』, 朝鮮金融組合聯合會, 1935.

山根謨,『金融組合槪論』, 朝鮮金融組合聯合會, 1935.

阿部薰,『朝鮮金融組合大觀』, 民衆時論社, 1935.

藤澤淸次郎 編,『朝鮮金融組合と人物』, 大陸民友社, 1937.

농업협동조합중앙회,『한국농업금융사』, 농업협동조합중앙회, 1963.

『금융조합』 제19호(해방 후), 조선금융조합연합회, 1948.11.

3. 통감부 및 조선총독부 관련 자료

『明治四十年上半年 韓國財政整理報告』 제4회, 1907.10.

『明治四十年後半年 韓國財政整理報告』 제5회, 1907.10.5.

『韓國財務經過報告』, 1908.11.

『韓國施政年報』각 년도판.

『統監府統計年報』각 년도판.

朝鮮總督府,『朝鮮總督府施政年報』각 년도판.

朝鮮總督府,『朝鮮總督府統計年報』각 년도판.

朝鮮總督府財務局,『朝鮮金融事項參考書』각 년도판.

『貨幣整理關係書類』국가기록원 문서철(88-2).

『金融制度準備調查關係書類』국가기록원 문서철(88-8).

『第三回朝鮮金融調查會關係書』국가기록원 문서철(88-14).

『金融制度準備調查委員會關係』(一)(普銀・貯銀)국가기록원 문서철(88-15).

『金融制度準備調查關係書類』국가기록원 문서철(8-16).

『昭和七年度產米增殖土地改良資金關係書』국가기록원 문서철(88-18).

『昭和八年度農村及中小商工業關係元利支拂金關係』국가기록원 문서
　　　철(88-19).

『昭和十六年第七十九回帝國議會說明資料』.

『朝鮮總督府月報』,『朝鮮彙報』.

金正明編,『日韓外交資料集成』, 巖南堂書店, 1964.

山本四郞 編,『寺內正毅日記――九00～一九一八－』, 京都女子大學, 1970.

4. 단행본 및 기타 자료

裵成龍,『朝鮮 經濟의 現在와 將來』, 漢城圖書株式會社, 1933.

金佑枰,『金融組合論』, 鍾山社, 1933.

이여성・김세용,『數字朝鮮硏究』제2집, 세광사, 1932.

중앙선거관리위원회,『역대국회의원선거상황』, 1967.

고승제,『한국금융사연구』, 일조각, 1975.

권병탁,『한국경제사』, 박영사, 1993.

김성칠,『역사 앞에서』, 창작과비평사, 1993.

김영희,『일제시대 농촌통제정책 연구』, 경인문화사, 2003.

김용달,『일제의 농업정책과 조선농회』, 혜안, 2003.

민족문제연구소,『한국근현대사와 친일파문제』, 아세아문화사, 2000.

박은경,『일제하 조선인 관료 연구』, 학민사, 1999.

방기중 편,『일제 파시즘 지배정책과 민중생활』, 혜안, 2004.

서광운,『한국금융백년』, 창조사, 1973.

손정목,『한국지방제도・자치사 연구』상, 일지사, 1992.

수요역사연구회 편,『식민지 조선과 매일신보-1910년대』, 신서원, 2003.

안병태,『한국근대경제와 일본 제국주의』, 백산서당, 1982.

오미일,『식민지시대 사회성격과 농업문제』, 풀빛, 1991.

윤석범 등,『한국근대금융사연구』, 세경사, 1996.

이경란,『일제하 금융조합 연구』, 혜안, 2002.

이내영 엮음,『한국경제의 관점』, 백산서당, 1987.

이석륜,『한국화폐금융사연구』, 박영사, 1984.

이재형,『정치 이전의 것을 하러 왔소』, 삼신각, 2002.

장시원 외,『한국 근대 농촌사회와 농민운동』, 열음사, 1988.

전석담・이기수・김한주,『현대조선사회경제사』, 1947(『조선근대 사회
    경제사』, 이성과 현실, 1989 재수록).

전석담・최윤규,『19세기 말-일제통치 말기의 조선사회 경제사』, 1958
    (『조선근대 사회경제사』, 이성과 현실, 1989).

정태헌,『일제의 경제정책과 조선사회-조세정책을 중심으로-』, 역사
    비평사, 1996.

조기준,『한국자본주의성립사론』, 대왕사, 1985.

조기준,『한국기업가사』, 박영사, 1973.

최유리,『일제 말기 식민지 지배정책연구』, 국학자료원, 1997.

풀빛 편집부 편, 조용범・박현채 감수,『경제학 사전』, 풀빛, 1990.

한국근현대사연구회 1930년대 연구반,『일제 말 조선사회와 민족해방
    운동』, 일송정, 1991.

한국정신문화연구원 편,『내가 겪은 민주와 독재』, 선인, 2001.

한국정신문화연구원 편,『식민지근대화론의 이해와 비판』, 백산서당, 2004.

독립운동사편찬위원회, 『독립운동사-의병항쟁사』, 독립운동사편찬발행처, 1983.

독립운동사편찬위원회, 『독립운동사-3·1운동』, 독립운동사편찬발행처, 1983.

광주직할시사편찬위원회, 『광주시사』 제2권, 1993.

광주직할시, 『光州邑誌』(국역), 1990.

大村友之丞 編, 『朝鮮貴族列傳』, 朝鮮研究會, 1910.

岡崎遠光, 『朝鮮金融及産業政策』, 東京, 同文館, 1911.

牧山耕藏 編, 『朝鮮紳士名鑑』, 일본전보통신사 경성지국, 1911.

板垣丈夫 編, 『朝鮮紳士大同譜』, 1913.

角田廣司, 『在朝鮮内地人紳士名鑑』, 朝鮮公論社, 1917.

片岡議 編, 『麗水發展史』, 片岡商店, 1928(경인문화사 영인본, 『한국지리풍속지총서』 98).

片岡議 編, 「麗水發展史」, 『南鐵沿線史』, 片岡商店, 1933(경인문화사 영인본, 『한국지리풍속지총서』 187).

片岡議 編, 「光州郡發展史」, 『南鐵沿線史』, 片岡商店, 1933(경인문화사 영인본, 『한국지리풍속지총서』 187).

朝鮮銀行, 『朝鮮銀行二十五年史』, 朝鮮銀行, 1934.

朝鮮銀行史編纂委員會, 『朝鮮銀行略史』, 1960.

朝鮮殖産銀行, 『朝鮮殖産銀行二十年志』, 朝鮮殖産銀行, 1938.

高杉東峰편저, 『朝鮮金融機關發達史』, 實業タイムス社, 1940.

重松韶修, 『朝鮮農村物語』, 中央公論社, 1941.

一九二0年代史研究會 編, 『一九二0年代の日本資本主義』, 東京大學出版會, 1983.

波形昭一, 『日本植民地金融政策史の研究』, 早稻田大學出版部, 1985.

高嶋雅明, 『朝鮮における植民地金融史の研究』, 大原新生社, 1989.

5. 논 문

김우평, 「예금상태로 본 금융조합」『第一線』3권1호, 開闢社, 1933.1.

김한주, 「왜정하의 조선농정사」『협동』2, 조선금융조합연합회, 1946.10.

김도형, 『일제의 농업기술 기구와 식민지 농업지배』, 국민대 대학원 국사학과 박사학위 논문, 1995.

김동노, 「식민지시대의 근대적 수탈과 수탈을 통한 근대화」『창작과 비평』, 1998.봄호.

김득중, 「1948년 제헌국회의원 선거과정」『성대사림』10, 성대사학회, 1994.

김영희, 「1920년대 금융조합의 금융활동」『숙대사론』13·14·15합집, 1988.

김익한, 「일제의 초기 식민통치와 사회구조 변화」『일제식민통치연구 1: 1905～1919』, 백산서당, 1999.

김익한, 「1920년대 일제의 지방지배정책과 그 성격-면행정제도와 '모범부락' 정책을 중심으로-」『한국사연구』93, 한국사연구회, 1996.6.

김익한, 「1930년대 일제의 지방지배와 면 행정」『한국사론』37, 서울대 국사학과, 1997.

董宣喜, 『日帝下 朝鮮人 道評議會·道會議員 研究』, 韓國學中央研究院 韓國學大學院 박사학위 논문, 2005.

문영주, 「日帝末 戰示體制期(1937-1945) 村落金融組合의 活動」, 고려대 대학원 사학과 석사학위논문, 1996.2.

문영주, 「촌락금융조합의 금융활동」『식민지 조선경제의 종말』, 신서원, 2000.

문영주, 「일제 말기(1937～45) 금융조합 농업대출금의 운용실태와 성격」『역사문제연구』제6호, 역사문제연구소, 2001.6.

문영주, 「1920년대 금융조합 중앙기관 설립 논의와 1933년 조선금융조합연합회의 설립」『사림』16, 首善史學會, 2001.12.

문영주, 「1920년대 도시금융조합의 활동과 보통은행과의 갈등」『한국 민족운동사연구』31, 한국민족운동사학회, 2002.6.

문영주, 「조선총독부의 농촌지배와 식산계의 역할(1935~1945)」『역사 와 현실』46, 한국역사연구회, 2002.12.

문영주, 「1938~45년 국민저축조성운동의 전개와 금융조합 예금의 성 격」『韓國史學報』14, 高麗史學會, 2003.3.

문영주, 「도시금융조합 이사 선출제도의 성립과 변천(1918~1929)」『역 사문제연구』12, 역사비평사, 2004.

박성진, 「일제 초기 '조선물산공진회' 연구」『식민지 조선과 매일신보 -1910년대』, 신서원, 2003.

방기중, 「1953~55년 金融組合聯合會의 殖産契 復興事業 硏究-李承 晩 政權의 協同組合政策과 관련하여-」『동방학지』105집, 연세대학교 국학연구소, 1999.9.

방기중, 「1930년대 조선 농공병진정책과 경제통제」『일제 파시즘 지배 정책과 민중생활』, 혜안, 2004.

배영목, 『식민지조선의 통화금융에 관한 연구』, 서울대 경제학과 박사 학위논문, 1990.

염인호, 「일제하 지방통치에 관한 연구-'조선면제'의 형성과 운영을 중심으로-」, 연세대 사학과 석사학위 논문, 1983.

오미일, 『한말~1920년대 조선인 자본가층의 형성 및 분화와 경제적 지향』, 성균관대 사학과 박사논문, 1998.4.

유준기, 「1910년대 일제의 유림친일화정책-공자교와 대동교를 중심 으로-」『건대사학』8, 건국대학교사학회, 1993.

이경란, 「한말시기 일제의 농업금융정책과 지방금융조합의 설립」『국 사관논총』79, 1998.

이경란, 『日帝下 金融組合과 農村社會 變動』, 연세대학교 대학원 사학 과 박사학위논문, 2000.7.

이경란, 「1930년대 전반기 금융조합의 농촌조직 확대와 식산계 설립」 『동방학지』, 연세대 국학연구소, 2002.3.

이동언, 「일제하 조선금융조합의 설립과 성격」『한국독립운동사연구』

6, 1992.

이만열, 「일제 식민지 근대화론 문제 검토」 『한국독립운동사연구』 11, 한국독립운동사연구소, 1997.

이상찬, 「1906~1910년의 지방행정제도 변화와 지방자치논의」 『한국학보』 42, 1986.

이승억, 「8·15 후 남한에서의 금융조합 재편과정(1945~1958)」, 한양대 사학과 석사학위논문, 1993.

이영훈, 「국사 교과서에 그려진 일제의 수탈상과 그 신화성」 『한·일, 새로운 미래 구상을 위하여 - 교과서 문제를 중심으로 - 』(한일, 연대21, 2004.11.19).

이임하, 「1950년 제2대 국회의원 선거에 관한 연구」, 성균관대 사학과 석사학위논문, 1993.

이임하, 「이승만 정권의 농촌단체 재편성」 『역사연구』 제6호, 역사학연구소, 1998.12.

임경석, 「1910년대 계급구성과 노동자·농민운동」 『3·1민족해방운동연구』, 청년사, 1989.

임종국, 「제1공화국과 친일세력」 『해방전후사의 인식』 2, 한길사, 1985.

서 춘, 「금융조합의 현상과 결함」 『彗星』 제1권 제3호, 개벽사, 1931.5.

장세윤, 「일제의 경성제국대학 설립과 운영」 『한국독립운동사연구』 6, 독립기념관 한국독립운동사연구소, 1992.

정병욱, 『일제하 조선식산은행의 산업금융에 관한 연구』, 고려대 사학과 박사논문, 1998.

정연태, 『일제의 한국 농지정책(1905~1945년)』, 서울대 국사학과 박사논문, 1994.

정연태, 「1930년대 일제의 식민농정에 대한 재검토」 『역사비평』 28, 1995.봄.

정연태, 「'식민지근대화론'논쟁의 비판과 신근대사론의 모색」 『창작과 비평』, 99.봄호.

정용욱, 「1907~1918년 '지방금융조합' 활동의 전개」 『한국사론』 16, 1987.

정재정, 「1980년대 일제시기 경제사 연구의 성과와 과제」 『한국의 '근대'와 '근대성'비판』, 역사비평사, 1996.

정태헌, 「한국의 식민지적 근대화 모순과 그 실체」 『한국의 '근대'와 '근대성'비판』, 역사비평사, 1996.

정태헌, 「1910년대 식민농정과 금융수탈기구의 확립과정」 『3·1민족해방운동연구』, 청년사, 1989.

정태헌, 「1930년대 식민지 농업정책의 성격 전환에 관한 연구」 『일제말 조선사회와 민족해방운동』, 일송정, 1991.

정혜경, 「'매일신보'에 비친 1910년대 재조일본인」 『식민지 조선과 매일신보-1910년대』, 신서원, 2003.

지수걸, 「일제하 공주지역 유지집단 연구-사례1: 徐憙淳(1892~1969)의 '유지기반'과 '유지정치'-」 『역사와 역사교육』 창간호, 웅진사학회, 1996.12.

지수걸, 「일제하 공주지역 유지집단 연구-사례2: 金甲淳(1872~1960)의 '유지기반'과 '유지정치'-」 『한국민족운동사연구』, 나남출판사, 1997.8.

지수걸, 「일제하 공주지역 유지집단 연구-사례3: 池憲正(1890~1950)의 '유지기반'과 '유지정치'-」 『역사와 역사교육』 2호, 웅진사학회, 1997.12.

지수걸, 「일제하 충남 서산군의 '관료-유지 지배체제'-'서산군지'(1927)에 대한 분석을 중심으로-」 『역사문제연구』 3호, 역사문제연구소, 1999.4.

지수걸, 「일제하 충남 조치원 유지, 맹의섭(1890~?)의 '유지기반'과 '유지정치'」 『역사와 역사교육』 3·4호, 웅진사학회, 1999.6.

지수걸, 「구한말-일제초기 유지집단의 형성과 향리-충남 공주지역 사례를 중심으로-」 『한국근대 이행기 중인연구』, 신서원, 1999.9.

최재성, 「地方金融組合 設立初期 活動에 관한 硏究: 1907, 1908年 貸付金旬報 分析을 中心으로」, 성균관대 대학원 사학과 석사학위논문, 1996.2.

최재성, 「1907·8년 지방금융조합의 설립과 운영」 『한국민족운동사연구』 28집, 한국민족운동사학회, 2001.8.

최재성, 「1914년의 지방행정구역 개편과 그 성격」『식민지 조선과 매일신보 — 1910년대』, 신서원, 2003.

최재성, 「1910년대 식민지 금융정책과 지방금융조합」『한국독립운동사연구』 21집, 한국독립운동사연구소, 2003.12.

최재성, 「금융조합연합회의 설립과 초기 활동」『한국민족운동사연구』 37집, 한국민족운동사학회, 2003.12.

홍성찬, 『한국근대 농촌사회의 변동과 지주층』, 연세대학교 대학원 경제학과 박사학위논문, 1989.

홍성찬, 「한국 근현대 이순탁의 정치경제사상 연구」『역사문제연구』 창간호, 1996.12.

홍순권, 「일제시기의 지방통치와 조선인 관리에 관한 일고찰 — 일제시기의 군 행정과 조선인 군수를 중심으로 —」『국사관논총』 64, 1995.

홍순권, 「일제 초기의 면 운영과 '조선면제'의 성립」『역사와 현실』 23, 1997.

황하현, 「目賀田種太郎의 대한경제공세」『일제의 대한침략정책사연구』, 현음사, 1996.

堀和生, 「일제하 조선에 있어서 식민지 농업정책 — 1920년대 식민지지주제의 형성 —」『한국근대경제사연구』, 사계절, 1983.

河合和男, 「'산미증식계획'과 식민지농업의 전개」『한국근대경제사연구』, 사계절, 1983.

金斗宗, 「植民地朝鮮に於ける1920年代の農業金融について — 朝鮮殖産銀行, 村落金融組合を中心として —」『東京大學經濟學研究』 5, 1965.

李昇燁, 「全鮮公職者大會: 1924-1930」『二十世紀研究』 4, 京都大學, 2003.12.

秋定嘉和, 「朝鮮金融組合の機能と構造 — 1930~40年代にかけて」『朝鮮史研究會論文集』 5, 1968.

金森襄作,「日帝下 朝鮮金融組合과 그 農村經濟에 미친 影響」『史叢』
　　　15·16합집, 1971.

波形昭一,「朝鮮金融組合の構造と展開」『金融經濟』170, 1978.

田中愼一,「韓國財政整理における「徵稅台帳」について－朝鮮土地調査事
　　　業史研究序論－」『土地制度史學』63호, 1974.

河かおる,「朝鮮金融組合婦人會について－植民地下朝鮮の農村女性
　　　史への手がかりとして」『姜德相先生古稀·退職記念　日朝
　　　關係史論集』, 新幹社, 2003.

찾아보기

ㄱ

ㅁ

최 재 성(崔在聖)

전남 여수 출생
여수고등학교 졸업
성균관대학교 사학과, 경제학과 졸업(문학사, 경제학사)
동 대학원 사학과 졸업(문학석사, 문학박사)
현재 친일반민족행위진상규명위원회 재직

역서 · 저서 및 논문
『한권으로 읽는 한국사』, 휴머니스트(역서)
『식민지조선과 매일신보-1910년대』, 신서원(공저)
『일제하 금융조합 활동과 인적구성』(박사학위 논문) 등

식민지 조선의 사회 경제와 금융조합   정가 : 24,000원

| 2006년 12월 20일 | 초판 인쇄 |
| 2006년 12월 29일 | 초판 발행 |

저   자 : 최 재 성
회   장 : 한 상 하
발 행 인 : 한 정 희
발 행 처 : 경인문화사
편   집 : 장 호 희
　　　　　서울특별시 마포구 마포동 324-3
　　　　　전화 : 718-4831~2, 팩스 : 703-9711
　　　　　E-mail : kyunginp@chol.com
　　　　　http://www.kyunginp.co.kr
　　　　　한국학서적.kr
등록번호 : 제10-18호(1973. 11. 8)

ISBN : 89-499-0455-1 94910